ESPAÑA & PORTUGAL

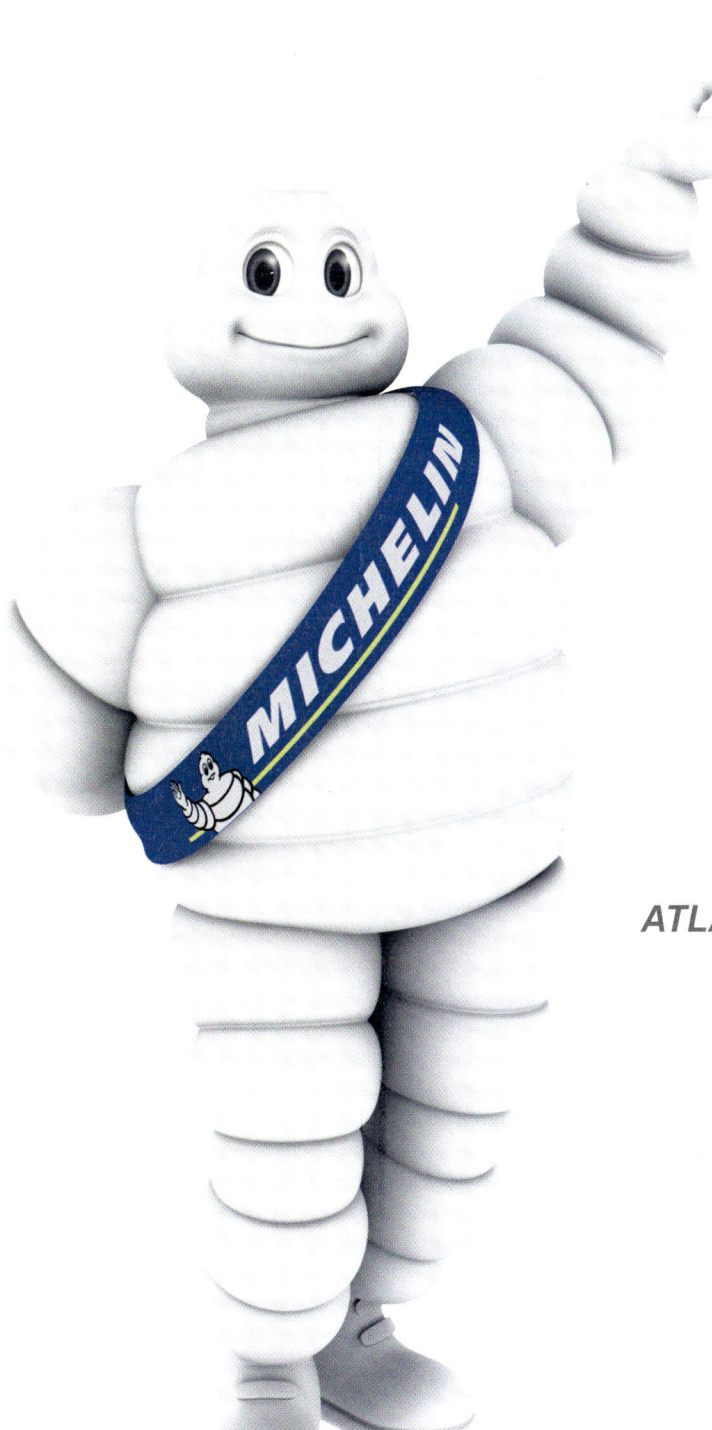

ATLAS DE CARRETERAS y TURÍSTICO
ATLAS RODOVIÁRIO e TURÍSTICO
ATLAS ROUTIER et TOURISTIQUE
TOURIST and MOTORING ATLAS
STRASSEN- und REISEATLAS
TOERISTISCHE WEGENATLAS

Grandes itinerarios / Grandes itinerários
Grands itinéraires / Route planning
Reiseplanung / Grote verbindingswegen

III

Sumario
Sumário / Sommaire / Contents / Inhaltsübersicht / Inhoud

Portada interior: mapa índice
Verso da capa: quadro de articulação / Intérieur de couverture : tableau d'assemblage
Inside front cover: key to map pages
Umschlaginnenseite: Übersicht / Binnenzijde van het omslag: overzichtskaart

II - III

Grandes itinerarios
Grandes itinerários / Grands itinéraires / Route planning
Reiseplanung / Grote verbindingswegen

1

Signos convencionales
Legenda / Légende / Key
Zeichenerklärung / Verklaring van de tekens

2 - 132

España - Portugal 1:400 000   **2 - 103**
Espanha - Portugal / Espagne - Portugal / Spain - Portugal
Spanien - Portugal / Spanje - Portugal

Islas Baleares   **104 - 106**
Ilhas Baleares / Îles Baléares
Balearic Islands / Balearische Inseln / Balearen

Islas Azores   **107**
Açores / Îles Açores / Azores Islands / Die Azoren / Azoren

Islas Canarias   **108 - 132**
Ilhas Canárias / Îles Canaries
Canary Islans / Kanarische Inseln / Canarische

133 - 183

Índice Andorra   **134**
Índice Andorra / Index Andorre /
Index Andorra / Register Andorra / Register Andorra

Índice España   **134 - 173**
Índice Espanha / Index Espagne
Index Spain / Register Spanien / Register Spanje

Índice Portugal   **174 - 182**
Índice Portugal / Index Portugal
Index Portugal / Register Portugal / Register Portugal

183 - 243

Signos convencionales   **184**
Legenda / Légende / Key / Zeichenerklärung / Verklaring van de tekens

Planos de ciudades España   **185 - 233**
Plantas das cidades Espanha / Plans de ville Espagne / Town plans Spain /
Stadtpläne Spanien / Stadsplattegronden Spanje

Planos de ciudades Portugal   **234 - 243**
Plantas das cidades Portugal / Plans de ville Portugal / Town plans Portugal
Stadtpläne Portugal / Stadsplattegronden Portugal

Al final del volumen: distancias
No fim do volume: distâncias / En fin de volume : distances / Back of the guide: distances
Am Ende des Buches: Entfernungen / Achter in het boek: afstanden

Parce que le monde est mobile,
Michelin améliore notre mobilité.

PAR TOUS LES MOYENS ET SUR TOUTES LES ROUTES.

Michelin is committed to improving the mobility of travellers.

ON EVERY ROAD AND BY EVERY MEANS.

Depuis l'avènement de l'entreprise – il y a plus d'un siècle ! –, Michelin n'a eu qu'un objectif : aider l'homme à toujours mieux avancer. Un défi technologique, d'abord, avec des pneumatiques toujours plus performants, mais aussi un engagement constant vis-à-vis du voyageur, pour l'aider à se déplacer dans les meilleures conditions. Voilà pourquoi Michelin développe, en parallèle, toute une collection de produits et de services : cartes, atlas, guides de voyage, accessoires automobiles, mais aussi applications mobiles, itinéraires et assistance en ligne : Michelin met tout en œuvre pour que bouger soit un plaisir !

Since the company came into being – over a century ago ! – Michelin has had a single objective: to offer people a better way forward. A technological challenge first, to create increasingly efficient tyres, but also an ongoing commitment to travellers, to help them travel in the best way. This is why Michelin is developing a whole collection of products and services: from maps, atlases, travel guides and auto accessories, to mobile apps, route planners and online assistance: Michelin is doing everything it can to make travelling more pleasurable!

→ *Michelin Apps*

Parce que le confort et la sécurité sont des notions essentielles, pour vous comme pour nous, Michelin a créé un bouquet de 6 applications mobiles gratuites. Un équipement complet pour que la route soit un plaisir !

Because the notions of comfort and security are essential, both for you and for us, Michelin has created a package of six free mobile applications. A comprehensive collection to make driving a pleasure!

→ *MICHELIN MyCar*

Pour obtenir le meilleur de vos pneus, des services et des infos pour préparer sereinement vos trajets.

To get the best from your tyres; services and information for carefree travel preparation.

→ *ViaMICHELIN*

Pour le guidage connecté, l'information trafic en temps réel et les alertes communautaires.

Free GPS, real-time traffic information and a community alert option.

→ *MICHELIN Restaurants*

Parce que la route doit être un plaisir, retrouvez un très large choix de restaurants, en France et en Allemagne, dont la sélection complète du guide MICHELIN.

Because driving should be enjoyable: find a wide choice of restaurants, in France and Germany, including the MICHELIN guide's complete listings.

→ *MICHELIN Hôtels*

Pour réserver votre chambre d'hôtel au meilleur tarif, partout dans le monde !

To book hotel rooms at the best rates, all over the world!

→ *MICHELIN Voyage*

85 pays et 30 000 sites touristiques sélectionnés par le Guide Vert Michelin et un outil pour réaliser votre propre carnet de route.

85 countries and 30 000 tourist sites selected by the Michelin Green Guide, plus a tool for creating your own travel book.

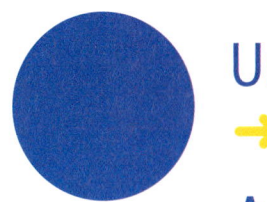

Un pneu
→ **c'est quoi ?**

A tyre...
→ *what is it?*

Rond, noir, à la fois souple et solide, le pneumatique est à la roue ce que le pied est à la course. Mais de quoi est-il fait ? Avant tout de gomme, mais aussi de divers matériaux textiles et / ou métalliques... et d'air ! Ce sont les savants assemblages de tous ces composants qui assurent aux pneumatiques leurs qualités : adhérence à la route, amortissement des chocs, en deux mots : confort et sécurité du voyageur.

Round, black, supple yet solid, the tyre is to the wheel what the shoe is to the foot. But what is it made of? First and foremost, rubber, but also various textile and/or metallic materials... and then it's filled with air! It is the skilful assembly of all these components that ensures tyres have the qualities they should: grip to the road, shock absorption, in two words: 'comfort' and 'safety'.

1 BANDE DE ROULEMENT
Une épaisse couche de gomme assure le contact avec le sol. Elle doit évacuer l'eau et durer très longtemps.

TREAD
The tread ensures the tyre performs correctly, by dispersing water, providing grip and increasing longevity.

2 ARMATURE DE SOMMET
Cette double ou triple ceinture armée est à la fois souple verticalement et très rigide transversalement. Elle procure la puissance de guidage.

CROWN PLIES
This reinforced double or triple belt combines vertical suppleness with transversal rigidity, enabling the tyre to remain flat to the road.

3 FLANCS
Ils recouvrent et protègent la carcasse textile dont le rôle est de relier la bande de roulement du pneu à la jante.

SIDEWALLS
These link all the component parts and provide symmetry. They enable the tyre to absorb shock, thus giving a smooth ride.

4 TALONS D'ACCROCHAGE À LA JANTE
Grâce aux tringles internes, ils serrent solidement le pneu à la jante pour les rendre solidaires.

BEADS
The bead wires ensure that the tyre is fixed securely to the wheel to ensure safety.

5 GOMME INTÉRIEURE D'ÉTANCHÉITÉ
Elle procure au pneu l'étanchéité qui maintient le gonflage à la bonne pression.

INNER LINER
The inner liner creates an airtight seal between the wheel rim and the tyre.

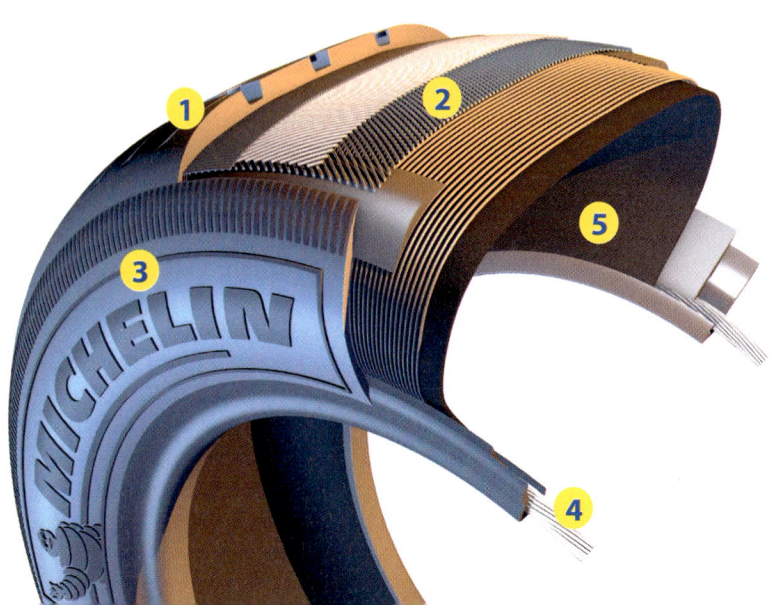

Michelin
→ l'innovation en mouvement

Michelin
→ *innovation in movement*

Créé et breveté par Michelin en 1946, le pneu radial ceinturé a révolutionné le monde du pneumatique. Mais Michelin ne s'est pas arrêté là : au fil des ans, d'autres solutions nouvelles et originales ont vu le jour, confirmant Michelin dans sa position de leader en matière de recherche et d'innovations, pour répondre sans cesse aux exigences des nouvelles technologies des véhicules.

Created and patented by Michelin in 1946, the belted radial-ply tyre revolutionised the world of tyres. But Michelin did not stop there: over the years other new and original solutions came out, confirming Michelin's position as a leader in research and innovation.

→ la juste pression !

→ *the right pressure!*

L'une des priorités de Michelin, c'est une mobilité plus sûre. En bref, innover pour avancer mieux. C'est tout l'enjeu des chercheurs, qui travaillent à mettre au point des pneumatiques capables de "freiner plus court" et d'offrir la meilleure adhérence possible à la route. Aussi, pour accompagner les automobilistes, Michelin organise, partout dans le monde, des campagnes de sensibilisation à la sécurité routière : les opérations "Faites le plein d'air" rappellent à tous que la juste pression des pneumatiques est un facteur essentiel de sécurité.

One of Michelin's priorities is safer mobility. In short, innovating for a better way forward. This is the challenge for researchers, who are working to perfect tyres capable of shorter braking distances and offering the best possible traction to the road. And so, to support motorists, Michelin organises road safety awareness campaigns all over the world: «Fill up with air» initiatives remind everyone that the right tyre pressure is a crucial factor in safety and fuel economy.

La stratégie Michelin :
→ des pneumatiques multiperformances

The Michelin strategy:
→ *multi-performance tyres*

Qui dit Michelin dit sécurité, économie de carburant et capacité à parcourir des milliers de kilomètres. Un pneumatique MICHELIN, c'est tout cela à la fois.

Comment ? Grâce à des ingénieurs au service de l'innovation et de la technologie de pointe. Leur challenge : doter tout pneumatique – quel que soit le véhicule (automobile, camion, tracteur, engin de chantier, avion, moto, vélo et métro !) – de la meilleure combinaison possible de qualités, pour une performance globale optimale.

Ralentir l'usure, réduire la dépense énergétique (et donc l'émission de CO_2), améliorer la sécurité par une tenue de route et un freinage renforcés : autant de qualités dans un seul pneu, c'est cela Michelin Total Performance.

Michelin is synonymous with safety, fuel saving and the capacity to cover thousands of miles. A MICHELIN tyre is the embodiment of all these things – thanks to our engineers, who work with the very latest technology.

Their challenge: to equip every tyre – whatever the vehicle (car, truck, tractor, bulldozer, plane, motorbike, bicycle or train!) – with the best possible combination of qualities, for optimal overall performance.

Slowing down wear, reducing energy expenditure (and therefore CO_2 emissions), improving safety through enhanced road handling and braking: there are so many qualities in just one tyre – that's Michelin Total Performance.

Chaque jour, **Michelin** innove en faveur
de la mobilité durable.

DANS LE TEMPS ET LE RESPECT DE LA PLANÈTE.

*Every day, **Michelin** is working
towards sustainable mobility.*

OVER TIME, WHILE RESPECTING THE PLANET.

La mobilité durable
→ c'est une mobilité propre... et pour tous

Sustainable mobility
→ is clean mobility... and mobility for everyone

La mobilité durable c'est permettre aux hommes de se déplacer d'une façon plus propre, plus sûre, plus économique et plus accessible à tous, quel que soit le lieu où ils vivent.

Tous les jours, les 113 000 collaborateurs que Michelin compte dans le monde innovent :

• en créant des pneus et des services qui répondent aux nouveaux besoins de la société,

• en sensibilisant les jeunes à la sécurité routière,

• en inventant de nouvelles solutions de transport qui consomment moins d'énergie et émettent moins de CO_2.

Sustainable mobility means enabling people to get around in a way that is cleaner, safer, more economical and more accessible to everyone, wherever they might live. Every day, Michelin's 113 000 employees worldwide are innovating:

• by creating tyres and services that meet society's new needs,

• by raising young people's awareness of road safety,

• by inventing new transport solutions that consume less energy and emit less CO_2.

→ *Michelin Challenge Bibendum*

La mobilité durable, c'est permettre la pérennité du transport des biens et des personnes, afin d'assurer un développement économique, social et sociétal responsable. Face à la raréfaction des matières premières et au réchauffement climatique, Michelin s'engage pour le respect de l'environnement et de la santé publique. De manière régulière, Michelin organise ainsi le Michelin Challenge Bibendum, le seul événement mondial axé sur la mobilité routière durable.

Sustainable mobility means allowing the transport of goods and people to continue, while promoting responsible economic, social and societal development. Faced with the increasing scarcity of raw materials and global warming, Michelin is standing up for the environment and public health. Michelin regularly organises 'Michelin Challenge Bibendum', the only event in the world which focuses on sustainable road travel.

MICHELIN
CHALLENGE BIBENDUM

Signos convencionales	Legenda	Légende

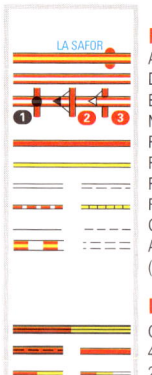

Carreteras
Autopista - Áreas de servicio
Autovía
Enlaces: completo, parciales
Números de los accesos
Carretera de comunicación internacional o nacional
Carretera de comunicación interregional o alternativo
Carretera asfaltada - sin asfaltar
Carretera en mal estado
Camino agrícola - Sendero
Autopista, carretera en construcción
(en su caso: fecha prevista de entrada en servicio)

Ancho de las carreteras
Calzadas separadas
Cuatro carriles - Dos carriles anchos
Dos carriles - Un carril

Distancias (totales y parciales)
Tramo de peaje en autopista
Tramo libre en autopista

en carretera

Numeración - Señalización
Carretera europea - Autopista
Carretera nacional radial - Carretera nacional
Otras carreteras

Obstáculos
Pendiente Pronunciada (las flechas indican el sentido del ascenso)
Puerto - Altitud
Recorrido difícil o peligroso
Pasos de la carretera:
a nivel, superior, inferior
Tramo prohibido - Carretera restringida
Barrera de peaje - Carretera de sentido único
Vado
Nevada: Período probable de cierre

Transportes
Línea férrea - Estación de viajeros
Transporte de coches:
por barco
por barcaza (carga máxima en toneladas)
Barcaza para el paso de peatones
Aeropuerto - Aeródromo

Alojamiento - Administración
Parador (España) - Pousada (Portugal)
(establecimiento hotelero administrado por el Estado)
Capital de división administrativa
Límites administrativos
Frontera

Deportes - Ocio
Plaza de toros - Golf
Refugio de montaña
Puerto deportivo - Playa
Teleférico, telesilla
Funicular - Línea de cremallera

Curiosidades
Edificio religioso - Castillo - Ruina
Cueva - Monumento megalítico
Otras curiosidades
Vista panorámica - Vista parcial
Recorrido pintoresco

Signos diversos
Edificio religioso - Castillo - Ruinas
Cueva - Monumento megalítico
Transportador industrial aéreo
Torreta o poste de telecomunicación
Industrias - Central eléctrica
Refinería - Pozos de petróleo o de gas
Mina - Cantera
Faro - Presa
Parque nacional - Reserva de caza

Estradas
Auto-estrada - Área de serviço
Estrada com 2 faixas de rodagem do tipo auto-estrada
Nós: completo - parciais
Número de nós
Estrada de ligação internacional ou nacional
Estrada de ligação interregional ou alternativo
Estrada asfaltada - não asfaltada
Estrada em mau estado
Caminho para exploração - Atalho
Auto-estrada - Estrada em construção
(eventualmente: data prevista estrada transitável)

Largura das estradas
Faixas de rodagem separadas
com 4 vias - com 2 vias largas
com 2 vias - com 1 via

Distâncias (totais e parciais)
Em secção com portagem em auto-estrada
Em secção sem portagem em auto-estrada

em estrada

Numeração - Sinalização
Estrada Europeia - Auto-estrada
Estrada nacional radial - Estrada nacional
Outras estradas

Obstáculos
Forte declive (flechas no sentido da subida)

Passagem de montanha - Altitude
Percurso difícil ou perigoso
Passagens da estrada: de nível - superior - inferior

Estrada proibida - Estrada com circulação regulamentada
Portagem - Estrada de sentido único
Vau
Nevadas: período provável de encerramento

Transportes
Via férrea - Estação de passageiros
Transporte de automóveis:
por barco
por barcaça (carga máxima em toneladas)
Barcaça para peões
Aeroporto - Aeródromo

Alojamento - Administração
Parador (Espanha) - Pousada (Portugal)
(Estabelecimentos geridos pelo Estado)
Capital de divisão administrativa
Limites administrativos
Fronteira

Desportos - Ocio
Praça de touros - Golfe
Refúgio de montanha
Porto de recreio - Praia
Teleférico
Telecabine - Vias de cremalheira

Curiosidades
Edifício religioso - Castelo - Ruinas
Gruta - Monumento megalítico
Outras curiosidades
Panorama - Vista
Percuso pitoresco

Signos diversos
Edifício religioso - Castelo - Ruínas
Gruta - Monumento megalítico
Transportador industrial aéreo
Torre ou posto de telecomunicação
Indústrias - Central eléctrica
Refinaria - Petróleo ou gás natural
Mina - Pedreira
Farol - Barragem
Parque nacional - Reserva de caça

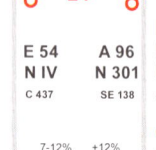
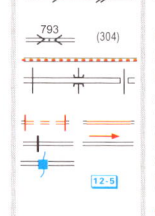
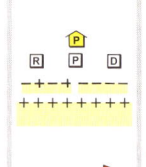

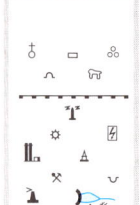
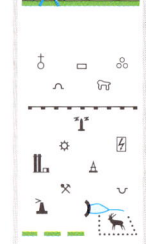

Routes
Autoroute - Aires de service
Double chaussée de type autoroutier
Échangeurs : complet - partiels
Numéros d'échangeurs
Route de liaison internationale ou nationale
Route de liaison interrégionale ou de dégagement
Route revêtue - non revêtue
Route en mauvais état
Chemin d'exploitation - Sentier
Autoroute - Route en construction
(le cas échéant : date de mise en service prévue)

Largeur des routes
Chaussées séparées
4 voies - 2 voies larges
2 voies - 2 voies étroites

Distances (totalisées et partielles)
Section à péage sur autoroute
Section libre sur autoroute

sur route

Numérotation - Signalisation
Route européenne - Autoroute
Route nationale radiale - Route nationale
Autres routes

Obstacles
Forte déclivité (flèches dans le sens de la montée)

Col - Altitude
Parcours difficile ou dangereux
Passages de la route :
à niveau - supérieur - inférieur
Route interdite - Route réglementée
Barrière de péage - Route à sens unique
Gué
Enneigement : période probable de fermeture

Transports
Voie ferrée - Station voyageurs
Transport des autos :
par bateau
par bac (charge maximum en tonnes)
Bac pour piétons
Aéroport - Aérodrome

Hébergement - Administration
Parador (Espagne) - Pousada (Portugal)
(établissement hôtelier géré par l'état)
Capitale de division administrative
Limites administratives
Frontière

Sports - Loisirs
Arènes (plaza de toros) - Golf
Refuge de montagne
Port de plaisance - Plage
Téléphérique, télésiège
Funiculaire - Voie à crémaillère

Curiosités
Édifice religieux - Château - Ruine
Grotte - Monument mégalithique
Autres curiosités
Panorama - Point de vue
Parcours pittoresque

Signes divers
Édifice religieux - Château - Ruines
Grotte - Monument mégalithique
Transporteur industriel aérien
Tour ou pylône de télécommunications
Industries - Centrale électrique
Raffinerie - Puits de pétrole ou de gaz
Mine - Carrière
Phare - Barrage
Parc national - Réserve de chasse

Key	Zeichenerklärung	Verklaring van de tekens

Roads / Straßen / Wegen

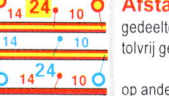

Motorway - Service areas	Autobahn - Tankstelle mit Raststätte	Autosnelweg - Serviceplaatsen
Dual carriageway with motorway characteristics	Schnellstraße mit getrennten Fahrbahnen	Gescheiden rijbanen van het type autosnelweg
Interchanges: complete, limited	Anschlussstellen: Voll- bzw. Teilanschlussstellen	Aansluitingen: volledig, gedeeltelijk
Interchange numbers	Anschlussstellennummern	Afritnummers
International and national road network	Internationale bzw. nationale Hauptverkehrsstraße	Internationale of nationale verbindingsweg
Interregional and less congested road	Überregionale Verbindungsstraße oder Umleitungsstrecke	Interregionale verbindingsweg
Road surfaced - unsurfaced	Straße mit Belag - ohne Belag	Verharde weg - onverharde weg
Road in bad condition	Straße in schlechtem Zustand	Weg in slechte staat
Rough track - Footpath	Wirtschaftsweg - Pfad	Landbouwweg - Pad
Motorway / Road under construction	Autobahn, Straße im Bau	Autosnelweg in aanleg - Weg in aanleg
(when available: with scheduled opening date)	(ggf. voraussichtliches Datum der Verkehrsfreigabe)	(indien bekend: datum openstelling)

Road widths / Straßenbreiten / Breedte van de wegen

Dual carriageway	getrennte Fahrbahnen	Gescheiden rijbanen
4 lanes - 2 wide lanes	4 Fahrspuren - 2 breite Fahrspuren	4 rijstroken - 2 brede rijstroken
2 lanes - 1 lane	2 Fahrspuren - 1 Fahrspur	2 rijstroken - 1 rijstrook

Distances (total and intermediate) / Straßenentfernungen (Gesamt- und Teilentfernungen) / Afstanden (totaal en gedeeltelijk)

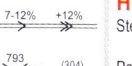

Toll roads on motorway	Mautstrecke auf der Autobahn	gedeelte met tol op autosnelwegen
Toll-free section on motorway	Mautfreie Strecke auf der Autobahn	tolvrij gedeelte op autosnelwegen
on road	auf der Straße	op andere wegen

Numbering - Signs / Nummerierung - Wegweisung / Wegnummers - Bewegwijzering

European route - Motorway	Europastraße - Autobahn	Europaweg - Autosnelweg
National radial - National road	Radiale Nationalstraße - Nationalstraße	Radiale nationale weg - Nationale weg
Other roads	Sonstige Straßen	Andere wegen

E 54   A 96
N IV   N 301
C 437   SE 138

Obstacles / Verkehrshindernisse / Hindernissen

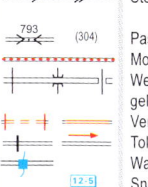

Steep hill (ascent in direction of the arrow)	Starke Steigung (Steigung in Pfeilrichtung)	Steile helling (pijlen in de richting van de helling)
Pass - Altitude	Pass - Höhe	Pas - Hoogte
Difficult or dangerous section of road	Schwierige oder gefährliche Strecke	Moeilijk of gevaarlijk traject
Level crossing:	Bahnübergänge:	Wegovergangen:
railway passing, under road, over road	schienengleich - Unterführung - Überführung	gelijkvloers - overheen - onderdoor
Prohibited road - Road subject to restrictions	Gesperrte Straße - Straße mit Verkehrsbeschränkungen	Verboden weg - Beperkt opengestelde weg
Toll barrier - One way road	Mautstelle - Einbahnstraße	Tol - Weg met eenrichtingsverkeer
Ford	Furt	Wad
Snowbound, impassable road during the period shown	Eingeschneite Straße: voraussichtl. Wintersperre	Sneeuw : vermoedelijke sluitingsperiode

Transportation / Verkehrsmittel / Vervoer

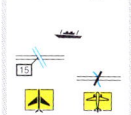

Railway - Passenger station	Bahnlinie - Haltestelle	Spoorweg - Reizigersstation
Transportation of vehicles:	Autotransport:	Vervoer van auto's:
by boat	per Schiff	per boot
by ferry (load limit in tons)	per Fähre (Höchstbelastung in t)	per veerpont (maximum draagvermogen in t.)
Passenger ferry	Personenfähre	Veerpont voor voetgangers
Airport - Airfield	Flughafen - Flugplatz	Luchthaven - Vliegveld

Accommodation-Administration / Unterkunft - Verwaltung / Verblijf - Administratie

Parador (Spain) - Pousada (Portugal)	Parador (Spanien) - Pousada (Portugal)	Parador (Spanje) - Pousada (Portugal)
(hotel run by the state)	(staatlich geleitetes Hotel)	(hotel dat door de staat wordt beheerd)
Administrative district seat	Verwaltungshauptstad	Hoofdplaats van administratief gebied
Administrative boundaries	Verwaltungsgrenzen	Administratieve grenzen
National boundary	Staatsgrenze	Staatsgrens

Sport & Recreation Facilities / Sport - Freizeit / Sport - Recreatie

Bullring - Golf course	Stierkampfarena - Golfplatz	Arena voor stierengevechten - Golfterrein
Mountain refuge hut	Schutzhütte	Berghut
Pleasure boat harbour - Beach	Yachthafen - Badestrand	Jachthaven - Strand
Cable car, chairlift	Seilbahn, Sessellift	Kabelbaan, stoeltjeslift
Funicular - Rack railway	Standseilbahn - Zahnradbahn	Kabelspoor - Tandradbaan

Sights / Sehenswürdigkeiten / Bezienswaardigheden

Religious building - Historic house, castle - Ruins	Sakral-Bau - Schloss, Burg - Ruine	Kerkelijk gebouw - Kasteel - Ruïne
Cave - Prehistoric monument	Höhle - Vorgeschichtliches Steindenkmal	Grot - Megaliet
Other places of interest	Sonstige Sehenswürdigkeit	Andere bezienswaardigheden
Panoramic view - Viewpoint	Rundblick - Aussichtspunkt	Panorama - Uitzichtpunt
Scenic route	Landschaftlich schöne Strecke	Schilderachtig traject

Other signs / Sonstige Zeichen / Diverse tekens

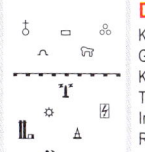

Religious building - Castle - Ruins	Sakralbau - Schloss, Burg - Ruine	Kerkelijk gebouw - Kasteel - Ruïne
Cave - Prehistoric monument	Höhle - Vorgeschichtliches Steindenkmal	Grot - Megaliet
Industrial cable way	Industrieschwebebahn	Kabelvrachtvervoer
Telecommunications tower or mast	Funk-, Sendeturm	Telecommunicatietoren of -mast
Industrial activity - Power station	Industrieanlagen - Kraftwerk	Industrie - Elektriciteitscentrale
Refinery - Oil or gas well	Raffinerie - Erdöl-, Erdgasförderstelle	Raffinaderij - Olie- of gasput
Mine - Quarry	Bergwerk - Steinbruch	Mijn - Steengroeve
Lighthouse - Dam	Leuchtturm - Staudamm	Vuurtoren - Stuwdam
National park - Game reserve	Nationalpark - Jagdgebiet	Nationaal park - Jachtreservaat

A

B

C

Cantabria

de

Costa

Cabo Mayor

SANTAN

Llanes

Cué
Andrín
Vidiago
La Franca
Colombres
Cueva del Pindal

San Vicente de la Barquera
Universidad Pontificia

Peña-Tú
Pendueles
Buelna
Pechón
(Val de San Vicente)
Pesués

Suances
Cuchía

Punta del Dichoso
Suances

Punta de Somocueva
Soto de la Marina
San Román
Sancibrian
El Sardinero

Liencres
Sta. Cruz de B.
Mogro
Miengo

Muriedas
Revilla
Pedreña
Somo
Rubayo

Santillana del Mar
Quejana

Loredo

Playa de Oyambre

Trasvia
Liandres
Cóbreces
Oreña
Hinojedo

Puente Arce
Maliaño

Villave

Comillas
Ruiloba
Novales
Polanco

Parbayón

El Astillero
Solares

Tresgrandas
Noriega
Villanueva

Unquera
Abanillas
La Revilla

Ruiseñada
San Pedro de R.
Cerrazo

Torrelavega

Peña Cabarga
Hoz de

Puron

Peñamellera Alta
Allés

Ollonín

Mazo

Helgueras
Gandarilla
Labarces

Pumalverde (Udias)
Casar

Valles (Reocín)
Cartes

Renedo
Vargas
La Penilla
Sarón

Obregón
Peñaños
Parque de Cabárceno

Rubalcaba
Rucand

Trescares

Panes
Merodio

Bielva (Herrerías)
Roiz (Valdáliga)
Treceno

Yermo
Riocorvo
Castañeda

La Penilla
Sta. María de Cayón
Lloreda
Mirones
Esles

Rábago
Celís

Cueva El Soplao

Cabezón de la Sal
Luzmela (Mazcuerras)

Villanueva de la Peña

Cueva del Castillo

Pomaluengo
Puente Viesgo

Esles
Abionzo
Villacarriedo
Morilla

La Hermida (Peñarrubia)
Linares
Lafuente

San Vicente del Monte
Carmona

Ruente

Barros
Coo
Mata

El Soto

Corvera
Penilla
Villasevil

Borleña
Santiurde de T.
Santibáñez

La Canal
Saro
Vega
Llerana

Selaya
Herrera

Quintanilla
Puentenansa (Rionansa)
Cosío
Rozadío

Valle de Cabuérniga (Cabuérniga)
Ucieda

Las Caldas de Besaya

Los Corrales de Buelna
Rivero
Hornos de la Mata
Cillero

Quintana de Toranzo

San Vicente de Toranzo
Alceda

Pisueña
La Concha

Sobrelapeña (Lamasón)

Renedo
Viaña

Saja
Parque

Collado (Cieza)
Villasuso

Castillo Pedroso
Ontaneda

Tezanos
Vega de Pas

San Sebastián de Garabandal

Sarceda

Las Fraguas

Entrambasmestas
Gamonal
Candolias

Esanos
Ojedo
Tama (Cillorigo-Castro)

Mirador del Pico del Castron (Tudanca)
Santotis

Correpoco
Los Tojos

San Vicente de León
Arenas de Iguña
Molledo

Sel de la Carrera

San Pedro del Romeral

Puerto de las Estacas de Trueba

Reserva
Nacional
Tama

La Lastra
Tudanca

Saja
Colsa
Los Llares
Silió

Bárcena de Pié de Concha
Yera

Campollo
S. Andrés (Polaciones)

Sta. Eulalia

Barcena Mayor

Pujayo

Santiurde de Reinosa

San Miguel de Luena

Enterrias
La Vega
Lerones
Pesaguero

Puente Pumar
Uznayo
Tresabuela

Pesquera
Ventorillo

San Pedro del Romeral
S. Andrés

Vejo
Barrio
Lomeña
Bárago
Valdeprado

Sierra del Cordel

Puerto de Palombera

Rioseco

Sta. María de Aguayo
Rasconte

Puerto del Escudo

La Parte de Sotoscueva

Cucayo

Pto. de Piedrasluengas
Piedrasluengas

Alto Campoo
Proaño
Soto
Argüeso
Camino Fontecha

Santiurde de A.
Lancharas
Corconte

Ahedo de las Pueblas

Casavegas

Pico de Tres Mares

Abiada
Espinilla

San Miguel de A.
Villapaderne
La Costana

Pto. de la Magdalena

Dosante

Lebanza

Lores
Sta. María de Redondo

Reinosa

La Población

Fuentes Carrionas

GOLFO DE

Costa Vasca

**DONOSTIA-
SAN SEBASTIÁN**

St JEA

Hondarribia /
Fuenterrabía

Henda

Bermeo

Lekeitio

Ondarroa

Mutriku Zumaia Deba Getaria

Zarautz Orio

Pasaia

Irún

Errenteria /
Rentería

Hernani

Oiartzun

Gernika-Lumo

Markina-
Xemein

Eibar

Azkoitia Azpeitia

Zestoa

Tolosa

GIPUZKOA

Durango

Elorrio

Bergara

Zumarraga

Beasain

Ordizia

Leitza

Lekunberri

Arrasate / Mondragón

Oñati

Legazpi

Altsasu /
Alsasua

Aretxabaleta

Sierra de Urkilla

Aizkorri

Sierra de Aralar

Sierra de Andía

**VITORIA-
GASTEIZ**

Agurain /
Salvatierra

Sierra de Urbasa

Sierra de Opacua

Estella

Parque Natural
de Izki

Campezo

Ciriza /
Zirauki

Monasterio
de Irache

Puente
la Reina de Eunate

Balcón
de la Rioja

Viana

LOGROÑO

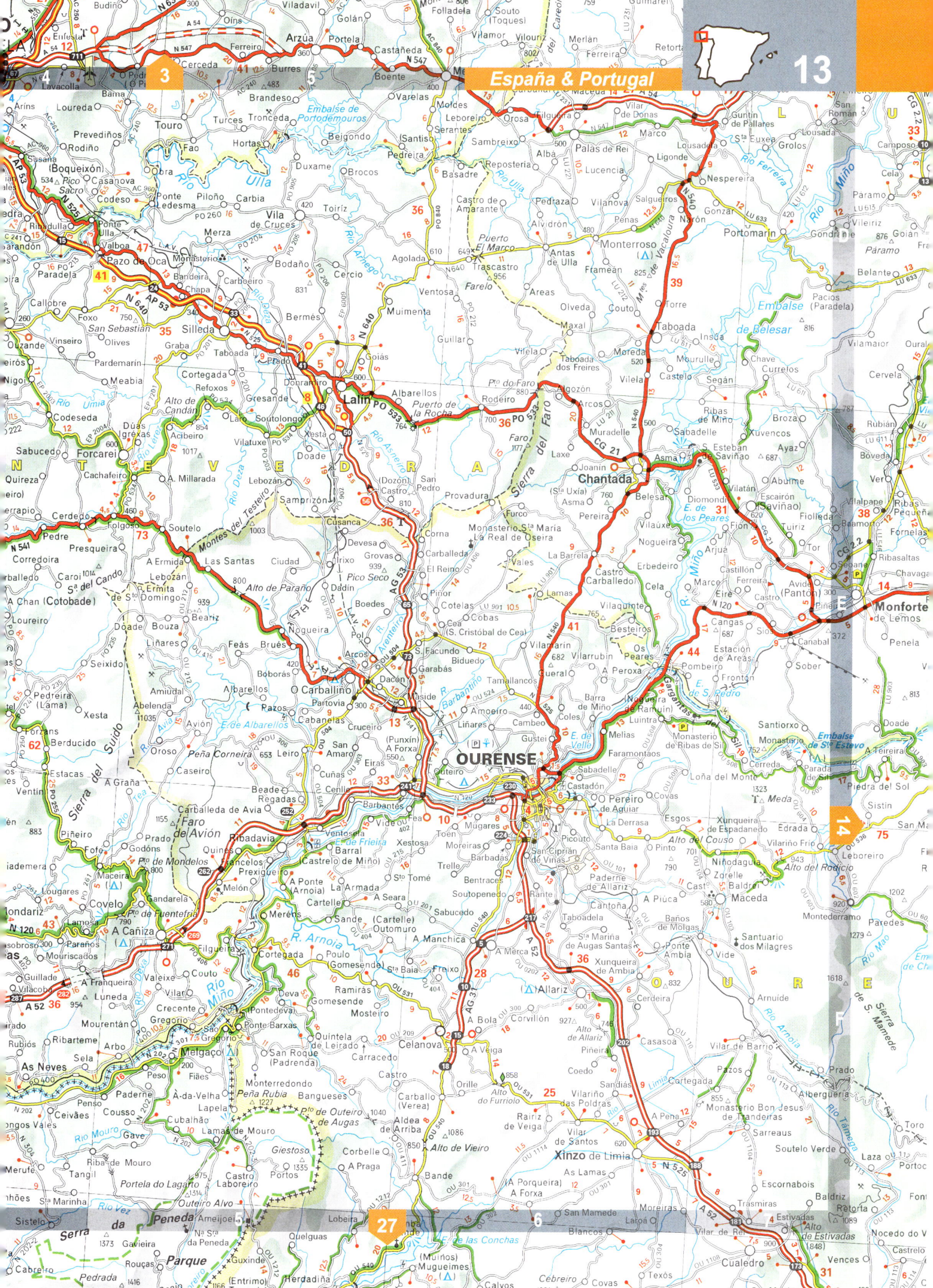

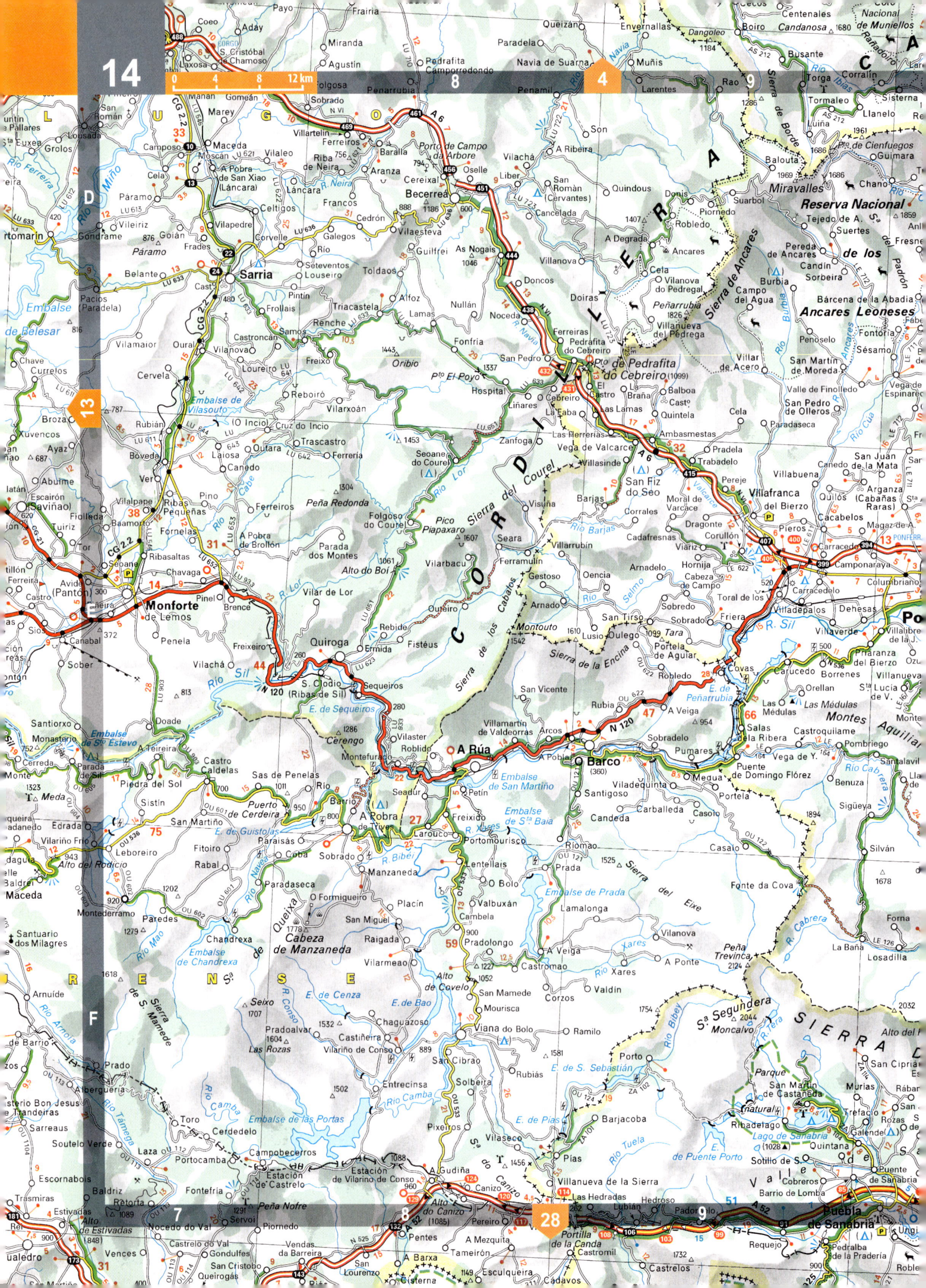

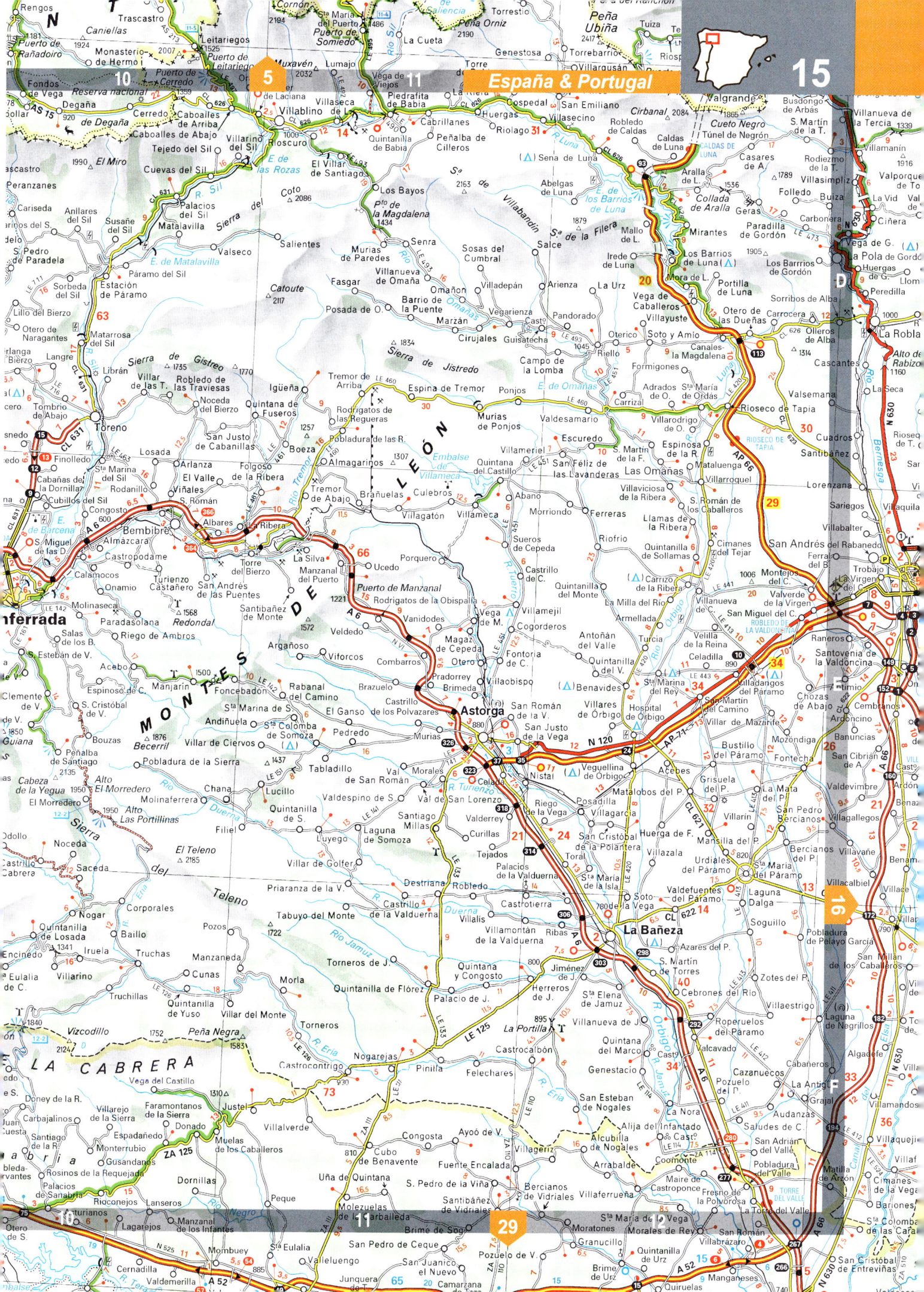

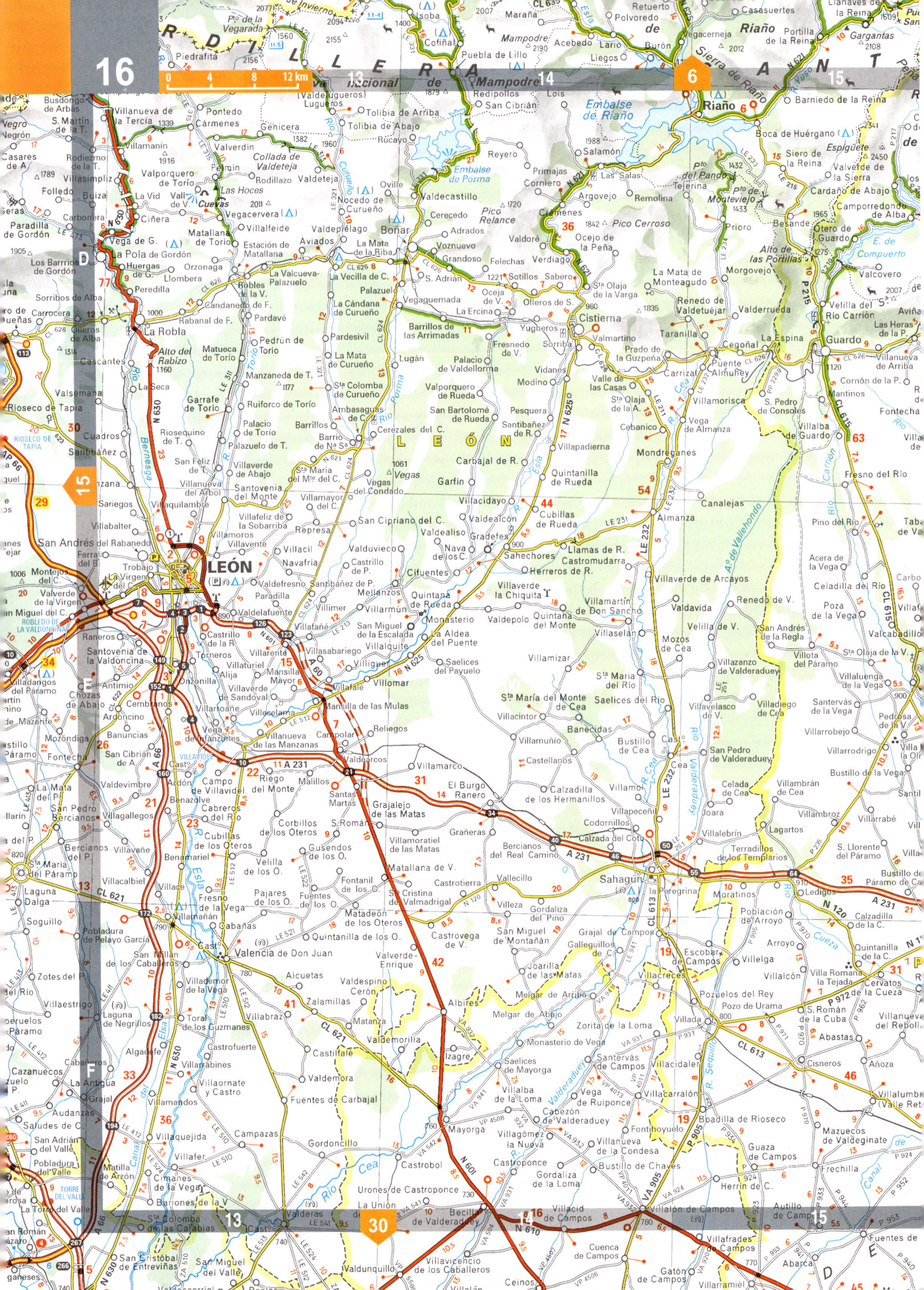

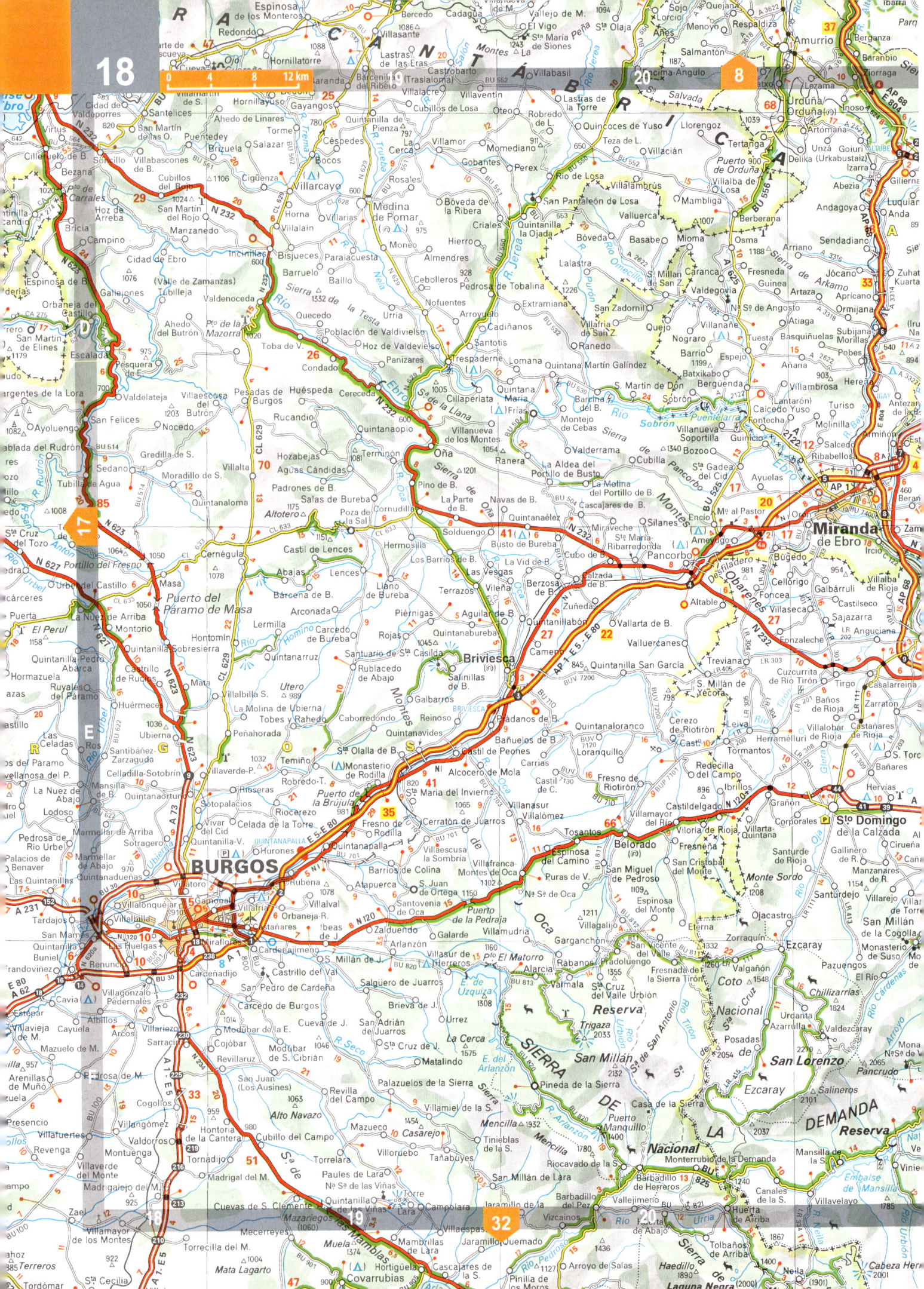

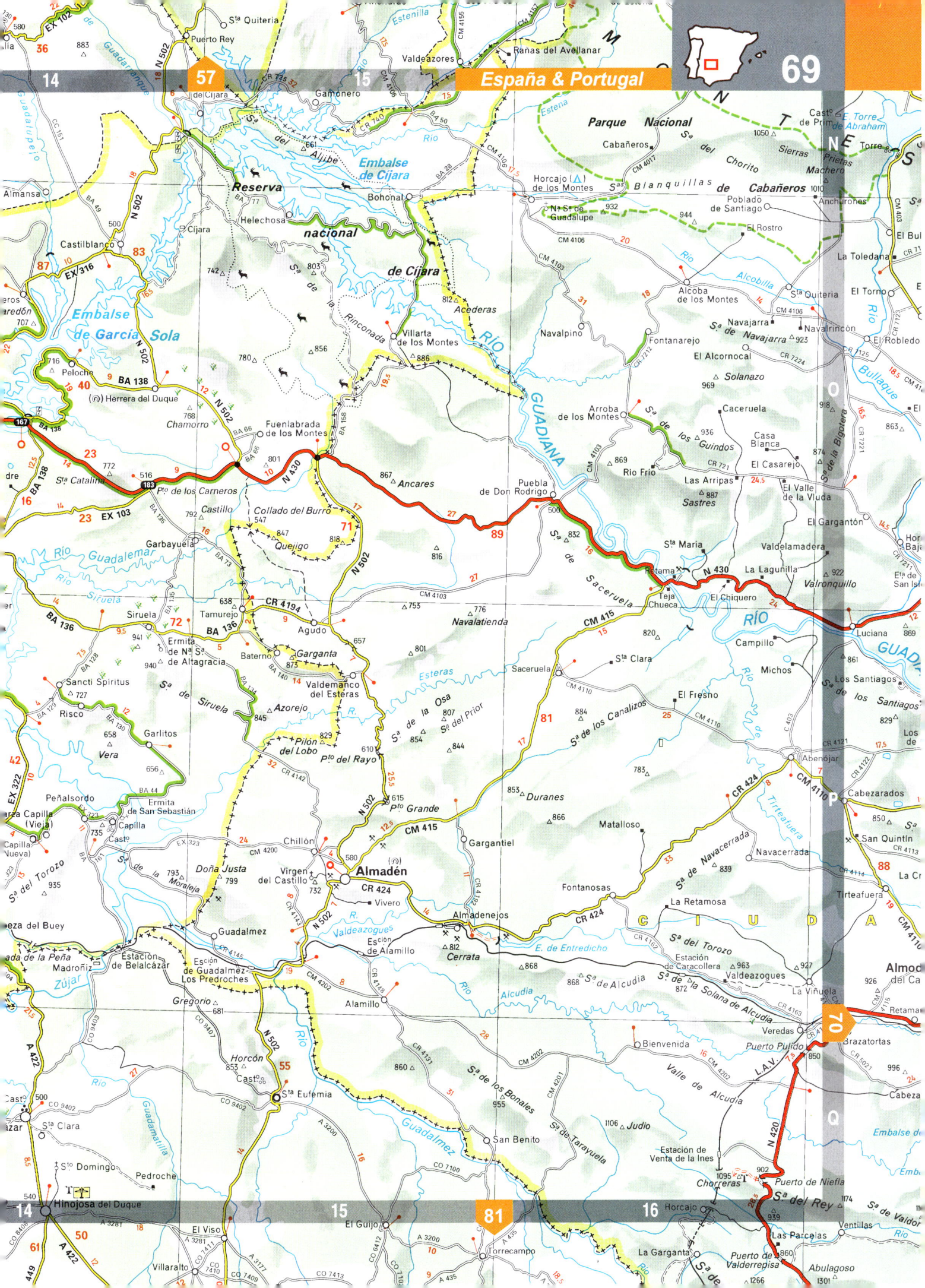

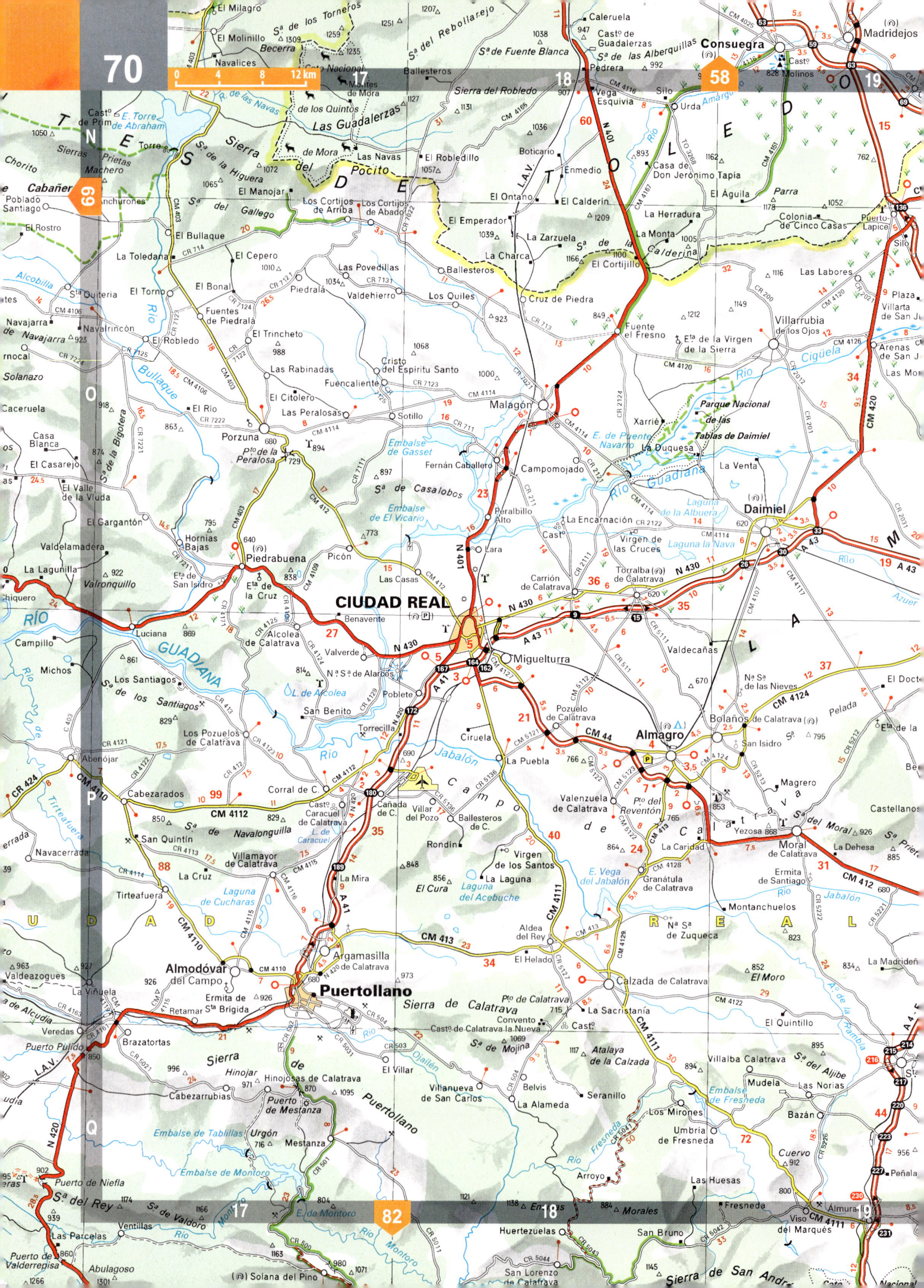

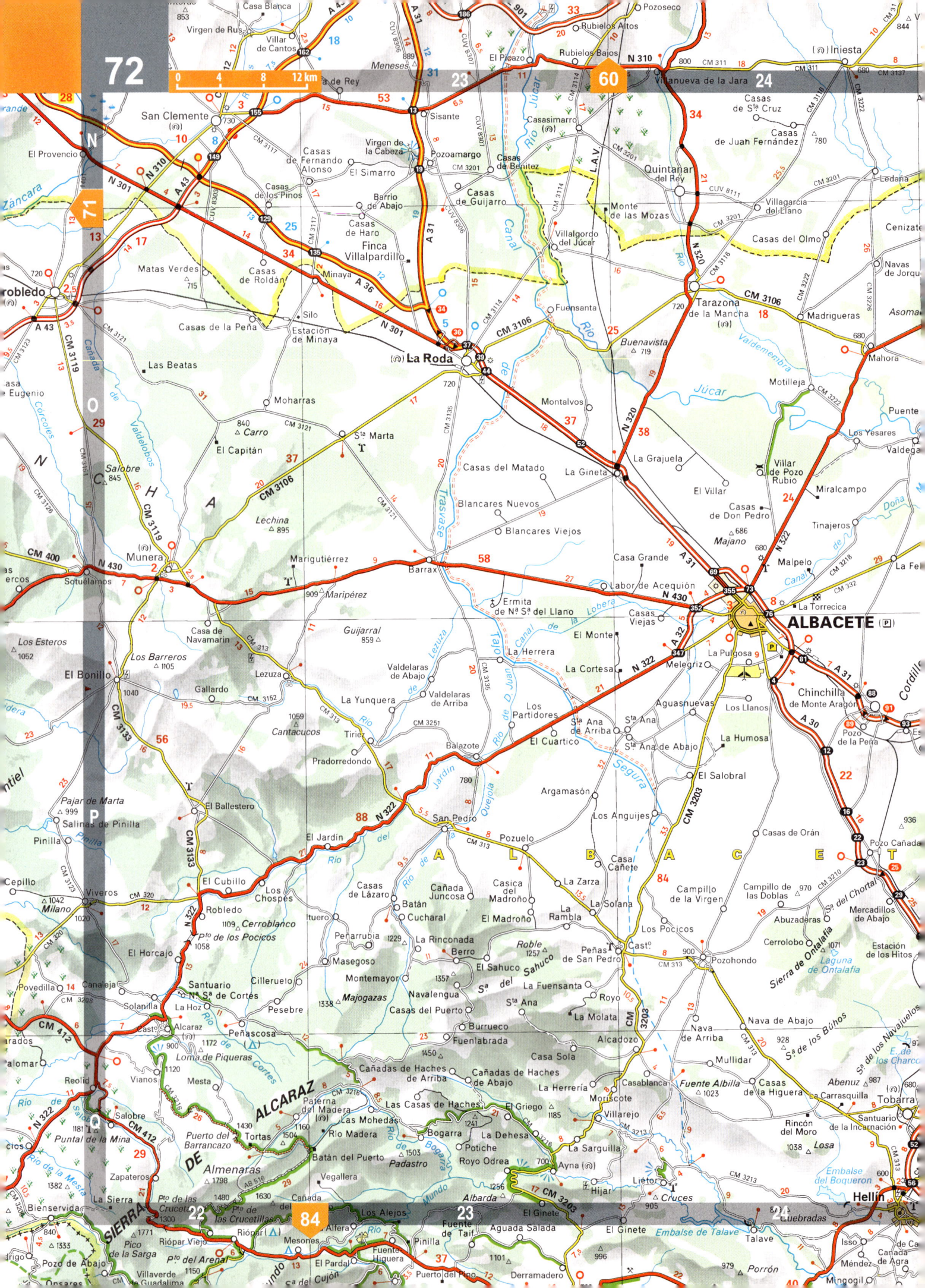

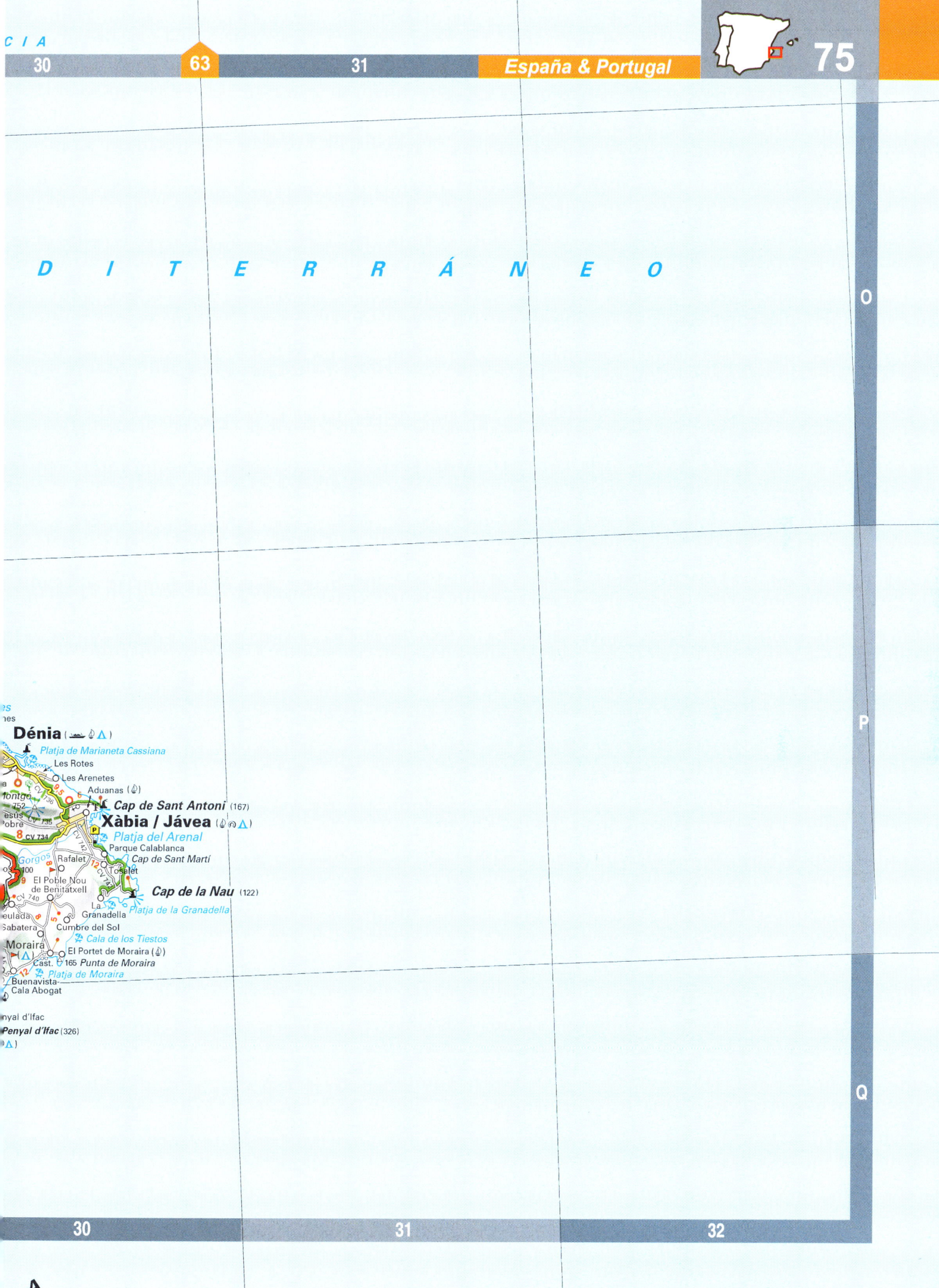

M E D I T E R R Á N E O

O

P

es
nes

Dénia (⚓ ⚑ △)
Platja de Marianeta Cassiana
Les Rotes
Les Arenetes
Aduanas (⚑)
Cap de Sant Antoni (167)
Xàbia / Jávea (⚑ ⚓ △)
Platja del Arenal
Parque Calablanca
Cap de Sant Martí
Rafalet
Tosalet
El Poble Nou
de Benitàtxell
Cap de la Nau (122)
La
Granadella _Platja de la Granadella_
Cumbre del Sol
eulada _Cala de los Tiestos_
Sabatera
Moraira El Portet de Moraira (⚑)
Cast. 165 _Punta de Moraira_
Buenavista _Platja de Moraira_
Cala Abogat

nyal d'Ifac
Penyal d'Ifac (326)
△)

Q

A

Cabo Espichel

0 4 8 12 km

ÍA

DE

SETÚBAL

Praia de Comporta   Comporta

Torre

N 261

Carvalhal   Torroal

Casa
Branca

N 261.1

Fontainhas   Boiças   IC

Atalaia   325 △
N 261.2   8

Praia de Melides   Melides (△)   29
Praia de S^to André   Costa de S^to André
Lagoa de   São Francisco
S^to André   da Serra   Cruz de
João Mende

31   Sta Cruz
Vila Nova   IC 33
de S^to André   N 261
51   S^to André   Santiago
13   do Cacém
São Ba
da Ser
N 121
Ruínas
Romanas
N 261.5   de Miróbriga
282 △   N 261
Cabo de Sines   A 26   2   22
(△ ⚓) Sines
Porto de Sines   Boavista do Paiol
Provença   Muda
N 120   214 △
Praia de São Torpes   B^gem de Morgavel   Vale de Águ
Praia de Morgavel   Sol Posto   △ 149
N 390
Praia de Porto Covo   IC 4   Tanganheira   B^gem de
(△) Porto Covo   26   Campilhas
Praia da Ilha   Bracial   N 262   23
Malpensado   Serra   Cercal   N 389
341 △
Casa Nova
N 390   Ribeira do Seissal
Parque   Brunheiras   S^a das Neves
Vila Nova   N 120
de Milfontes   São Luís
Vale Beijinha
N 393   31
Almograve   Zambujeiras   Vale de
Praia Grande   Troviscais   Torga   Ferro
Natural
Cavaleiro   N 395.1
Cabo Sardão   Telheiro
Maroufenha   Odemira   N 123
Touril   Fontinha   Boavista   △ 209
Porto das Barcas   dos Pinheiros
N 395.1   N 120
Estibeira   Sobreiro
(△) Zambujeira do Mar   Sta
Carvalhal   220 △   São Teotónio
de Sudoeste
Brejão   Sta Bárbara
38
Praia de Odeceixe   Oleiros   455 △
Caeiro
Odeceixe

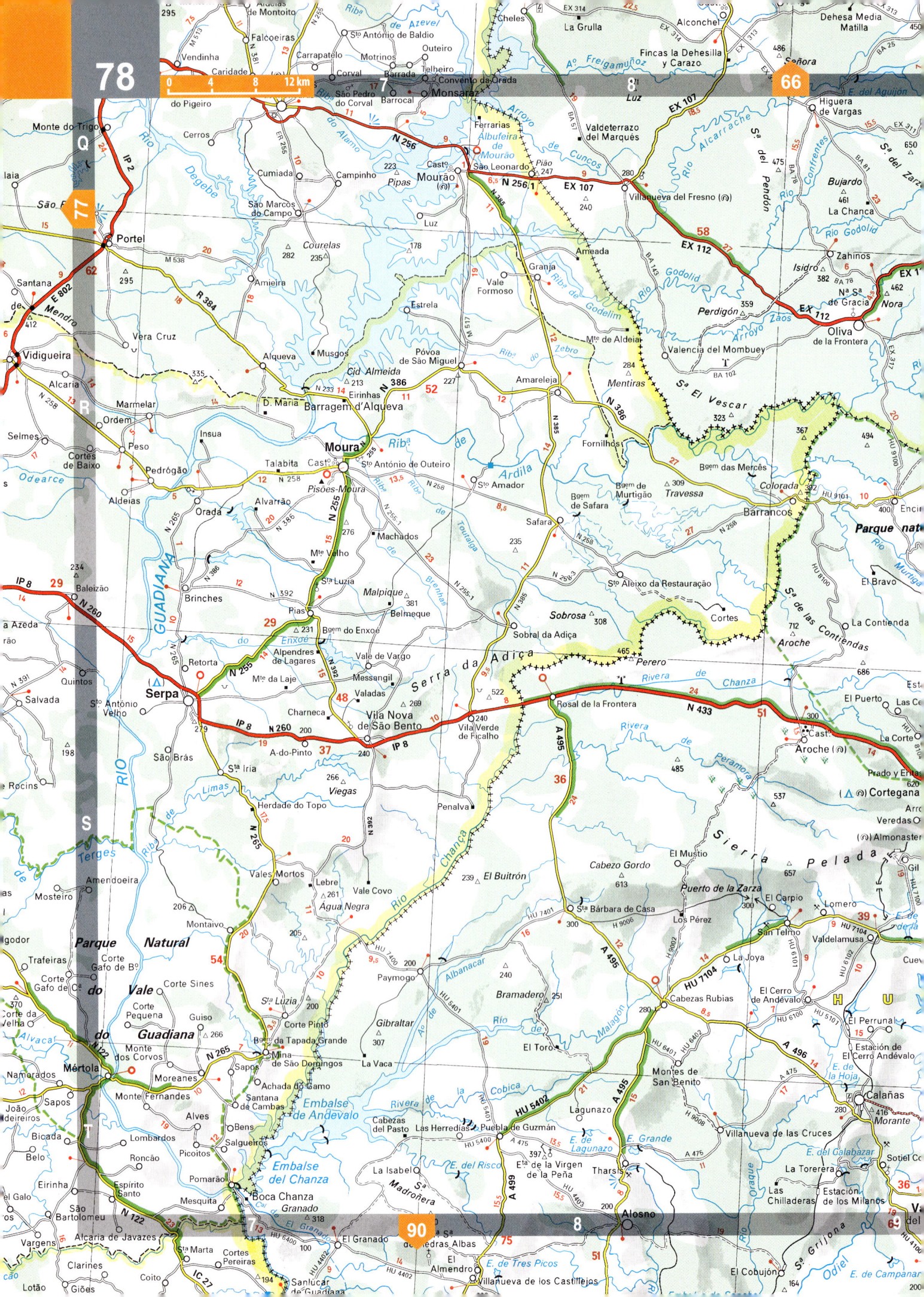

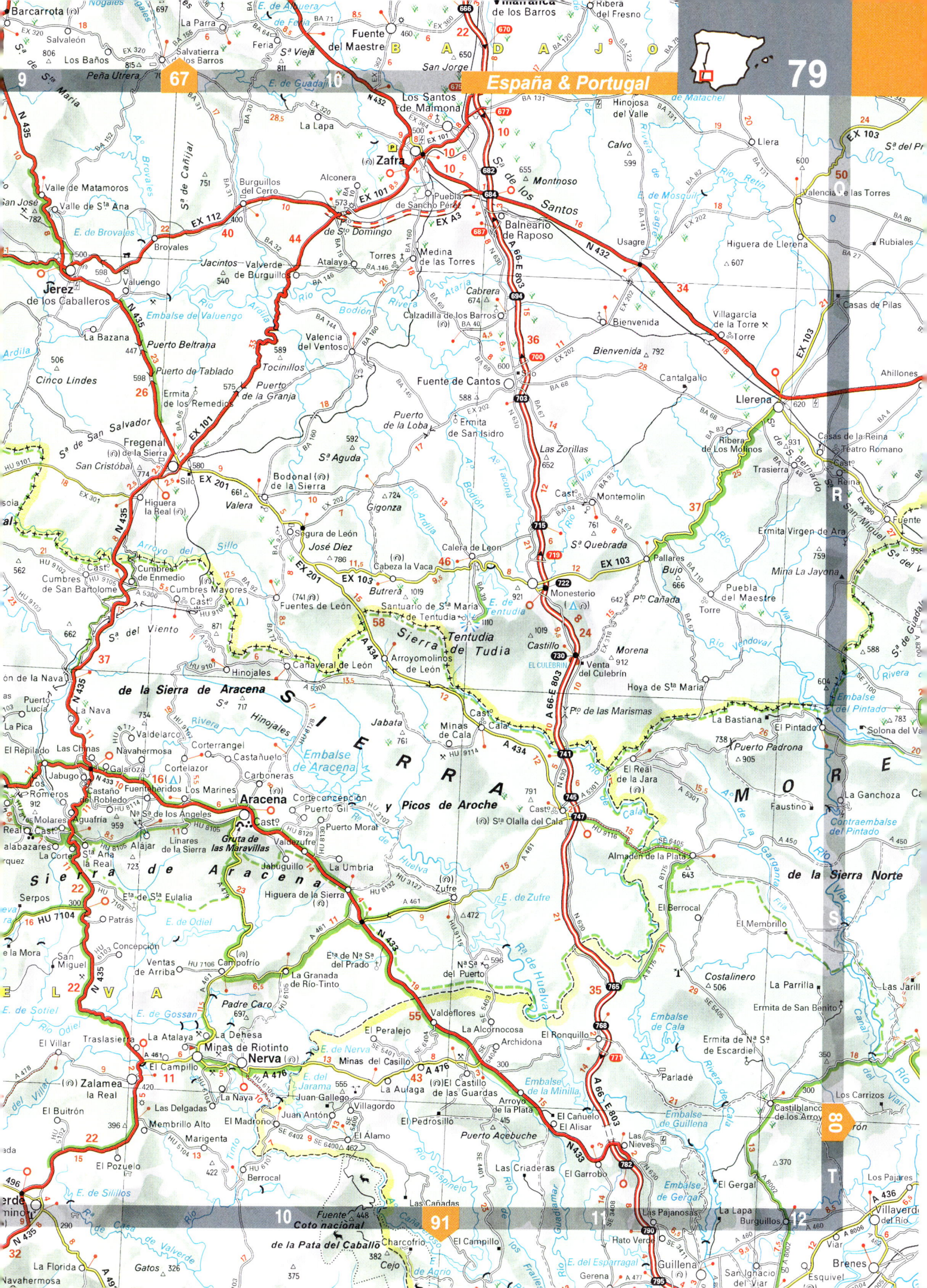

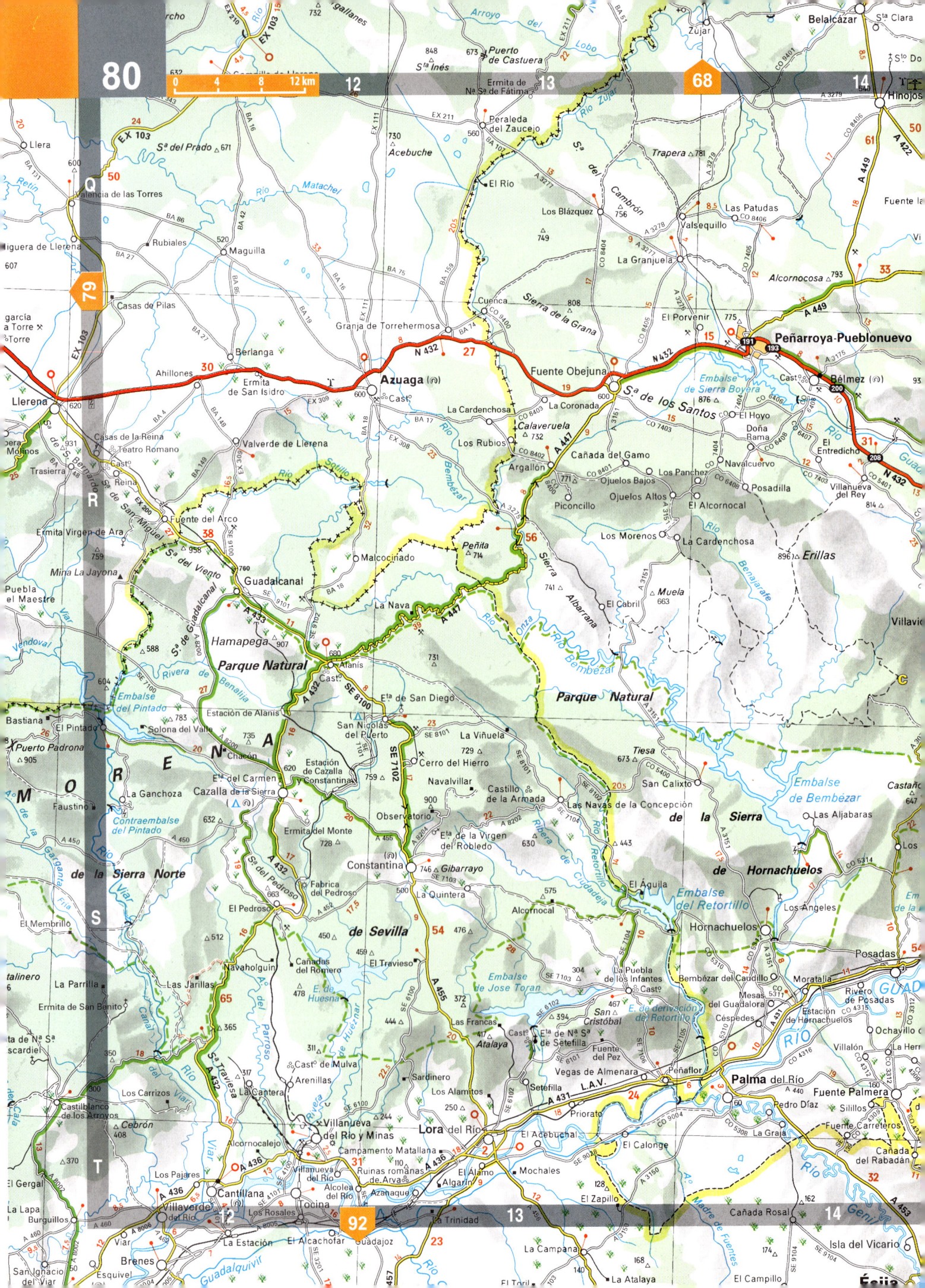

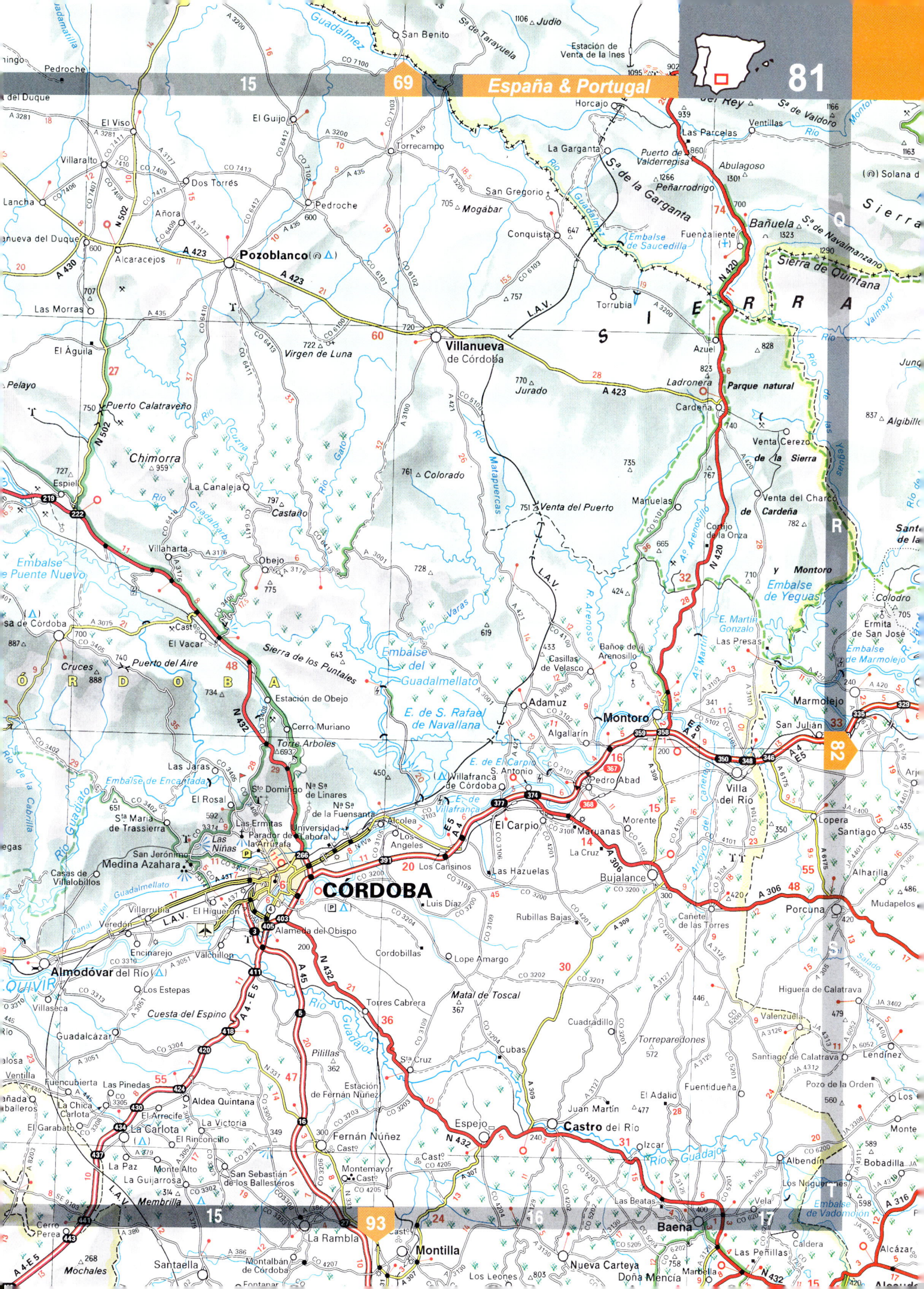

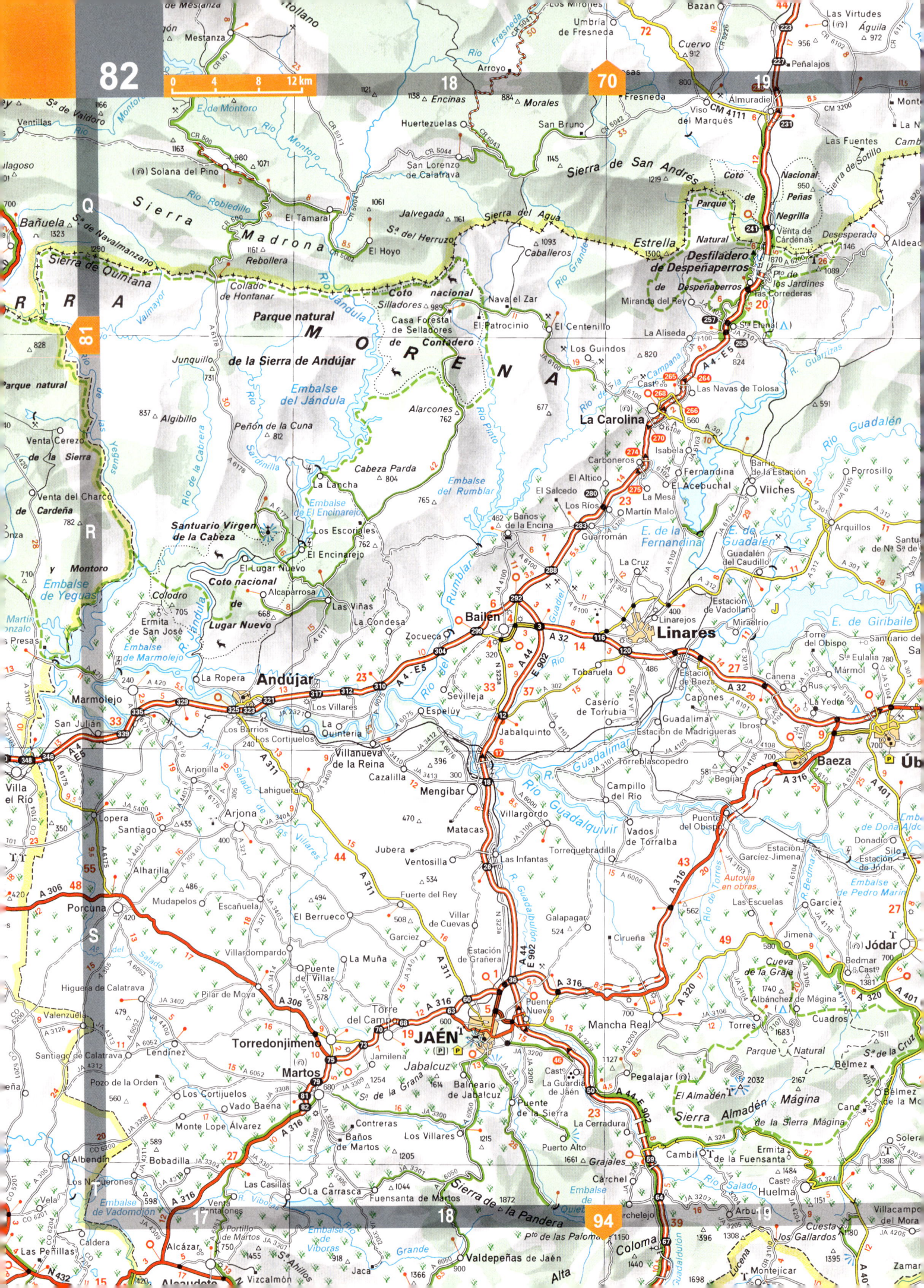

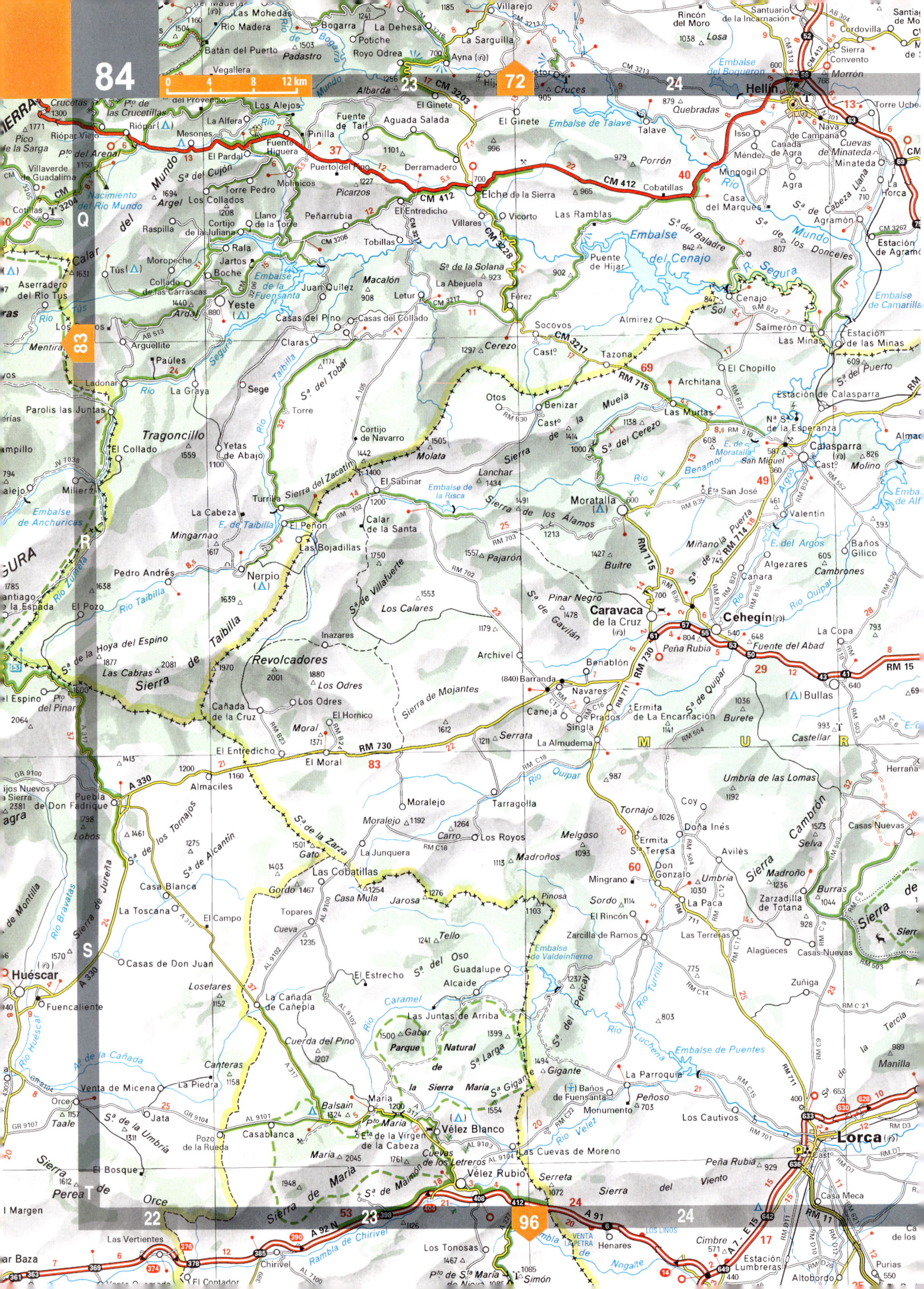

IBIZA

Cala de Portinatx
Cala Xarraca
Punta des Gat
Portinatx (△)
Punta de sa Creu
Sant Vicent △ 303
Cala de Sant Vicent
Port de Sant Miquel
C 733
PM 811
Punta Grossa
Cala Sant Vicent
Platja des Figueral
Cap d'Albarca
Sant Joan de Labritja
es Figueral
△ 230
Illa de Tagomago
Sant Miquel de Balansat
C 733
△ 412
Sant Carles de Peralta
Cap Roig
△ 400
Camp Vell
△ 262
27
la Joya
Stª Agnès de Corona
PM 804
Sant Llorenc de Balafia
es Canar (△)
Sant Mateu d'Albarca
C 812
Stª Gertrudis de Fruitera
10
Platja des Canar
Cap Nunó △ 258
Buscastell
278 △
PM 810
Illa de Stª Eulària
Cala Salada
16,5
Cala Gració (△)
Stª Eulària des Riu (△)
Illa Conillera
Sant Antoni de Portmany
7,5
7
Siesta
Cala Bassa
8,5
15
Cala Llonga (△)
Illes Bledes
14
C 733
△ 182
Cap des Llibrell
Illa s' Espartar
Cala de Bou
Sant Rafel de sa Creu
6
PM / 810-1
Roca Llisa
Port des Torrent
Sant Agustí des Vedrà
C 731
5,5
13
Cala Tarida
340 △
9
2
Nª Sª de Jesús Talamanca
340 △
Sant Josep de sa Talaia
263 △
Caló d'en Real
7,5
416 △
sa Carroca
3
Punta Grossa
Cala Vedella
487 △
Puig Gros
3
EIVISSA / IBIZA
Cala Barcó
es Cubells
13
Platja d'en Bossa
Cap Blanc
△ 414
Cova Santa
PM 801
Sant Jordi de ses Salines
Illa Vedrà △ 382
Sant Francesc de s' Estany
Cap Llentrisca
Salines
△ 160
sa Canal
10
Platja des Cavallet
Punta de sa Rana
Punta de sa Torre de ses Portes
Illa des Penjats

Illa Espardell
Illa Espalmador
Parque Natural de Ses Salines d'Eivissa i Formentera
Cala Savina
Punta Pedrera
la Savina
Estany
Punta Prima
Punta de sa Gavina
es Pujols
Sant Francesc de Formentera
Sant Ferran
Punta de Sa Creu
FORMENTERA
2,5
14,5
es Caló
135
PM 820
el Pilar de la Mola
Punta Rasa
△ 192
Far de la Mola
Cala Saona
8,5
Platja de Migjorn
Mola
Punta des Far
113
Mar y Land
Punta Rotja
Cap de Barbaria

0 4 8 12 km

T

U

V

W

Y

Z

2   3

A   B

2   3   4

Porto das Barcas
(▲) Zambujeira do Mar
Carvalhal
de Sudoeste
São Teotónio
Sta C
Sobreiro
Sta Bárbara
Estibeira
Brejão
38
Praia de Odeceixe
Oleiros
Caeiro
455
da
Odeceixe
Samouqueira
Maria Vinagre
Rib.ª
de
Seixe
Alentejana
Praia da Carreagem
Rogil
Foz do Arroio
346
516
Praia de Monte Clérigo
Bunheira
Pêro Negro
Foz do Farelo
Port Co
Ponta da Atalaia
Vale da Telha
Aljezur
Cerca
Marmelete
Fóia
902
773
Mon
(▲) Arrifana
Vales
114
Arrifana
Serra
15
Casais
Caldas de Monchiq
e Costa
Alfambra
de
N 266
24
N 120
24
de
Corsino
Montes de Cima
Pereira
Praia da Bordeira
Samouqueira
Poldra
248
Bocm da Bravura
Serra
Pontal
Bordeira
44
Carrapateira
Vilarinha
Bensafrim
15   A 22   IC 4   49   Porto de Lagos
Vicentina
Serra
do
Espinhaço
de
Cão
N 120
Odiáxere
3   Figueira
17
Por
Praia d. Mouranitos
Pedralva
178
Barão de S. João
Lagos
Mexilhoeira Grande
Alvor
Praia da Cordoama
Barão de São Miguel
Almádena
Espiche
Praia dos Três Irmãos
Sta Ca
Praia do Castelejo
Torre de Aspa
156
Raposeira
N 125
Luz
Atalaia
Praia de Dona Ana
Praia da Rocha
Vila do Bispo
31
Figueira
84
109
Lagos
Alga
Zavial
Salema
Burgau
Praia do Porto de Mós
Ponta da Piedade
Cabo de São Vicente
N 268
P
Praia do Martinhal
Sagres
Ponta da Atalaia
Ponta de Sagres

ILHA DA MADEIRA (▲)

Ponta do Tristão
Porto Moniz (▲)
Santa
Achadas da Cruz
Ribeira da Janela
Arco de São Jorge
Ponta de São Jorge
Pargo
Seixal
Ponta Delgada
São Jorge
Ponta do Pargo
53
Boa Ventura
Santana
Ponta do Clérigo
São Vicente
Faial
730
Remal
1320
Ruivo do Paúl
1640
Pico Ruivo
São Roque
Porto da Cruz
Fajã da Ovelha
Ginjas
Rosario
1468
Rabaçal
Prazeres
1275
Parque
Natural
Boca da Encumeada
da Madeira
Arieiro
1818
Portela
Caniçal
Prainha
Paúl do Mar
Pousada dos Vinháticos
1512
1007
1857
Ribeiro Frio
Jardim do Mar
Arco da Calheta
Serra de Água
35
Calheta
Eira do Serrado
1095
Poiso
Camacha
Agua de Pena
Madalena do Mar
Canhas
Estreito de Câmara de Lobos
Campanário
Monte
Santo António
Gaula
Santa Cruz
78
Ponta do Sol
Ribeira Brava
Caniço
Machico
Cabo Girão
615
São Martinho
Ponta do Garajau
Câmara de Lobos
São Gonçalo
Ponta da Cruz
FUNCHAL

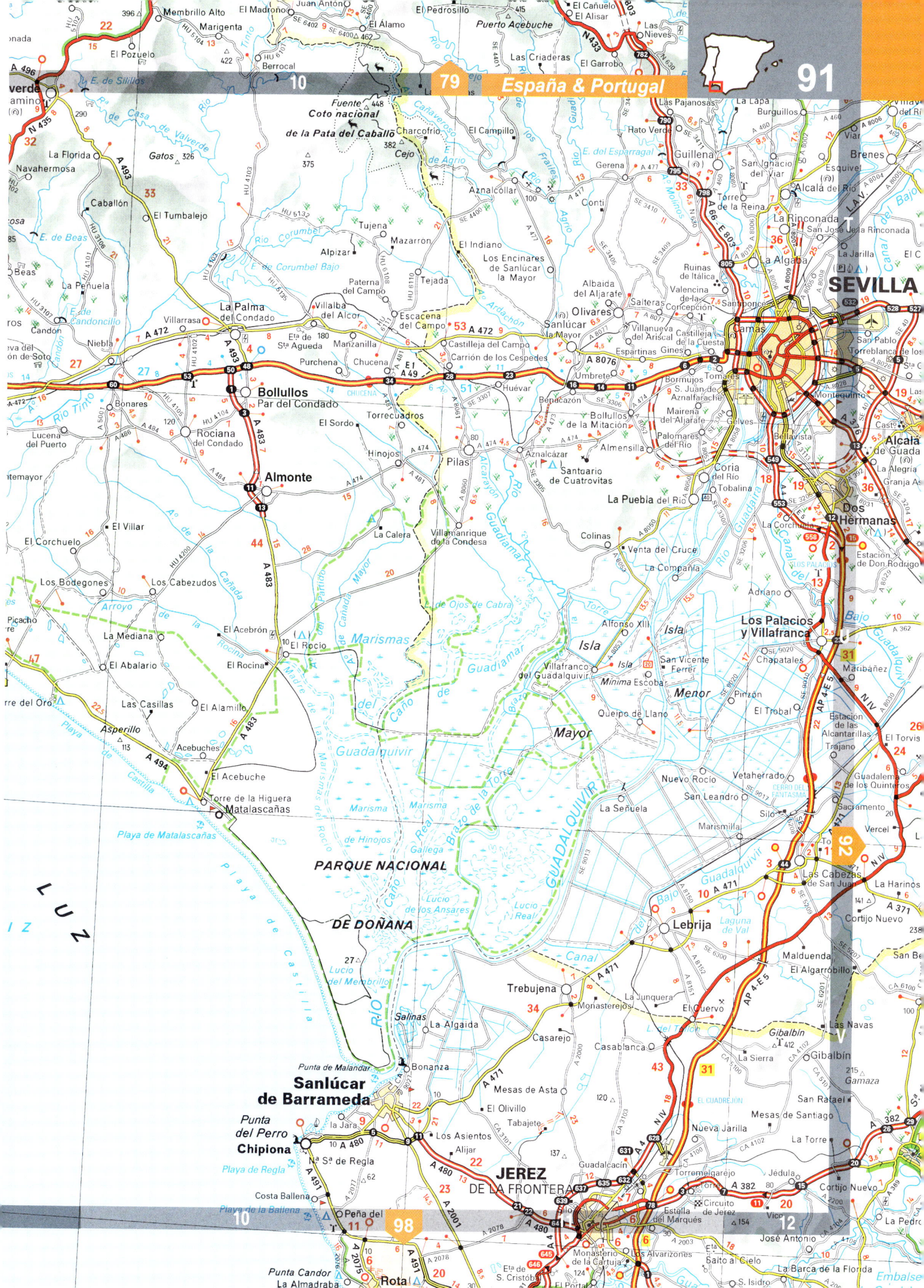

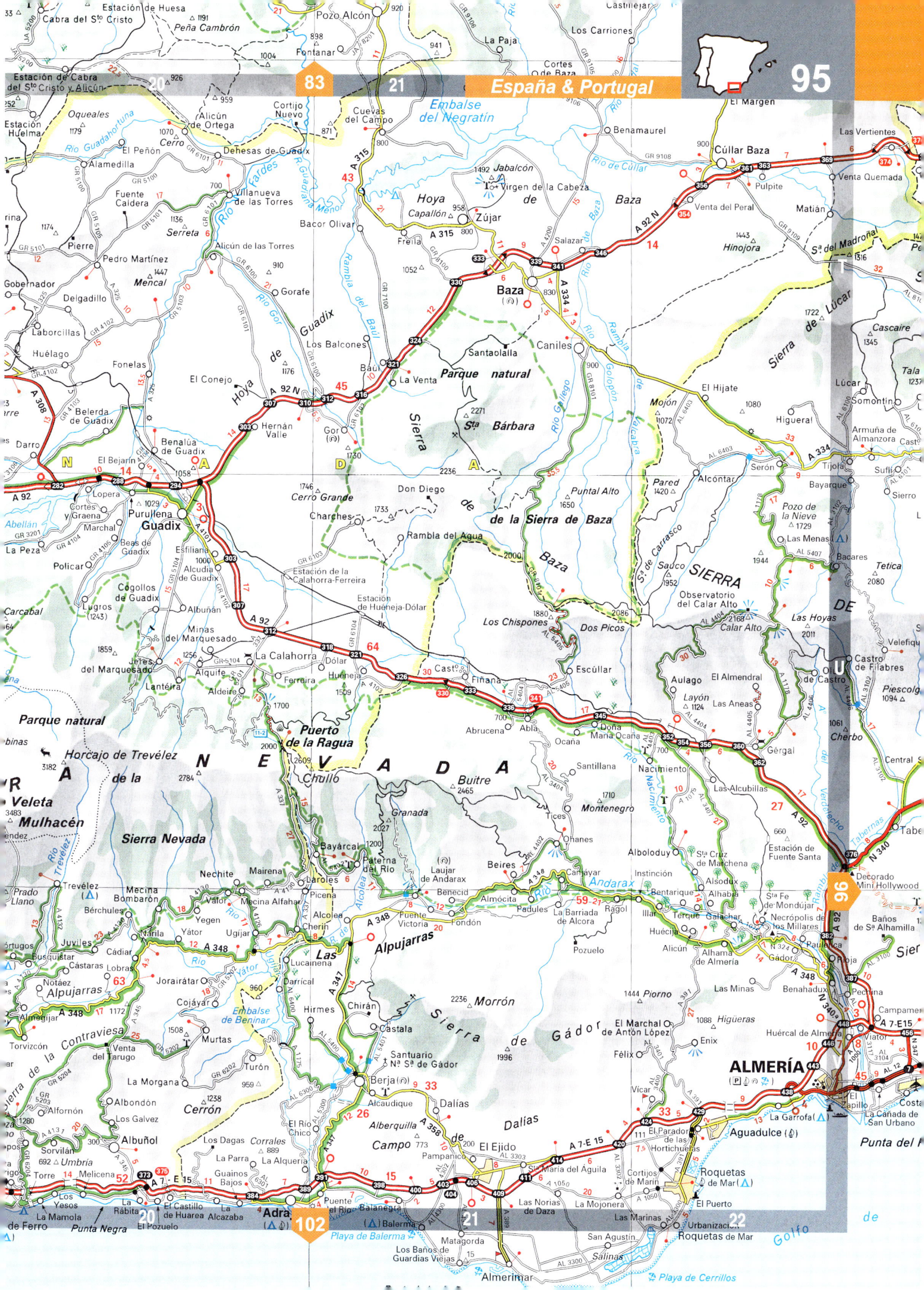

Raiguero Bajo

Hinojar 258

Gañuelas

Alporchones

Alpres 557

25 85

La Majada

La Atalaya

La Atalaya

Sierra de Almenara

Morata 594

Los Cucos de las Moreras

Pastrana

881

Talayón

Ermita del Ramonete

Miñarros

31 18

ra del Contar 651

866

El Cantal

Garrobillo 103

690 21

AP 7 34

Cast°

Calabardina

Cope 245

Aguilas 9.5

El Hornillo

Playa de calabardina

Cabo Cope

Terreros

La Pinilla

Las Palas 829

Tallante 19

Los Ruices

Cuesta

El Pericón 369

Barriada S. Cristobal

Miranda Sta Ana 810

15

805

Aparecida

La Unión

Portman

336 Regional de Calblanque

Punta Espada

Mazarrón 845

Puerto de Mazarrón

Bahía 431 6,5

Bolnuevo

Isla Plana 9,5

N 332

Los Puertos de Sta Barbara

42

625

19

N 332

La Azohía

Playa Grande Playa de la Reva

Playa de la Isla

405 471

Sierra de la Muela

546

Cabo Tiñoso

Canteras

Roldán 471

San Julián

El Portús

CARTAGENA

Alumbres

La Unión 5

Escombreras

Atamaría 307

Cenizas

Punta Negra

Cabo Negrete

Cabo de Agua

Golfo de Mazarrón

N 332

T

U

V

Punta
del Perro
Chipiona

la Jara

Los Asientos
Alijar

Tabajete

Guadalcacin

JEREZ
DE LA FRONTERA

Nª Sª de Regla

0   4   8   12 km

10 Costa Ballena

Playa de Regla

Playa de la Ballena

Peña del Águila

Punta Candor
La Almadraba

Rota

Monasterio
de la Cartuja

Los Alvarizones

Estella
del Marqués

Eª de
S. Cristóbal

El Portal

La Ina

Fuentebravia

San Marcos

Playa de Costilla

El Manantial

Playa de Fuentebravia

Playa Stª Catalina

Doña
Blanca

El Puerto
de Stª María

Bolaños

El Ancla
Vistahermosa

Valdelagrana

17

Bahía

Matagorda

Playa de Levante

CÁDIZ

Castº de San Sebastián

Puerto
Real

La Chacona

El Pe

Playa de la Victoria

La
Carraca

Barriada
de Jarana

Playa de Cortadura

San Fernando

Pinar de los Franceses

Medi

Torre Gorda

Isla

Salinas

El Rosal

Parque Natural

de la
Frontera

León

Stª Teresa

de la Bahía de Cádiz

Los Gallos

Sancti Petri

Novo
Sancti Petri

Isla Sancti Petri
Castº

La Barrosa

Pago del Humo

Playa de la Barrosa

Campano

Playa
del
Roche

El Colorado

Fuente del Gallo

Puerto
de Conil

Conil

Cabo Roche

Playa de Fontanilla

Conil de la Frontera

Playa de Bateles

El Palmar

de la

Eª de la Porqu

Zahora

Mec

Parque natural

La Breña y Marismas de Barbate

Cabo de Trafalgar

C
O
S
T
A

D
E

L
A

L
U
Z

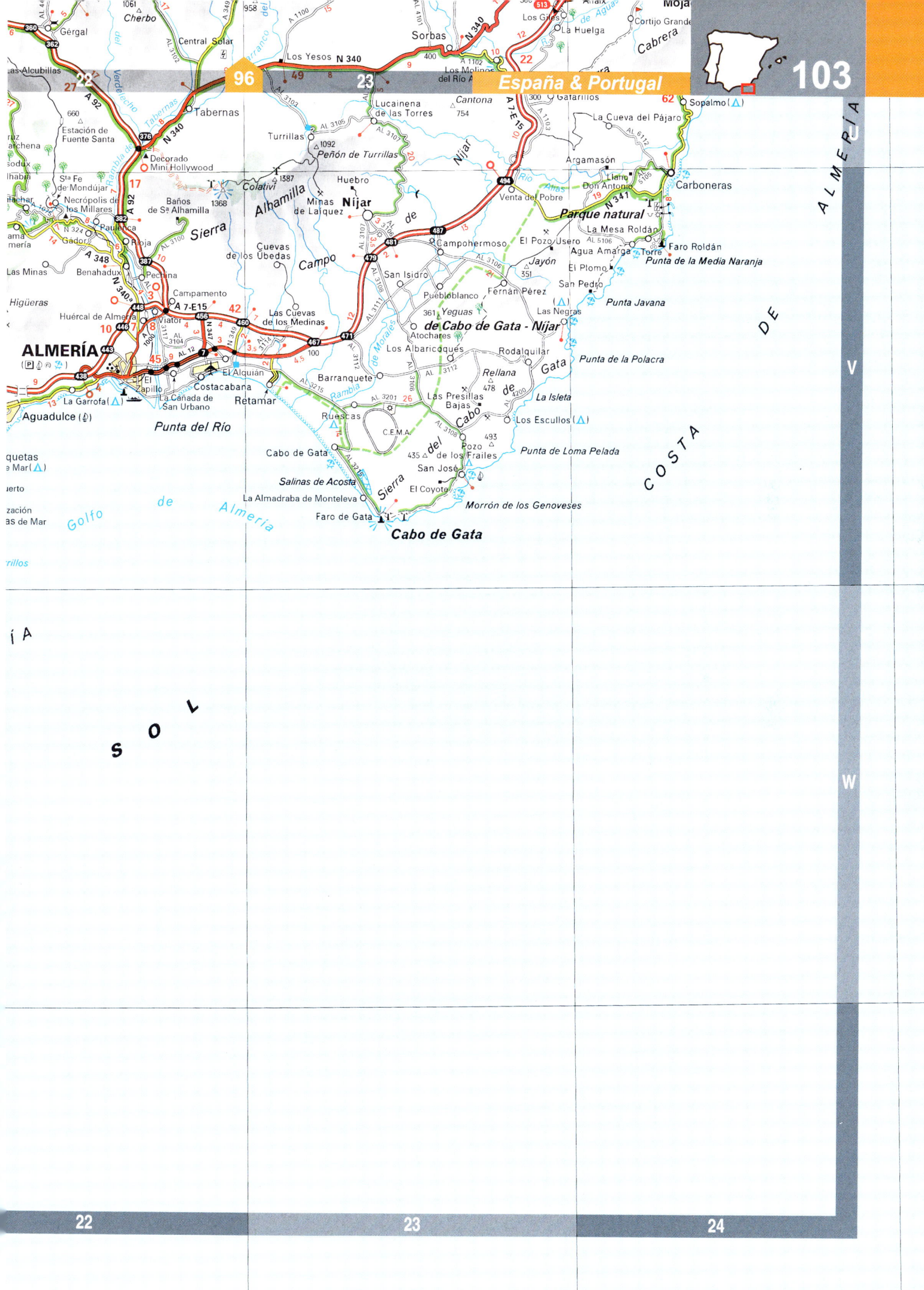

0 4 8 12 km

L

105

M

N

Cap de
Cavalleria

Illa
dels Porros

Cala de Algaiaréns

Cala Pregonda

Platja de Tirant

Badia de Fornells

Illes Bledes

Platjes
de Fornells

Punta Pantinat

△ 123

Fornells (⚓)

(🚲) Cala Morell

Falconera

Punta Codolar

Arenal
d'en Castell

Urb. Coves Noves

na Macaret (⚓)

Punta Nati

Sta Agueda

206 △

268

Ciutadella
de Menorca (⚓)

15

es
Mercadal

Monte Toro

Addaia

Cap de Favàritx

Cap Menorca
o Bajoli

△ 80

RC 2

Me 1

△ 131

Ferreries

8

Monte Toro
△ 358
Santuari

Binifabini

△ 82

Illa Colom

Cala en Blanes

Me 1

22.5

s'Albufera

es Grau

(🚲) Cala Santandria

Santandria

Barranc
d' Algendar

Me 20

7

Me 1

10.5

Me 16

9

45

Alaior

Shangri-Là

Punta de sa Galera

(🚲) Cala Blanca

9

Me 24

Me 22

Son Olivaret

Cala'n
Turqueta

Cala Galdana

62 △

es Migjorn Gran

155 △

Me 1

sa Mesquida

Cala Mesquida
Cala Fonduco

Tamarinda

Torre-saura

Cala en Bosc

Cala Turqueta

Cala Macarella

Cala Galdana

Sant Tomàs

Torre-solí Nou

Maó / Mahón

Cap Negre

Cap d'Artrutx

Platja de
Sant Tomàs

Son Bou

△ 75

7.5

13

Talatí
de Dalt

Sant Climent

13

Castell

Punta de s'Esperó

Fort la Mola

Platja de Son Bou

Cala en Porter

Cala en Porter

Coves
d'en Xoroi

Me 12

s'Ullastrar

Me 8

Sant Lluís

Me 6

s'Algar (🚲)

4.5

Cala Binibeca

Binidalí

Cap d'en Font

Binibèquer

△ 73

Alcalfar

Punta Prima

Illa de l'Aire

MENORCA

de Capdepera

a (⚓)

rtà

el

R
R
À
N
I
A
L

N
E
O

Ilhas Açores

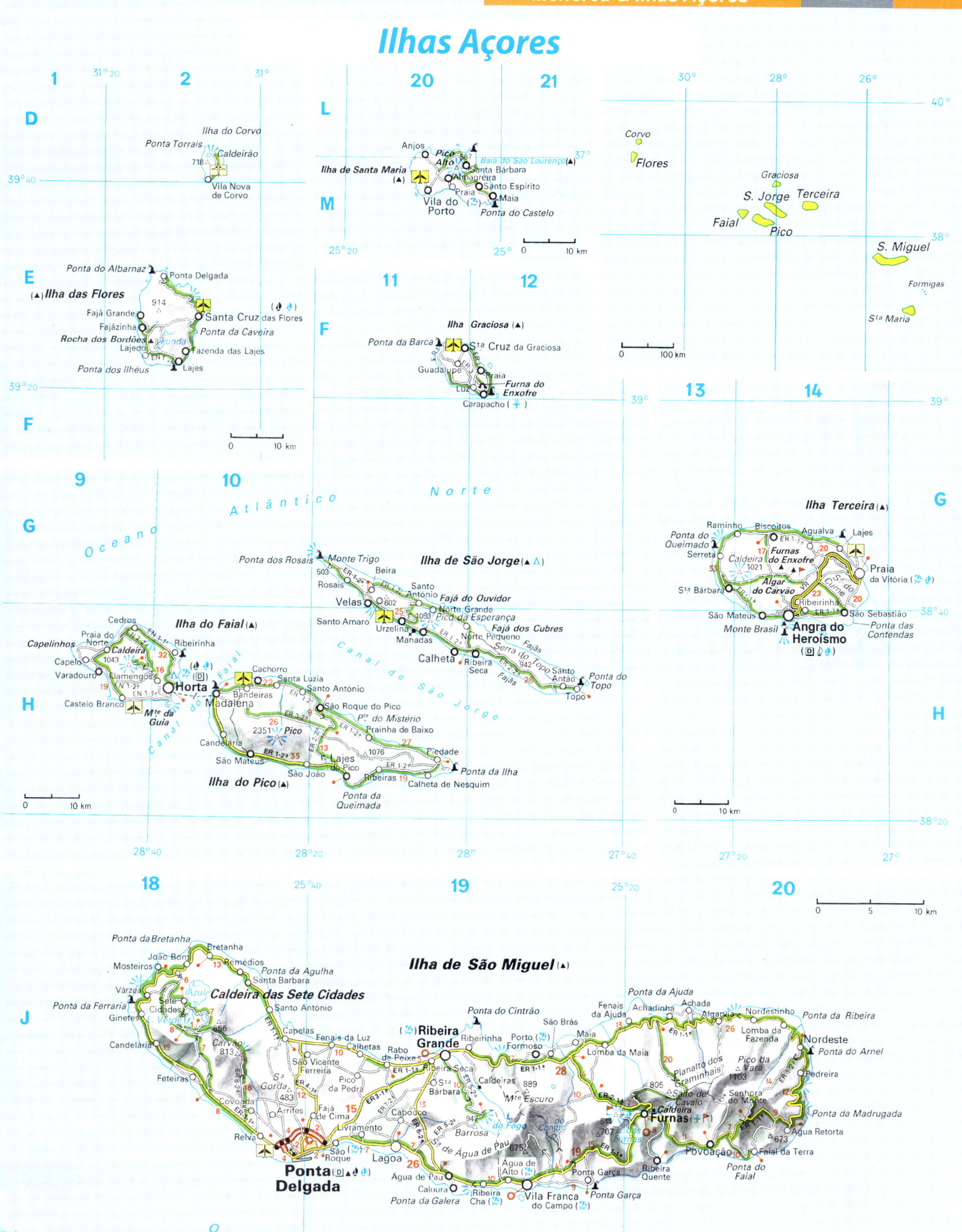

0   5 km

A   B   C

1

2

El Golfo **✶✶**

Playa del N

Punta de
la Sal

**Punta
Arenas Blancas**

Puntas de Gutiérrez

Playa la Madera

Playa de los Goranes

Playa de
los Bucios

*Roque de
la Sal*

Punta de
Tosca Amarilla

Playa de los Palos

12

Tig

Mirador
de Bascos

2

Playa del
Verodal

**Pozo de
Sabinosa**

6,5

8,5

Los Llanillos

Las T

Bahía de los Reyes

El Sabinar

Sabinosa

Playa de
los Negros

La Dehesa

Gª Serrador

Ventejea
△ 1236

Malpaso

Punta de
los Reyes

616
△

**Ermita Nª Sª
de los Reyes**

Cruz de
los Humilladeros

1503

3

4

4

El Estancadero

3,5

13,5

Punta del Barbudo

Meridiano

3

Quemada
△ 424

El Julán

Bº

Faro de Orchilla

**Punta de
Orchilla**

Playa de
las Coloradas

Playa de
los Mozos

Playa de Tejeda

Playa del
Cuervito

Cueva del

Playa de Linés

Cala de Taco

A   B   C

Punta
del Guanche   Punta Norte

Bahía de
las Calcosas   Punta de Amacas

Echedo   Playa de Adentro

Pozo de
las Calcosas   4   Playa del Salto

Punta de
Agache   346 △   4   Tamaduste

Roque Salmor   **Mocanal**   Ermita de
San Pedro

Playa del Piloto   3   Ermita de
San Lázaro

Guarazoca   2   Hoyo
del Barrio   761 △

** **Mirador de la Peña**   Erese   Betenama   **Valverde**   Santiago   Playas
Largas

Playa del Catadal   642 △   2   9   Caleta

Embarcadero de Punta Grande   Jarales   2   Pedráje
1025 △   HI 2   Punta de
la Caleta

Las Montañetas   **10**   8

Las Puntas   △ 1041   Ventejis
1139 △   4   HI 2   3   Ermita de San Telmo

ato   Izique
△ 1234   5,5   **Tiñor**   541 △   **Puerto de la Estaca**

6   Guinea   HI 1   1,5   4   Playa de Tijeretas

Los Mocanes   **San Andrés**   4,5   La Gomera
Tenerife

Mirador
de Jinama
(1180)   3   Bahía Temijiraque

ay   Las Rosas   3   La Cuesta   Temijiraque   Punta de Temijiraque

s   **Frontera**   1327 △   Los Llanos   12

HI 1   4   La Torre

1330 △   Alto
de Fileba   2,5   **Isora**   Punta de Ajones

24   HI 1   3,5   1118 △   Mirador
de Isora
(800)   B° del Morro

17   5   Roque de la Bonanza

El Pinar *   Mirador de
las Playas

rcadel △   Hoya del Morcillo   _Las Playas_

1253 △   3,5   Las
Casas   P   Parador de El Hierro

12,5   **El Pinar**   Playa de los Cardones

Taibique   △ 1002

arón   774 △
Tembargena   Playa de Miguel

25   Playa Brava

Roques de Los Joraditos

14   Playa del Pozo

Playa de Manchas Blancas

Los Lajiales

Playa del Cantadal

Restinga
△ 197   **La Restinga**

Bahía de Naos

Punta de
los Saltos   Punta de la Restinga

1 : 125 000

0   5 km

D   E   F

1

Punta

2

Pl.

Playa de l

Playa de Ja

Punta del Salvaje

Los Molinos

O C É A N O

Punta de Fuente Blanca   Sa

Playa de los Mozos   Bco de los

Playa del Valle

Aguas Verdes

Punta de los Caletones

A T L Á N T I C O

Punta del Junquillo   Morro Alto
                            417 △

3

Punta Gorda   Morro de la

Punta de la Herradura

Morro Negro   Mirador de
              480   Morro Velosa

              ★ Betancuri

Barranco   de   la   Peña   724 △
                                  Betancuria   29

Puerto de la Peña   Ajuy   Vega de Río
Playa de los Muertos   Bco   de   Ajuy   FV 323   Palmas

        FV 621   Eta de Na Sa
                      de la Peña   Peñita
        9
Punta de la Nao   Bco   de   las

C   D   E   FV 621   Gra

        112

Mézquez

Playa de la Solana

1

2

3

1 : 175 000

G H I J K

Lanzarote
El Río
Faro de Lobos
Punta Martiño
Playa del Sobrado
Playa de la Arena
Punta Salidero
Lobos 127
Isla de Lobos
Parque Natural
El Puertito
Punta el Marrajo
Roques del Puertito

Playa del Bajo de la Burra
Punta de la Tiñosa
Playa del Majanicho
Punta de la Vera
★ Corralejo
Solyplayas
Playas de Corralejo
Punta del Rincón
Majanicho
152
Montaña de la Mancha
Punta Aguda
La Costilla
Bayuyo 269
Playa Bajo Negro
Punta de la Ballena o de Tostón
Calderon Hondo
Parque Natural de Corralejo
Playa de los Matos
Faro de Tostón
167
Playa del Moro
Punta de la Enrocadiza
Los Lagos
La Costilla
Peña Azul
Playa Alzada
El Roque
Lajares
Punta La Barra
Tostón
FV 10
16
Los Apartaderos
El Cotillo
Cast? de Rico Roque
9
Arriba
Costa Roja
Playa del Castillo
5 FV 109
Casilla de Costa
Roja 312
Playa del Aljibe de la Cueva
17
31
Playa del Águila
Blanca 308
Villaverde
Playa de La Cazuela
Playa de Esquinzo
Taca
420
Arena
Montaña de Escanfraga 529
33
de Paso Chico
FV 10
La Oliva
Azul
Playa del Chinchorro
Museo del Grano
FV 101
Barranco
Puerto de la Oliva
Esquinzo
6
Casa de los Coróneles
9
de Tebeto
Montaña Tindaya 401
Casa del Capellán
El Cantil
Playa del Perchel
Mujer
8
FV 102
FV 102
bio
Tindaya
Vallebrón
FV 103
Calchete
Las Llanadas
Barranco
Muda 689
9
7 Bco de Tinojay
Playa de los Valdivias
La Matilla
Calderata
El Tío Machín
Monumento a Don Miguel de Unamuno
2
Valhondo
Guisguey
4
La Tía Cristina
Barranco
7.5
El Time
3
FV 214
Punta de la Tiñosa
de
686
Eta de las Mercedes
5
Playa del Charquito
Colonia de García Escámez
11
Aceitunal
511
La Herradura
Gamón 214
FV 1
los
15
Tetir
Herradura
Puerto Lajas
FV 221
Tefía
Bco de la
FV 219
4
Playa de Las Lajas
8.5
Ermita de San Agustín
Majadas
FV 10
Rosa de la Monja
Punta del Roque
Embalse de los Molinos
FV 220
2,5
625
Cuchillos
8
La Asomada
2
3
FV 225
2,5
Punta del Gavioto
3,5
FV 207
Casillas del Angel
2,5
Tao 425
13
Tesjuates
FV 20
2
Puerto del Rosario
7,5
FV 30
3
5
Zurita 275
2
Llanos de la Concepción
El Almácigo
Los Pozos
Playa Blanca
6
La Ampuyenta
Barranco
Llano del Sol
Lanzarote
de Sta Inés
8
Cabras
Gran Canaria
Rosa del Taro 593
Punta del Viento
4
Ermita San Diego
FV 416
Casa Blanca 337
El Matorral
Punta Gonzalo
645
Centro de Artesanía
FV 20
Triquivijate
FV 430
Playa del Matorral
6
FV 413
Museo Arqueológico
5
Antigua
Punta del Cangrejito
Las Pocetas
Escaque
Ermita de San Francisco
Castillo de la Caleta de Fustes
12
Valles de Ortega
Caleta de Fustes
Eta de San Roque
Majada Blanca
La Guirra
Morales
FV 415
El Cortijo
Montaña 708
FV 50
Agua de Bueyes
10
FV 2
Punta del Muellito

0 5 km

B   C   110   D   E

3

4

Punta del Peñón Blanco

Las Salinas

Playa Amanay

Punta de las Goteras

Playa de Terife

Playas Negras

Playa de Ugán   Ugán

Puerto Nuevo

Playa de la Pared

Playa del Viejo Rey   La P

Morros Negros

123 △
Granillo

Agua Tres Piedras

El Jable

Costa
Calma

Punta Paloma

Bahía Calma

Punta de

Playa Barca

Playa de Barlovento
de Jandía

Los Verodes

El Islote

Playa de
Sotavento

Playa de Cofete

El Paso
253

Punta
Pesebre

Punta de
Barlovento

Parque   Natural

Montaña
Blanca
△ 402

Pecenescal

Punta Cotillo
o de Cachorros

Cofete

807 △

Jandía

de

Jandía

Los Canarios
de Abajo

Mal
Nombre

Risco del Paso

435 △   Montaña Aguda

Fraile
683 △

P e n í n s u l a

Gran
Valle

Esquinzo

Tierra Dorada

Playa de Ojos

Valle de Butihondo

Marabú

Punta del Tigre

de   Jandía

Playa de
Butihondo

5

Cueva
de la Negra

Ciervo

Faro de
Jandía

Puerto
de la Cruz

Playa de las Pilas

Jorós

Corral Bermejo
336 △

Butihondo

Punta
de Jandía

Playa de Juan Gómez

Punta
del Viento

Matorral

Morro
Jable

Playa del
Matorral

Gran Canaria

0 5 km

B C D

Punta de Sardina
Punta de Gáldar
Necrópolis de la Guancha
Punta de Guanarteme
Puerto Nuevo
Puerto de la Caleta
Caleta de Abajo
El Agujero
Punta del Mármol
Playa de San Felipe
Llanos de Caleta y Sobradillo
GC 202
El Aguero
Pico de Gáldar
434
La Atalaya
San
Playa de Sardina
Sardina
GC 204
Puerto de Sardina
Gáldar
Cenobio de Valerón
Roque Partido
Barrial
Sta Maria de Guía
San Juan
Cueva Pintada
25
Tres Palma
San Isidro
27
501
Almagro
GC 2
El Calabozo
Aguilar
Punta Marqués
Punta del Cardonal
GC 2
Eta de San Isidro El Viejo
GC 293
Hoya de Pineda
GC 220
Paso María de Los Santos
Truj
24
El Palmital
Me
Cuevas de Las Cruces
837
Los Llanos
Vergara
de
Verdejo
Punta del Tumas
Puerto de las Nieves
Agaete
San Pedro
Pico de Viento
Saucillo
13
Tenerife
Dedo de Dios
Valle de Agaete
El Camino
951
Montaña Alta
Los Tilos de Moya
Playa de Guayedra
Vecindad de Enfrente
Bascamao
Guayedra
Los Berrazales
1082
Caideros
GC 70
Barranco del Laurel
Jurada
Playa Segura
Cruz de Dionisio
GC 200
15
Tamadaba
El Hornillo
Fagajesto
Fontanales
Car Barranc
La Laja del Risco
Cruz de Tabaibal
Casa Forestal
1444
Tamadaba
Lugarejos
12
Va
GC 70
Playa del Risco
Pinar de Tamadaba
El Risco
7
Juncalillo
Pinos de Gáldar
Lanza
Punta de Góngora
Parque
Natural
Las Hoyas
Bo Hondo de Abajo
1368
Job
Coruña
GC 216
Cruz de Valerón
El Tablero
Montaña Negro
La Fajanita
16
34
Tirma
Cruz de María
Last Cuevas
1335
GC 21
Moriscos
1771
GC 210
693
Lentisco
Artenara
(1270)
El Majuelo
Cruz de Tejeda
Punta de la Aldea
514
de
Tamadaba
1376
Altavista
GC 210
Guardaya de Abajo
El Rincón
La Degollada
GC 200
Cuevas Nuevas
Acusa Verde
La
de
Puerto San Nicolás
Candelaria
Higuerilla
Tejeda
Playa de la Aldea
El Hoyo
GC 607
Embalse de El Parralillo
Barranco
Las Marciegas
San Nicolás de Tolentino
1412
Tejeda
Albercón
3
Roque Bentaiga
El Chorrillo
El Espinillo
El Lomo
Roque Colorado
Mederos
Los Espinos
GC 210
El Carrizal
La Solana
Amurgar
790
Artejévez
997
Los Molinos
Pino Gordo
Embalse Caidero de la Niña
GC 511
Roque Nublo
1813
Punta de la Soga
El Pinillo
Barranco
Timagada
GC 60
Tocodomán
Lomo
del
Mulato
El Toscón
El Juncal
GC 661
Ayacata
Punta del Peñón Bermejo
El Hoyo
9
Casa Forestal de Pajonales
1434
Pargana
1613
P
LAS
Playa de Güigüí
Montaña de Hogarzales
1065
gua
1426
Morro Pájonales
GC 605
La Plata

22
Tasartico
GC 204
de Tasartico
Tasarte
GC 205
13
Pco de Cruz Grande
1251
Eta de Santiago
Casa Forestal
Embalse de

1 : 150 000

0   5 km

A   B

El Roquillo   **Los Órganos**

Playa de Arguamul

Playa de Santa Catalina

Cumbre de Chiguere   Chigueré   La Playa

Playa de Vallehermoso

Punta del Peligro

Arguamul

Eta de Sta Clara   5   Valle Abajo   **14**   Erm

△ 876   Teselinde   9   Tamargada

Ermita de Sta Lucía   Tazo   **Vallehermoso**   650   Roque Cano   **Las Rosas**

Cubaba   **9**   La Quilla   Macayo   Rosa de las Piedras

Playa del Trigo   4,5   5   Epina   6,5   Embalse La Encantadora   △ 499   Roque Blanco

Playa de Alojera   4   2,5   El Carmen   4,4   Menga

Alojera   TF 713   Banda de las Rosas   Los A

Punta del Viento   6

Punta Talisca Negra   5   3   **Parque Nacional**

Acardece   Taguluche   **Arure**   6   **de Garajonay** ★★

Mirador del Santo   6   Mirador del Palmarejo   700   Las Hayas   4   Eta Na Sa de Lourdes

La Mérica   △ 857   **15**   Lomo del Balo   El Cercado   2   **17**   Zarci

Los Granados   La Vizcaina   **Chipude**   3   **Garajonay** △ 1487   TF 713

Baja de Juan Amaro   El Hornillo   La Dehesa   Pavón   Roque de

El Guro   4   Jagüe   3,5

Playa del Inglés   **La Calera**   Gerián   7   Montaña Fortaleza   Igualero   Loma de Eretos

Playa de la Calera   Bco Valle Gran Rey ★★   △ 1243   △ 1355   Ermita de San Juan

Valle Gran Rey   Barranco de Argaga   Topogache   Eta de Na Sa del Buen Paso   Lo del

Vueltas   San Sebastián   Ermita de San Lorenzo   Imada

Playa de Vueltas   El Drago   Ermita de Guarimiar

Playa de las Arenas   6   Bco de la Rajita   8   5   **Alajeró**   Barranco de Santiago

Roque de Iguala   Arguayoda   Bco de la Negra   Targa

△ 808

La Dama   La Rajita   Almácigos   **Calvario**   Antonc

Playa de la Negra   Quise

Punta de la Nariz   La Cantera

Cala Cantera   Caldera △ 291

Punta Falcones   Punta del Becerro   Playa de Ereses

A   B

C   D

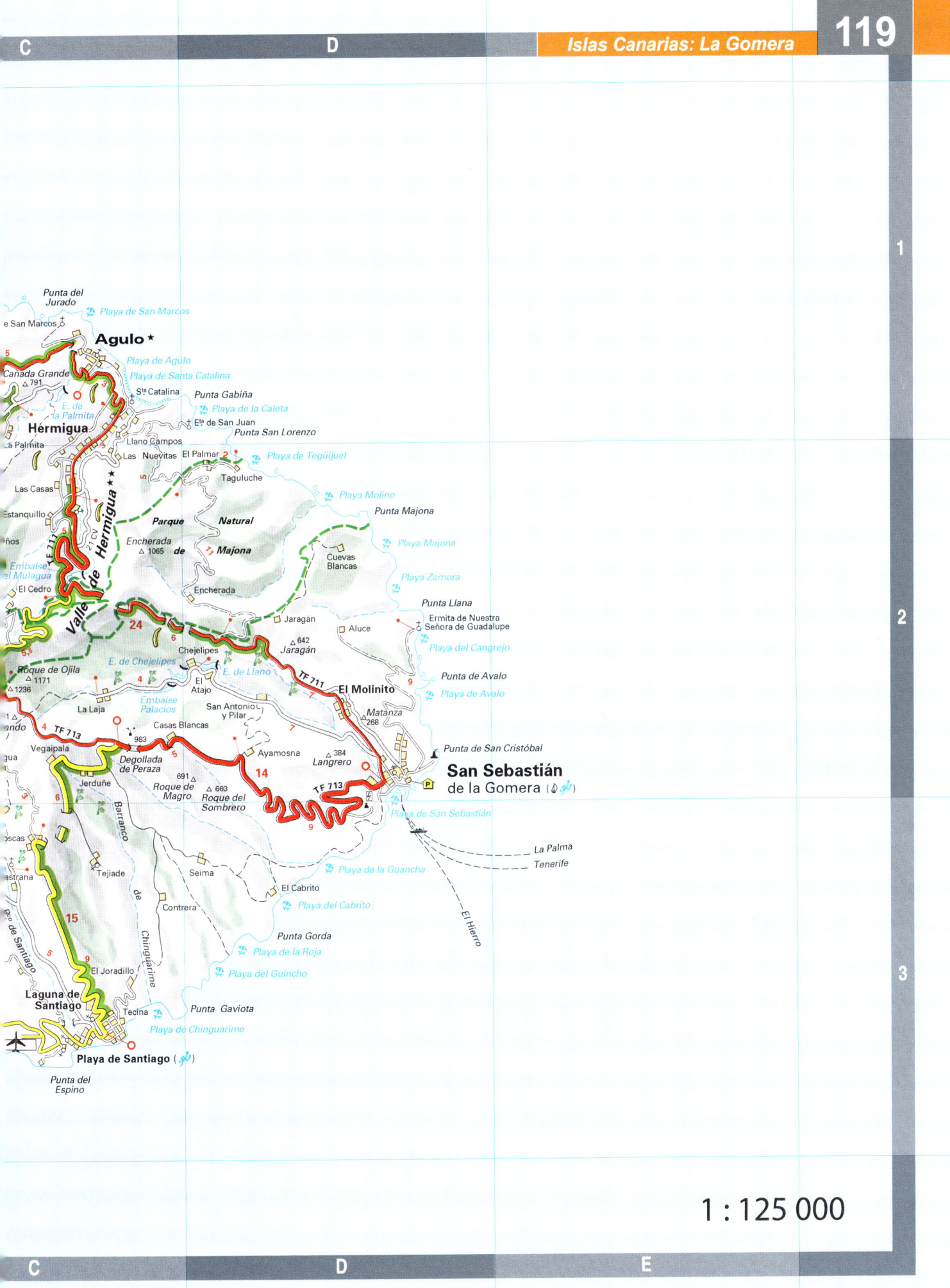

Punta del Jurado

Playa de San Marcos

e San Marcos

Agulo ★

Cañada Grande △ 791

Playa de Agulo

Playa de Santa Catalina

Stª Catalina

E. de la Palmita

Punta Gabiña

Hérmigua

Playa de la Caleta

Eª de San Juan

Punta San Lorenzo

Llano Campos

La Palmita

Las Nuevitas   El Palmar

Playa de Tegüíjuel

Las Casas

Taguluche

Estanquillo

Playa Molino

Punta Majona

ños

Parque Natural

Encherada △ 1065

Majona de

Playa Majona

Embalse del Mulagua

Cuevas Blancas

El Cedro

Playa Zamora

Encherada

Punta Llana

Jaragán

Ermita de Nuestra Señora de Guadalupe

24

Aluce

△ 642 Jaragán

Chejelipes

E. de Chejelipes

Playa del Cangrejo

Roque de Ojila △ 1171

6

El Atajo

E. de Llano

TF 711

Punta de Avalo

△ 1236

4

Playa de Avalo

El Molinito

La Laja

Embalse Palacios

San Antonio y Pilar

Matanza 268

ando

4 TF 713

Casas Blancas

983

Punta de San Cristóbal

Vegaipala

Degollada de Peraza

5

Ayamosna

△ 384 Langrero

gua

Jerduñe

691

Roque de Magro

△ 663 Roque del Sombrero

14

TF 713

San Sebastián de la Gomera

6

Playa de San Sebastián

oscas

Tejiade

Seima

9

La Palma

astrana

Contrera

El Cabrito

Playa de la Guancha

Tenerife

15

Playa del Cabrito

Punta Gorda

El Hierro

5

9

El Joradillo

Playa de la Roja

Playa del Guincho

Laguna de Santiago

Tecina

Punta Gaviota

Playa de Chinguarime

Playa de Santiago

Punta del Espino

1 : 125 000

C   D   E

0   5 km

C   D   E

1

Isla Alegran

Punta

2

Isla de
Montaña Clara

Playa de

Isla Gra

Punta de las Carrera

Costa d
A

Punta del Pobre

Punta Marra

O C É A N O

A T L Á N T I C O

3

Pun

Parque Natural

Punta de
Penedo

Las Baja

Archipiélago Chinijo

La Puntilla

La Santa

Punta Prieta

C   D   E

La Santa
Sport

Caleta
de Caballo

**Caleta de
Famara**

**Playa de
Famara**

Fam

El Ri

LZ-40

La Santa

132

199

293

6

El Molino

Punta Mosegos

Punta de los Mosquitos

Grieta

Punta Delgada

La Caldera

52

289

El Cortijo

Punta Trabuco

Alegranza

Mareta

1

Parque　　Natural　　del

Roque del Infierno

Archipiélago　　Chinijo

ntaña Clara
256

s Conchas

Punta Gorda

Punta del Hueso

Roque del Este

Risco Falso

Pedro Barba

Las Agújas Chicas
257

Punta de la Baja

185

115

2

ntaña
la

Caleta del Sebo

5

El Río

Playa Francesa

Playa del Risco

Farión de Afuera

Mirador del Río ★★

(460)

Orzola

Punta Prieta

8,5

Malpaís de la Corona

Risco de Famara

LZ-202

LZ-203

Ye

4,5

La Breña

5

LZ-204

Bajo Risco
La Bahía

Hoya de la Pila

Torrecilla de Domingo

LZ-1

Tropical Park

609

Monte Corona

13

LZ-201

Guinate

Mirador de Guinate

2

Las Escamas

★★ **CUEVA DE LOS VERDES**

Máguez

LZ-205

3

El Capitán

Casa de los Volcanes

LZ-206

Bco La Negra

4

4,5

El Canto

Jameos del Agua ★

e Gayo

del

Montaña Gánada
598

Punta Mujeres

1 : 150 000

Haría

6

LZ-10

9

Tabayesco

El Cortijo

Arrieta

LZ-207

Playa de la Garita

670

Mirador de Haría ★

Don Juan
Feo

LZ-10

Barranco

Ermita de

Punta Rosito

3

24

3

0 ___ 5 km

A B C

3

Parque   Natural

Punta Gaviota

Playa de la Madera

Punta del Paletón

El Volcán

Playa del Cochino

PARQUE NACIONAL
DE TIMANFAYA ***

Islote de
Halcones
103

Playa del Paso

Montaña
Encantada
246

Juan
Perdomo

El Golfo   LZ-703

** El Golfo

Playa de Montaña Bermeja

Los Hervideros

de   Los

Montaña Tremesana

Montaña
Hernández

Los Morriles

Caldera
de Chozas

* Salinas de Janubio

Playa de Janubio

Punta de Piedra Alta

La Mareta

Atlante del Sol

Punta
Ginés

Caleta Negra

Costa de
Rubicón

Montaña
Roja
194

Montaña
Baja

Punta
Pechiguera

Punta
Limones

Fuerteventura

Tenesar

de   Los   Volcanes

Montaña de
Teneza
368

El Islote

149   322   Montaña
Caldereta
458

Caldera Blanca

9,5

LZ-67

Peaje

Islote de Hilario

Ruta
de los Volcanes

Mª del Fuego
510   Caldera
del Corazoncillo
267

9

Parque   Natural

Montaña
Diama
484

Montaña
232

LZ-67   de   Los   Volcanes   432

LZ-704   LZ-30   8

LZ-701   Guardilama
603

Uga   LZ-30

Yaiza   B-¿?

LZ-2   7

La Hoya   3,5

1,5   La Degollada

LZ-703   Las Casitas

Atalaya de   415
Femés   5,8   Pico Naos
608

17   Las
Breñas   Femés   Barranco de la Higuera

Maciot

8,5   Hacha Grande
560

La Punta

Playa Blanca

Las Coloradas

Peaje

Playa de las Coloradas

Playa Mujeres

Playa Papagayo

Caleta del Congrio

* Punta del
Papagayo

La Isle

( ) La Santa

Montaña Bermeja
100

El Melián

6

Tir

Tajaste

Guiguan   Mª Tina
448

Mancha
Blanca

5

Ermita de
los Dolores

435   Montaña
del Cortijo

Montaña
Ortiz
470

Caldera
Colorada

El Ri

16   LZ-30

Geria

Vegas de
Tegoyo

LZ-
501   Coni

** La

La Asomada

LZ-502

Mácher

LZ-504

Los
Mojones

Cortijo
Viejo   LZ-2

Puerto Calero ( )   Playa B

Playa Quemada

Playa de la Arena

Bahía
de
Ávila

Punta Gorda

A   B   C

Parque   Natural   del

D   121   **E**

Máguez

El Capitán

Casa de los
Volcanes

Jameos
del Agua

Punta de Gayo

Montaña
Gánada

Haría

Tabayesco

Arrieta

El Cortijo

Playa de la Garita

Punta de Penedo

La Puntilla

Archipiélago   Chinijo

Punta Prieta

La Santa
Sport

Caleta de Caballo

Caleta de Famara

Famara

El Rincón

Don Juan Feo

Mirador
de Haría ★

Las Bajas

Playa de Famara

Mala

Punta Pasito

3

La Caldera

Sóo

Vista Graciosa

El Molino

Las Laderas

Ermita de
las Nieves

Ermita del Valle

Los
Valles

Jardín de Cactus ★
Guatiza

Los Cocoteros

4

El Cuchillo

El   Jable

Muñique

Ermita de
San José

Ermita del Valle

Ermita de
San Rafael

Ermita de
San Sebastián

El Mojón

Playa del Tío Joaquín

Playa de la Tía Vicenta

LZ-20   Tiagua

Museo Agrícola
El Patio ★

Teguise

Sta
Bárbara

Las Cruces

Teseguite

Oasis de Nazaret

La Vegueta   Tao

Nazaret

Las Cabreras

Punta de Tierra Negra

Ancones

La Florida

Mozaga

Montaña Ubigue

Tahiche

Al Campesino
San Bartolomé

Museo
El Grifo

Masdache

Montaña
Blanca

Fundación
César Manrique

Argana
Alta   Manege

Playa de los Charcos

Playa de las Cucharas

Playa Bastián

Costa Teguise

Ermita de la
Magdalena

Montaña
Blanca

Güime

Argana
Baja

Los Geranios

San José

Puerto de los Marmoles

Tías

Guacimeta

El Cable

Arrecife

San Gabriel

Playa
del Cable

Playa
del Reducto

Playa
Honda

Playa de Guasimeta

Fuerteventura
Gran Canaria

Los
Caserones

Los
Pocillos

Matagorda

Playa de Matagorda

Playa de los Pocillos

Puerto del Carmen

5

D   **E**   **F**   **G**

Roque de Fuera
Roques de Anaga
Roque de Dentro
Playa del Junquillo
Playa de
El Draguillo
Las Palmas
Faro de Anaga
Roque Bermejo
Punta El Jurado
Playa de
Benijo
El Draguillo
Chamorga
Punta del Drago
Benijo
La Cumbrilla
Playa de
los Troches
Punta
Fajana
Punta de
Tamadite
Playa del
Tamadite
Playa de
San Roque
3,5
Lomo de
las Bodegas
**Punta de
Anaga**
Punta Poyata
Roque
de las Bodegas
Almáciga
Chinobre
910 △
125
★ Taganana
TF 123
10
Taborno
Afur
Tenejías
812 △
Las Carboneras
707 △
TF 138
643
El Bailadero ★
Lomo Bermejo
★★ Monte de Las Mercedes
Paso
△ 933
Bco. de Iguaste
Playa de Ijuana
Los Batanes
1,5
★ Mirador de
Cruz del Carmen
Taborno
△1024
La Cumbrilla
1,5
Embalse
de Acaimo
Semáforo
427 △
Playa de Antequera
La Goleta
TF 745
TF 12
960
La Cumbrilla
**Mirador del Pico
del Inglés** ★★
Valle Brosque
1,5
Igueste
de San Andrés
Pedro
Alvarez
TF 143
Valle
Grande
Valle
Crispín
7
TF 12
755
Las Mercedes
Jardina
369 △
Playa de las Gaviotas
TF 141
1,5
TF 13
4,5
Ermita de
Las Mercedes
TF 111
Playa de las Teresitas
Las Canteras
Valle
Jiménez
E. de los
Campitos
TF 11
La Palma
San
Lázaro
TF 13
LA LAGUNA
Valle Tabares
Los
Campitos
María
Jiménez
Cueva
Bermeja
TF 11
San Andrés
Gracia
Ramonal
8
Dársena Pesquera
Cádiz
Finca
España
La
Cuesta
Valleseco
Dique del Este
San
Bartolomé
Geneto
TF 180
Gran Canaria
TF 265
Las
Chumberas
5
10
1,5
TF 5
5
TF 2
5
ST?. CRUZ DE TENERIFE ★
El
Sobradillo
7
2
Ⓟ
Taco
4
TF 4
Barranco
Grande
3
1
Punta de Roque Manzano
St?. María
del Mar
TF 1
7
6
TF 28
2
Playa del Muerto
4
San Isidro
TF 256
4
Punta de la Encendida
5
Añaza
Playa Berruguete
Playa de la Nea
Radazul
Tabaiba
Punta de
Guadamojete
del Morro
Caletillas

1 : 150 000

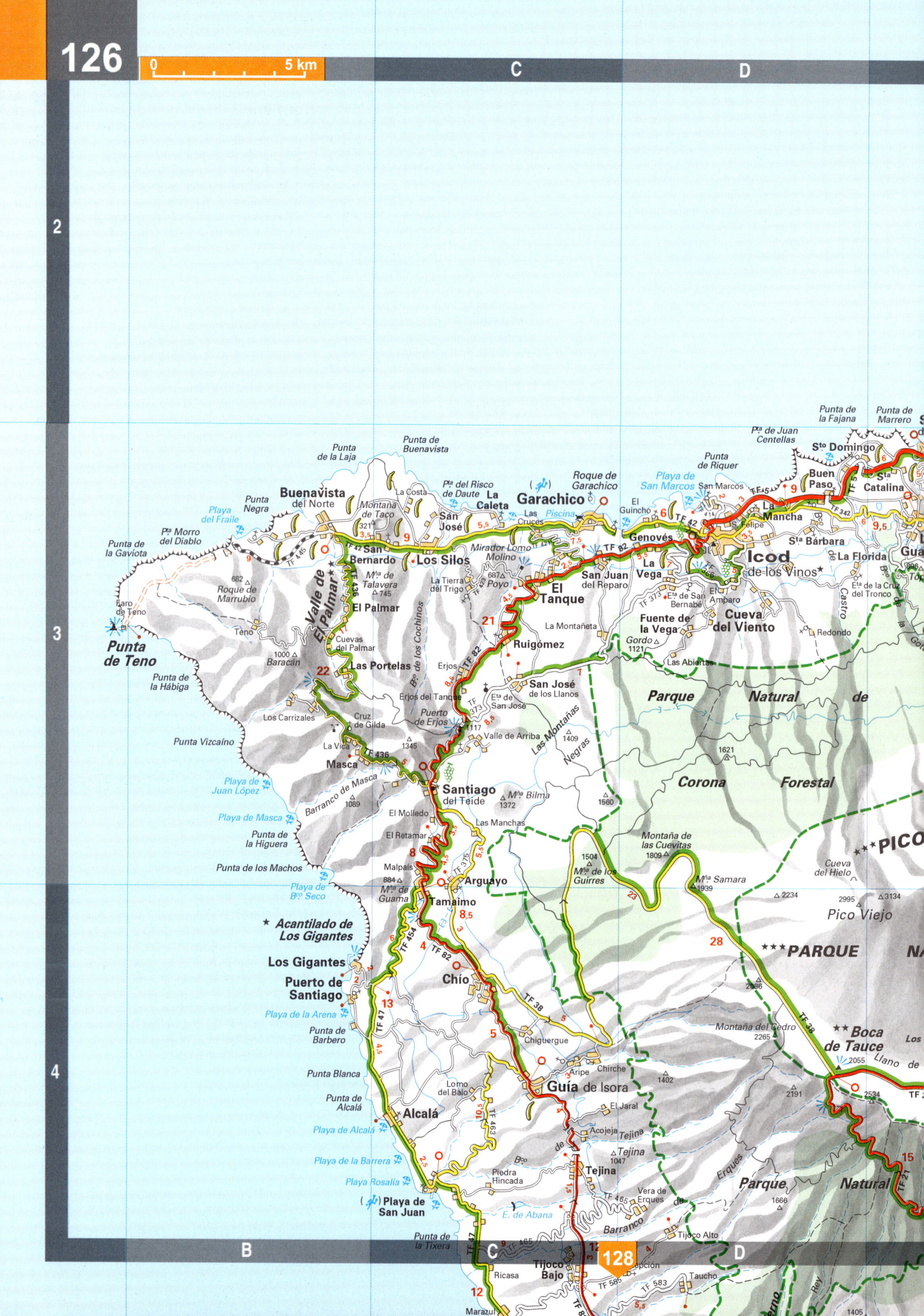

0   5 km

2

C

D

Punta de
la Fajana

Punta de
Marrero

Sto Domingo

Pta de Juan
Centellas

Punta de
la Laja

Punta de
Buenavista

Punta de
Riquer

Buen
Paso

Sta
Catalina

Pta del Risco
de Daute

Roque de
Garachico

Playa de
San Marcos

La
Mancha

Punta
Negra

Buenavista
del Norte

La Costa

La
Caleta

Garachico

San Marcos

9

Montaña
de Taco
321

San
José

Las
Cruces

Piscina

El Guincho

6

TF 42

Felipe

9,5

Playa
del Fraile

3,5

9

TF 342

6

Pta Morro
del Diablo

San
Bernardo

Los Silos

5,5

Genovés

TF 82

14

Sta Bárbara

La
Florida

Punta de
la Gaviota

TF 445

Mirador Lomo
Molino

7,5

2,3

La
Vega

7

TF 373

Eta de San
Bernabé

Icod
de los Vinos

682
Roque de
Marrubio

Mña de
Talavera
745

San Juan
del Reparo

Faro
de Teno

La Tierra
del Trigo

687
Poyo

4,5

El
Tanque

TF 82

El Palmar

La Montañeta

Fuente de
la Vega

Cueva
del Viento

El
Amparo

Eta de la Cruz
del Tronco

21

Valle de El Palmar

Cuevas
del Palmar

Gordo
1121

Las Abiertas

Redondo

3

Teno

1000
Baracán

Ruigómez

San José
de los Llanos

7

Parque   Natural   de

Punta
de Teno

22

Las Portelas

Erjos

TF 82

Eta de
San José

Las Montañas

1409

1621

Punta
de la Hábiga

Bco de los Cochinos

8,5

Negras

Los Carrizales

Erjos del Tanque

TF 373

8,4

Puerto
de Erjos

Valle de
Arriba

Corona   Forestal

Punta
Vizcaíno

Cruz
+ de Gilda

1117

1345

La Vica

TF 436

**PICO

Masca

Santiago
del Teide

Mña Bilma
1372

Montaña de
las Cuevitas
1809

Cueva
del Hielo

Playa de
Juan López

Barranco de Masca

1089

El Molledo

Las Manchas

1560

Playa de Masca

El Retamar

1504

Mña de los
Guirres

Mña Samara
1939

2234

2995

3134

Punta de
la Higuera

Malpaís

884

Pico Viejo

Punta de los Machos

Mña de
Guama

Arguayo

23

***PARQUE   NA

Playa de
Bco Seco

Tamaimo

8,5

28

3

Acantilado de
Los Gigantes

6

TF 454

4   TF 82

Chío

2086

Montaña del
Cedro
2265

**Boca
de Tauce

Los

Los Gigantes

2

TF 38

TF 38

Puerto de
Santiago

13

TF 47

Chiguergue

5

2055

Llano de

2534

Playa de la Arena

5

Montaña
1402

2191

TF 2

Punta de
Barbero

Aripe

Chirche

4

Punta Blanca

Lomo
del Balo

Guía de Isora

El Jaral

15

Punta de
Alcalá

Alcalá

10,5

TF 463

4

Acojeja

Tejina

Playa de Alcalá

Tejina
1047

Vera de
Erques

Parque   Natural

Playa de la Barrera

2,5

TF 465

Bco

1666

Piedra
Hincada

Tejina

Playa Rosalía

E. de Abana

Barranco

Erques

Playa de
San Juan

TF 47

Tijoco Alto

Punta de
la Tixera

9

TF 465

Concepción

4

B

C

128

D

Ricasa

Tijoco
Bajo

Taucho

12

Marazul

TF 82

5,5

TF 583

1405

4

28 Margarita de Piedra

Montaña de la Negrita
2241
2180
Puerto de Izaña
Barranco de las Gambuesas
Arafo
TF 245

Barranco
Chinico
Güimar
TF 61
Volcán de Güimar
276

2179
2146
Montaña del Alto o de Guamasa
El Portillo de la Villa
2030 TF 24
2386 Izaña
TF 514
Observatorio Astronómico de Izaña
3,5
Mirador de Don Martín ★
11
Punta de Güimar

El Puertito de Güimar

2255 Cobre

Parque Natural de

Abreo 2400

TF 21

Chiqueros 2395

Corona Forestal

Pájara

Playa de Arriba o las Bajas

Playa de Abajo

La Medida
La Caleta
Punta Prieta

Lomo de Mena
12

2376
Lomo de la Gatera

Barranco de Tenazo

16

El Escobonal
TF 28
TF 617
Punta del Jurado
Playa Barranco Arriba
9,5
Playa de la Margallera
Playa de Chimaje

El Apartadero
Herques
30
El Tablado

Montaña Pasajirón

Colmenas 2305

ADAS TEIDE

Barranco de

La Zarza
Fasnia
6
14
Punta del Porís

Fuente Nueva
La Sombrera
TF 620
San Joaquín

El Bueno

Icor o de las Carretas

Cruz del Roque
15
Los Roques
Playa del Abrigo

6,5
Punta de la Canal

Icor
16
Punta de Honduras
Las Eras
Playa Honda

TF 534
TF 28
14
11

Forestal

La Degollada
Arico Viejo
Playa de Las Ceras

La Sabinita
Arico el Nuevo
6
TF 625
3,5
Punta del Rincón

1161
Los Gavilanes
La Cancela
Punta La Ternera

Arico
17
Porís de Abona
Playa Grande
Abona

La Cisnera
10,5
TF 627
Punta de Abona

Embalse del Río
Montaña Centinela
269
TF 1

21
San Juan
18
Sanatorio de Abona
Abades
Playa de los Abrigos

El Río
17
Punta de Abades

Las Vegas
TF 555

La Cantera
TF 28
Chimiche
del
7,5
La Jaca
Playa de la Jaca

Los Cuervos
Los Blanquitos
Pegueras
19
Punta del Sordo

adilla
Abona
El Draguito
El Desierto
7
Río
1,5

2,5
Las Palomas
TF 636
Los Quemados
20
San Miguel de Tajao

TF 28
El Salto
9
Montaña de Ifara
302
Cueva Honda
Playa del Río

Yaco
TF 636
21
POLIGONO INDUSTRIAL DE GRANADILLA
Playa Los Tarajales

645
7,5
San Isidro
51
Las Montañas
Playa del Tambor

Chuchurumbache
TF 634
El Guirre
Punta del Camello
Playa del Medio

TF 645
22
TF 1
Playa del Vidrio
Punta del Tanque del Vidrio

23
3,5

1
AEROPUERTO TENERIFE SUR
El Médano
Punta de los Mejillones

Los brigos
La Mareta
6
La Tejita
Playa del Médano
Punta del Bocinego

TF 643
Mña Roja 172
Punta de los Abrigos
Playa de la Tejita
Punta Roja

4

5

6

F G H I

0 ___ 5 km

A   B   C

2

Punta de Rabisca
Altura
Las Hoyas
Punta del Mudo
Punta Las Maderas
El Mudo
Proís de Don Pedro
Punta de Valiero
El Palmar
Juan Adalid
Don Pedro
Roque de
las Tabaibas
Garafía
El Jaral
El Tablado
Punta y Proís de Sto. Domingo
El Calvario
LP 112
Barranco Fagundo
Barranco de los Hombres
Proís de Lomada Grande
7
El Rito
Ermita de
San Antonio
982
6
Cueva
del Agua
Llano Negro
La Mata
Roque
del Faro
Lomada Grande
Los Sables
2
Casa Forestal
3
LP 1
Punta de Gutiérrez
11
El Castillo
1154
Montaña
Vaqueros
Las Palmeras

3

Punta Gorda
Barranco
Fuente
Grande
LP 1
Hoya Grande
Las Tricias
24
4
de
Briestas
8
El Pinar
3
5
1209
Tricias
LP 1032
Pico de
Fuente Nueva
**Pino de
la Virgen**
LP 114
2366
Observatorio
Astrofísico
Punta de las Llanadas
Fagundo
LP 1
2426
Punta del Serradero
El
Roque
2
11
Roque
Chico
2372
**ROQUE DE
MUCHACHO**
Tinizara
Roque

4

Playa de Camariño
Cascajo
Barranco
de
la
Baranda
***
CALDE
La Castellana
Tabladitos
1516
Parque
Aguatavar
del
Jorado
Camellón
Somada Alta
1926
DE
TABU
Playa de la Veta
Tabladito
7
Tenerra
El Pinillo
Roqu
Tijarafe
Barranco
La Cumbre
Playa de las Vinagreras
Cueva Bonita
El Jesús
El Pinar
Hoya Grande
1387
La Caldera
160
Playa de Jorado
La Capellanía
13
El Gánigo
de las Angustias
La Viña
***
LOMO
LAS CHO.
Punta de la Corvina
Las Traviesas
5,5
20
Arecida
Las Cabezadas
LP 114
Punta de
los Gomeros
La Punta
3
Amagar
Los Barros
Salto del Perro
El Time
Pedregales
Punta del Moro
594
Argual
Los Llanos de Aridane
E
Bar
Las
Angustias
1,5
Hermosilla
LP 2

5

( ) **Puerto de
Tazacorte**
Tarajal
6
363
Las Rosas
Montaña
Triana
Malpaís
El Paso
4
Triana
3
Paso de Abajo
Tácande
( ) **Tazacorte**
Cardón
2
Tajuya
LP 2
Marina
342
Tajuya
Playa de la Viña
La Laguna
2
San Borondón
Montaña
La Laguna
La Costa
6
Montaña
Todoque
Triana
Tacan
Los Barriales
Todoque
Playa Nueva
Los
Campitos
Santuario de
Eta. de San Nicolás
San Nicolás
Los Monoboe
LP 2

A   B   C

Prois de Gallegos

Punta Gaviota

Punta de Topaciegas

Faro de Punta Cumplida

Punta Cumplida

franceses

Gallegos

Topaciegas

La Tosca

Barlovento

Las Paredes

La Palmita

LP 1

Lomo Machín

La Verada

15

Lomo Romero

10

La Cuesta

Las Cabezadas

Ramirez

La Verada

15

Hoya Grande

El Cardal

Puerto Espíndola

Laguna de Barlovento

Los Sauces

5

El Tanque

Charco Azul

Punta Gorda

San Andrés

Verada de las Lomadas

6

6

San Pedro

Llano el Pino

del

★ **Los Tilos**

El Salto

Orotova

San Juan

Garachico

El Canal

El Roque

Llano la Palma

Agua

El Monte

Fuente Nueva

Ermita de San Bartolomé

San

13

LP 1

La Galga

Barranco

de

la

Fuente

Barranco de la Fuente

Juan

La Galga

Playa de Nogales

Parque

de

Natural

de

Galga

39

El Granel

Pico de la Cruz

2351

★ **Barranco**

Barranco

de

Nogales

Punta Salinas

△2321

Casa Forestal

Barranco

Puntallana

Piedra Llana

30

2230

Barranco

del Agua

Pico de las Nieves

Sta Lucía

Punta Sancha

Barranco de la Madera

Punta de los Roques

1287

2944

Barranco del Río de las Nieves

Punta Sta Lucía

Corralejo

Nieves

Los Álamos

Tenagua

LP 1

11

Lomo los Gomeros

Miranda

5

Las Toscas

Nª Sª de las Nieves

5

El Morro

Dehesa

Lomo del Centro

1854

Las Nieves

El Planto

Las Tierritas

8

Sta Cruz

7

Buenavista de Arriba

La Cuesta

de la Palma

Velhoço

Juan Mayor

1,5

Buenavista de Abajo

Mirador de la Concepción ★

Tenerife

La Gomera

LP 2

355

Ermita Virgen del Pino

Reventón

△1435

LP 2

Playa de Bajamar

Botazo

7

El Socorro

26

El Fuerte

Breña Alta

Breña

LP 123

El Llanito

Los Cancajos

Túnel de la Cumbre

P

Playa de los Cancajos

5

Miranda

Las Ledas

19

Las Ledas

9

LP 1

San Antonio

Cumbre

Breña Baja

3

LP 138

Beltrán

La Polvacera

20

La Montaña

565

3

Ermita Sta Rosalía

1505

La Rosa

4

Monte de Breña

e Arriba

e Abajo

10

Ermita de los Dolores

El Pilar

Vieja

1808

Pico Birigoyo

Monte de Pueblo

Poleal

Monte

Lodero

Callejones

Playa del Hoyo

Mazo

Hoyo de Mazo

1 : 125 000

LOMO DE LAS CHOZAS

Nieves

Nª Sª de las Nieves

D 131 E

Miranda
Las Toscas
El Morro
Lomo del Centro
El Planto

Sta Cruz de la Palma

La Cumbrecita

Corralejo

Buenavista de Arriba

Buenavista de Abajo

La Cuesta

Las

Juan Mayor

Mirador de la Concepción

Tenerife
La Gomera

Velhoco

La Punta
Las Cabezadas

La Viña

Los Barros

Botazo

Breña Alta

Breña

Las Ledas

El Socorro

El Llanito

Los Cancajos

Playa de los Cancajos

Playa de Bajamar

El Fuerte

Amagar

Pedregales

Eta Virgen del Pino

Argual

Los Llanos de Aridane

El Barrial

Reventón

Túnel de la Cumbre

Nueva

Miranda

San Antonio

La Polvacera

El Time

Puerto de Tazacorte

Tarajal

Malpais

El Paso

Paso de Abajo

Tácande de Arriba

Breña Baja

Beltrán

Eta Sta Rosalía

Monte de Breña

Triana

Marina

Tazacorte

La Laguna

Tajuya

Tácande de Abajo

La Montaña

La Rosa

Monte

Eta de los Dolores

Sª Borondón

Montaña La Laguna

Tajuya

Tacande

Parque

El Pilar

Monte de Pueblo

Poleal

Monte

Lodero

Callejones

Playa del Hoyo

La Costa

Montaña Todoque

Los Campitos

Vieja

Hoyo de Mazo

Mazo

San Simón

Playa La Martina

Los Barriales

Playa Nueva

Santuario de Fátima

Natural

Pico Birigoyo

Montaña Los Charcos

Roque Niquiomo

La Sabina

Lomo Oscuro

Las Manchas

Eta de San Nicolás

San Nicolás

Eta del Corazón de Jesús

Cumbre

Cráter del Hoyo Negro

Cueva de Belmaco

Eta de San Juan de Belmaco

Playa del Pozo

Playa del Burro

Arenas Blancas

Puerto Naos

Barranco de la Palma

Jedey

Jedey

de

Cráter del Duraznero

Deseada

Malpaíses

Playa Arenas Blancas

Charco Verde

la

Cumbre

Tigalate

Playa del Azufre

Punta de la Barqueta

Roque y Punta de los Guinchos

Hoya de la Manteca

Montaña Cabrito

Ermita de Sta Cecilia

Tiguerorte

Playa de la Barqueta

El Remo

Vieja

Fuente del Fuego

Tigalate

Bahía de los Roques

Punta Banco

Volcán Martín

Monte de Luna

Mederos

El Charco

Fuego

Punta del Porís

Punta del Hombre

El Puertito

Punta Martín

Las Indias

La Fajana

Las Caletas

El Puertito

Punta Resbaladera

Los Quemados

Fuencaliente de la Palma

Punta Larga

Volcán de San Antonio

El Guincho

Volcán de Teneguía

Punta Gruesa

Faro de Fuencaliente

Punta Malpaís

Punta de Fuencaliente

B C D E

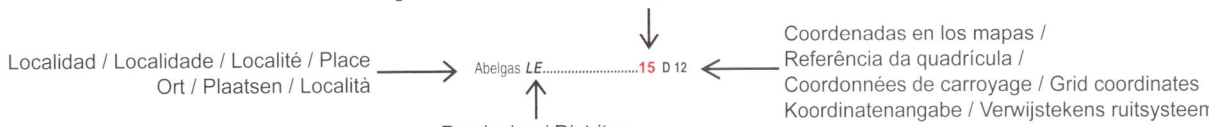

Número de página / Numero da página/ Numéro de page /
Page number / Seitenzahl / Paginanummer

Coordenadas en los mapas /
Referência da quadrícula /
Coordonnées de carroyage / Grid coordinates
Koordinatenangabe / Verwijstekens ruitsysteem

Localidad / Localidade / Localité / Place
Ort / Plaatsen / Località

Abelgas *LE*..................**15** D 12

Provincias / Distritos

España: Comunidades autónomas & Provincias

Portugal: Distritos

Andalucía
AL.........................Almería
CA.............................Cádiz
CO......................Córdoba
GR......................Granada
H..............................Huelva
J....................................Jaén
MA.......................Málaga
SE...........................Sevilla

Aragón
HU........................Huesca
TE...........................Teruel
Z.......................Zaragoza

Canarias
GC...................Las Palmas
TF.....Santa Cruz de Tenerife

Cantabria
S...... Cantabria (Santander)

Castilla y León
AV...............................Ávila
BU...........................Burgos
LE................................ León
P..........................Palencia
SA....................Salamanca
SG.......................Segovia
SO...............................Soria
VA....................Valladolid
ZA.........................Zamora

Castilla-La Mancha
AB...........................Albacete
CR.................. Ciudad Real
CU...........................Cuenca
GU.................Guadalajara
TO..............................Toledo

Cataluña
B.........................Barcelona
GI..........................Girona

L...........................Lleida
T.......................Tarragona

Comunidad Foral de Navarra
NA....... Navarra (Pamplona)

Comunidad Valenciana
A............ Alacant / Alicante
CS...... Castelló / Castellón
V.........................Valencia

Comunidad de Madrid
M...............................Madrid

Extremadura
BA...........................Badajoz
CC..........................Cáceres

Galicia
C.......................A Coruña
LU............................. Lugo

OU.....................Ourense
PO.....................Pontevedra

Illes Balears
IB.........................Balears
(Palma de Mallorca)

La Rioja
LO......... La Rioja (Logroño)

País Vasco
SS.................. Guipúzcoa
(Donostia-San Sebastián)
BI............. Vizcaya (Bilbao)
VI..... Álava (Vitoria-Gasteiz)

Principado de Asturias
O......... Asturias (Oviedo)

Región de Murcia
MU..........................Murcia

Ceuta

Melilla

01...........................Aveiro
02..............................Beja
03...............................Braga
04........................Bragança
05.............Castelo Branco
06........................Coimbra
07..............................Évora
08...............................Faro
09.............................Guarda
10..............................Leiria
11.............................Lisboa

12........................Portalegre
13.............................Porto
14........................Santarém
15..........................Setúbal
16..........Viana do Castelo
17.....................Vila Real
18..............................Viseu
20.............................Açores
31..........Ilha da Madeira
32.......Ilha de Porto Santo

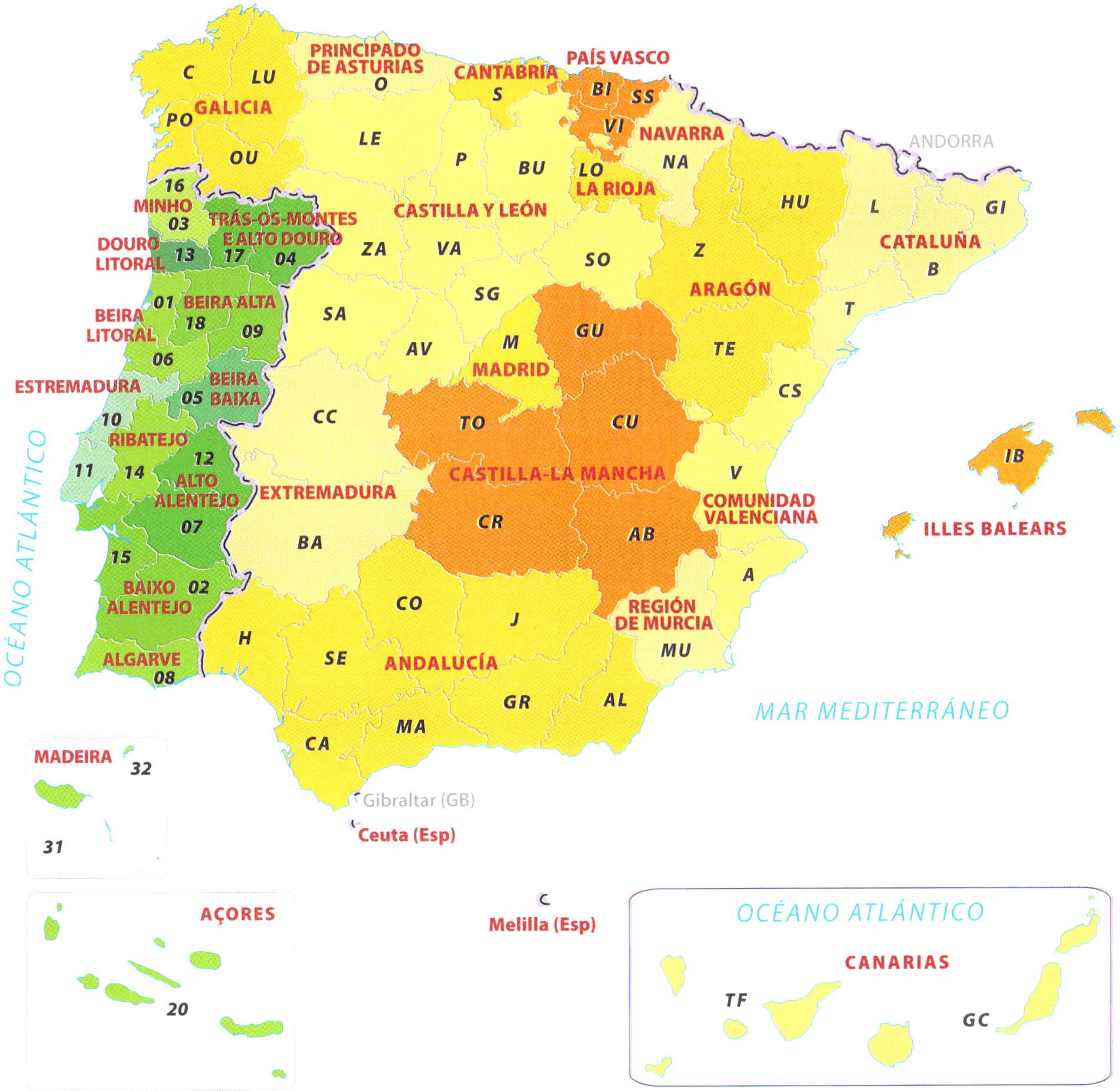

ANDORRA

Andorra la Vella AND 23 E 34
Arinsal AND 23 E 34
Cabanette (Pic de la) AND 23 E 35
Cabris (Collado de) AND 23 E 34
Canillo AND 23 E 34
Certers AND 23 E 34
Comapedrosa (Alt de) AND 23 E 34
Cortinada (La) AND 23 E 34
Encamp AND 23 E 34
Envalira (Port d') AND 23 E 35
Erts AND 23 E 34
Escaldes Engordany AND 23 E 34
Estanyó (Pic de l') AND 23 E 34
Fontaneda AND 23 E 34
Griu (Alt del) AND 23 E 34
Juberri AND 23 E 34
Llorts AND 23 E 34
Massana (La) AND 23 E 34
Monturull (Pic de) AND 23 E 34
Ordino AND 23 E 34
Pal AND 23 E 34
Pas de la Casa AND 23 E 35
Pessons (Pic dels) AND 23 E 34
Port (Pic du) AND 23 E 34
Ransol AND 23 E 34
Rat (Port de) AND 23 E 34
Sant Julià de Lòria AND 23 E 34
Santa Coloma AND 23 E 34
Serrat (El) AND 23 E 34
Soldeu AND 23 E 35
Valira d'Orient AND 23 E 34

ESPAÑA

A

Ababuj TE 49 K 27
Abad C 3 B 6
Abades SG 45 J 17
Abadía CC 56 L 12
Abadía de Lebanza P 17 D 16
Abadín LU 4 B 7
Abadiño BI 10 C 22
Abaigar NA 19 E 23
Abajas BU 18 E 19
Abalario (El) H 91 U 9
Abalos LO 19 E 21
Abaltzisketa SS 10 C 23
Abánades GU 47 J 22
Abanco SO 32 H 21
Abaniella O 5 C 10
Abanilla MU 85 R 26
Abanillas S 7 B 16
Abano LE 15 E 11
Abanqueiro C 12 E 3
Abanto Z 48 I 24
Abarán MU 85 R 25
Abarca P 30 F 15
Abárzuza NA 19 D 23
Abastas P 16 F 15
Abaurrea Alta / Abaurregaina NA 11 D 26
Abaurrea Baja / Abaurrepea NA 11 D 26
Abaurregaina / Abaurrea Alta NA 11 D 26
Abaurrepea / Abaurrea Baja NA 11 D 26
Abay HU 21 E 28
Abdet (L') A 74 P 29
Abegondo C 3 C 5
Abejar SO 33 G 21
Abejas (Puerto de las) MA 100 V 15
Abejera ZA 29 G 11
Abejuela TE 61 M 27
Abejuela AL 96 T 24
Abejuela (La) AB 84 Q 23
Abelgas LE 15 D 12
Abella HU 22 E 31
Abellá C 3 C 5
Abella de la Conca L 23 F 33
Abellada HU 21 E 29
Abelleira C 12 D 2
Abelón ZA 29 H 11
Abena HU 21 E 28
Abenfigo TE 49 J 29
Abengibre AB 73 O 25
Abenilla HU 21 E 29
Abenójar CR 69 P 16
Abenuz AB 72 Q 24
Aberásturi VI 19 D 22
Abertura CC 68 O 12
Abezames ZA 30 H 13
Abezia VI 18 D 21
Abia de la Obispalía CU 60 L 22
Abia de las Torres P 17 E 16
Abiada S 7 C 17
Abiego HU 21 F 29
Abiertas (Las) Tenerife TF 126 D 3
Abínzano NA 20 E 25
Abionzo S 7 C 18
Abizanda HU 22 F 30
Abla AL 95 U 21
Ablanque GU 47 J 23
Ablaña O 5 C 12
Ablitas NA 34 G 25
Abona (Punta de) Tenerife TF 129 G 4
Abreo Tenerife TF 127 F 3
Abrera B 38 H 35
Abrigos TE 48 K 25
Abrigos (Los) Tenerife TF 129 E 5
Abril (Collado de) A 85 Q 27
Abrucena AL 95 U 21
Abuime LU 13 E 7
Abulagoso CR 81 Q 17
Abusejo SA 43 J 11
Abuzaderas AB 72 P 24
Acaderas BA 69 O 15
Acebeda (La) M 46 I 19
Acebedo LE 6 C 14
Acebes LE 15 E 12
Acebo LE 15 E 10
Acebo CC 55 L 9
Acebo (Alto de) O 4 C 9
Acebrón (El) CU 59 M 21
Acebrón (El) H 91 U 10
Acebuchal (El) J 82 R 19
Acebuchal (El) SE 80 T 13
Acebuche BA 80 Q 13
Acebuche H 91 U 10
Acebuche (El) H 91 U 10
Acebuche (El) SE 92 U 14
Acebuche (Puerto) SE 79 T 11
Acebuche (Punta) CA 99 X 13
Aceca TO 58 M 18
Acedera BA 68 O 13
Acedo NA 19 D 23
Acehúche CC 55 M 10
Aceituna CC 55 L 11
Acequias GR 101 V 19
Acera de la Vega P 16 E 15
Acered Z 48 I 25
Aceredo OR 27 G 5
Aceuchal BA 67 Q 10
Acibeiro PO 13 E 5
Acilu VI 19 D 22
Acosta (Salinas de) AL 103 V 23
Ácula GR 94 U 18
Acumuer HU 21 E 28
Adahuesca HU 22 F 29
Adaja AV 44 K 15
Adal Treto S 8 B 19
Adalia VA 30 H 14
Adalid (El) CO 81 S 16
Adamuz CO 81 R 16
Adanero AV 45 J 16
Adarra SS 10 C 24
Aday LU 4 D 7
Addaia PM 106 L 42
Adeje Tenerife TF 128 D 5
Adelán LU 4 B 7
Adelantado (Parador El) J 83 S 21
Ademuz V 61 L 26
Adi NA 11 C 25
Adina PO 12 E 3
Adino S 8 B 19
Adiós NA 11 D 24
Adoáin NA 11 D 26
Adobes GU 48 J 24
Adra AL 102 V 20
Adrada (La) AV 57 L 16
Adrada de Haza BU 31 H 18
Adrada de Pirón SG 45 I 17
Adradas SO 33 H 22
Adrados SG 31 H 17
Adrados LE 16 D 14
Adrados de Ordás LE 15 D 12
Adrall L 23 F 34
Adriano SE 91 U 12
Adsubia A 74 P 29
Aduanas A 75 P 30
Aduna SS 10 C 23
Agaete Gran Canaria GC 114 C 2
Agaete (Valle de) Gran Canaria GC 114 C 2
Agalla (Sierra) BA 68 P 12
Agallas SA 43 K 10
Agaró (S') GI 39 G 39
Àger L 22 F 32
Aginaga SS 10 C 23
Agoitz / Aoiz NA 11 D 25
Agolada PO 13 D 5
Agón Z 34 G 25
Agoncillo LO 19 E 23
Agost A 86 Q 28
Agra AB 84 Q 24
Agramaderos (Los) J 94 T 18
Agramón AB 84 Q 25
Agramunt L 37 G 33
Agraviados (Los) CA 99 W 12
Ágreda SO 34 G 24
Agres A 74 P 28
Agrio SE 91 T 11
Agrio (Embalse de) SE 91 T 11
Agrón GR 94 U 18
Agua (Cabo de) MU 97 T 27
Agua (Cueva del) J 83 S 20
Agua Amarga AL 103 V 24
Agua García Tenerife TF 124 H 2
Aguacil (Puerto del) CA 99 V 13
Aguada Salada AB 84 Q 23
Aguadulce AL 103 V 22
Aguadulce SE 93 U 15
Aguafría H 79 S 9
Agualada C 2 C 3
Aguamansa Tenerife TF 127 G 3
Aguarón Z 34 H 26
Aguarón (Puerto de) Z 34 I 25
Aguas HU 21 F 29
Aguas (Las) Tenerife TF 127 E 3
Aguas Cándidas BU 18 D 19
Aguas Vivas (Río) Z 49 I 27
Aguasal VA 31 I 16
Aguasantas cerca de Ponte-Caldelas PO 13 E 4
Aguasantas cerca de Rois C 12 D 3
Aguasmestas O 5 C 11
Aguasnuevas AB 72 P 24
Aguaviva TE 49 J 29
Aguaviva de la Vega SO 33 I 22
Aguda (Sierra) BA 79 R 10
Agudo CR 69 P 15
Agudo Fuerteventura GC 113 H 3
Águeda del Caudillo SA 42 K 10
Agüera BU 8 C 19
Agüera S 8 C 20
Agüera O 5 B 11
Agüeras (Las) O 5 C 11
Agüerina O 5 C 11
Agüero HU 21 E 27
Aguijón (Embalse del) BA 67 Q 9
Águila CR 71 Q 19
Águila (Cuevas del) AV 57 L 14
Águila (El) TO 70 N 19
Águila (El) CO 81 R 15
Águila (Punta del) S 8 B 19
Aguilafuente SG 31 I 17
Aguilar de Anguita GU 47 I 22
Aguilar de Bureba BU 18 E 20
Aguilar de Campóo P 17 D 17
Aguilar de Campóo (Embalse de) P 17 D 16
Aguilar de Campos VA 30 G 14
Aguilar de la Frontera CO 93 T 16
Aguilar de Montuenga SO 47 I 23
Aguilar de Segarra B 37 G 34
Aguilar de Tera ZA 29 G 12
Aguilar del Alfambra TE 49 K 27
Aguilar del Río Alhama LO 33 G 24
Águilas MU 97 T 25
Águilas (Las) MU 85 S 25
Aguilera (La) BU 32 G 18
Aguillo BU 19 D 22
Aguiló T 37 H 34
Aguilón Z 34 I 26
Agüimes Gran Canaria GC 117 F 3
Aguinaliu HU 22 F 31
Aguiño C 12 E 2
Agullana GI 25 E 38
Agullent V 74 P 28
Agulo La Gomera TF 119 C 1
Agurain / Salvatierra VI 19 D 22
Agustín LU 4 D 8
Agustín V 62 M 27
Aguzadera MA 99 W 14
Aguzadera (Castillo) SE 92 U 13
Ahedo de la Sierra BU 32 F 19
Ahedo de las Pueblas BU 7 C 18
Ahedo de Linares BU 18 C 19
Ahedo del Butrón BU 18 D 18
Ahigal CC 55 L 11
Ahigal de los Aceiteros SA 42 J 9
Ahigal de Villarino SA 43 I 10
Ahillas V 61 M 27
Ahillones BA 80 R 12
Aia SS 19 D 23
Aia SS 10 C 23
Aibar / Oibar NA 20 E 25
Aielo de Malferit V 74 P 28
Aiguablava GI 39 G 39
Aiguablava GI 25 G 39
Aiguafreda B 38 G 36
Aiguafreda GI 25 G 39
Aiguamolls de l'Empordà (Parc natural dels) GI 25 F 39
Aiguamúrcia T 37 I 34
Aiguaviva GI 25 G 38
Aiguaviva T 37 H 34
Aigües de Busot A 74 Q 28
Aigües Vives (Santa María d') V 74 O 28
Aigüestortes i Estany de Sant Maurici (Parc nacional d') L 23 E 32
Aín CS 62 M 28
Ainet de Besan L 23 E 33
Ainsa HU 22 E 30
Aintzioa NA 11 D 25
Ainzón Z 34 G 25
Aire (Puerto del) CO 81 R 15
Aisa HU 21 D 28
Aisa (Sierra de) HU 21 D 28
Aisl C 3 B 5
Aitona L 36 H 31
Aizarna SS 10 C 23
Aizarnazabal SS 10 C 23
Aja S 8 C 19
Ajalvir M 46 K 19
Ajamil LO 19 F 22
Ajangiz BI 10 C 22
Ajo S 8 B 19
Ajo (Cabo de) S 8 B 19
Ajo (El) AV 44 J 14
Ajofrín TO 58 M 18
Ajuy Fuerteventura GC 110 F 3
Alacant / Alicante A 86 Q 28
Alacón TE 49 I 27
Aladrén Z 34 I 26
Alaejos VA 30 I 14
Alagón Z 34 G 26
Alagón del Río CC 55 M 11
Alagones (Los) TE 49 J 29
Alagüeces MU 84 S 24
Alaior PM 106 M 42
Alaiza VI 19 D 22
Alájar H 79 S 10
Alajeró La Gomera TF 118 D 3
Alaló SO 32 H 21
Alalpardo M 46 K 19
Alameda MA 93 U 16
Alameda (La) SO 33 H 23
Alameda (La) CR 70 Q 18
Alameda de Cervera CR 71 O 20
Alameda de Gardón (La) SA 42 K 9
Alameda de la Sagra TO 58 L 18
Alameda del Obispo CO 81 S 15
Alameda del Valle M 45 J 18
Alamedilla GR 95 T 20
Alamedilla TO 58 M 17
Alamedilla (La) SA 42 K 9
Alamedilla del Berrocal (La) AV 44 J 15
Alamillo CR 69 P 15
Alamillo (El) H 91 U 10
Alamillo (Estación de) CR 69 P 15
Alamín M 58 L 17
Alaminos GU 47 J 21
Alamitos (Los) SE 80 S 13
Álamo CA 99 W 12
Álamo (El) M 58 L 18
Álamo (El) cerca de El Madroño SE 79 T 10
Álamo (El) cerca de Lora del Río SE 80 T 13
Álamos (Los) AL 96 T 23
Alamús (Els) L 36 H 32
Alandre BA 69 O 14
Alange BA 67 P 11
Alanís SE 80 R 12
Alanís (Estación de) SE 80 S 12
Alaquàs V 62 N 28
Alar del Rey P 17 E 17
Alaraz SA 44 J 14
Alarba Z 48 I 25
Alarcia BU 18 F 20
Alarcón CU 60 N 23
Alarcón (Embalse de) CU 60 N 23
Alarcones J 82 R 18
Alares (Los) TO 57 N 15
Alarilla GU 46 J 20
Alarilla M 59 L 20
Alaró PM 104 M 38
Alàs i Cerc L 23 E 34
Alastuey HU 20 E 26
Alatoz AB 73 O 25
Álava Provincia O 19 D 21
Alazores (Puerto de los) GR 93 U 17
Alba TE 48 K 25
Albá cerca de Palas de Rei LU 13 D 6
Alba cerca de Villalba LU 3 C 6
Alba de Cerrato P 31 G 16
Alba de los Cardaños P 17 D 15
Alba de Tormes SA 44 J 13
Alba de Yeltes SA 43 J 11
Albacete AB 72 P 24
Albagés (L') L 36 H 32
Albaicín MA 93 U 16
Albaida V 74 P 28
Albaida (Port d') A 74 P 28
Albaida del Aljarafe SE 91 T 11
Albaina BU 19 D 22
Albal V 74 N 28
Albalá CC 67 O 11
Albaladejito CU 60 L 23
Albaladejo CR 71 Q 21
Albaladejo del Cuende CU 60 M 23
Albalat de la Ribera V 74 O 28
Albalate de Cinca HU 36 G 30
Albalate de las Nogueras CU 47 K 23
Albalate de Zorita GU 59 L 21
Albalate del Arzobispo TE 49 I 28
Albalatillo HU 35 G 29
Albánchez AL 96 U 23
Albanchez de Mágina J 82 S 19
Albanyà GI 24 F 38
Albarca T 37 I 32
Albarda AB 72 Q 23
Albarda MU 85 R 26
Albarderos (Los) Gran Canaria GC 115 F 1
Albarellos PO 13 E 5
Albarellos cerca de Beariz OR 13 E 5
Albarellos cerca de Verín OR 28 G 7
Albarellos (Embalse de) OR 13 E 5
Albares GU 59 L 20
Albares de la Ribera LE 15 E 10
Albaricoques (Los) AL 103 V 23
Albarín HU 21 E 28
Albariño (Parador del) Cambados PO 12 E 3
Albariza O 5 C 11
Albarracín TE 48 K 25
Albarracín (Sierra de) TE 48 K 25
Albarrana (Sierra) CO 80 R 13
Albarreal de Tajo TO 58 M 17
Albatana AB 73 Q 25
Albatàrrec L 36 H 31
Albatera A 85 R 27
Albayate (Sierra) CO 94 T 17
Albeiros LU 4 C 7
Albelda HU 36 G 31
Albelda de Iregua LO 19 E 22
Albendea CU 47 K 22
Albendiego GU 32 I 20
Albendín CO 81 S 17
Albéniz VI 19 D 23
Albentosa TE 61 L 27
Alberca (La) SA 43 K 11
Alberca (La) MU 85 S 26
Alberca de Záncara (La) CU 60 N 22
Alberche TO 57 M 15
Alberguería OR 13 F 7
Alberguería de Argañán (La) SA 42 K 9
Alberic V 74 O 28
Alberite LO 19 E 22
Alberite de San Juan Z 34 G 25
Albero Alto HU 21 F 28
Albero Bajo HU 21 F 28
Alberquilla AL 102 V 21
Alberuela de la Liena HU 22 F 29
Alberuela de Tubo HU 35 G 29
Albesa L 36 G 31
Albeta Z 34 G 25
Albi (L') L 37 H 32
Albilla (Fuente) AB 72 Q 24
Albillos BU 18 F 18
Albinyana T 37 I 34
Albiol (L') T 37 I 33
Albir A 74 Q 29
Albires LE 16 F 14
Albiztur SS 10 C 23
Albocàsser CS 50 K 30
Alboloduy AL 95 U 22
Albolote GR 94 U 19
Albondón GR 102 V 20
Albons GI 25 F 39
Alborache V 73 N 27
Alboraya V 62 N 28
Alborea AB 73 O 25
Alboreca GU 47 I 22
Albores C 2 D 3
Alborge Z 35 H 28
Albornos AV 44 J 15
Albox AL 96 T 23
Albudeite MU 85 R 25
Albuera (La) BA 67 P 9
Albufera (L') V 74 N 28
Albufera de Anna (La) V 74 O 28
Albujón MU 85 S 26
Albujón (Rambla de) MU 85 S 26
Albuñán GR 95 U 20
Albuñol GR 102 V 20
Albuñuelas GR 101 V 19
Alburquerque BA 67 O 9
Alcabala Alta SE 92 U 13
Alcabón TO 57 L 16
Alcachofar (El) SE 92 T 12
Alcadozo AB 72 Q 24
Alcahozo CU 73 N 25
Alcaide AL 84 S 23
Alcaidía (La) CO 93 T 16
Alcaine TE 49 J 27
Alcalá Tenerife TF 128 C 4
Alcalá (Puerto de) TE 49 K 27
Alcalá de Ebro Z 34 G 26
Alcalá de Guadaíra SE 92 T 12
Alcalá de Gurrea HU 21 F 27
Alcalá de Henares M 46 K 19
Alcalá de la Selva TE 49 K 27
Alcalá de la Vega CU 61 L 25
Alcalá de los Gazules CA 99 W 12
Alcalá de Moncayo Z 34 G 24
Alcalá de Xivert CS 50 L 30
Alcalá del Júcar AB 73 O 25
Alcalá del Obispo HU 21 F 29
Alcalá del Río SE 91 T 12
Alcalá del Valle CA 92 V 14
Alcalá la Real J 94 T 18
Alcalalí A 74 P 29
Alcalde (El) TO 59 M 20
Alcalfar PM 106 M 42
Alcampel HU 36 G 31
Alcanà A 85 Q 27
Alcanadre LO 19 E 23
Alcanadre (Río) HU 21 E 29
Alcanar T 50 K 31
Alcanar Platje T 50 K 31
Alcanó L 36 H 31
Alcántara CC 55 M 9
Alcántara (Embalse de) CC 55 M 9
Alcantarilla MU 85 S 26
Alcantarillas (Estación de las) SE 92 U 12
Alcantud CU 47 K 23
Alcañices ZA 29 G 10
Alcañiz TE 49 I 29
Alcañizo TO 57 M 14
Alcaparrosa J 82 R 17
Alcaracejos CO 81 Q 15
Alcaraz AB 72 P 22
Alcarràs L 36 H 31
Alcarria (La) GU 47 J 21
Alcàsser V 74 N 28
Alcaucín MA 101 V 17
Alcaudete J 94 T 17
Alcaudete SE 92 T 12
Alcaudete de la Jara TO 57 M 15
Alcaudique AL 102 V 21
Alcazaba BA 67 P 9
Alcazaba (La) AL 103 V 22
Alcázar GR 102 V 19
Alcázar J 94 T 17
Alcázar de San Juan CR 71 N 20
Alcázar del Rey CU 59 L 21
Alcazarén VA 31 H 15
Alcázares (Los) MU 85 S 27
Alceda S 7 C 18
Alcoba de la Torre SO 32 G 19
Alcoba de los Montes CR 69 O 16
Alcobendas M 46 K 19
Alcocer GU 47 K 22
Alcocero de Mola BU 18 E 19
Alcohujate CU 47 K 22
Alcoi / Alcoy A 74 P 28
Alcola (Alto de) V 73 O 26
Alcolea AL 102 V 21
Alcolea CO 81 S 15

Alcolea de Calatrava CR 70 P 17
Alcolea de Cinca HU 36 G 30
Alcolea de las Peñas GU 47 I 21
Alcolea de Tajo TO 57 M 14
Alcolea del Pinar GU 47 I 22
Alcolea del Río SE 80 T 12
Alcoleja A 74 P 29
Alcoletge L 36 H 32
Alcollarín CC 68 O 12
Alconaba SO 33 G 22
Alconada SA 44 J 13
Alconada de Maderuelo SG 32 H 19
Alconchel BA 66 Q 8
Alconchel de Ariza Z 47 I 23
Alconchel de la Estrella CU 59 M 22
Alconera BA 79 Q 10
Alconétar
(Puente romano de) CC 55 M 10
Alcóntar AL 95 T 22
Alcor H 90 U 9
Alcor (El) M 45 K 17
Alcora (L') CS 62 L 29
Alcoraya (L') A 86 Q 28
Alcorcillo ZA 29 G 10
Alcorcón M 45 K 18
Alcorisa TE 49 J 28
Alcorlo (Embalse de) GU 46 I 20
Alcorneo CC 66 O 8
Alcornocal SE 80 S 13
Alcornocal (El) CR 69 O 16
Alcornocal (El) CO 80 R 14
Alcornocalejo SE 80 T 12
Alcornocales
(Parque natural de los) CA 99 W 13
Alcornocosa CO 80 Q 14
Alcornocosa (La) SE 79 S 11
Alcoroches GU 48 K 24
Alcossebre CS 63 L 30
Alcotas TE 61 L 27
Alcotas V 61 M 27
Alcover T 37 I 33
Alcoy / Alcoi A 74 P 28
Alcozar SO 32 H 20
Alcozarejos AB 73 O 25
Alcubierre HU 35 G 28
Alcubierre (Puerto de) HU 35 G 28
Alcubierre (Sierra de) Z 35 G 28
Alcubilla de Avellaneda SO 32 G 20
Alcubilla de las Peñas SO 33 I 22
Alcubilla de Nogales ZA 15 F 12
Alcubilla del Marqués SO 32 H 20
Alcubillas CR 71 P 20
Alcubillas (Las) AL 95 U 22
Alcubillete TO 58 M 17
Alcublas V 62 M 27
Alcúdia *Mallorca* PM 105 M 39
Alcúdia (L') V 74 O 28
Alcúdia (L')
(Ruines d'Ilici) A 86 R 27
Alcúdia de Crespins (L') V 74 P 28
Alcudia de Guadix GR 95 U 20
Alcudia de Monteagud AL 96 U 23
Alcúdia de Veo CS 62 M 28
Alcuéscar CC 67 O 11
Alcuetas LE 16 F 13
Alcuneza GU 47 I 22
Alda VI 19 D 23
Aldaba NA 10 D 24
Aldaia V 62 N 28
Aldán PO 12 F 3
Aldanas BI 9 C 21
Aldaris C 12 D 3
Aldatz NA 10 C 24
Aldea SO 32 H 20
Aldea LU 3 C 6
Aldea (L') T 50 J 31
Aldea (Punta de la)
Gran Canaria GC 114 B 2
Aldea Blanca GC 117 F 4
Aldea Blanca *Tenerife* TF 128 E 5
Aldea de Arango TO 57 L 15
Aldea de Arriba OR 13 F 6
Aldea de Ebro S 17 D 17
Aldea de Estenas V 61 N 26
Aldea de les Coves V 61 N 26
Aldea de los Corrales V 61 N 26
Aldea de Pallarés BA 79 R 11
Aldea de San Miguel VA 31 H 16
Aldea de San Nicolás (La)
Gran Canaria GC 114 B 3
Aldea de Trujillo CC 56 N 12
Aldea del Cano CC 67 O 11
Aldea del Cano
(Estación de) CC 67 O 10
Aldea del Fresno M 45 L 17
Aldea del Obispo SA 42 J 9
Aldea del Pinar BU 32 G 20
Aldea del Portillo
de Busto (La) BU 18 D 20
Aldea del Puente (La) LE 16 E 14
Aldea del Rey CR 70 P 18
Aldea del Rey Niño AV 44 K 15
Aldea en Cabo TO 57 L 16
Aldea Moret CC 55 N 10
Aldea Quintana CO 81 S 15
Aldea Real SG 45 I 17
Aldeacentenera CC 56 N 13
Aldeacipreste SA 43 K 12
Aldeacueva BI 8 C 19
Aldeadávila
(Embalse de) SA 28 I 10
Aldeadávila
de la Ribera SA 28 I 10
Aldeahermosa J 83 R 20
Aldealabad del Mirón AV 44 K 13
Aldealafuente SO 33 G 23
Aldealázaro SG 32 H 19
Aldealbar VA 31 H 16
Aldealcardo SO 33 F 23
Aldealcorvo SG 31 I 18
Aldealengua SA 44 J 13
Aldealengua
de Pedraza SG 45 I 18
Aldealengua
de Santa María SG 32 H 19
Aldealices SO 33 G 23
Aldealpozo SO 33 G 23
Aldealseñor SO 33 G 23
Aldeamayor
de San Martín VA 31 H 16
Aldeanueva de Atienza GU 46 I 20
Aldeanueva
de Barbarroya TO 57 M 14
Aldeanueva
de Cameros LO 19 F 22
Aldeanueva de Ebro LO 20 F 24
Aldeanueva
de Figueroa SA 44 I 13
Aldeanueva
de Guadalajara GU 46 J 20
Aldeanueva de la Sierra SA 43 K 11
Aldeanueva
de la Serrezuela SG 32 H 18
Aldeanueva
de la Vera CC 56 L 12
Aldeanueva
de Portanobis SA 42 J 10
Aldeanueva
de San Bartolomé TO 57 N 14
Aldeanueva
de Santa Cruz AV 44 K 13
Aldeanueva
del Camino CC 56 L 12
Aldeanueva
del Codonal SG 45 I 16
Aldeaquemada J 82 Q 19
Aldearrodrigo SA 43 I 12
Aldearrubia SA 44 I 13
Aldeaseca AV 44 I 15
Aldeaseca de Alba SA 44 J 13
Aldeaseca
de la Frontera SA 44 J 14
Aldeasoña SG 31 H 17
Aldeatejada SA 43 J 12
Aldeavieja AV 45 J 16
Aldeavieja de Tormes SA 43 K 13
Aldehorno SG 32 H 18
Aldehuela GU 48 J 24
Aldehuela CC 43 K 10
Aldehuela
cerca de Aliaga TE 49 J 27
Aldehuela
cerca de Teruel TE 61 L 26
Aldehuela (La) M 59 L 19
Aldehuela (La) AV 44 K 13
Aldehuela de Ágreda SO 34 G 24
Aldehuela
de Calatañazor SO 33 G 21
Aldehuela de Jerte CC 55 L 11
Aldehuela de la Bóveda SA 43 J 11
Aldehuela de Liestos Z 48 I 24
Aldehuela de Periáñez SO 33 G 23
Aldehuela de Yeltes SA 43 K 11
Aldehuela del Codonal SG 45 I 16
Aldehuelas (Las) SO 33 G 22
Aldeire GR 95 U 20
Aldeonsancho SG 31 I 18
Aldeonte SG 32 H 18
Aldeyuso VA 31 H 17
Aldige LU 4 C 7
Aldover T 50 J 31
Alea O 6 B 14
Aleas GU 46 J 20
Aledo MU 85 S 25
Alegia SS 10 C 23
Alegranza *Lanzarote* GC 120 E 1
Alegranza (Isla)
Lanzarote GC 120 E 1
Alegría (La) SE 92 U 12
Alegría-Dulantzi VI 19 D 22
Aleixar (L') T 37 I 33
Alejos (Los) AB 84 Q 23
Alella B 38 H 36
Alentisque SO 33 H 23
Aler HU 22 F 31
Alerre HU 21 F 28
Alesanco LO 19 E 21
Alesón LO 19 E 21
Alevia O 7 B 16
Alfacar GR 94 U 19
Alfacs (Port dels) T 50 K 31
Alfafar V 62 N 28
Alfafara A 74 P 28
Alfaix AL 96 U 24
Alfajarín Z 35 H 27
Alfambra TE 49 K 26
Alfambra (Río) TE 49 K 26
Alfamén Z 34 H 26
Alfántega HU 36 G 30
Alfara d'Algímia V 62 M 28
Alfara de Carles T 50 J 31
Alfaraz de Sayago ZA 29 I 12
Alfarb V 74 O 28
Alfarnate MA 101 V 17
Alfarnatejo MA 101 V 17
Alfaro LO 20 F 24
Alfarràs L 36 G 31
Alfarrasí V 74 P 28
Alfàs del Pi (L') A 74 Q 29
Alfera (La) AB 84 Q 23
Alfés L 36 H 31
Alfocea Z 35 G 27
Alfondeguilla CS 62 M 29
Alfonso XIII SE 91 U 11
Alfoquia (La) AL 96 T 23
Alforja T 37 I 32
Alfornón GR 102 V 20
Alforque Z 35 I 28
Alfoz LU 14 D 8
Alfoz *Castro de Ouro* LU 4 B 7
Algaba (La) SE 91 T 11
Algadefe LE 16 F 13
Algaida PM 104 N 38
Algaida (La) MU 85 R 26
Algaida (La) CA 91 V 11
Algallarín CO 81 R 16
Algámitas SE 92 U 14
Algar CA 99 W 13
Algar (El) MU 85 T 27
Algar (S') PM 106 M 42
Algar de Mesa GU 47 I 24
Algar de Palància V 62 M 28
Algar de Palància
(Embassament d') V 62 M 28
Algarabejo (El) SE 92 U 13
Algarín SE 80 T 13
Algarinejo GR 94 U 17
Algarra CU 61 L 25
Algarrobillo (El) SE 92 V 12
Algarrobo MA 101 V 17
Algarrobo Costa MA 101 V 17
Algatocín MA 99 W 14
Algayón HU 36 G 31
Algecira (La) TE 49 J 28
Algeciras CA 99 X 13
Algeciras (Bahía de) CA 99 X 13
Algemesí V 74 O 28
Algendar (Barranc d') PM 106 M 41
Algerri L 36 G 31
Algete M 46 K 19
Algezares
cerca de Cehegín MU 84 R 24
Algezares
cerca de Murcia MU 85 S 26
Algibillo J 82 R 17
Algímia d'Alfara V 62 M 28
Algimia de Almonacid CS 62 M 28
Alginet V 74 O 28
Algodonales CA 92 V 13
Algodor M 58 M 18
Algodre ZA 30 H 13
Algora GU 47 J 22
Algorfa A 85 R 27
Algorta BI 8 B 20
Algozón LU 13 E 6
Alguaire L 36 G 31
Alguazas MU 85 R 26
Algueña (L') A 85 Q 26
Alhabia AL 102 V 22
Alhama
(Tierras de) GR 101 V 17
Alhama de Almería AL 103 V 22
Alhama de Aragón Z 34 I 24
Alhama de Granada GR 94 U 18
Alhama de Murcia MU 85 S 25
Alhambra CR 71 P 20
Alhambra (La) GR 94 U 19
Alhambras (Las) TE 61 L 27
Alhanchete (El) AL 96 U 24
Alharilla J 82 S 17
Alhaurín de la Torre MA 100 W 16
Alhaurín el Grande MA 100 W 15
Alhendín GR 94 U 19
Alhóndiga GU 47 K 21
Alía CC 57 N 14
Aliaga TE 49 J 27
Aliaguilla CU 61 M 26
Alias AL 103 V 23
Alicante / Alacant A 86 Q 28
Alicante (Golfo de) A 86 R 28
Alicún AL 102 V 22
Alicún de las Torres GR 95 T 20
Alicún de Ortega GR 95 T 20
Alienes O 5 B 10
Alija LE 16 E 13
Alija del Infantado LE 15 F 12
Alijar (Puerto de) MA 100 W 14
Alins L 23 E 33
Alíns del Monte HU 22 F 31
Alinyà L 23 F 34
Alió T 37 I 33
Alique GU 47 K 22
Alisar (El) SE 79 T 11
Alisas (Puerto de) S 8 C 19
Aliseda CC 55 N 9
Aliseda (La) J 82 R 19
Aliseda de Tormes (La) AV 44 L 13
Aliste ZA 29 G 11
Aliste (Cabañas de) ZA 29 G 11
Aliud SO 33 H 23
Aljabaras (Las) CO 80 S 14
Aljaraque H 90 U 8
Aljariz AL 96 U 24
Aljibe CA 99 W 13
Aljibe (El) MU 96 T 24
Aljibe (Sierra del) CR 70 Q 19
Aljibe (Sierra del) BA 69 N 15
Aljorra (La) MU 85 S 26
Aljube AB 73 Q 25
Aljucén BA 67 O 11
Aljucén (Estación de) BA 67 P 10
Aljunzarejo (El) MU 85 R 26
Alkiza SS 10 C 23
Alkotz NA 11 C 24
Allariz OR 13 F 6
Allariz (Alto de) OR 13 F 6
Allepuz TE 49 K 27
Allés O 7 B 15
Allín NA 19 D 23
Allo NA 19 E 23
Alloz NA 10 D 24
Alloza TE 49 J 28
Allozo (El) CR 71 P 21
Allueva TE 48 J 26
Almacelles L 36 G 31
Almáchar MA 101 V 17
Almaciles GR 84 S 22
Almadén CR 69 P 15
Almadén (El) J 82 S 19
Almadén de la Plata SE 79 S 11
Almadenejos CR 69 P 15
Almadenes MU 85 R 25
Almadraba (La) CA 98 W 10
Almadraba
de Monteleva (La) AL 103 V 23
Almadrava (L') T 51 J 32
Almadrones GU 47 J 21
Almafrà A 85 Q 27
Almagarinos LE 15 D 11
Almagrera (Cabeza) BA 68 P 14
Almagrera (Sierra) AL 96 U 24
Almagro CR 70 P 18
Almagros MU 85 S 26
Almajalejo AL 96 T 24
Almajano SO 33 G 22
Almallá GU 48 J 24
Almaluez SO 33 I 23
Almandoz NA 11 C 25
Almansa AB 73 P 26
Almansa CC 69 O 14
Almansa (Embalse de) AB 73 P 26
Almansas J 83 S 20
Almanza LE 16 E 14
Almanzor (Pico) AV 56 L 14
Almanzora AL 96 T 23
Almarail SO 33 H 22
Almaraz CC 56 M 12
Almaraz de Duero ZA 29 H 12
Almarcha (La) CU 60 M 22
Almarchal (El) CA 99 X 12
Almargen MA 93 U 14
Almarza SO 33 G 22
Almarza de Cameros LO 19 F 22
Almàssera V 62 N 28
Almassora CS 62 M 29
Almatret L 36 I 31
Almayate Bajo MA 101 V 17
Almazán SO 33 H 22
Almázcara LE 15 E 10
Almazorre HU 22 F 30
Almazul SO 33 H 23
Almedíjar
cerca de Segorbe CS 62 M 28
Almedina CR 71 Q 21
Almedinilla CO 94 T 17
Almegíjar GR 102 V 20
Almeida ZA 29 I 11
Almenar L 36 G 31
Almenar de Soria SO 33 G 23
Almenara M 45 K 17
Almenara *Castelló* CS 62 M 29
Almenara de Adaja VA 31 I 15
Almenara de Tormes SA 43 I 12
Almenaras AB 72 Q 22
Almendra SA 29 I 10
Almendra ZA 29 H 12
Almendra (Embalse de) SA 29 I 11
Almendral GR 94 U 17
Almendral BA 67 Q 9
Almendral CC 56 L 11
Almendral (El) AL 95 U 22
Almendral (El) GR 101 V 17
Almendral
de la Cañada TO 57 L 13
Almendralejo BA 67 P 10
Almendres BU 18 D 19
Almendricos MU 96 T 24
Almendro (El) H 90 T 8
Almendros CU 59 M 21
Almensilla SE 91 U 11
Almería AL 103 V 22
Almería (Golfo de) AL 103 V 22
Almerimar AL 102 V 21
Almeza (La) V 61 M 27
Almirez AB 84 Q 24
Almiruete GU 46 I 20
Almochuel Z 35 I 28
Almócita AL 102 V 21
Almodóvar CA 99 X 12
Almodóvar del Campo CR 70 P 17
Almodóvar del Pinar CU 60 M 24
Almodóvar del Río CO 81 S 14
Almogía MA 100 V 16
Almoguera GU 59 L 21
Almohaja TE 48 K 25
Almoharín CC 68 O 11
Almoines V 74 P 29
Almolda (La) Z 35 H 29
Almonacid de la Cuba Z 35 I 27
Almonacid de la Sierra Z 34 H 26
Almonacid de Toledo TO 58 M 18
Almonacid de Zorita GU 47 L 21
Almonacid
del Marquesado CU 59 M 21
Almonaster la Real H 79 S 9
Almontaras (Las) GR 83 S 21
Almonte H 91 U 10
Almoradí A 85 R 27
Almoraima CA 99 X 13
Almorchón BA 68 P 14
Almorox TO 57 L 16
Almoster T 37 I 33
Almudáfar HU 36 H 30
Almudaina A 74 P 28
Almudena (La) MU 84 R 24
Almudévar HU 21 F 28
Almunia
de Doña Godina (La) Z 34 H 25
Almunia de San Juan HU 36 G 30
Almunias (Las) HU 21 F 29
Almuniente HU 35 G 28
Almuña O 5 B 10
Almuñécar GR 101 V 18
Almuradiel CR 82 Q 19
Almurfe O 5 C 11
Almussafes V 74 O 28
Alobras TE 61 L 25
Alocén GU 47 K 21
Alojera *La Gomera* TF 118 B 2
Alomartes GR 94 U 18
Alonso de Ojeda CC 68 O 12
Alonsótegi BI 8 C 21
Alor BA 66 Q 8
Álora MA 100 V 15
Alòs de Balaguer L 37 G 32
Alòs d'Isil L 23 D 33
Alosno H 90 T 8
Alovera GU 46 K 20
Alozaina MA 100 V 15
Alp GI 24 E 35
Alpandeire MA 99 W 14
Alpanseque SO 33 I 21
Alpartir Z 34 H 25
Alpatró A 74 P 29
Alpedrete M 45 K 17
Alpedroches GU 32 I 21
Alpens B 24 F 36
Alpeñés TE 48 J 26
Alpera AB 73 P 26
Alpicat L 36 G 31
Alpizar H 91 T 10
Alporchones MU 85 T 25
Alpuente V 61 M 26
Alpujarras (Las) GR 102 V 20
Alquería (La) MU 73 Q 26
Alquería (La) AL 102 V 20
Alquería Blanca (S') PM 105 N 39
Alqüería del Fargue GR 94 U 19
Alquerías MU 85 R 26
Alquézar HU 22 F 30
Alquián (El) AL 103 V 22
Alquife GR 95 U 20
Alquité SG 32 I 19
Alsamora L 22 F 32
Alsasua / Altsasu NA 19 D 23
Alsodux AL 95 U 22
Alta LU 3 C 7
Alta Gracia (Ermita de) CC 55 N 10
Altable BU 18 E 20
Altafulla T 37 I 34
Altamira BI 9 B 21
Altamira (Cuevas de) S 7 B 17
Altamiros AV 44 J 15
Altarejos CU 60 M 22
Altavista (Refugio)
Tenerife TF 127 E 3
Altea A 74 Q 29
Altea la Vella A 74 Q 29
Altet (L') A 86 R 28
Altico (El) J 82 R 18
Alto (Puntal) GR 95 U 21
Alto de la Madera O 6 B 12
Alto de Ter (Vall) GI 24 F 37
Alto Iso NA 11 D 26
Alto Tajo
(Parque natural del) GU 47 J 23
Altobordo MU 96 T 24
Altomira CU 59 L 21
Altorricón HU 36 G 31
Altorricón-Tamarite HU 36 G 31
Altos (Los) TF 18 D 19
Altotero BU 18 D 19
Altron L 23 E 33
Altsasu / Alsasua NA 19 D 23
Altube VI 18 C 21
Altura CS 62 M 28
Altzo SS 10 C 23
Altzola SS 10 C 22
Aluenda Z 34 H 25
Alueza HU 22 E 30
Alumbres MU 97 T 27
Alustante GU 48 K 25
Alvarado BA 67 P 9
Alvarizones (Los) CA 98 W 11
Alvedro (Aeropuerto de) C 3 C 4
Alvidrón LU 13 D 6
Alzira V 74 O 28
Amadòrio
(Embassament d') A 74 Q 29
Amaiur / Maya NA 11 C 25
Amandi O 6 B 13
Amasa SS 10 C 23
Amatos SA 44 J 13
Amatriáin NA 20 E 25
Amavida AV 44 K 14
Amaya BU 17 E 17
Amayas GU 47 I 24
Amayuelas P 17 D 16
Ambás *cerca de Avilés* O 5 B 12
Ambás
cerca de Villaviciosa O 6 B 13
Ambasaguas LE 16 D 13
Ambasmestas LE 14 E 9
Ambel Z 34 G 25
Ambite M 46 L 20
Ambosores LU 3 B 6
Amboto BI 10 C 22
Ambrona SO 47 I 22
Ameixenda C 2 D 2
Amer GI 24 F 37
Ames C 2 D 4
Ametlers (Els) CS 50 K 31

136 España

A B C D E F G H I J K L M N O P Q R S T U V W X Y Z

Ametlla (L')
cerca de Àguer L 22 F 32
Ametlla (L')
cerca de Tàrrega L 37 H 33
Ametlla de Mar (L') T 51 J 32
Ametlla de Merola (L') B 38 G 35
Ametlla del Vallès (L') B 38 G 36
Ameyugo BU 18 E 20
Amezketa SS 10 C 23
Amieva O 6 C 14
Amil PO 12 E 4
Amiudal OR 13 E 5
Amoedo PO 12 F 4
Amoeiro OR 13 E 6
Amorebieta BI 9 C 21
Amoroto BI 10 C 22
Amparo (El) Tenerife TF 126 D 3
Ampolla (L') T 50 J 32
Amposta T 50 J 31
Ampudia P 30 G 15
Ampuero S 8 B 19
Ampuyenta (La)
Fuerteventura GC 111 H 3
Amurrio VI 8 C 20
Amusco P 17 F 16
Amusquillo VA 31 G 17
Anadón TE 49 J 27
Anafreita LU 3 C 6
Anaga (Punta de)
Tenerife TF 125 K 1
Anaya SG 45 J 17
Anaya de Alba SA 44 J 13
Anayet
(Coto nacional del) HU 21 D 28
Ancares CR 69 O 15
Ancares (Refugio de) LU 14 D 9
Ancares Leoneses (Reserva
nacional de los) LE 14 D 9
Anchuela del Campo GU 47 I 23
Anchuela del Pedregal GU 48 J 24
Anchuelo M 46 K 20
Anchuras CR 57 N 15
Anchurones CR 69 N 16
Anciles HU 22 E 31
Ancillo S 8 C 19
Ancín NA 19 E 23
Ancla (El) CA 98 W 11
Anclas (Las) GU 47 K 21
Anda VI 18 D 21
Andagoya VI 18 D 21
Andaluz SO 33 H 21
Andarax AL 102 V 21
Andatza SS 10 C 23
Andavias ZA 29 H 12
Andilla V 61 M 27
Andiñuela LE 15 E 11
Andoain SS 10 C 23
Andoio C 2 C 4
Andorra TE 49 J 28
Andosilla NA 19 E 24
Andrade (Castillo de) C 3 B 5
Andratx PM 104 N 37
Andrés O 4 B 9
Andrín O 7 B 15
Andújar J 82 R 17
Aneas (Las) AL 95 U 22
Anento Z 48 I 25
Anero S 8 B 19
Aneto (Pico de) HU 22 E 31
Àneu (Vall d') L 23 E 33
Angel (El) MA 100 W 15
Ángeles (Los) CA 99 W 13
Ángeles (Los) CO 81 S 16
Ángeles (Los) /
Anxeles (Os) C 12 D 3
Angiozar SS 10 C 22
Anglès GI 24 G 37
Anglesola L 37 H 33
Angón GU 47 I 21
Angostura (Río de la) M 45 J 18
Anguciana LO 18 E 21
Angües HU 21 F 29
Anguiano LO 19 F 21
Anguijes (Los) AB 72 P 24
Anguila (Cala) PM 105 N 39
Anguita GU 47 I 22
Anguix BU 31 G 18
Anguix GU 47 K 21
Aniago VA 30 H 15
Aniés HU 21 F 28
Anievas S 7 C 17
Aniezo S 7 C 16
Aniñon Z 34 H 24
Anleo O 4 B 9
Anllares LE 15 D 10
Anllarinos LE 15 D 10
Anllóns C 2 C 3
Anna V 74 O 28
Anoeta SS 10 C 23
Anoia (L') B 37 H 34
Anorias (Las) AB 73 P 25
Anós C 2 C 3
Anoz NA 10 D 24
Anquela del Ducado GU 47 J 23
Anquela del Pedregal GU 48 J 24
Ansares (Lucio de los) SE 91 V 10
Anserall L 23 E 34
Ansó HU 11 D 27
Ansó (Valle de) HU 11 D 27
Antas AL 96 U 24
Antas de Ulla LU 13 D 6
Antella V 74 O 28
Antequera MA 93 U 16
Antes C 2 D 3
Antezana VI 18 D 21
Antigua Fuerteventura GC 111 G 3
Antigua (La) LE 15 F 12
Antigüedad P 31 G 17
Antilla (La) H 90 U 8
Antillón HU 21 F 29
Antimio LE 16 E 13
Antoñán del Valle LE 15 E 12
Antoñana VI 19 D 22
Antzuola SS 10 C 22
Anue BI 11 D 25
Anxeles (Os) /
Ángeles (Los) C 12 D 3
Anxeriz C 2 C 3
Anya L 37 G 33
Anzánigo HU 21 E 28
Anzur (Río) CO 93 T 16
Añana VI 18 D 21
Añastro BU 19 D 21
Añavieja SO 33 G 24
Añaza Tenerife TF 125 I 2
Añe SG 45 I 17
Añes VI 8 C 20
Añides O 4 B 9
Añisclo (Cañon de) HU 22 E 30
Añón Z 34 G 24
Añora CO 81 Q 15
Añorbe NA 20 E 24
Añover de Tajo TO 58 M 18
Añover de Tormes SA 43 I 12
Añoza P 16 F 15
Aoiz / Agoitz NA 11 D 25
Aos / Aós NA 11 D 25
Aoslos M 46 I 19
Apadreado (El) AB 73 P 25
Aparecida (La) A 85 R 26
Aparecida (La) MU 85 S 27
Apellániz VI 19 D 22
Apiés HU 21 F 28
Apricano VI 18 D 21
Aqua Brava GI 25 F 39
Aquaola GR 94 U 19
Aquijón CC 55 N 11
Aquilué HU 21 E 28
Aquópolis M 45 K 18
Ara HU 21 E 28
Arabayona SA 44 I 13
Arabexo C 2 C 4
Arabí MU 73 P 26
Arabinejo AB 73 P 25
Aracena H 79 S 10
Aracena (Embalse de) H 79 S 10
Aracena (Sierra de) H 79 S 9
Arafo Tenerife TF 127 G 3
Aragó i Catalunya
(Canal d') HU 36 H 31
Aragón
(Canal Imperial de) Z 34 G 25
Aragón (Río) ESP 21 E 27
Aragón y Cataluña
(Canal de) HU 36 F 30
Aragoncillo GU 47 J 23
Aragoncillo (Monte) GU 47 J 23
Aragoneses SG 45 I 16
Aragosa GU 47 J 21
Araguás HU 22 E 30
Araguás del Solano HU 21 E 28
Aragüés del Puerto HU 21 D 27
Arahal (El) SE 92 U 13
Arahuetes SG 45 I 18
Araia CS 62 L 29
Araia / Araya VI 19 D 23
Araitz NA 10 C 23
Arakaldo BI 8 C 21
Aralla LE 15 D 12
Aralla (Collada de) LE 15 D 12
Aramaio BU 10 C 22
Aramil O 6 B 13
Aramunt L 23 F 32
Arán C 50 J 30
Aran (Val d') L 22 D 32
Arana BU 19 D 21
Aranarache NA 19 D 23
Arancedo O 4 B 9
Arancón SO 33 G 23
Aranda MA 100 W 15
Aranda de Duero BU 32 G 18
Aranda de Moncayo Z 34 H 24
Arándiga Z 34 H 25
Arandilla BU 32 G 19
Arandilla del Arroyo CU 47 K 22
Aranga C 3 C 5
Aranga (Estación de) C 3 C 6
Arangas O 6 C 15
Aránguiz VI 19 D 21
Aranguren NA 11 D 25
Aranjuez M 58 L 19
Arano NA 10 C 24
Aranqüite NA 20 E 26
Aránser L 23 E 34
Arante LU 4 B 8
Arantza NA 11 C 24
Arantzazu SS 19 D 22
Arantzazu BI 9 C 21
Aranyó (L') L 37 G 33
Aranza LU 14 D 8
Aranzueque GU 46 K 20
Araña (Cuevas de la) V 73 O 27
Arañuel CS 62 L 28
Araós L 23 E 33
Araoz SS 19 D 22
Arapiles SA 43 J 13
Aras NA 19 E 22
Aras de los Olmos V 61 M 26
Arascués HU 21 F 28
Aratzerreka SS 10 C 23
Arauzo de Miel BU 32 G 19
Arauzo de Salce BU 32 G 19
Arauzo de Torre BU 32 G 19
Aravaca M 45 K 18
Aravell L 23 E 34
Araya / Araia VI 19 D 23
Araya (Cabeza) CC 55 N 10
Araya de Arriba
(Embalse de) CC 55 N 9
Arazuri NA 11 D 24
Arba Z 20 F 26
Arba de Biel Z 21 F 27
Arbancón GU 46 J 20
Arbaniés HU 21 F 29
Arbás LE 5 D 12
Arbeca L 37 H 32
Arbedales (Cuevas de) O 5 B 12
Arbejal P 17 D 16
Arbeteta GU 47 J 22
Arbillas (Mirador de) AV 57 L 14
Arbizu NA 19 D 23
Arbo PO 13 F 5
Arboç (L') T 37 I 34
Arboçar de Dalt (L') B 38 I 35
Arbocet (L') T 51 I 32
Arboleas AL 96 T 23
Arboles (Los) CR 71 O 21
Arbolí T 37 I 32
Arbón O 4 B 9
Arbón (Embalse de) O 4 B 9
Arbúcies GI 38 G 37
Arbujuelo SO 47 I 22
Arbuniel J 94 T 19
Arc de Cabanes CS 62 L 30
Arca PO 13 E 4
Arcade PO 12 E 4
Arcallana O 5 B 11
Arcángeles (Los) M 46 K 19
Arcas CU 60 M 23
Arcavell L 23 E 34
Arce NA 11 D 25
Arcediano SA 44 I 13
Arcellana O 5 B 11
Arcenillas ZA 29 H 12
Arcentales BI 8 C 20
Arceo C 3 C 5
Archena MU 85 R 26
Archez MA 101 V 18
Archidona MA 93 U 16
Archidona SE 79 S 11
Archilla GU 46 J 21
Archivel MU 84 R 24
Architana MU 84 R 23
Arcicóllar TO 58 L 17
Arcillera ZA 29 G 11
Arcillo ZA 29 H 12
Arco CC 55 M 10
Arco (El) SA 43 I 12
Arconada BU 18 E 19
Arconada P 17 F 16
Arcones SG 46 I 18
Arcos BU 18 F 18
Arcos LU 13 E 6
Arcos OR 13 E 5
Arcos ZA 29 G 12
Arcos cerca de Carnota C 2 D 2
Arcos cerca de Cuntis PO 12 E 4
Arcos (Embalse de) CA 92 V 12
Arcos (Los) NA 19 E 23
Arcos de Jalón SO 47 I 23
Arcos de la Frontera CA 92 V 12
Arcos de la Sierra CU 47 K 23
Arcos de las Salinas TE 61 M 26
Arcs (Els) L 36 G 32
Arcusa HU 22 F 30
Ardaitz NA 11 D 25
Ardales MA 100 V 15
Ardanaz NA 11 D 25
Ardaña C 2 C 3
Ardèvol L 37 G 34
Ardisa Z 21 F 27
Ardón LE 16 E 13
Ardoncino LE 16 E 13
Ardonsillero SA 43 J 11
Arduas (Las) SE 92 U 12
Area PO 12 F 4
Areas LU 13 D 6
Areas
cerca de Ponteareas PO 12 F 4
Areas cerca de Tui PO 12 F 4
Areas (Estación de) LU 13 E 7
Areatza BI 9 C 21
Areeta BI 8 C 20
Arejos (Los) MU 96 T 24
Arellano NA 19 E 23
Arén HU 22 F 32
Arena (La) O 5 B 11
Arenal (El) AV 57 L 14
Arenal (El) SG 45 I 18
Arenal (S') Mallorca PM 104 N 38
Arenal d'en Castell PM 106 L 42
Arenales (Los) SE 92 T 14
Arenales
de San Gregorio CR 71 O 20
Arenales del Sol (Los) A 86 R 28
Arenas MA 101 V 17
Arenas de Cabrales O 6 C 15
Arenas de Iguiña S 7 C 17
Arenas de San Juan CR 70 O 19
Arenas de San Pedro AV 57 L 14
Arenas del Rey GR 101 V 18
Arenetes (Les) A 75 P 30
Arenillas SO 33 H 21
Arenillas SE 80 S 12
Arenillas de Muñó BU 17 F 18
Arenillas
de Riopisuerga BU 17 E 17
Arenillas de Villadiego BU 17 E 18
Arenoso CO 81 R 16
Arens de Lledó TE 50 J 30
Arenteiro OR 13 E 5
Arenys de Mar B 38 H 37
Arenys de Munt B 38 H 37
Arenzana de Abajo LO 19 E 21
Areños P 17 D 16
Ares C 3 B 5
Ares (Coll d') GI 24 E 37
Ares (Mola d') CS 50 K 29
Ares del Maestrat CS 50 K 29
Areso NA 10 C 24
Areta VI 8 C 21
Aretxabaleta SS 10 C 22
Areu L 23 E 33
Arevalillo AV 44 K 13
Arevalillo de Cega SG 45 I 18
Arévalo AV 44 I 15
Arévalo SO 33 G 22
Argallanes (Sierra de) BA 68 Q 12
Argallón CO 80 R 13
Argalo C 12 D 3
Argamasilla SE 92 T 13
Argamasilla de Alba CR 71 O 20
Argamasilla
de Calatrava CR 70 P 17
Argamasón AB 72 P 23
Argamasón AL 96 U 24
Argamassa (S') PM 87 P 34
Arganda del Rey M 59 L 19
Argandoña VI 19 D 22
Arganza O 5 C 10
Arganza LE 14 E 9
Argañín ZA 29 H 11
Argañoso O 6 B 13
Argañoso LE 15 E 11
Argavieso HU 21 F 29
Argecilla GU 47 J 21
Argel AB 84 Q 22
Argelaguer GI 24 F 37
Argelita CS 62 L 28
Argençola B 37 H 34
Argente TE 48 J 26
Argentera (L') T 51 I 32
Argentona B 38 H 37
Argés TO 58 M 17
Argómaniz VI 19 D 22
Argomoso LU 4 B 7
Argoños S 8 B 19
Argos MU 84 R 24
Argovejo LE 16 D 14
Arguedas NA 20 F 25
Argüelles O 5 B 12
Arguellite AB 84 R 22
Argüeña (Serra de la) A 74 Q 27
Argüero O 6 B 13
Arguijuela CC 67 N 10
Arguillos MA 93 U 15
Arguineguín
Gran Canaria GC 116 C 4
Arguis HU 21 F 28
Arguis (Embalse de) HU 21 F 28
Arguisuelas CU 60 M 24
Argujillo ZA 30 I 13
Aria NA 11 D 26
Ariany PM 105 N 39
Aribe NA 11 D 26
Arico Tenerife TF 129 G 4
Arico El Nuevo
Tenerife TF 129 G 4
Arico Viejo Tenerife TF 129 G 4
Arienza LE 15 D 11
Arija BU 17 D 18
Arins C 13 D 4
Ariñez VI 19 D 21
Ariño TE 49 I 28
Aripe Tenerife TF 128 C 4
Arisgotas TO 58 N 18
Aristebano (Alto de) O 5 B 10
Aristot L 23 E 34
Ariza Z 33 I 23
Arizala NA 10 D 24
Arizaleta NA 10 D 24
Arizkun NA 11 C 25
Arjona J 82 S 17
Arjonilla J 82 S 17
Arjuá LU 13 E 6
Arlaban (Puerto de) SS 19 D 22
Arlanza LE 15 E 10
Arlanzón BU 18 F 19
Arlos O 5 B 12
Arlucea VI 19 D 22
Armada O 5 C 12
Armada (Castillo de la) SE 80 S 13
Armada (La) OR 13 F 5
Armallones GU 47 J 23
Armañanzas NA 19 E 23
Armas MA 100 W 15
Armellada LE 15 E 12
Armenteira PO 12 E 3
Armentera (L') GI 25 F 39
Armenteros SA 44 K 13
Armentón C 3 C 4
Armeñime Tenerife TF 128 C 5
Armilla GR 94 U 19
Armillas TE 49 J 27
Armindez J 83 S 20
Armintza BI 8 B 21
Armiñón VI 18 D 21
Armuña SG 45 I 17
Armuña
de Almanzora AL 96 T 22
Armuña de Tajuña GU 46 K 20
Arnadelo LE 14 E 9
Arnado LE 14 E 9
Arnao CA 99 W 13
Arnedillo LO 19 F 23
Arnedo LO 19 F 23
Arnego PO 13 D 5
Arnés T 50 J 30
Arneva A 85 R 27
Arnicio (Puerto de) O 6 C 13
Arnoia (Río) OR 13 F 5
Arnuero S 8 B 19
Aroche H 78 S 9
Arona Tenerife TF 128 D 5
Aróstegui NA 11 D 24
Arou C 2 C 2
Arousa (Isla de) PO 12 E 3
Arousa (Ría de) PO 12 E 3
Arquijo SO 33 G 22
Arquillinos ZA 29 G 13
Arquillo de San Blas
(Embalse del) TE 48 K 26
Arquillos J 82 R 19
Arrabal PO 12 F 3
Arrabal de Portillo VA 31 H 16
Arrabal
Santa Barbara TE 48 K 25
Arrabalde ZA 15 F 12
Arracó (S') PM 104 N 37
Arraia-Maeztu VI 19 D 22
Arraitz-Orkin NA 11 C 25
Arrancacepas CU 60 L 22
Arrankudiaga BI 8 C 21
Arrarats NA 10 C 24
Arrasate /
Mondragón SS 10 C 22
Arrate SS 10 C 22
Arratzu BI 10 C 22
Arrazola BI 10 C 22
Arrebatacapas
(Collado de) CC 56 N 14
Arrebatacapas
(Puerto de) AV 45 K 16
Arrecife Lanzarote GC 123 E 4
Arrecife (El) CO 81 S 15
Arredondo S 8 C 19
Arres L 22 D 32
Arrés HU 21 E 27
Arriano VI 18 D 21
Arriate MA 92 V 14
Arriba TO 58 N 17
Arribe-Atallu NA 10 C 24
Arrieta NA 11 D 25
Arrieta BI 9 B 21
Arrieta Lanzarote GC 123 F 3
Arrigorriaga BI 8 C 21
Arriondas O 6 B 14
Arripas (Las) CR 69 O 16
Arro HU 22 E 30
Arroba de los Montes CR 69 O 16
Arrobuey CC 43 K 11
Arrocampo-Almaraz
(Embalse de) CC 56 M 12
Arrojo O 5 C 12
Arrolobos CC 43 K 11
Arróniz NA 19 E 23
Arròs L 22 D 32
Arroyal S 17 D 17
Arroyo S 17 D 17
Arroyo P 16 F 15
Arroyo CR 70 Q 18
Arroyo H 79 S 9
Arroyo VA 30 H 15
Arroyo V 61 N 26
Arroyo Bremudo
(Embalse de) CC 55 M 11
Arroyo Cerezo V 61 L 25
Arroyo de Cuéllar SG 31 H 16
Arroyo de la Luz CC 55 N 10
Arroyo de la Miel MA 100 W 16
Arroyo de la Plata SE 79 S 11
Arroyo
de las Fraguas GU 46 I 20
Arroyo de Salas BU 32 F 20
Arroyo
de San Serván BA 67 P 10
Arroyo de Torote ESP 46 K 19
Arroyo del Ojanco J 83 R 21
Arroyo-Malpartida
(Estación) CC 55 N 10
Arroyo Meaques M 45 K 18
Arroyofrío TE 61 L 25
Arroyomolinos M 58 L 18
Arroyomolinos
de la Vera CC 56 L 12
Arroyomolinos de Léon H 79 R 10
Arroyomolinos
de Montánchez CC 67 O 11
Arroyomuerto SA 43 K 11
Arroyos (Los) M 45 K 17
Arroyos (Los) J 83 R 22
Arroyuelo BU 18 D 19
Arrozao (Sierra del) BA 68 P 12
Arruazu NA 10 D 24
Arrúbal LO 19 E 23
Ars L 23 E 34
Arsèguel L 23 E 34
Artà PM 105 M 40
Artà (Coves d') PM 105 N 40
Artaiz NA 11 D 25
Artaj V 61 M 27
Artajo / Artaxo NA 11 D 25
Artajona NA 20 E 24
Artana CS 62 M 29
Artariáin NA 20 E 25
Artasona
cerca de Almudévar HU 21 F 28
Artasona
cerca de El Grado HU 22 F 30
Artavia NA 19 D 23
Artaxo / Artajo NA 11 D 25
Artaza cerca de Subijana VI. 18 D 21

A

Artaza de F.
  cerca de Vitoria-Gasteiz VI......19 D 21
Artazu NA......10 D 24
Artea BI......9 C 21
Artea (El) AL......96 U 24
Artedo O......5 B 11
Artedosa O......6 C 13
Arteixo C......3 C 4
Artejuela CS......62 L 28
Artekona BI......8 C 20
Artenara
  Gran Canaria GC......114 D 2
Artés B......38 G 35
Artesa CS......62 M 29
Artesa de Lleida L......36 H 32
Artesa de Segre L......37 G 33
Artesiaga (Puerto de) NA...11 C 25
Arteta NA......10 D 24
Artichuela (La) GR......94 T 19
Artieda NA......11 D 26
Artieda Z......21 E 27
Arties L......22 D 32
Artikutza NA......10 C 24
Arto HU......21 E 28
Artómaña VI......18 D 21
Arrutx (Cap d') PM......106 M 41
Artziniega VI......8 C 20
Arucas Gran Canaria GC...115 E 2
Arucas (Montaña de)
  Gran Canaria GC......115 E 2
Arure La Gomera TF......118 B 2
Arvas
  (Ruinas romanas de) SE...80 T 13
Arzádigos OR......28 G 8
Arzón C......2 D 3
Arzoz NA......10 D 24
Arzúa C......3 D 5
Ascara HU......21 E 28
Ascarza BU......19 D 21
Ascaso HU......22 E 30
Ascó T......36 I 31
Ascopalls V......74 O 28
Ascoy MU......85 R 25
Ase (Pas de l') T......50 I 31
Aserradero del Río Tús J...83 Q 22
Asiáin NA......10 D 24
Asiego O......6 C 15
Asientos (Los) CA......91 V 11
Asín Z......20 F 26
Asín de Broto HU......21 E 29
Asma
  cerca del Río Miño LU...13 E 6
Asma Santa Eugenia LU...13 E 6
Asno (Boca del) MA......100 V 16
Asno (Boca del) SG......45 J 17
Asno
  (Cabeza del) MU......85 R 25
Aso de Sobremonte HU...21 E 28
Asomadilla AB......73 O 25
Asón S......8 C 19
Asón (Puerto del) S......8 C 19
Aspa L......36 H 32
Aspai LU......3 C 6
Aspariegos ZA......30 G 13
Aspárrena VI......19 D 22
Aspe A......85 Q 27
Asperillas TO......59 M 19
Asperillo H......91 U 10
Aspurz NA......11 D 26
Assa VI......19 E 22
Asso Veral Z......21 E 27
Asteasu SS......10 C 23
Astelarra BI......9 C 21
Astigarraga SS......10 C 24
Astigarreta SS......10 C 23
Astillero (El) S......7 B 18
Astor (L') B......37 G 34
Astorga LE......15 E 11
Astráin NA......10 D 24
Astrana S......8 C 19
Astudillo P......17 F 17
Astún (Valle de) HU......21 D 28
Asturianos ZA......29 F 10
Asua BI......8 C 21
Atajate MA......99 W 14
Atalaya V......62 N 28
Atalaya BA......79 Q 10
Atalaya MA......100 W 14
Atalaya
  (Estación de) MA......92 V 14
Atalaya (La) AV......45 K 16
Atalaya (La) SA......43 K 10
Atalaya (La) CU......60 M 23
Atalaya (La) MU......97 T 25
Atalaya (La) H......79 S 10
Atalaya (La) SE......92 T 13
Atalaya (La) CC......55 L 10

Atalaya (La)
  Gran Canaria GC......114 D 1
Atalaya (La)
  Gran Canaria GC......115 F 2
Atalaya del Alberche TO...57 L 16
Atalaya del Cañavate CU...60 N 23
Atalaya Real M......46 J 19
Atán C......2 D 3
Atance (El) GU......47 I 21
Atance (Embalse de) GU...47 I 21
Atanzón GU......46 J 21
Atapuerca BU......18 E 19
Ataquines VA......44 I 15
Atarés HU......21 E 28
Atarfe GR......94 U 18
Ataun SS......10 C 23
Atauri VI......19 D 22
Atauta SO......32 H 20
Atazar (El) M......46 J 19
Atazar (Embalse de El) M...46 J 19
Atea Z......48 I 25
Ateca Z......34 H 24
Atez NA......11 D 24
Atiaga VI......18 D 20
Atienza GU......46 I 21
Atios C......3 B 5
Atlanterra CA......99 X 12
Atochares AL......103 V 23
Atrave OR......28 G 8
Atxondo BI......9 C 22
Atzeneta d'Albaida V......74 P 28
Atzeneta del Maestrat CS...62 L 29
Aubert L......22 D 32
Audanzas LE......15 F 12
Audikana VI......19 D 22
Aulá (Puerto de) L......23 D 32
Aula Dei (La Cartuja de) Z...35 G 27
Aulaga (La) SE......79 S 10
Aulago AL......95 U 22
Aulesti BI......10 C 22
Auñón GU......47 K 21
Aurín HU......21 E 28
Auritz / Burguete NA......11 D 26
Auritzberri / Espinal NA...11 D 26
Ausejo LO......19 E 23
Ausejo de la Sierra SO...33 G 22
Ausines (Los) BU......18 F 19
Autilla del Pino P......31 G 16
Autillo de Campos P......30 F 15
Autol LO......19 F 23
Autza NA......11 C 25
Auza NA......11 D 24
Aval (S') PM......105 O 39
Ave V......73 O 27
Aveinte AV......44 J 15
Avellà (L') AL......50 K 29
Avellanar TO......58 N 17
Avellanar CC......43 K 10
Avellaneda AV......44 K 13
Avellaneda LO......19 F 22
Avellanes (Les) L......36 G 32
Avellanosa de Muñó BU...31 G 18
Avellanosa del Páramo BU..17 E 18
Avià B......24 F 35
Avia (Río) OR......13 E 5
Aviados LE......16 D 13
Ávila AV......44 K 15
Ávila (Bahía de)
  Lanzarote GC......122 C 5
Avilés O......5 B 12
Avilés MU......84 S 24
Avileses MU......85 S 27
Avín O......6 B 15
Avinyó B......38 G 35
Avinyonet GI......25 F 38
Avinyonet del Penedès B..38 H 35
Aviñante P......17 D 15
Aviño C......3 B 5
Avión OR......13 E 5
Avión (Faro de) PO......13 F 5
Axpe B......10 C 22
Aya (Peñas de) /
  Harria (Aiako) ESP......10 C 24
Ayacata
  Gran Canaria GC......116 D 3
Ayagaures (Embalse de)
  Gran Canaria GC......116 D 4
Ayamonte H......90 U 7
Ayaz LU......13 E 7
Ayechu NA......11 D 26
Ayegui NA......19 E 23
Ayera HU......21 F 29
Ayerbe HU......21 F 27
Ayesa NA......20 E 25
Ayllón SG......32 H 19

Ayna AB......72 Q 23
Ayódar CS......62 L 28
Ayoluengo BU......17 D 18
Ayones O......5 B 10
Ayoó de Vidriales ZA......15 F 11
Ayora V......73 O 26
Ayuela P......17 E 16
Ayuela (Embalse de) CC...67 O 11
Ayuelas BU......18 D 20
Azáceta VI......19 D 22
Azáceta (Puerto) VI......19 D 22
Azafor VC......74 P 29
Azagala BA......67 O 9
Azagra NA......20 F 24
Azagra V......61 M 26
Azaila TE......35 I 28
Azanaque SE......80 T 13
Azanúy HU......36 G 30
Azañón GU......47 J 22
Azara HU......22 F 29
Azares del Páramo LE...15 F 12
Azarrulla LO......18 F 20
Azcamellas SO......47 J 22
Azcarate NA......10 C 23
Azcárate (Puerto de) SS...10 C 22
Azkoitia SS......10 C 23
Azlor HU......22 F 29
Aznalcázar SE......91 U 11
Aznalcóllar SE......91 T 11
Azobeines TO......58 M 17
Azofra LO......19 E 21
Azohía (La) MU......97 T 26
Azorejo BA......69 P 15
Azparren NA......11 D 26
Azpeitia SS......10 C 23
Azpilkueta NA......11 C 25
Azpirotz (Puerto de) NA...10 C 24
Azuaga BA......80 R 13
Azuara Z......35 I 27
Azucaica TO......58 M 18
Azuébar CS......62 M 28
Azuel CO......81 R 17
Azuelo NA......19 E 22
Azul (Charco)
  La Palma TF......131 D 3
Azuqueca de Henares GU..46 K 20
Azután TO......57 M 14
Azután
  (Embalse de) TO......57 M 15

B

Baamonde LU......3 C 6
Baamorto LU......14 E 7
Babilafuente SA......44 J 13
Bacanera L......22 D 32
Bacares AL......96 U 22
Bacarot A......86 R 28
Bachiller (El) AB......73 P 25
Bachillera CR......71 O 20
Bacoco BA......66 O 8
Bacoi LU......4 B 7
Bacor Olivar GR......95 T 21
Badajoz BA......67 P 9
Badalejos (Los) CA......99 W 12
Badalona B......38 H 36
Bádames S......8 B 19
Badarán LO......19 E 21
Bádenas TE......48 I 26
Badia Gran PM......104 N 38
Badilla ZA......29 H 11
Badolatosa SE......93 U 15
Badostáin NA......20 D 25
Badules Z......48 I 26
Baell (El) GI......24 F 36
Baélls HU......36 G 31
Baélls (Pantà de la) B......24 F 35
Baelo
  (Ruinas romanas de) CA..99 X 12
Baena CO......93 T 17
Baeza J......82 S 19
Baezuela M......46 K 19
Bàga B......24 F 35
Bagergue L......22 D 32
Bàguena TE......48 I 25
Bagüés Z......21 E 27
Bahabón VA......31 H 17
Bahabón
  de Esgueva BU......32 G 18
Bahia MU......97 T 26
Bahia Dorada MA......99 W 14
Bahíllo P......17 E 16
Baides GU......47 I 21
Bailadero
  (El) Tenerife TF......125 J 1
Bailén J......82 R 18
Baíllo BU......18 D 19

Baillo LE......15 F 10
Bailo HU......21 E 27
Baiña O......5 C 12
Baíñas O......2 C 2
Baio C......2 C 3
Banos de la Peña P......17 D 15
Baiona PO......12 F 3
Baiuca (A) Arteixo C......3 C 4
Baja (Punta de la)
  Lanzarote GC......121 F 2
Bajamar Tenerife TF......124 H 1
Bajauri NA......19 E 22
Bajo (Collado) CU......60 L 24
Bajo Guadalquivir
  (Canal del) SE......92 T 12
Bakaiku NA......19 D 23
Bakio BI......9 B 21
Balaguer L......36 G 32
Balaïtous HU......21 D 29
Balanegra AL......102 V 21
Balazote AB......72 P 23
Balbacil GU......47 I 23
Balbarda AV......44 K 15
Balbases (Los) BU......17 F 17
Balboa LE......14 D 9
Balboa BA......67 P 9
Balcarca HU......36 G 30
Balcón de Bizkaia BI......10 C 22
Balcón
  de los Alcores (El) SE...92 T 12
Balcón de Madrid (El) M...46 J 19
Balconchán Z......48 I 25
Balcones (Los) A......85 S 27
Balcones (Los) GR......95 T 21
Balconete GU......46 K 21
Baldaíran (Pico de) HU...21 D 29
Baldellou HU......36 G 31
Baldío CC......56 M 13
Baldovar V......61 M 26
Baldrei OR......13 F 7
Baldriz OR......13 F 7
Baleira LU......4 C 8
Balerma AL......102 V 21
Balerma BA......93 U 17
Balisa SG......45 I 16
Balitres (Coll de) GI......25 E 39
Ballabriga HU......22 E 31
Ballena o de Tostón (Punta
  de la) Fuerteventura GC..111 G 1
Ballestero (El) AB......72 P 22
Ballesteros CU......70 O 18
Ballesteros CU......60 M 23
Ballesteros TO......58 N 18
Ballesteros
  de Calatrava CR......70 P 18
Ballobar HU......36 H 30
Ballota S......6 B 11
Balluncar SO......33 H 22
Balma (La) CS......49 J 29
Balmaseda BI......8 C 20
Balmonte O......8 B 9
Balmonte LU......4 C 7
Balneario de Jabalcuz J...82 S 18
Balneario de Panticosa HU..21 D 29
Balneario de Raposo BA...79 Q 11
Baloira PO......12 D 4
Balones A......74 P 28
Balouta LE......14 D 9
Balsa LU......3 B 7
Balsa de Ves AB......73 O 26
Balsaín AL......84 S 23
Balsapintada MU......85 S 26
Balsareny B......38 G 35
Balsicas MU......85 S 27
Baltanás P......31 G 17
Baltar OR......27 G 6
Baltar LU......4 C 7
Baltar cerca de Arzua C...3 D 5
Baltar cerca de Ferrol C...3 B 5
Baltasana
  (Tossal de la) T......37 I 33
Balzaín GR......94 U 19
Bama C......13 D 4
Bamba ZA......30 H 13
Bamio PO......12 E 3
Banaguás HU......21 E 28
Banariés HU......21 F 28
Banastás HU......21 F 28
Bandaliés HU......21 F 29
Bandama (Caldera de)
  Gran Canaria GC......115 F 2
Bandama (Pico de)
  Gran Canaria GC......115 F 2
Bande OR......13 F 6
Bandeira PO......13 D 5
Bandereta (La) CS......62 L 29

Banderillas (Las) J......83 R 21
Banecidas LE......16 E 14
Bangueses OR......13 F 5
Baniel SO......33 H 22
Banos de la Peña P......17 D 15
Bany de Tredos L......23 E 32
Banya (Far de) T......50 K 31
Banyalbufar PM......104 M 37
Banyeres de Mariola A......74 P 28
Banyeres del Penedès T...37 I 34
Banyoles GI......25 F 38
Banyoles (Estany de) GI...25 F 38
Banyuls (Coll de) GI......25 E 39
Baña (A) C......2 D 3
Baña (La) LE......14 F 9
Bañaderos Cardonal
  Gran Canaria GC......115 E 1
Bañares LO......18 E 21
Bañeza (La) LE......15 F 12
Bañistas CR......71 P 19
Bañón TE......48 J 26
Baños (Los) MU......85 R 26
Baños (Los) BA......67 Q 9
Baños (Punta de los) AL...102 V 21
Baños de Alcantud CU......47 K 23
Baños de Arenosillo CO...81 R 16
Baños de Benasque HU...22 E 31
Baños de Cerrato P......31 G 16
Baños de Ebro VI......19 E 21
Baños de Fitero NA......20 F 24
Baños de Fuente Podrida V.73 N 25
Baños de Gigonza CA......99 W 12
Baños de Guardias Viejas
  (Los) AL......102 V 21
Baños de la Encina J......82 R 18
Baños de la Fuensanta MU..84 S 24
Baños de los Remedios BA.68 Q 11
Baños de Martos J......82 S 18
Baños de Molgas OR......13 F 6
Baños de Montemayor CC..43 L 12
Baños de Mula MU......85 R 25
Baños de Río Tobía LO...19 F 21
Baños de Rioja LO......18 E 21
Baños
  de Santa Alhamilla AL...103 V 22
Baños de Tajo GU......47 J 24
Baños
  de Valdearados BU......32 G 19
Baños del Robledillo TO...57 N 16
Baños Gilico MU......84 R 25
Baños y Mendigo MU......85 S 26
Bañuela H......81 Q 17
Bañuela Alta TO......57 M 15
Bañuelos GU......32 I 21
Bañuelos de Bureba BU...18 E 20
Bañugues O......5 B 12
Bao (Embalse de) OR......14 F 8
Baquedano NA......19 D 23
Baquera L......23 D 32
Baquero O......8 B 15
Baquerín de Campos P...30 F 15
Barà (Arc romà de) T......37 I 34
Baradal O......5 C 10
Bárago S......7 C 16
Baraguás HU......21 E 28
Barahona SO......33 I 22
Barahona (Altos de) SO...33 H 22
Barajas AV......44 K 14
Barajas M......46 K 19
Barajas de Melo CU......59 L 21
Barakaldo BI......8 C 20
Baralla LU......14 D 8
Baranda BU......8 C 19
Barásoain NA......20 E 25
Barasona
  (Embalse de) HU......22 F 31
Barazar(Puerto de) BI......9 C 21
Barbadás OR......13 F 6
Barbadillo SA......43 J 12
Barbadillo de Herreros BU...18 F 20
Barbadillo del Mercado BU..32 F 19
Barbadillo del Pez BU......32 F 20
Barbalimpia CU......60 M 22
Barbalos SA......43 J 12
Barbantes OR......13 E 5
Barbantiño LU......13 E 6
Barbanza (Sierra de) C...12 D 3
Barbaño BA......67 P 10
Barbaría (Cap de) PM......87 Q 34
Barbarroja A......85 R 27
Barbaruéns HU......22 E 31
Barbastro HU......22 F 30
Barbate CA......99 X 12

Barbate
  (Ensenada de) CA......99 X 12
Barbate
  (Marismas de) CA......99 X 12
Barbatona GU......47 I 22
Barbeira C......2 D 3
Barbeitos LU......4 C 8
Barbens L......37 G 33
Barberà B......38 H 36
Barberà de la Conca T......37 H 33
Barbero J......83 R 21
Barboles Z......34 G 26
Barbolla SG......32 I 18
Barbolla (La) GU......47 I 21
Barbudo PO......12 E 4
Barbués HU......35 G 28
Barbuñales HU......21 F 29
Barca SO......33 H 22
Barca (Embalse de la) O...5 C 11
Barca (Punta de la) C......2 C 2
Barca (Soto de la) O......5 C 10
Barca de la Florida (La) CA..99 W 12
Bárcabo HU......22 F 30
Barcala PO......12 D 4
Barcarrota BA......67 Q 9
Barcebal SO......32 H 20
Barcebalejo SO......32 H 20
Barcelona B......38 H 36
Barcena
  (Embalse de) LE......15 E 10
Bárcena de Bureba BU......18 E 19
Bárcena de Campos P......17 E 16
Bárcena de Ebro S......17 D 17
Bárcena de la Abadia LE...14 D 10
Bárcena
  de Pié de Concha S......7 C 17
Bárcena del Monasterio O...5 B 10
Bárcena Mayor S......7 C 17
Bárcena Mayor (Sierra de) S...7 C 17
Bárcenas S......8 C 19
Barcenillas del Ribero BU...8 C 19
Barceo SA......43 I 10
Barchel (Ermita de) A......74 P 28
Barchín del Hoyo CU......60 N 23
Barcia O......5 B 10
Barciademera PO......13 F 4
Barcial de la Loma VA......30 G 14
Barcial del Barco ZA......29 G 13
Barcience TO......58 M 17
Barcena BU......18 D 20
Barcó (Cala) PM......87 P 33
Barco (O) OR......14 E 9
Barco de Ávila (El) AV......44 K 13
Barcones SO......33 I 21
Bardají (Valle de) HU......22 E 31
Bardallur Z......34 G 26
Bardaos C......3 C 4
Bárdena Z......20 F 26
Bardenas (Canal de las) ...20 E 26
Bardullas C......2 C 2
Baredo PO......12 F 3
Bares S......8 B 19
Bargas TO......58 M 17
Bargis GR......102 V 20
Bargota NA......19 E 23
Bariáin NA......20 E 25
Barillas NA......34 G 25
Bariones de la Vega LE...16 F 13
Barizo C......2 C 3
Barjacoba ZA......14 F 9
Barjas LE......14 E 9
Barlovento La Palma TF...131 D 3
Barlovento (Punta de)
  Fuerteventura GC......112 B 5
Barluenga HU......21 F 28
Barniedo de la Reina LE...16 D 15
Baro L......23 E 33
Baroja VI......19 E 21
Barona (La) CS......62 L 29
Baroña C......12 D 2
Barquera (A) C......3 B 6
Barqueros MU......85 S 25
Barquilla SA......42 J 9
Barquilla de Pinares CC...56 L 13
Barra (Punta de la) GI......25 F 39
Barra de Miño OR......13 E 6
Barraca d'Aigües
  Vives (La) V......74 O 28
Barracas CS......62 L 27
Barrachina TE......48 J 26
Barrachinas (Las) TE......61 L 27
Barraco AV......45 K 16
Barrado CC......56 L 12
Barragana Baja CO......93 T 16

A
B
C
D
E
F
G
H
I
J
K
L
M
N
O
P
Q
R
S
T
U
V
W
X
Y
Z

138 España
A B C D E F G H I J K L M N O P Q R S T U V W X Y Z

Barraix V 62 M 28
Barral OR 13 F 5
Barranca (La) M 45 J 18
Barranco Hondo
Tenerife TF 127 H 3
Barrancos Blancos
(Los) SE 92 U 14
Barrancos Blancos
(Puerto de los) SE 92 U 14
Barranda MU 84 R 24
Barranquera (La)
Tenerife TF 124 H 1
Barranquete AL 103 V 23
Barrax AB 72 O 23
Barreda S 7 B 17
Barreiros LU 4 B 8
Barrela (La) LU 13 E 6
Barreras SA 42 I 10
Barres O 4 B 9
Barriada
de Alcora (La) AL 102 V 21
Barriada de Jarana CA 98 W 11
Barriada San Cristobal MU 85 T 25
Barrié de la Maza
(Embalse) C 12 D 3
Barrika BI 8 B 21
Barrillos LE 16 D 13
Barrillos
de las Arrimadas LE 16 D 14
Barrina A 74 Q 29
Barrio VI 18 D 20
Barrio S 7 C 15
Barrio LE 14 D 9
Barrio OR 14 E 8
Barrio de Abajo CU 72 O 23
Barrio de Enmedio MA 93 U 16
Barrio de la Estación CC 54 N 7
Barrio de la Estación J 82 R 19
Barrio de la Puente LE 15 D 11
Barrio de Lomba ZA 14 F 10
Barrio de los Pajares BA 68 P 12
Barrio
de Nuestra Señora LE 16 D 13
Barrio del Centro TE 48 J 25
Barrio del Hospital TE 48 J 25
Barrio-Panizares BU 17 D 18
Barriobusto VI 19 E 22
Barriomartín SO 33 G 22
Barriopedro GU 47 J 21
Barrios (Los) CA 99 X 13
Barrios (Los) J 82 R 17
Barrios de Bureba (Los) BU 18 E 19
Barrios de Colina BU 18 E 19
Barrios de Gordón (Los) LE 15 D 12
Barrios de Luna
(Embalse de los) LE 15 D 12
Barrios de Luna (Los) LE 15 D 12
Barrios de Villadiego BU 17 E 17
Barriosuso P 17 E 16
Barro O 6 B 15
Barro PO 12 E 4
Barromán AV 44 I 15
Barros S 7 C 17
Barros O 6 C 12
Barros SE 92 U 13
Barros (Tierra de) BA 67 Q 10
Barrosa (La) CA 98 W 11
Barruecopardo SA 42 I 10
Barruelo BU 18 D 19
Barruelo VA 30 G 14
Barruelo de Santullán P 17 D 17
Barruera L 22 E 32
Barués Z 20 E 26
Barx V 74 O 29
Barxa (A) OR 28 G 8
Barxeta V 74 O 28
Bárzana O 5 C 12
Basabe VI 18 D 20
Basaburua NA 10 C 24
Basadre PO 13 D 6
Basáran HU 21 E 29
Basardilla SG 45 I 17
Basauri BI 8 C 21
Báscara GI 25 F 38
Basconcillos del Tozo BU 17 D 18
Báscones P 17 D 17
Báscones de Ojeda P 17 D 16
Bascuñana
de San Pedro CU 60 L 23
Baseta
(Collado de la) L 23 E 33
Basquiñuelas VI 18 D 21
Bassa (Coll de la) CS 62 L 29
Bassacs (Els) B 24 F 35
Bassars (Els) A 86 R 28
Bassegoda GI 24 F 37
Bastaras HU 21 F 29
Bastiana (La) SE 79 S 11
Bastida (La) SA 43 K 11
Bastiments (Pic de) GI 24 E 36
Batalla GU 47 J 21
Batán AB 72 P 23
Batán (El) CC 55 M 10
Batán de San Pedro CU 59 M 21
Batán del Puerto AB 72 Q 23
Batea T 50 I 30
Baterna AV 44 K 15
Baterno BA 69 P 15
Batet GI 24 F 37
Batllòria (La) GI 38 G 37
Batoua (Pic de) HU 22 D 30
Batres M 58 L 18
Batuecas
(Monasterio Las) SA 43 K 11
Batuecas (Reserva nacional
de las) SA 43 K 11
Batxikabo VI 18 D 20
Baúl (El) GR 95 T 21
Baul (Rambla del) GR 95 T 21
Bausen L 22 D 32
Bayárcal AL 95 U 21
Bayarque AL 96 U 22
Bayas (Las) A 86 R 28
Bayo O 5 B 11
Bayo (El) Z 20 F 26
Bayona (La) TO 57 M 16
Bayos (Los) LE 15 D 11
Bayubas de Abajo SO 32 H 21
Bayubas de Arriba SO 32 H 21
Baza GR 95 T 21
Baza (Hoya de) GR 95 T 21
Bazagona
(Estación de la) CC 56 M 12
Bazán CR 70 Q 19
Bazana (La) BA 79 R 9
Bazar C 2 C 3
Bazar cerca de Castro LU 4 C 7
Bazar cerca de Lugo LU 3 D 7
Bea TE 48 I 26
Beade OR 13 E 5
Beade PO 12 F 3
Beamud CU 60 L 24
Bearin NA 19 D 23
Beariz OR 13 E 5
Beas H 91 T 9
Beas (Embalse de) H 91 T 9
Beas de Granada GR 94 U 19
Beas de Guadix GR 95 U 20
Beas de Segura J 83 R 21
Beasain SS 10 C 23
Beata (La) SE 93 U 14
Beatas (Las) AB 72 O 22
Beatas (Las) CO 93 T 16
Beba C 2 D 2
Bebares O 5 C 10
Becedas AV 43 K 13
Becedillas AV 44 K 14
Beceite TE 50 J 30
Becejate CR 71 N 21
Becerreá LU 14 D 8
Becerrero (Sierra de) SE 93 U 15
Becerril SG 32 I 19
Becerril de Campos P 17 F 16
Becerril de la Sierra M 45 J 18
Becerril del Carpio P 17 D 17
Becerro (Punta del)
La Gomera TF 118 C 3
Becilla
de Valderaduey VA 30 F 14
Bedaio SS 10 C 23
Bédar AL 96 U 24
Bédar (Sierra de) AL 96 U 24
Bedaroa BI 9 B 22
Bedia BI 9 C 21
Bedmar J 82 S 19
Bedón BU 8 C 19
Bedriñana O 6 B 13
Beget GI 24 F 37
Begíjar J 82 S 19
Begonte LU 3 C 6
Begudà GI 24 F 37
Begues B 38 I 35
Begur GI 25 G 39
Begur (Cap de) GI 25 G 39
Behobia SS 10 B 24
Beigondo C 13 D 5
Beintza-Labaien NA 10 C 24
Beire NA 20 E 25
Beires AL 95 U 21
Beizama SS 10 C 23
Béjar SA 43 K 12
Bejarín (El) GR 95 T 20
Bejes S 7 C 16
Bejís CS 62 M 27
Bel CS 50 K 30
Belagua (Arroyo de) NA 11 D 27
Belalcázar CO 69 Q 14
Belalcázar
(Estación de) CO 69 P 14
Belante LU 14 D 7
Belarra HU 21 E 28
Belascoáin NA 10 D 24
Belate (Puerto de) NA 11 C 25
Belauntza SS 10 C 23
Belbimbre BU 17 F 17
Belchite Z 35 I 27
Belén O 5 B 10
Belén LU 4 B 7
Belén CC 56 N 12
Belén (Ermita de) BA 68 P 14
Beleña SA 43 J 13
Beleña
(Embalse de) GU 46 J 20
Beleña de Sorbe GU 46 J 20
Beleño O 6 C 14
Belerda O 6 C 14
Belerda J 83 S 20
Belerda de Guadix GR 95 T 20
Belesar PO 12 F 3
Belesar LU 13 E 6
Bélgida V 74 P 28
Belianes L 37 H 33
Belicena GR 94 U 18
Belinchón CU 59 L 20
Bell-lloc CS 62 L 30
Bell-lloc d'Urgell L 36 H 32
Bellaguarda L 36 H 32
Bellavista H 90 U 8
Bellavista SE 91 U 12
Bellcaire d'Empordà GI 25 F 39
Bellcaire d'Urgell L 37 G 32
Bellestar
cerca de Grau HU 22 F 31
Bellestar
cerca de Huesca HU 21 F 28
Bellestar
de la Tinença (El) CS 50 K 30
Bellmunt cerca de Bellcaire
d'Urgell L 37 G 32
Bellmunt cerca de Sta Coloma
de Queralt L 37 H 34
Bellmunt del Priorat T 36 I 32
Bello TE 48 J 25
Bello O 6 C 13
Bellostas (Las) HU 22 E 29
Bellprat B 37 H 34
Bellpuig L 37 H 33
Bellreguard V 74 P 29
Belltall T 37 H 33
Bellús V 74 P 28
Bellús (Embalse de) V 74 P 28
Bellvei T 37 I 34
Bellver PM 104 N 37
Bellver de Cerdanya L 23 E 35
Bellvís L 36 G 32
Belmaco (Cueva de)
La Palma TF 132 D 6
Bélmez CO 80 R 14
Bélmez J 82 S 19
Bélmez de la Moraleda J 82 S 19
Belmonte O 6 B 15
Belmonte CU 59 N 21
Belmonte
(Estación de) H 90 T 9
Belmonte de Campos P 30 G 15
Belmonte de Gracian Z 34 I 25
Belmonte de Mezquín TE 50 J 29
Belmonte de Miranda O 5 C 11
Belmonte de Tajo M 59 L 19
Belmontejo CU 60 M 22
Belones (Los) MU 85 T 27
Belorado BU 18 E 20
Belsué HU 21 F 28
Beltejar SO 33 I 22
Beltrana (Puerto) BA 79 R 9
Beluso PO 12 F 3
Belver HU 36 G 30
Belver de los Montes ZA 30 G 13
Belvis de Jarama M 46 K 19
Belvís de la Jara TO 57 M 15
Belvís de Monroy CC 56 M 13
Bembézar CO 80 R 13
Bembézar
(Embalse de) CO 80 S 14
Bembézar del Caudillo CO 80 S 14
Bembibre C 2 C 4
Bembibre LE 15 E 10
Bemil PO 12 E 4
Benabarre HU 22 F 31
Benablón MU 84 R 24
Benacazón SE 91 T 11
Benadalid MA 99 W 14
Benafarces VA 30 H 14
Benafer CS 62 M 28
Benafigos CS 62 L 29
Benagalbón MA 101 V 17
Benagéber V 61 M 26
Benaguasil V 62 N 28
Benahadux AL 103 V 22
Benahavís MA 100 W 14
Benajarafe MA 101 V 17
Benalauría MA 99 W 14
Benalmádena MA 100 W 16
Benalmádena-Costa MA 100 W 16
Benalúa de Guadix GR 95 T 20
Benalúa de las Villas GR 94 T 18
Benalup-Casas Viejas CA 99 W 12
Benalup de Sidonia CA 99 W 12
Benamahoma CA 92 V 13
Benamargosa MA 101 V 17
Benamariel LE 16 E 13
Benamaurel GR 95 T 21
Benamejí CO 93 U 16
Benamira SO 47 I 22
Benamocarra MA 101 V 17
Benamor MU 84 R 24
Benaocaz CA 99 V 13
Benaoján MA 99 V 14
Benaque MA 101 V 17
Benarrabá MA 99 W 14
Benasau A 74 P 28
Benasque HU 22 E 31
Benasque (Reserva
nacional de) HU 22 D 31
Benasque
(Valle de) HU 22 E 31
Benassal CS 49 K 29
Benatae J 83 Q 22
Benavent L 23 F 33
Benavent de Segrià L 36 G 31
Benavente HU 22 F 31
Benavente ZA 29 F 12
Benavente CR 70 O 17
Benavente BA 66 O 8
Benavides LE 15 E 12
Benavites V 62 M 29
Benazolve LE 16 E 13
Benchijigua
La Gomera TF 119 C 2
Bendinat PM 104 N 37
Bendón O 4 C 9
Benecid AL 102 V 21
Benegiles ZA 29 H 13
Beneixama A 74 P 27
Benejúzar A 85 R 27
Benés L 22 E 32
Benetússer V 62 N 28
Benferri A 85 R 27
Benia O 6 B 15
Beniaia A 74 P 29
Beniaján MU 85 S 26
Benialfaquí A 74 P 28
Beniarbeig A 74 P 29
Beniardà A 74 P 29
Beniarjó V 74 P 29
Beniarrés A 74 P 28
Beniatjar V 74 P 28
Benicarló CS 50 K 31
Benicasim CS 62 L 30
Benicàssim / Benicasim CS 62 L 30
Benichembla A 74 P 29
Benicolet V 74 P 28
Benicull de Xúquer V 74 O 28
Benidoleig A 74 P 29
Benidorm A 74 Q 29
Beniel MU 85 R 26
Benifaió V 74 O 28
Benifairó de les Valls V 62 M 29
Benifallet T 50 J 31
Benifallim A 74 Q 28
Benifallim (Port de) A 74 Q 28
Benifassà
(Convent de) CS 50 J 30
Benifato A 74 P 29
Benigànim V 74 P 28
Benijo Tenerife TF 125 J 1
Benijófar A 85 R 27
Beniloba A 74 P 28
Benillup A 74 P 28
Benimantell A 74 P 29
Benimarco A 74 P 30
Benimarfull A 74 P 28
Benimassot A 74 P 28
Benimaurell A 74 P 29
Benimodo V 74 O 28
Benimuslem V 74 O 28
Beninar
(Embalse de) AL 102 V 20
Beniparrell V 74 N 28
Benirrama A 74 P 29
Benisanó V 62 N 28
Benissa A 74 P 30
Benissanet T 50 I 31
Benitagla AL 96 U 23
Benitorafe AL 96 U 23
Benitos AV 44 J 15
Benizalón AL 96 U 23
Benizar MU 84 R 24
Benquerencia LU 4 B 8
Benquerencia CC 68 O 11
Benquerencia
de la Serena BA 68 P 13
Bentaiga (Roque)
Gran Canaria GC 114 D 3
Bentarique AL 102 V 22
Bentraces OR 13 F 6
Bentué de Rasal HU 21 E 28
Benuza LE 14 E 9
Benyamina MA 100 W 16
Benza C 2 C 4
Beo C 2 C 3
Beortegui NA 11 D 25
Bera /
Vera de Bidasoa NA 11 C 24
Beranga S 8 B 19
Berango BI 8 B 21
Berantevilla VI 18 D 21
Beranúy HU 22 E 31
Berastegi SS 10 C 24
Beratón SO 34 G 24
Berbe Bajo GR 94 U 18
Berbegal HU 36 G 29
Berberana BU 18 D 20
Berbes O 6 B 14
Berbinzana NA 20 E 24
Berbucido PO 13 E 4
Bercedo BU 8 C 19
Berceo LO 19 E 21
Bercero VA 30 H 14
Berceruelo VA 30 H 14
Bérchules GR 102 V 20
Bercial SG 45 J 16
Bercial (El) TO 57 M 14
Bercial
de San Rafael (El) TO 57 M 14
Bercial de Zapardiel AV 44 I 15
Bercianos de Aliste ZA 29 G 11
Bercianos
de Valverde ZA 29 G 12
Bercianos
de Vidriales ZA 29 F 12
Bercianos
del Páramo LE 15 E 12
Bercianos
del Real Camino LE 16 E 14
Bercimuel SG 32 H 19
Bercimuelle SA 44 K 13
Berdejo Z 33 H 24
Berdeogas C 2 C 2
Berdía C 3 D 4
Berdillo C 2 C 4
Berdoias C 2 C 2
Berducedo O 4 C 9
Berdún HU 21 E 27
Berengueles (Los) GR 101 V 18
Beret L 23 D 32
Beret (Portarró de) L 23 D 32
Berga B 24 F 35
Berganciano SA 43 I 11
Berganúy HU 22 F 32
Berganza VI 8 C 21
Berganzo VI 19 E 21
Bergara SS 10 C 22
Bergasa LO 19 F 23
Bergasillas Bajeras LO 19 F 23
Bergasillas Somera LO 19 F 23
Berge TE 49 J 28
Bergondo C 3 C 5
Bergüenda VI 18 D 20
Beriáin NA 11 D 25
Berja AL 102 V 21
Berlanas (Las) AV 44 J 15
Berlanga BA 80 R 12
Berlanga de Duero SO 32 H 21
Berlanga del Bierzo LE 15 D 10
Berlangas de Roa BU 31 G 18
Bermeja (Sierra) BA 67 O 11
Bermejales
(Embalse de los) GR 101 V 18
Bermejo TO 56 M 13
Bermejo (Roque)
Tenerife TF 125 K 1
Bermellar SA 42 J 9
Bermeo BI 9 B 21
Bermés PO 13 D 5
Bermiego O 5 C 12
Bermillo de Alba ZA 29 H 11
Bermillo de Sayago ZA 29 H 11
Bermún C 2 D 2
Bernadilla (La) GR 101 V 19
Bernagoitia BI 9 C 21
Bernales BI 8 C 19
Bernardo (El) CR 71 O 21
Bernardos SG 45 I 16
Bernedo VI 19 E 22
Bèrnia A 74 Q 29
Berninches GU 47 K 21
Bernués HU 21 E 28
Bernui L 23 E 33
Bernuy TO 57 M 16
Bernuy de Porreros SG 45 I 17
Bernúy-Salinero AV 45 J 16
Bernúy-Zapardiel AV 44 J 15
Berrazales (Los)
Gran Canaria GC 114 D 2
Berriatúa BI 10 C 22
Berrioplano NA 11 D 24
Berriz BI 10 C 22
Berrizaun NA 11 C 24
Berro AB 72 P 23
Berro (El) MU 85 S 25
Berrobi SS 10 C 23
Berrocal H 79 T 10
Berrocal (El) SE 79 S 11
Berrocal de Huebra SA 43 J 12
Berrocal
de Salvatierra SA 43 K 12
Berrocalejo CC 56 M 13
Berrocalejo
de Aragona AV 45 J 16
Berrocales
del Jarama (Los) M 46 K 19
Berroeta NA 11 C 25
Berrosteguieta VI 19 D 21
Berrueces VA 30 G 14
Berrueco Z 48 J 25
Berrueco (El) M 46 J 19
Berrueco (El) J 82 S 18
Berrueco
(Peñón del) MA 99 W 13
Berrús (Ermita de) T 36 I 31
Bertamiráns C 12 D 4
Beruete NA 10 C 24
Berzalejo CC 56 M 12
Berzocana CC 56 N 13
Berzocana
(Puerto de) CC 56 N 13
Berzosa SO 32 H 20
Berzosa CR 71 P 19
Berzosa de Bureba BU 18 E 20
Berzosa
de los Hidalgos P 17 D 16
Berzosa del Lozoya M 46 J 19
Berzosilla P 17 D 17
Besalú GI 24 F 38
Besande LE 16 D 15
Bescanó GI 25 G 38
Bescaran L 23 E 34
Bespén HU 21 F 29
Besteiros OR 13 E 6
Bestué HU 22 E 30
Besullo O 5 C 10
Betancuria
Fuerteventura GC 110 G 3
Betanzos C 3 C 5
Betanzos (Ría de) C 3 B 5
Betelu NA 10 C 24
Bétera V 62 N 28
Betés HU 21 E 28
Beteta CU 47 K 23
Betlem PM 105 M 39
Betlem
(Ermita de) PM 105 M 39
Betolaza VI 19 D 21
Betorz HU 22 F 30
Betren L 22 D 32
Betxí CS 62 M 29
Beuda GI 24 F 38
Beunza NA 11 D 24
Beyos
(Desfiladero de los) LE 6 C 16
Bezana BU 17 D 18
Bezanes O 6 C 14
Bezares LO 19 E 21
Bezas TE 48 K 26
Béznar GR 101 V 19
Béznar
(Embalse de) GR 101 V 19
Bianditz (Alto de) NA 10 C 24
Biar A 74 Q 27
Biasteri VI 19 E 22
Bibéi OR 14 F 8

Bicorp V 73 O 27
Bidania SS 10 C 23
Bidankoze / Vidángoz NA 11 D 26
Bidasoa SS 11 C 25
Bidasoa (Montes de) NA 10 C 24
Bidaurreta NA 10 D 24
Biduedo OR 13 E 6
Biel-Fuencalderas Z 21 E 27
Bielsa HU 22 E 30
Bielsa (Túnel de) HU 22 D 30
Bielva S 7 C 16
Bien Aparecida (La) S 8 C 19
Bienservida AB 83 Q 22
Bienvenida CR 69 Q 16
Bienvenida BA 79 R 11
Bienvenida (Ermita de) TO 57 M 14
Bienvenida (Monte) BA 79 R 11
Bierge HU 21 F 29
Biescas HU 21 E 29
Bigastro A 85 R 27
Bigornia (Puerto) SO 33 H 24
Bigues B 38 G 36
Bigüézal NA 11 D 26
Bijuesca Z 34 H 24
Bilbao BI 8 C 21
Bilbao SE 92 U 13
Billelabaso BI 8 B 21
Bimeda O 5 C 10
Bimón S 17 D 18
Binaced HU 36 G 30
Binacua HU 21 E 27
Binéfar HU 36 G 30
Biniali PM 104 N 38
Biniaraix PM 104 M 38
Binibèquer PM 106 M 42
Binidali PM 106 M 42
Biniés HU 21 E 27
Binifabini PM 106 M 42
Binissalem PM 104 M 38
Biosca L 37 G 34
Biota Z 20 F 26
Bisaurri HU 22 E 31
Bisbal de Falset (La) T 36 I 32
Bisbal del Penedès (La) T 37 I 34
Bisbal d'Empordà (La) GI 25 G 39
Biscarrués HU 21 F 27
Bisimbre Z 34 G 25
Bisjueces BU 18 D 19
Bitem T 50 J 31
Bitoriano VI 19 D 21
Biure GI 25 E 38
Biurrun NA 11 D 24
Blacos SO 32 G 21
Blanc (Cap) PM 104 N 38
Blanc (Mas) CS 62 L 29
Blanca MU 85 R 25
Blanca (Laguna) AB 71 P 21
Blanca (Punta) *Fuerteventura* GC 111 H 2
Blanca (Sierra) MA 100 W 15
Blanca de Solanillos GU 47 J 23
Blancafort T 37 H 33
Blancares Nuevos AB 72 O 23
Blancares Viejos AB 72 O 23
Blancas TE 48 J 25
Blanco SE 93 T 14
Blancos OR 27 G 6
Blanes GI 39 G 38
Blanes (Costa d'en) PM 104 N 37
Blanquillo J 83 R 21
Blanquitos (Los) *Tenerife* TF 129 F 5
Blascoeles AV 45 J 16
Blascomillán AV 44 J 14
Blasconuño de Matacabras AV 44 I 15
Blascosancho AV 45 J 16
Blázquez (Los) CO 80 Q 13
Blecua HU 21 F 29
Blesa TE 49 I 27
Bliecos SO 33 H 23
Blimea O 6 C 13
Blocona SO 33 I 22
Boa C 12 D 3
Boada SA 43 J 11
Boada de Campos P 30 G 15
Boada de Roa BU 31 G 18
Boadella (Pantà de) GI 25 E 38
Boadella d'Empordà GI 25 F 38
Boadilla SA 43 J 11
Boadilla de Rioseco P 16 F 15
Boadilla del Camino P 17 F 16
Boadilla del Monte M 45 K 18
Boal O 4 B 9
Boalo (El) M 45 J 18
Boaño C 2 C 2
Bobadilla LO 19 F 21
Bobadilla C 2 C 3
Bobadilla J 82 T 17
Bobadilla MA 93 U 15
Bobadilla del Campo VA 44 I 14
Bobadilla Estación MA 93 U 15
Bobastro MA 100 V 15
Bobia O 4 B 9
Boborás OR 13 E 5
Boca Chanza H 78 T 7
Boca de Huérgano LE 16 D 15
Bocacara SA 43 J 10
Bocairent V 74 P 28
Bocal (El) NA 20 F 25
Boceguillas SG 32 H 19
Boche AB 84 Q 23
Bochones GU 32 I 21
Bocigas VA 31 I 15
Bocigas de Perales SO 32 H 19
Bocinegro (Punta del) *Tenerife* TF 129 F 5
Bocos BU 18 D 19
Bocos VA 31 H 17
Bodaño PO 13 D 5
Bodegas de Pardanchinos V 61 M 27
Bodegones (Los) H 91 U 9
Bodegues del Camp (Les) V 62 M 27
Bodera (La) GU 46 I 21
Bodón (El) SA 42 K 10
Bodonal de la Sierra BA 79 R 10
Boecillo VA 31 H 15
Boedes OR 13 E 6
Boedo P 17 D 16
Boente C 3 D 5
Boeza LE 15 D 11
Bogajo SA 42 J 10
Bogarra AB 72 Q 23
Bogarre GR 94 T 19
Bogarre (Monte) GR 94 T 19
Bohodón (El) AV 44 J 15
Bohonal BA 69 O 15
Bohonal de Ibor CC 56 M 13
Bohoyo AV 44 L 13
Boí L 22 E 32
Boí (Vall de) L 22 E 32
Boimente LU 4 B 7
Boimorto C 3 D 5
Boiro C 12 E 3
Boiro O 4 D 9
Boixar (El) CS 50 J 30
Bòixols L 23 F 33
Bòixols (Coll de) L 23 F 33
Bojadillas (Las) AB 84 R 23
Bola (A) OR 13 F 6
Bolaño LU 4 C 8
Bolaños CA 98 W 11
Bolaños de Calatrava CR 70 P 19
Bolaños de Campos VA 30 F 14
Bolarque (Embalse de) CU 47 K 21
Bolbaite V 74 O 27
Bolea HU 21 F 28
Boliches (Los) MA 100 W 16
Bolla CC 43 K 10
Bólliga CU 60 L 22
Bollullos de la Mitación SE 91 T 11
Bollullos Par del Condado H 91 T 10
Bolmir S 17 D 17
Bolnuevo MU 97 T 26
Bolo (O) OR 14 F 8
Bolón A 85 Q 27
Bolonia (Ensenada de) CA 99 X 12
Bolos CR 71 P 20
Boltaña HU 22 E 30
Bolulla A 74 Q 29
Bolvir de Cerdanya GI 24 E 35
Bon Any PM 105 N 39
Bon Jesus de Trandeiras (Monasterio) OR 13 F 7
Bonaigua (Port de la) L 23 E 32
Bonal (El) CR 70 O 17
Bonales (Sierra de los) CR 69 Q 15
Bonansa HU 22 E 32
Bonanza CA 91 V 10
Bonanza (Roque de la) *El Hierro* TF 109 D 3
Bonares H 91 U 9
Bonastre T 37 I 34
Bonete AB 73 P 25
Bonge LU 4 C 7
Boniches CU 61 M 25
Bonielles O 5 B 12
Bonilla CU 59 L 22
Bonilla de la Sierra AV 44 K 14
Bonillo (El) AB 72 P 22
Bonita (Cueva) *La Palma* TF 130 B 4
Bonmatí GI 24 G 37
Bono HU 22 E 32
Boñar LE 16 D 14
Bóo O 5 C 12
Boo de Guarnizo S 7 B 18
Boós SO 32 H 21
Boqueixón C 13 D 4
Boquerón MU 85 R 26
Boquerón (Puerto del) AV 45 K 16
Boquiñeni Z 34 G 26
Borau HU 21 E 28
Borbollón (Embalse de) CC 55 L 10
Bordalba Z 33 H 23
Bordecorex SO 33 H 21
Bordejé SO 33 H 22
Bòrdes (Es) L 22 D 32
Bordils GI 25 F 38
Bordón TE 49 J 29
Borge (El) MA 101 V 17
Borges Blanques (Les) L 37 H 32
Borges del Camp (Les) T 37 I 33
Borgonyà B 24 F 36
Borja Z 34 G 25
Borjabad SO 33 H 22
Borleña S 7 C 18
Bormate AB 73 O 25
Bormujos SE 91 T 11
Borneiro C 2 C 3
Bornos CA 92 V 12
Bornos (Embalse de) CA 92 V 12
Boroa BI 9 C 21
Borobia SO 34 H 24
Borox TO 58 L 18
Borrachina BA 66 Q 8
Borrassà GI 25 F 38
Borredà B 24 F 35
Borreguilla (Finca la) CR 71 Q 20
Borrenes LE 14 E 9
Borrés HU 21 E 28
Borres O 5 B 10
Borriana / Burriana CS 62 M 29
Borriol CS 62 L 29
Borriquillas (Punta de las) *Fuerteventura* GC 113 I 4
Bosque C 2 C 3
Bosque (El) M 45 K 18
Bosque (El) TO 57 M 16
Bosque (El) GR 84 T 22
Bosque (El) CA 92 V 13
Bosque Alto Z 35 H 27
Bossòst L 22 D 32
Bot T 50 I 31
Botarell T 51 I 32
Botaya HU 21 E 28
Boticario TO 70 N 18
Botija CC 68 N 11
Bótoa BA 67 O 9
Bótoa (Ermita de) BA 67 O 9
Botorrita Z 34 H 26
Bou (Cala de) PM 87 P 33
Boumort (Serra de) L 23 F 33
Bousés OR 27 G 7
Boutra (Cabo de la) C 2 C 2
Bouza OR 13 E 5
Bouza (La) SA 42 J 9
Bouzas LE 15 E 10
Bouzas PO 12 F 3
Bóveda VI 18 D 20
Bóveda *cerca de Monforte* LU 14 E 7
Bóveda de la Ribera BU 18 D 19
Bóveda de Toro (La) ZA 30 H 13
Bóveda del Río Almar SA 44 J 14
Bovera L 36 I 31
Box O 5 B 12
Boya ZA 29 G 10
Boyar (Puerto del) CA 92 V 13
Bozoo BU 18 D 20
Brabos AV 44 J 15
Brácana CO 94 T 17
Brácana GR 94 U 18
Bráfim T 37 I 34
Braguia (Puerto de) S 8 C 18
Brahojos de Medina VA 30 I 14
Bramadero H 78 S 8
Brandeso C 13 D 5
Brandilanes ZA 29 H 11
Brandomil C 2 C 3
Brandoñas C 2 C 3
Braña (La) O 4 B 9
Braña (La) LE 14 D 9
Braña Vieja S 7 C 16
Brañalonga O 5 B 10
Brañes O 5 B 12
Brañosera P 17 D 17
Brañuás O 5 B 10
Brañuelas LE 15 E 11
Braojos M 46 I 19
Bravatas GR 83 S 22
Bravo (El) H 78 R 9
Bravos LU 3 B 7
Brazacorta BU 32 G 19
Brazato (Embalse de) HU 21 D 29
Brazatortas CR 70 Q 17
Brazomar S 8 B 20
Brazuelo LE 15 E 11
Brea Z 34 H 25
Brea de Tajo M 59 L 20
Breda GI 38 G 37
Brence LU 14 E 7
Brenes SE 92 T 12
Breña (Embalse de la) CO 81 S 14
Breña Alta *La Palma* TF 132 D 5
Breña Baja *La Palma* TF 132 D 5
Breñas (Las) *Lanzarote* GC 122 B 5
Bres O 4 B 8
Bretó ZA 29 G 12
Bretocino ZA 29 G 12
Bretoña LU 4 B 8
Bretún SO 33 F 22
Brias SO 32 H 21
Bricia BU 17 D 18
Brieva SG 45 I 17
Brieva AV 45 J 16
Brieva de Cameros LO 19 F 21
Brieva de Juarros BU 18 F 19
Brieves O 5 B 10
Brihuega GU 46 J 21
Brime de Sog ZA 29 F 11
Brime de Urz ZA 29 F 12
Brimeda LE 15 E 11
Brincones SA 43 I 10
Briñas LO 19 E 21
Briones LO 19 E 21
Briongos BU 32 G 19
Brisas (Las) GU 47 K 21
Brisas (Puerto de los) BA 67 O 9
Briviesca BU 18 E 20
Brizuela BU 18 D 19
Brocos PO 13 D 5
Bronchales TE 48 K 25
Bronco (El) CC 55 L 11
Brosquil (El) V 74 O 29
Broto HU 21 E 29
Brovales BA 79 Q 9
Brovales (Embalse de) BA 79 Q 9
Broza LU 13 E 7
Brozas CC 55 N 9
Bruc (El) B 38 H 35
Brués OR 13 E 5
Bruguera GI 24 F 36
Bruis HU 22 F 30
Brull (El) B 38 G 36
Brullés BU 17 E 18
Brunales (Los) V 73 P 27
Brunete M 45 K 18
Brunyola GI 24 G 38
Búbal HU 21 D 29
Búbal (Embalse de) HU 21 D 29
Buberos SO 33 H 23
Bubierca Z 34 I 24
Bubión GR 102 V 19
Bucher TO 57 L 14
Buciegas CU 47 K 22
Búcor GR 94 U 18
Buda (Illa de) T 51 J 32
Budia GU 47 K 21
Budián LU 4 B 7
Budiño C 3 D 4
Budiño PO 12 F 4
Buelna O 7 B 16
Buen Amor SA 43 I 12
Buen Retiro CR 71 O 21
Buena Leche V 61 M 26
Buenache de Alarcón CU 60 N 23
Buenache de la Sierra CU 60 L 24
Buenafuente (Monasterio de) GU 47 J 23
Buenamadre SA 43 J 11
Buenas Noches MA 99 W 14
Buenasbodas TO 57 N 15
Buenaventura TO 57 L 15
Buenavista SA 43 J 13
Buenavista GR 94 U 18
Buenavista (Monte) AB 72 O 24
Buenavista-Cala Abogat A 75 P 30
Buenavista de Valdavia P 17 E 16
Buenavista del Norte *Tenerife* TF 126 B 3
Buendía CU 47 K 21
Buendía (Embalse de) CU 47 K 21
Bueno (El) *Tenerife* TF 129 G 4
Buenos Aires A 86 R 28
Bueña TE 48 J 26
Buera HU 22 F 30
Buerba HU 22 E 30
Bueres O 6 C 13
Buesa HU 21 E 29
Bueu PO 12 F 3
Buey TO 58 M 18
Bufali V 74 P 28
Bugallido C 12 D 4
Bugarra V 61 N 27
Bugedo BU 18 E 20
Búger PM 104 M 38
Buitrago SO 33 G 22
Buitrago (Pinilla de) M 46 J 18
Buitrago del Lozoya M 46 J 19
Buitre MU 84 R 24
Buitre AL 95 U 21
Buitre (Monte) TE 61 L 26
Buitrera GU 32 I 19
Buitrón (El) H 79 T 9
Buitrón (El) *Monte* H 78 S 8
Buiza LE 16 D 12
Bujalance CO 81 S 16
Bujalaro GU 46 J 21
Bujalcayado GU 47 I 21
Buján C 2 D 2
Bujaraiza J 83 R 21
Bujaraloz Z 35 H 29
Bujarda (La) H 78 S 8
Bujardo BA 78 Q 9
Bujarrabal GU 47 I 22
Bujaruelo HU 21 D 29
Bujeda (La) GU 59 L 21
Bujeo (El) CA 99 X 13
Bujeo (Puerto del) CA 99 X 13
Bujo BA 79 R 11
Bularros AV 44 J 15
Bulbuente Z 34 G 25
Bullaque (El) CR 70 O 17
Bullas MU 84 R 24
Bulnes O 6 C 15
Buniel BU 17 F 18
Bunyola PM 104 M 38
Buñales HU 21 F 28
Buño C 2 C 3
Buñol V 61 N 27
Buñuel NA 34 G 25
Burbáguena TE 48 I 25
Burbia LE 14 D 9
Burceat HU 22 F 30
Burceña BU 8 C 19
Burela LU 4 B 7
Burés C 12 D 3
Bureta Z 34 G 25
Burete MU 84 R 24
Burgal (El) V 61 N 27
Burganes de Valverde ZA 29 G 12
Burgi / Burgui NA 11 D 26
Burgo LU 3 D 7
Burgo (El) MA 100 V 15
Burgo de Ebro (El) Z 35 H 27
Burgo de Osma (El) SO 32 H 20
Burgo Ranero (El) LE 16 E 14
Burgohondo AV 44 K 15
Burgomillodo SG 31 H 18
Burgos BU 18 E 18
Burgueira PO 12 F 3
Burguete / Auritz NA 11 D 26
Burgui / Burgi NA 11 D 26
Burguilla CC 57 M 14
Burguillos SE 91 T 12
Burguillos de Toledo TO 58 M 18
Burguillos del Cerro BA 79 Q 10
Buriz LU 3 C 6
Burjassot V 62 N 28
Burlada / Burlata NA 11 D 25
Burlata / Burlada NA 11 D 25
Burón LE 6 C 14
Burras MU 84 S 24
Burres C 3 D 5
Burriana / Borriana CS 62 M 29
Burrueco AB 72 P 23
Buruaga VI 19 D 21
Burujón TO 58 M 17
Burunchel J 83 S 21
Busante O 4 D 9
Buscastell PM 87 O 34
Busdongo LE 15 D 12
Busloñe O 5 C 12
Busmente O 4 B 9
Busot A 86 Q 28
Busquístar GR 102 V 20
Bustablado S 8 C 19
Bustamante S 17 C 17
Bustantigo O 4 B 9
Bustares GU 46 I 20
Bustarviejo M 46 J 18
Bustasur S 17 D 17
Buste (El) Z 34 G 25
Bustidoño S 17 D 18
Bustillo de Cea LE 16 E 14
Bustillo de Chaves VA 16 F 14
Bustillo de la Vega P 16 E 15
Bustillo del Monte S 17 D 17
Bustillo del Oro ZA 30 G 13
Bustillo del Páramo LE 15 E 12
Bustillo del Páramo de Carrión P 16 E 15
Busto *cerca de Luarca* O 5 B 10
Busto *cerca de Villaviciosa* O 6 B 13
Busto (Cabo) O 5 B 10
Busto (El) NA 19 E 23
Busto de Bureba BU 18 E 20
Bustoburniego O 5 B 10
Bustriguado S 7 C 16
Busturia BI 9 B 21
Butihondo *Fuerteventura* GC 112 D 5
Butrera BA 79 R 10
Butrón BI 8 B 21
Buxán *cerca de Rois* C 12 D 3
Buxán *cerca de Val do Dubra* C 2 C 4
Buxantes (Monte do) C 2 D 2
Buxu (Cueva del) O 6 B 14

C

Caamaño C 12 E 2
Caaveiro C 3 B 5
Cabaco (El) SA 43 K 11
Cabaleiros C 2 C 4
Caballar SG 45 I 18
Caballera HU 21 F 28
Caballeros J 82 Q 18
Caballo GR 94 U 19
Caballo (Cerro del) GR 94 U 19
Caballó (Serra El) V 74 O 27
Caballón H 91 T 9
Caballos (Sierra de los) MA 93 U 15
Cabalos (Sierra de los) LU 14 E 8
Cabana C 2 C 3
Cabanabona L 37 G 33
Cabanamoura C 2 D 3
Cabanas LU 3 B 6
Cabanas C 3 B 5
Cabanelas OR 13 E 5
Cabanelles GI 25 F 38
Cabanes GI 25 F 38
Cabanes *Castelló* CS 62 L 30
Cabanes (Barranc de) CS 62 L 29
Cabanillas NA 20 F 25
Cabanillas SO 33 H 22
Cabanillas de la Sierra M 46 J 19
Cabanillas del Campo GU 46 K 20
Cabanyes (Les) B 37 H 35
Cabañaquinta O 6 C 13
Cabañas Z 34 G 26
Cabañas LE 16 F 13
Cabañas (Monte) J 83 S 21
Cabañas (Puerto) CA 92 V 14
Cabañas de Castilla (Las) P 17 E 16

140 España

Cabañas de la Dornilla **LE** ... 15 E 10
Cabañas de la Sagra **TO** ... 58 L 18
Cabañas de Polendos **SG** ... 45 I 17
Cabañas de Sayago **ZA** ... 29 I 12
Cabañas de Yepes **TO** ... 58 M 19
Cabañas del Castillo **CC** ... 56 N 13
Cabañas Raras **LE** ... 14 E 9
Cabañeros **LE** ... 16 F 13
Cabañeros **CR** ... 69 N 16
Cabañeros (Parque nacional) **CR** ... 69 N 16
Cabañes de Esgueva **BU** ... 32 G 18
Cabarga (Peña) **S** ... 8 B 18
Cabassers **T** ... 36 I 32
Cabdella **L** ... 23 E 32
Cabe **LU** ... 14 E 7
Cabeza (La) **AB** ... 84 R 23
Cabeza de Béjar (La) **SA** ... 43 K 13
Cabeza de Buey **CR** ... 71 Q 20
Cabeza de Campo **LE** ... 14 E 9
Cabeza de Diego Gómez **SA** ... 43 J 11
Cabeza de la Viña (Isla) **J** ... 83 R 21
Cabeza del Buey **BA** ... 68 P 14
Cabeza del Caballo **SA** ... 42 I 10
Cabeza Gorda **J** ... 49 I 28
Cabeza la Vaca **BA** ... 79 R 10
Cabezabellosa **CC** ... 56 L 12
Cabezabellosa de la Calzada **SA** ... 44 I 13
Cabezadas (Las) **GU** ... 46 I 20
Cabezamesada **TO** ... 59 M 20
Cabezarados **CR** ... 70 P 17
Cabezarrubias **CR** ... 70 Q 17
Cabezas de Alambre **AV** ... 44 J 15
Cabezas de Bonilla **AV** ... 44 K 14
Cabezas de San Juan (Las) **SE** ... 91 V 12
Cabezas del Pasto **H** ... 78 T 7
Cabezas del Pozo **AV** ... 44 I 15
Cabezas del Villar **AV** ... 44 J 14
Cabezas Rubias **H** ... 78 S 8
Cabezo **CC** ... 43 K 11
Cabezo (Monte) **TE** ... 61 L 26
Cabezo de la Plata **MU** ... 85 S 27
Cabezo de Torres **MU** ... 85 R 26
Cabezo Jara **AL** ... 96 T 24
Cabezón **VA** ... 31 G 16
Cabezón de Cameros **LO** ... 19 F 22
Cabezón de la Sal **S** ... 7 C 17
Cabezón de la Sierra **BU** ... 32 G 20
Cabezón de Liébana **S** ... 7 C 16
Cabezón de Valderaduey **VA** ... 16 F 14
Cabezón del Oro (Serra de) **A** ... 74 Q 28
Cabezudos (Los) **H** ... 91 U 10
Cabezuela **SG** ... 31 I 18
Cabezuela (La) **V** ... 73 O 26
Cabezuela del Valle **CC** ... 56 L 12
Cabezuelas (Las) **M** ... 45 K 17
Cabezuelos (Los) **GU** ... 47 K 22
Cabizuela **AV** ... 44 J 15
Cabó **L** ... 23 F 33
Cabo Blanco *Tenerife* **TF** ... 128 D 5
Cabo Cervera-Playa La Mata **A** ... 86 R 28
Cabo de Gata **AL** ... 103 V 23
Cabo de Gata-Níjar (Parque natural de) **AL** ... 96 V 23
Cabo de Palos **MU** ... 86 T 27
Caboalles de Abajo **LE** ... 15 D 10
Caboalles de Arriba **LE** ... 15 D 10
Cabolafuente **Z** ... 47 I 23
Cabornera **LE** ... 15 D 12
Caborno **O** ... 5 B 10
Caborredondo **BU** ... 18 E 19
Cabra **CO** ... 93 T 16
Cabra (Cinto) **V** ... 73 O 27
Cabra de Mora **TE** ... 49 L 27
Cabra del Camp **T** ... 37 H 33
Cabra del Santo Cristo **J** ... 83 S 20
Cabras **GR** ... 94 U 17
Cabras (Las) **AB** ... 84 R 22
Cabredo **NA** ... 19 E 22
Cabreiroá **OR** ... 28 G 7
Cabreiros **LU** ... 3 B 6
Cabrejas **CU** ... 60 L 22
Cabrejas (Altos de) **CU** ... 60 L 22
Cabrejas (Puerto de) **CU** ... 60 L 23
Cabrejas del Campo **SO** ... 33 G 23
Cabrejas del Pinar **SO** ... 33 G 21
Cabrera **BA** ... 79 R 11
Cabrera (La) **M** ... 46 J 19
Cabrera (La) **GU** ... 47 I 22
Cabrera (La) **V** ... 61 N 27
Cabrera (Río de la) **J** ... 82 R 17
Cabrera de Mar **B** ... 38 H 37
Cabrerizos **SA** ... 43 J 13
Cabrero **CC** ... 56 L 12
Cabreros del Monte **VA** ... 30 G 14
Cabreros del Río **LE** ... 16 E 13
Cabretón **LO** ... 34 G 24
Cabril (El) **CO** ... 80 R 13
Cabrilla (Río de la) **CO** ... 81 S 14
Cabrillanes **LE** ... 15 D 11
Cabrillas **SA** ... 43 J 11
Cabrillas (Puerto de las) **TE** ... 49 K 29
Cabrils **B** ... 38 H 37
Cabrito (Alto El) **CA** ... 99 X 13
Cabruñana **O** ... 5 B 11
Cabuérniga **S** ... 7 C 17
Cacabelos **LE** ... 14 E 9
Cáceres **CC** ... 55 N 10
Cáceres (Embalse de) **CC** ... 55 N 11
Caceruela **CR** ... 69 O 16
Cachafeiro **PO** ... 13 E 4
Cachaza **CC** ... 55 L 9
Cacheiras **C** ... 12 D 4
Cachorilla **CC** ... 55 M 9
Cacín **GR** ... 94 U 18
Cacín (Canal del) **GR** ... 94 U 18
Cadabedo **LU** ... 4 B 7
Cádabo (O) **LU** ... 4 C 8
Cadafresnas **LE** ... 14 E 9
Cadagua **BU** ... 8 C 19
Cadalso **CC** ... 55 L 10
Cadalso de los Vidrios **M** ... 57 L 16
Cadaqués **GI** ... 25 F 39
Cadavedo **O** ... 5 B 10
Cádavos **OR** ... 28 G 8
Cadena (Puerto de la) **MU** ... 85 S 26
Cadí **L** ... 23 F 34
Cadí (Serra de) **L** ... 23 F 34
Cadí (Túnel de) **GI** ... 24 F 35
Cadí-Moixeró (Parc natural del) **B** ... 24 F 35
Cádiar **GR** ... 102 V 20
Cadiñanos **BU** ... 18 D 19
Cádiz **CA** ... 98 W 11
Cádiz (Bahía de) **CA** ... 98 W 11
Cadreita **NA** ... 20 F 24
Cadrete **Z** ... 35 H 27
Caicedo Yuso **VI** ... 18 D 21
Caídero de la Niña (Embalse) *Gran Canaria* **GC** ... 114 C 3
Caimari **PM** ... 104 M 38
Caimodorro **TE** ... 48 K 24
Caín **LE** ... 6 C 15
Caión **C** ... 2 C 4
Cajigar **HU** ... 22 F 31
Cajiz **MA** ... 101 V 17
Cala **H** ... 79 S 11
Cala (Embalse de) **SE** ... 79 S 11
Cala (La) **A** ... 74 Q 29
Cala Agulla **PM** ... 105 M 40
Cala Bassa **PM** ... 87 P 33
Cala Blanca *Menorca* **PM** ... 106 M 41
Cala Blava **PM** ... 104 N 38
Cala Bona **PM** ... 105 N 40
Cala de los Tiestos **A** ... 75 P 30
Cala de Salionç **GI** ... 39 G 38
Cala Deià **PM** ... 104 M 37
Cala del Moral *cerca de Rincón de la V.* **MA** ... 100 V 17
Cala d'Or **PM** ... 105 N 39
Cala en Blanes **PM** ... 106 L 41
Cala en Bosc **PM** ... 106 M 41
Cala en Porter **PM** ... 106 M 42
Cala Ferrera **PM** ... 105 N 39
Cala Figuera **PM** ... 105 O 39
Cala Fonduco **PM** ... 106 M 42
Cala Fornells **PM** ... 104 N 37
Cala Galdana **PM** ... 106 M 41
Cala Gració **PM** ... 87 P 33
Cala Llonga *Ibiza* **PM** ... 87 P 34
Cala Mesquida *Mallorca* **PM** ... 105 M 40
Cala Mesquida *Menorca* **PM** ... 106 M 42
Cala Millor **PM** ... 105 N 40
Cala Montjoi **GI** ... 25 F 39
Cala Morell **PM** ... 106 L 41
Cala Murada **PM** ... 105 N 39
Cala Pi **PM** ... 104 N 38
Cala Puntal **CS** ... 50 K 31
Cala Rajada **PM** ... 105 M 40
Cala Sahona **PM** ... 87 P 34
Cala Sant Vicenç **PM** ... 105 M 39
Cala Sant Vicent *Localidad* **PM** ... 87 O 34
Cala Santa Galdana **PM** ... 106 M 41
Cala Santanyí **PM** ... 105 O 39
Cala Tarida **PM** ... 87 P 33
Cala Turqueta **PM** ... 106 M 41
Cala Vallgornera **PM** ... 104 N 38
Cala Vedella **PM** ... 87 P 33
Cala Vinyes **PM** ... 104 N 37
Calabardina **MU** ... 97 T 25
Calabazar (Embalse del) **H** ... 78 T 9
Calabazares **H** ... 79 S 9
Calabazas **SG** ... 31 H 17
Calabazas **VA** ... 30 H 15
Calabor **ZA** ... 28 G 9
Calaburra (Punta de) **MA** ... 100 W 16
Calaceite **TE** ... 50 I 30
Caladrones **HU** ... 22 F 31
Calaf **B** ... 37 G 34
Calafat **T** ... 51 J 32
Calafell **T** ... 37 I 34
Calafell Platja **T** ... 37 I 34
Calahonda **GR** ... 102 V 19
Calahonda **MA** ... 100 W 15
Calahorra **LO** ... 19 F 24
Calahorra (Estación de La) **GR** ... 95 U 20
Calahorra (La) **GR** ... 95 U 20
Calahorra de Boedo **P** ... 17 E 16
Calalberche **TO** ... 58 L 17
Calama **CC** ... 43 K 11
Calamocha **TE** ... 48 J 26
Calamocos **LE** ... 15 E 10
Calamonte **BA** ... 67 P 10
Calanda **TE** ... 49 J 29
Calanda (Embalse de) **TE** ... 49 J 29
Calañas **H** ... 78 T 9
Calar Alto **AL** ... 95 U 22
Calar de la Santa **MU** ... 84 R 23
Calar del Mundo **AB** ... 84 Q 22
Calares (Los) **CR** ... 71 Q 21
Calasanz **HU** ... 22 F 31
Calasparra **MU** ... 84 R 24
Calasparra (Estación de) **MU** ... 84 R 24
Calatañazor **SO** ... 33 G 21
Calatayud **Z** ... 34 H 25
Calatorao **Z** ... 34 H 25
Calatrava (Campo de) **CR** ... 70 P 18
Calatrava (Puerto de) **CR** ... 70 P 18
Calatraveño (Puerto) **CO** ... 81 R 15
Calaveruela **CO** ... 80 R 13
Calbinyà **L** ... 23 E 34
Calcena **Z** ... 34 H 24
Caldas (Las) **O** ... 5 C 12
Caldas de Besaya (Las) **S** ... 7 C 17
Caldas de Luna **LE** ... 15 D 12
Caldas de Reis **PO** ... 12 E 4
Calde **LU** ... 3 D 7
Caldearenas **HU** ... 21 E 28
Caldebarcos **C** ... 12 D 2
Caldelas **PO** ... 12 F 4
Caldera **CO** ... 93 T 17
Caldereta *Fuerteventura* **GC** ... 111 I 2
Calderín (El) **TO** ... 70 O 18
Calderón **V** ... 61 L 26
Calderones (Los) **MU** ... 85 S 25
Calders **B** ... 38 G 35
Calderuela **SO** ... 33 G 23
Caldes de Boí **L** ... 22 E 32
Caldes de Malavella **GI** ... 25 G 38
Caldes de Montbui **B** ... 38 H 36
Caldes d'Estrac **B** ... 38 H 37
Caldones **O** ... 6 B 13
Caldueño **O** ... 6 B 15
Caleao **O** ... 6 C 13
Calella **B** ... 38 H 37
Calella de Palafrugell **GI** ... 25 G 39
Calera (La) **CR** ... 71 P 20
Calera (La) **H** ... 91 U 10
Calera (La) **CC** ... 56 N 14
Calera (La) **BA** ... 67 P 10
Calera de León **BA** ... 79 R 11
Calera del Prado (La) **BI** ... 8 C 19
Calera y Chozas **TO** ... 57 M 15
Caleruega **BU** ... 32 G 19
Caleruela **TO** ... 56 M 14
Caleruela *cerca de Los Yébenes* **TO** ... 58 N 18
Caleruela (La) **J** ... 83 R 20
Cales de Mallorca **PM** ... 105 N 39
Caleta *El Hierro* **TF** ... 109 E 2
Caleta (La) **GR** ... 101 V 19
Caleta (La) *Tenerife* **TF** ... 126 C 3
Caleta (La) *Tenerife* **TF** ... 128 C 5
Caleta de Famara *Lanzarote* **GC** ... 123 E 3
Caleta de Fustes (Castillo de) *Fuerteventura* **GC** ... 111 I 3
Caleta de Vélez (La) **MA** ... 101 V 17
Caleta del Sebo *Lanzarote* **GC** ... 121 E 2
Caletas (Las) *La Palma* **TF** ... 132 D 7
Caletillas (Las) *Tenerife* **TF** ... 127 H 3
Caleyos (Los) **O** ... 6 C 13
Calicasas **GR** ... 94 U 19
Càlig **CS** ... 50 K 31
Callao Salvaje *Tenerife* **TF** ... 128 C 5
Calldetenes **B** ... 38 G 36
Callejas **CU** ... 60 N 24
Callejones *La Palma* **TF** ... 132 D 5
Callejos (Los) **O** ... 6 B 15
Callén **HU** ... 35 G 28
Calleras **O** ... 5 B 10
Calles **V** ... 61 M 27
Callezuela **O** ... 5 B 12
Callobre **C** ... 3 C 5
Callobre **PO** ... 13 D 4
Callosa de Segura **A** ... 85 R 27
Callosa d'en Sarrià **A** ... 74 Q 29
Callús **B** ... 37 G 35
Calmarza **Z** ... 48 I 24
Calnegre **MU** ... 97 T 25
Calnegre (Punta de) **MU** ... 97 T 25
Calo **C** ... 2 C 2
Calo **C** ... 12 D 4
Calobra (Sa) **PM** ... 104 M 38
Calomarde **TE** ... 48 K 25
Calonge **GI** ... 25 G 39
Calonge *Mallorca* **PM** ... 105 N 39
Calonge (El) **CO** ... 80 T 13
Calonge de Segarra **B** ... 37 G 34
Calp **A** ... 74 Q 30
Calpes (Los) **CS** ... 62 L 28
Caltojar **SO** ... 33 H 21
Calvarrasa de Abajo **SA** ... 44 J 13
Calvarrasa de Arriba **SA** ... 44 J 13
Calvera **HU** ... 22 E 31
Calvestra **V** ... 61 N 26
Calvià **PM** ... 104 N 37
Calvín Bajo **TO** ... 58 M 17
Calvo **BA** ... 79 Q 11
Calvos de Randín **OR** ... 27 G 6
Calypo **TO** ... 58 L 17
Calzada (Atayala de la) **CR** ... 70 Q 18
Calzada de Béjar (La) **SA** ... 43 K 12
Calzada de Bureba **BU** ... 18 E 20
Calzada de Calatrava **CR** ... 70 P 18
Calzada de los Molinos **P** ... 17 F 16
Calzada de Oropesa (La) **TO** ... 56 M 14
Calzada de Tera **ZA** ... 29 G 11
Calzada de Valdunciel **SA** ... 43 I 12
Calzada de Vergara **AB** ... 73 O 25
Calzada del Coto **LE** ... 16 E 14
Calzadilla **CC** ... 55 L 10
Calzadilla de la Cueza **P** ... 16 F 15
Calzadilla de los Barros **BA** ... 79 R 11
Calzadilla de los Hermanillos **LE** ... 16 E 14
Calzadilla de Tera **ZA** ... 29 G 11
Calzadilla del Campo **SA** ... 43 I 11
Camaleño **S** ... 7 C 15
Camallera **GI** ... 25 F 38
Camañas **TE** ... 48 K 26
Camarasa **L** ... 37 G 32
Camarasa (Pantà de) **L** ... 36 G 32
Camarena **TO** ... 58 L 17
Camarena (Sierra de) **TE** ... 61 L 27
Camarena de la Sierra **TE** ... 61 L 26
Camarenilla **TO** ... 58 L 17
Camarillas **TE** ... 49 K 27
Camarillas (Embalse de) **AB** ... 84 Q 25
Camarinal (Punta) **CA** ... 99 X 12
Camariñas **C** ... 2 C 2
Camariñas (Ría de) **C** ... 2 C 2
Camarles **T** ... 50 J 32
Camarma de Esteruelas **M** ... 46 K 19
Camarmeña **O** ... 6 C 15
Camarma del Caño **M** ... 46 K 19
Camarzana de Tera **ZA** ... 29 G 11
Camás **O** ... 6 B 13
Camas **SE** ... 91 T 11
Camasobres **P** ... 7 C 16
Camba **OR** ... 14 F 8
Cambados **PO** ... 12 E 3
Cambás **C** ... 3 C 6
Cambela **OR** ... 14 F 8
Cambeo **OR** ... 13 E 6
Cambil **J** ... 82 S 19
Cambre **C** ... 3 C 4
Cambre *cerca de Malpica* **C** ... 2 C 3
Cambrils **L** ... 23 F 34
Cambrils de Mar **T** ... 51 I 33
Cambrón **CR** ... 83 Q 20
Cambrón (Peña) **J** ... 83 S 20
Cambrón (Sierra del) **CO** ... 80 Q 13
Camelle **C** ... 2 C 2
Camello (Punta del) *Tenerife* **TF** ... 129 G 5
Cameno **BU** ... 18 E 20
Camino **S** ... 7 C 17
Caminomorisco **CC** ... 43 L 11
Caminreal **TE** ... 48 J 26
Camocha (La) **O** ... 6 B 13
Camocho **CC** ... 56 L 12
Camorro Alto **MA** ... 100 V 16
Camós **GI** ... 25 F 38
Camp d'Abaix **V** ... 61 M 26
Camp d'Arcís **V** ... 61 N 26
Camp de Mar **PM** ... 104 N 37
Camp de Mirra (El) **A** ... 74 P 27
Camp-redo **T** ... 50 J 31
Campalbo **CU** ... 61 M 26
Campamento **AL** ... 103 V 22
Campamento (El) **CA** ... 99 X 13
Campamento Matallana **SE** ... 80 T 13
Campana (La) **CR** ... 71 P 20
Campana (La) **MU** ... 85 Q 25
Campana (La) **SE** ... 92 T 13
Campana (Rio de) **J** ... 82 R 18
Campanario **BA** ... 68 P 13
Campanario (Embalse de) **H** ... 90 T 9
Campanas **NA** ... 11 D 25
Campanet **PM** ... 104 M 38
Campanet (Coves de) **PM** ... 104 M 38
Campanillas **MA** ... 100 V 16
Campano **CA** ... 98 W 11
Campañón **SO** ... 33 G 22
Campaspero **VA** ... 31 H 17
Campazas **LE** ... 16 F 13
Campdevànol **GI** ... 24 F 36
Campelles **GI** ... 24 F 36
Campello (El) **A** ... 86 Q 28
Campezo **VI** ... 19 D 22
Campico de los López **MU** ... 97 T 25
Campillejo **GU** ... 46 I 20
Campillo **TE** ... 48 L 26
Campillo **CR** ... 69 P 16
Campillo (Casa Forestal del) **J** ... 83 R 22
Campillo (El) **VA** ... 30 I 14
Campillo (El) **ZA** ... 29 H 12
Campillo (El) **H** ... 79 S 10
Campillo (El) **J** ... 83 R 20
Campillo (El) **SE** ... 92 T 14
Campillo de Altobuey **CU** ... 60 N 24
Campillo de Aragón **Z** ... 48 I 24
Campillo de Aranda **BU** ... 32 H 18
Campillo de Arenas **J** ... 94 T 19
Campillo de Azaba **SA** ... 42 K 9
Campillo de Deleitosa **CC** ... 56 M 13
Campillo de Dueñas **GU** ... 48 J 24
Campillo de la Jara (El) **TO** ... 57 N 14
Campillo de la Virgen **AB** ... 72 P 24
Campillo de las Doblas **AB** ... 72 P 24
Campillo de Llerena **BA** ... 68 Q 12
Campillo de Ranas **GU** ... 46 I 20
Campillo de Salvatierra **SA** ... 43 K 12
Campillo del Negro (El) **AB** ... 73 P 24
Campillo del Río **J** ... 82 S 19
Campillos **MA** ... 93 U 15
Campillos (Río) **CU** ... 60 L 24
Campillos Paravientos **CU** ... 61 M 25
Campillos Sierra **CU** ... 60 L 24
Campino **BU** ... 17 D 18
Campins **B** ... 38 G 37
Campiña **C** ... 32 F 20
Campirme **L** ... 23 E 33
Campisábalos **GU** ... 32 I 20
Campllong **GI** ... 39 G 38
Camplongo **LE** ... 16 D 12
Campo **HU** ... 22 E 31
Campo **C** ... 2 C 3
Campo **LE** ... 6 D 13
Campo **S** ... 17 D 18
Campo (El) **TE** ... 61 L 26
Campo (El) **GR** ... 84 S 22
Campo (Los) **SO** ... 33 G 22
Campo (O) **C** ... 3 D 5
Campo Cebas **GR** ... 83 S 21
Campo da Árbore (Porto de) **LU** ... 14 D 8
Campo de Arriba **V** ... 61 M 26
Campo de Caso **O** ... 6 C 13
Campo de Criptana **CR** ... 71 N 20
Campo de Cuéllar **SG** ... 31 I 16
Campo de la Lomba **LE** ... 15 D 12
Campo de Ledesma (El) **SA** ... 43 I 11
Campo de Peñaranda (El) **SA** ... 44 J 14
Campo de San Pedro **SG** ... 32 H 19
Campo de Villavidel **LE** ... 16 E 13
Campo del Agua **LE** ... 14 D 9
Campo del Hospital **C** ... 3 B 6
Campo Lameiro **PO** ... 12 E 4
Campo Lugar **CC** ... 68 O 12
Campo Real **M** ... 46 K 19
Campo Real (Estación de) **CO** ... 93 T 15
Campo Xestada **C** ... 3 C 4
Campoalbillo **AB** ... 73 O 25
Campobecerros **OR** ... 14 F 8
Campocámara **GR** ... 83 S 21
Campocerrado **SA** ... 43 J 11
Campofrío **H** ... 79 S 10
Campogrande de Aliste **ZA** ... 29 G 11
Campohermoso **AL** ... 103 V 23
Campolar **LE** ... 16 E 13
Campolara **BU** ... 32 F 19
Campollo **S** ... 7 C 16
Campolongo **C** ... 3 B 5
Campomanes **O** ... 5 C 12
Campomojado **CR** ... 70 O 18
Camponaraya **LE** ... 14 E 9
Campóo (Alto) **S** ... 7 C 16
Camporredondo **VA** ... 31 H 16
Camporredondo **J** ... 83 R 20
Camporredondo (Embalse de) **P** ... 17 D 15
Camporredondo de Alba **P** ... 16 D 15
Camporrélls **HU** ... 36 G 31
Camporrobles **V** ... 61 N 25
Campos **TE** ... 49 J 27
Campos *Mallorca* **PM** ... 105 N 39
Campos (Los) **O** ... 5 B 12
Campos del Río **MU** ... 85 R 25
Camposancos **PO** ... 26 G 3
Camposo **LU** ... 14 D 7
Campotéjar **MU** ... 85 R 26
Campotéjar **GR** ... 94 T 19
Camprodon **GI** ... 24 F 37
Camprovín **LO** ... 19 E 21
Camuñas **TO** ... 70 N 19
Can Amat **B** ... 38 H 35
Can Bondia **B** ... 24 F 36
Can Ferrer **T** ... 37 I 34
Can Pastilla **PM** ... 104 N 38
Can Picafort **PM** ... 105 M 39
Can Vidal **B** ... 38 G 35
Canabal **LU** ... 13 E 7
Canajela **CC** ... 67 O 10
Canal (La) **S** ... 7 C 18
Canal (Sa) *Ibiza* **PM** ... 87 P 34
Canal de las Bárdenas ... 20 E 26
Canaleja **AB** ... 72 P 22
Canaleja (La) **CO** ... 81 R 15
Canalejas **LE** ... 16 D 15
Canalejas de Peñafiel **VA** ... 31 H 17
Canalejas del Arroyo **CU** ... 47 K 22
Canales **AV** ... 44 I 15
Canales **LO** ... 18 F 20
Canales **LE** ... 15 D 12
Canales *Castelló* **CS** ... 61 M 27
Canales (Embalse) **GR** ... 94 U 19
Canales (Mirador de) **GR** ... 94 U 19
Canales de Molina **GU** ... 47 J 24
Canales del Ducado **GU** ... 47 J 22
Canaletes **B** ... 37 H 35
Canalosa (La) **A** ... 85 R 27

A B C D E F G H I J K L M N O P Q R S T U V W X Y Z

Canals V 74 P 28
Canar (es) PM 87 O 34
Canara MU 84 R 24
Canario (Jardín) Gran Canaria GC 115 F 2
Cancarix AB 85 Q 25
Cancelada LU 14 D 8
Cancelada MA 100 W 14
Cances C 2 C 3
Canchera CC 43 K 10
Cancías HU 21 E 29
Canda (Portilla de la) ZA 28 F 9
Candado (El) MA 100 V 16
Candai LU 3 C 6
Candamil LU 3 B 6
Candamo O 5 B 11
Candán (Alto de) PO 13 E 5
Cándana de Curueño (La) LE 16 D 13
Candanal O 6 B 13
Candanchú HU 21 D 28
Candanedo de Fenar LE 16 D 13
Candanosa O 4 C 9
Candás O 5 B 12
Candasnos HU 36 H 30
Candelaria Tenerife TF 127 H 3
Candelario SA 43 K 12
Candeleda AV 57 L 14
Candieira (Punta) C 3 A 5
Candil AB 85 Q 25
Candilichera SO 33 G 23
Candín LE 14 D 9
Candolias S 8 C 18
Candón H 91 T 9
Candoncillo (Embalse de) H 91 T 9
Candor (Punta) CA 98 W 10
Cánduas C 2 C 3
Canedo C 3 C 5
Canedo LU 14 E 7
Canedo LE 14 E 9
Caneja MU 84 R 24
Canejan L 22 D 32
Canelles (Pantà de) L 36 G 31
Canena J 82 R 19
Canencia M 46 J 18
Canencia (Puerto de) M 46 J 18
Canero O 5 B 10
Canet d'Adri GI 24 F 38
Canet de Mar B 38 H 37
Canet d'en Berenguer V 62 M 29
Canet lo Roig CS 50 K 30
Canfranc HU 21 D 28
Canfranc-Estación HU 21 D 28
Cangas cerca de Burela LU 4 B 7
Cangas cerca de Pontón LU 13 E 7
Cangas cerca de Vigo PO 12 F 3
Cangas de Onís O 6 B 14
Cangas del Narcea O 5 C 10
Canicosa de la Sierra BU 32 G 20
Canido PO 12 F 3
Caniles GR 95 T 21
Canillas TO 58 M 17
Canillas de Abajo SA 43 J 12
Canillas de Albaida MA 101 V 18
Canillas de Esgueva VA 31 G 17
Canizo (Alto do) OR 14 F 8
Canizo (O) OR 14 F 10
Canjáyar AL 95 U 21
Cano J 82 S 19
Canós (El) L 37 G 33
Cánovas (Las) MU 85 S 26
Cànoves B 38 G 37
Canredondo GU 47 J 22
Canseco LE 6 D 13
Cansinos (Estación de los) CO 81 S 16
Cantacucos AB 72 P 22
Cantagallo M 46 J 18
Cantagallo SA 43 K 12
Cantal (El) MU 97 T 25
Cantal (El) AL 96 T 23
Cantal (Punta del) AL 96 U 24
Cantalapiedra SA 44 I 14
Cantalar (El) J 83 S 21
Cantalejo SG 31 I 18
Cantalgallo BA 79 R 11
Cantallops GI 25 E 38
Cantalobos HU 35 G 28
Cantalojas GU 32 I 20
Cantalpino SA 44 I 14
Cantalucía SO 32 G 21
Cantaracillo SA 44 J 14
Cantareros (Los) MU 85 S 25
Cantarranas SA 43 K 10
Cantarranas CA 99 X 12
Cantavieja TE 49 K 28
Cantera (La) SE 80 S 12
Cantera Blanca J 94 T 18
Canteras MU 97 T 26
Canteras GR 84 S 23
Canteras (Estación de) MU 85 S 27
Cantillana SE 80 T 12
Cantimpalos SG 45 I 17
Cantiveros AV 44 J 15
Cantó (Coll del) L 23 E 33
Cantoblanco AB 73 O 26
Cantoblanco Universidad M 46 K 18
Cantón (El) MU 85 R 27
Cantonigròs B 24 F 37
Cantoña OR 13 F 6
Cantoral P 17 D 16
Cantoria AL 96 T 23
Canya (La) GI 24 F 37
Canyada (La) cerca de Sant Vicent A 86 Q 28
Canyamars B 38 H 37
Canyamel PM 105 N 40
Canyelles B 37 I 35
Cañada cerca de Villena A 73 P 27
Cañada (la) CU 61 N 25
Cañada (La) V 62 N 28
Cañada (Puerto) BA 79 R 11
Cañada Catena J 83 R 21
Cañada de Agra AB 84 Q 24
Cañada de Benatanduz TE 49 K 28
Cañada de Caballeros SE 81 S 14
Cañada de Calatrava CR 70 P 17
Cañada de Cañepla (La) AL 84 S 23
Cañada de Herradón (La) AV 45 K 16
Cañada de la Cruz MU 84 R 23
Cañada de la Madera J 83 R 21
Cañada de San Urbano (La) AL 103 V 22
Cañada de Verich (La) TE 50 J 29
Cañada del Gamo CO 80 R 13
Cañada del Hoyo CU 60 M 24
Cañada del Provencio AB 84 Q 22
Cañada del Rabadán SE 80 T 14
Cañada del Trigo MU 85 Q 26
Cañada Juncosa AB 72 P 23
Cañada Morales J 83 R 21
Cañada Rosal SE 92 T 14
Cañada Vellida TE 49 J 27
Cañadajuncosa CU 60 N 23
Cañadas (Las) SE 79 T 10
Cañadas (Las) Tenerife TF 128 E 4
Cañadas de Haches de Abajo AB 72 Q 23
Cañadas de Haches de Arriba AB 72 Q 23
Cañadas del Romero SE 80 S 12
Cañadas del Teide (Las) Tenerife TF 127 F 3
Cañadilla (La) TE 49 J 28
Cañadillas CO 93 T 16
Cañadillas (Monte) GR 94 U 19
Cañamaque SO 33 H 23
Cañamares CU 47 K 23
Cañamares CR 71 P 21
Cañamares GU 46 I 21
Cañamero CC 68 N 13
Cañar GR 102 V 19
Cañares (Embalse de) TO 57 M 16
Cañas LO 19 E 21
Cañavate (El) CU 60 N 23
Cañaveral CC 55 M 10
Cañaveral de Léon H 79 R 10
Cañaveralejo SE 93 U 15
Cañaveras CU 47 K 22
Cañaveruelas CU 47 K 22
Cañeda S 7 C 17
Cañete CU 60 L 25
Cañete de las Torres CO 81 S 17
Cañete la Real MA 93 V 14
Cañicera SO 32 H 20
Cañicosa SG 45 I 18
Cañigral (El) TE 61 L 25
Cañijal (Sierra de) BA 79 Q 10
Cañiza (A) PO 13 F 5
Cañizal ZA 44 I 13
Cañizar GU 46 J 20
Cañizar (El) CU 60 M 24
Cañizar de Argaño BU 17 E 18
Cañizar del Olivar TE 49 J 28
Cañizares GU 48 J 24
Cañizares CU 47 K 23
Cañizo ZA 30 G 13
Caños de Meca (Los) CA 99 X 12
Cañuelo (El) CO 94 T 17
Cañuelo (El) SE 79 T 11
Cap de Creus (Parc natural de) GI 25 F 39
Cap d'en Font PM 106 M 42
Cap i Corp CS 63 L 30
Cap Roig A 85 S 27
Capafonts T 37 I 33
Capallón GR 95 T 21
Caparacena GR 94 U 18
Caparra (Ruinas de) CC 56 L 11
Caparroso NA 20 E 25
Capçanes T 50 I 32
Capdepera PM 105 M 40
Capdepera (Punta de) PM 105 M 40
Capdesaso HU 35 G 29
Capela C 3 B 5
Capella HU 22 F 31
Capellades B 37 H 35
Capeza de Framontanos SA 29 I 10
Capileira GR 102 V 19
Capilla BA 69 P 14
Capilla (La) MU 85 Q 26
Capillas P 30 F 15
Capitán J 83 R 21
Capitán (El) AB 72 O 22
Capitán (El) MA 101 V 17
Capmany GI 25 E 38
Capocorp PM 104 N 38
Capolat B 23 F 35
Capones J 82 R 19
Caprés MU 85 R 26
Capricho (El) GR 101 V 18
Capsacosta (Coll de) GI 24 F 37
Capsec GI 24 F 37
Carabanchel M 46 K 18
Carabantes SO 33 H 24
Carabanzo O 5 C 12
Carabaña M 59 L 20
Carabias SG 32 H 19
Carabias GU 47 I 21
Caracena de Valle CU 60 L 22
Caracenilla CU 59 L 22
Caracollera (Estación de) CR 69 P 16
Caracuel de Calatrava CR 70 P 17
Caramel AL 84 S 23
Caranca VI 18 D 20
Caranga de Abajo O 5 C 11
Carantoña C 2 C 2
Caraño LU 4 C 8
Caraquiz GU 46 J 19
Carasa S 8 B 19
Carataunas GR 102 V 19
Caravaca de la Cruz MU 84 R 24
Carazo BU 32 G 19
Carazuelo SO 33 G 23
Carbajal de Rueda LE 16 D 14
Carbajales de Alba ZA 29 H 12
Carbajalinos ZA 15 F 10
Carbajo CC 54 N 8
Carbajosa ZA 29 H 11
Carbajosa de Armuña SA 43 I 13
Carbajosa de la Sagrada SA 43 J 13
Carballal LU 3 D 6
Carballeda OR 13 E 5
Carballeda de Avia OR 13 F 5
Carballedo PO 13 E 4
Carballedo LU 13 E 6
Carballido cerca de Lugo LU 4 C 7
Carballido cerca de Villalba LU 4 C 7
Carballiño (O) OR 13 E 5
Carballo O 5 C 10
Carballo C 2 C 3
Carballo LU 3 C 6
Carballo OR 13 F 6
Carbasí B 37 H 34
Carbayín O 6 B 13
Carbayo (El) O 6 C 12
Carbellino ZA 29 I 11
Carbes O 6 C 14
Carbia PO 13 D 5
Carboeiro PO 13 D 5
Carbón Fuerteventura GC 113 G 4
Carbonera P 16 E 15
Carbonera de Frentes SO 33 G 22
Carboneras AL 103 V 24
Carboneras H 79 S 10
Carboneras (Las) BA 67 P 9
Carboneras de Guadazaón CU 60 M 24
Carbonero Ahusín SG 45 I 17
Carbonero el Mayor SG 45 I 17
Carboneros J 82 R 19
Carcabada O 6 B 13
Carcabal GR 95 U 20
Carcaboso CC 55 L 11
Carcabuey CO 93 T 17
Carcagente / Carcaixent V 74 O 28
Carcaixent / Carcagente V 74 O 28
Cárcar NA 19 E 24
Carcastillo NA 20 E 25
Carcedo cerca de Luarca O 5 B 10
Carcedo de Bureba BU 18 E 19
Carcedo de Burgos BU 18 F 19
Carcelén AB 73 O 26
Càrcer V 74 O 28
Carche (El) MU 85 Q 26
Cárchel J 82 T 19
Carchelejo J 94 T 19
Carchuna GR 102 V 19
Carchuna o del Llano (Punta) GR 102 V 19
Cardaño de Abajo P 16 D 15
Cardaño de Arriba P 16 D 15
Cardedeu B 38 H 37
Cardejón SO 33 H 23
Cárdenas LO 19 E 21
Cardenchosa (La) CO 80 R 13
Cardenchosa (La) BA 80 R 13
Cardenete CU 60 M 24
Cardeña CO 81 R 17
Cardeñadijo BU 18 F 19
Cardeñajimeno BU 18 F 19
Cardeñas H 90 U 9
Cardeñosa AV 44 J 15
Cardeñosa GU 47 I 21
Cardeñosa de Volpejera P 17 F 15
Cardiel de los Montes TO 57 L 16
Cardó T 50 J 31
Cardón Fuerteventura GC 113 F 4
Cardona B 37 G 35
Cardonal (Punta del) Gran Canaria GC 114 C 2
Cardones Gran Canaria GC 115 E 2
Cardós (Vall de) L 23 E 33
Cardosa (Balcón de la) S 7 C 17
Cardoso de la Sierra (El) GU 46 I 19
Caregue L 23 E 33
Carenas Z 34 I 24
Careñes O 6 B 13
Cargadero (El Cerro del) BU 32 G 21
Cariatiz AL 96 U 23
Caridad (La) O 4 B 9
Caridad (La) CR 70 P 18
Carija BA 67 P 10
Cariñena Z 34 H 26
Cariño C 3 A 6
Cariseda LE 15 D 10
Caritel PO 13 E 4
Carivete MU 85 S 25
Carla Alto (Observatorio del) AL 95 U 22
Carlet V 74 O 28
Carlota (La) CO 81 S 15
Carme B 37 H 34
Carme (Museu del) CS 62 M 29
Carmen (Ermita del) SE 80 S 12
Carmen (Ermita del) cerca de Cantavieja TE 49 K 28
Carmen (Ermita del) cerca de Monreal del Campo TE 48 J 25
Carmena TO 57 M 16
Cármenes LE 16 D 13
Carmolí (El) MU 85 S 27
Carmona S 7 C 16
Carmona SE 92 T 13
Carmonita BA 67 O 10
Carne (Pico de la) GR 94 U 19
Carnero (Punta del) CA 99 X 13
Carneros (Puerto de los) BA 69 O 14
Carnés C 2 C 2
Carnoedo C 3 B 5
Carnota C 12 D 2
Caro T 50 J 31
Caroch V 73 O 27
Caroi PO 13 E 4
Carolina (La) SA 44 I 14
Carolina (La) J 82 R 19
Carollo C 3 D 4
Carondio (Sierra de) O 4 C 9
Carpio VA 30 I 14
Carpio (El) CO 81 S 16
Carpio (El) H 78 S 9
Carpio (Embalse de El) TO 57 M 16
Carpio (Embalse de El) CO 81 S 16
Carpio de Azaba SA 42 K 10
Carpio de Tajo (El) TO 57 M 16
Carraca (La) CA 98 W 11
Carracedelo LE 14 E 9
Carracedo LE 14 E 9
Carracedo OR 13 F 5
Carracedo PO 12 E 4
Carral C 3 C 4
Carrales (Casa Forestal de) J 83 R 21
Carrales (Puerto de) BU 17 D 18
Carramaiza GR 83 T 21
Carrandi O 6 B 14
Carranque TO 58 L 18
Carrasca (La) J 82 T 18
Carrascal SG 45 I 18
Carrascal ZA 29 H 12
Carrascal (El) T 50 J 31
Carrascal (Puerto del) NA 20 E 25
Carrascal de Barregas SA 43 J 12
Carrascal del Obispo SA 43 J 12
Carrascal del Río SG 31 H 18
Carrascalejo CC 57 N 14
Carrascalejo (El) BA 67 O 10
Carrascalejo (Estación de El) BA 67 O 10
Carrascalejo de Huebra SA 43 J 11
Carrascosa CU 47 K 23
Carrascosa de Abajo SO 32 H 20
Carrascosa de Haro CU 60 N 22
Carrascosa de Henares GU 46 J 20
Carrascosa de la Sierra SO 33 G 23
Carrascosa de Tajo GU 47 J 22
Carrascosa del Campo CU 59 L 21
Carrascosilla CU 59 L 22
Carrascoy MU 85 S 26
Carrasqueta (Port de la) A 74 Q 28
Carrasquilla (Collado de la) CU 60 L 22
Carrasquilla (La) AB 72 Q 24
Carratraca MA 100 V 15
Carrea O 5 C 11
Carreira cerca de Ribeira C 12 E 2
Carreira cerca de Zás C 2 C 3
Carreña O 6 C 15
Carreño O 5 B 12
Carrera (La) AV 44 K 13
Carreros SA 43 J 12
Carretero (Puerto del) J 94 T 19
Carrias BU 18 E 20
Carriches TO 57 M 16
Carrícola V 74 P 28
Carril PO 12 E 3
Carriles (Los) O 6 B 15
Carrió Bergondo C 3 C 5
Carrión P 17 D 16
Carrión (Ermita de) BA 66 O 8
Carrión de Calatrava CR 70 O 18
Carrión de los Céspedes SE 91 T 11
Carrión de los Condes P 17 E 16
Carriones (Los) GR 83 S 21
Carrizal cerca de Cistierna LE 16 D 15
Carrizal cerca de Soto y Amío LE 15 D 12
Carrizal (El) Gran Canaria GC 114 C 3
Carrizales (Los) Tenerife TF 126 B 3
Carrizo de la Ribera LE 15 E 12
Carrizos (Los) SE 80 S 12
Carrizosa CR 71 P 21
Carrizosa (La) SE 93 T 15
Carro AB 72 O 22
Carroja (La) A 74 P 29
Carrova (La) T 50 J 31
Cartagena MU 97 T 27
Cartajima MA 100 W 14
Cártama MA 100 V 16
Cartaojal MA 93 U 16
Cartavio O 4 B 9
Cartaya H 90 U 8
Cartelle OR 13 F 5
Cartes S 7 C 17
Carteya-Guadarranque CA 99 X 13
Cartirana HU 21 E 28
Cartuja (Monasterio de la) CA 98 W 11
Cartuja de Monegros (La) HU 35 G 29
Carucedo LE 14 E 9
Carvajal MA 100 W 16
Carvajales (Los) MA 93 U 15
Cas Concos PM 105 N 39
Casa Blanca CU 60 N 22
Casa Blanca AB 72 Q 24
Casa Blanca CR 69 O 16
Casa Blanca GR 84 S 22
Casa Blanca (sa) PM 104 N 38
Casa Cañete AB 72 P 23
Casa de Campo M 46 K 18
Casa de Carta Tenerife TF 124 H 2
Casa de la Sierra BU 18 F 20
Casa de Navamarin AB 72 P 22
Casa de Uceda GU 46 J 19
Casa de Valdepalacios CC 68 O 13
Casa del Barón (Parador) PO 12 E 4
Casa del Egidillo CU 60 M 23
Casa del Lléo A 85 R 27
Casa Grande P 31 G 16
Casa Grande AB 72 O 24
Casa la Carriza CR 71 O 21
Casa Longa CU 59 M 22
Casa Meca MU 84 T 24
Casa Mula AL 84 S 23
Casa Nueva TO 58 M 17
Casa Nueva GR 94 U 18
Casa Nueva de la Torrecilla J 83 Q 20
Casa Sola AB 72 Q 23
Casabermeja MA 100 V 16
Casablanca LU 4 C 7
Casablanca MU 85 R 26
Casablanca AL 84 S 23
Casablanca CA 91 V 11
Casafranca SA 43 K 12
Casaio OR 14 E 9
Casalarreina LO 18 E 21
Casalgordo TO 58 N 18
Casalonga C 12 D 4
Casanova BU 32 G 19
Casanova C 13 D 4
Casar S 7 B 17
El Casar GU 46 J 19
Casar de Cáceres CC 55 N 10
Casar de Cáceres (Estación de) CC 55 N 10
Casar de Escalona (El) TO 57 L 16
Casar de Miajadas CC 68 O 12
Casar de Palomero CC 43 L 11
Casarabonela MA 100 V 15
Casarejo CA 91 V 11
Casarejo (El) CR 69 O 16
Casarejos SO 32 G 20
Casares MA 99 W 14
Casares (Cueva de los) GU 47 J 23
Casares de Arbás LE 15 D 12
Casares de las Hurdes CC 43 K 11
Casariche SE 93 U 16
Casariego O 4 B 9
Casarrubios del Monte TO 58 L 17
Casarrubuelos M 58 L 18
Casas (Las) SO 33 G 22
Casas (Las) CR 70 O 18
Casas Altas V 61 L 26
Casas Bajas V 61 L 26
Casas Blancas CR 71 P 21
Casas de Belvis CC 56 M 13
Casas de Benalí (Las) V 73 O 27
Casas de Búcar TE 48 K 24
Casas de Don Antonio CC 67 O 11
Casas de Don Gómez CC 55 L 10
Casas de Don Juan GR 84 S 22
Casas de Don Pedro AB 73 O 25
Casas de Don Pedro BA 68 O 14
Casas de Esper Z 21 F 27
Casas de Eufemia V 61 N 26
Casas de Felipe CC 55 L 9

142 España

A B C D E F G H I J K L M N O P Q R S T U V W X Y Z

Casas de Fernando Alonso CU 72 N 23
Casas de Garcimolina CU 61 M 25
Casas de Guijarro CU 72 N 23
Casas de Guijarro CU 60 N 23
Casas de Haches (Las) AB 72 Q 23
Casas de Haro CU 72 O 23
Casas de Ibañez A 85 Q 26
Casas de Juan Fernández CU 72 N 24
Casas de Juan Gil AB 73 O 26
Casas de Juan Núñez AB 73 O 25
Casas de la Alcudilla CO 93 U 17
Casas de la Calera CA 98 W 11
Casas de la Higuera AB 72 Q 24
Casas de la Peña AB 72 O 22
Casas de Lázaro AB 72 P 23
Casas de los Hierros CA 99 X 12
Casas de los Pinos CU 72 N 22
Casas de los Puercos AB 71 O 22
Casas de Luján CU 59 M 21
Casas de Medina V 61 N 26
Casas de Millán CC 55 M 11
Casas de Miravete CC 56 M 12
Casas de Moya V 61 N 25
Casas de Orán AB 72 P 24
Casas de Penen V 73 N 26
Casas de Pradas V 61 N 25
Casas de Reina BA 79 R 12
Casas de Roldán CU 72 O 22
Casas de San Galindo GU 46 J 21
Casas de Santa Cruz CU 72 N 24
Casas de Soto V 73 O 26
Casas de Ves AB 73 O 25
Casas de Villalobillos CO 81 S 15
Casas de Villava Perea CU 59 M 21
Casas del Campillo AB 73 P 26
Casas del Castañar CC 56 L 12
Casas del Cerro AB 73 O 25
Casas del Collado AB 84 Q 23
Casas del Conde (Las) SA 43 K 11
Casas del Embalse de Alarcón CU 60 N 23
Casas del Matado AB 72 O 23
Casas del Monte TO 58 M 19
Casas del Monte CC 56 L 12
Casas del Monte CR 71 Q 20
Casas del Olmo CU 72 O 24
Casas del Pino AB 84 Q 23
Casas del Puerto AV 44 K 14
Casas del Puerto AB 72 P 23
Casas del Puerto MU 85 Q 26
Casas del Rey V 61 N 25
Casas del Río V 73 O 26
Casas El Pozo TE 61 M 27
Casas Ibáñez AB 73 O 25
Casas Nuevas CU 61 L 25
Casas Nuevas MU 84 S 25
Casas Nuevas *cerca de Librilla* MU 85 S 25
Casas Nuevas *cerca de Lorca* MU 84 S 24
Casas Viejas AB 72 P 24
Casasana GU 47 K 22
Casasbuenas TO 58 M 17
Casaseca de Campeán ZA 29 H 12
Casaseca de las Chanas ZA 29 H 12
Casasimarro CU 72 N 23
Casasnovas HU 36 G 30
Casasoá OR 13 F 6
Casasola AV 44 J 15
Casasola (Embalse) MA 100 V 16
Casasola de Arión VA 30 H 14
Casasuertes LE 6 C 15
Casatejada CC 56 M 12
Casavegas P 7 C 16
Casavieja AV 57 L 15
Casbas de Huesca HU 21 F 29
Cascaire AL 96 T 22
Cascajares MA 100 W 14
Cascajares de Bureba BU 18 D 20
Cascajares de la Sierra BU 32 F 19
Cascajosa SO 33 H 21
Cascante NA 34 G 24
Cascante del Río TE 61 L 26
Cascantes LE 16 D 13
Cascón de la Nava P 31 F 16
Cáseda NA 20 E 25
Caseiro OR 13 E 5
Caseres T 50 I 30
Caserío de Don Domingo J 83 R 22
Caserío de Embid CU 60 L 23
Caserío de Torrubia J 82 R 19
Caserío los Molinares TE 48 L 25
Caserío San José SG 31 H 18
Caserres B 24 F 35
Cases d'Alcanar (Les) T 50 K 31
Cases de Sitjar CS 62 L 29
Cases del Senyor (Les) A 85 Q 27
Casetas Z 34 G 26
Casica del Madroño AB 72 P 23
Casicas del Río Segura J 83 R 22
Casilla de Moya V 61 N 25
Casillas AV 45 L 16
Casillas GU 32 I 21
Casillas (Embalse de) CC 56 N 12
Casillas (Las) GU 47 J 23
Casillas (Las) H 91 U 10
Casillas (Las) J 82 T 17
Casillas (Las) *Gran Canaria* GC 116 C 3
Casillas de Berlanga SO 33 H 21
Casillas de Coria CC 55 M 10
Casillas de Flores SA 42 K 9
Casillas de Marín de Abajo AB 73 P 26
Casillas de Marín de Arriba AB 73 P 25
Casillas de Ranera CU 61 M 26
Casillas de Velasco CO 81 R 16
Casillas del Angel *Fuerteventura* GC 111 H 3
Casinos V 62 M 27
Casiñas (Las) CC 54 N 8
Casitas (Las) *Fuerteventura* GC 113 G 4
Casla SG 46 I 19
Casoio OR 14 E 9
Casomera O 6 C 13
Caspe Z 36 I 29
Caspe (Embalse de) TE 50 I 29
Caspueñas GU 46 J 21
Cassà de la Selva GI 25 G 38
Castadón OR 13 E 6
Castala AL 102 V 21
Castalla A 74 Q 27
Castanesa HU 22 E 31
Castanyet GI 24 G 37
Castañar (El) TO 58 N 17
Castañar de Ibor CC 56 N 13
Castañares BU 18 E 19
Castañares de Rioja LO 18 E 21
Castañeda S 7 C 18
Castañeda C 3 D 5
Castañedo S 8 B 18
Castaño CO 81 R 15
Castaño (El) CA 99 X 13
Castaño del Robledo H 79 S 9
Castaños (Los) AL 96 U 23
Castaños (Puerto de los) CC 55 M 10
Castañuelo H 79 S 10
Cástaras GR 102 V 20
Castejón SO 33 G 23
Castejón CU 47 K 22
Castejón NA 20 F 24
Castejón de Alarba Z 48 I 25
Castejón de Arbaniés HU 21 F 29
Castejón de Henares GU 47 J 21
Castejón de las Armas Z 34 I 24
Castejón de Monegros HU 35 H 29
Castejón de Sobrarbe HU 22 F 30
Castejón de Sos HU 22 E 31
Castejón de Tornos TE 48 J 25
Castejón de Valdejasa Z 35 G 27
Castejón del Puente HU 36 G 30
Castel de Cabra TE 49 J 27
Castelflorite HU 36 G 29
Castell (El) T 50 K 31
Castell (es) PM 106 M 42
Castell d'Aro GI 25 G 39
Castell de Cabres CS 50 K 30
Castell de Castells A 74 P 29
Castell de Ferro GR 102 V 19
Castell de Guadalest (El) A 74 P 29
Castell de l'Areny B 24 F 35
Castelladral B 37 G 35
Castellana C 3 C 5
Castellano V 61 M 27
Castellanos LE 16 E 14
Castellanos CR 71 P 19
Castellanos (Montes) CR 71 Q 21
Castellanos de Castro BU 17 F 17
Castellanos de Moriscos SA 44 I 13
Castellanos de Villiquera SA 43 I 12
Castellanos de Zapardiel AV 44 I 15
Castellar TO 59 L 19
Castellar B 37 G 34
Castellar (El) TE 49 K 27
Castellar (El) CO 94 T 17
Castellar (El) Z 34 G 26
Castellar de la Frontera CA 99 X 13
Castellar de la Muela GU 48 J 24
Castellar de la Ribera L 23 F 34
Castellar de N'Hug B 24 F 36
Castellar de Santiago CR 71 Q 20
Castellar de Santisteban J 83 R 20
Castellar de Tost L 23 F 34
Castellar del Riu B 23 F 35
Castellar del Vallès B 38 H 36
Castellás L 23 F 33
Castellbell B 38 H 35
Castellbisbal B 38 H 35
Castellbó L 23 E 34
Castellcir B 38 G 36
Castellciutat L 23 E 34
Castelldans L 36 H 32
Castelldefels B 38 I 35
Castellet B 37 I 34
Castellfollit de la Roca GI 24 F 37
Castellfollit de Riubregós B 37 G 34
Castellfollit del Boix B 37 G 35
Castellfort CS 49 K 29
Castellgalí B 38 G 35
Castellnou de Bages B 38 G 35
Castellnou de Montsec L 22 F 32
Castellnou de Seana L 37 H 32
Castellnovo CS 62 M 28
Castelló de Farfanya L 36 G 32
Castelló de la Plana / Castellón de la Plana CS 62 M 29
Castelló de la Ribera V 74 O 28
Castelló de Rugat V 74 P 28
Castelló d'Empúries GI 25 F 39
Castellolí B 37 H 35
Castellón de la Plana / Castelló de la Plana CS 62 M 29
Castellote TE 49 J 29
Castells L 23 F 33
Castellserà L 37 G 32
Castellterçol B 38 G 36
Castellvell T 37 I 33
Castellví de la Marca B 37 H 34
Castellví de Rosanes B 38 H 35
Castellnóu TE 35 I 28
Castelo *cerca de Cervo* LU 4 B 7
Castelo *cerca de Taboada* LU 13 D 6
Castelserás TE 49 J 29
Castelvispal TE 62 L 28
Castielfabib V 61 L 26
Castiello de Jaca HU 21 E 28
Castigaleu HU 22 F 31
Castil de Campos CO 94 T 17
Castil de Carrias BU 18 E 20
Castil de Lences BU 18 E 19
Castil de Peones BU 18 E 19
Castil de Tierra SO 33 H 23
Castil de Vela P 30 G 15
Castilblanco BA 69 O 14
Castilblanco de los Arroyos SE 79 S 12
Castildelgado BU 18 E 20
Castilfalé LE 16 F 13
Castilforte GU 47 K 22
Castilfrío de la Sierra SO 33 G 23
Castiliscar Z 20 E 26
Castilla (Canal de) VA 31 G 15
Castillazuelo HU 22 F 30
Castilleja de la Cuesta SE 91 T 11
Castilleja del Campo SE 91 T 11
Castilléjar GR 83 S 22
Castillejo M 58 M 18
Castillejo de Azaba SA 42 K 9
Castillejo de Dos Casas SA 42 J 9
Castillejo de Iniesta CU 60 N 24
Castillejo de Martín Viejo SA 42 J 10
Castillejo de Mesleón SG 32 I 19
Castillejo de Robledo SO 32 H 19
Castillejo de San Pedro SO 33 G 23
Castillejo del Romeral CU 60 L 22
Castillejo Sierra CU 47 K 23
Castillejos MA 100 W 15
Castillo CC 43 K 10
Castillo *cerca de Garbayuela* BA 69 O 15
Castillo *cerca de Monesterio* BA 79 R 11
Castillo (Puerto del) J 94 T 18
Castillo Albarañez CU 60 L 22
Castillo de Alba (El) ZA 29 H 11
Castillo de Bayuela TO 57 L 15
Castillo de Calatrava la Nueva (Convento) CR 70 P 18
Castillo de Don Juan A 85 S 27
Castillo de Escalona TO 57 L 16
Castillo de Garcimuñoz CU 60 N 22
Castillo de Huarea (El) GR 102 V 20
Castillo de la Mezquita HU 21 F 28
Castillo de la Zuda (Parador) T 50 J 31
Castillo de las Guardas (El) SE 79 S 11
Castillo de Leres HU 21 E 28
Castillo de Locubín J 94 T 18
Castillo de Tajarja GR 94 U 18
Castillo de Tajo M 59 L 20
Castillo de Villamalefa CS 62 L 28
Castillo del Plá HU 22 F 31
Castillo del Romeral *Gran Canaria* GC 117 F 4
Castillo-Nuevo NA 11 D 26
Castillo-Pedroso S 7 C 18
Castillón LU 13 E 7
Castillonroy HU 36 G 31
Castilmimbre GU 47 J 21
Castilnuevo GU 48 J 24
Castilruiz SO 33 G 23
Castilsabás HU 21 F 29
Castilseco LO 18 E 21
Castiltierra SG 32 H 19
Castiñeira OR 14 F 8
Castiñeiras C 12 E 3
Castiñeiros LU 3 B 6
Castralvo TE 61 L 26
Castraz SA 43 J 10
Castrecias BU 17 D 17
Castrejón VA 30 I 14
Castrejón TO 57 M 16
Castrejón (Embalse de) TO 58 M 17
Castrejón de la Peña P 17 D 16
Castrelo (Estación de) OR 14 F 8
Castrelo de Abajo OR 28 G 8
Castrelo de Miño OR 13 F 5
Castrelo do Val OR 28 G 7
Castrelos PO 12 F 3
Castrelos ZA 28 G 9
Castril GR 83 S 21
Castrillo BU 32 G 19
Castrillo S 17 D 17
Castrillo de Cabrera LE 15 E 10
Castrillo de Cepeda LE 15 E 11
Castrillo de Don Juan P 31 G 17
Castrillo de Duero VA 31 H 17
Castrillo de la Guareña ZA 30 I 14
Castrillo de la Reina BU 32 G 20
Castrillo de la Ribera LE 16 E 13
Castrillo de la Valduerna LE 15 F 11
Castrillo de la Vega BU 32 H 18
Castrillo de los Polvazares LE 15 E 11
Castrillo de Matajudios BU 17 F 17
Castrillo de Murcia BU 17 F 17
Castrillo de Onielo P 31 G 17
Castrillo de Porma LE 16 E 13
Castrillo de Riopisuerga BU 17 E 17
Castrillo de Rucios BU 18 E 18
Castrillo de Sepúlveda SG 31 H 18
Castrillo de Villavega P 17 E 16
Castrillo del Haya S 17 D 17
Castrillo del Val BU 18 F 19
Castrillo-Tejeriego VA 31 G 16
Castrillón O 5 B 12
Castrillón O 4 B 9
Castriz C 2 C 3
Castro C 3 B 5
Castro OR 13 F 5
Castro O 4 C 9
Castro *Carballedo* LU 13 E 6
Castro *cerca de Lugo* LU 4 C 7
Castro *Dozón* PO 13 E 5
Castro *Pantón* LU 13 E 7
Castro (El) LE 14 D 8
Castro (Embalse de El) TO 58 M 18
Castro Caldelas OR 14 E 7
Castro de Alcañices ZA 29 H 11
Castro de Amarante LU 13 D 6
Castro de Filabres AL 96 U 22
Castro de Fuentidueña SG 31 H 18
Castro de Ouro LU 4 B 7
Castro de Rei LU 4 C 7
Castro del Río CO 81 S 16
Castro-Urdiales S 8 B 20
Castrobarto BU 8 C 19
Castrobol VA 16 F 14
Castrocalbón LE 15 F 12
Castrocontrigo LE 15 F 11
Castrodeza VA 30 H 15
Castrofuerte LE 16 F 13
Castrogonzalo ZA 30 G 13
Castrojeriz BU 17 F 17
Castrojimeno SG 31 H 18
Castromaior LU 4 B 7
Castromao OR 14 F 8
Castromembibre VA 30 G 14
Castromil ZA 28 F 9
Castromocho P 30 F 15
Castromonte VA 30 G 14
Castromudarra LE 16 E 14
Castroncán LU 14 D 7
Castronuevo ZA 30 G 13
Castronuevo de Esgueva VA 31 G 16
Castronuño VA 30 H 14
Castropepe ZA 30 G 13
Castropodame LE 15 E 10
Castropol O 4 B 8
Castroponce VA 16 F 14
Castroquilame LE 14 E 9
Castroserna de Abajo SG 46 I 18
Castroserracín SG 31 H 18
Castrotierra *cerca de la Bañeza* LE 15 F 12
Castrotierra *cerca de Sahagún* LE 16 E 14
Castrove PO 12 E 3
Castrovega de Valmadrigal LE 16 F 14
Castroverde LU 4 C 8
Castroverde de Campos ZA 30 G 14
Castroverde de Cerrato VA 31 G 17
Castrovido BU 32 F 20
Castroviejo LO 19 F 22
Castuera BA 68 P 13
Castuera (Puerto de) BA 68 Q 13
Catadau V 74 O 28
Catarroja V 62 N 28
Catí CS 50 K 30
Catllar (El) T 37 I 33
Catoira PO 12 E 3
Catral A 85 R 27
Cauche (Rio de) MA 100 V 16
Caudal (El) SE 92 T 12
Caudé TE 48 K 26
Caudete AB 73 P 27
Caudete de las Fuentes V 61 N 26
Caudiel CS 62 M 28
Caudilla TO 58 L 17
Caunedo O 5 C 11
Cauro GR 94 T 18
Cautivos (Los) MU 84 S 24
Cava L 23 F 34
Cava (La) T 50 J 32
Cavada (La) S 8 B 18
Cavalleria (Cap de) PM 106 L 42
Cavia BU 17 F 18
Caxado C 3 B 6
Cayes O 5 B 12
Cayuela BU 17 F 18
Cazadores *Gran Canaria* GC 117 E 3
Cazalegas TO 57 L 15
Cazalegas (Embalse de) TO 57 L 15
Cazalilla J 82 S 18
Cazalla de la Sierra SE 80 S 12
Cazalla y Constantina (Estación de) SE 80 S 12
Cazanuecos LE 15 F 12
Cazás LU 3 C 6
Cazo O 6 C 14
Cazorla J 83 S 21
Cazorla (Coto nacional de) J 83 R 21
Cazorla (Sierra de) J 83 R 21
Cazurra ZA 29 H 12
Cea LE 16 E 14
Cea OR 13 E 6
Cea PO 12 E 3
Ceadea ZA 29 G 11
Ceal J 83 S 20
Cebanico LE 16 D 14
Cebes (Cabo) O 4 B 9
Cebolla TO 57 M 16
Cebollar H 90 T 8
Cebolleros BU 18 D 19
Cebrecos BU 32 G 19
Cebreiro (O) LU 14 D 8
Cebreros AV 45 K 16
Cebrón SE 80 T 12
Cebrones del Río LE 15 F 12
Cecebre C 3 C 5
Ceceda O 6 B 13
Ceclavín CC 55 M 9
Cecos O 4 C 9
Cedeira C 3 B 5
Cedeira (Ría de) C 3 A 5
Cedemonio O 4 B 9
Cedena (Río) TO 57 M 16
Cedillo CC 54 N 7
Cedillo (Embalse de) CC 54 N 8
Cedillo de la Torre SG 32 H 19
Cedillo del Condado TO 58 L 18
Cedofeita LU 4 B 8
Cedramán CS 62 L 28
Cedrillas TE 49 K 27
Cedrón LU 14 D 8
Cee C 2 D 2
Cefiñas (Las) H 78 S 9
Cega SG 45 I 18
Cegoñal LE 16 D 15
Ceguilla SG 45 I 18
Cehegín MU 84 R 24
Ceinos VA 30 F 14
Ceja del Palancar (La) CU 60 L 24
Cejancas S 17 D 18
Cejo H 91 T 10
Cela LE 14 D 9
Cela OR 27 G 5
Cela *cerca de Becerreá* LU 14 D 9
Cela *cerca de Sarria* LU 14 D 7
Celada LE 15 E 11
Celada S 17 D 17
Celada (La) CO 93 U 17
Celada de Cea LE 16 E 15
Celada de la Torre BU 18 E 19
Celada de Roblecedo P 17 D 16
Celada del Camino BU 17 F 18
Celadas TE 48 K 26
Celadas (Las) BU 17 E 18
Celadilla LE 15 E 12
Celadilla del Río P 16 E 15
Celanova OR 13 F 6
Celas C 3 C 4
Celia (La) MU 85 Q 25
Celis S 7 C 16
Cella TE 48 K 26
Celladilla-Sotobrín BU 18 E 18
Cellera de Ter (La) GI 24 G 37
Cellers L 23 F 32
Cellórigo LO 18 E 20
Celorio O 6 B 15
Celrà GI 25 F 38
Celtigos LU 14 D 7
Cembranos LE 16 E 13
Cenajo MU 84 Q 24
Cenajo (Embalse del) AB 84 Q 24
Cenegro SO 32 H 19
Cenes de la Vega GR 94 U 19
Cenicero LO 19 E 22
Cenicientos M 57 L 16
Cenizas MU 97 T 27
Cenizate AB 73 O 25
Cenlle OR 13 E 5
Cenobio de Valerón *Gran Canaria* GC 114 D 1
Centcelles (Mausoleu de) T 37 I 33
Centelles B 38 G 36
Centenales O 4 C 9
Centenera HU 22 F 31
Centenera GU 46 K 20
Centenera de Andaluz SO 33 H 21
Centenera del Campo SO 33 H 22

Centenero HU 21 E 28
Centenillo (El) J 82 Q 18
Centinela (Mirador de la) Tenerife TF 128 E 5
Cepeda PO 12 F 4
Cepeda SA 43 K 11
Cepeda la Mora AV 44 K 14
Cepero (El) CR 70 O 17
Cepillo (El) AB 71 P 22
Cequeril PO 12 E 4
Cera O 5 C 10
Cerbi L 23 E 33
Cerbón SO 33 G 23
Cerca (La) BU 18 D 19
Cerca (La) Monte BU 18 F 19
Cercadillo GU 47 I 21
Cerceda M 45 J 18
Cerceda C 3 D 5
Cerceda Antemil C 3 C 4
Cerceda (Estación de) C 3 C 4
Cercedilla M 45 J 17
Cercio PO 13 D 5
Cercs B 24 F 35
Cerdà V 74 P 28
Cerdanya (Reserva nacional de) L 23 E 34
Cerdanyola B 38 H 36
Cerdedelo OR 14 F 7
Cerdedo PO 13 E 4
Cerdeira C 2 C 4
Cerdeira OR 13 F 6
Cerdeira (Puerto de) OR 14 E 8
Cerdido C 3 B 6
Cerdido (Estación de) C 3 B 6
Cerdigo S 8 B 20
Cereceda BU 18 D 19
Cereceda S 8 C 19
Cereceda O 6 B 14
Cereceda GU 47 K 22
Cereceda de la Sierra SA 43 K 11
Cerecedo LE 16 D 14
Cerecinos de Campos ZA 30 G 13
Cerecinos del Carrizal ZA 29 G 13
Cereixal LU 14 D 8
Cereixedo LU 14 D 9
Cereo C 2 C 3
Cerésola HU 21 E 29
Cerezal de Alba ZA 29 H 11
Cerezales del Condado LE 16 D 13
Cerezo CC 55 L 11
Cerezo de Abajo SG 46 I 19
Cerezo de Arriba SG 32 I 19
Cerezo de Mohernando GU 46 J 20
Cerezo de Riotirón BU 18 E 20
Cerezos (Los) TE 61 L 27
Cerillar (El) CA 92 V 13
Cerler HU 22 E 31
Cerler (Pico de) HU 22 E 31
Cermoño O 5 B 11
Cernadilla ZA 29 F 10
Cernadilla (Embalse de) ZA 29 G 10
Cernégula BU 18 E 19
Cerollera TE 50 J 29
Cerponzons PO 12 E 4
Cerqueda C 2 C 3
Cerrada OR 13 E 7
Cerrado de Calderon MA 100 V 16
Cerradura (La) J 82 S 19
Cerrajos MU 73 Q 25
Cerralba MA 100 V 15
Cerralbo SA 42 J 10
Cerralbos (Los) TO 57 M 16
Cerrata CR 69 P 15
Cerratón de Juarros BU 18 E 19
Cerrazo S 7 B 17
Cerredo O 15 D 10
Cerredo (Alto de) LU 4 C 8
Cerredo (Puerto de) LE 15 D 10
Cerricos (Los) AL 96 T 23
Cerrillo (El) J 83 S 20
Cerrillo (Punta del) Gran Canaria GC 116 B 4
Cerro GR 95 T 20
Cerro (El) SA 43 L 12
Cerro (El) BU 32 G 20
Cerro Alarcón M 45 K 17
Cerro Alberche TO 57 L 16
Cerro de Andévalo (El) H 78 S 9
Cerro del Hierro SE 80 S 13
Cerro Grande GR 95 U 21
Cerro Muriano CO 81 R 15
Cerro Perea SE 93 T 15
Cerroblanco AB 72 P 22
Cerrolobo AB 72 P 24
Cerrón GR 102 V 20
Certascan (Pico de) L 23 D 33
Cervales CC 56 N 14
Cervantes CR 71 Q 19
Cervantes LU 14 D 8
Cervatos S 17 D 17
Cervatos de la Cueza P 16 F 15
Cervela LU 14 D 7
Cervelló B 38 H 35
Cervera L 37 G 33
Cervera (La) TE 61 M 27
Cervera (Peñas de) BU 32 G 19
Cervera (Rambla de) CS 50 K 30
Cervera de Buitrago M 46 J 19
Cervera de la Cañada Z 34 H 24
Cervera de los Montes TO 57 L 15
Cervera de Pisuerga P 17 D 16
Cervera del Llano CU 60 M 22
Cervera del Maestrat CS 50 K 30
Cervera del Rincón TE 49 J 27
Cervera del Río Alhama LO 33 F 24
Cervero O 4 C 9
Cerveruela Z 34 I 26
Cervià GI 25 F 38
Cervià de les Garrigues L 37 H 32
Cervillego de la Cruz VA 44 I 15
Cerviñuelo (Casa Forestal del) CU 47 K 24
Cervo LU 4 A 7
Cesantes PO 12 F 4
César Manrique (Fundación) Lanzarote GC 123 E 4
Céspedes BU 18 D 19
Céspedes CO 80 S 14
Cespedosa SA 44 K 13
Cespedosa de Agadones SA 42 K 10
Cespón C 12 D 3
Cesuras C 3 C 5
Cetina Z 33 I 24
Ceutí MU 85 R 26
Cevico de la Torre P 31 G 16
Cevico Navero P 31 G 17
Cezeral de Peñahorcada SA 42 I 10
Cezura P 17 D 17
Chacín C 2 D 3
Chacón SE 80 S 12
Chacona (La) CA 98 W 11
Chacones (Los) AL 96 T 23
Chagarcía Medianero SA 44 K 13
Chaguazoso OR 14 F 8
Chaherrero AV 45 J 15
Chalamera HU 36 G 30
Chamartín AV 44 J 15
Chamorga Tenerife TF 125 K 1
Chamorro BA 69 O 14
Chan (A) PO 13 E 5
Chana LE 15 E 10
Chanca (La) BA 78 Q 9
Chandávila (Ermita de) BA 66 O 8
Chandrexa OR 14 F 7
Chandrexa (Embalse de) OR 14 F 7
Chano LE 14 D 9
Chantada LU 13 E 6
Chanteiro C 3 B 5
Chanza (Embalse del) H 78 T 7
Chanzas (Sierra de) GR 94 U 17
Chañe SG 31 H 16
Chaorna SO 47 I 23
Chapa PO 13 D 5
Chaparral GR 94 U 19
Chaparral (El) M 46 J 19
Chaparral (El) CA 99 X 12
Chapatales SE 91 U 12
Chapela PO 12 F 3
Chapinería M 45 K 17
Charca (La) TO 70 O 18
Charches GR 95 U 21
Charco (El) La Palma TF 132 C 6
Charco de los Hurones CA 99 W 13
Charco del Pino Tenerife TF 128 E 5
Charcofrío SE 91 T 10
Charilla J 94 T 18
Charpona TO 57 L 16
Chatún SG 31 I 16
Chauchina GR 94 U 18
Chavaga LU 14 E 7
Chavaler SO 33 G 22
Chave LU 13 D 7
Chavín LU 4 B 7
Chayofa Tenerife TF 128 D 5
Checa GU 48 K 24
Cheles BA 66 Q 8
Chella V 74 O 28
Chelva V 61 M 27
Chenlo PO 12 F 3
Chequilla GU 48 K 24
Chera GU 48 J 24
Chera V 61 N 27
Cherbo AL 96 U 22
Chércoles SO 33 H 23
Chercos AL 96 U 23
Chercos Viejo AL 96 U 23
Cherín GR 102 V 20
Cheste V 62 N 27
Chía HU 22 E 31
Chica Carlota (La) CO 81 S 15
Chícamo MU 85 R 26
Chiclana de la Frontera CA 98 W 11
Chiclana de Segura J 83 R 20
Chiguergue Tenerife TF 128 C 4
Chilches MA 101 V 17
Chilches / Xilxes CS 62 M 29
Chilladeras (Las) H 78 T 9
Chillarón de Cuenca CU 60 L 23
Chillarón del Rey GU 47 K 21
Chillón CR 69 P 15
Chilluevar J 83 R 20
Chiloeches GU 46 K 20
Chimenea (Sierra de la) BA 68 O 14
Chimeneas GR 94 U 18
Chimeneas (Las) CR 71 O 20
Chimiche Tenerife TF 129 F 5
Chimillas HU 21 F 28
Chimorra CO 81 R 15
Chimparra C 3 A 5
Chinar AB 73 P 26
Chinas (Las) H 79 S 9
Chinchilla de Monte Aragón AB 72 P 24
Chinchón M 59 L 19
Chinorla A 85 Q 27
Chinorlet A 85 Q 27
Chío Tenerife TF 128 C 4
Chipeque Tenerife TF 127 G 3
Chipiona CA 91 V 10
Chiprana Z 35 I 29
Chipude La Gomera TF 118 B 2
Chiquero (El) CR 69 O 16
Chira (Embalse de) Gran Canaria GC 114 D 3
Chirán AL 95 V 21
Chirigota (La) CA 92 V 12
Chirivel AL 96 T 23
Chirivel (Rambla de) AL 96 T 23
Chirlateira (Punta) C 3 B 5
Chispones (Los) AL 95 U 21
Chite GR 101 V 19
Chiva V 62 N 27
Chive (El) AL 96 U 23
Chodes Z 34 H 25
Chopillo (El) MU 84 R 24
Chorillo (El) CS 62 L 28
Chorlo BA 67 O 9
Chorreras CR 69 Q 16
Chorro (El) J 83 S 20
Chorro (El) MA 100 V 15
Chorro (Garganta del) MA 100 V 15
Chospes (Los) AB 72 P 22
Chóvar CS 62 M 29
Chozas (Lomo de las) La Palma TF 130 C 4
Chozas de Abajo LE 15 E 12
Chozas de Canales TO 58 L 17
Chucena H 91 T 10
Chuchurumbache Tenerife TF 129 F 5
Chueca TO 58 M 18
Chulilla V 61 N 27
Chulilla (Baños de) V 61 N 27
Chullera (Punta de la) CA 99 X 14
Chullo GR 95 U 20
Chumillas CU 60 M 23
Churriana MA 100 V 16
Churriana de la Vega GR 94 U 19
Ciadoncha BU 17 F 18
Ciaño O 6 C 12
Ciaurriz NA 11 D 25
Cibanal ZA 29 I 11
Cibea O 5 C 10
Cibuyo O 5 C 10
Cicero S 8 B 19
Cicujano VI 19 D 22
Cidad de Ebro BU 18 D 18
Cidad de Valdeporres BU 18 C 18
Cidones SO 33 G 22
Cielo MA 101 V 18
Ciempozuelos M 58 L 19
Cienfuegos (Puerto de) LE 14 D 9
Cierva (La) CU 60 L 24
Cierva (La) SE 92 T 12
Cíes (Islas) PO 12 F 3
Cieza MU 85 R 25
Cieza BI 7 C 17
Cifuentes LE 16 E 14
Cifuentes GU 47 J 22
Cigales VA 31 G 15
Cigudosa SO 33 G 23
Cigüenza BU 18 D 19
Cigüñuela VA 30 H 15
Cihuela SO 33 H 24
Cijara BA 69 O 14
Cijara (Embalse de) CC 69 N 15
Cijara (Reserva national de) BA 69 O 15
Cijuela GR 94 U 18
Cildoz NA 11 D 24
Cillamayor P 17 D 17
Cillán AV 44 J 15
Cillaperlata BU 18 D 19
Cillas GU 48 J 24
Cillero S 7 C 18
Cilleros CC 55 L 9
Cilleros de la Bastida SA 43 K 11
Cilleros el Hondo SA 43 J 12
Cilleruelo AB 72 P 22
Cilleruelo de Abajo BU 31 G 18
Cilleruelo de Arriba BU 32 G 19
Cilleruelo de Bezana BU 17 D 18
Cilleruelo de San Mamés SG 32 H 19
Cima da Vila LU 3 C 6
Cimada (La) MA 92 V 14
Cimanes de la Vega LE 16 F 13
Cimanes del Tejar LE 15 E 12
Cimballa Z 48 I 24
Cimbre MU 96 T 24
Cinca (Canal del) HU 21 F 28
Cinca (Río) HU 22 E 30
Cinco Casas CR 71 O 20
Cinco Casas (Colonia de) TO 70 O 19
Cinco Esquinas (Castillo) J 83 S 20
Cinco Lindes BA 79 R 9
Cinco Olivas Z 35 H 28
Cinco Villas M 46 J 19
Cinco Villas (Las) Z 20 F 26
Cincovillas GU 47 I 21
Cinctorres CS 49 K 29
Cintruénigo NA 20 F 24
Ciñera LE 16 D 13
Cional ZA 29 G 10
Cipérez SA 43 J 11
Cirat CS 62 L 28
Cirauqui NA 10 D 24
Circos (Reserva nacional de los) HU 22 D 30
Cirera L 23 F 34
Ciria SO 33 H 24
Cirio LU 4 C 7
Ciriza NA 10 D 24
Ciruela SO 33 H 21
Ciruela CR 70 P 18
Ciruelas GU 46 J 20
Ciruelos SG 32 H 18
Ciruelos TO 58 M 19
Ciruelos de Cervera BU 32 G 19
Ciruelos de Coca SG 31 I 16
Ciruelos del Pinar GU 47 I 23
Cirueña LO 18 E 21
Cirueña J 82 S 19
Cirugeda TE 49 J 27
Cirujales LE 15 D 11
Ciscar HU 22 F 31
Cisla AV 44 J 14
Cisneros P 16 F 15
Cistella GI 25 F 38
Cistérniga VA 31 H 15
Cisterna LE 16 D 14
Citolero (El) CR 70 O 17
Citores BU 17 E 18
Ciudad OR 13 E 5
Ciudad de Osma SO 32 H 20
Ciudad Ducal AV 45 K 16
Ciudad Encantada(La) CU 60 L 23
Ciudad Real CR 70 P 18
Ciudad Rodrigo SA 42 K 10
Ciudadeja (Ribera de) SE 80 S 13
Ciudalcampo M 46 K 19
Ciutadella de Menorca PM 106 M 41
Ciutadilla L 37 H 33
Cívica GU 47 J 21
Civís L 23 E 34
Claras AB 84 R 23
Claravalls HU 22 F 32
Claravalls L 37 G 33
Clares GU 47 I 23
Clarés de Ribota Z 34 H 24
Clariana L 37 G 34
Clariana B 37 H 34
Claveles (Los) SE 92 T 12
Clavería CC 54 N 8
Claverol L 23 F 32
Clavijo LO 19 E 22
Clavín (El) GU 46 K 20
Clavín (Puerto del) CC 67 O 10
Clotes (Les) B 50 J 30
Clunia BU 32 G 19
Coalla O 5 B 11
Coaña O 4 B 9
Coba LU 3 C 6
Coba OR 14 F 8
Coballes O 6 C 13
Cobas OR 13 E 6
Cobatillas TE 49 J 27
Cobatillas AB 84 Q 24
Cobatillas (Las) AL 84 S 23
Cobatillas (Las) CA 99 W 12
Cóbdar AL 96 U 23
Cobeja TO 58 L 18
Cobeña M 46 K 19
Cobertelada SO 33 H 22
Cobeta GU 47 J 23
Cobisa TO 58 M 17
Cobos de Cerrato P 31 F 17
Cobos de Fuentidueña SG 31 H 18
Cobos de Segovia SG 45 J 16
Cóbreces S 7 B 17
Cobreros ZA 14 F 9
Cobres PO 12 F 4
Cobres (San Adrián de) PO 12 F 4
Cobujón (El) H 90 T 9
Coca SG 31 I 16
Coca de Alba SA 44 J 13
Cocentaina A 74 P 28
Cocoll A 74 P 29
Cocón (El) AL 96 T 24
Cocosa (La) BA 66 P 9
Coculina BU 17 E 18
Codes GU 47 I 23
Codesal ZA 29 G 10
Codeseda PO 13 E 4
Codeso C 13 D 4
Codo Z 35 H 27
Codoñera (La) TE 50 J 29
Codornillos LE 16 E 14
Codorniz SG 45 I 16
Codos Z 34 I 25
Codosera (La) BA 66 O 8
Coedo OR 13 F 6
Coelleira (Isla) LU 4 A 7
Coeo LU 4 D 7
Coeses LU 4 D 7
Cofete Fuerteventura GC 112 C 5
Cofiñal LE 6 C 14
Cofio (Río) M 45 K 17
Cofita HU 36 G 30
Cofrentes V 73 O 26
Cofrentes (Embalse de) AB 73 O 26
Cogeces de Iscar VA 31 H 16
Cogeces del Monte VA 31 H 17
Cogollor GU 47 J 21
Cogollos BU 18 F 18
Cogollos (Sierra de) GR 94 U 19
Cogollos de Guadix GR 95 U 20
Cogollos Vega GR 94 U 19
Cogolludo GU 46 J 20
Cogorderos LE 15 E 11
Cogul (El) L 36 H 32
Cogullada (La) V 74 O 28
Coín MA 100 W 15
Coiro PO 12 F 3
Coirós C 3 C 5
Coitelada (Punta) C 3 B 5
Cojáyar GR 102 V 20
Cojóbar BU 18 F 19
Colativí AL 103 V 23
Colera GI 25 E 39
Colgada (Laguna de la) AB 71 P 21
Colgadizos ESP 46 I 19
Colilla (La) AV 44 K 15
Colinas SE 91 U 11
Colinas (Las) M 58 L 18
Colinas de Trasmonte ZA 29 F 12
Colindres S 8 B 19
Colio S 7 C 16
Coll de Nargó L 23 F 33
Coll d'en Rabassa (es) PM 104 N 38
Collada O 6 B 13
Colladico (El) TE 48 I 26
Collado S 7 C 17
Collado CC 56 L 12
Collado (El) SO 33 G 23
Collado (El) AB 84 R 22
Collado (El) V 61 M 26
Collado de Contreras AV 44 J 15
Collado de las Carrascas AB 84 Q 22
Collado del Mirón AV 44 K 13
Collado Hermoso SG 45 I 18
Collado Mediano M 45 J 17
Collado Royo y Poviles TE 62 L 27
Collado Villalba M 45 K 18
Colladona (La) O 6 C 13
Collados TE 48 J 26
Collados CU 60 L 23
Collados (Los) AB 84 Q 23
Collarada HU 21 D 28
Collbató B 38 H 35
Colldejou T 51 I 32
Colldelrat L 37 G 33
Collegats (Congost de) L 23 F 33
Collera O 6 B 14
Collformic B 38 G 37
Collfred L 37 G 33
Collía O 6 B 14
Cólliga CU 60 L 23
Colliguilla CU 60 L 23
Colloto O 5 B 12
Collsuspina B 38 G 36
Colmenar MA 100 V 17
Colmenar (El) MA 99 W 13
Colmenar de la Sierra GU 46 I 19
Colmenar de Montemayor SA 43 K 12
Colmenar de Oreja M 59 L 19
Colmenar del Arroyo M 45 K 17
Colmenar Viejo M 46 K 18
Colmenarejo M 45 K 17
Colmenares P 17 D 16
Colodro J 82 R 17
Colombres O 7 B 16
Colomera GR 94 T 18
Colomera (Embalse de) GR 94 T 18
Colomers GI 25 F 38
Colón (Monumento a) H 90 U 9
Colonia (La) MU 85 R 25
Colonia Cinto de los Abates V 73 N 27
Colonia de la Estación SA 42 K 9
Colònia de Sant Jordi PM 105 O 38
Colònia de Sant Pere PM 105 M 39
Colonia de Santa Ana MA 93 U 15
Colonia Iberia TO 58 M 18
Colònia Rosal B 23 F 35
Colonia Santa Eulalia (La) A 73 Q 27
Coloradas (Las) Lanzarote GC 122 B 5
Coloradas (Punta de las) Gran Canaria GC 115 E 1
Colorado MU 96 T 24
Colorado BA 68 P 13
Colorado (El) CA 98 W 11
Colorado (Monte) CO 81 R 16
Colsa S 7 C 17
Columbrets (Els) CS 63 M 32
Columbrianos LE 15 E 10
Colunga O 6 B 14
Colungo HU 22 F 30
Coma (La) L 23 F 34
Coma (La) Castelló CS 62 L 29

144 España

A B C D E F G H I J K L M N O P Q R S T U V W X Y Z

Coma (Sa) PM 105 N 40
Coma-ruga T 37 I 34
Comaloforno (Pic de) L 22 E 32
Comares MA 101 V 17
Combarro PO 12 E 3
Combarros LE 15 E 11
Comendador (El) V 74 P 27
Comillas S 7 B 17
Comiols (Coll de) L 23 F 33
Compañía (La) SE 91 U 11
Comparada C 12 D 3
Cómpeta MA 101 V 18
Compuerto (Embalse de) P 16 D 15
Comtat de Sant Jordi GI 25 G 39
Con O 6 C 14
Concabella L 37 G 33
Concepción (Ermita de la) GU 48 J 24
Concepción (Finca de la) MA 100 V 16
Concepción (La) SO 33 H 22
Concepción (La) CO 94 T 17
Concepción (La) AL 96 U 24
Concepción (Mirador de la) La Palma TF 131 D 4
Concha BI 8 C 19
Concha GU 47 I 24
Concha (La) cerca de San Roque de Riomeira S 8 C 18
Cónchar GR 101 V 19
Conchas (Embalse de las) OR 27 G 6
Conchel HU 36 G 30
Concilio Z 21 F 27
Concud TE 48 K 26
Condado BU 18 D 19
Condado (El) O 6 C 13
Condado de Castilnovo SG 32 I 18
Conde (Casas del) AB 73 O 26
Conde (Sierra de) BA 67 P 11
Conde de Gondomar (Parador) Baiona PO 12 F 3
Conde de Guadiana J 83 S 20
Condemios de Abajo GU 46 I 20
Condemios de Arriba GU 46 I 20
Condes de Alba y Aliste (Parador) ZA 29 H 12
Condesa (La) J 82 R 18
Conejera SA 42 K 10
Conejeros TO 57 L 16
Conejeros (Puerto de los) BA 67 O 9
Conejo (El) GR 95 T 20
Conesa T 37 H 33
Confital (Punta del) Gran Canaria GC 115 F 1
Conforto LU 4 B 8
Confrides A 74 P 29
Congosta ZA 15 F 11
Congosto BU 17 E 17
Congosto LE 15 E 10
Congosto (El) CU 59 M 22
Congosto de Valdavia P 17 D 16
Congostrina GU 46 I 21
Conil Lanzarote GC 122 C 4
Conil de la Frontera CA 98 X 11
Conill B 37 G 34
Connio (Puerto del) O 4 C 9
Conques L 23 F 33
Conquezuela SO 47 I 22
Conquista CO 81 Q 16
Conquista de la Sierra CC 68 N 12
Conquista del Guadiana BA 68 O 11
Consell PM 104 M 38
Consolación (Ermita de) CR 71 P 19
Consolación (Ermita de la) TE 50 J 29
Consolación (Santuario) J 83 R 20
Consolación (Santuario de la) H 90 U 8
Constantí T 37 I 33
Constantina SE 80 S 13
Constanzana AV 44 J 15
Consuegra TO 58 N 19
Contador (El) AL 96 T 22
Contamina Z 34 I 24
Contar (Sierra del) MU 97 T 25
Conti SE 91 T 11
Contienda (La) H 78 R 9
Contrasta VI 19 D 23
Contreras BU 32 F 19
Contreras J 82 S 18
Contreras (Embalse de) CU 61 N 25
Contreras (Venta de) CU 61 N 25
Convento de San Clemente CC 56 N 12
Convento de San Miguel de las Victorias CU 47 K 23
Convoy (El) AL 96 T 24
Coo S 7 C 17
Coomonte ZA 15 F 12
Copa (La) MU 84 R 25
Cope MU 97 T 25
Cope (Cabo) MU 97 T 25
Copernal GU 46 J 20
Copons B 37 H 34
Corao O 6 B 14
Coratxà CS 50 J 30
Corb (Riu) T 37 H 33
Corbalán TE 49 K 27
Corbatón TE 48 J 26
Corbelle OR 13 F 5
Corbelle LU 14 D 7
Corbera V 74 O 28
Corbera (Punta de la) LU 4 B 8
Corbera de Dalt B 38 H 35
Corbera de Llobregat B 38 H 35
Corbera d'Ebre T 50 I 31
Corbillos de los Oteros LE 16 E 13
Corbins L 36 G 32
Corboeira LU 4 B 7
Corçà L 22 F 32
Corçà GI 25 G 39
Corcho BA 68 Q 12
Corchuela TO 57 M 14
Corchuela BA 66 P 8
Corchuela (La) SE 91 U 12
Corchuelo (El) H 91 U 9
Corcoesto C 2 C 3
Córcoles GU 47 K 22
Corcoles (Río) CU 60 N 23
Córcoles (Río) AB 71 O 21
Corcolilla V 61 M 26
Corconte S 7 C 18
Corcos VA 31 G 15
Corcoya SE 93 U 15
Corcubión C 2 D 2
Cordido LU 4 B 7
Cordiñanes LE 6 C 15
Córdoba CO 81 S 15
Cordobilla CO 93 T 15
Cordobilla (Embalse de) CO 93 U 15
Cordobilla de Lácara BA 67 O 10
Cordobillas CO 81 S 16
Cordovilla P 17 D 17
Cordovilla SA 44 J 13
Cordovilla AB 73 Q 25
Cordovilla la Real P 31 F 17
Cordovín LO 19 E 21
Corduente GU 47 J 24
Corella NA 20 F 24
Corera LO 19 E 23
Cores C 2 C 3
Coreses ZA 30 H 13
Corgo LU 4 D 7
Coria CC 55 M 10
Coria (Sierra de) CC 55 L 10
Coria del Río SE 91 U 11
Corias cerca de Cangas de Narcea O 5 C 10
Corias cerca de Pravia O 5 B 11
Coripe SE 92 V 13
Coristanco C 2 C 3
Corme Aldea C 2 C 3
Corme-Porto C 2 C 3
Corme y Laxe (Ría de) C 2 C 3
Corna OR 13 E 5
Cornadelo (Pico de) HU 22 E 32
Cornago LO 33 F 23
Cornalvo (Embalse de) BA 67 P 11
Cornanda C 12 D 3
Corneda C 3 D 5
Corneira C 2 D 3
Cornejo BU 8 C 19
Cornellà de Terri GI 25 F 38
Cornellana O 5 B 11
Corniero LE 16 D 14
Cornisa del Suroeste GC 116 C 4
Cornollo O 4 C 9
Cornón P 16 D 15
Cornoncillo P 17 D 15
Cornudella de Montsant T 37 I 32
Cornudilla BU 18 D 19
Coronada (La) CO 80 R 13
Coronada (La) BA 68 P 12
Coronas (Puerto Las) NA 11 D 26
Coronela (La) SE 92 U 14
Coroneles (Casa de los) Fuerteventura GC 111 H 2
Coronil (El) SE 92 U 13
Corpa M 46 K 20
Corporales LO 18 E 21
Corporales LE 15 F 10
Corral de Almaguer TO 59 M 20
Corral de Ayllón SG 32 H 19
Corral de Calatrava CR 70 P 17
Corral de Cantos TO 57 N 16
Corral de Garciñigo SA 43 K 12
Corral Rubio AB 73 P 25
Corralejo Fuerteventura GC 111 I 1
Corralejo (El) TO 58 M 19
Corrales H 90 U 9
Corrales LE 14 E 9
Corrales (Los) SE 93 U 15
Corrales de Buelna (Los) S 7 C 17
Corrales de Duero VA 31 G 17
Corrales del Vino ZA 29 H 12
Corralín O 4 D 9
Corrals (Els) V 74 O 28
Correderas (Las) J 82 Q 19
Corredoira PO 13 E 4
Corredoiras C 3 C 5
Correpoco S 7 C 17
Corres VI 19 D 22
Corrocera LE 15 D 12
Corrochana TO 57 M 14
Corrubedo C 12 E 2
Corrubedo (Cabo de) C 12 E 2
Corte (La) H 79 S 9
Corte de Peleas BA 67 P 9
Corteconcepción H 79 S 10
Cortegada PO 13 E 5
Cortegada cerca de Ribadavia OR 13 F 5
Cortegada cerca de Xinzo de Limia OR 13 F 7
Cortegana H 78 S 9
Cortegana BA 67 P 10
Cortelazor H 79 S 10
Corterrangel H 79 S 10
Cortes NA 34 G 25
Cortés V 61 M 26
Cortes de Aragón TE 49 J 27
Cortes de Arenoso CS 62 L 28
Cortes de Baza GR 83 T 21
Cortes de la Frontera MA 99 W 13
Cortes de la Frontera (Reserva nacional de) MA 99 W 13
Cortes de Pallás V 73 O 27
Cortes de Tajuña GU 47 J 22
Cortes y Graena GR 95 U 20
Cortesa (La) AB 72 P 24
Cortijo (El) TO 70 O 18
Cortijo (El) LO 19 E 22
Cortijo (El) Lanzarote GC 120 E 1
Cortijo de la Herrera CC 56 M 11
Cortijo de la Juliana AB 84 Q 23
Cortijo de Navarro AB 84 R 23
Cortijo Grande AL 96 U 24
Cortijo Nuevo SE 92 V 12
Cortijo Nuevo J 95 T 20
Cortijos (Los) CU 61 L 25
Cortijos de Abajo (Los) CR 70 O 17
Cortijos de Arriba (Los) CR 70 O 17
Cortijos Nuevos J 83 R 21
Cortijos Nuevos de la Sierra GR 83 S 22
Cortijuelos (Los) cerca de Andújar J 82 R 18
Cortijuelos (Los) cerca de Martos J 82 S 17
Cortos AV 45 J 16
Cortos SO 33 G 23
Cortos de la Sierra SA 43 J 12
Corullón LE 14 E 9
Corumbel H 91 T 10
Corumbela MA 101 V 17
Coruña (A) C 3 B 4
Coruña (Ría de La) C 3 B 4
Coruña del Conde BU 32 G 19
Coruxou C 3 C 5
Corvelle LU 4 B 7
Corvera MU 85 S 26
Corvera de Asturias O 5 B 12
Corvera de Toranzo S 7 C 18
Corvillón OR 13 F 6
Corvio P 17 D 17
Corvite LU 4 C 7
Corzos OR 14 F 8
Cosa TE 48 J 26
Coscó L 37 G 33
Coscojuela HU 22 E 30
Coscojuela de Fantova HU 22 F 30
Coscollet (El) L 23 F 33
Coscullano HU 21 F 29
Coscurita SO 33 H 22
Cosgaya S 7 C 15
Cosio S 7 C 16
Coslada M 46 K 19
Cospedal LE 15 D 11
Cospeito LU 4 C 7
Cospindo C 2 C 3
Costa Ballena CA 91 V 10
Costa Blanca VC 86 R 29
Costa Blanca (Parador) Jávea A 75 P 30
Costa Brava CT 39 H 39
Costa Brava (Parador de la) Aiguablava GI 25 G 39
Costa Calma Fuerteventura GC 112 E 5
Costa Daurada / Costa Dorada CT 51 J 33
Costa de Almería AL 102 V 21
Costa de Cantabria CB 7 B 17
Costa de Canyamel PM 105 N 40
Costa de la Calma PM 104 N 37
Costa de la Luz AN 90 U 8
Costa de Madrid M 45 K 16
Costa de Maresme B 38 H 37
Costa del Azahar / Costa dels Tarongers VC 63 M 30
Costa del Azahar (Parador) Benicarló CS 50 K 31
Costa del Montseny (La) B 38 G 37
Costa del Silencio Tenerife TF 128 E 5
Costa del Sol AN 100 X 14
Costa dels Pins PM 105 N 40
Costa dels Tarongers / Costa del Azahar VC 63 M 30
Costa Dorada / Costa Daurada CT 51 J 33
Costa Esuri HU 90 U 7
Costa Teguise Lanzarote GC 123 F 4
Costa Vasca PV 9 B 22
Costa Verde AS 5 B 10
Costabona GI 24 E 37
Costacabana AL 103 V 22
Costana (La) S 7 C 17
Costas de Garraf B 38 I 35
Costeán HU 22 F 30
Costitx PM 104 N 38
Costur CS 62 L 29
Cosuenda Z 34 H 26
Cota LU 3 C 6
Cotanes ZA 30 G 14
Cotefablo (Puerto de) HU 21 E 29
Cotelas OR 13 E 6
Cotiella HU 22 E 30
Cotilfar Baja GR 94 T 19
Cotillas AB 83 Q 22
Cotillas CU 60 L 24
Cotillo S 7 C 17
Cotillo (El) Fuerteventura GC 111 G 1
Coto O 5 C 11
Coto de Bornos CA 92 V 12
Coto de Buzalén BA 67 Q 11
Coto de Puenteviejo AV 45 J 16
Coto Redondo PO 12 E 3
Cotobade PO 13 E 4
Cotorios J 83 R 21
Cotorredondo M 58 L 18
Cotos (Puerto de) ESP 45 J 18
Cotos de Monterrey (Los) M 46 J 19
Coubet (Coll de) GI 24 F 37
Courel (Sierra del) LU 14 E 8
Couso (Alto del) OR 13 F 6
Couso (Punta de) PO 12 F 3
Couto LU 13 D 6
Couto PO 13 F 5
Couzadoiro C 3 B 6
Couzo (Punta de) C 12 E 2
Cova Santa (La) CS 62 M 28
Covacha BA 67 N 9
Covacha (Puerto de la) CC 67 O 10
Covadonga O 6 C 14
Covalanas (Cuevas de) S 8 C 19
Covaleda SO 32 G 21
Covarrubias SO 33 H 22
Covarrubias BU 32 F 19
Covas cerca de Carucedo OR 14 E 9
Covas cerca de Pereiro OR 13 E 6
Covas cerca de Vivero LU 4 A 7
Covas cerca de Xinzo OR 27 G 6
Covas (As) PO 12 E 3
Covelo PO 13 F 4
Covelo (Alto de) OR 14 F 8
Coves de Vinromà (Les) CS 50 L 30
Coves dels Canelobres A 74 Q 28
Coves Noves (Urbanitzacio) PM 106 L 42
Covet L 23 F 33
Coveta Fumá (La) A 86 Q 28
Cox A 85 R 27
Coy MU 84 S 24
Coyote (El) AL 103 V 23
Cózar CR 71 Q 20
Cozcurrita ZA 29 H 11
Cozuelos de Fuentidueña SG 31 H 17
Cozuelos de Ojeda P 17 D 16
Cozvíjar GR 101 V 19
Crecente PO 13 F 5
Cregenzán HU 22 F 30
Creixell T 37 I 34
Crémenes LE 16 D 14
Crende LU 4 C 8
Crendes C 3 C 5
Crespos AV 44 J 15
Cretas TE 50 J 30
Creu de Codo L 23 F 34
Creu de Perves (Coll de) L 22 E 32
Creus (Cap de) GI 25 F 39
Crevillent A 85 R 27
Criaderas (Las) SE 79 T 11
Criales BU 18 D 20
Criptana (Ermita de) CR 71 N 20
Crispinejo SE 79 T 11
Cristal L 23 F 34
Cristales (Los) H 90 T 9
Cristiano GR 101 V 18
Cristianos (Los) Tenerife TF 128 D 5
Cristina BA 68 P 11
Cristiñade PO 12 F 4
Cristo CR 71 P 20
Cristo (Ermita del) GU 46 L 20
Cristo de la Laguna SA 43 J 11
Cristo del Espíritu Santo CR 70 O 17
Cristóbal SA 43 K 12
Crivillén TE 49 J 28
Crivillén (Mases de) TE 49 J 28
Cruceiro OR 13 E 5
Cruceras (Las) AV 45 K 16
Crucero (El) O 5 B 10
Cruces C 3 C 5
Cruces AB 72 Q 24
Cruces CO 81 R 15
Cruces (Cuevas de las) Gran Canaria GC 114 C 2
Cruces (Ermita de las) BA 68 P 12
Cruces (Las) O 5 B 12
Cruceta (Puerto de) VI 10 C 22
Cruïlles GI 25 G 39
Cruz cerca de Puebla de Almenara CU 59 M 21
Cruz (Cerro de la) MA 100 V 16
Cruz (Ermita de la) CR 70 O 17
Cruz (La) O 6 B 13
Cruz (La) CR 70 P 17
Cruz (La) CO 81 S 16
Cruz (La) GR 94 T 18
Cruz (La) J 82 R 19
Cruz (Pico de la) La Palma TF 131 C 3
Cruz (Puerto de la) PO 12 D 4
Cruz (Sierra de la) J 82 S 19
Cruz de Alpera AB 73 P 26
Cruz de Cancela (Puerto) LU 4 B 8
Cruz de Cofrentes (Puerto de) V 73 N 26
Cruz de Hierro (Puerto) AV 45 J 16
Cruz de Incio LU 14 E 7
Cruz de Piedra CR 70 O 18
Cruz de Tea Tenerife TF 129 E 4
Cruz de Tejeda Gran Canaria GC 114 D 2
Cruz del Carmen (Mirador de) Tenerife TF 125 I 2
Cruz del Roque Tenerife TF 129 G 4
Cruz Grande (Puerto de) Gran Canaria GC 116 D 3
Cruz Uzano S 8 C 19
Cua O 14 D 9
Cuacos de Yuste CC 56 L 12
Cuadradillo CO 81 S 16
Cuadrado (Cerro) AB 73 P 25
Cuadramón LU 4 B 7
Cuadrón (El) M 46 J 19
Cuadros LE 16 D 13
Cuadros J 82 S 19
Cualedro OR 27 G 7
Cuarenta (Las) SE 92 T 13
Cuarte HU 21 F 28
Cuarte de Huerva Z 35 H 27
Cuartico (El) AB 72 P 23
Cuartillejo TO 58 M 18
Cuarto Pelado (Puerto de) TE 49 K 28
Cuartón (El) CA 99 X 13
Cuatro Calzadas SA 43 J 13
Cuatro Puertas Gran Canaria GC 117 G 3
Cuatrocorz HU 36 G 31
Cuatrovitas (Santuario de) SE 91 U 11
Cuba (La) TE 49 K 29
Cubas AB 73 O 25
Cubas CO 81 S 16
Cubas de la Sagra M 58 L 18
Cubel Z 48 I 25
Cubelles B 37 I 35
Cubells L 37 G 32
Cubells (es) PM 87 P 33
Cubia O 5 C 11
Cubilla BU 18 D 20
Cubilla SO 32 G 21
Cubilla (Puerto de la) O 5 D 12
Cubillas GU 47 I 22
Cubillas (Embalse del) GR 94 U 18
Cubillas de Cerrato P 31 G 16
Cubillas de los Oteros LE 16 E 13
Cubillas de Rueda LE 16 E 14
Cubillas de Santa Marta VA 31 G 16
Cubillejo de la Sierra GU 48 J 24
Cubillejo del Sitio GU 48 J 24
Cubillo P 17 D 16
Cubillo SG 45 I 18
Cubillo (El) AB 72 P 22
Cubillo (El) CU 61 L 25
Cubillo de Uceda(El) GU 46 J 19
Cubillo del Campo BU 18 F 19
Cubillos ZA 29 H 12
Cubillos BU 18 C 19
Cubillos del Rojo BU 18 D 18
Cubillos del Sil LE 15 E 10
Cubla TE 61 L 26
Cubo GR 83 S 21
Cubo de Benavente ZA 15 F 11
Cubo de Bureba BU 18 E 20
Cubo de Don Sancho (El) SA 43 J 11
Cubo de Hogueras SO 33 G 22
Cubo de la Sierra SO 33 G 22
Cubo de la Solana SO 33 H 22
Cubo de Tierra del Vino (El) ZA 29 I 12
Cucalón TE 48 I 26
Cucalón (Sierra de) TE 48 J 26
Cucayo S 7 C 16
Cucharal AB 72 P 23
Cucharas (Laguna de) CR 70 P 17
Cucharón MU 85 Q 25
Cuchía S 7 B 17
Cuchillo (El) Lanzarote GC 123 D 3
Cucho BU 19 D 21
Cucos (Los) MU 97 T 25
Cudillero O 5 B 11
Cué O 7 B 15
Cuelgamures ZA 29 I 13
Cuéllar SG 31 H 17
Cuénabres LE 6 C 15
Cuenca CO 80 R 13
Cuenca CU 60 L 23
Cuenca (La) SO 33 G 21
Cuenca Alta del Manzanares (Parque Regional) M 45 K 18
Cuenca de Campos VA 30 F 14
Cuencabuena TE 48 I 26
Cuérigo O 6 C 13
Cuerlas (Las) Z 48 J 25
Cuerva TO 58 N 17
Cuervo CR 70 Q 19
Cuervo (El) TE 61 L 26

España 145

Cuervo (El) SE 91 V 11
Cuervo (Nacimiento del) CU 48 K 24
Cuesta LU 4 B 7
Cuesta (La) SG 45 I 18
Cuesta (La) SO 33 F 23
Cuesta (La) MA 93 U 15
Cuesta (La) BI 8 B 20
Cuesta (La) Tenerife TF 125 I 2
Cuesta Blanca MU 85 T 26
Cuesta de la Villa Tenerife TF 124 F 2
Cueta (La) LE 5 C 11
Cueto BI 8 C 20
Cueto (Ermita de El) SA 43 J 12
Cueto Negro LE 15 D 12
Cueva BU 8 C 19
Cueva AL 84 S 23
Cueva (La) CU 48 K 24
Cueva (Punta de la) Gran Canaria GC 115 G 3
Cueva de Ágreda SO 34 G 24
Cueva de Juarros BU 18 F 19
Cueva de la Mora H 79 S 9
Cueva de la Mora (Embalse) H 78 S 9
Cueva de Las Niñas (Embalse) GC 116 C 3
Cueva de Roa (La) BU 31 G 18
Cueva del Agua La Palma TF 130 B 3
Cueva del Beato (Ermita de la) GU 47 J 22
Cueva del Hierro CU 47 K 23
Cueva del Pájaro (La) AL 96 U 24
Cueva Foradada (Embalse de) TE 49 J 27
Cuevarruz (La) V 61 M 27
Cuevas SO 32 H 20
Cuevas O 5 C 11
Cuevas (Las) A 85 Q 27
Cuevas Bajas MA 93 U 16
Cuevas de Almudén TE 49 J 27
Cuevas de Amaya BU 17 E 17
Cuevas de Ambrosio J 83 R 21
Cuevas de Cañart (Las) TE 49 J 28
Cuevas de los Medinas (Las) AL 103 V 23
Cuevas de los Úbedas AL 103 V 23
Cuevas de Moreno (Las) AL 84 S 23
Cuevas de Portalrubio TE 49 J 27
Cuevas de Provanco SG 31 H 18
Cuevas de Reillo MU 85 S 26
Cuevas de San Clemente BU 18 F 19
Cuevas de San Marcos MA 93 U 16
Cuevas de Soria (Las) SO 33 G 22
Cuevas de Velasco CU 60 L 22
Cuevas del Almanzora AL 96 U 24
Cuevas del Becerro MA 92 V 14
Cuevas del Campo GR 95 T 21
Cuevas del Sil LE 15 D 10
Cuevas del Valle AV 57 L 14
Cuevas Labradas TE 48 K 26
Cuevas Labradas GU 47 J 23
Cuevas Minidas GU 47 J 23
Cuiña C 3 A 6
Cuiña LU 4 A 7
Culebra (Reserva nacional de la Sierra de la) ZA 29 G 11
Culebras CU 60 L 22
Culebrón A 85 Q 27
Culebros LE 15 E 11
Culla CS 49 K 29
Cullar GR 95 T 21
Cúllar Baza GR 95 T 22
Cúllar Vega GR 94 U 18
Cullera V 74 O 29
Cullera (Far de) V 74 O 29
Culleredo C 3 C 4
Cumbre (La) CC 56 N 12
Cumbre Alta TO 57 N 15
Cumbre del Sol A 75 P 30
Cumbrecita (La) La Palma TF 131 C 4
Cumbres de Calicanto V 62 N 28
Cumbres de En Medio H 79 R 9
Cumbres de San Bartolomé H 79 R 9
Cumbres de Valencia V 73 P 27
Cumbres Mayores H 79 R 10
Cumplida (Punta) La Palma TF 131 D 2
Cuna (Peñón de la) J 82 R 17
Cunas LE 15 F 10
Cunchillos Z 34 G 24
Cundins C 2 C 3
Cunit T 37 I 34
Cuntis PO 12 E 4
Cuñas OR 13 E 5
Cura (Casas del) M 58 L 19
Cura (El) CR 70 P 18
Cura (El) GR 83 S 22
Cura (Monestir de) PM 104 N 38
Curbe HU 35 G 29
Cures C 12 D 3
Curiel VA 31 H 17
Curillas LE 15 E 11
Curota (Mirador de la) C 12 E 3
Currás PO 12 E 4
Currelos LU 13 D 7
Curtis Teixeiro C 3 C 5
Cusanca OR 13 E 5
Cutanda TE 48 J 26
Cútar MA 101 V 17
Cuzcurrita BU 32 G 19
Cuzcurrita de Río Tirón LO 18 E 21
Cuzna CO 81 R 15

D

Dacón OR 13 E 5
Dadín OR 13 E 5
Daganzo de Arriba M 46 K 19
Daimalos MA 101 V 17
Daimiel CR 70 O 19
Daimús V 74 P 29
Dalías AL 102 V 21
Dalias (Campo de) AL 102 V 21
Dallo VI 19 D 22
Dalt (Conca de) L 23 F 32
Dama (La) La Gomera TF 118 B 3
Damas (Las) AV 45 K 17
Damil LU 3 C 7
Dantxarinea NA 11 C 25
Dañador J 83 Q 20
Darnius GI 25 E 38
Daró (El) GI 25 G 39
Daroca Z 48 I 25
Daroca de Rioja LO 19 E 22
Darrical AL 102 V 20
Darro GR 95 T 20
Das GI 24 E 35
Daya Nueva A 85 R 27
Deba SS 10 C 22
Degaña O 15 D 10
Degollada (La) Tenerife TF 129 G 4
Degollados (Puerto Los) NA 20 F 24
Degrada (A) LU 14 D 9
Dehesa BA 68 P 12
Dehesa (La) CR 70 P 19
Dehesa (La) H 79 S 10
Dehesa (La) cerca de Casa del Pino AB 84 Q 23
Dehesa (La) cerca de El Griego AB 72 Q 23
Dehesa de Campoamor A 85 S 27
Dehesa de Montejo P 17 D 16
Dehesa de Romanos P 17 E 16
Dehesa del Horcajo TO 57 M 14
Dehesa del Moncayo (Parque natural de la) Z 34 G 24
Dehesa Mayor SG 31 H 17
Dehesa Media Matilla BA 67 Q 9
Dehesa Nueva TO 57 M 14
Dehesas LE 14 E 9
Dehesas de Guadix GR 95 T 20
Dehesas Viejas GR 94 T 19
Dehesilla CU 47 K 22
Dehesilla (La) CU 59 M 20
Dehesón (El) TO 57 L 15
Deifontes GR 94 U 19
Deleitosa CC 56 N 13
Delgadas (Las) H 79 T 10
Delgadillo GR 95 T 20
Délika VI 18 D 21
Deltebre T 50 J 32
Demanda (Reserva nacional de la Sierra de la) BU 18 F 20
Demúes O 6 C 15
Dena PO 12 E 3
Dénia A 75 P 30
Denúy HU 22 E 31
Derio BI 8 C 21
Derramadero AB 84 Q 23
Derramador V 61 N 26
Derrasa (La) OR 13 F 6
Desamparados (Los) CR 71 P 21
Descargamaría CC 42 L 10
Desesperada CR 82 Q 19
Desierto (El) Tenerife TF 129 F 5
Deskarga (Alto) SS 10 C 22
Desojo NA 19 E 23
Despeñaperros (Desfiladero de) J 82 Q 19
Despeñaperros (Parque natural de) J 82 Q 19
Destriana LE 15 F 11
Deva OR 13 F 5
Dévanos SO 33 G 24
Devesa LU 4 B 8
Devesa OR 13 E 5
Deveso C 3 B 6
Devesos C 3 B 6
Devotas (Congosto de las) HU 22 E 30
Deyá PM 104 M 37
Deza SO 33 H 23
Deza (Río) PO 13 D 5
Diamondi LU 13 E 6
Diego Álvaro AV 44 J 14
Diego del Carpio AV 44 J 14
Diezma GR 94 U 20
Diezmo (Peña del) M 45 J 18
Dílar GR 94 U 19
Dima BI 9 C 21
Dios le Guarde SA 43 K 11
Dique (El) Z 36 I 29
Discatillo NA 19 E 23
Distriz LU 3 C 6
Diustes SO 33 F 22
Doade LU 14 E 7
Doade OR 13 E 5
Doade PO 13 E 5
Dobro BU 18 D 19
Doctor (Casas del) V 73 N 26
Doctor (El) CR 70 P 19
Doctoral (El) Gran Canaria GC 117 F 4
Dodro C 12 D 3
Doiras O 4 B 9
Doiras LU 14 D 9
Doiras (Embalse de) O 4 B 9
Dólar GR 95 U 21
Dolores A 85 R 27
Dolores MU 85 S 27
Dolores (Los) MU 85 T 26
Domaio PO 12 F 3
Domeño NA 11 D 26
Domeño V 61 M 27
Dómez ZA 29 G 11
Domingo García SG 45 I 16
Domingo Pérez TO 57 M 16
Domingo Pérez GR 94 T 19
Domingos (es) PM 105 N 39
Don Álvaro BA 67 P 11
Don Benito BA 68 P 12
Don Diego GR 95 U 21
Don Gaspar de Portolá (Parador de) Artiés de L 22 D 32
Don Gonzalo MU 84 S 24
Don Jaume (Ermita) A 86 Q 28
Don Jerónimo CR 71 O 20
Don Jerónimo Tapia (Casa de) TO 70 N 18
Don Juan CR 71 O 19
Don Juan (Cueva de) V 73 O 26
Don Martín (Mirador de) Tenerife TF 127 H 3
Don Miguel de Unamuno (Monumento a) Fuerteventura GC 111 H 2
Don Pedro MA 99 W 14
Don Pedro (Cabeza de) CU 60 L 24
Don Pedro (Casas de) AB 72 O 24
Don Rodrigo (Estación de) SE 92 U 12
Donadío J 82 S 19
Donado ZA 15 F 10
Donalbai LU 3 C 6
Donamaria NA 11 C 24
Donar (La) AB 84 R 22
Donarque (Puerto de) TE 48 K 25
Donas PO 12 F 3
Doncos LU 14 D 8
Done Bikendi Harana VI 19 D 22
Doney de la Requejada ZA 15 F 10
Doneztebe / Santesteban NA 11 C 24
Donhierro SG 44 I 15
Doniños C 3 B 5
Donis LU 14 D 9
Donjimeno AV 44 J 15
Donón PO 12 F 3
Donostia-San Sebastián SS 10 C 24
Donramiro PO 13 E 5
Donvidas AV 44 I 15
Donzell L 37 G 33
Doña Aldonza (Embalse de) J 83 S 20
Doña Ana GR 83 S 22
Doña Ana J 83 R 21
Doña Blanca CA 98 W 11
Doña Blanca de Navarra (Castillo de) NA 20 F 25
Doña Inés MU 84 S 24
Doña Justa CR 69 P 15
Doña María BA 66 P 8
Doña María Ocaña AL 95 U 21
Doña Marina GR 95 T 20
Doña Mencía CO 93 T 16
Doña Rama CO 80 R 14
Doña Santos BU 32 G 19
Doñana MA 100 V 16
Doñana (Parque Nacional de) H 91 V 10
Doñinos de Ledesma SA 43 I 11
Doñinos de Salamanca SA 43 J 12
Dóriga O 5 B 11
Dormea C 3 D 5
Dornillas ZA 15 F 10
Doroño BU 19 D 21
Dorrao / Torrano NA 19 D 23
Dórria GI 24 E 36
Dos Aguas V 73 O 27
Dos Hermanas SE 91 U 12
Dos Picos AL 95 U 21
Dos Torres CO 81 Q 15
Dos Torres de Mercader TE 49 J 28
Dosante BU 8 C 18
Dosbarrios TO 58 M 19
Dosrius B 38 H 37
Dozón PO 13 E 5
Drach (Coves del) PM 105 N 39
Dragonte LE 14 E 9
Draguillo (El) Tenerife TF 125 J 1
Driebes GU 59 L 20
Drova (La) V 74 O 29
Duañez SO 33 G 23
Dúas Igrexas PO 13 E 4
Ducs (Els) V 61 N 26
Duda (Sierra de) GR 83 S 21
Dúdar GR 94 U 19
Dueña Baja (La) SE 92 U 14
Dueñas P 31 G 16
Dueñas (Las) TE 61 L 26
Duerna LE 15 F 11
Duesaigües T 51 I 32
Dueso S 8 B 19
Dumbría C 2 C 2
Duques de Cardona (Parador de) Cardona B 37 G 35
Duquesa (La) CR 70 O 19
Duquesa (La) MA 99 W 14
Durana VI 19 D 22
Duranes CR 69 P 16
Durango BI 10 C 22
Duratón SG 32 I 18
Dúrcal GR 101 V 19
Durón GU 47 K 21
Durro L 22 E 32
Duruelo SO 32 G 21
Duxame PO 13 D 5

E

Ea BI 9 B 22
Ebre (Delta de l') T 50 J 32
Ebrón V 61 L 26
Ecay / Ekai de Lóguida NA 11 D 25
Echagüe NA 20 E 25
Echálaz NA 11 D 25
Echarren de Guirguillano cerca de Puente la Reina NA 10 D 24
Echedo El Hierro TF 109 D 1
Écija SE 92 T 14
Edrada OR 13 F 7
Egea HU 22 E 31
Egino VI 19 D 23
Egozkue NA 11 D 25
Eguaras NA 11 D 24
Egüés NA 11 D 25
Eguílaz VI 19 D 23
Eguileor VI 19 D 22
Eguileta VI 19 D 22
Eibar SS 10 C 22
Eidos PO 12 F 4
Eiras OR 13 E 5
Eiras (Embalse de) PO 12 E 4
Eiré LU 13 E 7
Eirón C 2 D 3
Eivissa / Ibiza PM 87 P 34
Ejea de los Caballeros Z 20 F 26
Ejeme SA 44 J 13
Ejep HU 22 F 30
Ejido (El) TO 57 M 14
Ejido (El) AL 102 V 21
Ejulve TE 49 J 28
Ekai de Lóguida / Ecay NA 11 D 25
Ekain SS 10 C 23
Elantxobe BI 9 B 22
Elbete NA 11 C 25
Elburgo VI 19 D 22
Elche / Elx A 85 R 27
Elche de la Sierra AB 84 Q 23
Elciego VI 19 E 22
Elcóaz NA 11 D 26
Elda A 85 Q 27
Elduain SS 10 C 24
Elgeta SS 10 C 22
Elgoibar SS 10 C 22
Elgorriaga NA 11 C 24
Eliana (L') V 62 N 28
Elice (Puerto) CC 55 N 9
Elizondo NA 11 C 25
Eljas CC 55 L 9
Eller L 23 E 35
Elorregi SS 10 C 22
Elorrieta GR 94 U 19
Elorrio BI 10 C 22
Elortz / Elorz NA 11 D 25
Elorz / Elortz NA 11 D 25
Elvisu VI 19 D 21
Elosua SS 10 C 22
Els Munts T 37 I 34
Els Poblets A 74 P 30
Eltzaburu NA 11 C 24
Elvillar VI 19 E 22
Elvira (Sierra) GR 94 U 18
Elviria MA 100 W 15
Elx / Elche A 85 R 27
Embid GU 48 J 24
Embid de Ariza Z 33 H 24
Embid de la Ribera Z 34 H 25
Embún HU 21 E 27
Empalme (El) H 90 U 8
Emperador (El) TO 70 O 18
Empuriabrava GI 25 F 39
Empúries GI 25 F 39
Ena HU 21 E 27
Enamorados MA 93 U 16
Encantada (Embalse de) CO 81 S 15
Encarnación (Ermita de La) MU 84 R 24
Encarnación (La) CR 70 O 18
Encebras A 85 Q 27
Encima-Angulo BU 8 C 20
Encina (La) SA 42 K 10
Encina (La) A 73 P 27
Encina de San Silvestre SA 43 I 11
Encinacaida CR 57 N 15
Encinacorba Z 34 I 26
Encinar (El) M 46 K 19
Encinar (Ermita del) CC 55 M 9
Encinar del A. M 58 L 16
Encinarejo CO 81 S 15
Encinarejo (El) J 82 R 18
Encinarejo (Embalse del) J 82 R 18
Encinares AV 44 K 13
Encinares de Sanlúcar la Mayor (Los) SE 91 T 11
Encinas SG 32 H 19
Encinas (Las) SE 92 T 12
Encinas (Monte) CR 82 Q 18
Encinas de Abajo SA 44 J 13
Encinas de Arriba SA 44 J 13
Encinas de Esgueva VA 31 G 17
Encinas Reales CO 93 U 16
Encinasola H 78 R 9
Encinasola de los Comendadores SA 42 I 10
Encinedo LE 15 F 10
Encinetas MA 100 W 14
Encinilla (La) SE 92 V 12
Encinillas SG 45 I 17
Encío BU 18 E 20
Enciso LO 19 F 23
Encomienda (La) cerca de Badajoz BA 66 P 8
Encomienda (La) cerca de Villanueva de la Serena BA 68 O 12
Endrinal SA 43 K 12
Endrinales (Los) M 46 J 18
Enériz NA 11 D 24
Enfesta C 3 D 4
Enguera V 74 P 27
Enguera (Serra de) V 73 P 27
Enguídanos CU 61 M 25
Enillas (Las) ZA 29 H 12
Enix AL 102 V 22
Enjambre (La) CR 57 N 15
Enmedio TO 70 N 18
Enmedio V 61 M 26
Enmedio S 17 D 17
Enmedio (Sierra de) AB 85 Q 25
Enol (Lago de) O 6 C 15
Ènova (L') V 74 O 28
Enroig CS 50 K 30
Entallada (La) Fuerteventura GC 113 H 4
Enterrias S 7 C 15
Entinas (Punta) AL 102 V 21
Entis C 2 D 3
Entrago O 5 C 11
Entrala ZA 29 H 12
Entrambasaguas S 8 B 18
Entrambasmestas S 7 C 18
Entrecinsa OR 14 F 8
Entrecruces C 2 C 3
Entredicho (El) AB 84 Q 23
Entredicho (El) CO 80 R 14
Entredicho (Embalse de) CR 69 P 15
Entredichos CU 60 M 22
Entrego (El) O 6 C 13
Entremont (Congosto del) HU 22 F 30
Entrena LO 19 E 22
Entrepeñas (Embalse de) GU 47 K 21
Entrepinos M 57 L 16
Entrerríos BA 68 P 12
Entrimo OR 27 G 5
Entrines (Los) BA 67 Q 9
Envernallas LU 4 D 9
Envía (Ermita de la) CU 47 K 22
Enviny L 23 E 33
Eo LU 4 B 8
Epároz NA 11 D 26
Épila Z 34 H 26
Epina La Gomera TF 118 B 2
Eras (Las) TE 61 L 26
Eras (Las) AB 73 O 25
Eratsun NA 10 C 24
Eraul NA 19 D 23
Erbecedo C 2 C 3
Erbedeiro LU 13 E 6
Ercina (La) LE 16 D 14
Ercina (Lago de la) O 6 C 15
Erdoizta SS 10 C 23
Ereño BI 9 B 22
Ereñozu SS 10 C 24
Eresma SG 45 J 17
Ergoien BI 9 C 21
Ería CL 15 F 12
Erias CC 43 K 10
Erice NA 11 D 24
Erice cerca de Eguaras NA 10 D 24
Erill la Vall L 22 E 32
Erillas CO 80 R 14
Erinyà L 23 F 32
Eripol HU 22 F 30
Eripol (Collado de) HU 22 F 30
Eriste HU 22 E 31
Erjas CC 55 L 9
Erjos Tenerife TF 126 C 3
Erla Z 21 F 27
Ermida LU 14 E 8
Ermida (A) OR 13 E 5
Ermita T 50 J 31
Ermita (La) AL 96 T 22
Ermita (S') PM 105 N 39
Ermita de Nuestra Santa Fátima BA 80 Q 13
Ermita Nueva J 94 T 18
Ermitas (Las) CO 81 S 15
Ermua BI 10 C 22
Eroles L 22 F 32
Erratzu NA 11 C 25
Errazkin NA 10 C 24
Errea NA 11 D 25
Errenteria / Renteria SS 10 C 24
Errezil SS 10 C 23
Errigoiti BI 9 C 21

A B C D E F G H I J K L M N O P Q R S T U V W X Y Z

146 España

A B C D E F G H I J K L M N O P Q R S T U V W X Y Z

Erro NA 11 D 25
Erronkari / Roncal NA 11 D 27
Errotz NA 10 D 24
Erustes TO 57 M 16
Es Caló PM 87 P 34
Esanos S 7 C 16
Esblada T 37 H 34
Escacena del Campo H 91 T 10
Escairón LU 13 E 7
Escala (L') / La Escala GI 25 F 39
Escala (La) / Escala (L') GI 25 F 39
Escalada BU 18 D 18
Escaladei T 36 I 32
Escalante S 8 B 19
Escalar (Garganta del) HU 21 D 29
Escale (Pantà d') HU 22 E 32
Escalera GU 47 J 23
La Escaleruela TE 61 L 27
Escaleta (Punta de l') A 74 Q 29
Escaló L 23 E 33
Escalona HU 22 E 30
Escalona TO 57 L 16
Escalona (La) TF 128 E 5
Escalona del Prado SG 45 I 17
Escalonilla TO 57 M 16
Escamilla GU 47 K 22
Escandón (Puerto de) TE 61 L 27
Escañuela J 82 S 17
Escarabajosa de Cabezas SG 45 I 17
Escarabote C 12 E 3
Escariche GU 46 K 20
Escarihuela (La) MU 96 T 24
Escaro LE 6 C 14
Escarrilla HU 21 D 29
Escatrón Z 35 I 29
Escatrón (Estación de) TE 35 I 29
Esclavitud C 12 D 4
Escó Z 20 E 26
Escobar SE 91 U 11
Escobar (El) MU 85 S 26
Escobar de Campos LE 16 F 15
Escobar de Polendos SG 45 I 17
Escobedo S 7 B 18
Escober ZA 29 G 12
Escobonal (El) Tenerife TF 129 G 4
Escobosa SO 33 H 22
Escombreras MU 97 T 27
Escopete GU 46 K 20
Escorca PM 104 M 38
Escorial (El) M 45 K 17
Escorial (Monasterio de El) M 45 K 17
Escoriales (Los) J 82 R 18
Escorihuela TE 49 K 27
Escornabois OR 13 F 7
Escóznar GR 94 U 18
Escriche TE 49 K 27
Escrita (La) S 8 C 20
Escuadro de Sayago ZA 29 I 11
Escuaín HU 22 E 30
Escucha TE 49 J 27
Escudero V 73 P 27
Escudo (Puerto del) S 7 C 18
Escuelas (Las) J 82 S 19
Escuernavacas SA 43 J 10
Escullar AL 95 U 21
Escullos (Los) AL 103 V 23
Esculqueira OR 28 G 8
Escunhau L 22 D 32
Escuredo LE 15 D 12
Escuredo ZA 15 F 10
Escurial CC 68 O 12
Escurial de la Sierra SA 43 K 12
Escusa PO 12 E 3
Escúzar GR 94 U 18
Esdolomada HU 22 F 31
Esera HU 22 F 31
Esfiliana GR 95 U 20
Esgleieta (S') PM 104 N 37
Esgos OR 13 F 6
Esgueva BU 32 G 19
Esguevillas de Esgueva VA 31 G 16
Eskoriatza SS 10 C 22
Eslava NA 20 E 25
Esles S 8 C 18
Eslida CS 62 M 29
Esmerode C 2 C 3
Esnotz NA 11 D 25
Espà (L') B 23 F 35
Espadà CS 62 M 28
Espadaña SA 43 I 11
Espadañedo ZA 15 F 10
Espadilla CS 62 L 28
Espaén L 23 F 33
Espantaperros SE 92 U 12
Esparra (L') GI 24 G 37
Esparragal MU 85 R 26
Esparragal (Embalse del) SE 91 T 11
Esparragalejo BA 67 P 10
Esparragosa de la Serena BA 68 Q 13
Esparragosa de Lares BA 68 P 14
Esparreguera B 38 H 35
Esparreguera (Monte) CS 62 L 29
Espartal (El) M 46 J 19
Esparteros SE 92 U 13
Espartinas SE 91 T 11
Espartosa (La) MU 85 R 26
Esparza de Salazar cerca de Ochagavía NA 11 D 26
Espasante C 3 A 6
Espeja SA 42 K 9
Espeja de San Marcelino SO 32 G 20
Espejo VI 18 D 20
Espejo CO 81 S 16
Espejón SO 32 G 20
Espelt (L') B 37 H 34
Espelúy J 82 R 18
Espera CA 92 V 12
Esperante C 12 D 3
Esperanza (Ermita de la) CO 93 T 16
Esperanza (La) SE 92 U 14
Esperanza (La) Tenerife TF 124 H 2
Espés HU 22 E 31
Espiel CO 81 R 14
Espiel (Puerto de) CO 81 R 14
Espierba HU 22 E 30
Espín HU 21 E 29
Espina (Collado de) HU 22 E 31
Espina (La) O 5 B 10
Espina (La) LE 16 D 15
Espina de Tremor LE 15 D 11
Espinal / Auritzberri NA 11 D 25
Espinama S 6 C 15
Espinar (El) SG 45 J 17
Espinardo MU 85 R 26
Espinaredo O 6 C 13
Espinavell GI 24 E 37
Espinelves GI 24 G 37
Espinilla S 7 C 17
Espino (Cuesta del) CO 81 S 15
Espino (Ermita Virgen del) AV 44 J 14
Espino de la Orbada SA 44 I 13
Espino de los Doctores SA 43 I 12
Espinosa de Bricia S 17 D 18
Espinosa de Cerrato P 31 G 18
Espinosa de Cervera BU 32 G 19
Espinosa de Henares GU 46 J 20
Espinosa de la Ribera LE 15 D 12
Espinosa de los Caballeros AV 45 I 16
Espinosa de los Monteros BU 8 C 19
Espinosa de Villagonzalo P 17 E 16
Espinosa del Camino BU 18 E 20
Espinosa del Monte BU 18 E 20
Espinoso de Compludo LE 15 E 10
Espinoso del Rey TO 57 N 15
Espiñaredo C 3 B 6
Espirdo SG 45 J 17
Espíritu Santo (Ermita del) O 5 B 11
Esplegares GU 47 J 22
Espluga HU 22 E 31
Espluga Calba (L') L 37 H 33
Espluga de Francolí (L') T 37 H 33
Espluga de Serra L 22 F 32
Esplús HU 36 G 30
Espolla GI 25 E 39
Esponellà GI 25 F 38
Esporles PM 104 M 37
Esposa HU 21 E 28
Espot L 23 E 33
Espot (Portarró d') L 23 E 32
Espotz / Espoz NA 11 D 25
Espoz / Espotz NA 11 D 25
Espronceda NA 19 E 23
Espuéndolas HU 21 E 28
Espui L 23 E 32
Espunyola (L') B 23 F 35
Esquedas HU 21 F 28
Esquinazo (Puerto del) TE 49 J 27
Esquivel SE 91 T 12
Esquivias TO 58 L 18
Establés GU 47 I 23
Establiments PM 104 N 37
Estaca de Bares (Punta de la) C 3 A 6
Estacas cerca de Cuntis PO 12 E 4
Estacas cerca de Ponte-Caldelas PO 13 E 4
Estacas de Trueba (Puerto de las) BU 8 C 18
Estacio (Faro del) MU 86 S 27
Estació de Novelda (La) A 85 Q 27
Estación (La) M 45 K 18
Estación (La) M 45 K 17
Estación (La) SE 92 T 12
Estación (La) M 45 K 17
Estación (La) cerca de Arévalo AV 44 I 15
Estación (La) cerca de Sanchidrián AV 45 J 16
Estación Cártama MA 100 V 16
Estación de Agramón AB 84 Q 25
Estación de Algodor M 58 M 18
Estación de Archidona MA 93 U 16
Estación de Baeza J 82 R 19
Estación de Cabra del Santo Cristo y Alicún J 83 T 20
Estación de Huelma J 95 T 20
Estación de la Puebla de Hijar TE 35 I 28
Estación de Las Mellizas MA 100 V 15
Estación de las Minas AB 84 R 25
Estación de los Molinos M 45 J 17
Estación de Matallana LE 16 D 13
Estación de Mora de Rubielos TE 61 L 27
Estación de Obejo CO 81 R 15
Estación de Ordes C 3 C 4
Estación de Páramo LE 15 D 10
Estación de Salinas MA 93 U 17
Estación de San Roque CA 99 X 13
Estación y Pajares (La) M 45 K 17
Estada HU 22 F 30
Estadilla HU 22 F 30
Estallo HU 21 E 28
Estamariu L 23 E 34
Estana L 23 F 34
Estanca (Embalse de la) TE 49 I 29
Estany (L') B 38 G 36
Estany d'en Mas (S') PM 105 N 39
Estanyol (S') Ibiza PM 87 P 33
Estanyol (S') Mallorca PM 104 N 38
Estaña HU 22 F 31
Estaon L 23 E 33
Estarás L 37 G 34
Estartit (L') GI 25 F 39
Estasen (L') B 23 F 35
Estats (Pico d') L 23 E 34
Estavillo VI 18 D 21
Estebanvela SG 32 H 20
Esteiro cerca de Cedeira C 3 B 5
Esteiro cerca de Muros C 12 D 3
Estelas (As) PO 12 F 3
Estella / Lizarra NA 19 D 23
Estella del Marqués CA 98 V 11
Estellencs PM 104 N 37
Estena CC 67 O 10
Estena (Río) CR 69 N 16
Estepa SE 93 U 15
Estepa de San Juan SO 33 G 23
Estépar BU 17 F 18
Estepas (Los) CO 81 S 15
Estepona MA 100 W 14
Esteras SO 33 G 23
Esteras (Puerto) SO 47 I 22
Esteras de Medinaceli SO 47 I 22
Estercuel TE 49 J 28
Esteribar NA 11 D 25
Esteros (Los) AB 71 P 22
Esterri d'Àneu L 23 E 33
Esterri de Cardós L 23 E 33
Estévez (Las) BA 67 P 10
Estiche HU 36 G 30
Estivadas OR 27 F 7
Estivadas (Alto de) OR 27 F 7
Estivella V 62 M 28
Estiviel TO 58 M 17
Esto C 2 C 3
Estollo LO 19 F 21
Estopiñán HU 36 G 31
Estorninos CC 55 M 9
Estrada (A) PO 13 D 4
Estrecho (El) AL 84 S 23
Estrecho (El) cerca de Lobosillo MU 85 S 26
Estrecho (Mirador El) CA 99 X 13
Estrecho de San Ginés (El) cerca de Llano del Beal MU 85 T 27
Estrella (Castillo de la) MA 100 V 15
Estrella (La) TO 57 M 14
Estremera M 59 L 20
Estremera (Embalse de) CU 59 L 21
Estriégana GU 47 I 22
Estubeny V 74 O 28
Etayo NA 19 E 23
Eterna BU 18 E 20
Etreros SG 45 J 16
Etsain NA 11 D 25
Etxabarri-Ibiña VI 19 D 21
Etxalar NA 11 C 25
Etxaleku NA 10 D 24
Etxano BI 9 C 21
Etxarri-Aranatz NA 19 D 23
Etxauri NA 10 D 24
Etxebarri BI 8 C 21
Etxebarria BI 10 C 22
Etxeberri NA 10 D 24
Etxegarate (Puerto de) SS 19 D 23
Euba BI 9 C 21
Eugenio (Casa de) AB 71 O 21
Eugi NA 11 D 25
Eulate NA 19 D 23
Eume C 3 B 5
Eume (Embalse do) C 3 B 6
Eume (Río) C 3 B 5
Europa (Picos de) O 6 C 15
Eurovillas-Las Villas M 46 K 20
Extramiana BU 18 D 20
Ézaro C 2 D 2
Ezcaray LO 18 F 20
Ezcároz / Ezkaroze NA 11 D 26
Ezkaroze / Ezcároz NA 11 D 26
Ezkio SS 10 C 23
Ezkurra NA 10 C 24
Ezprogui NA 20 E 25

F

Faba (La) LE 14 D 8
Fabara Z 36 I 30
Fabara (Estación de) Z 36 I 30
Fabares O 6 B 13
Fabero LE 15 D 10
Fábrica de Orbaitzeta NA 11 D 26
Fábrica del Pedroso SE 80 S 12
Fábricas (Las) TE 49 J 28
Fábricas de Riópar AB 84 Q 22
Facheca A 74 P 29
Facinas CA 99 X 12
Fadas (Collado de) HU 22 E 31
Fado TO 58 L 17
Fadón ZA 29 H 11
Faedo O 5 B 11
Faeira C 3 B 6
Fago HU 11 D 27
Faidella (Coll de) L 23 F 33
Faido VI 19 D 22
Fajana (Punta de la) TF 126 D 2
Fajanita (La) Gran Canaria GC 114 B 2
Faladoira (Sierra de) C 3 B 6
Falces NA 20 E 24
Falcones (Punta) La Gomera TF 118 B 3
Falgons GI 24 F 37
Falset T 51 I 32
Famara Lanzarote GC 123 E 3
Famorca A 74 Q 29
Fanadix A 75 Q 30
Fangar (El) T 51 J 32
Fanlo HU 22 E 29
Fanzara CS 62 L 29
Fañanás HU 21 F 29
Fao C 13 D 5
Faraján MA 99 W 14
Farallós (Isla Os) LU 4 A 7
Faramontanos de Tábara ZA 29 G 12
Faramontaos OR 13 E 6
Farasdués Z 20 F 26
Farena T 37 I 33
Fariza ZA 29 H 11
Farlete Z 35 G 28
Faro LU 4 A 7
Faro (Porto do) PO 13 E 6
Faro (Sierra del) LU 13 E 6
Farrera L 23 E 33
Fasgar LE 15 D 11
Fasnia Tenerife TF 129 G 4
Fastias O 5 B 10
Fataga (Barranco de) Gran Canaria GC 116 D 4
Fatarella (La) T 50 I 31
Fátima GR 83 S 21
Fátima (Castillo de) CA 99 V 13
Faura V 62 M 29
Faustino SE 79 S 12
Favara V 74 O 29
Favàritx (Cap de) PM 106 M 42
Faxilda (Punta) PO 12 E 3
Fayón Z 36 I 31
Fayón-Pobla de Massaluca (Estació) T 36 I 31
Fayos (Los) Z 34 G 24
Fazay LU 4 C 7
Fazouro LU 4 B 8
Féa OR 13 F 6
Feáns C 3 C 4
Feás C 3 A 6
Feás OR 13 E 5
Febró (La) T 37 I 32
Feces de Abaixo OR 28 G 7
Feixa L 23 E 33
Felanitx PM 105 N 39
Felechares LE 15 F 11
Felechas LE 16 D 14
Felechosa O 6 C 13
Felguera (La) O 6 C 13
Felgueras O 5 C 12
Felipa (La) AB 72 O 24
Felipes (Los) V 61 M 26
Felix AL 102 V 22
Félix Méndez GR 94 U 19
Felmín LE 16 D 13
Femés Lanzarote GC 122 B 5
Fenazar MU 85 R 26
Fene C 3 B 5
Férez AB 84 Q 23
Feria BA 67 Q 10
Feria do Monte LU 4 C 7
Ferial (Embalse de El) NA 20 F 25
Fermoselle ZA 29 I 10
Fernán Caballero CR 70 O 18
Fernán Núñez CO 81 S 15
Fernán Núñez (Estación de) CO 81 S 16
Fernán Pérez AL 103 V 23
Fernandina J 82 R 19
Fernandina (Embalse de la) J 82 R 19
Fernando de Aragón (Parador) Sos del Rey Católico Z 20 E 26
Ferral del Bernesga LE 16 E 13
Ferreira LU 3 D 6
Ferreira GR 95 U 20
Ferreira Valadouro LU 4 B 7
Ferreiras LU 14 D 8
Ferreiravella LU 4 C 8
Ferreiro C 3 D 5
Ferreiros cerca de Baralla LU 14 D 8
Ferreiros cerca de Puebla de Brollón LU 14 E 7
Ferrer (Son) PM 104 N 37
Ferreras de Abajo ZA 29 G 11
Ferreras de Arriba ZA 29 G 11
Ferreres (Aqüeducte de les) T 37 I 33
Ferreries PM 106 M 42
Ferreruela ZA 29 G 11
Ferreruela de Huerva TE 48 I 26
Ferro (Monte) PO 12 F 3
Ferrol C 3 B 5
Ferrol (Ría de) C 3 B 5
Fervenza (Embalse de) C 12 D 3
Fesnedo O 5 C 11
Figal (La) O 5 B 10
Figaredo O 5 C 12
Figaró (El) B 38 G 36
Figarol NA 20 E 25
Figols L 22 F 32
Figols B 24 F 35
Figols d'Organyà L 23 F 34
Figueirido PO 12 E 4
Figuera (La) T 36 I 32
Figueral (es) PM 87 O 34
Figueras O 4 B 8
Figueres GI 25 F 38
Figuerola del Camp T 37 H 33
Figuerola d'Orcau L 23 F 32
Figueroles CS 62 L 29
Figuerosa (La) L 37 G 33
Figueruela de Arriba ZA 29 G 10
Figueruela de Sayago ZA 29 I 12
Figueruelas Z 34 G 26
Filgueira LU 13 D 6
Filgueira PO 13 F 5
Filgueiras C 3 B 5
Filiel LE 15 E 11
Filipinas (Las) A 85 S 27
Finca Villalpardillo CU 72 O 23
Fincas la Dehesilla y Carazo BA 66 Q 8
Fines AL 96 T 23
Finestrat A 74 Q 29
Finestrelles (Pic de) GI 24 E 36
Finisterre (Cabo) / Fisterra (Cabo) C 2 D 2
Finisterre (Embalse de) TO 58 N 19
Finolledo LE 15 E 10
Fiñana AL 95 U 21
Fiobre C 3 C 5
Fiolleda LU 14 E 7
Fión LU 13 E 7
Fíos O 6 B 14
Firgas Gran Canaria GC 115 E 2
Fiscal HU 21 E 29
Fisterra C 2 D 2
Fisterra (Cabo) / Finisterre (Cabo) C 2 D 2
Fistéus LU 14 E 8
Fitero NA 20 F 24
Fito (Mirador del) O 6 B 14
Fitoiro OR 14 F 7
Flaçà GI 25 F 38
Flariz OR 27 G 7
Flix T 36 I 31
Flix (Pantà de) T 36 I 31
Florderrei OR 28 G 8
Florejacs L 37 G 33
Flores de Ávila AV 44 J 14
Floresta (La) L 37 H 32
Florida (La) H 91 T 9
Florida (La) Tenerife TF 127 G 3
Florida de Liébana SA 43 I 12
Flumen HU 21 F 28
Fluvià (El) GI 24 F 37
Fofe PO 13 F 4
Fogars B 38 G 38
Fogars de Montclús B 38 G 37
Foia (La) A 86 R 27
Foia (La) Castelló CS 62 L 29
Foixà GI 25 F 38
Foldada P 17 D 16
Folgosa LU 4 D 8
Folgoso PO 13 E 4
Folgoso de la Ribera LE 15 E 11
Folgoso do Courel LU 14 E 8
Folgueiras O 4 B 8
Folgueiro LU 4 A 7
Folgueras O 5 B 11
Folgueroles B 38 G 36
Folladela C 3 D 5
Folledo LE 15 D 12
Fombellida S 17 D 17
Fombellida VA 31 G 17
Fombuena Z 48 I 26
Fompedraza VA 31 H 17
Foncastín VA 30 H 14
Foncea LO 18 E 20
Foncebadón LE 15 E 10
Fondarella L 37 H 32
Fondevila OR 27 G 5
Fondó de les Neus (El) / Hondón de las Nieves A 85 R 27
Fondón AL 102 V 21
Fondos de Vega O 15 D 10
Fonelas GR 95 T 20
Fonfría TE 48 J 26
Fonfría cerca de Fonsagrada LU 4 C 9
Fonfría cerca de Triacastela LU 14 D 8
Fonfría (Puerto de) TE 48 J 26

España 147

Fonolleres *L* 37 H 33
Fonollosa *B* 37 G 35
Fonsagrada (A) *LU* 4 C 8
Font Calders *B* 23 F 35
Font de la Figuera
(Estació de la) *V* 73 P 27
Font de la Figuera (La) *V* 73 P 27
Font d'en Carròs (La) *V* 74 P 29
Font d'en Segures (La) *CS* 50 K 29
Font-Mezquitas *A* 86 Q 28
Font Roja
(Santuari de la) *A* 74 Q 28
Font-rubí *B* 37 H 34
Fontán *C* 3 B 5
Fontanar *GU* 46 J 20
Fontanar *CO* 93 T 15
Fontanar *J* 83 S 21
Fontanarejo *CR* 69 O 16
Fontanars dels Alforins *V* 74 P 27
Fontaneira *LU* 4 C 8
Fontanella
(Serra de la) *A* 74 P 27
Fontanil de los Oteros *LE* 16 E 13
Fontanillas de Castro *ZA* 29 G 12
Fontanilles *GI* 25 F 39
Fontanosas *CR* 69 P 16
Fontañera (La) *CC* 54 N 8
Fontcoberta *GI* 25 F 38
Fontdepou *L* 36 G 32
Fonte da Cova *LE* 14 F 9
Fontecha *VI* 18 D 20
Fontecha *S* 7 C 17
Fontecha *P* 17 D 15
Fontecha *LE* 15 E 12
Fontefría *OR* 14 F 7
Fontellas *NA* 20 F 25
Fontelles *B* 37 G 34
Fontenebro-Mirador de la Sierra
(Dominio de) *M* 45 K 18
Fonteo *LU* 4 C 8
Fontibre *S* 7 C 17
Fontihoyuelo *VA* 16 F 14
Fontioso *BU* 32 G 18
Fontiveros *AV* 44 J 15
Fontllonga *L* 36 G 32
Fontoria *LE* 14 D 10
Fontoria de Cepeda *LE* 15 E 11
Fonts (Les) *Castelló CS* 63 L 30
Fontscaldes *T* 37 I 33
Fonz *HU* 22 F 30
Fonzaleche *LO* 18 E 20
Foradada *L* 37 G 33
Foradada *Mallorca PM* 104 M 37
Foradada
(Collado de) *HU* 22 E 31
Foradada del Toscar *HU* 22 E 31
Forca *L* 21 D 27
Forcadas (Embalse de) *C* 3 B 5
Forcadela *PO* 12 G 3
Forcall *CS* 49 K 29
Forcarei *PO* 13 E 4
Forcat *HU* 22 E 32
Forcayao (Alto de) *O* 5 B 10
Forès *T* 37 H 33
Forfoleda *SA* 43 I 12
Forgoselo (Sierra de) *C* 3 B 5
Formariz *ZA* 29 H 11
Formentera del Segura *A* 85 R 27
Formentor
(Cap de) *PM* 105 N 39
Formiche Alto *TE* 49 L 27
Formiche Bajo *TE* 61 L 27
Formiga *O* 21 F 29
Formigal (El) *HU* 21 D 28
Formigales *HU* 22 E 30
Formigones *LE* 15 D 12
Formigueiro (O) *OR* 14 F 8
Forna *LE* 14 F 10
Forna *A* 74 P 29
Fornalutx *PM* 104 M 38
Fornelas *LU* 14 E 7
Fornells
cerca de Girona GI 25 G 38
Fornells *cerca de Ribes GI* 24 F 36
Fornells *Menorca PM* 106 L 42
Fornells (Badia de) *PM* 106 L 42
Fornells de Mar *GI* 25 G 39
Fornelos *C* 2 C 3
Fornelos
cerca de A Garda PO 26 G 3
Fornelos
cerca de Ponteareas PO 12 F 4
Fornelos de Montes *PO* 13 E 4
Fornes *GR* 101 V 18
Fornillos *HU* 36 G 30
Fornillos de Alba *ZA* 29 H 11
Fornillos de Fermoselle *ZA* 29 H 11
Fornis *C* 2 D 2
Fórnoles *TE* 50 J 30
Fórnols *L* 23 F 34
Foronda *VI* 19 D 21
Forriolo (Alto de) *OR* 13 F 6
Fortaleny *V* 74 O 29
Fortanete *TE* 49 K 28
Fortià *GI* 25 F 39
Fortuna *MU* 85 R 26
Forua *BI* 9 C 21
Forxa (A)
A Porqueira OR 13 F 6
Forzans *PO* 13 E 4
Fosado *HU* 22 E 30
Fosca (Vall) *L* 23 E 32
Foxo *PO* 13 D 4
Foz *LU* 4 B 8
Foz Calanda *TE* 49 J 29
Foz de Biniés *HU* 21 E 27
Foz de Mieres (La) *O* 5 C 12
Fradellos *ZA* 29 G 11
Frades *LU* 14 D 7
Frades *C* 3 C 5
Frades de la Sierra *SA* 43 K 12
Fraella *HU* 35 G 29
Fraga *HU* 36 H 31
Fraga (A) *OR* 13 F 5
Frage (El) *GR* 94 T 19
Fragén *HU* 21 E 29
Frago (El) *Z* 21 F 27
Fragosa *CC* 43 K 11
Fraguas (Las) *S* 7 C 17
Fraguas (Las) *SO* 33 G 21
Fraile (Peña del) *S* 8 B 19
Fraile (Rivera del) *BA* 66 O 8
Frailes *J* 94 T 18
Frailes (Los) *CR* 71 O 19
Frairia *LU* 4 C 8
Fraja *CA* 99 W 12
Frameán *LU* 13 D 6
Franca (La) *O* 7 B 16
Francas (Las) *SE* 80 S 13
Francelos *OR* 13 F 5
Franceses *La Palma TF* 131 C 3
Francho *Z* 20 F 25
Francolí (El) *T* 37 H 33
Francos *SG* 32 H 19
Francos *LU* 14 D 8
Frandoviñez *BU* 17 F 18
Franqueira (A) *PO* 13 F 4
Franza *C* 3 B 5
Frasno (El) *Z* 34 H 25
Frasno (Puerto del) *Z* 34 H 25
Fraussa (Roc de) *GI* 24 E 38
Frayás *LU* 4 B 7
Frecha (La) *O* 5 C 12
Frechilla *P* 16 F 15
Frechilla *SO* 33 H 22
Fredes *CS* 50 J 30
Fregenal
de la Sierra *BA* 79 R 10
Fregeneda (La) *SA* 42 J 9
Freginals *T* 50 J 31
Freigamuñoz
(Arroyo) *BA* 66 Q 8
Freila *GR* 95 T 21
Freixeiro *LU* 14 E 7
Freixeiro *C* 2 C 3
Freixial *BA* 66 P 8
Freixido *OR* 14 E 8
Freixo *C* 3 B 6
Freixo *LU* 14 D 8
Freixo *OR* 13 F 6
Fréscano *Z* 34 G 25
Freser i Setcases
(Reserva nacional de) *GI* 24 E 36
Fresnadillo *ZA* 29 H 11
Fresneda *VI* 18 D 20
Fresneda *BU* 18 F 20
Fresneda *CR* 82 Q 19
Fresneda (La) *MA* 100 V 16
Fresneda (La) *TE* 50 J 30
Fresneda (La) *TO* 57 M 15
Fresneda
de Altarejos *CU* 60 M 23
Fresneda de Cuéllar *SG* 31 I 16
Fresneda
de la Sierra *CU* 47 K 23
Fresnedelo *LE* 15 D 10
Fresnedilla *AV* 57 L 16
Fresnedilla
(Casa Forestal La) *J* 83 R 21
Fresnedilla (La) *J* 83 R 21
Fresnedillas
de la Oliva *M* 45 K 17
Fresnedo *S* 8 C 19
Fresnedo *LE* 15 D 10
Fresnedo
de Valdellorma *LE* 16 D 14
Fresnedoso *SA* 43 K 12
Fresnedoso de Ibor *CC* 56 M 13
Fresneña *BU* 18 E 20
Fresnillo
de las Dueñas *BU* 32 H 19
Fresno (El) *AV* 44 K 15
Fresno (El) *CR* 69 P 16
Fresno (El) *CC* 55 L 10
Fresno (Portillo de) *BU* 18 E 18
Fresno Alhándiga *SA* 43 J 13
Fresno
de Cantespino *SG* 32 H 19
Fresno de Caracena *SO* 32 H 20
Fresno de la Fuente *SG* 32 H 19
Fresno
de la Polvorosa *ZA* 29 F 12
Fresno de la Ribera *ZA* 30 H 13
Fresno de la Vega *LE* 16 E 13
Fresno de Riotirón *BU* 18 E 20
Fresno de Rodilla *BU* 18 E 19
Fresno de Sayago *ZA* 29 I 12
Fresno de Torote *M* 46 K 19
Fresno del Río *P* 16 D 15
Fresno el Viejo *VA* 44 I 14
Freu (Cap d'es) *PM* 105 M 40
Frexulfe *LU* 4 B 7
Frías *BU* 18 D 20
Frías de Albarracín *TE* 48 K 25
Frieira
(Embalse de) *OR* 13 F 5
Friera *LE* 14 E 9
Friera de Valverde *ZA* 29 G 12
Frigiliana *MA* 101 V 18
Frio *GR* 93 U 17
Friol *LU* 3 C 6
Frixe *C* 2 C 2
Frollais *LU* 14 D 7
Frómista *P* 17 F 16
Fronfría *ZA* 29 H 11
Frontera *El Hierro TF* 108 C 2
Frontera (La) *CU* 47 K 23
Frontón *LU* 13 E 7
Frouxeira (Punta) *C* 3 B 5
Fruiz *BI* 9 C 21
Frula *HU* 35 G 28
Frumales *SG* 31 H 17
Fuego (Montañas del)
Lanzarote GC 122 C 4
Fuejo *O* 5 B 12
Fuembellida *GU* 47 J 24
Fuen del Cepo *TE* 61 L 27
Fuen-Vich *V* 73 N 26
Fuencalderas *Z* 21 E 27
Fuencalenteja *BU* 17 E 17
Fuencaliente *SO* 32 G 20
Fuencaliente *GR* 83 S 22
Fuencaliente
cerca de Bañuela CR 81 Q 17
Fuencaliente *cerca*
de Las Peralosas CR 70 O 17
Fuencaliente (Punta de)
La Palma TF 132 C 7
Fuencaliente de la Palma
La Palma TF 132 C 7
Fuencaliente
de Lucio *BU* 17 D 17
Fuencarral *M* 46 K 19
Fuencemillán *GU* 46 J 20
Fuencubierta *CO* 81 S 15
Fuendecampo *HU* 22 E 30
Fuendejalón *Z* 34 G 25
Fuendelada (La) *TE* 49 K 27
Fuendetodos *Z* 35 H 27
Fuenferrada *TE* 49 J 26
Fuengirola *MA* 100 W 16
Fuenlabrada *M* 58 L 18
Fuenlabrada *AB* 72 Q 23
Fuenlabrada
de los Montes *BA* 69 O 15
Fuenllana *CR* 71 P 21
Fuenmayor *LO* 19 E 22
Fuensaldaña *VA* 30 G 15
Fuensalida *TO* 58 L 17
Fuensanta *O* 6 B 13
Fuensanta *AB* 72 O 23
Fuensanta *GR* 94 U 18
Fuensanta
(Ermita de la) *J* 82 S 19
Fuensanta
(Ermita de la) *SE* 93 U 15
Fuensanta (La) *AB* 72 P 23
Fuensanta
(Santuario de la) *MU* 85 S 26
Fuensanta
de Martos *J* 82 T 18
Fuensaúco *SO* 33 G 22
Fuensaviñán (La) *GU* 47 J 22
Fuente *H* 91 T 10
Fuente (La) *AL* 96 T 24
Fuente
(Santibáñez de la) *O* 6 C 13
Fuente Álamo *AB* 73 P 25
Fuente Álamo *MU* 85 S 26
Fuente Alamo *J* 94 T 17
Fuente Alhama *CO* 93 T 17
Fuente Amarga *AL* 96 T 24
Fuente Arcada
(Ermita de) *CC* 55 L 9
Fuente Blanca *MU* 85 R 26
Fuente Caldera *GR* 95 T 20
Fuente Camacho *GR* 93 U 17
Fuente Carreteros *CO* 80 S 14
Fuente Dé *S* 6 C 15
Fuente de Cantos *BA* 79 R 11
Fuente de la Corcha *H* 90 T 9
Fuente de la Torre *J* 83 R 20
Fuente
de Pedro Naharro *CU* 59 M 20
Fuente de Piedra *MA* 93 U 15
Fuente
de San Esteban (La) *SA* 43 J 11
Fuente
de Santa Cruz *SG* 45 I 16
Fuente de Taif *AB* 84 Q 23
Fuente del Arco *BA* 80 R 12
Fuente del Fresno *M* 46 K 19
Fuente del Gallo *CA* 98 X 11
Fuente del Maestre *BA* 67 Q 10
Fuente del Pino *MU* 73 Q 26
Fuente del Villar *CU* 60 M 24
Fuente El Carnero *ZA* 29 I 12
Fuente el Fresno *CR* 70 O 18
Fuente el Olmo
de Fuentidueña *SG* 31 H 18
Fuente el Olmo
de Íscar *SG* 31 I 16
Fuente el Sauz *AV* 44 J 15
Fuente el Saz
de Jarama *M* 46 K 19
Fuente el Sol *VA* 44 I 15
Fuente Encalada *ZA* 15 F 12
Fuente Grande *GR* 94 U 19
Fuente Higuera *AB* 84 Q 23
Fuente la Lancha *CO* 81 Q 14
Fuente la Reina *CS* 62 L 28
Fuente Librilla *MU* 85 S 25
Fuente Obejuna *CO* 80 R 13
Fuente Olmedo *VA* 31 I 16
Fuente Palmera *CO* 80 S 14
Fuente Pardiñas
(Balneario de) *LU* 3 C 6
Fuente Pinilla *J* 83 R 21
Fuente Santa
(Estación de) *AL* 95 U 22
Fuente Segura *J* 83 R 21
Fuente Tójar *CO* 94 T 17
Fuente-Urbel *BU* 17 E 18
Fuente Vaqueros *GR* 94 U 18
Fuente Victoria *AL* 102 V 21
Fuentealbilla *AB* 73 O 25
Fuentearmegil *SO* 32 G 20
Fuentebravía *CA* 98 W 11
Fuentecambrón *SO* 32 H 20
Fuentecantales *SO* 32 G 21
Fuentecantos *SO* 33 G 22
Fuentecén *BU* 31 H 18
Fuentefría (Puerto de) *PO* 13 F 5
Fuentegelmes *SO* 33 H 22
Fuenteguinaldo *SA* 42 K 9
Fuenteheridos *H* 79 S 10
Fuentelahiguera
de Albatages *GU* 46 J 20
Fuentelapeña *ZA* 30 I 13
Fuentelárbol *SO* 33 H 21
Fuentelcarro *SO* 33 H 22
Fuentelcésped *BU* 32 H 19
Fuentelencina *GU* 46 K 21
Fuentelespino de Haro *CU* 59 M 21
Fuentelespino de Moya *CU* 61 M 25
Fuenteliante *SA* 42 J 10
Fuentelmonge *SO* 33 H 23
Fuentelsaz *SO* 33 G 22
Fuentelsaz *GU* 48 I 24
Fuentelviejo *GU* 46 K 21
Fuentemilanos *SG* 45 J 17
Fuentemizarra *SG* 32 H 19
Fuentemolinos *BU* 31 H 18
Fuentenebro *BU* 32 H 18
Fuentenovilla *GU* 46 K 20
Fuentepelayo *SG* 31 I 17
Fuentepinilla *SO* 33 H 21
Fuentepiñel *SG* 31 H 17
Fuenterrabía /
Hondarribia *SS* 10 B 24
Fuenterrabiosa *BU* 8 C 19
Fuenterrebollo *SG* 31 I 18
Fuenterroble
de Salvatierra *SA* 43 K 12
Fuenterrobles *V* 61 N 25
Fuentes *CU* 60 M 23
Fuentes *TO* 57 M 14
Fuentes (Las) *CR* 82 Q 19
Fuentes (Las) *AB* 73 O 26
Fuentes
(Puerto de las) *AV* 44 K 14
Fuentes Calientes *TE* 49 J 27
Fuentes Carrionas *P* 17 D 16
Fuentes Carrionas
(Reserva nacional) *P* 17 D 15
Fuentes Claras *TE* 48 J 26
Fuentes de Ágreda *SO* 34 G 24
Fuentes
de Andalucía *SE* 92 T 13
Fuentes de Año *AV* 44 I 15
Fuentes de Ayódar *CS* 62 L 28
Fuentes de Béjar *SA* 43 K 12
Fuentes de Carbajal *LE* 16 F 13
Fuentes de Cesna *GR* 93 U 17
Fuentes de Cuéllar *SG* 31 H 17
Fuentes de Ebro *Z* 35 H 28
Fuentes de Jiloca *Z* 34 I 25
Fuentes
de la Alcarria *GU* 46 J 21
Fuentes de Léon *BA* 79 R 10
Fuentes de los Oteros *LE* 16 E 13
Fuentes de Nava *P* 30 F 15
Fuentes de Oñoro *SA* 42 K 9
Fuentes de Piedralá *CR* 70 O 17
Fuentes de Ropel *ZA* 30 F 13
Fuentes de Rubielos *TE* 62 L 28
Fuentes de Valdepero *P* 31 F 16
Fuentesanta
(Ermita de) *CC* 68 O 12
Fuentesaúco *ZA* 30 I 13
Fuentesaúco
de Fuentidueña *SG* 31 H 17
Fuentesbuenas *CU* 60 L 22
Fuentesclaras *CU* 60 L 23
Fuentesecas *ZA* 30 H 13
Fuentesoto *SG* 31 H 18
Fuentespalda *TE* 50 J 30
Fuentespina *BU* 32 H 18
Fuentespreadas *ZA* 29 I 13
Fuentestrún *SO* 33 G 23
Fuentetecha *SO* 33 G 23
Fuentetoba *SO* 33 G 22
Fuentetovar *SO* 33 H 21
Fuentidueña *SG* 31 H 18
Fuentidueña *CO* 81 S 17
Fuentidueña de Tajo *M* 59 L 20
Fuerte del Rey *J* 82 S 18
Fuertescusa *CU* 47 K 23
Fueva (La) *HU* 22 E 30
Fuliola (La) *L* 37 G 33
Fulleda *L* 37 H 33
Fumaces (Alto de) *OR* 28 G 7
Funes *NA* 20 F 24
Furco *LU* 13 E 6
Fustiñana *NA* 20 F 25

G

Gabaldón *CU* 60 N 24
Gabar *AL* 84 S 23
Gabarda / Gavarda *V* 74 O 28
Gabás *HU* 22 E 31
Gabasa *HU* 22 F 31
Gabia la Chica *GR* 94 U 19
Gabia la Grande *GR* 94 U 18
Gabica *BI* 9 B 22
Gabiria *SS* 10 C 23
Gabriel Y Galán
(Embalse de) *CC* 56 L 11
Gádor *AL* 103 V 22
Gaena *CO* 93 T 16
Gafarillos *AL* 96 U 23
Gaià *B* 38 G 35
Gaià (El) *T* 37 H 34
Gaianes *A* 74 P 28
Gaibiel *CS* 62 M 28
Gaintza *SS* 10 C 23
Gainzta *NA* 10 C 23
Gaioso *LU* 3 C 6
Gaitanejo
(Embalse de) *MA* 100 V 15
Gaitanes
(Desfiladero de los) *MA* 100 V 15
Gajanejos *GU* 46 J 21
Gajates *SA* 44 J 13
Galachar *AL* 103 V 22
Galapagar *M* 45 K 17
Galapagar *J* 82 S 18
Galapagares *SO* 32 H 21
Galápagos *GU* 46 J 19
Galarde *BU* 18 E 19
Galaroza *H* 79 S 9
Galatzó *PM* 104 N 37
Galbarra *NA* 19 D 23
Galbarros *BU* 18 E 19
Galbárruli *LO* 18 E 21
Galdakao *BI* 9 C 21
Galdames *BI* 8 C 20
Gáldar
Gran Canaria GC 114 D 1
Galende *ZA* 14 F 10
Galera *GR* 83 S 22
Galera (La) *T* 50 J 31
Galga (La) *La Palma TF* 131 D 3
Galho (Cresta del) *MU* 85 S 26
Galilea *LO* 19 E 23
Galilea *Mallorca PM* 104 N 37
Galinduste *SA* 44 K 13
Galiñeiro *PO* 12 F 3
Galisancho *SA* 44 J 13
Galisteo *CC* 55 M 11
Galiz (Puerto de) *CA* 99 W 13
Galizano *S* 8 B 18
Galizuela *BA* 68 P 14
Gallardo *AB* 72 P 22
Gallardos (Cuesta los) *J* 94 T 19
Gallardos (Los) *AL* 96 U 24
Gallartu *BI* 9 C 21
Gallega (La) *BU* 32 G 20
Gallega (Marisma) *SE* 91 U 11
Gállego (Río) *AR* 21 E 29
Gallegos *SG* 45 I 18
Gallegos
Gran Canaria GC 117 E 4
Gallegos *La Palma TF* 131 C 3
Gallegos
de Altamiros *AV* 44 J 15
Gallegos de Argañán *SA* 42 K 9
Gallegos de Hornija *VA* 30 H 14
Gallegos
de San Vicente *AV* 45 J 16
Gallegos
de Sobrinos *AV* 44 J 14
Gallegos
de Solmirón *SA* 44 K 13
Gallegos del Campo *ZA* 29 G 10
Gallegos del Pan *ZA* 30 H 13
Gallegos del Río *ZA* 29 G 11
Galleguillos *SA* 44 J 13
Galleguillos
de Campos *LE* 16 F 14
Galleiro *PO* 12 F 4
Gallejones *BU* 18 D 18
Galletas (Las)
Tenerife TF 128 E 5
Gallifa *B* 38 G 36
Gallina (Cerro de la) *GR* 94 U 17
Gallinero *SO* 33 G 22
Gallinero *AB* 73 P 26
Gallinero
de Cameros *LO* 19 F 22
Gallinero de Rioja *LO* 18 E 21
Galliners *GI* 25 F 38
Gallipienzo *NA* 20 E 25
Gallipienzo Nuevo *NA* 20 E 25
Gallo (El) *SE* 93 T 15
Gallocanta *Z* 48 J 25
Gallos (Los) *CA* 98 W 11
Gallués / Galoze *NA* 11 D 26
Gallur *Z* 34 G 26
Galoze / Gallués *NA* 11 D 26
Galve *TE* 49 K 27
Galve de Sorbe *GU* 46 I 20
Galves (Los) *GR* 102 V 20
Gálvez *TO* 58 M 17
Gama *S* 8 B 19
Gamero *CR* 58 N 17
Gamiz-Fika *BI* 9 C 21
Gamo *BA* 44 J 14
Gamonal *AV* 44 J 14
Gamonal *BU* 18 E 18
Gamonal *S* 7 C 18
Gamonal *TO* 57 M 15
Gamonero *CR* 69 N 15
Gamones *ZA* 29 H 11
Ganadera *TO* 57 L 15
Gáname *ZA* 29 H 11
Ganchoza (La) *SE* 80 S 12
Gándara *Boimorto C* 3 C 5
Gándara *Narón C* 3 B 5
Gandarela *PO* 13 F 5
Gandarilla *S* 7 B 16
Gandesa *T* 50 I 31

A B C D E F G H I J K L M N O P Q R S T U V W X Y Z

148 España

A B C D E F G H I J K L M N O P Q R S T U V W X Y Z

Gandia V 74 P 29
Gando (Punta de)
Gran Canaria GC 117 G 3
Gandul SE 92 T 12
Gandullas M 46 I 19
Ganillas
de Aceituno MA 101 V 17
Ganso (El) LE 15 E 11
Ganuza NA 19 D 23
Gañidoira (Porto da) LU 3 B 6
Gañinas P 17 E 15
Gañuelas cerca de Alhama
de Murcia MU 85 S 25
Gañuelas cerca
de La Majada MU 85 T 25
Garaballa CU 61 M 25
Garabás OR 13 E 5
Garabato (El) CO 81 S 15
Garachico La Palma TF 131 D 3
Garachico Tenerife TF 126 C 3
Garafía La Palma TF 130 B 3
Garai BI 10 C 22
Garaioa NA 11 D 26
Garajonay
La Gomera TF 118 C 2
Garapacha (La) MU 85 R 26
Garapinillos Z 34 G 26
Garbayuela BA 69 O 15
Garcia T 50 I 31
García (Collado) AL 96 U 23
García de Sola
(Embalse de) BA 69 O 14
Garciaz CC 56 N 13
Garcibuey SA 43 K 12
Garcíez cerca de Jaén J 82 S 18
Garcíez cerca de Jódar J 82 S 19
Garcíez Jimena
(Estación de) J 82 S 19
Garcihernández SA 44 J 13
Garcillán SG 45 J 17
Garcinarro CU 59 L 21
Garciotún TO 57 L 16
Garcipollera (La) HU 21 E 28
Garcirrey SA 43 J 11
Garcisobaco CA 99 W 13
Garde NA 11 D 27
Garfín LE 16 D 14
Gargaligas BA 68 O 13
Gargallà B 37 G 35
Gargallo TE 49 J 28
Garganchón BU 18 F 20
Garganta BA 69 P 15
Garganta (La) CR 81 Q 16
Garganta (La) CC 43 L 12
Garganta (Puerto de la) O 4 B 8
Garganta de la Yecla BU 32 G 19
Garganta
de los Montes M 46 J 18
Garganta del Villar AV 44 K 14
Garganta la Olla CC 56 L 12
Gargantiel CR 69 P 15
Gargantilla TO 57 N 15
Gargantilla CC 56 L 12
Gargantilla del Lozoya M 46 J 18
Gargantón (El) CR 70 O 17
Gárgoles de Abajo GU 47 J 22
Gárgoles de Arriba GU 47 J 22
Gargüera CC 56 L 12
Gargüera
(Embalse de) CC 56 M 12
Garidells (Els) T 37 I 33
Garínoain NA 20 E 25
Garísoain NA 10 D 24
Garita (La) GC 115 G 2
Garlitos BA 69 P 14
Garnatilla (La) GR 102 V 19
Garos L 22 D 32
Garraf B 38 I 35
Garraf
(Parc natural de) B 38 I 35
Garrafe de Torío LE 16 D 13
Garralda NA 11 D 26
Garrapata
(Sierra de la) CC 55 M 9
Garray SO 33 G 22
Garriga (La) B 38 G 36
Garrigàs GI 25 F 38
Garrigoles GI 25 F 39
Garriguella GI 25 E 39
Garrobillo MU 97 T 25
Garrobo (El) SE 79 T 11
Garrofa (La) AL 103 V 22
Garrotxa
(Parc natural de la) GI 24 F 37
Garrovilla (La) BA 67 P 10
Garrovillas
de Alconétar CC 55 M 10
Garrucha AL 96 U 24
Garsola L 37 G 33
Garvín CC 56 M 13
Garza
(Embalse de la) BA 68 P 11
Garza (La) BA 68 P 11
Gascones M 46 I 19
Gasconilla
(Ermita de) TE 49 L 27
Gascueña CU 60 L 22
Gascueña
de Bornova GU 46 I 20
Gasset (Embalse de) CR 70 O 18
Gastiáin NA 19 D 23
Gastor (El) CA 92 V 14
Gasulla
(Barranc de la) CS 50 K 29
Gata CC 55 L 10
Gata (Cabo de) AL 103 V 23
Gata (Faro de) AL 103 V 23
Gata de Gorgos A 74 P 30
Gatika BI 8 B 21
Gato CO 81 R 15
Gato GR 84 S 23
Gatón de Campos VA 30 F 15
Gatos H 91 T 10
Gátova V 62 M 28
Gaucín MA 99 W 14
Gautegiz-Arteaga BI 9 B 22
Gavà B 38 I 36
Gavarda / Gabarda V 74 O 28
Gavarra L 23 F 33
Gavarres (Les) GI 25 G 38
Gavàs L 23 E 33
Gavet L 23 F 32
Gavilanes AV 57 L 15
Gavín HU 21 E 29
Gaviota (Punta)
La Gomera TF 119 D 3
Gaviotas (Las) GU 47 K 21
Gayangos BU 18 C 19
Gazeo VI 19 D 22
Gázquez (Los) AL 96 T 24
Gaztelu SS 10 C 23
Gaztelugatxe BI 9 B 21
Gea de Albarracín TE 48 K 25
Gebas MU 85 S 25
Gejo
de Diego Gómez SA 43 J 11
Gejo de los Reyes (El) SA 43 I 11
Gejuelo del Barro SA 43 I 11
Geldo CS 62 M 28
Gelgaiz LU 3 B 6
Gelida B 38 H 35
Gelsa Z 35 H 28
Gelves SE 91 T 11
Gema ZA 29 H 13
Gemuño AV 44 K 15
Genal MA 100 W 14
Genalguacil MA 99 W 14
Génave J 83 Q 21
Genestacio LE 15 F 12
Genestosa LE 5 C 11
Genestoso O 5 C 10
Genevilla NA 19 E 22
Genicera LE 16 D 13
Genovés (El) V 74 P 28
Ger GI 24 E 35
Geras LE 15 D 12
Gerb L 36 G 32
Gerbe HU 22 E 30
Gerena SE 91 T 11
Gérgal AL 95 U 22
Gergal (El) SE 79 T 11
Gergal (Embalse de) SE 91 T 11
Geria VA 30 H 15
Geria (La)
Lanzarote GC 122 C 4
Gerindote TO 58 M 17
Gernika-Lumo BI 9 C 21
Gerri de la Sal L 23 F 33
Gertusa Z 35 I 28
Ges (El) L 23 F 34
Gesalibar SS 10 C 22
Gésera HU 21 E 29
Gessa L 22 D 32
Gestalgar V 61 N 27
Gestoso LE 14 E 8
Getafe M 58 L 18
Getaria SS 10 C 23
Gete BU 32 G 20
Getxo BI 8 B 21
Gévora del Caudillo BA 67 P 9
Gibaja S 8 C 19
Gibalbín CA 91 V 12
Gibarrayo SE 80 S 13
Gibraleón H 90 T 9
Gibralgalia MA 100 V 15
Gibraltar
(Estrecho de) CA 99 X 13
Gigante MU 84 S 24
Gigante (Sierra) AL 84 S 23
Gigantes (Los)
Tenerife TF 128 B 4
Gigonza BA 79 R 10
Gijano BU 8 C 20
Gijón O 6 B 13
Gil-García AV 43 L 13
Gil Márquez H 78 S 9
Gila (La) AB 73 O 25
Gila (La) TO 57 N 15
Gilbuena AV 43 K 13
Gilena SE 93 U 15
Giles (Los) AL 96 U 23
Gilet V 62 M 29
Gilierna VI 18 D 21
Gimenells L 36 H 31
Gimialcón AV 44 J 14
Ginebrosa (La) TE 49 J 29
Ginés SE 91 T 11
Ginés (Punta)
Lanzarote GC 122 A 5
Ginesta (La) B 38 I 35
Ginestar T 50 I 31
Gineta (La) AB 72 O 23
Ginete (El) AB 84 Q 23
Giniginamar
Fuerteventura GC 113 G 4
Gío O 4 B 9
Giraba CS 62 L 28
Giralda GR 101 V 19
Girona GI 25 G 38
Gironda (La) SE 92 U 13
Gironella B 24 F 35
Gisclareny B 23 F 35
Gistaín HU 22 E 30
Gizaburuaga BI 10 C 22
Gloria (La) SE 92 T 13
Gobantes BU 18 D 19
Gobantes
(Estación de) MA 100 V 15
Gobernador GR 95 T 20
Gobiendes O 6 B 14
Godall T 50 K 31
Godán O 5 B 11
Godelleta V 62 N 27
Godojos Z 34 I 24
Godóns PO 13 F 5
Godos TE 48 J 26
Goente C 3 B 6
Goián LU 14 D 7
Goián PO 26 G 3
Goiás PO 13 D 5
Goiriz LU 3 C 7
Goizueta NA 10 C 24
Gójar GR 94 U 19
Gola de Migjorn T 51 J 32
Gola del Nord T 51 J 32
Gola del Perelló V 74 O 29
Golán C 3 D 5
Golfo (El) Lanzarote GC 122 B 4
Golfo (El)(Localidad)
Lanzarote GC 122 B 4
Golilla BA 67 O 9
Gollino TO 59 M 20
Golmayo SO 33 G 22
Golmés L 37 H 32
Golondrinas (Las) CC 56 N 11
Golopón (R.) GR 95 T 21
Golosalvo AB 73 O 25
Goloso (El) M 46 K 18
Golpejas SA 43 I 12
Gómara SO 33 H 23
Gombrèn GI 24 F 36
Gomeán LU 4 D 7
Gomecello SA 44 I 13
Gomeciego SA 43 I 11
Gomesende OR 13 F 5
Gómez Yáñez AB 73 P 25
Gómeznarro SG 32 I 19
Gómeznarro VA 30 I 15
Gomezserracín SG 31 I 17
Gonce LU 3 C 6
Gondar LU 4 C 7
Gondar PO 12 E 3
Gondomar PO 12 F 3
Gondrame LU 14 D 7
Gondulfes OR 28 G 7
Góngora (Punta de)
Gran Canaria GC 114 B 2
Gontán LU 4 B 7
Gonte C 2 D 3
Gonzar LU 13 D 6
Goñar MU 96 T 24
Goñi NA 10 D 24
Gopegui VI 19 D 21
Gor GR 95 T 21
Gorafe GR 95 T 20
Gorbeia PV 9 C 21
Gorbeia
(Parque Natural de) PV 9 C 21
Gorda (Punta)
Lanzarote GC 120 E 2
Gorda (Punta)
La Palma TF 130 A 3
Gorda (Sierra) GR 93 U 17
Gordaliza de la Loma VA 16 F 14
Gordaliza del Pino LE 16 E 14
Gordéliz VI 8 C 20
Gordo AL 84 S 23
Gordo (Cabezo) H 78 S 8
Gordo (El) CC 56 M 13
Gordo (Monte) H 90 T 7
Gordoa VI 19 D 22
Gordoncillo LE 16 F 13
Gorga A 74 P 28
Gorgullos Tordoia
(Estación de) C 3 C 4
Gorliz BI 8 B 21
Gormaz SO 32 H 20
Gornal (La) B 37 I 34
Goroeta SS 10 C 22
Gorozika BI 9 C 21
Gorramakil (Pico) NA 11 C 25
Gorriti NA 10 C 24
Gorza / Güesa NA 11 D 26
Gósol L 23 F 34
Gotarrendura AV 44 J 15
Gotor Z 34 H 25
Gozón de Ucieza P 17 E 16
Gózquez de Abajo M 58 L 19
Gózquez de Arriba M 58 L 19
Graba PO 13 D 5
Graceas (Las) J 83 Q 21
Gracia (Cabo de) CA 99 X 12
Graciosa (Isla)
Lanzarote GC 120 E 2
Gradefes LE 16 E 14
Graderas
(Cueva de las) TE 49 J 28
Grado O 5 B 11
Grado (El) HU 22 F 30
Grado del Pico SG 32 I 20
Grado I
(Embalse de) HU 22 F 30
Graja
(Cueva de la) J 82 S 19
Graja (La) CO 80 S 14
Graja
de Campalbo CU 61 M 26
Graja de Iniesta CU 60 N 24
Grajal LE 15 F 12
Grajal de Campos LE 16 F 14
Grajalejo de las Matas LE 16 E 13
Grajales J 82 S 18
Grajera SG 32 H 19
Grajo MA 100 V 15
Grajuela (La) AB 72 O 24
Gramedo P 17 D 16
Gramuntell L 37 H 33
Gran Alacant A 86 R 28
Gran Canaria (Aeropuerto de)
Gran Canaria GC 117 G 3
Gran Montaña
Fuerteventura GC 113 G 3
Gran Tarajal
Fuerteventura GC 113 G 4
Grana
(La Casa de la) AB 73 O 25
Grana (Sierra de la) CO 80 Q 13
Grana (Sierra de la) J 82 S 18
Granada GR 94 U 19
Granada (La) B 37 H 35
Granada (Vega de) GR 94 U 17
Granada
de Riotinto (La) H 79 S 10
Granadella (La) L 36 H 31
Granadella (La) A 75 P 30
Granadilla CC 56 L 11
Granadilla
de Abona Tenerife TF 129 F 5
Granado H 90 T 7
Granado (Canal de El) H 90 T 7
Granado (El) H 90 T 7
Granátula
de Calatrava CR 70 P 18
Grandas de Salime O 4 C 9
Grande C 2 C 2
Grande (Embalse) H 78 T 8
Grande (Laguna) TO 59 N 19
Grande (Puerto) CR 69 P 15
Grande (Sierra) BA 68 Q 11
Grande (Sierra) CC 55 M 10
Grande Fache HU 21 D 29
Grandes SA 43 J 11
Grandes AV 44 J 15
Grandiella O 5 C 12
Grandoso LE 16 D 14
Granera B 38 G 36
Granja (La) S 8 B 20
Granja (La) CC 56 L 12
Granja (Puerto de la) BA 79 R 10
Granja
(Sa) Mallorca PM 104 N 37
Granja Asumesa SE 92 U 12
Granja de Moreruela ZA 29 G 12
Granja de Rocamora A 85 R 27
Granja de San Ildefonso
(Los Jardines de La) SG 45 J 18
Granja
de Torrehermosa BA 80 R 13
Granja d'Escarp (La) L 36 H 31
Granja Muedra VA 31 G 16
Granjas (Las) TE 48 K 26
Granjuela (La) CO 80 Q 13
Granollers B 38 H 36
Granón LO 18 E 20
Granucillo ZA 29 F 12
Granyanella L 37 H 33
Granyena
de les Garrigues L 36 H 31
Granyena de Segarra L 37 H 33
Graña (A) PO 13 F 5
Grañas C 3 B 6
Grañén HU 35 G 28
Grañena (Estación de) J 82 S 18
Grañeras LE 16 E 14
Grao de Gandía V 74 P 29
Gratallops T 36 I 32
Grau (es) Menorca PM 106 M 42
Grau d'Almassora (El) CS 62 M 29
Grau de Borriana (El) CS 62 M 29
Grau de Castelló CS 62 M 30
Grau de la Granta L 23 F 33
Grau de València (El) V 62 N 29
Graus HU 22 F 31
Grávalos LO 33 F 24
Graya (La) AB 84 R 22
Grazalema CA 92 V 13
Gredilla BU 18 D 18
Gredos (Parador de) AV 44 K 14
Gredos
(Reserva nacional de) AV 57 L 14
Gregorio PO 13 F 5
Gréixer B 24 F 35
Gresande PO 13 E 5
Griego (El) AB 72 Q 23
Griegos TE 48 K 24
Grijalba BU 17 E 17
Grijota P 31 F 16
Grimaldo CC 55 M 10
Griñón M 58 L 18
Grisel Z 34 G 24
Grisén Z 34 G 26
Grisuela ZA 29 G 11
Grisuela del Páramo LE 15 E 12
Grixoa C 2 C 3
Grolos LU 13 D 7
Gros (Cap) GI 25 E 39
Grossa (Serra) V 74 P 27
Grovas OR 13 E 5
Grove (O) PO 12 E 3
Grulla (La) BA 66 Q 8
Grullos O 5 B 11
Gúa O 5 C 11
Guadahortuna GR 94 T 19
Guadajira BA 67 P 9
Guadajoz SE 92 T 13
Guadalajara GU 46 K 20
Guadalaviar TE 48 K 24
Guadalbarbo CO 81 R 15
Guadalcacín CA 91 V 11
Guadalcacín
(Canal del) CA 98 W 11
Guadalcanal SE 80 R 12
Guadalcázar CO 81 S 15
Guadalema
de los Quinteros SE 92 U 12
Guadalén
(Embalse de) J 82 R 19
Guadalén del Caudillo J 82 R 19
Guadalerzas (Las) TO 58 N 17
Guadalevin MA 100 V 14
Guadalimar J 82 R 19
Guadalix de la Sierra M 46 J 18
Guadalmansa MA 100 W 14
Guadalmar-
San Julián MA 100 W 16
Guadalmedina MA 100 V 16
Guadalmellato
(Canal del) CO 81 S 15
Guadalmellato
(Embalse del) CO 81 R 16
Guadalmena J 83 Q 21
Guadalmez-
Los Pedroches CR 69 P 15
Guadalmina MA 100 W 15
Guadalope TE 49 K 27
Guadalperales (Los) BA 68 O 13
Guadalporcún SE 92 V 13
Guadalquivir
(Garganta) J 83 R 21
Guadalquivir
(Marismas del) H 91 U 10
Guadalteba MA 100 V 15
Guadalteba-Guadalhorce
(Embalse del) MA 100 V 15
Guadalupe AL 84 S 23
Guadalupe CC 56 N 14
Guadalupe
(Monasterio de) CC 56 N 14
Guadalupe
(Santuario de) J 82 R 19
Guadalupe
(Sierra de) CC 56 N 13
Guadamatilla CO 69 Q 14
Guadamojete (Punta de)
Tenerife TF 125 I 3
Guadamur TO 58 M 17
Guadapero SA 43 K 10
Guadarrama M 45 J 17
Guadarranque (Río) CC 57 N 14
Guadassuar V 74 O 28
Guadiamar (Caño de) SE 91 U 11
Guadiana
del Caudillo BA 67 P 9
Guadianeja (La) CR 71 Q 20
Guadiaro CA 99 X 14
Guadiel J 82 R 18
Guadilla de Villamar BU 17 E 17
Guadix GR 95 U 20
Guadix (Hoya de) GR 95 T 20
Guadramiro SA 43 I 10
Guainos Bajos AL 102 V 20
Guájar Alto GR 101 V 19
Guájar Faragüit GR 101 V 19
Guájar Fondón GR 101 V 19
Guajara Tenerife TF 128 E 4
Guajaraz
(Embalse de) TO 58 M 17
Guajardo
y Malhincada CC 55 L 10
Gualba B 38 G 37
Gualchos GR 102 V 19
Gualda GU 47 J 21
Gualta GI 25 F 39
Gualter L 37 G 33
Guamasa Tenerife TF 124 H 2
Guancha (La)
Tenerife TF 126 E 3
Guancha (Necrópolis de la)
Gran Canaria GC 114 D 1
Guara (Sierra de) HU 21 F 29
Guarazoca El Hierro TF 109 D 2
Guarbes (Sierra de) L 22 D 32
Guarda (A) PO 26 G 3
Guarda (La) BA 68 P 12
Guarda de la Alameda
(Casas del) J 83 Q 20
Guarda Forestal
(Mirador del) MA 100 V 15
Guardamar
de la Safor V 74 P 29
Guardamar del Segura A 86 R 28
Guàrdia (La) L 37 G 33
Guardia (La) TO 58 M 19
Guàrdia d'Ares (La) L 23 F 33
Guardia de Jaén (La) J 82 S 18
Guàrdia de Tremp L 22 F 32
Guàrdia
dels Prats (La) T 37 H 33
Guàrdia Lada (La) L 37 H 33
Guardilama
Lanzarote GC 122 C 4
Guardiola MU 85 Q 26
Guardiola de Berguedà B 24 F 35
Guardiola de Font-rubí B 37 H 34
Guardo P 16 D 15
Guareña AV 44 K 15
Guareña BA 67 P 11
Guaro MA 100 W 15
Guarrate ZA 30 I 13
Guarrizas J 82 R 19
Guarromán J 82 R 18
Guasa HU 21 E 28

España 149

Guaso HU 22 E 30
Guatiza GC 123 F 3
Guayente HU 22 E 31
Guaza Tenerife TF 128 D 5
Guaza de Campos P 16 F 15
Guazamara AL 96 T 24
Gúdar TE 49 K 27
Gúdar (Puerto de) TE 49 K 27
Gúdar (Sierra de) TE 49 K 27
Gudillos SG 45 J 17
Gudiña (A) OR 14 F 8
Guéa (La) TE 48 K 26
Güéjar Sierra GR 94 U 19
Güeñes BI 8 C 20
Gueral OR 13 E 6
Guerechal (El) BA 68 P 12
Guereñu VI 19 D 22
Guerra CR 71 O 20
Guerragos
(Santa Cruz de los) ZA 29 G 10
Güesa / Gorza NA 11 D 26
Guesálaz NA 10 D 24
Guevara VI 19 D 22
Güevéjar GR 94 U 19
Guía
de Isora Tenerife TF 128 C 4
Guiamets (Els) T 50 I 32
Guiana LE 15 E 10
Guiar O 4 B 8
Guijar (El) SG 45 I 18
Guijarral AB 72 P 23
Guijarro
(Collado del) CC 68 N 12
Guijarrosa (La) CO 81 T 15
Guijasalbas SG 45 J 17
Guijo GU 47 J 23
Guijo (El) CO 81 Q 15
Guijo de Ávila SA 43 K 13
Guijo de Coria CC 55 L 10
Guijo de Galisteo CC 55 L 10
Guijo de Granadilla CC 55 L 11
Guijo
de Santa Bárbara CC 56 L 13
Guijosa GU 47 I 22
Guijosa SO 32 G 20
Guijoso BU 32 G 20
Guijoso (El) AB 71 P 21
Guijuelo SA 43 K 12
Guilfrei LU 14 D 8
Guillade PO 13 F 4
Guillar PO 13 D 6
Guillarei PO 12 F 4
Guillena SE 91 T 11
Guillena
(Embalse de) SE 79 T 11
Guils L 23 E 33
Guils de Cerdanya GI 24 E 35
Guilué HU 21 E 29
Güímar Tenerife TF 127 G 3
Guimara LE 14 D 9
Guimarei LU 3 D 6
Güime Lanzarote GC 123 D 4
Guimerà L 37 H 33
Guincho (El) Tenerife TF 126 D 3
Guincho (El)
Tenerife TF 128 E 5
Guindos (Los) J 82 R 18
Guindos
(Sierra de los) CR 69 O 16
Guinea VI 18 D 20
Guingueta (La) L 23 E 33
Guinicio BU 18 D 20
Guirguillano NA 10 D 24
Guisando AV 57 L 14
Guisatecha LE 15 D 11
Guisguey
Fuerteventura GC 111 I 2
Guissona L 37 G 33
Guistolas
(Embalse de) OR 14 E 7
Guitiriz LU 3 C 6
Guixers L 23 F 34
Guizán PO 12 F 4
Guláns PO 12 F 4
Gumiel de Hizán BU 32 G 18
Gumiel de Mercado BU 31 G 18
Guntín de Pallares LU 13 D 6
Gurb B 38 G 36
Gurp L 22 F 32
Gurrea de Gállego HU 21 F 27
Gurugú (El) M 46 K 19
Gusandanos ZA 15 F 10
Gusendos
de los Oteros LE 16 E 13
Guspí L 37 G 34
Gustei OR 13 E 6
Gutar J 83 R 21
Gutierre Muñoz AV 45 J 16
Gutur LO 33 G 24
Guxinde OR 27 G 5
Guzmán BU 31 G 18

H

Haba (La) BA 68 P 12
Hacho MA 100 V 15
Hacinas BU 32 G 20
Haedillo BU 32 F 20
Hamapega SE 80 R 12
Hams (Coves des) PM 104 N 38
Haría Lanzarote GC 123 F 3
Harinosa (La) SE 92 V 12
Haro LO 19 E 21
Harria (Aiako) /
Aya (Peñas de) ESP 10 C 24
Hato Verde SE 91 T 11
Hatoqueo CC 67 O 10
Haza BU 31 H 18
Haza Alta J 83 Q 21
Haza del Trigo GR 102 V 20
Hazas de Cesto S 8 B 19
Hazuelas (Las) CO 81 S 16
Hecho HU 21 D 27
Hecho (Valle de) HU 21 D 27
Hedradas (Las) ZA 28 F 9
Hedroso ZA 28 F 9
Helado (El) CR 70 P 18
Helechal BA 68 P 13
Helechosa BA 69 O 15
Helgueras S 8 B 19
Hellín AB 84 Q 24
Henajeros CU 61 M 25
Henares MU 96 T 24
Henche GU 47 J 21
Herada S 8 C 19
Heras GU 46 J 20
Heras (Las) P 16 D 15
Herbés CS 50 J 29
Herbeset CS 50 K 29
Herbogo C 12 D 3
Herbón C 12 D 4
Herbosa BU 17 D 18
Herce LO 19 F 23
Hércules (Torre de) C 3 B 4
Herdadiña OR 27 G 5
Heredia VI 19 D 22
Herencia CR 71 N 19
Herencias (Las) TO 57 M 15
Hereña VI 18 D 21
Herguijuela CC 68 N 12
Herguijuela (La) AV 44 K 14
Herguijuela
de Ciudad Rodrigo SA 42 K 10
Herguijuela
de la Sierra SA 43 K 11
Herguijuela
del Campo SA 43 K 12
Hermanas (Dos) BA 67 O 9
Hermanas (Las) AB 85 Q 25
Hérmedes de Cerrato P 31 G 17
Hermida
(Desfiladero de la) S 7 C 16
Hermida (La) S 7 C 16
Hermigua La Gomera TF 118 C 1
Hermisende ZA 28 G 9
Hermo (Monasterio de) O 5 D 10
Hermosilla BU 18 E 19
Hernán Cortés BA 68 O 12
Hernán Pérez CC 55 L 10
Hernán Valle GR 95 T 20
Hernani SS 10 C 24
Hernansancho AV 44 J 15
Hernialde SS 10 C 23
Herradón (El) AV 45 K 16
Herradura (La) TO 70 O 18
Herradura (La) GR 101 V 18
Herradura (Punta de la)
Fuerteventura GC 110 F 3
Herramélluri LO 18 E 21
Herraña MU 85 S 25
Herrera J 83 R 20
Herrera
cerca de El Coronil SE 92 U 12
Herrera
cerca de Estepa SE 93 T 15
Herrera (La) AB 72 P 23
Herrera (Puerto de) VI 19 E 22
Herrera de Alcántara CC 54 N 7
Herrera de Duero VA 31 H 16
Herrera
de la Mancha CR 71 O 20
Herrera
de los Navarros Z 34 I 26
Herrera de Pisuerga P 17 E 17
Herrera de Soria SO 32 G 20
Herrera
de Valdecañas P 31 F 17
Herrera del Duque BA 69 O 14
Herrería GU 47 J 24
Herrería LU 14 E 8
Herrería (La) AB 72 Q 23
Herrería (La) CO 80 S 14
Herrerías S 7 C 16
Herrerías (Las) AL 96 U 24
Herrerías (Las) H 78 T 8
Herrerías (Las) J 83 R 22
Herrero GR 101 V 18
Herreros SO 33 G 21
Herreros (Los) V 73 O 27
Herreros de Jamuz LE 15 F 12
Herreros de Rueda LE 16 E 14
Herreros de Suso AV 44 J 14
Herreruela CC 55 N 9
Herreruela
de Castillería P 17 D 16
Herreruela
de Oropesa TO 57 M 14
Herrezuelo SA 44 J 13
Herrín de Campos VA 16 F 15
Herriza (La) MA 93 U 15
Herrumblar (El) CU 73 N 25
Hervás CC 56 L 12
Herves C 3 C 4
Hervías LO 18 E 21
Hervideros (Los) V 73 O 26
Hervideros
(Los) Lanzarote GC 122 B 4
Hidalgo (Punta del)
Tenerife TF 125 I 1
Hiendelaencina GU 46 I 20
Hierro BU 18 D 19
Hierro M 45 J 18
Hierro (Puerto del) SO 32 G 21
Higares TO 58 M 18
Higuera (La) SG 45 I 17
Higuera (La) AB 73 P 25
Higuera de Albalat CC 56 M 13
Higuera de Calatrava J 82 S 17
Higuera
de la Serena BA 68 Q 12
Higuera de la Sierra H 79 S 10
Higuera
de las Dueñas AV 57 L 16
Higuera de Llerena BA 79 Q 11
Higuera de Vargas BA 78 Q 9
Higuera la Real BA 79 R 9
Higueral AL 95 T 22
Higueral (El) CO 93 U 17
Higueras CS 62 M 28
Higueras (Las) CO 94 T 17
Higuerón MA 101 V 18
Higuerón (El) CO 81 S 15
Higuerón (Puerto del) CA 99 X 13
Higüeros AL 103 V 22
Higueruela AB 73 P 25
Higueruela (La)
cerca de Belvis
de la Jara TO 57 M 15
Higueruela (La)
cerca de Toledo TO 58 M 17
Higueruelas V 61 M 27
Hija de Dios (La) AV 44 K 15
Híjar TE 49 I 28
Híjar AB 72 Q 23
Hijate (El) AL 95 T 22
Hijes GU 32 I 21
Hijosa P 17 E 17
Hilario (Islote de)
Lanzarote GC 122 C 4
Hincada (Puerto) LO 19 F 21
Hinestrosa BU 17 F 17
Hiniesta (La) ZA 29 H 12
Hinojal CC 55 M 10
Hinojales H 79 R 10
Hinojar CR 70 Q 17
Hinojar MU 85 S 25
Hinojar del Rey BU 32 G 20
Hinojares J 83 S 20
Hinojedo S 7 B 17
Hinojora GR 95 T 22
Hinojos H 91 U 10
Hinojos (Marisma de) H 91 U 10
Hinojosa GU 48 I 24
Hinojosa (La) SO 32 G 20
Hinojosa (La) CU 60 M 22
Hinojosa de Duero SA 42 J 9
Hinojosa de Jarque TE 49 J 27
Hinojosa de la Sierra SO 33 G 22
Hinojosa
de San Vicente TO 57 L 15
Hinojosa del Campo SO 33 G 23
Hinojosa del Cerro SG 31 H 18
Hinojosa del Duque CO 80 Q 14
Hinojosa del Valle BA 67 Q 11
Hinojosas
de Calatrava CR 70 Q 17
Hinojosos (Los) CU 59 N 21
Hío PO 12 F 3
Hiriberri / Villanueva
de Aézkoa NA 11 D 26
Hirmes AL 102 V 21
Hiruela (La) M 46 I 19
Hita GU 46 J 20
Hito (El) CU 59 M 21
Hito (Laguna de El) CU 59 M 21
Hoces
(Desfiladero Las) LE 16 D 13
Hoces de Bárcena S 7 C 17
Hoja (Embalse de la) H 78 T 9
Holguera CC 55 M 10
Hombrados GU 48 J 24
Home (Cabo de) PO 12 F 3
Hondarribia /
Fuenterrabía SS 10 B 24
Hondón A 85 Q 27
Hondón de las Nieves / Fondó
de les Neus (El) A 85 R 27
Hondón
de los Frailes A 85 R 27
Hondura SA 43 K 12
Honduras
(Puerto de) CC 56 L 12
Honduras (Punta de)
Tenerife TF 129 G 4
Honquilana VA 44 I 15
Honrubia CU 60 N 23
Honrubia
de la Cuesta SG 32 H 18
Hontalbilla SG 31 H 17
Hontana (El) V 61 M 26
Hontanar TO 57 N 16
Hontanar V 61 L 25
Hontanar (Collado de) J 82 Q 17
Hontanar (El)
cerca de La Hunde V 73 O 26
Hontanares AV 57 L 15
Hontanares GU 47 J 21
Hontanares
de Eresma SG 45 J 17
Hontanas BU 17 F 17
Hontanaya CU 59 M 21
Hontangas BU 31 H 18
Hontecillas CU 60 M 23
Hontoba GU 46 K 20
Hontomín BU 18 E 19
Hontoria SG 45 J 17
Hontoria O 6 B 15
Hontoria de Cerrato P 31 G 16
Hontoria
de la Cantera BU 18 F 19
Hontoria
de Valdearados BU 32 G 19
Hontoria del Pinar BU 32 G 20
Horca (La) AB 84 Q 25
Horcajada (La) AV 44 K 13
Horcajada de la Torre CU 59 L 22
Horcajo CR 81 Q 16
Horcajo CC 43 K 10
Horcajo (El) AB 72 P 22
Horcajo de la Ribera AV 44 K 13
Horcajo de la Sierra M 46 I 19
Horcajo
de las Torres AV 44 I 14
Horcajo
de los Montes CR 69 O 16
Horcajo
de Montemayor SA 43 K 12
Horcajo de Santiago CU 59 M 21
Horcajo Medianero SA 44 K 13
Horcajuelo
de la Sierra M 46 I 19
Horche GU 46 K 20
Horcón CO 69 Q 15
Horconera
(Sierra de la) CO 93 T 17
Hormazas (Las) BU 17 E 18
Hormazuela BU 17 E 18
Hormigos TO 57 L 16
Hormilla LO 19 E 21
Hormilleja LO 19 E 21
Horna BU 18 D 19
Horna GU 47 I 22
Horna AB 73 P 25
Hornachos BA 68 Q 11
Hornachuelos CO 80 S 14
Hornachuelos
(Estación de) CO 80 S 14
Hornias Bajas CR 70 O 17
Hornico (El) MU 84 R 23
Hornija LE 14 E 9
Hornillatorre BU 8 C 19
Hornillayuso BU 18 C 19
Hornillo (El) AV 57 L 14
Hornillo (El) MU 97 T 25
Hornillos VA 30 H 15
Hornillos
de Cameros LO 19 F 22
Hornillos de Cerrato P 31 G 17
Hornillos
del Camino BU 17 E 18
Hornos J 83 R 21
Hornos
(Garganta de los) AV 44 K 14
Hornos de la Mata S 7 C 17
Hornos de Peal J 83 S 20
Horra (La) BU 31 G 18
Horsavinyà B 38 G 37
Hort
de la Rabassa (L') V 74 N 28
Horta (Cap de l') A 86 Q 28
Horta (S') PM 105 N 39
Horta de Sant Joan T 50 J 30
Hortas C 13 D 5
Hortells CS 49 J 29
Hortezuela SO 32 H 21
Hortezuela
de Océn (La) GU 47 J 22
Hortezuelos BU 32 G 19
Hortichuela (La) J 94 T 18
Hortigüela BU 32 F 19
Hortizuela CU 60 L 23
Hortoneda L 23 F 33
Hortunas de Arriba V 73 N 26
Hospital
cerca de Fonsagrada LU 4 C 8
Hospital
cerca de Linares LU 14 D 8
Hospital
(Collado del) CC 56 N 14
Hospital de Órbigo LE 15 E 12
Hospitalet
de l'Infant (L') T 51 J 32
Hospitalet
de Llobregat (L') B 38 H 36
Hosquillo (El) CU 48 K 24
Hostal de Ipiés HU 21 E 28
Hostalets (Els) L 23 F 34
Hostalets (Els) cerca
de Esparreguera B 38 H 35
Hostalets (Els)
cerca de Tona B 38 G 36
Hostalets
d'En Bas (Els) GI 24 F 37
Hostalric GI 38 G 37
Hoya (La) M 45 K 17
Hoya (La) SA 43 K 12
Hoya (La) MU 84 S 25
Hoya (La) MA 100 V 16
Hoya (La)
Lanzarote GC 122 B 4
Hoya de la Carrasca TE 61 L 26
Hoya del Campo MU 85 R 25
Hoya
del Espino (La) GR 83 R 22
Hoya del Peral CU 61 L 25
Hoya Gonzalo AB 73 P 25
Hoya Santa Ana AB 73 P 25
Hoyales de Roa BU 31 H 18
Hoyas (Altura Las)
La Palma TF 130 C 2
Hoyas (Las) AL 95 U 22
Hoyo (El) CR 82 Q 18
Hoyo (El) CO 80 R 14
Hoyo de Manzanares M 45 K 18
Hoyo de Pinares (El) AV 45 K 16
Hoyocasero AV 44 K 15
Hoyorredondo AV 44 K 13
Hoyos CC 55 L 9
Hoyos
de Miguel Muñoz AV 44 K 14
Hoyos del Collado AV 44 K 14
Hoyos del Espino AV 44 K 14
Hoyuelos SG 45 I 16
Hoyuelos (Los) CR 71 P 21
Hoz (Collado de) S 7 C 16
Hoz (Cueva de la) GU 47 J 23
Hoz (La) AB 72 P 22
Hoz (La) CO 93 U 16
Hoz de Abajo SO 32 H 20
Hoz de Anero S 8 B 19
Hoz de Arreba BU 18 D 18
Hoz de Arriba SO 32 H 20
Hoz de Barbastro HU 22 F 30
Hoz de Beteta
(Desfiladero) CU 47 K 23
Hoz de Jaca HU 21 D 29
Hoz de la Vieja (La) TE 49 J 27
Hoz de Valdivielso BU 18 D 19
Hozabejas BU 18 D 19
Hozgarganta CA 99 W 13
Hoznayo S 8 B 18
Huarte / Uharte NA 11 D 25
Huebra SA 42 I 10
Huebro AL 96 V 23
Huecas TO 58 L 17
Huécija AL 102 V 22
Huefor Tájar GR 94 U 17
Huélaga CC 55 L 10
Huélago GR 95 T 20
Huélamo CU 60 L 24
Huelga (La) AL 96 U 23
Huelgas
Reales (Las) BU 18 F 18
Huelgueras S 7 B 16
Huelma J 82 T 19
Huelva H 90 U 9
Huelves CU 59 L 21
Huéneja GR 95 U 21
Huéneja
(Estación de) GR 95 U 21
Huércal de Almería AL 103 V 22
Huércal Overa AL 96 T 24
Huércanos LO 19 E 21
Huerce (La) GU 46 I 20
Huércemes CU 60 M 24
Huerces O 6 B 12
Huerga de Frailes LE 15 E 12
Huergas LE 15 D 11
Huérguina CU 61 L 25
Huérmeces BU 18 E 18
Huérmeces del Cerro GU 47 I 21
Huérmeda Z 34 H 25
Hueros (Los) M 46 K 19
Huerrios HU 21 F 28
Huerta SG 46 I 18
Huerta SA 44 J 13
Huerta (La) AL 96 U 24
Huerta de Abajo BU 32 F 20
Huerta de Arriba BU 32 F 20
Huerta
de Cuarto Holgado CC 55 L 11
Huerta
de la Obispalía CU 60 M 22
Huerta
de Valdecarábanos TO 58 M 19
Huerta de Vero HU 22 F 30
Huerta
del Marquesado CU 60 L 24
Huerta del Rey BU 32 G 19
Huertahernando GU 47 J 23
Huertapelayo GU 47 J 23
Huertas
(Ermita Las) MU 85 S 25
Huertas (Las) CC 54 N 8
Huertas Bocas
del Salado CO 93 T 15
Huertas de Ánimas CC 56 N 12
Huertas
de la Magdalena CC 56 N 12
Huérteles SO 33 F 23
Huertezuelas CR 82 Q 18
Huerto HU 35 G 29
Huertos (Los) SG 45 I 17
Huerva (La) Z 48 I 26
Huesa J 83 S 20
Huesa (Estación de) J 83 S 20
Huesa del Común TE 49 I 27
Huesas (Las) CR 70 Q 18
Huesas (Las) GC 115 G 3
Huesca HU 21 F 28
Huéscar GR 83 S 22
Huesna
(Embalse de) SE 80 S 12
Huéspeda BU 18 D 19
Huete CU 59 L 21
Huétor Santillán GR 94 U 19
Huétor Tájar GR 94 U 17
Huétor-Vega GR 94 U 19
Huetos GU 47 J 22
Hueva GU 46 K 21
Huévar SE 91 T 11
Huma MA 100 V 15
Humada BU 17 D 17
Humanes GU 46 J 20
Humanes de Madrid M 58 L 18
Humboldt (Mirador de)
Tenerife TF 124 F 2
Humera M 45 K 18
Humilladero MA 93 U 15
Humilladero
(Ermita del) CC 56 N 13
Humo de Muro (El) HU 22 E 30
Humosa (La) AB 72 P 24

A B C D E F G H I J K L M N O P Q R S T U V W X Y Z

150 España
A B C D E F G H I J K L M N O P Q R S T U V W X Y Z

Hunde (La) V 73 O 26
Hurchillo A 85 R 27
Hurdes (Las) CC 43 K 11
Hurones BU 18 E 19
Hurones (Embalse de los) CA 99 V 13
Hurtado CR 71 O 19
Hurtumpascual AV 44 J 14
Husillos P 31 F 16

I

Ibahernando CC 68 O 12
Ibañeta (Puerto) NA 11 C 26
Ibarra VI 10 C 22
Ibarra SS 10 C 23
Ibarra BI 8 C 21
Ibarrangelu BI 9 B 22
Ibárruri BI 9 C 21
Ibdes Z 34 I 24
Ibeas de Juarros BU 18 F 19
Ibi A 74 Q 28
Ibieca HU 21 F 29
Ibiricu NA 19 D 23
Ibisate VI 19 D 22
Ibiur (Embalse de) SS 10 C 23
Ibiza / Eivissa PM 87 P 34
Ibrillos BU 18 E 20
Ibros J 82 R 19
Icod de los Vinos TF 126 D 3
Idafe (Roque de) La Palma TF 130 C 4
Idiazabal SS 10 C 23
Idocín NA 11 D 25
Ifach (Peñón de) A 75 Q 30
Ifonche Tenerife TF 128 D 4
Igal / Igari NA 11 D 26
Igantzi NA 11 C 24
Igari / Igal NA 11 D 26
Igea LO 33 F 23
Igeldo SS 10 C 23
Iglesiarrubia BU 31 G 18
Iglesias BU 17 F 18
Iglesuela (La) TO 57 L 15
Iglesuela del Cid (La) TE 49 K 29
Igorre BI 9 C 21
Igrexafeita C 3 B 5
Igriés HU 21 F 28
Igualada B 37 H 34
Igualeja MA 100 W 14
Igualero La Gomera TF 118 B 2
Igüeña LE 15 D 11
Igueste Tenerife TF 127 H 3
Igueste de San Andrés Tenerife TF 125 K 2
Igúzquiza NA 19 E 23
Ihabar NA 10 D 24
Ikaztegieta SS 10 C 23
Ilarraza VI 19 D 22
Ilche HU 36 G 30
Illa OR 27 G 5
Illa (L') T 37 H 33
Illa de Arousa PO 12 E 3
Illán de Vacas TO 57 M 16
Illana GU 59 L 21
Illano O 4 C 9
Illar AL 102 V 22
Illaso O 4 B 9
Illescas TO 58 L 18
Illora GR 94 U 18
Illot (S') PM 105 N 40
Illueca Z 34 H 25
Ilurdotz NA 11 D 25
Imón GU 47 I 21
Imotz NA 10 D 24
Ina (La) CA 98 W 11
Inagua Gran Canaria GC 114 C 3
Inazares MU 84 R 23
Inca PM 104 M 38
Incinillas BU 18 D 19
Incio LU 14 E 7
Indiana (Estación de la) MA 92 V 14
Indiano (El) SE 91 T 11
Indias (Las) La Palma TF 132 C 6
Induráin NA 11 D 25
Ines SO 32 H 20
Inestrillas LO 33 G 24
Infantas (La) J 82 S 18
Infantas (Las) M 58 L 18
Infierno (Picos del) HU 21 D 29
Infiernos (Los) GR 94 U 17
Infiesto O 6 B 13
Ingenio Gran Canaria GC 117 F 3
Iniesta CU 60 N 24
Iniéstola GU 47 J 22
Inogés Z 34 H 25
Inoso VI 18 C 21
Instinción AL 102 V 22
Insúa C 3 B 6
Insúa cerca de Taboada LU 13 D 6
Insúa cerca de Villalba LU 3 C 6
Insúa (Punta) C 2 C 2
Intza NA 10 C 24
Inviernas (Las) GU 47 J 21
Iñigo SA 43 K 12
Iragi NA 11 D 25
Iranzu (Monasterio de) NA 19 D 23
Irañeta NA 10 D 24
Ircio BU 18 E 21
Irede LE 15 D 12
Iregua (Valle de) LO 19 F 22
Iribas NA 10 D 24
Iriépal GU 46 K 20
Irixo OR 13 E 5
Irixoa C 3 C 5
Irta (Cap d') CS 50 L 31
Iruecha SO 47 I 23
Iruela LE 15 F 10
Iruela (La) J 83 S 21
Iruelos SA 43 I 11
Irueste GU 46 K 21
Irumugarrieta NA 10 C 23
Irún SS 10 B 24
Irura SS 10 C 23
Iruraiz-Gauna VI 19 D 22
Irurita NA 11 C 25
Irurozqui NA 11 D 26
Irurtzun NA 10 D 24
Irús BU 8 C 19
Iruz S 7 C 18
Iruzubieta BI 10 C 22
Isaba / Izaba NA 11 D 27
Isabel (La) H 78 T 7
Isabela J 82 R 19
Isar BU 17 E 18
Iscar VA 31 H 16
Isidro BA 78 R 9
Isidros (Los) V 61 N 26
Isil L 23 D 33
Isín HU 21 E 28
Isla S 8 B 19
Isla (La) O 6 B 14
Isla Canela H 90 U 7
Isla Cristina H 90 U 8
Isla de Luna CO 93 T 15
Isla del Vicario SE 92 T 14
Isla Plana MU 97 T 26
Isla Playa S 8 B 19
Isla Ravenna PM 105 M 39
Isla Redonda SE 93 T 15
Islares S 8 B 20
Islas Menores MU 85 T 27
Isleta (La) AL 103 V 23
Isleta (La) Gran Canaria GC 115 G 1
Isleta (La) Lanzarote GC 122 D 3
Islote (El) Fuerteventura GC 112 C 5
Isoba LE 6 C 14
Isona L 23 F 33
Isora El Hierro TF 109 D 3
Isóvol GI 23 E 35
Ispater BI 9 B 22
Isso AB 84 Q 24
Istán MA 100 W 15
Isuerre Z 20 E 26
Itálica (Ruinas de) SE 91 T 11
Itero de la Vega P 17 F 17
Itero del Castillo BU 17 F 17
Itoiz (Embalse de) NA 11 D 26
Itrabo GR 101 V 19
Itrabo (Cerro de) GR 101 V 19
Itsaso SS 10 C 23
Itsasondo SS 10 C 23
Ituero SO 33 H 22
Ituero AB 72 P 23
Ituero de Azaba SA 42 K 9
Ituero y Lama SG 45 J 16
Ituren NA 11 C 24
Iturgoyen NA 10 D 24
Iturmendi NA 19 D 23
Iturreta BI 10 C 22
Itzalle / Izal NA 11 D 26
Itzaltzu / Izalzu NA 11 D 26
Itzarri (Punta) SS 10 C 23
Itziar SS 10 C 23
Iurreta BI 10 C 22
Ivars de Noguera L 36 G 31
Ivars d'Urgell L 37 G 32
Ivarsos (Els) CS 62 L 29
Ivorra L 37 G 34
Izaba / Isaba NA 11 D 27
Izagaondoa NA 11 D 25
Izagre LE 16 F 14
Izal / Itzalle NA 11 D 26
Izalzu / Itzaltzu NA 11 D 26
Izana SO 33 G 22
Izaña Tenerife TF 127 F 3
Izarra VI 18 D 21
Izarraitz (Monte) SS 10 C 23
Ízbor GR 101 V 19
Izcar CO 81 S 16
Izco NA 20 E 25
Izki (Parque natural de) VI 19 D 22
Iznájar CO 93 U 17
Iznalloz GR 94 T 19
Iznate MA 101 V 17
Iznatoraf J 83 R 20
Izurtza BI 10 C 22

J

Jábaga CU 60 L 23
Jabalcón GR 95 T 21
Jabalcuz J 82 S 18
Jabalera CU 59 L 21
Jabaloyas TE 61 L 25
Jabalquinto J 82 R 18
Jabarrella HU 21 E 28
Jabarriega BA 67 O 9
Jabata H 79 S 10
Jable (El) Lanzarote GC 123 D 3
Jabugo H 79 S 9
Jabuguillo H 79 S 10
Jaca HU 21 E 28
Jaca J 94 T 18
Jacarilla A 85 R 27
Jacintos BA 79 R 10
Jadraque GU 46 J 21
Jaén J 82 S 18
Jafre GI 25 F 39
Jaganta TE 49 J 29
Jalama CC 55 L 9
Jalance V 73 O 26
Jalón (Río) Z 33 I 23
Jalón de Cameros LO 19 F 22
Jalvegada CR 82 Q 18
Jama Tenerife TF 128 E 5
Jambrina ZA 29 H 13
Jameos del Agua Lanzarote GC 121 F 3
Jamilena J 82 S 18
Jana (La) CS 50 K 30
Jandía Fuerteventura GC 112 C 5
Jandía (Península de) Fuerteventura GC 112 B 5
Jandía (Punta de) Fuerteventura GC 112 A 5
Jandilla CA 99 X 12
Jandulilla J 83 S 20
Janubio (Salinas de) Lanzarote GC 122 B 4
Jara (La) TO 57 M 14
Jara (La) CA 91 V 10
Jaraba Z 48 I 24
Jarafuel V 73 O 26
Jaraguas V 61 N 25
Jaraicejo CC 56 N 12
Jaraiz de la Vera CC 56 L 12
Jarales El Hierro TF 109 D 2
Jarama (Circuito del) M 46 K 19
Jaramillo de la Fuente BU 32 F 20
Jaramillo Quemado BU 32 F 19
Jarandilla de la Vera CC 56 L 13
Jaras (Las) CO 81 S 15
Jarastepar MA 99 V 14
Jaray SO 33 G 23
Jarceley O 5 C 10
Jardín (El) AB 72 P 23
Jardines (Puerto de los) J 82 Q 19
Jarilla CC 56 L 11
Jarilla (La) SE 92 T 12
Jarillas (Las) SE 80 S 12
Jarlata HU 21 E 28
Jarosa AL 84 S 23
Jarosa (Embalse de la) M 45 J 17
Jarosa (La) CR 71 P 20
Jarque Z 34 H 24
Jarque de la Val TE 49 J 27
Jártos AB 84 Q 23
Jasa HU 21 D 28
Jata GR 84 S 22
Játar GR 101 V 18
Jatiel TE 35 I 28
Jau (El) GR 94 U 18
Jauja CO 93 U 16
Jaulín Z 35 H 27
Jauntsarats NA 10 C 24
Jaurrieta NA 11 D 26
Jautor (El) CA 99 W 13
Javalambre TE 61 L 26
Javalambre (Sierra de) TE 61 L 27
Javalón TE 61 L 25
Javana (Punta) AL 103 V 24
Jávea / Xàbia A 75 P 30
Javier NA 20 E 26
Javierre HU 21 E 29
Javierre del Obispo HU 21 E 29
Javierregay HU 21 E 27
Javierrelatre HU 21 E 28
Jayena GR 101 V 18
Jedey La Palma TF 132 C 5
Jédula CA 91 V 12
Jemenuño SG 45 J 16
Jerez de la Frontera CA 98 V 11
Jerez de los Caballeros BA 79 R 9
Jerez del Marquesado GR 95 U 20
Jérica CS 62 M 28
Los Jerónimos MU 85 S 26
Jerte CC 56 L 12
Jesús (Iglesia) PM 87 P 34
Jesús i María T 50 J 32
Jesús Pobre A 74 P 30
Jete GR 101 V 18
Jiloca Z 48 I 25
Jimena J 82 S 19
Jimena de la Frontera CA 99 W 13
Jimenado MU 85 S 26
Jiménez de Jamuz LE 15 F 12
Jimera de Líbar (La) MA 99 W 14
Jinama (Mirador de) El Hierro TF 109 D 2
Jinamar Gran Canaria GC 115 F 2
Jinetes (Los) SE 92 T 12
Joanetes GI 24 F 37
Joanín LU 13 E 6
Joara LE 16 E 15
Joarilla de las Matas LE 16 F 14
Jócano VI 18 D 21
Jódar J 82 S 19
Jodra de Cardos SO 33 H 22
Jola CC 66 O 8
Jolúcar GR 102 V 19
Joncosa de Montmell (La) T 37 I 34
Jonquera (La) GI 25 E 38
Jorairátar GR 102 V 20
Jorba B 37 H 34
Jorcas TE 49 K 27
Jorquera AB 73 O 25
Josa TE 49 J 27
Josa del Cadí L 23 F 34
José Antonio CA 99 V 12
José Díez BA 79 R 10
Jose Toran (Embalse de) SE 80 S 13
Jou L 23 E 33
Jou (Coll de) L 23 F 34
Joya (La) H 78 S 8
Joya (La) Ibiza PM 87 O 34
Joyosa (La) Z 34 G 26
Juan Antón SE 79 T 10
Juan Gallego SE 79 T 10
Juan Grande Gran Canaria GC 117 F 4
Juan Martín CO 81 S 16
Juan Navarro V 61 N 26
Juan Quílez AB 84 Q 23
Juán Rico (Casas de) A 73 Q 27
Juanar (Refugio de) MA 100 W 15
Juarros de Riomoros SG 45 J 17
Juarros de Voltoya SG 45 I 16
Jubera LO 19 F 23
Jubera SO 47 I 22
Jubera J 82 S 18
Jubiley (Puerto) GR 102 V 19
Jubrique MA 99 W 14
Judes SO 47 I 23
Judio CR 69 Q 16
Judío (Embalse del) MU 85 R 25
Jumilla MU 85 Q 26
Jumilla (Puerto de) MU 73 Q 26
Juncalillo Gran Canaria GC 114 D 2
Juncar (El) CS 62 L 29
Junciana AV 44 K 13
Juncosa L 36 H 32
Juneda L 36 H 32
Junquera (La) MU 84 S 23
Junquera de Tera ZA 29 F 11
Junquillo J 82 R 17
Juntas J 94 T 18
Juntas de Arriba (Las) AL 84 S 23
Junzano HU 21 F 29
Jurado CO 81 R 16
Jurados (Los) SE 92 U 12
Juseu HU 22 F 31
Juslibol Z 35 G 27
Justel ZA 15 F 11
Justo (San) LO 19 F 23
Juviles GR 102 V 20
Juzbado SA 43 I 12
Júzcar MA 100 W 14

K

Kanala BI 9 B 21
Kanpazar (Puerto de) PV 10 C 22
Kortezubi BI 9 B 22
Kripan VI 19 E 22

L

Labacengos C 3 B 6
Labacolla C 3 D 4
Labajos SG 45 J 16
Labarces S 7 C 16
Labastida VI 19 E 21
Labata HU 21 F 29
Labiano NA 11 D 25
Labor de Acequión AB 72 O 23
Laborcillas GR 95 T 20
Labores (Las) CR 70 O 19
Labra O 6 B 14
Labrada cerca de Abadín LU 4 B 7
Labrada cerca de Germade LU 3 C 6
Labraza VI 19 E 22
Labros GU 48 I 24
Labuerda HU 22 E 30
Lacabe NA 11 D 25
Lácara BA 67 P 10
Lacervilla VI 19 D 21
Láchar GR 94 U 18
Lacorvilla Z 21 F 27
Lada O 5 C 12
Laderas del Campillo MU 85 R 26
Ladines O 6 C 13
Ladrillar CC 43 K 11
Ladronera CO 81 R 16
Ladrones MU 73 P 25
Ladrones (Punta) MA 100 W 15
Ladruñán TE 49 J 28
Lafortunada HU 22 E 30
Lafuente S 7 C 16
Lagar O 4 B 9
Lagar de San Antonio CO 93 T 15
Lagarejos ZA 29 F 10
Lagarín CA 92 V 14
Lagartera TO 57 M 14
Lagartos P 16 E 15
Lagata Z 35 I 27
Lago O 4 C 9
Lago LU 4 A 7
Lago Menor PM 105 M 39
Lagoa (A) PO 12 E 4
Lagos MA 101 V 17
Lagrán VI 19 E 22
Laguarres HU 22 F 31
Laguarta HU 21 E 29
Lagueruela TE 48 I 26
Laguna (La) CR 70 P 18
Laguna (La) GR 93 U 17
Laguna (La) La Palma TF 132 C 5
Laguna (La) Tenerife TF 125 I 2
Laguna Chica TO 59 N 20
Laguna Dalga LE 15 F 12
Laguna de Cameros LO 19 F 22
Laguna de Contreras SG 31 H 17
Laguna de Duero VA 30 H 15
Laguna de Negrillos LE 16 F 13
Laguna de Somoza LE 15 E 11
Laguna del Marquesado CU 60 L 24
Laguna Grande CU 71 N 21
Laguna Negra de Neila BU 32 F 20
Laguna Negra de Urbión SG 33 F 21
Laguna Rodrigo SG 45 J 16
Lagunarrota HU 36 G 29
Lagunas de Ruidera (Parque natural) CR 71 P 21
Lagunaseca CU 47 K 23
Lagunazo H 78 T 8
Lagunazo (Embalse de) H 78 T 8
Lagunilla SA 43 L 12
Lagunilla (La) CR 69 O 16
Lagunilla del Jubera LO 19 E 23
Lagunillas (Las) CO 93 T 17
Lahiguera J 82 S 18
Laida BI 9 B 21
Laiño C 12 D 3
Laiosa LU 14 E 7
Lajares Fuerteventura GC 111 H 1
Lajita (La) Fuerteventura GC 113 F 4
Lakuntza NA 19 D 23
Lalastra VI 18 D 20
Lalín PO 13 E 5
Laluenga HU 22 F 29
Lalueza HU 35 G 29
Lama PO 13 E 4
Lamalonga OR 14 F 9
Lamas LU 3 C 6
Lamas LU 13 E 6
Lamas cerca de San Sadurniño C 3 B 5
Lamas cerca de Zás C 2 C 3
Lamas (As) OR 13 F 6
Lamas (Las) LE 14 D 9
Lamas de Moreira LU 4 C 8
Lamata HU 22 F 30
Laminoria (Cantera de) VI 19 D 22
Lamosa PO 13 F 4
Lanaja HU 35 G 29
Lanave HU 21 E 28
Láncara LU 14 D 7
Lancha (La) J 82 R 18
Lancha (Puerto de la) AV 45 K 16
Lanchar MU 84 R 23
Lanchares S 7 C 18
Lanciego VI 19 E 22
Landete CU 61 M 25
Landrove LU 4 B 7
Lanestosa BI 8 C 19
Langa AV 44 I 15
Langa (La) CU 59 L 22
Langa de Duero SO 32 H 19
Langa del Castillo Z 34 I 25
Langayo VA 31 H 17
Langosto SO 33 G 22
Langre LE 15 D 10
Langreo O 6 C 13
Languilla SG 32 H 19
Lanjarón GR 101 V 19
Lanseros ZA 29 F 10
Lantadilla P 17 E 17
Lantaño PO 12 E 3
Lantarón VI 18 D 20
Lantéira GR 95 U 20
Lantejuela SE 92 T 14
Lantz NA 11 D 25
Lanuza (Embalse de) HU 21 D 29
Lanza C 3 C 5
Lanzahita AV 57 L 15
Lanzas Agudas BI 8 C 19
Lanzós LU 3 B 7
Lanzuela TE 48 I 26
Laño BU 19 E 22
Lapa (La) SE 91 T 11
Lapa (La) BA 79 Q 10
Lapa (Sierra de la) BA 68 P 12
Lapela OR 13 F 5
Laperdiguera HU 36 G 29
Lapoblación NA 19 E 22
Lapones CC 54 N 8
Lapuebla de Labarca VI 19 E 22

España 151

Lara BU 18 F 19
Lara CR 70 O 18
Laracha (A) C 2 C 4
Laranueva GU 47 J 22
Laraxe C 3 B 5
Lardero LO 19 E 22
Laredo S 8 B 19
Larga (Laguna) TO 59 N 20
Larga (Sierra) AL 84 S 23
Largas TO 58 N 19
Largo (El) AL 96 T 24
Lariño C 12 D 2
Lario LE 6 C 14
Laro PO 13 E 5
Laroá OR 27 F 6
Laroles GR 95 U 20
Larón O 5 D 10
Larouco OR 14 E 8
Laroya AL 96 U 23
Larrabasterra BI 8 B 21
Larrabetzu BI 9 C 21
Larraga NA 20 E 24
Larraintzar NA 11 D 24
Larraitz (Ermita de) SS 10 C 23
Larraona NA 19 D 23
Larrau (Puerto de) NA 11 D 27
Larraul SS 10 C 23
Larraun NA 10 D 24
Larráun NA 19 D 24
Lárrede HU 21 E 29
Larreineta BI 8 C 20
Larrés HU 21 E 28
Larriba LO 19 F 22
Larrión NA 19 D 23
Larrodrigo SA 44 J 13
Larruskain BI 10 C 22
Larués HU 21 E 27
Larumbe NA 10 D 24
Larva J 83 S 20
Larva (Estación de) J 83 S 20
Larxentes LU 4 D 9
Lasao SS 10 C 23
Lasaosa HU 21 E 29
Lasarte-Oria SS 10 C 23
Lascasas HU 21 F 28
Lascellas HU 21 F 29
Lascuarre HU 22 F 31
Lasieso HU 21 E 28
Laspaúles HU 22 E 31
Laspuña HU 22 E 30
Laspuña
(Embalse de) HU 22 E 30
Lastanosa HU 35 G 29
Lastra (A) LU 4 C 8
Lastra (La) S 7 C 16
Lastra (La) P 17 D 16
Lastra del Cano (La) AV 44 K 13
Lastras S 8 C 19
Lastras de Cuéllar SG 31 I 17
Lastras de la Torre BU 18 C 20
Lastras de las Eras BU 8 C 19
Lastras del Pozo SG 45 J 16
Lastres O 6 B 14
Lastrilla (La) SG 45 J 17
Latasa
cerca de Lekunberri NA 10 D 24
Latasa
cerca de Lizaso NA 11 D 25
Latedo ZA 29 G 10
Latorrecilla HU 22 E 30
Latre HU 21 E 28
Laudio / Llodio VI 8 C 21
Laujar de Andarax AL 102 V 21
Laukiz BI 8 B 21
Lavaderos TE 49 J 27
Lavadores PO 12 F 3
Lavandeira C 3 B 5
Lavern B 38 H 35
Lavid de Ojeda P 17 E 16
Lavio O 5 B 10
Laxe C 2 C 2
Laxe LU 13 E 6
Laxosa LU 4 D 7
Layana Z 20 F 26
Layna SO 47 I 23
Layón AL 95 U 22
Layos TO 58 M 17
Laza OR 14 F 7
Lazagurría NA 19 E 23
Lázaro CU 60 M 24
Lazkao SS 10 C 23
Lea LU 4 C 7
Leache NA 20 E 25
Lebanza P 17 D 16
Lebeña S 7 C 16
Leboreiro C 13 D 6
Leboreiro OR 14 F 7
Lebozán PO 13 E 5
Lebozán OR 13 E 5
Lebrancón GU 47 J 23
Lebredo O 4 B 9
Lebrija SE 91 V 11
Lécera Z 35 I 27
Leces O 6 B 14
Lechago TE 48 J 26
Lechina AB 72 O 22
Lechón Z 48 I 26
Lechugales
(Morra de) ESP 7 C 15
Lecina HU 22 F 30
Leciñena Z 35 G 28
Lecrín GR 101 V 19
Lecrín (Valle de) GR 101 V 19
Ledanca GU 47 J 21
Ledaña CU 72 N 24
Ledesma SA 43 I 11
Ledesma
de la Cogolla LO 19 F 21
Ledesma de Soria SO 33 H 23
Ledigos P 16 E 15
Ledrada SA 43 K 12
Leganés M 46 L 18
Leganiel CU 59 L 21
Legarda NA 10 D 24
Legazpi SS 10 C 22
Legorreta SS 10 C 23
Legutiano VI 19 D 22
Leiloio C 2 C 3
Leintz-Gatzaga SS 19 D 22
Leioa BI 8 B 20
Leioa BI 8 B 21
Leioa BI 8 C 21
Leira C 3 C 4
Leirado PO 13 F 4
Leiro C 3 B 5
Leiro OR 13 E 5
Leis C 2 C 2
Leitariegos O 5 D 10
Leitariegos
(Puerto de) LE 5 D 10
Leitza NA 10 C 24
Leiva LO 18 E 20
Lekeitio BI 9 B 22
Lekunberri NA 10 C 24
Lemoa BI 8 C 21
Lemoiz BI 8 B 21
Lences BU 18 E 19
Lendínez J 82 S 17
Lentejí GR 101 V 18
Lentellais OR 14 F 8
Lentiscal (El) CA 99 X 12
León LE 16 E 13
León (Isla de) CA 98 W 11
León (Montes de) LE 15 E 10
León (Puerto del) MA 100 V 16
Leones (Los) CO 93 T 16
Leoz NA 20 E 25
Lepe H 90 U 8
Leranotz NA 11 D 25
Lérez PO 12 E 4
Lerga NA 20 E 25
Lerín NA 19 E 24
Lerma BU 32 F 18
Lermilla BU 18 E 19
Lerones S 7 C 16
Les L 22 D 32
Lesaka NA 11 C 24
Lesón C 12 E 3
Letreros
(Cuevas de los) AL 84 S 23
Letur AB 84 Q 23
Letux Z 35 I 27
Levante (Peñas de) CC 55 L 10
Levinco O 6 C 13
Leyre
(Monasterio de) NA 20 E 26
Leza VI 19 E 22
Leza de Río Leza LO 19 F 22
Lezama BI 8 C 21
Lezama VI 8 C 21
Lezáun NA 10 D 24
Lezo SS 10 C 24
Lezuza AB 72 P 22
Liandres S 7 B 17
Libardón O 6 B 14
Liber LU 14 D 8
Librán LE 15 D 10
Libreros CA 99 X 12
Librilla MU 85 S 25
Libros TE 61 L 26
Liceras SO 32 H 20
Lidón TE 48 J 26
Liebres BA 67 O 9
Liédena NA 20 E 26
Liegos LE 6 C 14
Liencres S 7 B 18
Liendo S 8 B 19
Lieres O 6 B 13
Liérganes S 8 B 18
Lierta HU 21 F 28
Liesa HU 21 F 29
Liétor AB 72 Q 24
Ligos SO 32 H 20
Ligüerre de Ara HU 21 E 29
Ligüerzana P 17 D 16
Líjar AL 96 U 23
Lillo TO 59 M 20
Lillo del Bierzo LE 15 D 10
Limaria AL 96 T 23
Limia (Río) OR 13 F 6
Limodre C 3 B 5
Limones GR 94 T 18
Limonetes
de Villalobos (Los) BA 67 P 9
Limpias S 8 B 19
Linarejos ZA 29 G 10
Linarejos J 82 R 19
Linares S 7 C 16
Linares J 82 R 19
Linares cerca de Cangas
de Narcea O 5 C 10
Linares cerca de Salas O 5 B 11
Linares (Puerto de) TE 49 L 28
Linares de la Sierra H 79 S 10
Linares de Mora TE 49 L 28
Linares de Riofrío SA 43 K 12
Linares del Arroyo
(Embalse de) SG 32 H 19
Linás de Broto HU 21 E 29
Linás de Marcuello HU 21 F 27
Linde (La) O 5 C 10
Lindín LU 4 B 8
Línea
de la Concepción (La) CA 99 X 13
Lintzoain NA 11 D 25
Linyola L 37 G 32
Liñaio C 2 D 3
Liñares LU 14 D 8
Liñares
cerca de Beariz OR 13 E 5
Liñares
cerca de Orense OR 13 E 6
Lira C 12 D 2
Lires C 2 D 2
Liri HU 22 E 31
Liria / Llíria V 62 N 28
Litago Z 34 G 24
Litera HU 22 F 31
Litos ZA 29 G 11
Lituelo TE 48 J 26
Lituénigo Z 34 G 24
Lizarra / Estella NA 19 D 23
Lizarraga cerca
de Echarri Aranaz NA 19 D 23
Lizarraga
cerca de Urroz NA 11 D 25
Lizarraga
(Puerto de) NA 19 D 23
Lizarrieta NA 11 C 25
Lizarrusti
(Puerto de) 19 D 23
Lizartza SS 10 C 23
Lizaso NA 11 D 24
Lizóain NA 11 D 25
Llabería T 51 I 32
Llacuna (La) B 37 H 34
Lladó GI 25 F 38
Lladorre L 23 E 33
Lladrós L 23 E 33
Lladurs L 23 F 34
Llafranc GI 25 G 39
Llagosta (La) B 38 H 36
Llagostera GI 25 G 38
Llagunes L 23 E 33
Llamas O 6 C 13
Llamas de Cabrera LE 14 E 10
Llamas de la Ribera LE 15 E 12
Llamas de Rueda LE 16 E 14
Llamas del Mouro O 5 C 10
Llambilles GI 25 G 38
Llames O 6 B 15
Llamo O 5 C 12
Llamoso O 5 C 11
Llana (Punta)
La Gomera TF 119 D 2
Llana (Sierra de la) BU 18 D 19
Llanars GI 24 F 37
Llanas (Las) BI 8 C 20
Llánaves
de la Reina LE 6 C 15
Llançà GI 25 E 39
Llanelo O 14 D 9
Llanera O 5 B 12
Llanera de Ranes V 74 O 28
Llanes O 6 B 15
Llanillo BU 17 D 17
Llano S 17 D 18
Llano (El) O 4 B 8
Llano (Puerto) CC 68 N 14
Llano (Puerto) BA 67 Q 11
Llano de Brujas MU 85 R 26
Llano de Bureba BU 18 E 19
Llano de la Torre AB 84 Q 23
Llano de Olmedo VA 31 I 16
Llano del Beal MU 85 T 27
Llano Don Antonio AL 103 V 24
Llano Negro La Palma TF 130 B 3
Llanos (Los) AB 72 P 24
Llanos
de Antequera (Los) MA 93 U 16
Llanos de Aridane
(Los) La Palma TF 132 C 5
Llanos de Arriba (Los) J 83 Q 21
Llanos de Don Juan CO 93 T 16
Llanos de la Concepción
Fuerteventura GC 111 G 3
Llanos
de Tormes (Los) AV 44 L 13
Llanos del Caudillo CR 71 O 19
Llanos del Valle CA 99 W 12
Llanteno VI 8 C 20
Llanuces O 5 C 12
Llardecans L 36 H 31
Llares (Los) S 7 C 17
Llaurí V 74 O 29
Llavorsí L 23 E 33
Lledó TE 50 J 30
Lleida L 36 H 31
Llén SA 43 J 12
Llena (Pic de) L 23 E 32
Llera BA 79 Q 11
Llerana S 7 C 18
Llerandi O 6 C 14
Llerena BA 79 R 11
Llers GI 25 F 38
Llert HU 22 E 31
Lles de Cerdanya L 23 E 35
Llesp L 22 E 32
Llessui L 23 E 33
Llessui (Vall de) L 23 E 33
Llíber A 74 P 30
Lliçà d'Amunt B 38 H 36
Llimiana L 23 F 32
Llinars L 23 F 34
Llinars
de l'Aigua d'Ora B 23 F 35
Llinars del Vallès B 38 H 37
Llíria / Liria V 62 N 28
Llívia GI 24 E 35
Lloà T 36 I 32
Llobera cerca
de Organyà L 23 F 34
Llobera cerca
de Solsona L 37 G 34
Llobregat (El)(Riu) B 24 F 35
Llocnou
de Sant Jeroni V 74 P 29
Llocnou d'en Fenollet V 74 O 28
Llodio / Laudio VI 8 C 21
Lloma (La)
cerca de Marines V 62 M 28
Lloma (La)
cerca de Nàquera V 62 N 28
Llombai V 74 O 28
Llombarts (es) PM 105 N 39
Llombera LE 16 D 13
Llonín O 7 B 16
Llor (El) L 37 G 33
Llorac T 37 H 33
Lloreda S 7 C 18
Llorenç de Vallbona L 37 H 33
Llorenç del Penedès T 37 I 34
Llorengoz BU 18 D 20
Lloret de Mar GI 39 G 38
Lloret
de Vistalegre PM 104 N 38
Llosa (La) CS 62 M 29
Llosa de Camacho A 74 P 29
Llosa de Ranes (La) V 74 O 28
Lloseta PM 104 M 38
Llosses (Les) GI 24 F 36
Llovio O 6 B 14
Llubí PM 105 M 39
Lluçà B 24 F 36
Lluçars L 37 G 33
Llucena CS 62 L 29
Llucmajor PM 104 N 38
Llumes Z 48 I 24
Llusias (Monte) S 8 C 19
Llutxent V 74 P 28
Lo Ferro MU 85 S 27
Loarre HU 21 F 28
Loarre (Castillo de) HU 21 F 28
Loba (Puerto de la) BA 79 R 10
Loba (Sierra de la) LU 3 C 6
Lobatejo CO 93 T 17
Lobeira OR 27 G 5
Lobeira (Mirador de) PO 12 E 3
Lobeiras LU 4 B 7
Lobera de Onsella Z 20 E 26
Loberuela (La) V 61 M 25
Lobillo (El) CR 71 P 20
Lobios OR 27 G 5
Lobo (Pico del) GU 46 I 19
Lobo (Pilón del) CR 69 P 15
Lobo (Puerto) GR 94 U 19
Lobón BA 67 P 10
Lobos GR 83 S 22
Lobos (Isla de los)
Fuerteventura GC 111 J 1
Lobos (Los) AL 96 U 24
Lobosillo MU 85 S 26
Lobras GR 102 V 20
Lobres GR 101 V 19
Lodares cerca de El Burgo
de Osma SO 32 H 20
Lodares
cerca de Medinaceli SO 47 I 22
Lodares del Monte SO 33 H 22
Lodosa NA 19 E 23
Lodoso BU 17 E 18
Loeches M 46 K 19
Logroño LO 19 E 22
Logrosán CC 68 N 13
Loiba C 3 A 6
Lois LE 16 D 14
Loiti (Puerto) NA 20 E 25
Loiu BI 8 C 21
Loja GR 94 U 17
Lojilla GR 94 T 17
Loma (La) GU 47 J 23
Loma (La) GR 94 U 18
Loma Badada A 85 Q 27
Loma de Piqueras AB 72 Q 22
Loma del Ucieza P 17 E 16
Loma Gerica J 83 R 22
Loma Gorda TE 61 L 26
Loma Pelada
(Punta de) AL 103 V 23
Lomana BU 18 D 20
Lomas P 17 F 16
Lomas (Las) MU 85 S 26
Lomas (Las) CA 99 X 12
Lomas (Las) MA 100 W 15
Lomas (Las) M 45 K 18
Lomas (Las) Z 35 G 27
Lomba (La) S 7 C 17
Lomeña S 7 C 16
Lomero H 78 S 9
Lominchar TO 58 L 18
Lomo
de Mena Tenerife TF 127 G 3
Lomoviejo VA 44 I 15
Longares Z 34 H 26
Longás Z 21 E 27
Loña del Monte OR 13 E 6
Lope Amargo CO 81 S 16
Lopera J 81 S 17
Lopera GR 95 U 20
Loporzano HU 21 F 29
Lor LU 14 E 7
Lora CA 92 V 14
Lora de Estepa SE 93 U 15
Lora del Río SE 80 T 13
Loranca de Tajuña GU 46 K 20
Loranca del Campo CU 59 L 21
Loranquillo BU 18 E 20
Lorbé C 3 B 5
Lorca MU 84 S 24
Loredo S 8 B 18
Lorenzana LE 16 D 13
Lores P 17 D 16
Loreto GR 94 U 18
Loriguilla V 62 N 28
Loriguilla (Ruinas
del pueblo de) V 61 M 27
Lorilla BU 17 D 18
Lorqui MU 85 R 26
Losa AB 72 Q 24
Losa (La) SG 45 J 17
Losa (La) GR 83 S 22
Losa del Obispo V 61 M 27
Losacino ZA 29 G 11
Losacio ZA 29 G 11
Losadilla LE 14 F 10
Losana del Pirón SG 45 I 17
Losar (El) AV 44 K 13
Losar de la Vera CC 56 L 13
Losares CU 60 L 23
Loscorrales HU 21 F 28
Loscos TE 48 I 26
Losetares GR 84 S 23
Losilla ZA 29 G 12
Losilla (La) SO 33 G 23
Losilla (La) AB 72 P 24
Losilla de Aras V 61 M 26
Lougares PO 13 F 4
Loureda C 13 D 4
Loureiro LU 14 D 7
Loureiro PO 13 E 4
Lourenzá LU 4 B 8
Loureza PO 12 G 3
Louro C 12 D 2
Louro (Punta) C 12 D 2
Lousada LU 13 D 7
Lousadela LU 13 D 6
Lousame Portobravo C 12 D 3
Lousame Portobravo C 12 D 3
Louseiro LU 14 D 8
Loza VI 19 E 21
Lozoya M 45 J 18
Lozoyuela M 46 J 19
Luaces LU 4 C 7
Luanco O 5 B 12
Luarca O 5 B 10
Lubia SO 33 H 22
Lubián ZA 28 F 9
Lubrín AL 96 U 23
Lucainena AL 102 V 20
Lucainena
de las Torres AL 96 U 23
Lúcar AL 96 T 22
Lucena CO 93 T 16
Lucena de Jalón Z 34 H 26
Lucena del Puerto H 91 U 9
Lucencia LU 13 D 6
Luceni Z 34 G 26
Lucenza OR 27 G 7
Luces O 6 B 14
Luchena MU 84 S 24
Luciana CR 70 P 17
Lucillo LE 15 E 11
Lucillos TO 57 M 16
Luco de Bordón TE 49 J 29
Luco de Jiloca TE 48 J 26
Ludiente CS 62 L 28
Ludrio LU 4 C 7
Lueje O 6 C 15
Luelmo ZA 29 H 11
Luesia Z 20 E 26
Luesma Z 48 I 26
Lugán LE 16 D 13
Lugar Nuevo
(Coto nacional de) J 82 R 17
Lugar Nuevo (El) J 82 R 17
Lugareja (Ermita La) AV 44 I 15
Lugo LU 4 C 7
Lugo de Llanera O 5 B 12
Lugones O 5 B 12
Lugros GR 95 U 20
Lugueros LE 16 D 13
Luíntra (Nogueira
de Ramuín) OR 13 E 6
Luiña O 14 D 9
Luis Díaz CO 81 S 16
Luisiana (La) SE 92 T 14
Luján HU 22 E 30
Lújar GR 102 V 19
Lumajo LE 5 D 11
Lumbier NA 20 E 26
Lumbier (Hoz de) NA 20 E 26
Lumbrales SA 42 J 9
Lumbreras LO 33 F 22
Lumias SO 32 H 21
Lumpiaque Z 34 H 26
Luna Z 21 F 27
Lunada (Portillo de) BU 8 C 19
Luneda PO 13 F 5
Luou C 12 D 4
Lupiana GU 46 K 20
Lupiñén HU 21 F 28
Lupiñén-Ortilla HU 21 F 28
Lupión J 82 S 19
Luque CO 93 T 17
Luquiano VI 18 D 21
Luquin NA 19 E 23
Lurda (La) SA 44 J 13
Luriana BA 67 O 10
Lusio LE 14 E 9
Luyando VI 8 C 21
Luyego LE 15 E 11
Luz BA 66 Q 8

A B C D E F G H I J K L M N O P Q R S T U V W X Y Z

Luz (La) VA 31 H 15
Luzaga GU 47 J 22
Luzaide / Valcarlos NA 11 C 26
Luzás HU 22 F 31
Luzmela S 7 C 17
Luzón GU 47 I 23

M

Mabegondo C 3 C 5
Macael AL 96 U 23
Macalón AB 84 Q 23
Maçanet de Cabrenys GI 24 E 38
Maçanet de la Selva GI 39 G 38
Macarra CC 56 M 12
Macastre V 73 N 27
Maceda *cerca de Corgo* LU 14 D 7
Maceda *cerca de Orense* OR 13 F 7
Maceda *cerca de Palas de Rei* LU 13 D 6
Maceira PO 13 F 4
Macetua (Estación de la) MU 85 R 25
Machacón SA 44 J 13
Machal (El) BA 67 O 10
Macharaviaya MA 101 V 17
Mácher *Lanzarote* GC 122 C 4
Machero CR 70 N 17
Machimala HU 22 D 31
Macisvenda MU 85 R 26
Macotera SA 44 J 14
Madarcos M 46 I 19
Madariaga SS 10 C 22
Madera J 83 R 22
Maderal (El) ZA 29 I 13
Madero (Puerto del) SO 33 G 23
Maderuelo SG 32 H 19
Madre de las Marismas del Rocío H 91 U 10
Madremanya GI 25 G 38
Madrero (El) TO 57 N 15
Madrid M 46 K 19
Madridanos ZA 30 H 13
Madridejos TO 58 N 19
Madrideña (La) CR 70 P 19
Madrigal GU 33 I 21
Madrigal TO 57 M 16
Madrigal de la Vera CC 56 L 13
Madrigal de las Altas Torres AV 44 I 15
Madrigal del Monte BU 18 F 18
Madrigalejo CC 68 O 13
Madrigalejo del Monte BU 18 F 18
Madriguera SG 32 I 20
Madrigueras AB 72 O 24
Madrigueras (Estación de) J 82 R 19
Madroa PO 12 F 3
Madrona SG 45 J 17
Madroñal SA 43 K 11
Madroñera CC 56 N 12
Madroñera BA 67 Q 10
Madroñera (Embalse de) CC 56 N 12
Madroñera (Sierra) H 78 T 7
Madroño AB 73 Q 25
Madroño MU 84 S 24
Madroño MU 84 S 23
Madroño (El) AB 72 P 23
Madroño (El) SE 79 T 10
Madroños MU 84 S 23
Madruédano SO 32 H 20
Maella Z 50 I 30
Maello AV 45 J 16
Maestrat (El) CS 49 K 29
Maestre SE 92 U 14
Mafet L 37 G 33
Magacela BA 68 P 12
Magallón Z 34 G 25
Magaluf PM 104 N 37
Magán TO 58 M 18
Magaña SO 33 G 23
Magaz P 31 G 16
Magaz de Abajo LE 14 E 9
Magaz de Cepeda LE 15 E 11
Magazos AV 44 I 15
Magazos LU 4 B 7
Magdalena (Ermita) C 12 E 3
Magdalena (Ermita de la) *cerca de Aguaviva* TE 49 J 29
Magdalena (Ermita de la) *cerca de Mora de Rubielos* TE 62 L 27
Magdalena (La) LE 15 D 12
Magdalena (Puerto de la) LE 15 D 11
Mágina J 82 S 19
Magreo CR 70 P 19
Máguez GC 121 F 3
Maguilla BA 80 Q 12
Maguma BI 10 C 22
Mahamud BU 17 F 18
Mahide ZA 29 G 10
Mahón / Maó PM 106 M 42
Mahora AB 72 O 24
Mahoya MU 85 R 26
Maià de Montcal GI 24 F 38
Maials L 36 H 31
Maians B 37 H 35
Maicas TE 49 J 27
Maigmó A 74 Q 28
Maíllo (El) SA 43 K 11
Maimón AL 96 U 23
Mainar Z 48 I 26
Mainar (Puerto de) Z 34 I 26
Maire de Castroponce ZA 15 F 12
Mairena GR 95 U 20
Mairena del Alcor SE 92 T 12
Mairena del Aljarafe SE 91 T 11
Maitena GR 95 U 19
Majada (La) MU 85 T 25
Majada Blanca *Fuerteventura* GC 113 H 3
Majada de la Peña BA 68 P 14
Majada Madrid MA 99 W 14
Majada Ruiz CA 99 V 13
Majadahonda M 45 K 18
Majadas CC 56 M 12
Majadas (Las) CU 60 L 23
Majaelrayo GU 46 I 20
Majalinos (Puerto de) TE 49 J 28
Maján SO 33 H 23
Majanicho *Fuerteventura* GC 111 H 1
Majano AB 72 O 24
Majazul TO 58 L 17
Majogazas AB 72 P 23
Majona (Punta) *La Gomera* TF 119 D 2
Majones HU 21 E 27
Majúa (La) LE 5 D 11
Majuges SA 43 I 10
Mal Pas (es) PM 105 M 39
Mala *Lanzarote* GC 123 F 3
Mala (Punta) CA 99 X 14
Malacuera GU 47 J 21
Maladeta HU 22 D 31
Maladeta (Pico de la) HU 22 E 31
Málaga MA 100 V 16
Málaga (Ensenada de) MA 100 W 16
Málaga (Hoya de) MA 100 V 15
Málaga del Fresno GU 46 J 20
Malagón CR 70 O 18
Malagraner CS 50 J 30
Malaguilla GU 46 J 20
Malahá (La) GR 94 U 18
Malandar (Punta de) CA 91 V 10
Malanquilla Z 34 H 24
Malcocinado BA 80 R 12
Maldà L 37 H 33
Malefatón AB 73 O 25
Malején Z 34 G 25
Malgrat de Mar B 39 H 38
Maliaño S 7 B 18
Malillos LE 16 E 13
Malillos ZA 29 H 12
Malla B 38 G 36
Mallabia BI 10 C 22
Mallades (Les) V 62 N 28
Mallas C 2 D 2
Mallén Z 34 G 25
Malleza O 5 B 11
Mallo LE 15 D 12
Mallol (El) GI 24 F 37
Mallón C 2 C 3
Mallona (La) SO 33 G 21
Mallorca PM 104 O 37
Mallos (Los) HU 21 E 27
Malón Z 34 G 25
Malpaís *cerca de Las Cuevecitas* TF 127 H 3
Malpaís Grande *Fuerteventura* GC 113 H 4
Malpaíses *La Palma* TF 132 D 6
Malpartida SA 44 J 14
Malpartida de Cáceres CC 55 N 10
Malpartida de Corneja AV 44 K 13
Malpartida de la Serena BA 68 P 13
Malpartida de Plasencia CC 56 M 11
Malpás L 22 E 32
Malpasillo (Embalse de) CO 93 U 16
Malpaso *El Hierro* TF 108 C 3
Malpelo AB 72 O 24
Malpica de Arba Z 20 F 26
Malpica de Bergantiños C 2 C 3
Malpica de España BA 66 P 8
Malpica de Tajo TO 57 M 16
Maluenda Z 34 I 25
Maluque SG 32 H 19
Malva ZA 30 H 13
Malva-rosa (La) V 62 M 29
Malvana (Sierra de la) CC 55 L 9
Malvas PO 12 F 3
Malvedo O 5 C 12
Mamblas AV 44 I 14
Mambliga BU 18 D 20
Mambrilla de Castrejón BU 31 H 18
Mambrillas de Lara BU 32 F 19
Mamillas Z 20 E 26
Mamola (La) GR 102 V 20
Mamolar BU 32 G 19
Mámoles ZA 29 H 11
Mampodre (Reserva nacional de) LE 6 C 13
Manacor PM 105 N 39
Manán LU 4 D 7
Manantial (El) CA 98 W 11
Manar (Sierra del) GR 94 U 19
Mancera de Abajo SA 44 J 14
Mancera de Arriba AV 44 J 14
Mancha (La) TF 71 O 19
Mancha Real J 82 S 19
Manchas (Las) *Tenerife* TF 126 C 3
Manchego (Collado) CU 48 K 24
Manchica (A) OR 13 F 6
Manchita BA 68 P 11
Manchones Z 48 I 25
Manchoya HU 21 E 29
Manciles BU 17 E 18
Mancor de la Vall PM 104 M 38
Mandaio C 3 C 5
Mandayona GU 47 J 21
Mandeo C 3 C 5
Mandiá C 3 B 5
Mandín OR 28 G 7
Maneta MU 73 Q 26
Manga (Cañada de la) AB 71 P 21
Manga del Mar Menor (La) MU 86 T 27
Manganese ZA 29 F 12
Manganeses de la Lampreana ZA 29 G 12
Manilla MU 84 S 25
Manilva MA 99 W 14
Maniños C 3 B 5
Manises V 62 N 28
Manjabálago AV 44 K 14
Manjarín LE 15 E 10
Manjarrés LO 19 E 21
Manjavacas (Ermita de) CU 59 N 21
Manjirón M 46 J 19
Manlleu B 24 F 36
Manojar (El) CR 70 N 17
Manquillo (Collado El) BU 18 F 20
Manquillos P 17 F 16
Manresa B 38 G 35
Mansilla BU 17 E 18
Mansilla SG 46 I 19
Mansilla de la Sierra LO 18 F 21
Mansilla de las Mulas LE 16 E 13
Mansilla del Páramo LE 15 E 12
Mansilla Mayor LE 16 E 13
Mantet (Portella de) GI 24 E 36
Mantiel GU 47 K 22
Mantinos P 16 D 15
Manuel V 74 O 28
Manuelas CO 81 R 16
Manurga VI 19 D 21
Manyà A 85 Q 27
Manzalvos OR 28 G 8
Manzanal (Puerto de) LE 15 E 11
Manzanal de los Infantes ZA 29 F 10
Manzanal del Barco ZA 29 H 12
Manzanal del Puerto LE 15 E 11
Manzanares CR 71 O 19
Manzanares de Rioja LO 18 E 21
Manzanares el Real M 45 J 18
Manzaneda O 5 C 12
Manzaneda OR 14 F 8
Manzaneda *cerca de Truchas* LE 15 F 11
Manzaneda (Cabeza de) OR 14 F 8
Manzaneda de Torío *cerca de Garrafe de Torío* LE 16 D 13
Manzanedo BU 18 D 18
Manzaneque TO 58 N 18
Manzanera TE 61 L 27
Manzaneruela CU 61 M 26
Manzanilla H 91 T 10
Manzanillo VA 31 H 17
Manzano SA 42 K 10
Manzano (El) SA 29 I 11
Mañaria BI 10 C 22
Mañeru NA 10 D 24
Mañón C 3 B 6
Mao OR 14 F 7
Maó / Mahón PM 106 M 42
Maqueda TO 57 L 16
Mar y Land PM 87 Q 34
Mara Z 34 I 25
Maracena GR 94 U 19
Marachón (Puerto de) GU 47 I 23
Maranchón GU 47 I 23
Maraña LE 6 C 14
Maraña (La) MU 85 R 25
Marañón NA 19 E 22
Marañón CR 71 O 20
Marañosa (La) M 58 L 19
Marauri BU 19 D 22
Maravillas (Gruta de las) H 79 S 10
Marazoleja SG 45 J 16
Marazovel SO 33 I 21
Marazuela SG 45 J 16
Marbella CO 93 T 17
Marbella MA 100 W 15
Marbella (Ensenada de) MA 100 W 15
Marboré HU 22 D 30
Marçà T 50 I 32
Marcaláin NA 11 D 24
Marce LU 13 E 6
Marcén HU 35 G 29
Marchagaz CC 55 L 11
Marchal GR 95 U 20
Marchal (El) AL 96 U 23
Marchal de Antón López (El) AL 102 V 22
Marchamalo GU 46 J 20
Marchena SE 92 U 13
Marchenilla CA 99 W 13
Marchenilla (Castillo) SE 92 U 12
Marcilla NA 20 F 24
Marcilla de Campos P 17 F 16
Marco LU 13 D 6
Marco (El) BA 66 O 8
Marco (Puerto El) PO 13 D 6
Marco de Alvare (Puerto) LU 4 C 8
Marco Fabio Quintiliano (Parador) *Calahorra* LO 19 F 24
Marcón PO 12 E 4
Marcos (Los) V 61 N 26
Marea (La) O 6 C 13
Marentes O 4 C 9
Mareny Blau (El) V 74 O 29
Mareny de Barraquetes (El) V 74 O 29
Mareny de Sant Llorenç (El) V 74 O 29
Mareny de Vilxes V 74 O 29
Mareo O 6 B 12
Mares (Hacienda Dos) MU 86 S 27
Mareta (Punta de la) *Lanzarote* GC 120 E 1
Marey LU 14 D 7
Margalef T 36 I 32
Marganell B 38 H 35
Margarida A 74 P 29
Margen (El) GR 83 T 22
Margolles O 6 B 14
María AL 84 S 23
María Andrés (Sierra de) BA 67 Q 9
María Cristina (Embassament de) CS 62 L 29
María de Huerva Z 35 H 27
Maria de la Salut PM 105 M 39
Mariana CU 60 L 23
Marías (Las) GU 47 K 21
Maribáñez SE 92 U 12
Maribáñez BA 68 O 13
Maridos (Los) J 83 Q 22
Marifranca CC 55 L 10
Marigenta H 79 T 10
Marigutiérrez AB 72 O 22
Marimínguez AB 73 O 25
Marín PO 12 E 3
Marín AL 103 V 22
Marina (La) T 51 I 33
Marina (La) A 86 R 28
Marina (La) V 74 O 29
Marina-Oasis A 86 R 27
Marinaleda SE 93 T 15
Marinas (Las) AL 102 V 22
Marines *Llíria* V 62 M 28
Marines *Olocau* V 62 M 28
Marines (Les) A 74 P 30
Marines (Los) H 79 S 10
Les Marines (Platjas) A 74 Q 30
Mariña (A) C 3 B 5
Maripérez AB 72 O 23
Marisán V 62 N 28
Marisánchez CR 71 P 20
Marismas (Puerto de las) BA 79 S 11
Marismilla SE 91 U 12
Mariz LU 3 C 6
Marjaliza TO 58 N 18
Markina BI 10 C 22
Marlín AV 44 J 15
Marmellar de Abajo BU 17 E 18
Marmellar de Arriba BU 18 E 18
Mármol J 82 R 19
Marmolejo J 82 R 17
Maro MA 101 V 18
Maroma MA 101 V 17
Maroñas C 2 D 3
Marqués (Casa del) AB 84 Q 24
Marqués de Vallejo LO 19 E 22
Marquina VI 19 D 21
Marquínez VI 19 D 22
Marracos Z 21 F 27
Marrero (Punta de) TF 126 E 2
Marroquí o de Tarifa (Punta) CA 99 X 13
Marrupe TO 57 L 15
Martés HU 21 E 27
Martiago SA 43 K 10
Martialay SO 33 G 22
Martiherrero AV 44 J 15
Martillán SA 42 J 9
Martimporra O 6 C 13
Martín LU 4 C 8
Martín (Río) TE 49 I 28
Martín (Río) CU 61 M 25
Martín de la Jara SE 93 U 15
Martín de Yeltes SA 43 J 11
Martín del Río TE 49 J 27
Martín Malo J 82 R 19
Martín Miguel SG 45 J 17
Martín Muñoz SG 32 I 19
Martín Muñoz de la Dehesa SG 45 I 15
Martín Muñoz de las Posadas SG 45 J 16
Martinet L 23 E 35
Martinete CO 93 T 16
Martínez AV 44 K 13
Martínez del Puerto (Los) MU 85 S 26
Martiñán LU 4 B 7
Martiño (Punta) *Fuerteventura* GC 111 J 1
Martorell B 38 H 35
Martorelles B 38 H 36
Martos J 82 S 18
Martos (Portillo de) J 94 T 17
Martul LU 3 C 7
Maruanas CO 81 S 16
Marugán SG 45 J 16
Maruri-Jatabe BI 8 B 21
Marzà GI 25 F 39
Marzales VA 30 H 14
Marzán LE 15 D 11
Marzoa C 3 C 4
Mas Boscà GI 25 F 39
Mas de Barberáns T 50 J 31
Mas de Batxero (El) CS 62 L 29
Mas de Bondia (El) L 37 H 33
Mas de Caballero V 61 N 26
Mas de Cortitxelles (El) V 74 N 28
Mas de Flors CS 62 L 29
Mas de Jacinto V 61 L 26
Mas de la Montalvana CS 50 K 29
Mas de las Altas TE 49 J 29
Mas de las Matas TE 49 J 29
Mas de Llorenç CS 62 L 29
Mas de Llosa CS 62 L 29
Mas de Pessetes CS 49 K 29
Mas-de-riudoms T 51 I 32
Mas del Carril V 62 N 27
Mas del Olmo V 61 L 26
Mas Llunés GI 24 G 38
Mas Nou GI 25 G 39
Masa BU 18 E 18
Masada (La) CS 62 L 28
Masada del Sordo CS 62 M 28
Masadas (Alto de) NA 20 F 25
Masarac GI 25 E 38
Masca *Tenerife* TF 126 B 3
Mascaraque TO 58 M 18
Mascarat (Barranc del) A 74 Q 30
Mascún (Barranco de) HU 21 F 29
Masdenverge T 50 J 31
Masegosa CU 47 K 23
Masegoso AB 72 P 23
Masegoso de Tajuña GU 47 J 21
Masella GI 24 E 35
Masía de los Pérez CS 62 M 27
Maside OR 13 E 5
Masies de Voltregà (Les) B 24 F 36
Masllorenç T 37 I 34
Masma LU 4 B 8
Masma (Golfo de la) LU 4 B 8
Masnou (El) B 38 H 36
Masos (Els) GI 25 G 39
Maspalomas *Gran Canaria* GC 117 E 4
Masquefa B 38 H 35
Masroig (El) T 50 I 32
Massalavés V 74 O 28
Massalcoreig L 36 H 31
Massalfassar V 62 N 29
Massamagrell V 62 N 29
Massanassa V 62 N 28
Massanes GI 38 G 37
Massoteres L 37 G 33
Masueco SA 28 I 10
Mata BU 18 E 18
Mata S 7 C 17
Mata CO 93 T 16
Mata (La) SG 45 I 18
Mata (La) LE 16 D 13
Mata (La) A 86 R 28
Mata (La) SE 92 U 13
Mata (La) *Castelló* CS 49 K 29
Mata (La) *cerca de Carmena* TO 57 M 16
Mata (La) *cerca de Los Yébenes* TO 58 N 18
Mata (Salines de la) A 86 R 27
Mata de Alcántara CC 55 M 9
Mata de Armuña (La) SA 43 I 13
Mata de Cuéllar SG 31 H 16
Mata de Hoz S 17 D 17
Mata de la Riba (La) LE 16 D 13
Mata de Ledesma (La) SA 43 J 12
Mata de los Olmos (La) TE 49 J 28
Mata de Monteagudo (La) LE 16 D 14
Mata del Páramo (La) LE 15 E 12
Matabuena SG 46 I 18
Matacas J 82 S 18
Matadeón de los Oteros LE 16 E 13
Matadepera B 38 H 36
Mataelpino M 45 J 18
Matagalls B 38 G 37
Matagorda AL 102 V 21
Matagorda CA 98 W 11
Matal de Toscal CO 81 S 16
Matalascañas H 91 U 10
Matalavilla LE 15 D 10
Matalebreras SO 33 G 23
Matalindo BU 18 F 19
Matallana GU 46 I 19
Matallana SE 92 U 12
Matallana de Torío LE 16 D 13
Matallana de Valmadrigal LE 16 E 13
Matalloso CR 69 P 16
Matalobos del Páramo LE 15 E 12
Mataluenga LE 15 D 12
Matamá PO 12 F 3
Matamala SG 46 I 18

España 153

Matamala de Almazán SO 33 H 22
Matamorisca P 17 D 17
Matamorosa S 17 D 17
Matanza LE 16 F 13
Matanza (La) A 85 R 26
Matanza de Acentejo (La) Tenerife TF 124 G 2
Matanza de Soria SO 32 H 20
Matanzas TE 49 K 28
Mataparta V 61 M 26
Mataporquera S 17 D 17
Matapozuelos VA 30 H 15
Matapuercas CO 81 R 16
Mataró B 38 H 37
Matarraña TE 50 J 30
Matarredonda SE 93 T 15
Matarrosa del Sil LE 15 D 10
Matarrubia GU 46 J 20
Matas (Las) M 45 K 18
Matas Blancas Fuerteventura GC 113 E 4
Matas de Lubia (Alto de) SO 33 H 22
Matas Verdes AB 72 O 22
Matasanos SE 92 T 13
Matasejún SO 33 G 23
Matea J 83 R 22
Mateo (Puerto de) MA 93 U 16
Matet CS 62 M 28
Matián GR 96 T 22
Matienzo S 8 C 19
Matilla (La) SG 45 I 18
Matilla (La) Fuerteventura GC 111 H 2
Matilla de Arzón ZA 16 F 13
Matilla de los Caños VA 30 H 15
Matilla de los Caños del Río SA 43 J 12
Matilla la Seca ZA 30 H 13
Matillas GU 47 J 21
Mato LU 3 C 7
Matola A 85 R 27
Matorro (Puerto El) BU 18 F 19
Matueca de Torío LE 16 D 13
Matute LO 19 F 21
Matute SO 33 H 22
Mauberme (Pic de) L 22 D 32
Maus de Salas OR 27 G 6
Mave P 17 D 17
Maxal LU 13 D 6
Maya / Amaiur NA 11 C 25
Maya (La) SA 43 J 13
Mayalde ZA 29 I 12
Mayor LU 4 B 8
Mayor (Cabo) S 8 B 18
Mayor (Isla) MU 85 S 27
Mayor (Isla) SE 91 U 11
Mayor (Río) LO 33 F 21
Mayorga VA 16 F 14
Mayorga BA 66 O 8
Mazagón H 90 U 9
Mazaleón TE 50 I 30
Mazalvete SO 33 G 23
Mazarabeas Altas TO 58 M 17
Mazarambroz TO 58 M 17
Mazarete GU 47 I 23
Mazaricos C 2 D 3
Mazariegos P 31 F 15
Mazariegos (Puerto) BU 32 F 19
Mazarracín TO 58 M 18
Mazarrón MU 97 T 26
Mazarrón H 91 T 10
Mazarrón (Golfo de) MU 97 T 26
Mazarulleque CU 59 L 21
Mazaterón SO 33 H 23
Mazo O 7 C 16
Mazo La Palma TF 132 D 5
Mazo (Collado del) CC 56 N 13
Mazorra (Puerto de La) BU 18 D 19
Mazueco BU 18 F 19
Mazuecos GU 59 L 20
Mazuecos de Valdeginate P 16 F 15
Mazuela BU 17 F 18
Mazuelo de M. BU 17 F 18
Meabia PO 13 E 4
Meaga SS 10 C 23
Meano NA 19 E 22
Meaño PO 12 E 3
Meca TO 98 X 11
Mecerreyes BU 32 F 19
Mecina Alfahar GR 102 V 20
Mecina Bombarón GR 102 V 20
Mecina Fondales GR 102 V 20
Meco M 46 K 20
Meda LU 4 C 7
Meda OR 13 E 7
Médano (El) Tenerife TF 129 F 5
Medeiros OR 27 G 7
Medellín BA 68 P 12
Medes (Illes) GI 25 F 39
Media Naranja (Punta de la) AL 103 V 24
Mediana Z 35 H 27
Mediana (La) H 91 U 10
Mediana de Voltoya AV 45 J 16
Medianero (Carpio) AV 44 K 13
Mediano (Embalse de) HU 22 E 30
Medida (La) Tenerife TF 127 H 3
Medín C 3 D 5
Medina Azahara CO 81 S 15
Medina de las Torres BA 79 Q 10
Medina de Pomar BU 18 D 19
Medina de Rioseco VA 30 G 14
Medina del Campo VA 30 I 15
Medina-Sidonia CA 99 W 12
Medinaceli SO 47 I 22
Medinilla AV 43 K 13
Medinyà GI 25 F 38
Mediona B 37 H 34
Medranda GU 46 J 21
Medrano LO 19 E 22
Medro MU 96 T 24
Medua OR 14 E 9
Médulas (Las) LE 14 E 9
Médulas (Las) (Localidad) LE 14 E 9
Megeces VA 31 H 16
Megina GU 48 K 24
Meilán LU 4 C 7
Meilán Mondoñedo LU 4 B 8
Meira LU 4 C 8
Meira PO 12 F 3
Meira (Sierra de) LU 4 C 8
Meirama C 3 C 4
Meirás cerca de Sada C 3 B 5
Meirás cerca de Valdoviño C 3 B 5
Meis PO 12 E 3
Mejara (Puerto) BA 68 P 13
Mejorada TO 57 L 15
Mejorada del Campo M 46 K 19
Melegís GR 101 V 19
Melegriz AB 72 P 24
Melendreros O 6 C 13
Melgar de Abajo VA 16 F 14
Melgar de Arriba VA 16 F 14
Melgar de Fernamental BU 17 E 17
Melgar de Tera ZA 29 G 11
Melgar de Yuso P 17 F 17
Melgarejo CR 71 P 20
Melgosa (La) CU 60 L 23
Melgoso MU 84 S 24
Meliana V 62 N 28
Melias OR 13 E 6
Melicena GR 102 V 20
Mélida NA 20 E 25
Melide C 3 D 5
Mellanzos LE 16 E 14
Melón OR 13 F 5
Melque SG 45 I 16
Membribe de la Hoz SG 31 H 17
Membribe SA 43 J 12
Membrilla CR 71 P 19
Membrilla CO 81 T 15
Membrillar P 17 E 16
Membrillera GU 46 J 21
Membrillo (El) TO 57 M 15
Membrillo (El) SE 79 S 12
Membrillo (Lucio del) CA 91 V 10
Membrillo Alto H 79 T 10
Membrío CC 54 N 8
Mena LE 29 G 11
Menagaray VI 8 C 20
Menàrguens L 36 G 32
Menas (Las) AL 95 U 22
Menas (Los) AL 96 T 24
Menasalbas TO 58 N 17
Menaza P 17 D 17
Mencal GR 95 T 20
Menchón de Abril (El) GR 94 T 18
Mendaro SS 10 C 22
Mendata BI 10 C 22
Mendavia NA 19 E 23
Mendaza NA 19 E 23
Mendeika BI 8 C 20
Mendexa BI 9 B 22
Méndez AB 84 Q 24
Mendigorría NA 20 E 24
Mendíjur VI 19 D 22
Mendióroz NA 11 D 25
Mendoza VI 19 D 21
Menera (Sierra de) TE 48 J 25
Meneses CU 60 N 23
Meneses de Campos P 30 G 15
Menga (Puerto de) AV 44 K 14
Menga y Viera (Cuevas de) MA 93 U 16
Mengabril BA 68 P 12
Mengamuñoz AV 44 K 15
Mengíbar J 82 S 18
Menjillán SE 92 U 13
Menor (Isla) SE 91 U 11
Menor (Mar) MU 85 S 27
Menorca PM 106 M 41
Menoyo VI 8 C 20
Mens C 2 C 3
Mentera S 8 C 19
Mentiras J 83 R 22
Mentrida TO 58 L 17
Menudero O 5 B 10
Menuza (Ermita de) Z 35 I 28
Meñaka BI 9 B 21
Meotz / Meoz NA 11 D 25
Meoz / Meotz NA 11 D 25
Mequinenza Z 36 H 30
Mequinenza (Embalse de) Z 36 H 30
Mera LU 3 D 6
Mera cerca de Ortigueira C 3 A 6
Mera cerca de Santa Cruz C 3 B 4
Meranges GI 23 E 35
Merás O 5 B 10
Merca (A) OR 13 F 6
Mercadal (es) PM 106 M 42
Mercadillo BI 8 C 20
Mercadillo BU 8 C 20
Mercadillos de Abajo AB 72 P 24
Meré O 6 B 15
Meredo O 4 B 8
Merelas C 3 C 5
Merendero LU 3 C 6
Meréns OR 13 F 5
Mérida BA 67 P 10
Merille LU 4 B 7
Merlán LU 3 D 6
Merli HU 22 E 31
Mero C 3 C 5
Merodio O 7 C 16
Merolla (Coll de) GI 24 F 36
Merou O 4 B 9
Merujal O 6 C 13
Merza PO 13 D 5
Mesa (La) J 82 R 19
Mesa (La) LO 33 F 22
Mesa del Mar Tenerife TF 124 G 2
Mesa Roldán (La) AL 103 V 24
Mesas (Las) CU 71 N 21
Mesas (Las) MA 92 V 14
Mesas de Asta CA 91 V 11
Mesas de Ibor CC 56 M 13
Mesas de Santiago CA 91 V 12
Mesas del Guadalora CO 80 S 14
Mesegar de Corneja AV 44 K 14
Mesegar de Tajo TO 57 M 16
Mesía C 3 C 5
Mesillas CC 56 L 12
Mesón do Vento C 3 C 4
Mesones GU 46 J 19
Mesones AB 84 Q 22
Mesones (Los) SA 43 I 12
Mesones de Isuela Z 34 H 25
Mesta AB 72 Q 22
Mesta de Con O 6 B 14
Mestanza CR 70 Q 17
Mestanza (Puerto de) CR 70 Q 17
Mestas O 5 C 10
Las Mestas CC 43 K 11
Metauten NA 19 D 23
Mezalocha Z 34 H 26
Mezkiritz NA 11 D 25
Mezpelerreka-El Regato BI 8 C 20
Mezquetillas SO 33 I 22
Mezquita (A) OR 28 F 8
Mezquita (Estación de la) H 90 T 9
Mezquita (La) MA 93 U 15
Mezquita de Jarque TE 49 J 27
Mezquita de Loscos TE 48 I 26
Mezquitilla MA 101 V 17
Mezquitilla (La) SE 92 U 14
Miajadas CC 68 O 12
Miami Platja T 51 I 32
Mianos Z 21 E 27
Micereces de Tera ZA 29 G 12
Michos CR 69 P 16
Micieces de Ojeda P 17 D 16
Miedes Z 34 I 25
Miedes de Atienza GU 32 I 21
Miengo S 7 B 18
Miera S 8 C 18
Miera (La) CR 71 O 21
Mieres GI 24 F 37
Mieres O 5 C 12
Mierla (La) GU 46 J 20
Mieza SA 28 I 9
Migjorn Gran (es) PM 106 M 42
Miguel Esteban TO 59 N 20
Miguel Ibáñez SG 45 I 16
Miguelagua TO 58 N 18
Migueláñez SG 45 I 16
Miguelturra CR 70 P 18
Mijancas VI 19 D 21
Mijares AV 57 L 15
Mijares V 73 N 27
Mijares (Puerto de) AV 44 K 15
Mijas MA 100 W 16
Milagres (Santuario Os) OR 13 F 7
Milagro NA 20 F 24
Milagro (El) CR 58 N 17
Milagro (Puerto del) TO 58 N 17
Milagros BU 32 H 18
Milán Tenerife TF 124 H 1
Milano SA 42 I 10
Milano AB 71 P 22
Milanos GR 94 U 17
Milanos (Estación de los) H 78 T 9
Miliana T 50 K 31
Miliario del Caudillo SG 32 H 18
Milla (Perales de) M 45 K 17
Milladoiro C 12 D 4
Millana GU 47 K 22
Millanes CC 56 M 13
Millarada (A) PO 13 E 5
Millares V 73 O 27
Millares (Los) H 90 T 7
Millares (Salto de) V 74 O 27
Millarón (El) CC 54 N 8
Miller J 83 R 22
Milles de la Polvorosa ZA 29 G 12
Millón C 12 D 3
Milmarcos GU 48 I 24
Mina (La) HU 21 D 27
Mina de Rodes A 73 Q 27
Minas (La) TE 49 J 27
Minas (Las) CU 61 M 25
Minas (Las) AB 84 R 24
Minas (Las) AL 103 V 22
Minas de Cala H 79 S 10
Minas de Riotinto H 79 S 10
Minas del Marquesado GR 95 U 20
Minateda AB 84 Q 25
Minateda (Cuevas de) AB 84 Q 25
Minaya AB 72 O 23
Mingarnao AB 84 R 23
Minglanilla CU 61 N 25
Mingogil AB 84 Q 24
Mingorría AV 45 J 15
Mingorrubio M 45 K 18
Mingrano MU 84 S 24
Mínguez (Puerto) TE 49 J 26
Mini Hollywood AL 96 U 22
Minilla (Embalse de la) SE 79 S 11
Mínima (Isla) SE 91 U 11
Miñagón O 4 B 9
Miñana SO 33 H 23
Miñano MU 84 R 24
Miñano Mayor VI 19 D 22
Miñarros MU 97 T 25
Miño C 3 B 5
Miño Cuevo ZA 29 G 11
Miño de Medina SO 47 I 22
Miño de San Esteban SO 32 H 19
Miñóns C 2 D 2
Miñosa (La) GU 46 I 21
Miñotos LU 4 B 7
Mioma VI 18 D 20
Mioño S 8 B 20
Mira CU 61 M 25
Mira (La) CR 70 P 17
Mirabel SE 92 U 12
Mirabel CC 55 M 11
Mirabel (Ermita de) CC 56 N 13
Mirabueno GU 47 J 21
Miracle (El) L 37 G 34
Miradera (Sierra de la) BA 68 Q 11
Mirador (El) MU 85 S 27
Mirador (Sierra del) LU 4 C 8
Mirador de Oseja LE 6 C 14
Mirador del Romero (El) M 45 K 17
Miraelrío J 82 R 19
Miraflores BU 18 E 19
Miraflores de la Sierra M 46 J 18
Mirafuentes NA 19 E 23
Miralcamp L 37 H 32
Miralcampo AB 72 O 24
Miralrío GU 46 J 21
Miralsot de Abajo HU 36 H 30
Miramar PM 104 M 37
Mirambel TE 49 K 28
Miranda LU 4 D 8
Miranda MU 85 S 26
Miranda de Arga NA 20 E 24
Miranda de Azán SA 43 J 12
Miranda de Ebro BU 18 D 21
Miranda del Castañar SA 43 K 12
Miranda del Rey J 82 Q 19
Mirandilla BA 67 O 11
Mirantes de Luna LE 15 D 12
Miravalles LE 14 D 9
Miraveche BU 18 D 20
Miravet T 50 I 31
Miravete TE 49 K 27
Miravete (Puerto de) CC 56 M 12
Miraz cerca de Guitiriz LU 3 C 6
Miraz cerca de Xermade LU 3 B 6
Mirón (El) AV 44 K 13
Mironcillo AV 44 K 15
Mirones S 8 C 18
Mirones (Los) CR 70 Q 18
Mirueña de los Infanzones AV 44 J 14
Miyares O 6 B 14
Moal O 5 C 10
Moanes O 5 B 10
Moaña PO 12 F 3
Moar C 3 C 5
Moarves P 17 D 16
Mocanal El Hierro TF 109 D 2
Mocasilla GU 47 J 22
Mocejón TO 58 M 18
Mochales GU 47 I 23
Mochales SE 80 T 13
Mochila GR 94 T 19
Mochuelos (Los) J 83 Q 20
Moclín GR 94 T 18
Moclinejo MA 101 V 17
Modino LE 16 D 14
Modubar BU 18 F 19
Modúbar de San Cibrián BU 18 F 19
Moeche C 3 B 6
Mogábar CO 81 Q 16
Mogán Gran Canaria GC 116 C 3
Mogarraz SA 43 K 11
Mogatar ZA 29 H 12
Mogón J 83 R 20
Mogor PO 12 E 3
Mogorrita CU 48 K 24
Mogorrita GU 47 J 23
Mogro S 7 B 18
Moguer H 90 U 9
Moharras AB 72 O 22
Moheda (La) CC 55 L 10
Mohedas CC 55 L 11
Mohedas (Las) AB 72 Q 23
Mohedas de la Jara TO 57 N 14
Mohernando GU 46 J 20
Mohías O 4 B 9
Mohorte CU 60 L 23
Moià B 38 G 36
Moixent V 74 P 27
Mojácar AL 96 U 24
Mojados VA 31 H 16
Mojares GU 47 I 22
Mojón AL 95 T 22
Mojón (El) CU 61 L 25
Mojón (El) A 85 S 27
Mojón (El) MU 85 R 27
Mojón Alto CU 60 M 22
Mojón Alto CO 93 T 16
Mojón Blanco TE 48 K 24
Mojón Gordo MA 92 V 14
Mojón Pardo (Puerto) SO 32 G 21
Mojonera AL 102 V 21
Mola PM 87 Q 34
Mola (Cap de Sa) PM 104 N 37
Mola (Castell de la) A 85 Q 27
Mola (Far de la) PM 87 Q 34
Mola (La) B 38 H 36
Mola (La) Menorca PM 106 M 42
Molacillos ZA 29 H 13
Molar (El) T 36 I 32
Molar (El) M 46 J 19
Molar (El) J 83 S 20
Molares H 79 S 9
Molares (Los) SE 92 U 12
Molata MU 84 R 23
Molata (La) AB 72 P 23
Molatón AB 73 P 25
Moldes C 13 D 5
Moldones ZA 29 G 10
Molezuelas de la Carballeda ZA 15 F 11
Molí (es) PM 87 P 33
Molí Azor (El) CS 49 L 28
Molí de l'Abad (El) CS 50 J 30
Molina (La) GI 24 E 35
Molina (La) BU 18 D 20
Molina de Aragón GU 48 J 24
Molina de Segura MU 85 R 26
Molina de Ubierna (La) BU 18 E 19
Molinaferrera LE 15 E 10
Molinas (Los) AL 96 U 23
Molinaseca LE 15 E 10
Molinicos AB 84 Q 23
Molinilla VI 18 D 21
Molinillo SA 43 K 12
Molinillo (El) CR 58 N 17
Molinillo (El) GR 94 U 19
Molino (El) BA 66 P 8
Molino Blanco TO 57 M 16
Molinos TE 49 J 28
Molinos C 2 C 2
Molinos (Los) HU 22 E 30
Molinos (Los) M 45 J 17
Molinos (Los) Fuerteventura GC 110 G 2
Molinos (Los) Gran Canaria GC 114 B 3
Molinos de Duero SO 33 G 21
Molinos de Matachel (Embalse de los) BA 67 Q 11
Molinos de Papel CU 60 L 23
Molinos de Razón SO 33 G 22
Molinos del Río Aguas (Los) AL 96 U 23
Molinos Marfagones MU 85 T 26
Molins de Rei B 38 H 36
Molledo S 7 C 17
Mollerussa L 37 H 32
Mollet GI 25 E 39
Mollet B 38 H 36
Mollina MA 93 U 16
Mollinedo S 8 C 20
Molló GI 24 E 37
Molsosa (La) L 37 G 34
Moluengo V 61 N 25
Molvízar GR 101 V 19
Momán cerca de Cospeito LU 4 C 7
Momán cerca de Xermade LU 3 C 6
Mombeltrán AV 57 L 14
Momblona SO 33 H 22
Mombuey ZA 29 F 11
Momediano BU 18 D 19
Momia CA 99 W 12
Mompichel AB 73 P 25
Mona (Punta de la) GR 101 V 18
Monachil GR 94 U 19
Monasterio SO 33 H 21
Monasterio GU 46 J 20
Monasterio de la Sierra BU 32 F 20
Monasterio de Rodilla BU 18 E 19
Monasterio de Vega VA 16 F 14
Monasterio del Coto O 4 C 9
Monasterioguren VI 19 D 22
Moncalián S 8 B 19
Moncalvillo BU 32 G 20
Moncalvillo del Huete CU 59 L 21
Moncalvo SA 14 F 9
Moncayo GR 83 S 22
Moncayo (Santuario del) Z 34 G 24
Moncelos LU 4 C 7

A B C D E F G H I J K L M N O P Q R S T U V W X Y Z

154 España

Moncelos (Puerto de) PO 13 F 5
Monclova (La) SE 92 T 14
Moncofa CS 62 M 29
Monda MA 100 W 15
Mondalindo M 46 J 18
Mondariz PO 13 F 4
Mondéjar GU 59 L 20
Mondoñedo LU 4 B 7
Mondragón / Arrasate SS 10 C 22
Mondreganes LE 16 D 14
Mondriz LU 4 C 7
Mondrón MA 101 V 17
Mondújar GR 101 V 19
Mondúver (El) V 74 O 29
Monegrillo Z 35 H 28
Monegros (Canal de) HU 21 F 28
Monegros (Los) Z 35 H 28
Monells GI 25 G 38
Moneo BU 18 D 19
Mones O 5 B 10
Monesma HU 36 G 30
Monesma HU 21 F 28
Monesterio BA 79 R 11
Moneva Z 49 I 27
Moneva (Embalse de) Z 49 I 27
Monfarracinos ZA 29 H 12
Monfero C 3 C 5
Monfero (Monasterio de) C 3 B 5
Monflorite HU 21 F 28
Monforte de la Sierra SA 43 K 11
Monforte de Lemos LU 14 E 7
Monforte de Moyuela TE 49 I 26
Monforte del Cid A 85 Q 27
Monfragüe (Santuario de) CC 56 M 11
Monistrol de Calders B 38 G 36
Monistrol de Montserrat B 38 H 35
Monistrolet B 37 G 35
Monjas (Las) CR 71 O 19
Monjas (Las) V 61 N 26
Monjas (Las) SE 92 U 13
Monleón SA 43 K 12
Monleras SA 29 I 11
Monòver A 85 Q 27
Monrabana V 62 M 27
Monreal NA 11 D 25
Monreal de Ariza Z 33 I 23
Monreal del Campo TE 48 J 25
Monreal del Llano CU 59 N 21
Monrepós (Puerto de) HU 21 E 28
Monroy CC 55 N 11
Monroyo TE 50 J 29
Monsagro SA 43 K 11
Monsalud BA 67 Q 9
Monsalupe AV 44 J 15
Mont Cristina CS 62 L 29
Mont Horquera V 62 N 28
Mont-i-sol V 62 N 28
Mont-ral T 37 I 33
Mont-ras GI 25 G 39
Mont-roig del Camp T 51 I 32
Mont-ros L 23 E 32
Monta (La) TO 70 O 18
Montagut i Oix GI 24 F 37
Montalbán TE 49 J 27
Montalbán TO 57 M 16
Montalbán de Córdoba CO 93 T 15
Montalbanejo CU 60 M 22
Montalbo CU 59 M 21
Montalbos TE 49 J 28
Montalvos AB 72 O 23
Montamarta ZA 29 H 12
Montan L 23 F 34
Montán Castelló CS 62 L 28
Montánchez CC 67 O 11
Montanchuelos CR 70 P 19
Montanejos CS 62 L 28
Montanúy HU 22 E 32
Montaña Blanca Lanzarote GC 123 D 4
Montaña Clara (Isla de) Lanzarote GC 120 E 2
Montañana HU 22 F 32
Montañana Z 35 G 27
Montañas (Ermita de las) CA 92 V 13
Montañesa (Peña) HU 22 E 30
Montañeta (La) Tenerife TF 127 F 3
Montaos C 3 C 4
Montardo L 22 E 32
Montareño L 23 E 33
Montargull L 37 G 33
Montarrón GU 46 J 20
Montaverner V 74 P 28
Montaves SO 33 F 23
Montblanc T 37 H 33
Montblanquet L 37 H 33
Montbrió de la Marca T 37 H 33
Montbrió del Camp T 51 I 33
Montcada V 62 N 28
Montcada i Reixac B 38 H 36
Montclar B 23 F 35
Montclar d'Urgell L 37 G 33
Montcortès L 23 F 33
Monte C 3 B 5
Monte LU 4 B 7
Monte (El) AB 72 P 23
Monte (Ermita del) SE 80 S 12
Monte Aloya (Parque natural del) PO 12 F 3
Monte Alto CO 81 T 15
Monte Aragón (Cordillera de) AB 73 P 24
Monte Aragón (Monasterio de) HU 21 F 28
Monte Calderón GU 46 J 19
Monte de Luna La Palma TF 132 D 6
Monte de Meda LU 3 D 7
Monte Hueco GU 46 J 20
Monte la Reina ZA 30 H 13
Monte Lope Álvarez J 82 S 17
Monte Perdido (Paradorde) Bielsa HU 22 D 30
Monte Redondo GU 47 J 21
Monte Robledal M 59 L 20
Monteagú CR 82 Q 19
Monteagudo NA 34 G 24
Monteagudo MU 85 R 26
Monteagudo (Isla de) PO 12 F 3
Monteagudo de las Salinas CU 60 M 24
Monteagudo de las Vicarías SO 33 H 23
Monteagudo del Castillo TE 49 K 27
Montealegre VA 30 G 15
Montealegre del Castillo AB 73 P 26
Montearagón TO 57 M 16
Montecillo S 17 D 18
Monteclaro-La Cabaña M 45 K 18
Montecorto MA 92 V 14
Montecubeiro LU 4 C 8
Montederramo OR 14 F 7
Montefrío GR 94 U 17
Montehermoso CC 55 L 10
Monteixo L 23 E 34
Montejaque MA 92 V 14
Montejícar GR 94 T 19
Montejo SA 43 K 13
Montejo de Arévalo SG 45 I 16
Montejo de Bricia BU 17 D 18
Montejo de Cebas BU 18 D 20
Montejo de la Sierra M 46 I 19
Montejo de la Vega SG 32 H 19
Montejo de Tiermes SO 32 H 20
Montejos del Camino LE 15 E 12
Montellà L 23 E 35
Montellano BI 8 C 20
Montellano SE 92 V 13
Montemayor AB 73 P 23
Montemayor CO 81 T 15
Montemayor (Ermita de) H 90 U 9
Montemayor de Pililla VA 31 H 16
Montemayor del Río SA 43 K 12
Montemolín BA 79 R 11
Montenartró L 23 E 33
Montenebro M 46 J 19
Montenegro AL 95 U 21
Montenegro de Cameros SO 33 F 21
Montepalacio SE 92 U 13
Monterde Z 48 I 24
Monterde de Albarracín TE 48 K 25
Monteros (Los) TO 57 L 16
Monteros (Los) MA 100 W 15
Monterreal PO 12 F 3
Monterredondo OR 13 F 5
Monterrei OR 28 G 7
Monterrey TO 58 M 17
Monterroso LU 13 D 6
Monterrubio SG 45 J 16
Monterrubio ZA 15 F 10
Monterrubio de Armuña SA 43 I 13
Monterrubio de Demanda BU 18 F 20
Monterrubio de la Serena BA 68 Q 13
Monterrubio de la Sierra SA 43 J 12
Montes (Los) GR 94 T 18
Montes de Málaga (Parque natural de los) MA 93 V 16
Montes de Mora TO 70 N 17
Montes de San Benito H 78 S 8
Montes de Valdueza LE 15 E 10
Montes Universales (Reserva nacional de los) TE 48 K 24
Montesa V 74 P 28
Montesalgueiro C 3 C 5
Montesclaros TO 57 L 15
Montesinos (Los) A 85 R 27
Montesión (Santuari de) PM 105 N 39
Montesol A 74 P 28
Montesquiu B 24 F 36
Montesusín HU 35 G 28
Monteviejo (Puerto de) LE 16 D 15
Montferrer i Castellbò L 23 E 34
Montferri T 37 I 34
Montgai L 37 G 32
Montgarri L 23 D 33
Montgat B 38 H 36
Montgó GI 25 F 39
Montgó (El) A 75 P 30
Montiano BU 8 C 20
Montiel CR 71 P 21
Montiel (Campo de) AB 71 P 21
Montiela (La) CO 93 T 15
Montijo BA 67 P 10
Montilla CO 93 T 16
Montillana GR 94 T 18
Montinier HU 22 E 30
Montitxelvo V 74 P 28
Montizón J 83 Q 20
Montjuïc B 38 H 36
Montllats (Els) CS 49 K 29
Montmagastre L 37 G 33
Montmajor B 23 F 35
Montmaneu B 37 H 34
Montmany B 38 G 36
Montmeló B 38 H 36
Montnegre B 38 G 37
Montnegre GI 25 G 38
Montnegre A 86 Q 28
Montnegre (Serra de) B 38 H 37
Montnoso BA 79 Q 11
Montoliu L 36 H 31
Montón Z 48 I 25
Montorio BU 18 E 18
Montornès B 38 H 36
Montornès de Segarra L 37 H 33
Montoro CO 81 R 16
Montoro (Embalse de) CR 70 Q 17
Montoro de Mezquita TE 49 J 28
Montortal V 74 O 28
Montoso CR 71 P 20
Montoto P 17 D 16
Montouto C 3 C 5
Montouto LU 4 B 7
Montoxo (San Román) C 3 B 6
Montoxo (San Xulián) C 3 B 6
Montpalau L 37 H 34
Montroi V 74 N 28
Montsant (Serra) T 36 I 32
Montsec d'Ares L 22 F 32
Montsec de Rúbies L 23 F 32
Montsent (Serra de) B 38 G 37
Montseny B 38 G 37
Montseny (Parc natural del) B 38 G 36
Montserrat V 74 N 28
Montserrat (Monestir) B 38 H 35
Montserrat (Serra de) B 38 H 35
Montsià (Serra del) T 50 K 31
Montuenga BU 18 F 18
Montuenga SG 45 I 16
Montuenga de Soria SO 33 I 23
Montuïri PM 104 N 38
Monturque CO 93 T 16
Monumenta ZA 29 H 11
Monzalbarba Z 35 G 27
Monzón HU 36 G 30
Monzón de Campos P 17 F 16
Moñux SO 33 H 22
Mor LU 4 B 7
Mora LE 15 D 12
Mora TO 58 M 18
Mora (La) T 51 I 34
Mora (Puerto de la) GR 94 U 19
Mora de Rubielos TE 61 L 27
Mora de Santa Quiteria AB 73 Q 25
Móra d'Ebre T 50 I 31
Móra la Nova T 50 I 31
Moradas TO 57 N 15
Moradillo BU 18 D 18
Moradillo de Roa BU 31 H 18
Moradillo del Castillo BU 17 D 18
Moragete V 73 O 26
Moraira A 75 P 30
Moral MU 84 R 23
Moral (El) MU 84 S 23
Moral de Calatrava CR 70 P 19
Moral de Hornuez SG 32 H 19
Moral de la Reina VA 30 G 14
Moral de Sayago ZA 29 H 11
Moral de Valcarce LE 14 E 9
Moraleda de Zafayona GR 94 U 18
Moraleja CC 55 L 9
Moraleja de Coca SG 45 I 16
Moraleja de Cuéllar SG 31 H 17
Moraleja de Enmedio M 58 L 18
Moraleja de las Panaderas VA 30 I 15
Moraleja de Matacabras AV 44 I 15
Moraleja de Sayago ZA 43 I 11
Moraleja del Vino ZA 29 H 13
Moralejo MU 84 S 23
Morales SO 32 H 21
Morales LE 15 E 11
Morales CR 82 Q 18
Morales (Los) GR 94 T 18
Morales (Rambla de) AL 103 V 23
Morales de Campos VA 30 G 14
Morales de Rey ZA 29 F 12
Morales de Toro ZA 30 H 14
Morales de Valverde ZA 29 G 12
Morales del Vino ZA 29 H 12
Moralico (El) J 83 Q 21
Moralina ZA 29 H 11
Moralita (La) SA 43 J 11
Moralzarzal M 45 J 18
Morancelle C 2 D 2
Moranchel GU 47 J 22
Morante H 78 T 9
Moraña PO 12 E 4
Morás LU 4 A 7
Morasverdes SA 43 K 11
Morata MU 97 T 25
Morata (Puerto de) Z 34 H 25
Morata de Jalón Z 34 H 25
Morata de Jiloca Z 34 I 25
Morata de Tajuña M 59 L 19
Moratalla MU 84 R 24
Moratalla CO 80 S 14
Moratilla de Henares GU 47 I 21
Moratilla de los Meleros GU 46 K 21
Moratillas (Las) V 73 N 27
Moratinos P 16 E 15
Moratones ZA 29 F 12
Morche (El) MA 101 V 18
Morcillo CC 55 L 10
Morcuera SO 32 H 20
Morcuera (Puerto de la) M 45 J 18
Moreda LU 13 D 6
Moreda GR 94 T 20
Moreda de Álava VI 19 E 22
Moreda de Aller O 5 C 12
Moredo (Pico de) L 23 D 33
Moreiras cerca de Orense OR 13 F 6
Moreiras cerca de Xinzo de Limia OR 13 F 6
Morell (El) T 37 I 33
Morella CS 50 K 29
Morella la Vella CS 49 K 29
Morellana CO 93 T 17
Morena BA 79 R 11
Morenilla GU 48 J 24
Morenos (Los) CO 80 R 13
Morente CO 81 S 16
Morentin NA 19 E 23
Morera (Ermita) V 74 P 27
Morera (La) BA 67 Q 10
Morera de Montsant (La) T 37 I 32
Moreruela (Monasterio de) ZA 29 G 12
Moreruela de los Infanzones ZA 29 H 12
Moreruela de Tábara ZA 29 G 12
Morés Z 34 H 25
Morga BI 9 C 21
Morgana (La) GR 102 V 20
Morgovejo LE 16 D 15
Moriles CO 93 T 16
Morilla HU 36 G 30
Morilla S 8 C 18
Morille SA 43 J 12
Morillejo GU 47 J 22
Morillo de Liena HU 22 E 31
Morillo de Monclús HU 22 E 30
Morillo de Tou HU 22 E 30
Moriñigo SA 44 J 13
Moriscote AB 72 Q 23
Morla LE 15 F 11
Moro GR 83 S 21
Moro (Coll del) T 50 I 31
Moro (El) CR 70 P 19
Moro (Rambla del) MU 85 R 25
Morón de Almazán SO 33 H 22
Morón de la Frontera SE 92 U 13
Moronta SA 43 J 10
Moropeche AB 84 Q 22
Moror L 22 F 32
Moros Z 34 H 24
Morquitián C 2 C 2
Morrablancar AB 73 P 25
Morrano HU 21 F 29
Morras (Las) CO 81 Q 15
Morrazo (Península de) PO 12 F 3
Morredero (Alto El) LE 15 E 10
Morredero (El) LE 15 E 10
Morriondo LE 15 E 12
Morro Jable Fuerteventura GC 112 C 5
Morrón AB 73 Q 24
Morrón AL 102 V 21
Morrón de los Genoveses AL 103 V 23
Morrón del Puerto MU 73 Q 26
Morrones (Los) CR 71 Q 20
Morrones (Los) GR 94 T 19
Mortera (La) O 5 C 10
Mos PO 12 F 4
Moscán LU 14 D 7
Moscardón TE 48 L 25
Moscari PM 104 M 38
Moscaril GR 101 V 18
Moscoso PO 12 F 4
Mosende LU 3 A 7
Mosende PO 12 F 4
Mosqueruela TE 49 K 28
Mosqueruela (Puerto de) TE 49 K 28
Mosquete C 12 E 3
Mosteiro OR 13 F 5
Mosteiro Meis PO 12 E 3
Mosteiro Pol LU 4 C 7
Móstoles M 58 L 18
Mota (Fortaleza de la) J 94 T 18
Mota (La) GI 25 F 38
Mota (La) CA 92 V 14
Mota de Altarejos CU 60 M 23
Mota del Cuervo CU 59 N 21
Mota del Marqués VA 30 H 14
Motilla del Palancar CU 60 N 24
Motilleja AB 72 O 24
Motos GU 48 K 25
Motril GR 101 V 19
Moucide LU 4 B 7
Mougás PO 12 F 3
Mourentán PO 13 F 5
Mourisca OR 14 F 8
Mouriscados PO 13 F 4
Mourulle LU 13 D 6
Mousende LU 4 B 8
Moutas O 5 B 11
Moveros ZA 29 H 11
Moya CU 61 M 25
Moya Gran Canaria GC 115 D 2
Moyas (Las) CR 71 O 20
Moyuela Z 49 I 27
Mozaga Lanzarote GC 123 D 4
Mózar de Valverde ZA 29 G 12
Mozárbez SA 43 J 13
Mozas (Monte de las) CU 72 O 23
Mozoncillo SG 45 I 17
Mozóndiga LE 15 E 12
Mozos de Cea LE 16 E 14
Mozota Z 34 H 26
Muchachos (Roque de los) La Palma TF 130 C 3
Mucientes VA 30 G 15
Mudá P 17 D 16
Mudapelos J 82 S 17
Mudela CR 70 Q 19
Muduex GU 46 J 21
Mudurra (La) VA 30 G 15
Muel Z 34 H 26
Muela AB 73 P 25
Muela MU 85 S 25
Muela CO 80 R 13
Muela BU 32 F 19
Muela cerca de Cantavieja TE 49 K 28
Muela cerca de Manzanera TE 61 L 27
Muela (La) Z 34 H 26
Muela (La) V 61 M 26
Muela (La) cerca de Algodonales CA 92 V 13
Muela (La) cerca de Vejer CA 99 X 12
Muela (Sierra de la) GU 47 I 21
Muela (Sierra de la) cerca de Cartagena MU 97 T 26
Muela de Cortes (Reserva nacional de la) V 73 O 27
Muelas de los Caballeros ZA 15 F 10
Muelas del Pan ZA 29 H 12
Mués NA 19 E 23
Muez NA 10 D 24
Muga BU 34 G 24
Muga (La) (Riu) GI 24 E 37
Muga de Alba ZA 29 G 11
Muga de Sayago ZA 29 H 11
Mugardos C 3 B 5
Mugares OR 13 F 6
Mugueimes OR 27 G 6
Muides O 4 B 9
Muimenta LU 4 C 7
Muimenta PO 13 D 5
Muiña LU 4 C 8
Muiños OR 27 G 6
Mujeres Muertas (Pozo de las) O 4 C 9
Mula MU 85 R 25
Mulato (Embalse del) Gran Canaria GC 116 C 3
Mulería (La) AL 96 U 24
Mulhacén GR 95 U 20
Mullidar AB 72 Q 24
Mulva (Castillo de) SE 80 S 12
Munárriz NA 10 D 24
Mundaka BI 9 B 21
Mundo (Nacimiento del Río) AB 84 Q 22
Munébrega Z 34 I 24
Munera AB 72 O 22
Mungia BI 9 B 21
Múnia (La) B 37 I 34
Munia (Mont la) HU 22 D 30
Muniáin de la Solana NA 19 E 23
Muniellos (Coto national de) O 4 C 9
Muniesa TE 49 I 27
Muniferral C 3 C 5
Munilla LO 19 F 23
Munitibar-Arbatzegui Gerrikaitz BI 10 C 22
Muntanyola B 38 G 36
Muntells (Els) T 50 K 32
Muña (La) J 82 S 18
Muñana AV 44 K 14
Muñas O 5 B 10
Muñecas SO 32 G 20
Muñecas (Las) BI 8 C 20
Múñez AV 44 K 15
Muñico AV 44 J 14
Muñique Lanzarote GC 123 D 3
Muñis LU 4 D 9
Muño O 6 B 13
Muñoces (Los) MU 85 S 26
Muñogalindo AV 44 K 15
Muñogrande AV 44 J 15
Muñomer del Peco AV 44 J 15
Muñopedro SG 45 J 16
Muñopepe AV 44 K 15
Muñosancho AV 44 J 14
Muñotello AV 44 K 14
Muñoveros SG 45 I 18
Muñoyerro AV 44 J 15
Muñoz SA 43 J 11
Mur (Castell de) L 22 F 32
Mura B 38 G 35
Muradelle LU 13 E 6
Muras LU 3 B 6

A B C D E F G H I J K L M N O P Q R S T U V W X Y Z

Murchante NA 20 F 25
Murchas GR 101 V 19
Murcia MU 85 S 26
Murciélagos (Cueva de los) CO 93 T 17
Murero Z 48 I 25
Mures J 94 T 18
Murguía VI 19 D 21
Murias LE 15 E 11
Murias ZA 14 F 10
Murias *cerca de Santibáñez* O 6 C 12
Murias de Paredes LE 15 D 11
Murias de Ponjos LE 15 D 11
Muriedas S 7 B 18
Muriel GU 46 J 20
Muriel de la Fuente SO 32 G 21
Muriel de Zapardiel VA 44 I 15
Muriel Viejo SO 32 G 21
Muriellos O 5 C 12
Murieta NA 19 E 23
Murillo Berroya NA 11 D 26
Murillo de Calahorra LO 19 E 24
Murillo de Gállego Z 21 E 27
Murillo de Río Leza LO 19 E 23
Murillo el Cuende NA 20 E 25
Murillo el Fruto NA 20 E 25
Murla A 74 Q 29
Muro PM 105 M 39
Muro de Ágreda SO 33 G 24
Muro de Aguas LO 19 F 23
Muro de Alcoy A 74 P 28
Muro en Cameros LO 19 F 22
Muros C 12 D 2
Muros de Nalón O 5 B 11
Muros y Noia (Ría de) PO 12 D 2
Murta (La) MU 85 S 26
Murtas GR 102 V 20
Murtas (Las) MU 84 R 24
Murtiga H 78 R 9
Muruarte de Reta NA 11 D 25
Murueta BI 9 B 21
Muruzábal NA 10 D 24
Muruzábal de Andión NA 20 E 24
Musel (El) O 6 B 12
Museros V 62 N 28
Musitu VI 19 D 22
Muskilda (Santuario de) NA 11 D 26
Mussara (La) T 37 I 33
Mussara (Serra de la) T 37 I 33
Mustio (El) H 78 S 8
Mutiloa SS 10 C 23
Mutiloagoiti / Mutilva Alta NA 11 D 25
Mutilva Alta / Mutiloagoiti NA 11 D 25
Mutriku SS 10 C 22
Mutxamel A 86 Q 28
Muxia C 2 C 2
Muyo (El) SG 32 I 20

N

Na Macaret PM 106 L 42
Na Xamena PM 87 O 34
Nabarniz BI 10 C 22
Nacha HU 36 G 31
Nacimiento CO 93 T 16
Nacimiento AL 95 U 22
Nadela LU 4 D 7
Nafría de Ucero SO 32 G 20
Nafría la Llana SO 33 H 21
Naharros GU 46 I 21
Naharros CU 60 L 22
Najarra M 45 J 18
Nájera LO 19 E 21
Najurrieta NA 11 D 25
Nalda LO 19 E 22
Nalec L 37 H 33
Nambroca TO 58 M 18
Nambroca (Sierra de) TO 58 M 18
Nanclares *cerca de Ariñez* VI 19 D 21
Nanclares de Gamboa *cerca de Embalse de Ulliva* VI 19 D 22
Napal NA 11 D 26
Náquera V 62 N 28
Naraio C 3 B 5
Naranjal (Sierra del) BA 66 O 8
Naranjeros (Los) *Tenerife* TF 124 H 2
Naraval O 5 B 10
Narbarte NA 11 C 25
Narboneta CU 61 M 25
Nariga (Punta de la) C 2 C 3
Narila GR 102 V 20
Nariz (Punta de la) *La Gomera* TF 118 B 3
Narla LU 3 C 6
Narón LU 13 D 6
Narón C 3 B 5
Narrillos del Álamo AV 44 K 13
Narrillos del Rebollar AV 44 K 15
Narros SO 33 G 23
Narros de Cuéllar SG 31 I 16
Narros de Matalayegua SA 43 J 12
Narros de Saldueña AV 44 J 15
Narros del Castillo AV 44 J 14
Narros del Puerto AV 44 K 15
Narvaja VI 19 D 22
Nati (Punta) PM 106 L 41
Natón C 2 C 3
Natxitua BI 9 B 22
Nau (Cap de la) A 75 P 30
Nava O 6 B 13
Nava (Estación de la) H 79 S 9
Nava (La) CR 82 Q 19
Nava (La) H 79 S 9
Nava (La) SE 80 R 13
Nava (La) BA 68 P 13
Nava (Laguna la) CR 70 O 18
Nava (Puerto de la) BA 68 P 14
Nava de Abajo AB 72 Q 24
Nava de Arévalo AV 44 J 15
Nava de Arriba AB 72 P 24
Nava de Béjar SA 43 K 12
Nava de Campana AB 84 Q 25
Nava de Francia SA 43 K 11
Nava de Jadraque (La) GU 46 I 20
Nava de la Asunción SG 45 I 16
Nava de los Caballeros LE 16 E 14
Nava de Mena BU 8 C 20
Nava de Pablo J 83 S 21
Nava de Ricomalillo (La) TO 57 N 15
Nava-de Roa BU 31 H 18
Nava de San Pedro J 83 S 21
Nava de Santiago (La) BA 67 O 10
Nava de Sotrobal SA 44 J 14
Nava del Barco AV 56 L 13
Nava del Rey VA 30 I 14
Nava el Zar J 82 Q 18
Navacarros SA 43 K 12
Navacepeda de Tormes AV 44 K 14
Navacepedilla de Corneja AV 44 K 14
Navacerrada M 45 J 17
Navacerrada CR 69 P 16
Navacerrada (Puerto de) M 45 J 17
Navachica MA 101 V 18
Navaconcejo CC 56 L 12
Navadijos AV 44 K 14
Navaescurial AV 44 K 14
Navafría SG 45 I 18
Navafría LE 16 E 13
Navafría (Puerto de) M 45 J 18
Navahermosa TO 57 N 16
Navahermosa MA 93 U 15
Navahermosa *cerca de Aracena* H 79 S 9
Navahermosa *cerca de Valdeverde del C.* H 91 T 9
Navaholguín SE 80 S 12
Navahombela SA 44 K 13
Navahondilla AV 45 L 16
Navajarra CR 69 O 16
Navajarra (Sierra de) CR 69 O 16
Navajas CS 62 M 28
Navajún LO 33 G 23
Naval HU 22 F 30
Navalacruz AV 44 K 15
Navalafuente M 46 J 18
Navalagamella M 45 K 17
Navalatienda CR 69 P 15
Navalavaca CR 71 Q 20
Navalcaballo SO 33 G 22
Navalcán TO 57 L 14
Navalcán (Embalse de) TO 57 L 14
Navalcarnero M 58 L 17
Navalcuervo CO 80 R 14
Navalengua AB 72 P 23
Navaleno SO 32 G 20
Navales SA 44 J 13
Navalguijo AV 56 L 13
Navalices CR 58 N 17
Navalilla SG 31 H 18
Navalmanzano SG 45 I 17
Navalmoral AV 44 K 15
Navalmoral (Puerto de) AV 44 K 15
Navalmoral de Béjar SA 43 K 12
Navalmoral de la Mata CC 56 M 13
Navalmoralejo TO 57 M 14
Navalmorales (Los) TO 57 M 16
Navalón CU 60 L 23
Navalón de Abajo V 73 P 27
Navalón de Arriba V 73 P 27
Navalonguilla AV 56 L 13
Navalosa AV 44 K 15
Navalperal de Pinares AV 45 K 16
Navalperal de Tormes AV 44 K 14
Navalpino CR 69 O 16
Navalpotro GU 47 J 22
Navalrincón CR 69 O 16
Navalsáuz AV 44 K 14
Navaltoril TO 57 N 15
Navalucillos (Los) TO 57 M 16
Navaluenga AV 44 K 15
Navalvillar SE 80 S 13
Navalvillar de Ibor CC 56 N 13
Navalvillar de Pela BA 68 O 13
Navamorales SA 44 K 13
Navamorcuende TO 57 L 15
Navamuel S 17 D 17
Navandrinal AV 44 K 15
Navapalos SO 32 H 20
Navaquesera AV 44 K 15
Navarcles B 38 G 35
Navardún Z 20 E 26
Navares MU 84 R 24
Navares de Ayuso SG 32 H 18
Navares de Enmedio SG 32 H 18
Navares de las Cuevas SG 32 H 18
Navaridas VI 19 E 22
Navarredonda M 46 J 18
Navarredonda SE 92 U 14
Navarredonda de Gredos AV 44 K 14
Navarredonda de la Rinconada SA 43 K 11
Navarredonda de Salvatierra SA 43 K 12
Navarredondilla AV 44 K 15
Navarrés V 74 O 27
Navarrete VI 19 E 22
Navarrete LO 19 E 22
Navarrete del Río TE 48 J 26
Navarrevisca AV 44 K 15
Navàs B 38 G 35
Navas (Embalse de las) HU 21 F 28
Navas (Las) TO 70 N 17
Navas (Las) CO 94 T 17
Navas (Las) SE 91 V 12
Navas de Buitrago M 46 J 19
Navas de Bureba BU 18 D 20
Navas de Estena CR 57 N 16
Navas de Jadraque GU 46 I 20
Navas de Jorquera AB 72 O 24
Navas de la Concepción (Las) SE 80 S 13
Navas de Oro SG 45 I 16
Navas de Riofrío SG 45 J 17
Navas de San Antonio SG 45 J 17
Navas de San Juan J 83 R 20
Navas de Selpillar CO 93 T 16
Navas de Tolosa (Las) J 82 R 19
Navas del Madroño CC 55 N 10
Navas del Marqués (Las) AV 45 K 17
Navas del Pinar BU 32 G 20
Navas del Rey M 45 K 17
Navasa HU 21 E 28
Navascués NA 11 D 26
Navasfrías SA 42 L 9
Navata GI 25 F 38
Navata (La) M 45 K 18
Navatalgordo AV 44 K 15
Navatejares AV 44 K 13
Navatrasierra CC 56 N 14
Navazos (Los) CR 71 P 21
Navazuelo CO 93 T 16
Navazuelo (El) GR 94 T 19
Návea OR 14 F 7
Navelgas O 5 B 10
Navelonga (Ermita de) CC 55 L 9
Naveros CA 99 W 12
Navès L 37 G 34
Naveta des Tudons PM 106 M 41
Navezuelas *cerca de Mirabel* CC 56 M 11
Navezuelas *cerca de Roturas* CC 56 N 13
Navia O 4 B 9
Navia (Río) ESP 4 C 9
Navia (Valle del) O 4 C 9
Navia de Suarna LU 4 D 8
Navianos de Alba ZA 29 G 12
Navianos de Valverde ZA 29 G 12
Navilla BA 68 P 11
Navillas (Las) TO 57 N 16
Naya (La) H 79 S 10
Nazar NA 19 E 23
Nazaret V 62 N 29
Nazaret (Ermita de) J 83 Q 20
Neblines SE 92 T 13
Nebra C 12 D 3
Nebreda BU 32 G 19
Nechite GR 95 U 20
Neda C 3 B 5
Neda (Cordal de) LU 4 B 7
Negra (Punta) MU 97 T 27
Negra (Punta) GR 102 V 20
Negra (Punta) *Tenerife* TF 126 B 3
Negra (Punta) *Tenerife* TF 128 C 5
Negra (Punta) *Tenerife* TF 128 E 5
Negradas LU 3 A 6
Negrales-Los Llanos (Los) M 45 K 17
Negras (Las) AL 103 V 23
Negredo GU 46 I 21
Negredo (El) SG 32 I 20
Negreira C 2 D 3
Negrete (Cabo) MU 97 T 27
Negrilla de Palencia SA 44 I 13
Negrón V 61 L 25
Negrón (Túnel de) LE 15 D 12
Negueira de Muñiz LU 4 C 9
Neguillas SO 33 H 22
Neila BU 32 F 21
Neila de San Miguel AV 43 K 13
Neira LU 4 D 8
Neiro LU 4 C 8
Neiva BU 18 D 19
Nembro O 5 B 12
Nemeño C 2 C 3
Nemiña C 2 C 2
Nepas SO 33 H 22
Nerin HU 22 E 30
Nerja MA 101 V 18
Nerja (Cueva de) MA 101 V 18
Nerpio AB 84 R 23
Nerva H 79 S 10
Nespereira LU 13 D 6
Nestar P 17 D 17
Nestares LO 19 F 22
Neulos (Pic) GI 25 E 38
Neves (As) PO 13 F 4
Neves (As) C 3 B 6
Nicho (Ermita del) J 83 S 20
Niebla H 91 T 9
Niefla (Puerto de) CR 69 Q 16
Nietos (Los) MU 85 T 27
Nieva SG 45 I 16
Nieva de Cameros LO 19 F 21
Nieve (Pozo de la) AL 95 U 22
Nieves C 3 B 5
Nieves CU 60 L 24
Nieves (Ermita de las) *Lanzarote* GC 123 E 3
Nieves (Las) TO 58 M 18
Nieves (Las) SE 79 T 11
Nieves (Pozo de las) *Gran Canaria* GC 117 E 3
Nigoi PO 13 E 4
Nigrán PO 12 F 3
Nigüelas GR 101 V 19
Nigüella Z 34 H 25
Niharra AV 44 K 15
Níjar AL 103 V 23
Níjar (Campo de) AL 103 V 23
Niñas (Las) CO 81 S 15
Niño (El) MU 85 R 25
Niñodaguia OR 13 F 7
Niñons C 2 C 3
Nistal LE 15 E 11
Niveiro C 2 C 4
Noáin NA 11 D 25
Noalejo J 94 T 19
Noalla PO 12 E 3
Noarre L 23 D 33
Nobeda CU 60 L 23
Noblejas TO 59 M 19
Noceco *cerca de Espinosa de los M.* BU 8 C 19
Noceda LU 14 D 8
Noceda *cerca de Castrillo de Cabrera* LE 15 E 10
Noceda del Bierzo *cerca de Toreno* LE 15 D 10
Nocedo *cerca de Sedano* BU 18 D 18
Nocedo de Curueño LE 16 D 13
Nocedo do Val OR 28 F 7
Noche LU 3 C 6
Nocito HU 21 F 29
Nódalo SO 33 G 21
Nodar LU 3 C 6
Noez TO 58 M 17
Nofuentes BU 18 D 19
Nogais (As) LU 14 D 8
Nogal de las Huertas P 17 E 16
Nogales MA 100 V 16
Nogales BA 67 Q 9
Nogales P 17 D 17
Nogales (Embalse de) BA 67 Q 9
Nogales (Los) TO 57 L 16
Nogalte (Rambla de) MU 96 T 24
Nogar LE 15 F 10
Nogarejas LE 15 F 11
Nograles SO 32 H 21
Nograro VI 18 D 20
Nogueira LU 13 E 6
Nogueira OR 13 E 5
Nogueira PO 12 E 3
Noguera TE 48 K 25
Noguera de Tort (La) (Riu) L 22 E 32
Noguera Pallaresa (Vall de la) L 23 E 33
Noguera Ribagorçana (Vall del) HU 22 E 32
Nogueras TE 48 I 26
Nogueras (Las) V 61 N 26
Noguero HU 22 F 31
Noguerones (Los) J 82 T 17
Nogueruela (La) CU 61 L 25
Noguerueias TE 62 L 28
Nohalos TO 58 M 17
Noharre AV 44 J 15
Noia C 12 D 3
Noicela C 2 C 4
Nois LU 4 B 8
Noja S 8 B 19
Nolay SO 33 H 22
Nombela TO 57 L 16
Nombrevilla Z 48 I 25
Nomparedes SO 33 H 23
Nonaspe Z 36 I 30
Nora BA 78 R 9
Nora (La) LE 15 F 12
Noreña O 5 B 12
Norfeu (Cap de) GI 25 F 39
Norias (Las) CR 70 Q 19
Norias (Las) *cerca de Huércal Overa* AL 96 T 24
Norias de Daza (Las) *cerca de Almerimar* AL 102 V 21
Noriega O 7 B 16
Norís L 23 E 34
Norte (Punta) *El Hierro* TF 109 D 1
Nostra Senyora de Bellmunt B 24 F 36
Nostra Senyora de la Misericordia B 38 H 37
Nostra Senyora de la Salut GI 24 F 37
Nostra Senyora de Lluc (Monestir de) PM 104 M 38
Nostra Senyora de Queralt B 24 E 35
Nostra Senyora del Far GI 24 F 37
Nostra Senyora del Mont GI 24 F 38
Nostra Senyora dels Àngels GI 25 G 38
Notáez GR 102 V 20
Nou (La) B 24 F 35
Nou de Gaià (La) T 37 I 34
Novales HU 21 F 29
Novales S 7 B 17
Novaliches CS 62 M 28
Novallas Z 34 G 24
Novelda A 85 Q 27
Novelda del Guadiana BA 67 P 9
Novellaco Z 20 E 26
Novellana O 5 B 11
Novés HU 21 E 28
Novés TO 58 L 17
Noves de Segre L 23 F 34
Noviales SO 32 H 20
Noviercas SO 33 G 23
Novillas Z 34 G 25
Novo Sancti Petri CA 98 W 11
Nuarbe SS 10 C 23
Nubledo O 5 B 12
Nublo (Roque) *Gran Canaria* GC 116 D 3
Nucia (La) A 74 Q 29
Nueno HU 21 F 28
Nueros TE 48 J 26
Nuestra Santa Fátima (Ermita de) BA 80 Q 13
Nuestra Señora de Alarcos CR 70 P 17
Nuestra Señora de Altagracia (Ermita de) BA 69 P 14
Nuestra Señora de Angosto VI 18 D 20
Nuestra Señora de Araceli CO 93 T 16
Nuestra Señora de Aranz (Ermita de) GU 47 J 22
Nuestra Señora de Arnotegui NA 10 D 24
Nuestra Señora de Bella H 90 U 8
Nuestra Señora de Chilla (Santuario de) AV 56 L 14
Nuestra Señora de Codés NA 19 E 22
Nuestra Señora de Cortés (Santuario) AB 72 P 22
Nuestra Señora de Escardiel (Ermita) SE 79 S 11
Nuestra Señora de Fuensanta MA 100 W 15
Nuestra Señora de Gador AL 102 V 21
Nuestra Señora de Garón (Ermita de) P 31 G 17
Nuestra Señora de Gracia BA 78 R 9
Nuestra Señora de Gràcia (Ermita de) CS 62 M 29
Nuestra Señora de Guadalupe SS 10 B 24
Nuestra Señora de Guadalupe (Ermita de) *La Gomera* TF 119 E 2
Nuestra Señora de Hontanares (Ermita de) SG 32 I 19
Nuestra Señora de la Antigua (Ermita de) BA 68 P 12
Nuestra Señora de la Antigua (Santuario de) CR 71 P 20
Nuestra Señora de la Anunciada VA 30 G 14
Nuestra Señora de la Bienvenida GU 47 K 22
Nuestra Señora de la Cabeza GU 48 J 24
Nuestra Señora de la Carrasca (Ermita) TE 48 J 25
Nuestra Señora de la Consolación SE 92 U 12
Nuestra Señora de la Esperanza MU 84 R 24
Nuestra Señora de la Estrella J 82 R 19
Nuestra Señora de la Fuensanta CO 81 S 15
Nuestra Señora de la Fuensanta J 83 R 21
Nuestra Señora de la Hoz GU 47 J 23
Nuestra Señora de la Luz (Ermita de) CC 55 N 10
Nuestra Señora de la Luz (Santuario de) CA 99 X 13
Nuestra Señora de la Misericordia (Santuario de) Z 34 G 25
Nuestra Señora de la Peña (Ermita de) CC 55 L 9
Nuestra Señora de la Peña (Ermita de) *Fuerteventura* GC 110 F 3
Nuestra Señora de la Rosa (Ermita de) TE 49 J 27

156 España

A B C D E F G H I J K L M N O P Q R S T U V W X Y Z

Nuestra Señora de la Sierra (Ermita de) *CO* 93 T 16
Nuestra Señora de la Soledad *H* 90 U 9
Nuestra Señora de las Nieves *BU* 8 C 19
Nuestra Señora de las Nieves *CR* 70 P 19
Nuestra Señora de las Viñas *BU* 18 F 19
Nuestra Señora de Lebeña *S* 7 C 16
Nuestra Señora de Linares *CO* 81 S 15
Nuestra Señora de los Ángeles *H* 79 S 9
Nuestra Señora de los Desamparados *CU* 47 K 21
Nuestra Señora de los Hilos (Ermita de) *CC* 55 M 9
Nuestra Señora de los Reyes (Ermita) *El Hierro TF* 108 B 3
Nuestra Señora de Melque *TO* 57 M 16
Nuestra Señora de Monlora (Santuario de) *Z* 21 F 27
Nuestra Señora de Oca *BU* 18 E 20
Nuestra Señora de Piedras Albas *H* 90 T 8
Nuestra Señora de Pineta *HU* 22 D 30
Nuestra Señora de Regla *CA* 91 V 10
Nuestra Señora de Setefilla *SE* 80 S 13
Nuestra Señora de Valvanera (Monasterio) *LO* 18 F 21
Nuestra Señora de Vico (Monasterio de) *LO* 19 F 23
Nuestra Señora de Zuqueca *CR* 70 P 18
Nuestra Señora del Campo (Ermita de) *TE* 48 J 26
Nuestra Señora del Campo (Ermita de) *CC* 55 N 9
Nuestra Señora del Castillo *BU* 17 E 18
Nuestra Señora del Castillo (Ermita de) *SA* 43 I 11
Nuestra Señora del Llano *AB* 72 O 23
Nuestra Señora del Oro *VI* 19 D 21
Nuestra Señora del Pasico (Ermita) *MU* 85 S 27
Nuestra Señora del Prado (Ermita de) *H* 79 S 10
Nuestra Señora del Puerto *H* 79 S 11
Nuestra Señora del Puerto (Ermita de) *CC* 56 L 11
Nuestra Señora del Pueyo *Z* 35 I 27
Nuestra Señora del Remedio (Ermita de) *V* 61 N 26
Nuestra Señora del Remedio (Santuario) *V* 61 M 27
Nuestra Señora del Tremedal (Ermita de) *TE* 48 K 25
Nuestra Señora del Yugo *NA* 20 F 25
Nuestra Señora dels Àngels (Ermita de) *CS* 50 K 30
Nueva *O* 6 B 15
Nueva (La) *O* 6 C 12
Nueva Andalucía *MA* 100 W 15
Nueva Carteya *CO* 93 T 16
Nueva Jarilla *CA* 91 V 11
Nueva Villa de las Torres *VA* 30 I 14
Nuévalos *Z* 48 I 24
Nuevo Baztán *M* 46 K 20
Nuevo Chinchón *M* 59 L 19
Nuevo Guadiaro *CA* 99 X 14
Nuevo Rocío *SE* 91 U 11
Nuevo Toboso *M* 46 K 18
Nuevos *J* 83 Q 21
Nuez *ZA* 29 G 10
Nuez de Abajo (La) *BU* 17 E 18
Nuez de Arriba (La) *BU* 17 E 18
Nuez de Ebro *Z* 35 H 27
Nules *CS* 62 M 29
Nullán *LU* 14 D 8
Nulles *T* 37 I 33
Numancia *SO* 33 G 22
Numancia de la Sagra *TO* 58 L 18
Nuño Gómez *TO* 57 L 16
Nuñomoral *CC* 43 K 11
Núria *GI* 24 E 36
Nora (La) *MU* 85 S 26

O

O Burgo *C* 3 C 4
Oba *BI* 9 C 21
Obando *BA* 68 O 13
Obanos *NA* 10 D 24
Obejo *CO* 81 R 15
Obispo (Torre del) *J* 82 R 19
Obispo Hernandez *V* 61 M 26
Oblea *SA* 43 J 11
Obón *TE* 49 J 27
Obona *O* 5 B 10
Obra *C* 13 D 4
Obregón *S* 7 B 18
Oca *BU* 18 E 19
Oca (Montes de) *BU* 18 E 19
Ocaña *TO* 58 M 19
Ocaña *AL* 95 U 21
Oceja de Valdellorma *LE* 16 D 14
Ocejo de la Peña *LE* 16 D 14
Ocejón *GU* 46 I 20
Ocentejo *GU* 47 J 22
Ocero *LE* 14 D 10
Ochagavía *NA* 11 D 26
Ochando *SG* 45 I 16
Ochavillo del Río *CO* 80 S 14
Ochíchar *GR* 94 U 18
Ocio *VI* 19 E 21
Oco *NA* 19 E 23
Oco *AV* 44 K 15
Ocón *LO* 19 F 23
Odèn *L* 23 F 34
Odena *B* 37 H 34
Oderitz *NA* 10 D 24
Odiel (Embalse de) *H* 79 S 10
Odollo *LE* 15 E 10
Odón *TE* 48 J 25
Odres (Los) *MU* 84 R 23
Oencia *LE* 14 E 9
Ogassa *GI* 24 F 36
Ogern *L* 23 F 34
Ogíjares *GR* 94 U 19
Oguina *VI* 19 D 22
Ohanes *AL* 95 U 21
Oia *PO* 12 F 3
Oiartzun *SS* 10 C 24
Oibar / Aibar *NA* 20 E 25
Oieregi *NA* 11 C 25
Oimbra *OR* 28 G 7
Oíns *C* 3 D 5
Oirán *LU* 4 B 7
Oirás *LU* 4 B 7
Ois *C* 3 C 5
Oitura *Z* 34 G 26
Oitz *NA* 11 C 24
Oix *GI* 24 F 37
Ojacastro *LO* 18 E 20
Ojebar *S* 8 C 19
Ojedo *S* 7 C 16
Ojén *MA* 100 W 15
Ojén (Puerto de) *CA* 99 X 13
Ojén (Puerto de) *MA* 100 W 15
Ojo Guareña *BU* 8 C 19
Ojós *MU* 85 R 25
Ojos-Albos *AV* 45 J 16
Ojos de Garza *GC* 117 G 3
Ojos Negros *TE* 48 J 25
Ojuel *SO* 33 G 23
Ojuelos *CO* 80 R 13
Ojuelos (Los) *SE* 92 U 14
Okondo *BI* 8 C 20
Ola *HU* 21 F 29
Olaberri *NA* 11 D 25
Olaberria *SS* 10 C 23
Olaeta *VI* 10 C 22
Olague *NA* 11 D 25
Olaiz *NA* 11 D 25
Olalla *TE* 48 J 26
Olas (Punta de las) *C* 2 C 4
Olatz *SS* 10 C 22
Olave *NA* 11 D 25
Olaz (Puerto) *NA* 20 E 25
Olazagutia / Olazti *NA* 19 D 23
Olazti / Olazagutia *NA* 19 D 23
Olba *TE* 62 L 28
Olcoz *NA* 20 E 24
Olea *S* 17 D 17
Olea de Boedo *P* 17 E 16
Oleiros *LU* 3 C 7
Oleiros *cerca de Ribeira C* 12 E 2
Oleiros *cerca de Sada C* 3 B 5
Olejua *NA* 19 E 23
Olelas *OR* 27 G 5
Olèrdola *B* 37 I 35
Olesa de Bonesvalls *B* 38 H 35
Olesa de Montserrat *B* 38 H 35
Oliana *L* 23 F 33
Oliana (Pantà d') *L* 23 F 34
Olías *MA* 100 V 17
Olías del Rey *TO* 58 M 18
Oliete *TE* 49 J 27
Oliola *L* 37 G 33
Olite *NA* 20 E 25
Olius *L* 23 F 34
Oliva *V* 74 P 29
Oliva (Ermita de la) *CA* 99 X 12
Oliva (La) *Fuerteventura GC* 111 H 2
Oliva (Monasterio de la) *NA* 20 E 25
Oliva de la Frontera *BA* 78 R 9
Oliva de Mérida *BA* 67 P 11
Oliva de Plasencia *CC* 56 L 11
Oliván *HU* 21 E 29
Olivar (Convento del) *TE* 49 J 28
Olivar (El) *LO* 19 E 23
Olivar (El) *GU* 47 K 21
Olivares *SE* 91 T 11
Olivares (Los) *GR* 94 T 18
Olivares de Duero *VA* 31 H 16
Olivares de Júcar *CU* 60 M 22
Oliveira *PO* 12 F 4
Olivella *B* 38 I 35
Olivenza *BA* 66 P 8
Olives *PO* 13 D 4
Olivillo (El) *CA* 91 V 11
Olivos *NA* 20 F 24
Olla (L') *A* 74 Q 29
Ollauri *LO* 19 E 21
Olleria (L') *V* 74 P 28
Olleros *LE* 16 D 14
Olleros (Ullíbarri de los) *VI* 19 D 22
Olleros de Alba *LE* 15 D 12
Olleros de Paredes Rubias *P* 17 D 17
Olleros de Pisuerga *P* 17 D 17
Olleros de Tera *ZA* 29 G 11
Olleta *NA* 20 E 25
Ollo *NA* 10 D 24
Olloniego *O* 5 C 12
Olmeda (La) *SO* 32 H 20
Olmeda (La) *CU* 61 M 26
Olmeda de Cobeta *GU* 47 J 23
Olmeda de Eliz *CU* 60 L 22
Olmeda de Jadraque (La) *GU* 47 I 21
Olmeda de la Cuesta *CU* 60 L 22
Olmeda de las Fuentes *M* 46 K 20
Olmeda del Extremo *GU* 47 J 21
Olmeda del Rey *CU* 60 M 23
Olmedilla de Alarcón *CU* 60 N 23
Olmedilla del Campo *CU* 59 L 21
Olmedillas *GU* 47 I 22
Olmedillas (Las) *V* 61 M 26
Olmedillo de Roa *BU* 31 G 18
Olmedo *VA* 31 I 15
Olmedo de Camaces *SA* 42 J 10
Olmillos *SO* 32 H 20
Olmillos de Castro *ZA* 29 G 12
Olmillos de Muñó *BU* 17 F 18
Olmillos de Sasamón *BU* 17 E 17
Olmillos de Valverde *ZA* 29 G 12
Olmo (El) *SG* 32 I 19
Olmo de la Guareña *ZA* 44 I 14
Olmos (Los) *TE* 49 J 28
Olmos de Esgueva *VA* 31 G 16
Olmos de la Picaza *BU* 17 E 18
Olmos de Ojeda *P* 17 D 16
Olmos de Peñafiel *VA* 31 H 17
Olmos de Pisuerga *P* 17 E 17
Olocau *V* 62 M 28
Olocau (Barranco de) *V* 62 N 28
Olocau del Rey *CS* 49 K 28
Olombrada *SG* 31 H 17
Olóriz *NA* 20 E 25
Olost *B* 38 G 36
Olot *GI* 24 F 37
Olp *L* 23 E 33
Olsón *HU* 22 F 30
Oluges (Les) *L* 37 G 33
Olula de Castro *AL* 95 U 22
Olula del Río *AL* 96 T 23
Olvan *B* 24 F 35
Olveda *LU* 13 D 6
Ólvega *SO* 33 G 24
Olveira *C* 12 E 2
Olveiroa *C* 2 D 2
Olvena *HU* 22 F 30
Olvera *CA* 92 V 14
Olvés *Z* 34 I 25
Olza *NA* 10 D 24
Olzinelles *B* 38 H 37
Omañas (Embalse de) *LE* 15 D 12
Omañas (Las) *LE* 15 D 12
Omañón *LE* 15 D 11
Ombreiro *LU* 3 C 7
Omellons (Els) *L* 37 H 32
Omells de Na Gaia (Els) *L* 37 H 33
Omeñaca *SO* 33 G 23
Onamio *LE* 15 E 10
Oncala *SO* 33 G 23
Oncala (Puerto de) *SO* 33 G 23
Oncebreros *AB* 73 P 25
Onceta (Isla de) *PO* 12 E 3
Onda *CS* 62 M 29
Ondara *A* 74 P 30
Ondarroa *BI* 10 C 22
Ondes *O* 5 C 11
Ongoz *NA* 11 D 26
Onil *A* 74 Q 27
Onón *O* 5 C 10
Ons *PO* 12 E 3
Ons (Isla de) *PO* 12 E 3
Onsares *J* 83 Q 22
Ontalafia (Laguna de) *AB* 72 P 24
Ontalafia (Sierra de) *AB* 72 P 24
Ontalvilla de Almazan *SO* 33 H 22
Ontaneda *S* 7 C 18
Ontano (El) *TO* 70 O 18
Ontígola *TO* 58 L 19
Ontinar del Salz *Z* 35 G 27
Ontinyent *V* 74 P 28
Ontiñena *HU* 36 G 30
Onton *S* 8 B 20
Ontur *AB* 73 Q 25
Onza *SE* 80 R 13
Onzonilla *LE* 16 E 13
Oña *BU* 18 D 19
Oña (Sierra de) *BU* 18 D 19
Oñati *SS* 10 C 22
Opacua *VI* 19 D 22
Opacua (Puerto de) *VI* 19 D 23
Oqueales *GR* 95 T 20
Oquillas *BU* 32 G 18
Orallo *LE* 15 D 10
Oraque *H* 90 T 9
Orba *A* 74 P 29
Orbada (La) *SA* 44 I 13
Orbaitzeta *NA* 11 D 26
Orbaneja del Castillo *BU* 18 D 18
Orbaneja-Ríopico *BU* 18 E 19
Orbara *NA* 11 D 26
Órbigo *CL* 15 F 12
Orbiso *VI* 19 D 23
Orbita *AV* 45 I 16
Orcajo *Z* 48 I 25
Orcau *L* 23 F 32
Orce *GR* 83 S 22
Orcera *J* 83 R 22
Orchilla (Punta de) *El Hierro TF* 108 B 3
Ordal *B* 38 H 35
Ordaliego *O* 6 C 13
Ordejón de Arriba *BU* 17 E 17
Orden (Pozo de la) *J* 82 S 17
Ordes *C* 3 C 4
Ordes (Les) *T* 37 H 34
Ordesa (Valle de) *HU* 21 E 29
Ordesa y Monte Perdido (Parque nacional de) *HU* 22 D 29
Ordial (El) *GU* 46 I 20
Ordis *GI* 25 F 38
Ordizia *SS* 10 C 23
Ordoeste *C* 2 D 3
Ordunte (Embalse de) *BU* 8 C 20
Ordunte (Montes de) *BU* 8 C 19
Orduña *BI* 18 D 20
Orduña (Monte) *GR* 94 U 19
Orduña (Puerto de) *BU* 18 D 20
Orea *GU* 48 K 24
Oreja *TO* 58 L 19
Orejana *SG* 46 I 18
Orejanilla *SG* 45 I 18
Orellan *LE* 14 E 9
Orellana (Embalse de) *BA* 68 P 13
Orellana de la Sierra *BA* 68 O 13
Orellana la Vieja *BA* 68 O 13
Oreña *S* 7 B 17
Orera *Z* 34 I 25
Orés *Z* 20 F 27
Orexa *SS* 10 C 24
Orfes *GI* 25 F 38
Órganos (Los) *La Gomera TF* 118 B 1
Organos de Montoro *TE* 49 J 28
Organyà *L* 23 F 33
Orgaz *TO* 58 N 18
Orgiva *GR* 102 V 19
Oria *AL* 96 T 23
Oria (Rambla de) *AL* 96 T 22
Oria (Sierra de) *AL* 96 T 23
Oricáin *NA* 11 D 25
Orient *PM* 104 M 38
Orihuela *A* 85 R 27
Orihuela del Tremedal *TE* 48 K 25
Orillares *SO* 32 G 20
Orille *OR* 13 F 6
Orillena *HU* 35 G 29
Oriñón *S* 8 B 20
Orio *SS* 10 C 23
Orís *B* 24 F 36
Orísoain *NA* 20 E 25
Oristà *B* 38 G 36
Orito *A* 86 Q 27
Orjal *C* 3 D 5
Orlé *O* 6 C 14
Ormaiztegi *SS* 10 C 23
Ormijana *VI* 18 D 21
Orna de Gállego *HU* 21 E 28
Oro *SS* 4 C 9
Oro (El) *V* 73 O 27
Oro (Sierra del) *BA* 68 Q 13
Oroel *HU* 21 E 28
Oroel (Puerto de) *HU* 21 E 28
Orokieta-Erbiti *NA* 10 C 24
Orón *BU* 18 D 21
Oronoz-Mugairi *NA* 11 C 25
Oronz *NA* 11 D 26
Oropesa *TO* 57 M 14
Oropesa del Mar / Orpesa *CS* 62 L 30
Ororbia *NA* 10 D 24
Oros *HU* 21 E 29
Orosa *LU* 13 D 6
Oroso *OR* 13 E 5
Orotava (La) *Tenerife TF* 127 F 3
Oroz-Betelu *NA* 11 D 26
Orozketa *BI* 9 C 21
Orpesa / Oropesa del Mar *CS* 62 L 30
Orpí *B* 37 H 34
Orreaga / Roncesvalles *NA* 11 C 26
Orriols *GI* 25 F 38
Orrios *TE* 49 K 27
Òrrius *B* 38 H 37
Ortedó *L* 23 E 34
Ortegal (Cabo) *C* 3 A 6
Ortegas (Los) *CO* 80 S 14
Ortegicar *MA* 100 V 15
Ortiga *BA* 68 P 12
Ortigosa *AB* 71 P 21
Ortigosa *LO* 19 F 21
Ortigosa de Pestaño *SG* 45 I 16
Ortigosa de Rioalmar *AV* 44 J 14
Ortigosa del Monte *SG* 45 J 17
Ortigueira *C* 3 A 6
Ortiguera *O* 4 B 9
Ortilla *HU* 21 F 28
Ortuella *BI* 8 C 20
Orús *HU* 21 E 29
Orusco de Tajuña *M* 59 L 20
Orxa (L') *A* 74 P 29
Orxeta *A* 74 Q 29
Orzanzurieta *NA* 11 C 26
Orzola *Lanzarote GC* 121 F 2
Orzonaga *LE* 16 D 13
Os de Balaguer *L* 36 G 32
Os de Civís *L* 23 E 34
Osa de la Vega *CU* 59 N 21
Osácar *NA* 10 D 24
Oscuro *GR* 94 T 19
Oseja *Z* 34 H 24
Oseja de Sajambre *LE* 6 C 14
Oselle *LU* 14 D 8
Osera *Z* 35 H 28
Oset *V* 61 M 27
Osia *HU* 21 E 27
Osinaga *NA* 10 D 24
Osma *VI* 18 D 20
Oso (El) *AV* 44 J 15
Osona *SO* 33 H 21
Osonilla *SO* 33 H 21
Osor *GI* 24 G 37
Osornillo *P* 17 E 17
Osorno la Mayor *P* 17 E 16
Ossa de Montiel *AB* 71 P 21
Ossero (El) *AB* 71 P 21
Osso *HU* 36 G 30
Ossó de Sió *L* 37 G 33
Ostiz *NA* 11 D 25
Osuna *SE* 92 U 14
Otano *NA* 11 D 25
Otañes *S* 8 C 20
Otazu *VI* 19 D 22
Oteiza *NA* 19 E 24
Oteo *BU* 18 C 20
Oter *GU* 47 J 22
Oterico *LE* 15 D 12
Otero *LE* 15 E 11
Otero *LU* 4 C 7
Otero *TO* 57 L 16
Otero (El) *VA* 31 H 16
Otero de Bodas *ZA* 29 G 11
Otero de Guardo *P* 16 D 15
Otero de Herreros *SG* 45 J 17
Otero de las Dueñas *LE* 15 D 12
Otero de Naragantes *LE* 15 D 10
Otero de Sanabria *ZA* 29 F 10
Otero de Sariegos *ZA* 30 G 13
Oteros (Los) *CU* 60 L 24
Oteruelo del Valle *M* 45 J 18
Oteruelos *SO* 33 G 22
Otilla *GU* 48 J 24
Otiñano *NA* 19 E 23
Otita Leitzaran *SS* 10 C 24
Otívar *GR* 101 V 18
Oto *HU* 21 E 29
Oto Goien *VI* 19 D 21
Otones de Benjumez *SG* 45 I 17
Otos *MU* 84 R 23
Otos *V* 74 P 28
Otur *O* 5 B 10
Otura *GR* 94 U 19
Oturia *HU* 21 E 29
Otxandio *BI* 10 C 22
Otxaran *BI* 8 C 20
Otxondo (Puerto de) *NA* 11 C 25
Oubiña *PO* 12 E 3
Oulego *OR* 14 E 9
Oural *LU* 14 D 7
Ourense *OR* 13 E 6
Ouría *O* 4 B 8
Ouro *LU* 4 B 7
Ourol *LU* 3 B 7
Outara *LU* 14 E 7
Outeiro *LU* 14 E 8
Outeiro *OR* 13 E 6
Outeiro de Augas (Puerto de) *OR* 13 F 5
Outeiro de Rei *LU* 3 C 7
Outes *C* 12 D 3
Outomuro *OR* 13 F 5
Ouviaño *LU* 4 C 9
Ouzande *PO* 13 D 4
Ovanes *O* 5 B 11
Ove *LU* 4 B 8
Oviedo *O* 5 B 12
Oville *LE* 16 D 13
Oyón *VI* 19 E 22
Oza *cerca de Carballo C* 2 C 3
Oza *cerca de Teo C* 12 D 4
Oza dos Ríos *C* 3 C 5
Ozaeta *VI* 19 D 22
Ozón *C* 2 C 2
Ozuela *LE* 14 E 10

P

Paca (La) *MU* 84 S 24
Pachecas (Las) *CR* 71 O 20
Pacios *cerca de Baamonde LU* 3 C 6
Pacios *cerca de Castro de Rei LU* 4 C 7
Pacios Paradella *LU* 14 D 7
Pacs del Penedès *B* 37 H 35
Padastro *MA* 93 V 14
Paderne *C* 3 C 5
Paderne de Allariz *OR* 13 F 6
Padiernos *AV* 44 K 15
Padilla de Abajo *BU* 17 E 17
Padilla de Arriba *BU* 17 E 17
Padilla de Duero *VA* 31 H 17
Padilla de Hita *GU* 46 J 21
Padilla del Ducado *GU* 47 J 22
Padornelo *ZA* 28 F 9
Padrastro *AB* 72 Q 23
Padre Caro *H* 79 S 10

España 157

Padrenda OR 13 F5
Padrón C 12 D4
Padrón (O) LU 4 C8
Padrona (Puerto) SE 79 S11
Padrones de Bureba BU 18 D19
Padróns PO 12 F4
Padul GR 94 U19
Padules AL 102 V21
Pagán (Lo) MU 85 S27
Paganes (Los) MU 85 S26
Páganos VI 19 E22
Pago del Humo CA 98 W11
Pagoaga SS 10 C24
Pagoeta SS 10 C23
Paja (La) GR 83 S21
Pajanosas (Las) SE 91 T11
Pajar de Marta AB 71 P22
Pájara Fuerteventura GC 113 F3
Pajarejos SG 32 H19
Pajares VA 30 F14
Pajares O 5 C12
Pajares CU 60 L23
Pajares GU 47 J21
Pajares (Los) SE 80 T12
Pajares (Puerto de) LE 5 D12
Pajares de Adaja AV 45 J16
Pajares de Fresno SG 32 H19
Pajares de Hinojosos de Abajo TO 57 M14
Pajares de la Laguna SA 44 I13
Pajares de la Lampreana ZA 29 G12
Pajares de los Oteros LE 16 F13
Pajarete CA 99 W12
Pajarón CU 60 M24
Pajaroncillo CU 60 M24
Pajonales (Morro) Gran Canaria GC 116 D3
Pal (Collado de) B 24 F35
Palacio de Jamuz LE 15 F11
Palacio de las Cabezas CC 56 M12
Palacio de Torío LE 16 D13
Palacio de Valdellorma LE 16 D14
Palacio Quemado BA 67 P11
Palacios (Los) CR 71 P20
Palacios de Benaver BU 17 E18
Palacios de Campos VA 30 G15
Palacios de Goda AV 44 I15
Palacios de la Sierra BU 32 G20
Palacios de la Valduerna LE 15 E12
Palacios de Riopisuerga BU 17 E17
Palacios de Salvatierra SA 43 K12
Palacios de Sanabria ZA 29 F10
Palacios del Alcor P 17 F16
Palacios del Arzobispo SA 43 I12
Palacios del Pan ZA 29 H12
Palacios del Sil LE 15 D10
Palacios Rubios AV 44 I15
Palacios y Villafranca (Los) SE 91 U12
Palaciosrubios SA 44 I14
Palafolls B 39 G38
Palafrugell GI 25 G39
Palamós GI 25 G39
Palancar CC 55 M10
Palancares GU 46 I20
Palancares (Estación de) CU 60 M24
Palancas CR 71 O19
Palanques CS 49 J29
Palas (Las) MU 85 T26
Palas de Rei LU 13 D6
Palau d'Anglesola (El) L 37 H32
Palau de Noguera L 23 F32
Palau-sator GI 25 F39
Palau-saverdera GI 25 F39
Palau-solità i Plegamans B 38 H36
Palazuelo BA 68 O12
Palazuelo cerca de Boñar LE 16 D14
Palazuelo de las Cuevas ZA 29 G11
Palazuelo de Torío cerca de León LE 16 D13
Palazuelo de Vedija VA 30 G14
Palazuelo-Empalme (Estación de) CC 56 M11
Palazuelos GU 47 I21
Palazuelos de Eresma SG 45 J17
Palazuelos de la Sierra BU 18 F19
Palazuelos de Muñó BU 17 F18
Palazuelos de Villadiego BU 17 E17
Paleira LU 3 B6
Palencia P 31 F16
Palencia de Negrilla SA 44 I13
Palenciana CO 93 U16
Palenzuela P 31 F17
Pallaresos (Els) T 37 I33
Pallargues (Les) L 37 G33
Pallars-Aran (Reserva nacional de Alto) L 23 D32
Pallaruelo de Monegros HU 35 G29
Pallejà B 38 H35
Paller B 24 F35
Pallerol HU 22 E32
Pallerols L 23 E33
Palm-Mar Tenerife TF 128 D5
Palma (La) MU 85 S27
Palma de Gandia V 74 P29
Palma de Mallorca PM 104 N37
Palma d'Ebre (La) T 36 I31
Palma del Condado (La) H 91 T10
Palma del Río CO 80 S14
Pálmaces (Embalse de) GU 46 I21
Pálmaces de Jadraque GU 46 I21
Palmanova PM 104 N37
Palmanyola PM 104 N37
Palmar (El) MU 85 S26
Palmar (El) V 74 O29
Palmar (El) CA 98 X11
Palmar de Troya (El) SE 92 U12
Palmas de Gran Canaria (Las) Gran Canaria GC 115 G2
Palmeira C 12 E3
Palmer (es) PM 105 N39
Palmeral (El) A 86 R27
Palmeras (Las) Mallorca PM 104 N38
Palmeres (Les) V 74 O29
Palmeritas (Las) H 90 U8
Palmerola GI 24 F36
Palmés OR 13 E6
Palmes (Desert de les) CS 62 L29
Palmitos Park Gran Canaria GC 116 D4
Palmones CA 99 X13
Palo HU 22 F30
Palo (El) MA 100 V16
Palo (Puerto del) O 4 C9
Palo (Punta del) Gran Canaria GC 115 G2
Palojo CO 93 T16
Palol de Revardit GI 25 F38
Paloma (Lagunas de) TO 59 N20
Paloma (Punta) CA 99 X12
Palomar CO 93 T15
Palomar (El) V 74 P28
Palomar (El) AB 71 Q22
Palomar (El) SE 92 T13
Palomar de Arroyos TE 49 J27
Palomares AL 96 U24
Palomares de Alba SA 44 J13
Palomares del Campo CU 59 M22
Palomares del Río SE 91 U11
Palomas BA 67 P11
Palomas (Las) Tenerife TF 129 F5
Palomas (Puerto de las) CA 92 V13
Palombera (Puerto de) S 7 C17
Palomeque TO 58 L18
Palomera CU 60 L23
Palomera (Monte) V 73 O26
Palomera (Sierra) TE 48 K26
Palomero CC 55 L11
Palomes (Puerto de Las) J 94 T18
Palomitas (Casas de) TE 49 K28
Palos de la Frontera H 90 U9
Palou de Sanaüja L 37 G33
Palou de Torà L 37 G34
Pals GI 25 G39
Pámanes S 8 B18
Pampaneira GR 102 V19
Pampanico AL 102 V21
Pampliega BU 17 F18
Pamplona NA 11 D25
Panadella (La) B 37 H34
Pánchez (Los) CO 80 R14
Pancorbo BU 18 E20
Pancrudo TE 49 J26
Pandenes O 6 B13
Panderruedas (Puerto de) LE 6 C15
Pandetrave (Puerto de) LE 6 C15
Pando BI 8 C20
Pando (Puerto del) LE 16 D14
Pandorado LE 15 D12
Pandos (Casa de los) AB 73 P26
Panera CC 56 L12
Panes O 7 C16
Panillo HU 22 F30
Paniza Z 34 I26
Paniza (Puerto de) Z 34 I26
Panizares BU 18 D19
Pano HU 22 F30
Pansas MU 85 Q26
Pantano de Navabuena CC 56 M12
Panticosa HU 21 D29
Pantoja TO 58 L18
Pantón LU 13 E7
Panxón PO 12 F3
Panzano HU 21 F29
Paones SO 32 H21
Papagayo (Punta del) Lanzarote GC 122 B5
Papatrigo AV 44 J15
Papiol (El) B 38 H36
Paracuellos CU 60 M24
Paracuellos de Jarama M 46 K19
Paracuellos de Jiloca Z 34 I25
Paracuellos de la Ribera Z 34 H25
Parada C 3 C4
Parada (Monte) CU 60 M24
Parada de Arriba SA 43 J12
Parada de Rubiales SA 44 I13
Parada do Sil OR 13 E7
Parada dos Montes LU 14 E8
Paradas SE 92 U13
Paradaseca LE 14 D9
Paradaseca OR 14 F7
Paradasolana LE 15 E10
Paradavella LU 4 C8
Paradela C 3 D6
Paradela PO 13 D4
Paradela LU 13 D7
Paradilla LE 16 E13
Paradilla (La) M 45 K17
Paradilla de Gordón LE 15 D12
Paradinas SG 45 I16
Paradinas de San Juan SA 44 J14
Parador (El) AL 102 V22
Paraisás OR 14 F8
Paraíso (Balneario del) TE 61 L27
Paraíso (El) M 45 K17
Paraíso Alto TE 61 L27
Paraíso Bajo TE 61 L27
Paraíso-Barronal MA 100 W14
Parajas O 5 C10
Parajes LU 4 C8
Paralacuesta BU 18 D19
Paramera (Puerto de la) AV 45 K16
Paramíos O 4 B8
Páramo LU 14 D7
Páramo O 5 C11
Paramo de Boedo P 17 E16
Parámo de Masa (Puerto de) BU 18 E18
Páramo del Sil LE 15 D10
Paramos C 2 D3
Paraño (Alto de) OR 13 E5
Paraños PO 13 F4
Parapanda GR 94 U18
Parauta MA 100 W14
Paraya (La) O 6 C13
Parbayón S 7 B18
Parcelas (Las) CR 81 Q16
Parcent A 74 P29
Parchel (Punta del) Gran Canaria GC 116 C4
Parchite (Estación de) MA 92 V14
Parda (Cabeza) J 82 R18
Pardal (El) AB 84 Q23
Pardavé LE 16 D13
Pardellas LU 3 C6
Pardemarín PO 13 D4
Pardesivil LE 16 D13
Pardilla BU 32 H18
Pardines GI 24 F36
Pardo (El) M 45 K18
Pardo (Embalse de El) M 45 K18
Pardornelo (Portilla de) ZA 28 F9
Pardos GU 48 J24
Pardos (Rambla de los) AL 96 T23
Pared AL 95 U22
Pared (La) AB 73 O26
Pared (La) Fuerteventura GC 112 E4
Paredes O 5 B10
Paredes OR 14 F7
Paredes PO 12 E4
Paredes CU 59 L21
Paredes de Buitrago M 46 I19
Paredes de Escalona TO 57 L16
Paredes de Monte P 31 G16
Paredes de Nava P 17 F15
Paredes de Sigüenza GU 33 I21
Paredesroyas SO 33 H23
Paredón BA 69 O14
Pareja GU 47 K22
Parellades (Les) T 50 J31
Parets B 38 H36
Parga LU 3 C6
Parilla (La) MA 93 U16
Paria M 58 L18
Parladé SE 79 S11
Parlavà GI 25 F39
Parlero O 4 B9
Parolis las Juntas AB 84 R22
Parque Calablanca A 75 P30
Parque Coimbra M 58 L18
Parque del Cubillas GR 94 U18
Parque Robledo SG 45 J17
Parquelagos M 45 K18
Parra TO 70 N19
Parra (La) AV 57 L14
Parra (La) AL 102 V20
Parra (La) BA 67 Q10
Parra de las Vegas (La) CU 60 M23
Parral (El) AV 44 J15
Parralejo (El) cerca de Casicas del Río Segura J 83 R22
Parralejo Nuevo CA 99 W12
Parralillo (Embalse de El) GC 114 C3
Parras de Castellote (Las) TE 49 J29
Parras de Martín (Las) TE 49 J27
Parres O 6 B15
Parres Arriondas O 6 B14
Parrilla (La) VA 31 H16
Parrilla (La) SE 79 S12
Parrillas TO 57 L14
Parrillas (Las) CU 60 L24
Parroquia (La) MU 84 S24
Parróquia d'Hortó (La) L 23 F34
Parsa SE 92 T13
Partaloa AL 96 T23
Parte de Bureba (La) BU 18 D19
Parte de Sotoscueva (La) BU 8 C18
Partidor (El) MU 85 R26
Partidores (Los) AB 72 P23
Partija-Santa Mónica (La) M 46 K19
Partovía OR 13 E5
Parzán HU 22 E30
Pas (El) T 50 K31
Pasai Donibane SS 10 C24
Pasai San Pedro / Pasajes de San Pedro SS 10 C24
Pasajes de San Pedro / Pasai San Pedro SS 10 C24
Pasarela C 2 C2
Pasariegos ZA 29 H11
Pasarón de la Vera CC 56 L12
Pascualcobo AV 44 K14
Pascuales SG 45 I16
Pascuales (Los) J 83 Q21
Paso Tenerife TF 125 J1
Paso (El) La Palma TF 132 C5
Paso Chico (Punta de) Fuerteventura GC 111 G2
Passanant T 37 H33
Pasteral (El) GI 24 G37
Pasteral (Pantà del) GI 24 G37
Pastillos (Sierra de los) BA 68 O14
Pastor C 3 C5
Pastor (Monumento al) BU 18 E20
Pastores SA 42 K10
Pastores (Los) TE 62 L28
Pastores (Los) CA 99 X13
Pastoriza C 3 A6
Pastoriza LU 4 C7
Pastrana GU 46 K21
Pastrana MU 97 T25
Pastriz Z 35 H27
Pata de Mulo CO 93 T15
Pata del Caballo (Coto nacional de la) H 91 T10
Paterna V 62 N28
Paterna de Rivera CA 99 W12
Paterna del Campo H 91 T10
Paterna del Madera AB 72 Q22
Paterna del Río AL 95 U21
Paternáin NA 10 D24
Patones de Abajo M 46 J19
Patrás H 79 S9
Patrite CA 99 W12
Patrocinio (El) J 82 Q18
Patudas (Las) CO 80 Q14
Pau GI 25 F39
Paul (El) TE 61 L27
Paúl (La) HU 35 G27
Paular (El) M 45 J18
Paulenca AL 103 V22
Paúles HU 22 F30
Paules Z 21 F27
Paúles AB 84 R22
Paules de Lara BU 18 F19
Paules del Agua BU 31 F18
Paüls T 50 J31
Pava MU 73 Q26
Pavías CS 62 M28
Paxareiras C 2 D2
Paymogo H 78 S7
Payo (El) SA 42 L9
Payo de Ojeda P 17 D16
Payosaco C 3 C4
Payueta VI 19 E21
Paz (La) CO 81 T15
Pazo LU 3 B6
Pazo de Mariñan C 3 C5
Pazo de Oca PO 13 D4
Pazos cerca de Cortegada OR 13 F7
Pazos cerca de Lamas C 2 C3
Pazos cerca de Leiro OR 13 E5
Pazos cerca de Ponte-Ceso C 2 C3
Pazos de Borbén PO 12 F4
Pazuengos LO 18 F21
Peal de Becerro J 83 S20
Peares (Embalse de los) LU 13 E6
Peares (Os) OR 13 E6
Pecá CU 60 L23
Pechina AL 103 V22
Pechiquera (Punta) Lanzarote GC 122 A5
Pechón S 7 B16
Pedernoso (El) CU 59 N21
Pedra C 3 A6
Pedra (La) L 23 F34
Pedrafita Camporredondo LU 4 D8
Pedrafita do Cebreiro LU 14 D8
Pedrafita do Cebreiro (Puerto do) LU 14 D8
Pedraja SO 32 H20
Pedraja de Portillo (La) VA 31 H16
Pedrajas SO 33 G22
Pedrajas de San Esteban VA 31 H16
Pedralba V 62 N27
Pedralba de la Pradería ZA 28 F9
Pedraza LU 13 D6
Pedraza de Alba SA 44 J13
Pedraza de Campos P 30 G15
Pedraza de la Sierra SG 45 I18
Pedre PO 13 E4
Pedredo LE 15 E11
Pedregal (El) GU 48 J25
Pedreguer A 74 P30
Pedreira C 13 D5
Pedreira PO 13 E4
Pedreiro LU 3 B6
Pedreña S 8 B18
Pedrera TO 58 N18
Pedrera SE 93 U15
Pedrera (Embassament de la) A 85 R27
Pedret GI 25 F39
Pedrezuela M 46 J19
Pedrezuela (Embalse de) M 46 J19
Pedro SO 32 I20
Pedro Abad CO 81 S16
Pedro Andrés AB 84 R22
Pedro Barba Lanzarote GC 121 F2
Pedro Bernardo AV 57 L15
Pedro Díaz CO 80 S14
Pedro Gómez (Sierra de) CC 56 N12
Pedro Izquierdo CU 61 M25
Pedro Malo CR 71 O20
Pedro Marín (Embalse de) J 82 S19
Pedro Martínez GR 95 T20
Pedro Muñoz CR 71 N21
Pedro Pidal O 6 C15
Pedro Rodríguez AV 44 J15
Pedroche CO 81 Q15
Pedrola Z 34 G26
Pedrones (Los) V 73 N26
Pedroñeras (Las) CU 59 N21
Pedrosa (La) CA 99 V12
Pedrosa de Duero BU 31 G18
Pedrosa de la Vega P 16 E15
Pedrosa de Muñó BU 17 F18
Pedrosa de Río Urbel BU 17 E18
Pedrosa de Tobalina BU 18 D19
Pedrosa del Páramo BU 17 E18
Pedrosa del Príncipe BU 17 F17
Pedrosa del Rey VA 30 H14
Pedrosas (Las) Z 21 F27
Pedrosillo (El) SE 79 T10
Pedrosillo de Alba SA 44 J13
Pedrosillo de los Aires SA 43 J12
Pedrosillo el Ralo SA 44 I13
Pedroso LO 19 F21
Pedroso O 6 B15
Pedroso C 3 B5
Pedroso (El) O 6 B13
Pedroso (El) CA 99 W12
Pedroso (El) SE 80 S12
Pedroso (Sierra del) MA 93 U16
Pedroso de Acim CC 55 M10
Pedroso de la Armuña (El) SA 44 I13
Pedroso de la Carballeda ZA 29 G10
Pedrotoro SA 43 K10
Pedrouzo (O) C 3 D4
Pedrouzos C 12 D3
Pedroveya O 5 C12
Pedrún de Torío LE 16 D13
Pegalajar J 82 S19
Pego A 74 P29
Pego (El) ZA 30 I13
Peguera PM 104 N37
Peguerillas H 90 T9
Peguerinos AV 45 K17
Peinao (El) TE 48 K25
Pela (Sierra de) GU 32 I20
Pela (Sierra de) BA 68 O13
Pelabravo SA 44 J13
Pelada (Sierra) CR 70 P19
Pelada (Sierra) H 78 S9
Pelado AL 96 T22
Pelahustán TO 57 L16
Pelarda (Santuario de) TE 48 J26
Pelarrodríguez SA 43 J11
Pelayo CO 81 R14
Pelayos SA 44 K13
Pelayos de la Presa M 45 K17
Pelayos del Arroyo SG 45 I18
Peleagonzalo ZA 30 H13
Peleas de Abajo ZA 29 H12
Peleas de Arriba ZA 29 I12
Pelegrina GU 47 I22
Pelejaneta (La) CS 62 L29
Peligro (Punta del) La Gomera TF 118 B1
Peligros GR 94 U19
Pellila SA 29 I11
Peloche BA 69 O14
Pelugano O 6 C13

A B C D E F G H I J K L M N O P Q R S T U V W X Y Z

Pembes *S* 6 C 15
Pena *LU* 3 C 6
Pena (A) *C* 2 D 3
Pena (A) *OR* 13 F 6
Penacaballera *SA* 43 K 12
Penagos *S* 7 B 18
Penàguila *A* 74 P 28
Penamil *LU* 14 D 8
Penarrubia *LU* 4 D 8
Penas *LU* 13 D 6
Pendilla *LE* 5 C 12
Pendones *O* 6 C 14
Pendueles *O* 7 B 16
Penedo (Punta de) *Lanzarote GC* 123 D 3
Penela *LU* 14 E 7
Penelles *L* 37 G 32
Penilla *S* 7 C 18
Penilla (La) *S* 7 C 18
Peníscola / Peñíscola *CS* 50 K 31
Peníscola (Estació de) *CS* 50 K 31
Penoselo *LE* 14 D 9
Penouta *O* 4 B 9
Pentedura *BU* 32 F 19
Pentes *OR* 28 F 8
Penyagolosa *CS* 62 L 28
Penyal d'Ifac *A* 74 Q 30
Penzol *O* 4 B 9
Peña (La) *SA* 29 I 10
Peña (Mirador de la) *El Hierro TF* 109 D 2
Peña (Montes La) *BU* 8 C 19
Peña (Sierra de la) *HU* 21 E 27
Peña de Cabra *SA* 43 J 12
Peña de Francia *SA* 43 K 11
Peña del Águila *CA* 98 V 10
Peña Migjorn *A* 74 Q 28
Peña Mira *ZA* 29 G 10
Peña Negra *LE* 15 F 10
Peña Negra *SO* 33 F 21
Peña Negra *O* 5 C 11
Peña Negra (Puerto de la) *AV* 44 K 14
Peña Sacra *M* 45 J 18
Peña Santa *LE* 6 C 15
Peña-Tú *O* 7 B 15
Peña Utrera *BA* 67 Q 9
Peñablanca *TE* 48 K 24
Peñacerrada *VI* 19 E 21
Peñadiz *OR* 13 F 7
Peñafiel *VA* 31 H 17
Peñaflor *Z* 35 G 27
Peñaflor *O* 5 B 11
Peñaflor *SE* 80 S 13
Peñaflor de Hornija *VA* 30 G 15
Peñafuente *O* 4 C 9
Peñagua *SE* 92 U 13
Peñahorada *BU* 18 E 19
Peñalagos *GU* 47 K 21
Peñalajos *CR* 70 Q 19
Peñalba *HU* 36 H 29
Peñalba *SO* 32 H 20
Peñalba Castelló *CS* 62 M 28
Peñalba de Ávila *AV* 44 J 15
Peñalba de Castro *BU* 32 G 19
Peñalba de Cilleros *LE* 15 D 11
Peñalba de la Sierra *GU* 46 I 19
Peñalba de Santiago *LE* 15 E 10
Peñalén *GU* 47 K 23
Peñalosa *CO* 80 S 14
Peñaloscintos *LO* 19 F 21
Peñalsordo *BA* 69 P 14
Peñalver *GU* 46 K 21
Peñaparda *SA* 42 L 9
Peñaranda de Bracamonte *SA* 44 J 14
Peñaranda de Duero *BU* 32 G 19
Peñarandilla *SA* 44 J 13
Peñarrodrigo *CR* 81 Q 16
Peñarroya *TE* 49 K 28
Peñarroya (Embalse de) *CR* 71 O 21
Peñarroya (Ermita de) *CR* 71 O 20
Peñarroya de Tastavins *TE* 50 J 30
Peñarroya-Pueblonuevo *CO* 80 R 14
Peñarroyas *TE* 49 J 27
Peñarrubia *S* 7 C 16
Peñarrubia *cerca de Elche AB* 84 Q 23
Peñarrubia *cerca de Peñascosa AB* 72 P 23
Peñarrubia (Monte) *AB* 73 O 25
Peñarrubias de Pirón *SG* 45 I 17
Peñas (Cabo de) *O* 5 B 12
Peñas Blancas (Puerto de) *MA* 99 W 14
Peñas de Riglos (Las) *HU* 21 E 27
Peñas de San Pedro *AB* 72 P 23
Peñas Negrillas (Coto nacional de) *CR* 82 Q 19
Peñascales (Los) *M* 45 K 18
Peñascosa *AB* 72 P 22
Peñaullán *O* 5 B 11
Peñausende *ZA* 29 I 12
Peñillas *CO* 93 T 17
Peñíscola / Peníscola *CS* 50 K 31
Peñita *CO* 80 R 13
Peñolite *J* 83 R 21
Peñón (Alto del) *ZA* 15 F 10
Peñón (El) *AB* 84 R 23
Peñón (El) *GR* 95 T 20
Peñoso *MU* 84 S 24
Peñuela *GR* 94 T 18
Peñuela (La) *H* 91 T 9
Peñuelas *GR* 94 U 18
Peón *O* 6 B 13
Pepino *TO* 57 L 15
Pepino (El) *GU* 46 K 20
Peque *ZA* 15 F 11
Pera (La) *GI* 25 F 38
Pera (Sierra de) *GR* 94 U 18
Peracense *TE* 48 K 25
Perafita *cerca de Calaf B* 37 G 34
Perafita *cerca de Prats de Lluçanes B* 24 F 36
Perafort *T* 37 I 33
Peral (Barranco del) *AL* 96 U 23
Peral (El) *CU* 60 N 24
Peral (La) *O* 5 B 12
Peral de Arlanza *BU* 31 F 17
Peralada *GI* 25 F 39
Peralba *L* 37 G 32
Peraleda de la Mata *CC* 56 M 13
Peraleda de San Román *CC* 56 M 13
Peraleda del Zaucejo *BA* 80 Q 13
Peraleja (La) *CU* 59 L 22
Peralejo *M* 45 K 17
Peralejo *SO* 32 I 20
Peralejo (El) *SE* 79 S 10
Peralejos *TE* 49 K 26
Peralejos de Abajo *SA* 43 I 10
Peralejos de Arriba *SA* 43 I 10
Peralejos de las Truchas *GU* 48 K 24
Perales *P* 17 F 16
Perales (Los) *CC* 55 N 9
Perales (Puerto de) *CC* 55 L 9
Perales de Tajuña *M* 59 L 19
Perales del Alfambra *TE* 49 K 26
Perales del Puerto *CC* 55 L 9
Perales del Río *M* 58 L 19
Peralosa (Puerto de la) *CR* 70 O 17
Peralosas (Las) *CR* 70 O 17
Peralta *NA* 20 E 24
Peralta de Alcofea *HU* 35 G 29
Peralta de la Sal *HU* 36 G 31
Peraltilla *HU* 22 F 29
Peralveche *GU* 47 K 22
Peralvillo Alto *CR* 70 O 18
Peramato *SA* 43 J 11
Peramea *L* 23 F 33
Peramola *L* 23 F 33
Peranzanes *LE* 15 D 10
Perarrúa *HU* 22 F 31
Peratallada *GI* 25 G 39
Perazancas *P* 17 D 16
Perbes *C* 3 B 5
Perdices *SO* 33 H 22
Perdido (Monte) *HU* 22 D 30
Perdigón *BA* 78 R 8
Perdigón (El) *ZA* 29 H 12
Perdiguera *Z* 35 G 28
Perdiguero *HU* 22 D 31
Perdoma (La) *Tenerife TF* 127 F 3
Perdón *NA* 11 D 24
Perdón (Puerto del) *NA* 10 D 24
Perea *GR* 83 T 22
Pereda (La) *O* 6 B 15
Pereda de Ancares *LE* 14 D 9
Peredilla *LE* 16 D 13
Peregrina (La) *LE* 16 E 14
Pereira *C* 2 D 3
Pereira *LU* 13 E 6
Pereiriña *C* 2 C 2
Pereiro *OR* 28 F 8
Pereiro de Aguiar *OR* 13 E 6
Pereje *LE* 14 E 9
Perelló (El) *T* 50 J 32
Perelló (El) *V* 74 O 29
Perellonet (El) *V* 74 O 29
Perenos (Los) *SE* 93 U 15
Pereña *SA* 29 I 10
Perera (La) *SO* 32 H 20
Perero *H* 78 S 8
Pereruela *ZA* 29 H 12
Perex *BU* 18 D 20
Pérez (Los) *SE* 93 U 15
Periana *MA* 101 V 17
Pericay (Sierra del) *MU* 84 S 24
Pericón (El) *MU* 85 S 26
Perilla de Castro *ZA* 29 G 12
Perín *MU* 85 T 26
Perla-Torremuelle (La) *MA* 100 W 16
Pernía *SE* 93 T 15
Pernía (La) *P* 17 D 16
Perobéques *TO* 58 M 16
Perogordo *SG* 45 J 17
Peromingo *SA* 43 K 12
Perona (Monte) *MU* 85 S 25
Perorrubio *SG* 32 I 18
Perosillo *SG* 31 H 17
Peroxa (A) *OR* 13 E 6
Perro (Punta del) *CA* 91 V 10
Perrunal (El) *H* 78 S 9
Pertusa *HU* 35 G 29
Peruyes *O* 6 B 14
Pesadas de Burgos *BU* 18 D 19
Pesadoira *C* 2 D 3
Pesaguero *S* 7 C 16
Pescadores (Puerto de los) *MA* 100 W 15
Pescadores (Refugio de) *HU* 36 H 30
Pescueza *CC* 55 M 10
Pesebre *AB* 72 P 22
Pesebre (Punta) *Fuerteventura GC* 112 B 5
Pesga (La) *CC* 43 L 11
Pesoz *O* 4 C 9
Pesqueira *C* 12 E 3
Pesquera *BU* 18 D 18
Pesquera *SO* 32 I 20
Pesquera *S* 7 C 17
Pesquera *LE* 16 D 14
Pesquera (Dársena) *Tenerife TF* 125 J 2
Pesquera (La) *CU* 61 N 25
Pesquera de Duero *VA* 31 H 17
Pesquerín *O* 6 B 14
Pesqueruela *VA* 30 H 15
Pessó (Pic del) *L* 23 E 32
Pesués *S* 7 B 16
Petilla de Aragón *NA* 20 E 26
Petín *OR* 14 E 8
Petit I (Embalse de) *CC* 55 N 10
Petra *PM* 105 N 39
Petrer *A* 85 Q 27
Petrés *V* 62 M 29
Pétrola *AB* 73 P 25
Pétrola (Laguna de) *AB* 73 P 25
Peza (La) *GR* 95 U 20
Pezuela de las Torres *M* 46 K 20
Pi de Sant Just (El) *L* 37 G 34
Pías *ZA* 14 F 9
Pías (Embalse de) *ZA* 14 F 9
Piatones (Sierra de) *CC* 56 M 12
La Pica *H* 79 S 9
Picacho *CA* 92 V 13
Picacho de la Barre (Faro El) *H* 90 U 9
Picaio *V* 62 N 29
Picamoixons *T* 37 I 33
Picanya *V* 62 N 28
Picassent *V* 74 N 28
Picazo *GU* 47 J 21
Picazo (El) *CU* 60 N 23
Picazo (Embalse de El) *CU* 60 N 23
Picena *GR* 102 V 20
Pico (Puerto del) *AV* 44 L 14
Pico de las Flores (Mirador) *Tenerife TF* 124 H 2
Pico del Castrón (Mirador del) *S* 7 C 17
Pico del Inglés (Mirador de) *Tenerife TF* 125 I 2
Picón *CR* 70 O 17
Piconcillo *CO* 80 R 13
Picones *SA* 42 I 10
Picorzo *CU* 59 M 21
Picorzos *AB* 84 Q 23
Picos de Europa (Parque nacional de los) *LE* 6 C 15
Picota *C* 2 D 3
Picouto *OR* 13 F 6
Piedra *Z* 48 I 24
Piedra (La) *BU* 17 E 18
Piedra (La) *GR* 84 S 22
Piedra (Monasterio de) *Z* 48 I 24
Piedra Aguda (Embalse de) *BA* 66 Q 8
Piedra del Sol *OR* 14 E 7
Piedra Escrita (Ermita de) *BA* 68 P 13
Piedra San Martin (Collado de la) *NA* 11 D 27
Piedrabuena *BA* 67 O 9
Piedrabuena *CR* 70 O 17
Piedraescrita *TO* 57 N 15
Piedrafita *HU* 21 D 29
Piedrafita *LE* 6 C 13
Piedrafita de Babia *LE* 15 D 11
Piedrafitas (Mirador de) *LE* 6 C 15
Piedrahita *AV* 44 K 14
Piedrahita *TE* 48 I 26
Piedrahita de Castro *ZA* 29 G 12
Piedralá *CR* 70 O 17
Piedralaves *AV* 44 L 15
Piedramillera *NA* 19 E 23
Piedras *H* 90 U 8
Piedras (Canal del) *H* 90 U 8
Piedras (Embalse) *H* 90 T 8
Piedras (Las) *CO* 93 T 17
Piedras Albas *CC* 55 M 9
Piedras Blancas *O* 5 B 12
Piedrasluengas *P* 7 C 16
Piedrasluengas (Puerto de) *P* 7 C 16
Piedratajada *Z* 21 F 27
Piedros (Los) *CO* 93 T 16
Piera *B* 37 H 35
Piérnigas *BU* 18 E 19
Pierola *B* 38 H 35
Pieros *LE* 14 E 9
Pierre *GR* 95 T 20
Piescolgados *AL* 96 U 22
Pigüeña *O* 5 C 11
Pijotilla (La) *BA* 67 P 10
Pila *MU* 85 R 26
Pila (Sierra de la) *GU* 47 I 21
Pilar (El) *AL* 96 U 23
Pilar (Ermita del) *TE* 49 K 27
Pilar de Jaravia *AL* 96 T 24
Pilar de la Horadada *A* 85 S 27
Pilar de Moya *J* 82 S 17
Pilar del Prado *MA* 100 V 16
Pilares *SE* 92 U 13
Pilas *SE* 91 U 11
Pilas (Casas de) *BA* 80 R 12
Pilas (Puerto de las) *AV* 45 K 16
Pilas Verdes *AB* 71 Q 21
Piles *V* 74 P 29
Piles (Les) *T* 37 H 34
Pileta (Cueva de la) *MA* 99 V 14
Pililla *CU* 60 M 23
Pililla *CO* 81 S 15
Piloño *PO* 13 D 5
Pilzán *HU* 22 F 31
Pimpollar (El) *M* 45 K 17
Pina *Mallorca PM* 104 N 38
Pina de Ebro *Z* 35 H 28
Pina de Montalgrao *CS* 62 L 28
Pinar *CA* 92 V 13
Pinar (Cap des) *cerca de Alcúdia PM* 105 M 39
Pinar (El) *M* 45 K 18
Pinar (El) *Castelló CS* 63 L 30
Pinar (Ermita del) *SG* 31 I 18
Pinar (Monte) *CU* 59 L 21
Pinar de Almorox (El) *TO* 57 L 16
Pinar de Antequera *VA* 30 H 15
Pinar de C. (El) *A* 85 S 27
Pinar de la Mola (El) *PM* 87 P 34
Pinar de los Franceses *CA* 98 W 11
Pinar de Puenteviejo *AV* 45 J 16
Pinar Negro *MU* 84 R 24
Pinarejo *CU* 60 N 22
Pinarejos *SG* 31 I 17
Pinarnegrillo *SG* 45 I 17
Pindo (O) *C* 2 D 2
Pineda de Gigüela *CU* 60 L 22
Pineda de la Sierra *BU* 18 F 20
Pineda de Mar *B* 38 H 38
Pineda-Trasmonte *BU* 32 G 18
Pinedas *SA* 43 K 12
Pinedas (Las) *CO* 81 S 15
Pinedillo *BU* 31 F 18
Pinel *LU* 14 E 7
Pinell *L* 37 G 34
Pinell de Brai (El) *T* 50 I 31
Pinet (El) *V* 86 R 28
Pineta (Valle de) *HU* 22 E 30
Pinganillo *SE* 92 U 12
Pinilla *LE* 15 F 11
Pinilla *cerca de Fuente Alamo AB* 73 P 25
Pinilla *cerca de Fuente-Higuera AB* 84 Q 23
Pinilla *cerca de Salinas de Pinilla AB* 71 P 22
Pinilla (Embalse de) *M* 45 J 18
Pinilla (La) *SG* 46 I 19
Pinilla (La) *MU* 85 S 26
Pinilla Ambroz *SG* 45 I 16
Pinilla de Fermoselle *ZA* 29 H 10
Pinilla de Jadraque *GU* 46 I 21
Pinilla de los Barruecos *BU* 32 G 20
Pinilla de los Moros *BU* 32 F 20
Pinilla de Molina *GU* 48 J 24
Pinilla de Toro *ZA* 30 H 13
Pinilla del Campo *SO* 33 G 23
Pinilla del Olmo *SO* 33 I 22
Pinilla del Valle *M* 45 J 18
Pinilla-Trasmonte *BU* 32 G 19
Pinillos *BU* 31 G 18
Pinillos *LO* 19 F 22
Pinillos de Polendos *SG* 45 I 17
Pino *BU* 18 D 19
Pino *LU* 14 E 7
Pino (Cuerda del) *AL* 84 S 23
Pino (El) *BA* 67 P 10
Pino (O) *C* 3 D 4
Pino (Puerto del) *HU* 22 F 30
Pino Alto *M* 45 K 17
Pino de Tormes (El) *SA* 43 I 12
Pino de Valencia *CC* 66 O 8
Pino del Oro *ZA* 29 H 11
Pino del Río *P* 16 E 15
Pino do Val *C* 2 D 3
Pino Grande *SE* 92 T 12
Pinofranqueado *CC* 43 L 10
Pinós *L* 37 G 34
Pinos *LE* 5 D 12
Pinós *A* 74 P 29
Pinós (El) / Pinoso *A* 85 Q 26
Pinos (Los) *CC* 68 O 13
Pinos de Mar *H* 90 U 9
Pinos del Valle *GR* 101 V 19
Pinos Genil *GR* 94 U 19
Pinos Puente *GR* 94 U 18
Pinosa *AL* 84 S 24
Pinoso (Monte) *GU* 47 J 22
Pinseque *Z* 34 G 26
Pinsoro *Z* 20 F 25
Pintado (Contraembalse del) *SE* 80 S 12
Pintado (El) *SE* 79 S 12
Pintado (Embalse del) *SE* 80 S 12
Pintano *Z* 20 E 26
Pintín *LU* 14 D 7
Pinto *M* 58 L 18
Pinto (O) *OR* 13 F 6
Pintueles *O* 6 B 13
Pinzales *O* 5 B 12
Pinzón *SE* 91 U 11
Piña *C* 2 C 4
Piña de Campos *P* 17 F 16
Piña de Esgueva *VA* 31 G 16
Piñar *GR* 94 T 19
Piñar (Estación de) *GR* 94 T 19
Piñeira *LU* 14 E 7
Piñeira *OR* 13 F 6
Piñeiro *cerca de Germadé LU* 3 B 6
Piñeiro *cerca de Lugo LU* 14 D 7
Piñeiro *cerca de Marín PO* 12 E 3
Piñeiro *cerca de Meira LU* 4 C 8
Piñeiro *cerca de Mondariz PO* 13 F 4
Piñel de Abajo *VA* 31 G 17
Piñel de Arriba *VA* 31 G 17
Piñera *O* 4 B 9
Piñeres *O* 6 C 12
Piñero (El) *ZA* 30 H 13
Piñor *OR* 13 E 5
Piñuécar *M* 46 I 19
Piñuel *ZA* 29 H 11
Pío *LE* 6 C 14
Piornal *CC* 56 L 12
Piornal (Puerto del) *CC* 56 L 12
Piornedo *OR* 28 F 7
Piorno *AL* 102 V 22
Pioz *GU* 46 K 20
Pipaón *VI* 19 E 22
Piquera *SO* 32 H 20
Piqueras *GU* 48 K 24
Piqueras (Puerto de) *LO* 33 F 22
Piqueras del Castillo *CU* 60 M 23
Pira *T* 37 H 33
Piracés *HU* 21 F 29
Pisueña *S* 8 C 18
Pitarque *TE* 49 K 28
Pitiegua *SA* 44 I 13
Pitillas *NA* 20 E 25
Pitres *GR* 102 V 20
Piúca (A) *OR* 13 F 6
Piúgos *LU* 4 D 7
Pixeiros *OR* 14 F 8
Pizarra *MA* 100 V 15
Pizarral *SA* 43 K 13
Pizarrera (La) *M* 45 K 17
Pizarro *CC* 68 O 12
Pizarroso (Embalse del) *CC* 56 M 14
Pla de la Font *L* 36 G 31
Pla de Manlleu (El) *T* 37 H 34
Pla de Sant Tirs (El) *L* 23 F 34
Pla de Santa Maria (El) *T* 37 H 33
Pla del Penedès (El) *B* 37 H 35
Pla dels Hospitalets *GI* 24 E 36
Pla dels Pitxells *CS* 50 K 31
Placín *OR* 14 F 8
Plan *HU* 22 E 31
Plana (La) *L* 23 E 32
Planas (Las) *TE* 49 J 29
Plandogau *L* 37 G 33
Planes *A* 74 P 28
Planes (Les) *T* 51 I 32
Planes d'Hostoles (Les) *GI* 24 F 37
Planoles *GI* 24 F 36
Plantío (El) *M* 45 K 18
Plasencia *CC* 56 L 11
Plasencia (Embalse de) *CC* 56 L 11
Plasencia de Jalón *Z* 34 G 26
Plasencia del Monte *HU* 21 F 28
Plasenzuela *CC* 56 N 11
Platera (La) *J* 83 R 21
Platgetes (Les) *CS* 62 L 30
Platja Ben Afeli *CS* 62 M 30
Platja d'Alboraya *V* 62 N 29
Platja d'Aro (Ciutat) *GI* 25 G 39
Platja de Bellreguard *V* 74 P 29
Platja de Canyelles *GI* 39 G 38
Platja de Casa Blanca *CS* 62 M 29
Platja de Corint *V* 62 M 29
Platja de Cova Fumada *B* 38 I 35
Platja de Covafumada *B* 38 I 35
Platja de Daimús *V* 74 P 29
Platja de Fanals *GI* 39 G 38
Platja de Formentor *PM* 105 M 39
Platja de Gavamar *B* 38 I 36
Platja de Guardamar *A* 86 R 28
Platja de la Conxa *CS* 62 L 30
Platja de la Devesa *V* 74 N 29
Platja de la Fosca *GI* 25 G 39
Platja de la Granadella *A* 75 P 30
Platja de la Malvarrosa *V* 62 N 29
Platja de la Pineda *T* 51 I 33
Platja de la Pobla de Farnals *V* 62 N 29
Platja de l'Albufereta *A* 86 Q 28
Platja de les Fonts *CS* 63 L 30
Platja de les Villes *CS* 62 L 30
Platja de Llevante *A* 74 Q 29
Platja de Marianeta Cassiana *A* 75 P 30
Platja de Moncofa *CS* 62 M 29
Platja de Moraira *A* 75 P 30
Platja de Mutxavista *A* 86 Q 28
Platja de Nules *CS* 62 M 29
Platja de Pals *GI* 25 F 39
Platja de Piles *V* 74 P 29

Platja de Pinedo V 62 N 29
Platja de Ponente A 74 Q 29
Platja de Puçol V 62 N 29
Platja de Rifa T 51 I 32
Platja de Sabanell GI 39 H 38
Platja de Salou T 51 I 33
Platja de Sant Joan A 86 Q 28
Platja de Sant Pol GI 39 G 39
Platja de Sant Tomás PM 106 M 42
Platja de Son Bou PM 106 M 42
Platja de Xeresa V 74 O 29
Platja de Xilxes CS 62 M 29
Platja del Arenal A 75 P 30
Platja del Carregador CS 63 L 30
Platja del Morro de Gos CS 62 L 30
Platja del Parais A 86 Q 29
Platja del Pinar CS 62 M 30
Platja del Pinet A 86 R 28
Platja del Saler V 74 N 29
Platja dels Eucaliptus TE 49 K 32
Platja d'en Bossa PM 87 P 34
Platja d'Oliva V 74 P 29
Platja i Grau de Gandia V 74 O 29
Platja Larga T 51 I 33
Platja Lissa (La) A 86 R 28
Platja los Arenales del Sol A 86 R 28
Platja Miramar V 74 P 29
Platja Mitjorn PM 87 P 34
Platjas de Orihuela A 86 S 28
Platosa (La) SE 92 T 14
Playa Amanay *Fuerteventura* GC 112 E 4
Playa América PO 12 F 3
Playa Barca *Fuerteventura* GC 112 E 5
Playa Bella MA 100 W 14
Playa Berruguete *Tenerife* TF 125 I 2
Playa Blanca *Fuerteventura* GC 111 I 3
Playa Blanca *Lanzarote* GC 122 B 5
Playa Canela H 90 U 7
Playa Colmenares *Tenerife* TF 128 E 5
Playa de Alcalá *Tenerife* TF 128 C 4
Playa de Area LU 4 A 7
Playa de Arinaga *Gran Canaria* GC 117 G 4
Playa de Arriba o las Bajas *Tenerife* TF 127 H 3
Playa de Avalo *La Gomera* TF 119 D 2
Playa de Balarés C 2 C 3
Playa de Baldaio C 2 C 3
Playa de Balerma AL 102 V 21
Playa de Balito *Gran Canaria* GC 116 C 4
Playa de Barlovento de Jandía *Fuerteventura* GC 112 C 5
Playa de Bateles CA 98 X 11
Playa de Benalmádena MA 100 W 16
Playa de Ber C 3 B 5
Playa de Bozo O 5 B 10
Playa de Burriana MA 101 V 18
Playa de Butihondo *Fuerteventura* GC 112 D 5
Playa de Calabardina MU 97 T 25
Playa de Canelas PO 12 E 3
Playa de Carnota C 12 D 2
Playa de Castilla H 91 U 9
Playa de Cerillos AL 102 V 22
Playa de Cofete *Fuerteventura* GC 112 C 5
Playa de Cortadura CA 98 W 11
Playa de Cuevas del Mar O 6 B 15
Playa de Doniños C 3 B 5
Playa de Ereses *La Gomera* TF 118 C 3
Playa de Famara *Lanzarote* GC 123 E 3
Playa de Fontanilla CA 98 X 11
Playa de Fuentebravía CA 98 W 11
Playa de Garcey GC 113 E 3
Playa de Getares CA 99 X 13
Playa de Guayedra *Gran Canaria* GC 114 C 2
Playa de Isla Cristina H 90 U 8
Playa de Janubio *Lanzarote* GC 122 B 4
Playa de Juan Gómez *Fuerteventura* GC 112 B 5
Playa de la Antilla H 90 U 8
Playa de la Ballena CA 98 V 10
Playa de la Barqueta *La Palma* TF 132 D 6
Playa de la Barrosa CA 98 W 11
Playa de la Calera *La Gomera* TF 118 A 2
Playa de la Caleta *La Gomera* TF 119 D 1
Playa de la Costilla CA 98 W 10
Playa de la Enramada *Tenerife* TF 128 C 5
Playa de la Entrada *Tenerife* TF 127 H 3
Playa de la Garita *Lanzarote* GC 123 F 3
Playa de la Guancha *La Gomera* TF 119 D 3
Playa de la Hullera *Gran Canaria* GC 117 G 3
Playa de la Laja *Gran Canaria* GC 115 G 2
Playa de la Lanzada PO 12 E 3
Playa de la Madera *Lanzarote* GC 122 B 4
Playa de la Margallera *Tenerife* TF 129 H 4
Playa de la Reya MU 97 T 26
Playa de la Solapa GC 113 F 3
Playa de la Tejita *Tenerife* TF 129 F 5
Playa de la Verga *Gran Canaria* GC 116 C 4
Playa de la Victoria CA 98 W 11
Playa de Ladeira C 12 E 2
Playa de Lapamán PO 12 E 3
Playa de Lariño C 12 D 2
Playa de las Américas *Tenerife* TF 128 D 5
Playa de las Canteras *Gran Canaria* GC 115 F 1
Playa de las Casillas *Gran Canaria* GC 117 F 4
Playa de las Conchas *Lanzarote* GC 120 E 2
Playa de las Cruces *Gran Canaria* GC 117 G 3
Playa de las Pilas *Fuerteventura* GC 112 B 5
Playa de las Teresitas *Tenerife* TF 125 J 2
Playa de Levante CA 98 W 11
Playa de Linés *El Hierro* TF 108 C 3
Playa de los Abrigos *Tenerife* TF 128 E 5
Playa de los Abrigos *Tenerife* TF 129 G 4
Playa de los Cancajos *La Palma* TF 132 D 5
Playa de los Cardones *El Hierro* TF 109 D 3
Playa de los Mozos *El Hierro* TF 108 B 3
Playa de los Palos *El Hierro* TF 108 B 2
Playa de los Pocillos *Lanzarote* GC 123 D 5
Playa de los Troches *Tenerife* TF 125 I 1
Playa de Louro C 12 D 2
Playa de Marchamalo MU 86 S 27
Playa de Maspalomas *Gran Canaria* GC 116 D 5
Playa de Matagorda *Lanzarote* GC 123 D 5
Playa de Matalascañas CA 91 V 10
Playa de Mazagón H 90 U 9
Playa de Mont-roig T 51 I 32
Playa de Montalvo PO 12 E 3
Playa de Ojos *Fuerteventura* GC 112 B 5
Playa de Puerto Rey AL 96 U 24
Playa de Punta Umbría H 90 U 8
Playa de Rapadoiro LU 4 B 8
Playa de Regla CA 91 V 10
Playa de Riazor C 3 B 4
Playa de Roda PO 12 F 3
Playa de Rodiles O 6 B 13
Playa de Samil PO 12 F 3
Playa de San Cristóbal GR 101 V 18
Playa de San Juan *Tenerife* TF 128 C 4
Playa de San Marcos *Tenerife* TF 126 D 3
Playa de San Xorxe C 3 B 5
Playa de Santa Catalina *La Gomera* TF 118 B 1
Playa de Santa Comba C 3 B 5
Playa de Santiago *La Gomera* TF 119 C 3
Playa de Sotavento *Fuerteventura* GC 112 E 5
Playa de Tarajalejo *Fuerteventura* GC 113 F 4
Playa de Tasarte *Gran Canaria* GC 116 B 3
Playa de Tebeto *Fuerteventura* GC 111 G 2
Playa de Torre del Mar MA 101 V 17
Playa de Torremolinos MA 100 W 16
Playa de Traba C 2 C 2
Playa de Vallehermoso *La Gomera* TF 118 C 1
Playa de Velilla GR 101 V 19
Playa de Vila-seca T 51 I 33
Playa del Abrigo *Tenerife* TF 129 H 4
Playa del Asno *Gran Canaria* GC 116 B 3
Playa del Azufre *La Palma* TF 132 D 6
Playa del Bajo de la Burra *Fuerteventura* GC 111 I 1
Playa del Cabrito *La Gomera* TF 119 D 3
Playa del Cantadal *El Hierro* TF 109 D 2
Playa del Cardón *Gran Canaria* GC 117 F 4
Playa del Castro LU 4 B 8
Playa del Hoyo *La Palma* TF 132 D 5
Playa del Inglés *Gran Canaria* GC 117 E 4
Playa del Matorral *Fuerteventura* GC 111 I 3
Playa del Matorral *Fuerteventura* GC 112 D 5
Playa del Médano *Tenerife* TF 129 F 5
Playa del Medio *Tenerife* TF 129 G 5
Playa del Mojón A 85 S 27
Playa del Muerto *Tenerife* TF 125 I 2
Playa del Pedrucho MU 85 S 27
Playa del Pudrimal MU 85 S 27
Playa del Puerco CA 98 X 11
Playa del Reducto *Lanzarote* GC 123 E 4
Playa del Río *Tenerife* TF 129 G 5
Playa del Risco *Gran Canaria* GC 114 C 2
Playa del Risco *Lanzarote* GC 121 F 2
Playa del Rostro C 2 D 2
Playa del Socorro *Tenerife* TF 127 E 3
Playa del Tarajalillo *Gran Canaria* GC 117 E 4
Playa del Viejo Rey GC 112 E 4
Playa Francesa *Lanzarote* GC 120 E 2
Playa Granada GR 101 V 19
Playa Honda MU 85 T 27
Playa Honda *Lanzarote* GC 123 D 4
Playa Pozo Negro *Fuerteventura* GC 113 I 4
Playa Quemada *Lanzarote* GC 122 C 5
Playa Río Sieira C 12 E 2
Playas (Las) *El Hierro* TF 109 D 3
Playas (Mirador de las) *El Hierro* TF 109 D 3
Playas de Chacón Z 36 I 29
Playas de Corralejo *Fuerteventura* GC 111 I 1
Playas de Estepona MA 100 W 14
Playas de Fuengirola MA 100 W 16
Playas de Marbella MA 100 W 15
Playas de Troya *Tenerife* TF 128 D 5
Playas Largas *El Hierro* TF 109 E 2
Playas Negras *Fuerteventura* GC 112 E 4
Playitas (Las) *Fuerteventura* GC 113 H 4
Plaza CU 59 M 20
Plaza CR 70 O 19
Plaza (La) O 5 C 11
Pleitas Z 34 G 26
Plenas Z 49 I 27
Plentzia BI 8 B 21
Pliego MU 85 S 25
Plomo (El) AL 103 V 24
Plou TE 49 J 27
Poal (El) L 37 G 32
Pobelnou del Delta (El) T 50 K 32
Pobes VI 18 D 21
Pobla (A) OR 14 E 8
Pobla (Sa) PM 105 M 39
Pobla de Benifassà (La) CS 50 K 30
Pobla de Cèrvoles (La) L 37 H 32
Pobla de Claramunt (La) B 37 H 35
Pobla de Farnals (La) / Puebla de Farnals V 62 N 29
Pobla de Lillet (La) B 24 F 35
Pobla de Mafumet (La) T 37 I 33
Pobla de Massaluca (La) T 36 I 31
Pobla de Montornès (La) T 37 I 34
Pobla de Segur (La) L 23 F 32
Pobla de Vallbona (La) V 62 N 28
Pobla del Duc (La) V 74 P 28
Pobla Llarga (La) V 74 O 28
Pobla Tornesa (La) CS 62 L 29
Población (La) S 7 C 18
Población de Abajo S 17 D 18
Población de Arroyo P 16 E 15
Población de Campos P 17 F 16
Población de Cerrato P 31 G 16
Población de Valdivielso BU 18 D 19
Poblado de Santiago CR 69 O 16
Pobladura de Aliste ZA 29 G 10
Pobladura de la Sierra LE 15 E 10
Pobladura de las Regueras LE 15 D 11
Pobladura de Pelayo García LE 15 F 12
Pobladura de Sotiedra VA 30 H 14
Pobladura de Valderaduey ZA 30 G 13
Pobladura del Valle ZA 15 F 12
Poble de Tous V 74 O 28
Poble Nou de Benitatxell (El) A 75 P 30
Pobles (Les) T 37 H 34
Poblet (Monestir de) T 37 H 33
Pobleta (La) *Castelló* CS 50 J 29
Pobleta (La) *cerca de Andilla* V 61 M 27
Pobleta (La) *cerca de Serra* V 62 M 28
Pobleta de Bellveí (La) L 23 E 32
Poblete CR 70 P 18
Poblets (Els) A 74 P 30
Pobo (El) TE 49 K 27
Pobo (Sierra del) TE 49 K 27
Pobo de Dueñas (El) GU 48 J 25
Poboleda T 37 I 32
Pobra de Brollón (A) LU 14 E 7
Pobra do Caramiñal (A) C 12 E 3
Pobre (Punta del) *Lanzarote* GC 120 E 2
Pocetas (Las) GC 111 G 3
Pocicas (Las) AL 96 T 23
Pocico (El) AL 96 U 23
Pocicos (Los) AB 72 P 24
Podes O 5 B 12
Poio PO 12 E 3
Pol OR 13 E 5
Pol *cerca de Reguntille* LU 4 C 8
Pola de Allande O 5 C 10
Pola de Gordón (La) LE 16 D 13
Pola de Laviana O 6 C 13
Pola de Lena O 5 C 12
Pola de Siero O 6 B 13
Pola de Somiedo O 5 C 11
Pola del Pino O 6 C 13
Polacra (Punta de la) AL 103 V 24
Polán TO 58 M 17
Polanco S 7 B 17
Polentinos P 17 D 16
Poleñino HU 35 G 29
Polícar GR 95 U 20
Polientes S 17 D 18
Polinyà de Xúquer V 74 O 28
Polinyà del Vallès B 38 H 36
Pollença PM 104 M 39
Pollos VA 30 H 14
Pollosa (Coll de la) B 38 G 36
Polop A 74 Q 29
Polop (Ermita del) A 74 P 28
Polopos GR 102 V 20
Poloria GR 94 T 19
Polvoredo LE 6 C 14
Polvorosa P 17 E 16
Pomaluengo S 7 C 18
Pomar HU 36 G 30
Pomar de Valdivia P 17 D 17
Pombeiro LU 13 E 6
Pombriego LE 14 E 9
Pomer Z 34 H 24
Pompajuela TO 57 M 15
Pompenillo HU 21 F 28
Poncebos O 6 C 15
Ponferrada LE 15 E 10
Ponjos LE 15 D 11
Pons T 50 J 32
Pont d'Armentera (El) T 37 H 34
Pont d'Arròs L 22 D 32
Pont de Bar (El) L 23 E 34
Pont de Molins GI 25 F 38
Pont de Suert L 22 E 32
Pont de Vilomara (El) B 38 G 35
Pont d'Inca (es) PM 104 N 38
Ponte (A) OR 14 F 9
Ponte (A) *Arnoia* OR 13 F 5
Ponte Albar C 2 D 4
Ponte Ambía OR 13 F 6
Ponte Barxas OR 13 F 5
Ponte-Caldelas PO 12 E 4
Ponte Carreira C 3 C 5
Ponte do Porto C 2 C 2
Ponte Ledesma PO 13 D 4
Ponte Nafonso C 12 D 3
Ponte Ulla C 13 D 4
Ponte Valga PO 12 D 4
Ponteareas PO 12 F 4
Ponteceso C 2 C 3
Pontecesures PO 12 D 4
Pontedeume C 3 B 5
Pontedeva OR 13 F 5
Pontedo LE 16 D 13
Pontejos ZA 29 H 12
Pontenova (A) LU 4 B 8
Pontes de García Rodríguez (As) C 3 B 6
Pontevedra PO 12 E 4
Pontevedra (Ría de) PO 12 E 3
Ponticiella O 4 B 9
Pontigón O 5 B 10
Pontils T 37 H 34
Pontón (El) V 61 N 26
Pontón (Puerto del) LE 6 C 14
Pontón Alto J 83 R 21
Pontón de la Oliva (Embalse del) M 46 J 19
Pontones J 83 R 21
Pontons B 37 H 34
Pontós GI 25 F 38
Ponts L 37 G 33
Ponzano HU 21 F 29
Póo O 6 B 15
Porciles (Alto de) O 5 C 10
Porcún SE 92 T 13
Porcuna J 82 S 17
Poreño O 6 B 13
Porís de Abona *Tenerife* TF 129 G 4
Porma (Embalse del) LE 16 D 14
Porqueira (A) OR 13 F 6
Porquera P 17 D 17
Porquera (Ermita de la) CA 99 X 12
Porqueres GI 24 F 38
Porqueriza SA 43 J 12
Porquero LE 15 E 11
Porrejón M 46 I 19
Porrera T 37 I 32
Porreres PM 105 N 39
Porriño PO 12 F 4
Porrón AB 84 Q 24
Porrosa (La) J 83 R 21
Porrosillo J 82 R 19
Porrúa O 6 B 15
Port (El) *Castelló* CS 62 M 29
Port Ainé L 23 E 33
Port Aventura T 51 I 33
Port d'Alcúdia PM 105 M 39
Port d'Andratx PM 104 N 37
Port de Beseit (Reserva nacional de) T 50 J 30
Port de Caldes L 22 E 32
Port de la Selva (El) GI 25 E 39
Port de Llança (El) GI 25 E 39
Port de Pollença / Puerto de Pollença PM 105 M 39
Port de Sagunt (El) V 62 N 29
Port de Sant Miquel PM 87 O 34
Port de Sóller / Puerto de Sóller PM 104 M 38
Port de Valldemossa PM 104 M 37
Port del Balís B 38 H 37
Port del Comte L 23 F 34
Port des Canonge PM 104 M 37
Port des Torrent PM 87 P 33
Port Vell PM 105 N 40
Portaceli (Monestir de) V 62 M 28
Portaje CC 55 M 10
Portaje (Embalse de) CC 55 M 10
Portal (El) CA 98 W 11
Portalet (Puerto del) HU 21 D 28
Portalrubio TE 49 J 26
Portalrubio de Guadamajud CU 59 L 22
Portals Nous PM 104 N 37
Portals Vells PM 104 N 37
Portas PO 12 E 4
Portas (Embalse de Las) OR 14 F 8
Portazgo Z 35 G 27
Portbou GI 25 E 39
Portela C 3 D 5
Portela OR 14 E 9
Portela *cerca de Barro* PO 12 E 4
Portela *cerca de Bueu* PO 12 F 3
Portela de Aguiar LE 14 E 9
Portelárbol SO 33 G 22
Portell L 37 G 34
Portell de Morella CS 49 K 29
Portella (La) L 36 G 31
Portellada (La) TE 50 J 30
Portera (La) V 73 N 26
Portet de Moraira (El) A 75 P 30
Portezuelo CC 55 M 10
Portichol A 85 Q 27
Portichuelo MU 73 Q 26
Portil (El) H 90 U 8
Portilla VI 19 D 21
Portilla CU 60 L 23
Portilla (La) LE 15 F 12
Portilla (La) AL 96 U 24
Portilla Alta CC 43 K 11
Portilla de la Reina LE 6 C 15
Portilla de Luna LE 15 D 12
Portillas (Alto de las) LE 16 D 15
Portillejo P 17 E 16
Portillinas (Alto Las) LE 15 E 10
Portillo VA 31 H 16
Portillo (El) SA 43 K 11
Portillo (El) V 61 N 27
Portillo de la Villa (El) *Tenerife* TF 127 F 3
Portillo de Soria SO 33 H 23
Portillo de Toledo TO 58 L 17
Portillón (Collado del) L 22 D 31
Portinatx PM 87 O 34
Portiña (Embalse de la) TO 57 L 15
Portlligat GI 25 F 39
Portman MU 97 T 27
Porto ZA 14 F 9
Porto Cristo PM 105 N 40
Porto de Abaixo LU 4 B 8
Porto de Bares C 3 A 6
Porto de Celeiro LU 4 A 7
Porto de Espasante C 3 A 6
Porto do Barqueiro C 3 A 6
Porto do Son C 12 D 2
Portobravo C 12 D 3
Portocamba OR 14 F 7
Portocelo LU 4 A 7

Portocolom PM 105 N 39
Portocristo Novo PM 105 N 39
Portodemouros (Embalse de) C 13 D 5
Portol PM 104 N 38
Portomarín LU 13 D 7
Portomourisco OR 14 E 8
Portomouro C 2 D 4
Portonovo PO 12 E 3
Portopetro PM 105 N 39
Portosín C 12 D 3
Ports (Els) CS 50 K 29
Portugalete BI 8 C 20
Portugos GR 102 V 20
Portuguesa (La) BA 67 P 9
Pórtus (Coll de) GI 25 E 38
Portús (El) MU 97 T 26
Porvenir (El) CO 80 R 14
Porzomillos C 3 C 5
Porzún O 4 B 8
Porzuna CR 70 O 17
Posada O 5 B 12
Posada de Llanes O 6 B 15
Posada de Omaña LE 15 D 11
Posada de Valdeón LE 6 C 15
Posadas LO 18 F 20
Posadas CO 80 S 14
Posadilla LE 15 E 12
Posadilla CO 80 R 14
Posets HU 22 E 31
Potes S 7 C 16
Potiche AB 72 Q 23
Potries V 74 P 29
Poublanc A 85 Q 27
Poulo OR 13 F 5
Poutomillos LU 3 D 7
Poveda AV 44 K 14
Poveda (La) M 58 L 19
Poveda de la Obispalía CU 60 M 22
Poveda de la Sierra GU 47 K 23
Poveda de las Cintas SA 44 I 14
Póveda de Soria (La) SO 33 F 22
Povedilla AB 71 P 22
Povedillas (Las) CR 70 O 17
Poyales del Hoyo AV 57 L 14
Poyatas (Las) BA 67 P 11
Poyato MA 99 W 14
Poyatos CU 47 K 23
Poyo (El) ZA 29 G 10
Poyo (Puerto El) LU 14 D 8
Poyo del Cid (El) TE 48 J 25
Poza de la Sal BU 18 E 19
Poza de la Vega P 16 E 15
Pozal de Gallinas VA 30 I 15
Pozáldez VA 30 H 15
Pozalet (Mas de) V 62 N 28
Pozalmuro SO 33 G 23
Pozán de Vero HU 22 F 30
Pozancos P 17 D 17
Pozancos GU 47 I 22
Pozazal (Puerto) S 17 D 17
Pozo (El) AB 83 R 22
Pozo Alcón J 83 S 21
Pozo Aledo MU 85 S 27
Pozo Amargo CA 92 U 13
Pozo Cañada AB 72 P 24
Pozo de Abajo AB 83 Q 22
Pozo de Almoguera GU 46 K 20
Pozo de Guadalajara GU 46 K 20
Pozo de la Peña AB 72 P 24
Pozo de la Rueda GR 84 S 23
Pozo de la Serna CR 71 P 20
Pozo de las Calcosas *El Hierro* TF 109 D 1
Pozo de los Frailes AL 103 V 23
Pozo de Sabinosa *El Hierro* TF 108 B 2
Pozo de Urama P 16 F 15
Pozo del Camino H 90 U 8
Pozo del Esparto (El) AL 96 T 24
Pozo Estrecho MU 85 S 27
Pozo Higuera MU 96 T 24
Pozo Lorente AB 73 O 25
Pozo Negro *Fuerteventura* GC 113 I 4
Pozo Usero (El) AL 103 V 23
Pozoamargo CU 72 N 23
Pozoantiguo ZA 30 H 13
Pozoblanco CO 81 Q 15
Pozohondo AB 72 P 24
Pozondón TE 48 K 25
Pozorrubio CU 59 M 21
Pozos LE 15 F 11
Pozos de Hinojo SA 43 J 10
Pozoseco CU 60 N 24
Pozuel de Ariza Z 33 H 23
Pozuel del Campo TE 48 J 25
Pozuelo AB 72 P 23
Pozuelo (El) CU 47 K 23
Pozuelo (El) GR 102 V 20
Pozuelo (El) H 79 T 9
Pozuelo (Monte) GR 94 T 18
Pozuelo de Alarcón M 45 K 18
Pozuelo de Aragón Z 34 G 25
Pozuelo de Calatrava CR 70 P 18
Pozuelo de la Orden VA 30 G 14
Pozuelo de Tábara ZA 29 G 12
Pozuelo de Vidriales ZA 29 F 12
Pozuelo de Zarzón CC 55 L 10
Pozuelo del Páramo LE 15 F 12
Pozuelo del Rey M 46 K 20
Pozuelos de Calatrava (Los) CR 70 P 17
Pozuelos del Rey P 16 F 15
Prada OR 14 F 8
Prada (Embalse de) OR 14 F 8
Pradales SG 32 H 18
Prádanos de Bureba BU 18 E 19
Prádanos de Ojeda P 17 D 16
Pradejón LO 19 E 23
Pradela LE 14 E 9
Pradell T 37 I 32
Prádena SG 46 I 18
Prádena de Atienza GU 46 I 20
Prádena del Rincón M 46 I 19
Pradera de Navalhorno (La) SG 45 J 17
Prades T 37 I 32
Pradet L 22 D 32
Pradilla GU 48 J 24
Pradilla de Ebro Z 34 G 26
Prado O 5 C 11
Prado LU 3 C 6
Prado OR 13 F 7
Prado ZA 30 G 13
Prado *Caravia* O 6 B 14
Prado *cerca de Maceira* PO 13 F 5
Prado *cerca de Ponteareas* PO 12 F 4
Prado *cerca de Silleda* PO 13 D 5
Prado (Sierra del) BA 80 Q 12
Prado de la Guzpeña LE 16 D 14
Prado del Rey CA 92 V 13
Prado Llano GR 94 U 19
Prado Norte M 46 K 19
Prado y Eritas H 78 S 9
Pradoalvar OR 14 F 8
Pradochano CC 55 L 11
Pradolongo OR 14 F 8
Pradoluengo BU 18 F 20
Pradorredondo AB 72 P 23
Pradorrey LE 15 E 11
Prados MU 84 R 24
Prados (Los) AB 84 Q 23
Prados (Los) CO 94 T 17
Prados de Armijo J 83 R 21
Prados Redondos GU 48 J 24
Pradosegar AV 44 K 14
Pradoviejo (Alto de) BU 17 E 18
Pradreiro C 2 C 3
Prat de Llobregat (El) B 38 I 36
Prat del Comte T 50 J 31
Pratdip T 51 I 32
Prats de Cerdanya L 24 E 35
Prats de Lluçanès B 24 F 36
Prats de Rei (Els) B 37 G 34
Praves S 8 B 19
Pravia O 5 B 11
Predaja (Puerto de la) BU 18 E 19
Preixana L 37 H 33
Preixens L 37 G 33
Préjano LO 19 F 23
Premià de Dalt B 38 H 37
Premià de Mar B 38 H 37
Prenafeta T 37 H 33
Prendes O 5 B 12
Prendones O 4 B 9
Prenyanosa (La) L 37 G 33
Presa BI 8 C 19
Présaras C 3 C 5
Presas (Las) CO 81 R 17
Presedo C 3 C 5
Presencio BU 17 F 18
Preses (Les) GI 24 F 37
Presillas Bajas (Las) AL 103 V 23
Preso (El) CR 71 O 20
Presqueira PO 13 E 4
Prevediños C 13 D 4
Prexigueiro OR 13 F 5
Priaranza de la Valduerna LE 15 F 11
Priaranza del Bierzo LE 14 E 10
Priego CU 47 K 23
Priego de Córdoba CO 93 T 17
Priero O 5 B 11
Priesca O 6 B 13
Priescas O 6 C 14
Prieta MA 100 V 15
Prieta (Punta) *Lanzarote* GC 121 F 2
Prieto MA 100 V 15
Prim (Castillo de) CR 70 N 17
Primajas LE 16 D 14
Príncipe de Viana (Parador) *Olite* NA 20 E 25
Prioiro C 3 B 5
Prior (Cabo) C 3 B 5
Priorato SE 80 S 13
Prioriño (Cabo) C 3 B 4
Prioro LE 16 D 15
Pris (El) *Tenerife* TF 124 G 2
Proacina *cerca de Proaza* O 5 C 11
Proaño S 7 C 17
Proaza O 5 C 11
Progo OR 28 G 8
Propios del Guadiana (Los) J 83 S 20
Proserpina (Embalse de) BA 67 P 10
Provadura OR 13 E 6
Provencio (El) CU 71 N 22
Providencia (La) O 6 B 13
Pruit B 24 F 37
Prullans L 23 E 35
Pruna SE 92 V 14
Pruvia O 5 B 12
Púbol GI 25 F 38
Puçol V 62 N 29
Puebla (La) CR 70 P 18
Puebla (La) MU 85 S 27
Puebla de Albortón Z 35 H 27
Puebla de Alcocer BA 68 P 14
Puebla de Alcollarín BA 68 O 12
Puebla de Alfindén Z 35 H 27
Puebla de Almenara CU 59 M 21
Puebla de Almoradiel (La) TO 59 N 20
Puebla de Arenoso CS 62 L 28
Puebla de Arganzón (La) BU 19 D 21
Puebla de Argeme CC 55 M 10
Puebla de Azaba SA 42 K 9
Puebla de Beleña GU 46 J 20
Puebla de Castro (La) HU 22 F 30
Puebla de Cazalla (Embalse de la) SE 92 U 14
Puebla de Cazalla (La) SE 92 U 14
Puebla de Don Fadrique GR 84 S 22
Puebla de Don Rodrigo CR 69 O 16
Puebla de Eca SO 33 H 22
Puebla de Fantova (La) HU 22 F 31
Puebla de Farnals / Pobla de Farnals (La) V 62 N 29
Puebla de Guzmán H 78 T 8
Puebla de Híjar (La) TE 35 I 28
Puebla de la Calzada BA 67 P 10
Puebla de la Reina BA 67 Q 11
Puebla de la Sierra M 46 I 19
Puebla de Lillo LE 6 C 14
Puebla de los Infantes (La) SE 80 S 13
Puebla de Montalbán (La) TO 57 M 16
Puebla de Mula (La) MU 85 R 25
Puebla de Obando BA 67 O 10
Puebla de Pedraza SG 45 I 18
Puebla de Roda (La) HU 22 F 31
Puebla de San Julián LU 14 D 7
Puebla de San Medel SA 43 K 12
Puebla de Sanabria ZA 28 F 10
Puebla de Sancho Pérez BA 79 Q 10
Puebla de Trives OR 14 E 8
Puebla de Valdavia (La) P 17 D 16
Puebla de Valles GU 46 J 20
Puebla de Valverde (La) TE 61 L 27
Puebla de Yeltes SA 43 K 11
Puebla del Maestre BA 79 R 11
Puebla del Príncipe CR 71 Q 21
Puebla del Prior BA 67 Q 11
Puebla del Río (La) SE 91 U 11
Puebla del Salvador CU 60 N 24
Pueblanueva (La) TO 57 M 15
Pueblica de Valverde ZA 29 G 12
Pueblo O 30 H 13
Pueblo Nuevo de Miramontes CC 56 L 13
Puebloblanco AL 103 V 23
Pueblonuevo del Guadiana BA 67 P 9
Puelo O 5 C 10
Puendeluna Z 21 F 27
Puente (El) S 8 B 20
Puente (La) CR 71 O 20
Puente Agüera O 6 B 14
Puente Almuhey LE 16 D 15
Puente Arce S 7 B 18
Puente de Domingo Flórez LE 14 E 9
Puente de Génave J 83 Q 21
Puente de Híjar AB 84 Q 24
Puente de la Cerrada (Embalse del) J 83 S 20
Puente de la Sierra J 82 S 18
Puente de la Sierra M 45 K 17
Puente de las Herrerías J 83 S 21
Puente de los Fierros O 5 C 12
Puente de Montañana HU 22 F 32
Puente de San Martín O 5 B 11
Puente de San Miguel S 7 B 17
Puente de Sanabria ZA 14 F 10
Puente de Vadillos CU 47 K 23
Puente de Valderredible S 17 D 18
Puente del Arzobispo (El) TO 57 M 14
Puente del Congosto SA 44 K 13
Puente del Obispo J 82 S 19
Puente del Río AL 102 V 21
Puente del Villar J 82 S 18
Puente Duda GR 83 S 22
Puente Duero VA 30 H 15
Puente-Genil CO 93 T 15
Puente Grande CO 94 T 17
Puente la Reina NA 10 D 24
Puente la Reina de Jaca HU 21 E 27
Puente Nuevo AV 45 K 16
Puente Nuevo J 82 S 18
Puente Nuevo (Embalse de) CO 81 R 14
Puente Porto (Embalse de) ZA 14 F 9
Puente Pumar S 7 C 16
Puente Torres AB 73 O 25
Puente Viesgo S 7 C 18
Puenteciella O 5 C 10
Puentedey BU 18 D 18
Puentenansa S 7 C 16
Puentes (Embalse de) MU 84 S 24
Puentevea C 12 D 4
Puercas ZA 29 G 11
Puerta (La) GU 47 K 22
Puerta de Segura (La) J 83 Q 21
Puertas SA 43 I 11
Puertas de Villafranca (Las) TO 59 N 19
Puertecico AL 96 T 24
Puertito (El) *Fuerteventura* GC 111 J 1
Puertito de Güímar (El) *Tenerife* TF 127 H 3
Puerto GR 101 V 18
Puerto (El) CU 61 M 26
Puerto (El) AL 102 V 22
Puerto (El) H 78 S 9
Puerto Alegre CO 93 T 15
Puerto Alto J 82 S 18
Puerto Banús MA 100 W 15
Puerto Cabopino MA 100 W 15
Puerto Calero *Lanzarote* GC 122 C 5
Puerto Castilla AV 56 L 13
Puerto de Béjar SA 43 K 12
Puerto de Cotos ESP 45 J 18
Puerto de la Cruz *Fuerteventura* GC 112 B 5
Puerto de la Cruz *Tenerife* TF 124 F 2
Puerto de la Encina SE 92 U 14
Puerto de la Estaca *El Hierro* TF 109 E 2
Puerto de la Peña *Fuerteventura* GC 110 F 3
Puerto de la Torre MA 100 V 16
Puerto de las Nieves *Gran Canaria* GC 114 C 2
Puerto de Mazarrón MU 97 T 26
Puerto de Mogán *Gran Canaria* GC 116 B 4
Puerto de Motril GR 101 V 19
Puerto de Pollença / Port de Pollença PM 105 M 39
Puerto de San Vicente TO 57 N 14
Puerto de Santa Cruz CC 68 O 12
Puerto de Santa María (El) CA 98 W 11
Puerto de Santiago *Tenerife* TF 128 B 4
Puerto de Sardina *Gran Canaria* GC 114 C 1
Puerto de Sóller / Port de Sóller PM 104 M 38
Puerto de Tazacorte *La Palma* TF 130 B 5
Puerto de Vega O 5 B 10
Puerto del Carmen *Lanzarote* GC 123 D 5
Puerto del Castaño CA 99 W 13
Puerto del Pino AB 84 Q 23
Puerto del Rosario *Fuerteventura* GC 111 I 3
Puerto Espíndola *La Palma* TF 131 D 3
Puerto Gil H 79 S 10
Puerto Haza de Lino GR 102 V 20
Puerto Hurraco BA 68 Q 13
Puerto Lajas *Fuerteventura* GC 111 I 2
Puerto Lápice CR 70 O 19
Puerto López GR 94 T 18
Puerto-Lucía H 79 S 9
Puerto Lumbreras MU 96 T 24
Puerto Moral H 79 S 10
Puerto Naos *La Palma* TF 132 C 5
Puerto Nuevo *Gran Canaria* GC 114 D 1
Puerto Real CA 98 W 11
Puerto Rey TO 57 N 14
Puerto Rey AL 96 U 24
Puerto Rico *Gran Canaria* GC 116 C 4
Puerto San Nicolás *Gran Canaria* GC 114 B 2
Puerto Seguro SA 42 J 9
Puerto Serrano CA 92 V 13
Puértolas HU 22 E 30
Puertollanillo CA 92 V 12
Puertollano CR 70 P 17
Puertomingalvo TE 62 L 28
Puertos (Los) T 50 J 31
Pueyo NA 20 E 25
Pueyo (El) HU 21 D 29
Pueyo (Monasterio del) HU 22 F 30
Pueyo (Monte) HU 21 E 29
Pueyo de Araguás (El) HU 22 E 30
Pueyo de Fañanás HU 21 F 29
Pueyo de Santa Cruz HU 36 G 30
Puibolea HU 21 F 28
Puig V 62 N 29
Puig campana A 74 Q 29
Puig Moreno TE 49 I 29
Puig-reig B 38 G 35
Puig Rom GI 25 F 39
Puigcercós L 22 F 32
Puigcerdà GI 24 E 35
Puigdàlber B 37 H 35
Puiggròs L 37 H 32
Puigmal GI 24 E 36
Puigmoreno de Franco TE 49 I 29
Puigpedrós GI 23 E 35
Puigpelat T 37 I 33
Puigpunyent PM 104 N 37
Puigsacalm GI 24 F 37
Puigverd d'Agramunt L 37 G 33
Puigverd de Lleida L 36 H 32
Puilatos Z 35 G 27
Pujal (El) L 23 F 33
Pujalt B 37 G 34
Pujarnol GI 24 F 38
Pujayo S 7 C 17
Pujerra MA 100 W 14
Pujols (es) PM 87 P 34
Pulgar TO 58 M 17
Pulgosa (La) AB 72 P 24
Pulido (Puerto) CR 69 Q 16
Pulpí AL 96 T 24
Pulpite GR 95 T 22
Pulpites (Los) MU 85 R 26
Pumalverde S 7 C 17
Pumarejo de Tera ZA 29 G 11
Pumares OR 14 E 9
Punta (Sa) GI 25 G 39
Punta (Sa) *Mallorca* PM 105 N 39
Punta Alta L 22 E 32
Punta Bombarda A 74 Q 29
Punta Brava *Tenerife* TF 124 F 2
Punta de Deía PM 104 M 37
Punta de Moraira A 75 P 30
Punta Mala CA 99 X 14
Punta Mujeres *Lanzarote* GC 121 F 3
Punta ó Sénia Sevilla (La) CS 62 L 30
Punta Prima A 86 S 27
Punta Prima *Menorca* PM 106 M 42
Punta Umbría H 90 U 9
Puntagorda *La Palma* TF 130 B 3
Puntal MA 93 U 16
Puntal (El) O 6 B 13
Puntal (El) V 73 P 27
Puntal de la Mina AB 71 Q 22
Puntales (Sierra de los) CO 81 R 15
Puntallana *La Palma* TF 131 E 4
Puntalón GR 101 V 19
Punxín OR 13 E 5
Puras BU 18 E 20
Puras VA 45 I 16
Purchena AL 96 T 22
Purchena H 91 T 10
Purchil GR 94 U 19
Purias MU 96 T 25
Purias (Puerto) MU 96 T 25
Purón O 7 B 15
Purroy Z 34 H 25
Purroy de la Solana HU 22 F 31
Purujosa Z 34 G 24
Purullena GR 95 U 20
Puyarruego HU 22 E 30

Q

Quar (La) B 24 F 35
Quart de les Valls V 62 M 29
Quart de Poblet V 62 N 28
Quart d'Onyar GI 25 G 38
Quatretonda V 74 P 28
Quatretondeta A 74 P 29
Quebrada (Sierra) BA 79 R 11
Quebradas AB 84 Q 24
Quecedo BU 18 D 19
Queguas OR 27 G 5
Queimada C 3 C 5
Queipo de Llano SE 91 U 11
Queirogás OR 28 G 7
Queiruga C 12 D 2
Queixa (Sierra de) OR 14 F 7
Queixans GI 24 E 35
Queixas C 3 C 4
Queizán LU 4 D 8
Quejana VI 8 C 20
Quejigal SA 43 J 12
Quejigo BA 69 O 15
Quejo VI 18 D 20
Quel LO 19 F 23
Quemada BU 32 G 19
Quéntar GR 94 U 19
Quéntar (Embalse de) GR 94 U 19
Quer GU 46 K 20
Quer Foradat (El) L 23 F 34
Queralbs GI 24 E 36
Queralt B 37 H 34
Querencia GU 47 I 21
Quero TO 59 N 20
Querol T 37 H 34
Querolt L 23 F 34
Ques O 6 B 13
Quesa V 74 O 27
Quesada J 83 S 20
Quesada (Estación de) J 83 S 20
Quesada (Peña de) GR 83 S 21
Quesera (Collado de la) GU 46 I 19
Queveda S 7 B 17
Quicena HU 21 F 28
Quiebrajano (Embalse de) J 94 T 18
Quijas S 7 B 17

España 161

Quijorna M 45 K 17
Quiles (Los) CR 70 O 18
Quilmas C 2 D 2
Quilós LE 14 E 9
Quincoces de Yuso BU 18 D 20
Quindous LU 14 D 9
Quines OR 13 F 5
Quinta (la) M 46 K 18
Quinta (La) MA 92 V 14
Quintana VI 19 E 22
Quintana ZA 14 F 9
Quintana cerca de Albariza O 5 C 11
Quintana cerca de Astrana S 8 C 19
Quintana cerca de Nava O 6 B 13
Quintana cerca de Vega O 6 B 13
Quintana cerca de Villegar S 7 C 18
Quintana (La) S 17 D 17
Quintana (Sierra de) J 81 Q 17
Quintana de Fuseros LE 15 D 11
Quintana de la Serena BA 68 P 12
Quintana de Rueda LE 16 E 14
Quintana del Castillo LE 15 E 11
Quintana del Marco LE 15 F 12
Quintana del Monte LE 16 E 14
Quintana del Pidio BU 32 G 18
Quintana del Puente P 31 F 17
Quintana María BU 18 D 20
Quintana-Martín Galíndez BU 18 D 20
Quintana Redonda SO 33 H 22
Quintana y Congosto LE 15 F 11
Quintanabureba BU 18 E 19
Quintanadueñas BU 18 E 18
Quintanaélez BU 18 E 20
Quintanaloma BU 18 D 18
Quintanaloranco BU 18 E 20
Quintanamanvirgo BU 31 G 18
Quintanaopio BU 18 D 19
Quintanaortuño BU 18 E 18
Quintanapalla BU 18 E 19
Quintanar (Collado de) BU 32 F 20
Quintanar de la Orden TO 59 N 20
Quintanar de la Sierra BU 32 G 20
Quintanar del Rey CU 72 N 24
Quintanarejo (El) SO 33 G 21
Quintanarraya BU 32 G 19
Quintanarruz BU 18 E 19
Quintanas de Gormaz SO 32 H 21
Quintanas de Valdelucio BU 17 D 17
Quintanas Rubias de Abajo SO 32 H 20
Quintanas Rubias de Arriba SO 32 H 20
Quintanatello de Ojeda P 17 D 16
Quintanavides BU 18 E 19
Quintanilla S 7 C 16
Quintanilla BU 17 F 18
Quintanilla de Arriba VA 31 H 17
Quintanilla de Babia LE 15 D 11
Quintanilla de Flórez LE 15 F 11
Quintanilla de la Berzosa P 17 D 16
Quintanilla de la Cueza P 16 F 15
Quintanilla de la Mata BU 32 G 18
Quintanilla de las Torres P 17 D 17
Quintanilla de las Viñas BU 18 F 19
Quintanilla de los Oteros LE 16 F 13
Quintanilla de Losada LE 15 F 10
Quintanilla de Nuño Pedro SO 32 G 20
Quintanilla de Onésimo VA 31 H 16
Quintanilla de Onsoña P 17 E 16
Quintanilla de Pienza BU 18 D 19
Quintanilla de Riopisuerga BU 17 E 17
Quintanilla de Rueda LE 16 D 14
Quintanilla de Sollamas LE 15 E 12
Quintanilla de Somoza LE 15 E 11
Quintanilla de Tres Barrios SO 32 H 20
Quintanilla de Trigueros VA 31 G 16
Quintanilla de Urz ZA 29 F 12
Quintanilla de Yuso LE 15 F 10
Quintanilla del Agua BU 32 F 19
Quintanilla del Coco BU 32 G 19
Quintanilla del Molar VA 30 G 13
Quintanilla del Monte ZA 30 G 13
Quintanilla del Monte LE 15 E 12
Quintanilla del Olmo ZA 30 G 13
Quintanilla del Valle LE 15 E 12
Quintanilla la Ojada BU 18 D 20
Quintanilla-Pedro Abarca BU 17 E 18
Quintanilla San García BU 18 E 20
Quintanilla-Sobresierra BU 18 E 18
Quintanilla-Vivar BU 18 E 18
Quintanillabón BU 18 E 20
Quintanillas (Las) BU 17 E 18
Quintás C 3 C 5
Quintás OR 27 G 5
Quintela LE 14 D 9
Quintela LU 4 C 7
Quintela de Leirado OR 13 F 5
Quintera (La) SE 80 S 13
Quintería (La) J 82 R 18
Quintes O 6 B 13
Quintillo (El) CR 70 P 19
Quintinilla-Rucandio S 17 D 18
Quinto Z 35 H 28
Quintos de Mora (Coto nacional) TO 70 N 17
Quintueles O 6 B 13
Quinzano HU 21 F 28
Quiñonería (la) SO 33 H 23
Quireza PO 13 E 4
Quiroga LU 14 E 8
Quiruelas ZA 29 F 12
Quismondo TO 58 L 17

R

Rabadá y Navarro TE 61 L 26
Rábade LU 3 C 7
Rabadeira C 2 C 3
Rábago S 7 C 16
Rabal cerca de Chandrexa OR 14 F 7
Rabal cerca de Verín OR 28 G 7
Rabanal de Fenar LE 16 D 13
Rabanal del Camino LE 15 E 11
Rabanales ZA 29 G 11
Rabanera LO 19 F 22
Rabanera del Pinar BU 32 G 20
Rábano VA 31 H 17
Rábano de Aliste ZA 29 G 10
Rábano de Sanabria ZA 14 F 10
Rábanos BU 18 F 20
Rábanos (Los) SO 33 G 22
Rabassa (La) L 37 H 34
Rabassa (La) BA 66 O 8
Rabé BU 32 G 18
Rábida (Monasterio de la) H 90 U 9
Rabinadas (Las) CR 70 O 17
Rabisca (Punta de) La Palma TF 130 B 2
Rábita MA 93 U 15
Rábita (La) GR 102 V 20
Rábita (La) J 94 T 17
Rabizo (Alto del) LE 16 D 13
Rabós GI 25 E 39
Racó de Loix A 74 Q 29
Racó de Santa Llúcia B 37 I 35
Rad (La) SA 43 J 12
Rada (La) NA 20 E 25
Rada de Haro CU 59 N 22
Radiquero HU 22 F 30
Radona SO 33 I 22
Rafal A 85 R 27
Ráfales TE 50 J 30
Rafalet A 75 P 30
Rafelbunyol V 62 N 28
Rafelguaraf V 74 O 28
Ràfol d'Almunia (El) A 74 P 29
Rágama SA 44 J 14
Rágol AL 102 V 21
Ragua (Puerto de la) GR 95 U 20
Ragudo (Cuesta de) CS 62 M 28
Raguero de Bajo MU 85 S 25
Raíces C 12 D 4
Raíces (Las) Tenerife TF 124 H 2
Raigada OR 14 F 8
Raimat L 36 G 31
Rairiz de Veiga OR 13 F 6
Raixa PM 104 M 38
Rajadell B 37 G 35
Rajita (La) La Gomera TF 118 B 3
Rala AB 84 Q 23
Ramacastañas AV 57 L 14
Ramales de la Victoria S 8 C 19
Ramallosa C 12 D 4
Ramallosa (A) PO 12 F 3
Rambla (La) AB 72 P 23
Rambla (La) CO 93 T 15
Rambla Aljibe (La) GR 95 U 23
Rambla de Castellar CR 71 Q 20
Rambla de Martín (La) TE 49 J 27
Rambla del Agua AL 95 U 21
Ramblas (Las) AB 84 Q 24
Ramil LU 4 C 7
Ramilo OR 14 F 9
Ramirás OR 13 F 5
Ramiro VA 30 I 15
Ramonete (Ermita del) MU 97 T 25
Rancajales (Los) M 46 J 18
Randa PM 104 N 38
Randín OR 27 G 6
Ranedo BU 18 D 20
Ranera BU 18 D 20
Ranera (Monte) CU 61 M 26
Ranero BI 8 C 19
Raneros LE 16 E 13
Ranín HU 22 E 30
Rante OR 13 F 6
Rañadoiro (Puerto de) O 4 C 9
Rañadoiro (Sierra de) O 4 C 9
Rañas del Avellanar CR 57 N 15
Rao LU 4 D 9
Raparriegos SG 45 I 16
Rápita (La) B 37 I 34
Ràpita (sa) Mallorca PM 104 N 38
Rasa (La) SO 32 H 20
Rasal HU 21 E 28
Rasca (Faro de la) Tenerife TF 128 D 6
Rasca (Punta de la) Tenerife TF 128 D 5
Rascafría M 45 J 18
Rascanya (La) V 62 N 28
Rasillo (El) LO 19 F 21
Rasines S 8 C 19
Raso (El) AV 56 L 13
Rasos de Peguera B 23 F 35
Raspay MU 85 Q 26
Raspilla AB 84 Q 22
Rasquera T 50 I 31
Rasueros AV 44 I 14
Rates (Coll de) A 74 P 29
Rauric T 37 H 34
Raval de Crist T 50 J 31
Raval de Jesús T 50 J 31
Raxo PO 12 E 3
Raxón C 3 B 5
Raya del Palancar-Guadamonte (La) M 45 K 18
Rayo (Puerto del) CR 69 P 15
Rayo (Sierra del) TE 49 K 28
Razbona GU 46 J 20
Razo C 2 C 3
Real (Caño) SE 91 V 10
Real (Lucio) CA 91 V 11
Real Cortijo de San Isidro cerca de Aranjuez M 58 L 19
Real de la Jara (El) SE 79 S 11
Real de Montroi V 74 N 28
Real de San Vicente (El) TO 57 L 15
Realejo Alto Tenerife TF 127 E 3
Realejo Bajo Tenerife TF 127 E 3
Realejos (Los) Tenerife TF 127 E 3
Reales MA 99 W 14
Rebanal de las Llantas P 17 D 16
Rebide LU 14 E 8
Reboiró LU 14 D 7
Rebolado de Traspeña BU 17 D 17
Rebollada cerca de Laviana O 6 C 13
Rebollada cerca de Mieres O 5 C 12
Rebollar SO 33 G 22
Rebollar O 15 D 10
Rebollar V 61 N 26
Rebollar CC 56 L 12
Rebolledo (El) A 86 Q 28
Rebolledo de la Torre BU 17 D 17
Rebollera CR 82 Q 17
Rebollo SG 45 I 18
Rebollo SO 33 H 21
Rebollo (Monte) CU 61 M 25
Rebollo (Monte) CU 60 M 22
Rebollosa de Hita GU 46 J 20
Rebollosa de Jadraque GU 47 I 21
Rebollossa de Pedro SO 32 I 20
Reboredo cerca de Boiro C 12 D 3
Reboredo cerca de O Grove PO 12 E 3
Reboredo cerca de Oza dos Ríos C 3 C 5
Rebost B 24 F 35
Recajo LO 19 E 23
Recaré LU 4 B 7
Recas TO 58 L 18
Recueja (La) AB 73 O 25
Recuenco (El) GU 47 K 22
Recuerda SO 32 H 21
Redal (El) LO 19 E 23
Redecilla del Campo BU 18 E 20
Redipollos LE 6 C 14
Redipuertas LE 6 C 13
Redonda C 2 D 2
Redonda (La) SA 42 J 9
Redonda (Peña) LU 14 E 8
Redondal LE 15 E 10
Redondela PO 12 F 4
Redondela (La) H 90 U 8
Redondo BU 8 C 19
Redondo Tenerife TF 126 D 3
Redondo (Puerto) BU 32 G 20
Redován A 85 R 27
Redueña M 46 J 19
Refoxos PO 13 E 5
Refugi (El) CS 62 L 30
Regadas OR 13 F 5
Regencós GI 25 G 39
Regla (La) O 5 C 10
Régola (La) L 36 G 32
Reguengo PO 12 F 4
Regueral O 5 B 12
Regueras de Arriba LE 15 F 12
Reguers (Els) T 50 J 31
Regumiel de la Sierra BU 32 G 21
Reguntille LU 4 C 7
Reigada O 5 C 10
Reigosa LU 4 C 7
Reillo CU 60 M 24
Reina BA 80 R 12
Reina (Mirador de la) O 6 C 14
Reinante LU 4 B 8
Reino (El) OR 13 E 5
Reinosa S 17 C 17
Reinosilla S 17 D 17
Reinoso BU 18 E 19
Reinoso de Cerrato P 31 G 16
Rejano SE 93 U 15
Rejas SO 32 H 20
Rejas de Ucero SO 32 G 20
Relaño (El) MU 85 R 26
Relea P 17 E 15
Reliegos LE 16 E 13
Rellanos O 5 B 10
Relleu A 74 Q 29
Rellinars B 38 H 35
Rello SO 33 H 21
Reloj CA 92 V 13
Relumbrar AB 83 Q 21
Remedios (Ermita de los) BA 79 R 10
Remedios (Punta dos) C 12 D 2
Remendia NA 20 D 26
Remolina LE 16 D 14
Remolino (El) CO 93 T 15
Remolinos Z 34 G 26
Remondo SG 31 H 16
Rena BA 68 O 12
Renales GU 47 J 22
Renales (Cabeza) SG 45 J 17
Renche LU 14 D 8
Rendona (La) CA 99 W 12
Renedo VA 31 H 16
Renedo S 7 B 18
Renedo de Cabuérniga S 7 C 17
Renedo de la Vega P 17 E 15
Renedo de Valdavia P 17 E 16
Renedo de Valderaduey LE 16 E 15
Renedo de Valdetuéjar LE 16 D 14
Renera GU 46 K 20
Rengos O 5 C 10
Renieblas SO 33 G 22
Renodo P 17 D 17
Rentería / Errenteria SS 10 C 24
Renúñez Grande CR 71 P 20
Reocín S 7 B 17
Reolid AB 71 Q 22
Repilado (El) H 79 S 9
Repollés (Masía del) TE 49 K 28
Repostería LU 13 D 6
Represa LE 16 E 13
Requejada (Embalse de la) P 17 D 16
Requejo S 17 C 17
Requejo ZA 28 F 9
Requena V 61 N 26
Requena de Campos P 17 F 16
Requiás OR 27 G 6
Requijada SG 45 I 18
Resconorio S 7 C 18
Residencial Montelar GU 46 J 19
Resinera (La) GR 101 V 18
Resinera-Voladilla MA 100 W 14
Resoba P 17 D 16
Respaldiza VI 8 C 20
Respenda de la Peña P 17 D 15
Restábal GR 101 V 19
Restiello O 5 C 11
Restinga (La) El Hierro TF 109 D 4
Retama CR 69 O 16
Retamal BA 67 P 10
Retamal de Llerena BA 68 Q 12
Retamar CR 70 P 17
Retamar AL 103 V 23
Retamar (El) Tenerife TF 126 C 3
Retamosa CC 56 N 13
Retamosa (La) CR 69 P 16
Retamoso de la Jara TO 57 M 15
Retascón Z 48 I 25
Retiendas GU 46 J 20
Retorno (El) V 73 N 25
Retorta LU 3 D 6
Retorta OR 28 F 7
Retortillo S 17 D 17
Retortillo SA 43 J 10
Retortillo (Embalse de derivación del) SE 80 S 14
Retortillo de Soria SO 32 I 21
Retuerta BU 32 F 19
Retuerta del Bullaque CR 57 N 16
Retuerto LE 6 C 14
Reus T 37 I 33
Revalbos SA 44 K 13
Revell (Coll de) GI 24 G 37
Revellinos ZA 30 G 13
Revenga BU 17 F 18
Revenga SG 45 J 17
Revenga de Campos P 17 F 16
Reventón La Palma TF 132 D 5
Reventón (Puerto del) CR 70 P 18
Revilla S 7 B 18
Revilla P 17 D 17
Revilla HU 22 E 30
Revilla (La) BU 32 F 20
Revilla (La) S 7 B 16
Revilla de Calatañazor (La) SO 33 H 21
Revilla de Campos P 31 F 15
Revilla de Collazos P 17 E 16
Revilla del Campo BU 18 F 19
Revilla-Vallegera BU 17 F 17
Revillarruz BU 18 F 19
Revolcadores MU 84 R 23
Rey (Embalse del) M 58 L 19
Rey (Sierra del) CR 81 Q 17
Reyero LE 16 D 14
Reyertas (Las) SE 92 V 13
Reyertilla SE 92 U 13
Reyes (Bahía de los) El Hierro TF 108 B 3
Reznos SO 33 H 23
Ría de Abres O 4 B 8
Riaguas de San Bartolomé SG 32 H 19
Riahuelas SG 32 H 19
Rial C 2 C 4
Rial cerca de Rianxo C 12 E 3
Rial Soutomaior PO 12 F 4
Rialb (Pantà de) L 23 F 33
Rialp L 23 E 33
Riancho S 8 C 19
Riano O 5 C 12
Riánsares (Estación de) CU 59 L 21
Rianxo C 12 E 3
Riaño S 8 B 19
Riaño LE 16 D 15
Riaño (Embalse de) LE 16 D 14
Riaño (Reserva nacional de) LE 6 C 14
Rías Altas C 3 B 4
Rías Baixas / Rías Bajas PO 12 E 2
Rías Bajas / Rías Baixas PO 12 E 2
Rías Gallegas C 2 C 2
Riaza SG 32 I 19
Riba S 8 C 19
Riba (La) T 37 I 33
Riba de Escalote (La) SO 33 H 21
Riba de Saelices GU 47 J 23
Riba de Santiuste GU 47 I 21
Riba de Valdelucio (La) BU 17 D 17
Riba-roja (Pantà de) T 36 I 31
Riba-roja de Túria V 62 N 28
Riba-roja d'Ebre T 36 I 31
Ribabellosa VI 18 D 21
Ribadavia OR 13 F 5
Ribadedeva O 7 B 16
Ribadelago ZA 14 F 9
Ribadeo LU 4 B 8
Ribadeo (Ría de) LU 4 B 8
Ribadesella O 6 B 14
Ribadeume C 3 B 6
Ribadulla C 13 D 4
Ribadumia PO 12 E 3
Ribaforada NA 34 G 25
Ribafrecha LO 19 E 22
Ribagorda CU 47 K 23
Ribagorda (Ermita de) GU 48 K 24
Ribarredonda GU 47 J 23
Ribarroya SO 33 H 22
Ribarteme PO 13 F 4
Ribas LE 15 F 12
Ribas de Campos P 17 F 16
Ribas de Miño LU 13 E 6
Ribas de Sil LU 14 E 8
Ribas de Sil (Monasterio de) OR 13 E 6
Ribas Pequeñas LU 14 E 7
Ribasaltas LU 14 E 7
Ribatajada CU 47 K 23
Ribatajadilla CU 60 L 23
Ribatejada M 46 K 19
Ribeira LU 14 D 8
Ribeira C 12 E 3
Ribeira (Embalse de la) C 3 B 6
Ribera J 94 T 18
Ribera (La) LE 15 E 10
Ribera Baja J 94 T 18
Ribera de Arriba O 5 C 12
Ribera de Cabanes CS 62 L 30
Ribera de Cardós L 23 E 33
Ribera de Los Molinos BA 79 R 11
Ribera de Molina MU 85 R 26
Ribera de Piquín LU 4 C 8
Ribera de Vall HU 22 F 32
Ribera del Fresno BA 67 Q 11
Ribera-Oveja CC 43 L 11
Riberas O 5 B 11
Riberas de Lea LU 4 C 7
Riberos de la Cueza P 16 F 15
Ribes de Freser GI 24 F 36
Ribesalbes CS 62 L 29
Ribota BU 8 C 20
Ribota SG 32 H 19
Ricabo O 5 C 12
Ricardo Roca (Mirador) PM 104 N 37
Ricla Z 34 H 25
Ricobayo ZA 29 H 12
Ricote MU 85 R 25
Riego de Ambros LE 15 E 10
Riego de la Vega LE 15 E 12
Riego del Camino ZA 29 G 12
Riego del Monte LE 16 E 13
Riegoabajo O 5 B 11
Riello LE 15 D 12
Riells cerca de Breda GI 38 G 37
Riells cerca de l'Escala GI 25 F 39
Riells del Fai B 38 G 36
Rielves TO 58 M 17
Rienda GU 33 I 21
Riensena O 6 B 14

A B C D E F G H I J K L M N O P Q R S T U V W X Y Z

162 España

Riera (La) *T* 37 I 34
Riera (La) *LE* 15 D 11
Riera (La) *cerca de Aguasmestas O* 5 C 11
Riera (La) *cerca de Covadonga O* 6 C 14
Riera (Sa) *GI* 25 G 39
Riglos *HU* 21 E 27
Rigueira *LU* 4 B 7
Rigüelo *SE* 93 U 15
Rilleira *C* 3 C 6
Rillo *TE* 49 J 27
Rillo de Gallo *GU* 48 J 24
Rincón (El) *AB* 73 P 25
Rincón (El) *MU* 84 S 24
Rincón de Ballesteros *CC* 67 O 10
Rincón de la Victoria *MA* 101 V 17
Rincón de Olivedo *LO* 33 F 24
Rincón de Soto *LO* 20 F 24
Rincón del Moro *AB* 72 Q 24
Rincón del Obispo *CC* 55 M 10
Rinconada *AV* 44 J 14
Rinconada (La) *AV* 45 K 16
Rinconada (La) *AB* 72 P 23
Rinconada (La) *SE* 91 T 12
Rinconada de la Sierra (La) *SA* 43 K 11
Rinconadas (Las) *CU* 61 M 26
Rinconcillo (El) *CA* 99 X 13
Rinconcillo (El) *CO* 81 S 15
Riner *L* 37 G 34
Rinlo *LU* 4 B 8
Río *OR* 14 E 8
Río *LU* 14 D 8
Río (El) *CR* 70 O 17
Río (El) *LO* 18 F 21
Río (El) *Tenerife TF* 129 F 4
Río (Mirador del) *Lanzarote GC* 121 F 2
Río (Punta del) *AL* 103 V 22
Río Aragón *ESP* 21 E 27
Río Cedena *TO* 57 N 16
Río Chico (El) *AL* 102 V 21
Río Cofio *M* 45 K 17
Río de Losa *BU* 18 D 20
Río de Lunada *BU* 8 C 19
Río de Trueba *BU* 8 C 19
Río Duero *CL* 33 G 22
Río Ería *CL* 15 F 12
Río Frío *CR* 69 O 16
Río Gállego *AR* 21 E 29
Río Juanes *V* 73 N 27
Río Madera *AB* 72 Q 23
Río Órbigo *CL* 15 F 12
Río Sil *ESP* 14 E 7
Río Tajo (Estación de) *CC* 55 M 8
Río Tirón *ESP* 18 F 20
Río Valderaduey *CL* 16 E 15
Riobarba *LU* 3 A 6
Riocabado *AV* 44 J 15
Riocavado de la Sierra *BU* 18 F 20
Riocerezo *BU* 18 E 19
Riocobo *LU* 4 A 7
Rioconejos *ZA* 15 F 10
Riocorvo *S* 7 C 17
Riodeva *TE* 61 L 26
Riofabar *O* 6 C 13
Riofrío *AV* 44 K 15
Riofrío *LE* 15 E 12
Riofrío *GR* 93 U 17
Riofrío de Aliste *ZA* 29 G 11
Riofrío de Riaza *SG* 32 I 19
Riofrío del Llano *GU* 47 I 21
Riogordo *MA* 101 V 17
Rioja *AL* 103 V 22
Riola *V* 74 O 29
Riolago *LE* 15 D 11
Riolobos *CC* 55 M 11
Riomalo de Arriba *CC* 43 K 11
Riomanzanas *ZA* 29 G 10
Riomao *OR* 14 E 8
Rionegro del Puente *ZA* 29 F 11
Riópar *AB* 84 Q 22
Riós *OR* 28 G 8
Ríos (Los) *J* 82 R 18
Ríos de Abajo *CS* 62 M 27
Ríos Menudos *P* 17 D 16
Riosalido *GU* 47 I 21
Rioscuro *LE* 15 D 11
Rioseco *O* 6 C 13
Rioseco *cerca de Laredo S* 8 B 20
Rioseco *cerca de Reinosa S* 7 C 17
Rioseco de Soria *SO* 33 H 21
Rioseco de Tapia *LE* 15 D 12
Riosequillo (Embalse de) *M* 46 J 18
Riosequino de Torío *LE* 16 D 13
Rioseras *BU* 18 E 19
Riospaso *O* 5 C 12
Riotorto *LU* 4 B 8
Rioxuán *LU* 4 C 8
Rípodas *NA* 11 D 26
Ripoll *GI* 24 F 36
Ripollet *B* 38 H 36
Ris *S* 8 B 19
Risco *BA* 69 P 14
Risco (Embalse del) *H* 78 T 8
Risco de las Moras *CC* 57 N 14
Riudarenes *GI* 24 G 38
Riudaura *GI* 24 F 37
Riudecanyes *T* 51 I 32
Riudecols *T* 37 I 32
Riudellots de la Selva *GI* 25 G 38
Riumar *T* 51 J 32
Riumors *GI* 25 F 39
Riva (La) *S* 7 C 18
Rivas *Z* 20 F 26
Rivas de Tereso *LO* 19 E 21
Rivas-Vaciamadrid *M* 46 L 19
Rivero *S* 7 C 17
Rivero de Posadas *CO* 80 S 14
Rivilla de Barajas *AV* 44 J 15
Roa de Duero *BU* 31 G 18
Roales *VA* 30 F 13
Roales *ZA* 29 H 12
Robla (La) *LE* 16 D 13
Robladillo *VA* 30 H 15
Robladillo de Ucieza *P* 17 E 16
Roble *AB* 72 P 23
Robleda *SA* 42 K 10
Robleda-Cervantes *ZA* 14 F 10
Robledillo *AV* 44 K 15
Robledillo *TO* 57 N 15
Robledillo (El) *TO* 70 N 18
Robledillo de Gata *CC* 43 L 10
Robledillo de la Jara *M* 46 J 19
Robledillo de la Vera *CC* 56 L 13
Robledillo de Mohernando *GU* 46 J 20
Robledillo de Trujillo *CC* 68 O 12
Robledo *O* 6 B 14
Robledo *LE* 15 F 11
Robledo *LU* 14 D 9
Robledo *OR* 14 E 9
Robledo *ZA* 29 F 10
Robledo *AB* 72 P 22
Robledo (El) *CR* 70 O 17
Robledo (El) *J* 83 R 21
Robledo de Caldas *LE* 15 D 12
Robledo de Chavela *M* 45 K 17
Robledo de Corpes *GU* 46 I 21
Robledo de las Traviesas *LE* 15 D 10
Robledo del Buey *TO* 57 N 15
Robledo del Mazo *TO* 57 N 15
Robledo Hermoso *SA* 43 I 10
Robledollano *CC* 56 N 13
Robledondo *M* 45 K 17
Roblelacasa *GU* 46 I 20
Robleluengo *GU* 46 I 20
Robles de la Valcueva *LE* 16 D 13
Roblido *OR* 14 E 8
Robliza de Cojos *SA* 43 J 12
Robredo *BU* 18 D 20
Robredo-Temiño *BU* 18 E 19
Robregordo *M* 46 I 19
Robres *HU* 35 G 28
Robres del Castillo *LO* 19 F 23
Robriguero *O* 7 C 16
Roca *LU* 3 C 6
Roca (La) *M* 45 J 18
Roca de la Sierra (La) *BA* 67 O 9
Roca del Vallès (La) *B* 38 H 36
Roca Grossa *GI* 39 G 38
Roca Llisa *PM* 87 P 34
Rocabruna *GI* 24 E 37
Rocacorba *GI* 24 F 38
Rocafort *L* 37 H 33
Rocafort *B* 38 G 35
Rocafort *V* 62 N 28
Rocafort de Queralt *T* 37 H 33
Rocaforte *NA* 20 E 26
Rocagrossa *GI* 39 G 38
Rocallaura *L* 37 H 33
Rocamudo *S* 17 D 18
Rocas Doradas *T* 51 J 32
Rocha (Puerto de la) *PO* 13 E 5
Roche *MU* 85 T 27
Roche *CA* 98 W 11
Roche (Cabo) *CA* 98 X 11
Rociana del Condado *H* 91 U 10
Rocina (El) *H* 91 U 10
Rocío (El) *H* 91 U 10
Roda *MU* 85 S 27
Roda (La) *O* 4 B 9
Roda (La) *AB* 72 O 23
Roda de Andalucía (La) *SE* 93 U 15
Roda de Barà *T* 37 I 34
Roda de Eresma *SG* 45 I 17
Roda de Isábena *HU* 22 F 31
Roda de Ter *B* 38 G 36
Rodalquilar *AL* 103 V 23
Rodanas (Santuario de) *Z* 34 H 25
Rodanillo *LE* 15 E 10
Rodeche *TE* 62 L 28
Rodeiro *PO* 13 E 6
Rodellar *HU* 21 F 29
Rodén *Z* 35 H 28
Ródenas *TE* 48 K 25
Rodeos (Embalse de los) *MU* 85 R 26
Rodeos (Los) *MU* 85 R 26
Rodezno *LO* 19 E 21
Rodical (El) *O* 5 C 10
Rodicio (Alto del) *OR* 13 F 7
Rodiezmo *LE* 15 D 12
Rodilana *VA* 30 H 15
Rodiles *O* 5 B 11
Rodillazo *LE* 16 D 13
Rodiño *C* 13 D 4
Rodonyà *T* 37 I 34
Rodrigas *LU* 4 B 8
Rodrigatos de la Obispalía *LE* 15 E 11
Rodrigatos de las Regueras *LE* 15 D 11
Rodriguillo *A* 85 Q 26
Roelos *ZA* 29 I 11
Roglà i Corberà *V* 74 O 28
Roig (Cap) (Jardín botànic) *GI* 25 G 39
Roimil *LU* 3 C 6
Rois *C* 12 D 3
Roitegui *VI* 19 D 22
Roiz *S* 7 C 16
Roja (Punta) *Tenerife TF* 129 F 5
Rojal (El) *C* 3 B 5
Rojales *A* 85 R 27
Rojals *T* 37 H 33
Rojas *BU* 18 E 19
Roldán *MU* 85 S 26
Roldán (Faro) *AL* 103 V 24
Roldán (Salto de) *HU* 21 F 28
Rollamienta *SO* 33 G 22
Rollán *SA* 43 J 12
Roma *V* 61 N 26
Romai *PO* 12 D 3
Romana (La) *A* 85 Q 27
Romana (Villa) *VA* 45 I 15
Romancos *GU* 46 J 21
Romanes (Los) *MA* 101 V 17
Romaneta (La) *A* 85 Q 27
Romangordo *CC* 56 M 12
Romaní (El) *V* 74 O 28
Romanillos de Atienza *GU* 32 I 21
Romanillos de Medinaceli *SO* 33 I 22
Romanones *GU* 46 K 21
Romanos *Z* 48 I 26
Romanyà de la Selva *GI* 25 G 38
Romariz *LU* 4 B 7
Romeán *LU* 4 C 7
Romedales (Los) *CU* 60 L 23
Romedios (Ermita de los) *BA* 68 P 12
Romelle *C* 2 C 3
Romera *AB* 71 O 21
Romeral *TO* 59 N 19
Romeral (Cueva del) *MA* 93 U 16
Romeral (El) *TO* 59 M 19
Romeral (El) *V* 62 M 28
Romeral (El) *MA* 100 V 16
Romerano (El) *H* 90 T 7
Romeros (Los) *H* 79 S 9
Rompido (Barra de El) *H* 90 U 8
Rompido (El) *H* 90 U 8
Roncadoira (Punta) *LU* 4 A 7
Roncal / Erronkari *NA* 11 D 27
Roncesvalles / Orreaga *NA* 11 C 26
Roncudo (Punta) *C* 2 C 3
Ronda *MA* 92 V 14
Ronda (Serranía de) *MA* 100 V 14
Ronda la Vieja *MA* 92 V 14
Rondín *CR* 70 P 18
Roní *L* 23 E 33
Ronquillo (El) *SE* 79 S 11
Ronquillo (El) *BA* 67 P 9
Ropera (La) *J* 82 R 17
Roperuelos del Páramo *LE* 15 F 12
Roque *Fuerteventura GC* 111 H 1
Roque del Faro *La Palma TF* 130 C 3
Roques (Bahía de los) *La Palma TF* 132 D 6
Roquetas de Mar *AL* 102 V 22
Roquetas de Mar (Urbanización) *AL* 102 V 22
Roquetes *T* 50 J 31
Ros *BU* 17 E 18
Rosa (La) *BA* 67 P 9
Rosal *PO* 26 G 3
Rosal (El) *CO* 81 S 15
Rosal Alto (El) *SE* 92 T 12
Rosal de la Frontera *H* 78 S 8
Rosalejo *CC* 56 M 13
Rosales *BU* 18 D 19
Rosales (Los) *TO* 57 L 16
Rosales (Los) *J* 83 S 20
Rosales (Los) *SE* 92 T 12
Rosamar *GI* 39 G 38
Rosario (Ermita del) *V* 73 O 26
Rosarito (Embalse de) *TO* 56 L 14
Rosas / Roses *GI* 25 F 39
Rosas (Las) *La Gomera TF* 118 C 1
Rosas (Las) *Tenerife TF* 124 H 2
Roscales *P* 17 D 16
Roses / Rosas *GI* 25 F 39
Roses (Golf de) *GI* 25 F 39
Rosildos (Els) *CS* 50 L 29
Rosinos de la Requejada *ZA* 15 F 10
Rossell *CS* 50 K 30
Rosselló *L* 36 G 31
Rosso *SE* 93 U 14
Rostro (El) *CR* 69 O 16
Rota *CA* 98 W 10
Rotes (Les) *A* 75 P 30
Ròtova *V* 74 P 29
Roturas *VA* 31 G 17
Roturas *CC* 56 N 13
Rouch (Monte) *L* 23 D 33
Roupar *LU* 3 B 6
Rourell (El) *T* 37 I 33
Royo *AB* 72 P 23
Royo (El) *SO* 33 G 22
Royo Odrea *AB* 72 Q 23
Royos (Los) *MU* 84 S 23
Royuela *TE* 48 K 25
Royuela de Río Franco *BU* 31 G 18
Rozadas *cerca de Boal O* 4 B 9
Rozadas *cerca de El Pedroso O* 6 B 13
Rozadas *cerca de Sotrondio O* 6 C 13
Rozadio *S* 7 C 16
Rozalejo (El) *SE* 92 U 13
Rozalén del Monte *CU* 59 M 21
Rozas *S* 8 C 19
Rozas *ZA* 14 F 10
Rozas (Embalse de las) *LE* 15 D 10
Rozas (Las) *S* 17 D 17
Rozas (Monte) *M* 45 K 18
Rozas de Madrid (Las) *M* 45 K 18
Rozas de Puerto Real *M* 57 L 16
Rúa *LU* 4 B 7
Rúa (A) *OR* 14 E 8
Rúanales *S* 17 D 18
Ruanes *CC* 68 O 11
Rubalcaba *S* 8 C 18
Rubayo *S* 8 B 18
Rubena *BU* 18 E 19
Rubí *B* 38 H 36
Rubí de Bracamonte *VA* 30 I 15
Rubia *OR* 14 E 9
Rubia (La) *SO* 33 G 22
Rubia (Peña) *cerca de Lorca MU* 84 T 24
Rubiales *TE* 61 L 26
Rubiales *BA* 80 Q 12
Rubián *LU* 14 E 7
Rubiáns *PO* 12 E 3
Rubiás *LU* 4 C 7
Rubiás *OR* 14 F 8
Rubielos Altos *CU* 60 N 23
Rubielos Bajos *CU* 60 N 23
Rubielos de la Cérida *TE* 48 J 26
Rubielos de Mora *TE* 62 L 28
Rubillas Bajas *CO* 81 S 16
Rubinat *L* 37 H 33
Rubió *B* 37 H 34
Rubió *cerca de Foradada L* 37 G 32
Rubió *cerca de Sort L* 23 E 33
Rubio (El) *cerca de Montellano SE* 92 V 12
Rubio (El) *cerca de Osuna SE* 93 T 15
Rubiós *PO* 13 F 4
Rubios (Los) *BA* 80 R 13
Rubite *GR* 102 V 19
Rublacedo de Abajo *BU* 18 E 19
Rucandio *S* 8 B 18
Rucandio *BU* 18 D 19
Rucayo *LE* 16 D 14
Rudilla *TE* 49 J 26
Rudilla (Puerto de) *TE* 48 I 26
Ruecas *BA* 68 O 12
Ruecas (Río) *BA* 68 O 12
Rueda *VA* 30 H 15
Rueda *GU* 48 J 24
Rueda (Monasterio de) *Z* 35 I 29
Rueda de Jalón *Z* 34 H 26
Rueda de Pisuerga *P* 17 D 16
Ruedas de Ocón (Las) *LO* 19 F 23
Ruenes *O* 7 C 15
Ruente *S* 7 C 17
Rúerrero *S* 17 D 18
Ruesca *Z* 34 I 25
Ruescas *AL* 103 V 23
Ruesga *P* 17 D 16
Rugat *V* 74 P 28
Ruguilla *GU* 47 J 22
Ruices (Los) *AB* 73 P 25
Ruices (Los) *MU* 85 T 26
Ruices (Los) *V* 61 N 26
Ruidera *CR* 71 P 21
Ruidera (Lagunas de) *AB* 71 P 21
Ruidoms *T* 51 I 33
Ruiforco de Torío *LE* 16 D 13
Ruiloba *S* 7 B 17
Ruiseñada *S* 7 B 17
Rumblar *J* 82 R 18
Rumblar (Embalse del) *J* 82 R 18
Rupià *GI* 25 F 39
Rupit *B* 24 F 37
Rus *C* 2 C 3
Rus *J* 82 R 19
Rus (Río) *CU* 60 N 22
Rute *CO* 93 U 16
Ruyales del Agua *BU* 31 F 18
Ruyales del Páramo *BU* 17 E 18

S

Saavedra *LU* 3 C 7
Sabadell *B* 38 H 36
Sabadelle *LU* 13 E 6
Sabadelle *OR* 13 E 6
Sabando *VI* 19 D 22
Sabar *MA* 101 V 17
Sabardes *C* 12 D 3
Sabariego *J* 94 T 17
Sabataia (Coll de) *PM* 104 M 38
Sabatera (La) *A* 75 Q 30
Sabayés *HU* 21 F 28
Sabero *LE* 16 D 14
Sabinar *Z* 20 F 26
Sabinar (El) *AB* 71 P 21
Sabinar (El) *MU* 84 R 23
Sabinar (Punta) *AL* 102 V 21
Sabinas (Collado de las) *GR* 94 U 19
Sabinita (La) *Tenerife TF* 129 G 4
Sabinosa *El Hierro TF* 108 B 3
Sabiñánigo *HU* 21 E 28
Sabiote *J* 83 R 20
Saboredo (Tuc de) *L* 23 E 32
Sabucedo *OR* 13 F 6
Sabucedo *PO* 13 E 4
Sacañet *CS* 62 M 27
Sacecorbo *GU* 47 J 22
Saceda *LE* 15 F 10
Saceda (La) *GU* 47 J 23
Saceda del Río *CU* 59 L 22
Saceda Trasierra *CU* 59 L 21
Sacedillas (Las) *J* 83 Q 20
Sacedón *GU* 47 K 21
Sacedoncillo *CU* 60 L 23
Saceruela *CR* 69 P 16
Saceruela (Sierra de) *CR* 69 O 16
Sacos *PO* 12 E 4
Sacramenia *SG* 31 H 18
Sacramento *SE* 92 U 12
Sacratif (Cabo) *GR* 101 V 19
Sacristanía (La) *CR* 70 P 18
Sada *C* 3 B 5
Sada *NA* 20 E 25
Sádaba *Z* 20 F 26
Sadernes *GI* 24 F 37
Saelices *CU* 59 M 21
Saelices de la Sal *GU* 47 J 22
Saelices de Mayorga *VA* 16 F 14
Saelices del Payuelo *LE* 16 E 14
Saelices del Río *LE* 16 E 14
Saelices el Chico *SA* 42 J 10
Safari Madrid *M* 58 L 17
Sagallos *ZA* 29 G 10
Saganta *HU* 36 G 31
Sagàs *B* 24 F 35
Sagides *SO* 47 I 23
Sagra *A* 74 P 29
Sagra *GR* 83 S 22
Sagrada (La) *SA* 43 J 11
Sagrajas *BA* 67 P 9
Sagunt / Sagunto *V* 62 M 29
Sagunto / Sagunt *V* 62 M 29
Sahagún *LE* 16 E 14
Sahechores *LE* 16 E 14
Sahuco (El) *AB* 72 P 23
Sahún *HU* 22 E 31
Saja *S* 7 C 17
Saja-Besaya (Parque natural) *S* 7 C 17
Sajazarra *LO* 18 E 21
Sal (Punta de la) *Gran Canaria GC* 117 G 3
Salada (La) *SE* 93 U 15
Saladar (El) *A* 85 R 27
Saladillo-Benamara *MA* 100 W 14
Salado (El) *GR* 83 S 22
Salado (Río) *GU* 47 I 21
Salado de los Villares *J* 82 S 17
Salamanca *SA* 43 J 12
Salamir *O* 5 B 11
Salamón *LE* 16 D 14
Salanova *HU* 22 F 31
Salar *GR* 94 U 17
Salardú *L* 22 D 32
Salares *MA* 101 V 17
Salas *O* 5 B 11
Salas (Embalse de) *OR* 27 G 6
Salas (Las) *LE* 16 D 14
Salas Altas *HU* 22 F 30
Salas Bajas *HU* 22 F 30
Salas de Bureba *BU* 18 D 19
Salas de la Ribera *LE* 14 E 9
Salas de los Barrios *LE* 15 E 10
Salas de los Infantes *BU* 32 F 20
Salàs de Pallars *L* 23 F 32
Salave *O* 4 B 9
Salazar *BU* 18 D 19
Salazar *GR* 95 T 21
Salce *ZA* 29 I 11
Salce *LE* 15 D 11
Salceda (La) *SG* 45 I 18
Salceda de Caselas *PO* 12 F 4
Salcedillo *P* 17 D 17
Salcedillo *TE* 49 J 26
Salcedo *VI* 18 D 21
Salcedo (El) *J* 82 R 18
Salces *S* 17 C 17
Salcidos *PO* 26 G 3
Saldaña *P* 16 E 15
Saldaña de Ayllón *SG* 32 H 19
Saldeana *SA* 42 I 10
Saldes *B* 23 F 35
Saldías *NA* 10 C 24
Saldoira *LU* 4 B 8
Saldón *TE* 48 L 25
Salduero *SO* 33 G 21
Salem *V* 74 P 28
Saler (El) *V* 74 N 29
Saler (Parador de El) *V* 74 O 29
Saleres *GR* 101 V 19
Sales de Llierca *GI* 24 F 37
Salgueiros *C* 2 C 2
Salgueiros *LU* 13 D 6
Salguerias *C* 2 C 3
Salgüero de Juarros *BU* 18 F 19
Salí (El) *B* 37 G 35
Salicor (Laguna de) *CR* 59 N 20

A B C D E F G H I J K L M N O P Q R S T U V W X Y Z

España 163

Saliencia *O* 5 C 11
Saliente *AL* 96 T 23
Salientes *LE* 15 D 11
Salillas *HU* 35 G 29
Salillas de Jalón *Z* 34 H 26
Salime (Embalse de) *O* 4 C 9
Salina Grande *ZA* 30 G 13
Salinas *O* 5 B 12
Salinas *A* 73 Q 27
Las Salinas *MU* 85 S 27
Salinas (Las) *CU* 59 L 20
Salinas (Las) *Fuerteventura GC* 113 I 3
Salinas (Monte) *Fuerteventura GC* 111 G 2
Salinas (Punta) *La Palma TF* 131 E 4
Salinas de Hoz *HU* 22 F 30
Salinas de Ibargoiti *NA* 11 D 25
Salinas de Jaca *HU* 21 E 27
Salinas de Medinaceli *SO* 47 I 22
Salinas de Oro *NA* 10 D 24
Salinas de Pinilla *AB* 71 P 22
Salinas de Pisuerga *P* 17 D 16
Salinas de Sin *HU* 22 E 30
Salinas del Manzano *CU* 61 L 25
Salines *GI* 24 E 36
Salines (Les) *GI* 24 E 38
Salinillas de Buradón *VI* 19 E 21
Salinillas de Bureba *BU* 18 E 19
Saliñas (Llacuna de) *A* 85 Q 27
Salitja *GI* 25 G 38
Sallent *B* 38 G 35
Sallent (El) *GI* 24 F 37
Sallent de Gállego *HU* 21 D 29
Sallfort (Pic de) *GI* 25 E 39
Salmantón *VI* 8 C 20
Salmerón *GU* 47 K 22
Salmerón *MU* 84 Q 24
Salmeroncillos de Abajo *CU* 47 K 22
Salmeroncillos de Arriba *CU* 47 K 22
Salmor (Roque) *El Hierro TF* 109 D 2
Salmoral *SA* 44 J 14
Salo *B* 37 G 34
Salobral *AV* 44 K 15
Salobral (El) *AB* 72 P 24
Salobralejo *AV* 44 K 15
Salobralejo (Laguna del) *AB* 73 P 25
Salobre *cerca de Alcaraz AB* 72 Q 22
Salobre *cerca de Munera AB* 72 O 22
Salobreña *GR* 101 V 19
Salomó *T* 37 I 34
Salón *BU* 8 C 19
Salor (Embalse del) *CC* 67 N 11
Salorino *CC* 55 N 8
Salou *T* 51 I 33
Salou (Cabo) *T* 51 I 33
Salse (El) *A* 74 P 27
Salt *GI* 25 G 38
Saltador (El) *AL* 96 T 24
Salteras *SE* 91 T 11
Saltes (Isla de) *H* 90 U 9
Salto al Cielo (Ermita) *CA* 99 W 11
Salto de Bolarque *GU* 47 K 21
Salto de Villalba *CU* 60 L 23
Salto de Villora *CU* 61 M 25
Salto del Ciervo *SE* 93 T 14
Salto del Negro *MA* 101 V 17
Salto Saucelle *SA* 42 I 9
Saltor *GI* 24 F 36
Saltos (Punta de los) *El Hierro TF* 109 D 4
Saludes de Castroponce *LE* 15 F 12
Salvacañete *CU* 61 L 25
Salvadiós *AV* 44 J 14
Salvador (Ermita El) *CS* 62 M 29
Salvador de Zapardiel *VA* 44 I 15
Salvaje (Punta del) *Fuerteventura GC* 110 G 2
Salvaleón *BA* 67 Q 9
Salvaterra de Miño *PO* 12 F 4
Salvatierra / Agurain *VI* 19 D 22
Salvatierra de Escá *Z* 11 D 26
Salvatierra de los Barros *BA* 67 Q 9
Salvatierra de Santiago *CC* 68 O 11
Salvatierra de Tormes *SA* 43 K 13
Sálvora (Isla de) *C* 12 E 2
Salzadella (La) *CS* 50 K 30
Sama de Grado *O* 5 C 11
Sama de Langreo *O* 6 C 12
Samaniego *VI* 19 E 21
Sámano *S* 8 B 20
Samara (Montaña) *Tenerife TF* 126 D 3
Sambana *CA* 99 W 13
Samboal *SG* 31 I 16
Sambreixo *LU* 13 D 6
Sames *O* 6 C 14
Samieira *PO* 12 E 3
Samir de los Caños *ZA* 29 G 11
Samos *LU* 14 D 8
Samper *HU* 22 E 30
Samper de Calanda *TE* 49 I 28
Samper del Salz *Z* 35 I 27
Samprizón *PO* 13 E 5
San Adrián *LE* 16 D 14
San Adrián *NA* 19 E 24
San Adrián (Cabo de) *C* 2 B 3
San Adrián de Juarros *BU* 18 F 19
San Adrián de Sasabe (Ermita de) *HU* 21 D 28
San Adrián del Valle *LE* 15 F 12
San Adriano *LU* 4 B 8
San Agustín *TE* 62 L 27
San Agustín *AL* 102 V 21
San Agustín *Gran Canaria GC* 117 E 4
San Agustín (Convento de) *CU* 60 L 24
San Agustín (Ermita de) *Fuerteventura GC* 111 H 2
San Agustín del Guadalix *M* 46 J 19
San Agustín del Pozo *ZA* 30 G 13
San Amancio (Ermita de) *GU* 48 J 24
San Amaro *OR* 13 E 5
San Andrés *O* 5 C 12
San Andrés *O* 6 C 13
San Andrés *LO* 33 F 22
San Andrés *cerca de Potes S* 7 C 16
San Andrés *cerca de San Miguel S* 7 C 18
San Andrés *El Hierro TF* 109 D 2
San Andrés *La Palma TF* 131 D 3
San Andrés *Tenerife TF* 125 J 2
San Andrés de Arroyo *P* 17 D 16
San Andrés de la Regla *P* 16 E 15
San Andrés de las Puentes *LE* 15 E 10
San Andrés de San Pedro *SO* 33 G 23
San Andrés de Teixido *C* 3 A 6
San Andrés del Congosto *GU* 46 J 20
San Andrés del Rabanedo *LE* 16 E 13
San Andrés del Rey *GU* 47 K 21
San Antolín (Monasterio de) *O* 6 B 15
San Antolín de Ibias *O* 4 C 9
San Antón *SE* 93 T 14
San Antón *BU* 17 E 18
San Antón (Ermita de) *GU* 47 K 21
San Antón (Ermita de) *CC* 54 N 8
San Antón (Puerto de) *SS* 10 C 24
San Antoniño *PO* 12 E 4
San Antonio *V* 61 N 26
San Antonio *CO* 81 S 16
San Antonio (Ermita de) *C* 3 B 6
San Antonio (Ermita de) *cerca de Aliaguilla CU* 61 M 26
San Antonio (Ermita de) *cerca de Cardenete CU* 60 M 25
San Antonio (Ermita de) *La Palma TF* 130 C 3
San Antonio (Volcán de) *La Palma TF* 132 C 7
San Antonio de Banaixeve *V* 62 N 28
San Antonio de Portmany / Sant Antoni de Portmany *PM* 87 P 33
San Antonio del Fontanar *SE* 92 U 14
San Asensio *LO* 19 E 21
San Bartolomé *CU* 59 L 21
San Bartolomé *LO* 19 F 23
San Bartolomé *Lanzarote GC* 123 D 4
San Bartolomé (Ermita de) *TE* 48 J 26
San Bartolomé (Ermita de) *CC* 68 O 12
San Bartolomé de Béjar *AV* 43 K 13
San Bartolomé de Corneja *AV* 44 K 13
San Bartolomé de la Torre *H* 90 T 8
San Bartolomé de las Abiertas *TO* 57 M 15
San Bartolomé de Pinares *AV* 45 K 16
San Bartolomé de Rueda *LE* 16 D 14
San Bartolomé de Tirajana *Gran Canaria GC* 117 E 3
San Bartolomé de Tormes *AV* 44 K 14
San Baudelio (Ermita de) *SO* 33 H 21
San Benito *V* 73 P 26
San Benito *cerca de Almadén CR* 69 Q 15
San Benito *cerca de Ciudad Real CR* 70 P 17
San Benito (Convento) *CC* 55 M 9
San Benito (Ermita de) *TE* 49 K 27
San Benito (Ermita de) *SE* 80 S 12
San Benito de la Contienda *BA* 66 Q 8
San Bernabé *CA* 99 X 13
San Bernabé (Sierra de) *CC* 56 L 11
San Bernado de Valbuena *VA* 31 H 17
San Bernardino *CA* 92 V 12
San Bernardo (Sierra de) *BA* 79 R 11
San Blas *TE* 48 K 26
San Blas *ZA* 29 G 10
San Bruno *CR* 82 Q 18
San Calixto *CO* 80 S 14
San Caprasio (Collado de) *HU* 22 F 30
San Carlos *BU* 32 G 19
San Carlos del Valle *CR* 71 P 20
San Cebrián *P* 17 D 16
San Cebrián de Campos *P* 17 F 16
San Cebrián de Castro *ZA* 29 G 12
San Cebrián de Mazote *VA* 30 G 14
San Cibrao *OR* 14 F 8
San Cibrau *OR* 28 G 7
San Cibrián de Arriba *LE* 16 E 13
San Cibrián de la Somoza *LE* 16 D 14
San Ciprián *LU* 4 A 7
San Ciprián *ZA* 14 F 10
San Ciprián *cerca de Hermisende ZA* 28 G 9
San Ciprián de Viñas *OR* 13 F 6
San Cipriano del Condado *LE* 16 E 13
San Claudio *O* 5 B 12
San Claudio *C* 3 B 6
San Clemente *CU* 72 N 22
San Clemente de Valdueza *LE* 15 E 10
San Clodio *LU* 14 E 8
San Cosme *O* 5 B 11
San Cosme *LU* 4 B 8
San Crispín *M* 46 K 18
San Cristóbal *NA* 11 D 25
San Cristóbal *CU* 60 L 22
San Cristóbal *CR* 71 Q 21
San Cristóbal *SE* 80 S 13
San Cristóbal *BA* 79 R 9
San Cristóbal *CC* 68 O 13
San Cristóbal *Gran Canaria GC* 115 G 2
San Cristóbal (Ermita de) *CA* 98 W 11
San Cristóbal (Ermita de) *cerca de Andorra TE* 49 J 28
San Cristóbal (Ermita de) *cerca de Barrachina TE* 48 J 26
San Cristóbal (Ermita de) *cerca de Bronchales TE* 48 K 25
San Cristóbal (Ermita de) *cerca de Sarrión TE* 61 L 27
San Cristóbal (Santuario) *Z* 48 I 25
San Cristóbal de Boedo *P* 17 E 16
San Cristóbal de Cea *OR* 13 E 6
San Cristóbal de Chamoso *LU* 4 D 7
San Cristóbal de Cuéllar *SG* 31 H 16
San Cristóbal de Entreviñas *ZA* 30 F 13
San Cristóbal de la Cuesta *SA* 43 I 13
San Cristóbal de la Polantera *LE* 15 E 12
San Cristóbal de la Vega *SG* 45 I 16
San Cristóbal de Segovia *SG* 45 J 17
San Cristóbal de Trabancos *AV* 44 J 14
San Cristóbal de Valdueza *LE* 15 E 10
San Cristóbal del Monte *BU* 18 E 20
San Cristóbal I *TE* 48 J 26
San Cristobo *OR* 28 G 8
San Cucao *O* 5 B 12
San Diego *CA* 99 X 14
San Diego (Ermita de) *SE* 80 R 13
San Emiliano *O* 4 C 9
San Emiliano *LE* 15 D 12
San Enrique de Guadiaro *CA* 99 X 14
San Esteban *O* 5 B 11
San Esteban de Gormaz *SO* 32 H 20
San Esteban de la Sierra *SA* 43 K 12
San Esteban de Litera *HU* 36 G 30
San Esteban de los Buitres *O* 4 C 9
San Esteban de los Patos *AV* 45 J 16
San Esteban de Nogales *LE* 15 F 12
San Esteban de Valdueza *LE* 15 E 10
San Esteban de Zapardiel *AV* 44 I 15
San Esteban del Molar *ZA* 30 G 13
San Esteban del Valle *AV* 57 L 15
San Facundo *OR* 13 E 5
San Felices *BU* 17 D 18
San Felices *SO* 33 G 23
San Felices de los Gallegos *SA* 42 J 9
San Felipe *C* 3 B 5
San Felipe *CU* 48 K 24
San Feliú *HU* 22 E 31
San Feliú de Guixols / Sant Feliu de Guixols *GI* 39 G 39
San Feliz de las Lavanderas *LE* 15 D 12
San Feliz de Torío *LE* 16 D 13
San Fernando *CA* 98 W 11
San Fernando *Gran Canaria GC* 115 D 2
San Fernando de Henares *M* 46 K 19
San Fiz do Seo *LE* 14 E 9
San Francisco *AL* 96 T 24
San Francisco *Mallorca PM* 104 N 38
San Francisco (Convento de) *VA* 30 G 14
San Francisco (Mirador) *BU* 32 F 20
San Francisco de Olivenza *BA* 66 P 8
San Franscisco (Ermita de) *Fuerteventura GC* 111 H 3
San Frutos (Ermita de) *SG* 31 I 18
San Fulgencio *A* 85 R 27
San Gabriel *Lanzarote GC* 123 E 4
San García de Ingelmos *AV* 44 J 14
San Gil *CC* 55 M 11
San Gil (Ermita de) *Z* 21 F 27
San Ginés *TE* 48 K 25
San Glorio (Puerto de) *S* 6 C 15
San Gregorio *SS* 19 D 23
San Gregorio *TO* 59 N 20
San Gregorio *CO* 81 Q 16
San Gregorio (Basílica de) *NA* 19 E 23
San Gregorio (Ermita de) *GU* 48 J 24
San Gregorio (Ermita de) *BA* 67 P 10
San Ignacio de Loiola *SS* 10 C 23
San Ignacio del Viar *SE* 91 T 12
San Ildefonso o la Granja *SG* 45 J 17
San Isidoro (Ermita de) *BA* 68 P 13
San Isidro *CR* 70 P 19
San Isidro *GU* 59 L 21
San Isidro *AB* 73 O 25
San Isidro *cerca de Berlangua BA* 80 R 12
San Isidro *cerca de Huércal Overa AL* 96 T 24
San Isidro *cerca de Navalmorales TO* 57 M 16
San Isidro *cerca de Níjar AL* 103 V 23
San Isidro *Gran Canaria GC* 114 D 2
San Isidro *Gran Canaria GC* 115 E 2
San Isidro *Tenerife TF* 125 I 2
San Isidro *Tenerife TF* 129 F 5
San Isidro (Ermita de) *CU* 60 N 24
San Isidro (Ermita de) *V* 61 M 26
San Isidro (Ermita de) *BA* 79 R 10
San Isidro (Puerto de) *LE* 6 C 13
San Isidro de Guadalete *CA* 99 W 12
San Isidro del Pinar *NA* 20 E 25
San Javier *MU* 85 S 27
San Jerónimo *CO* 81 S 15
San Jerónimo de Lagar (Ermita de) *CC* 55 N 10
San Joaquim *GU* 59 L 20
San Jorge *HU* 35 G 28
San Jorge *BA* 67 Q 10
San Jorge / Sant Jordi *CS* 50 K 30
San Jorge (Ermita de) *V* 61 N 27
San Jorge de Alor *BA* 66 Q 8
San José *AB* 71 P 21
San José *AL* 103 V 23
San José *BA* 79 Q 9
San José *Lanzarote GC* 123 E 4
San José (Embalse de) *VA* 30 H 14
San José (Ermita) *MU* 84 R 24
San José (Ermita de) *TE* 50 J 29
San José (Ermita de) *J* 82 R 17
San José (Ermita de) *Tenerife TF* 126 C 3
San José de la Rábita *J* 94 T 17
San José de la Rinconada *SE* 91 T 12
San José de Malcocinado *CA* 99 W 12
San José del Valle *CA* 99 W 12
San Juan *M* 45 K 17
San Juan *V* 61 N 26
San Juan *MA* 93 U 16
San Juan *CC* 55 L 10
San Juan (Embalse de) *M* 45 K 16
San Juan (Ermita de) *cerca de Cedrillas TE* 49 K 27
San Juan (Ermita de) *cerca de Montalbán TE* 49 J 28
San Juan (Sierra de) *SE* 92 U 13
San Juan de Aznalfarache *SE* 91 T 11
San Juan de Gredos *AV* 44 K 14
San Juan de la Cuesta *ZA* 14 F 10
San Juan de la Encinilla *AV* 44 J 15
San Juan de la Mata *LE* 14 E 10
San Juan de la Nava *AV* 44 K 15
San Juan de la Peña (Monasterio de) *HU* 21 E 27
San Juan de la Rambla *Tenerife TF* 126 E 3
San Juan de los Terreros *AL* 96 T 25
San Juan de Mozarrifar *Z* 35 G 27
San Juan de Nieva *O* 5 B 12
San Juan de Ortega *BU* 18 E 19
San Juan de Plan *HU* 22 E 31
San Juan del Flumen *HU* 35 G 29
San Juan del Molinillo *AV* 44 K 15
San Juan del Monte *BU* 32 G 19
San Juan del Olmo *AV* 44 K 14
San Juan del Puerto *H* 90 U 9
San Juan del Rebollar *ZA* 29 G 10
San Juan-Los Vallejos (Valle de) *M* 59 L 19
San Juan Muskiz *BI* 8 C 20
San Juan Perales *Tenerife TF* 124 H 2
San Juanico el Nuevo *ZA* 29 F 11
San Julián *O* 6 B 13
San Julián *C* 12 D 2
San Julián *J* 81 R 17
San Julián *MU* 97 T 27
San Julián de Banzo *HU* 21 F 28
San Julián de Sales / San Xulian de Sales *C* 13 D 4
San Just (Ermita de) *TE* 49 J 27
San Just (Puerto de) *TE* 49 J 27
San Just (Sierra de) *TE* 49 J 27
San Justo *ZA* 14 F 10
San Justo de Cabanillas *LE* 15 D 10
San Justo de la Vega *LE* 15 E 11
San Leandro *SE* 91 U 12
San Leonardo de Yagüe *SO* 32 G 20
San Llorente *VA* 31 G 17
San Llorente de la Vega *BU* 17 E 17
San Llorente del Páramo *P* 16 E 15
San Lorenzo *ZA* 29 G 12
San Lorenzo *HU* 35 G 29
San Lorenzo *LO* 18 F 21
San Lorenzo *Gran Canaria GC* 115 F 2
San Lorenzo (Ermita de) *TE* 48 J 26
San Lorenzo (Ermita de) *GU* 48 K 24
San Lorenzo de Calatrava *CR* 82 Q 18
San Lorenzo de El Escorial *M* 45 K 17
San Lorenzo de la Parrilla *CU* 60 M 22
San Lorenzo de Tormes *AV* 44 K 13
San Lourenzo *OR* 28 G 8
San Luis *Tenerife TF* 124 H 2
San Luis de Sabinillas *MA* 99 W 14
San Mamed *ZA* 29 G 10
San Mamed *cerca de Viana do Bolo OR* 14 F 8
San Mamede *C* 3 B 6
San Mamede *cerca de Xinzo OR* 27 F 6
San Mamés *BU* 17 E 18
San Mamés *M* 46 J 18
San Mamés de Abar *BU* 17 D 17
San Mamés de Campos *P* 17 E 16
San Mamés de Meruelo *S* 8 B 19
San Marcial *ZA* 29 H 12
San Marco *C* 3 C 5
San Marcos *C* 3 B 5
San Marcos *CA* 98 W 11
San Marcos *CC* 56 M 13
San Marcos *NA* 19 E 24
San Marcos (Ermita de) *cerca de Alustante GU* 48 K 24
San Marcos (Ermita de) *cerca de Tordesilos GU* 48 J 25
San Martín *HU* 22 E 31
San Martín *BU* 18 D 18
San Martín *NA* 19 D 23
San Martín *O* 5 C 11
San Martín *AV* 44 J 15
San Martín de Boniches *CU* 61 M 25
San Martín de Castañeda *ZA* 14 F 9

A B C D E F G H I J K L M N O P Q R S T U V W X Y Z

San Martín de Don BU 18 D 20
San Martín de Elines S 17 D 18
San Martín de Galvarín BU 19 D 21
San Martín de la Falamosa LE 15 D 12
San Martín de la Tercia LE 15 D 12
San Martín de la Vega M 58 L 19
San Martín de la Vega del Alberche AV 44 K 14
San Martín de la Virgen de Moncayo Z 34 G 24
San Martín de los Herreros P 17 D 16
San Martín de Luiña O 5 B 11
San Martín de Mondoñedo LU 4 B 8
San Martín de Montalbán TO 57 M 16
San Martín de Moreda LE 14 D 9
San Martín de Oscos O 4 C 9
San Martín de Pusa TO 57 M 16
San Martín de Rubiales BU 31 H 18
San Martín de Tábara ZA 29 G 12
San Martín de Torres LE 15 F 12
San Martín de Trevejo CC 55 L 9
San Martín de Unx NA 20 E 25
San Martín de Valdeiglesias M 45 K 16
San Martín de Valderaduey ZA 30 G 13
San Martín de Valvení VA 31 G 16
San Martín del Camino LE 15 E 12
San Martín del Castañar SA 43 K 11
San Martín del Monte P 17 E 16
San Martín del Pedreso ZA 29 G 10
San Martín del Pimpollar AV 44 K 14
San Martín del Río TE 48 I 25
San Martín del Rojo BU 18 D 18
San Martín del Tesorillo CA 99 W 14
San Martín del Valledor O 4 C 9
San Martín y Mudrián SG 31 I 17
San Martiño *cerca de Castro Caldelas* OR 14 E 7
San Martiño *cerca de Cualedro* OR 27 G 7
San Martiño (Isla de) PO 12 F 3
San Martzial SS 10 C 24
San Mateo de Gállego Z 35 G 27
San Mauro C 3 C 5
San Medel SA 43 K 12
San Miguel HU 36 G 30
San Miguel S 7 C 18
San Miguel M 58 L 19
San Miguel Z 34 H 26
San Miguel O 5 C 12
San Miguel OR 14 F 8
San Miguel J 83 S 20
San Miguel *Tenerife* TF 128 E 5
San Miguel (Ermita de) CU 47 K 22
San Miguel (Ermita de) *cerca de la Virgen de la Vega* TE 49 K 28
San Miguel (Ermita de) *cerca de Orrios* TE 61 K 27
San Miguel (Ermita de) *cerca de Valderrobres* TE 50 J 30
San Miguel de Aguayo S 7 C 17
San Miguel de Aralar (Santuario de) NA 10 D 24
San Miguel de Aras S 8 C 19
San Miguel de Bernuy SG 31 H 18
San Miguel de Corneja AV 44 K 14
San Miguel de Escalada LE 16 E 14
San Miguel de Foces HU 21 F 29
San Miguel de la Dueñas LE 15 E 10
San Miguel de la Puebla CS 49 K 29
San Miguel de la Ribera ZA 30 I 13
San Miguel de Lillo O 5 B 12
San Miguel de Meruelo S 8 B 19
San Miguel de Montañán LE 16 F 14
San Miguel de Pedroso BU 18 E 20
San Miguel de Serrezuela AV 44 J 14
San Miguel de Tajao *Tenerife* TF 129 G 5
San Miguel de Valero SA 43 K 12
San Miguel del Arroyo VA 31 H 16
San Miguel del Camino LE 15 E 12
San Miguel del Pino VA 30 H 15
San Miguel del Valle ZA 30 F 13
San Millán BU 18 D 20
San Millán OR 27 G 7
San Millán (Monte) BU 18 F 20
San Millán de Juarros BU 18 F 19
San Millán de la Cogolla LO 18 F 21
San Millán de Lara BU 18 F 19
San Millán de los Caballeros LE 16 F 13
San Millán de Yécora LO 18 E 20
San Morales SA 44 J 13
San Muñoz SA 43 J 11
San Nicolás *La Palma* TF 132 C 5
San Nicolás del Puerto SE 80 S 13
San Pablo SE 92 T 12
San Pablo de Buceite CA 99 W 13
San Pablo de la Moraleja VA 44 I 15
San Pablo de los Montes TO 58 N 17
San Paio OR 27 G 6
San Pantaleón de Losa BU 18 D 20
San Pascual AV 44 J 15
San Payo LU 4 C 7
San Pedro S 8 C 19
San Pedro P 17 D 16
San Pedro LU 14 D 8
San Pedro PO 13 E 5
San Pedro CC 54 N 8
San Pedro AL 103 V 24
San Pedro *cerca de Grado* O 5 B 11
San Pedro *cerca de Oviedo* O 5 B 12
San Pedro *cerca de Parres* O 6 B 14
San Pedro *cerca de Segovia* SG 45 I 17
San Pedro (Embalse de) OR 13 E 6
San Pedro (Ermita de) LU 4 C 8
San Pedro (Puerto de) MU 85 S 27
San Pedro (Sierra de) CC 67 O 10
San Pedro (Torrico de) CC 55 N 9
San Pedro Bercianos LE 15 E 12
San Pedro Cansoles P 16 D 15
San Pedro de Alcantara AV 57 L 14
San Pedro de Alcántara MA 100 W 15
San Pedro de Arlanza (Ermita) BU 32 F 19
San Pedro de Cardeña BU 18 F 19
San Pedro de Ceque ZA 29 F 11
San Pedro de Gaíllos SG 31 I 18
San Pedro de la Nave ZA 29 H 12
San Pedro de la Viña ZA 15 F 11
San Pedro de las Herrerías ZA 29 G 10
San Pedro de Latarce VA 30 G 14
San Pedro de Mérida BA 67 P 11
San Pedro de Olleros LE 14 D 9
San Pedro de Paradela LE 15 D 10
San Pedro de Rozados SA 43 J 12
San Pedro de Rudaguera S 7 B 17
San Pedro de Valderaduey LE 16 E 15
San Pedro de Viveiro LU 4 B 7
San Pedro de Zamudia ZA 29 G 12
San Pedro del Arroyo AV 44 J 15
San Pedro del Pinatar MU 85 S 27
San Pedro del Romeral S 7 C 18
San Pedro del Valle SA 43 I 12
San Pedro Manrique SO 33 F 23
San Pedro Palmiches CU 47 K 22
San Pedro Samuel BU 17 E 18
San Pelayo BU 8 C 19
San Pelayo VA 30 G 14
San Pelayo BI 9 B 21
San Pelayo de Guareña SA 43 I 12
San Quintín CR 70 P 17
San Quirce de Riopisuerga P 17 E 17
San Rafael SG 45 J 17
San Rafael CA 92 V 12
San Rafael de Navallana (Embalse de) CO 81 S 16
San Rafael de Olivenza BA 66 P 8
San Ramón M 45 K 16
San Ramón C 3 B 5
San Román S 7 B 18
San Román ZA 29 F 12
San Román *cerca de Bembibre* LE 15 E 10
San Román *cerca de Piloña* O 6 B 14
San Román *cerca de Portomarín* LU 14 D 7
San Román *cerca de Pravia* O 5 B 11
San Román *cerca de Santas Martas* LE 16 E 13
San Román *Cervantes* LU 14 D 8
San Román de Basa HU 21 E 29
San Román de Cameros LO 19 F 22
San Román de Campezo VI 19 D 22
San Román de Castro HU 22 F 30
San Román de Hornija VA 30 H 14
San Román de la Cuba P 16 F 15
San Román de la Vega LE 15 E 11
San Román de los Caballeros LE 15 E 12
San Román de los Infantes ZA 29 H 12
San Román de los Montes TO 57 L 15
San Román de San Millán VI 19 D 22
San Roque O 7 B 15
San Roque C 2 C 3
San Roque OR 13 F 5
San Roque CA 99 X 13
San Roque (Ermita de) TE 61 L 26
San Roque (Ermita de) *cerca de Alustante* GU 48 K 25
San Roque (Ermita de) *cerca de la Yunta* GU 48 J 24
San Roque de Riomiera S 8 C 18
San Roque Torre Guadiaro CA 99 X 14
San Sadurniño C 3 B 5
San Salvador VA 30 H 14
San Salvador LU 3 C 6
San Salvador *cerca de Teverga* O 5 C 11
San Salvador de Cantamuda P 17 D 16
San Salvador de Meis PO 12 E 3
San Salvador de Poyo PO 12 E 3
San Salvador del Valledor *cerca de Negueira* O 4 C 9
San Saturio (Ermita de) SO 33 G 22
San Sebastián PO 13 D 4
San Sebastián (Castillo de) CA 98 W 11
San Sebastián (Embalse de) ZA 14 F 9
San Sebastián (Ermita de) Z 34 G 25
San Sebastián (Ermita de) BA 69 P 14
San Sebastián de Garabandal S 7 C 16
San Sebastián de la Gomera *La Gomera* TF 119 D 2
San Sebastián de los Ballesteros CO 81 T 15
San Sebastián de los Reyes M 46 K 19
San Segundo (Ermita de) GU 48 J 24
San Serván BA 67 P 10
San Silvestre de Guzmán H 90 T 7
San Telmo H 78 S 9
San Telmo (Parador) *Tui* PO 12 F 4
San Tirso LE 14 E 9
San Tirso *cerca de Oviedo* O 5 C 12
San Tirso *cerca de Pravia* O 5 B 11
San Torcuato LO 18 E 21
San Urbez (Santuario de) HU 21 F 29
San Vicente NA 11 D 26
San Vicente OR 14 E 8
San Vicente SA 44 J 13
San Vicente de Alcántara BA 54 N 8
San Vicente de Arévalo AV 44 J 15
San Vicente de la Barquera S 7 B 16
San Vicente de la Sonsierra LO 19 E 21
San Vicente de León S 7 C 17
San Vicente de Robres LO 19 F 23
San Vicente de Toranzo S 7 C 18
San Vicente del Grove PO 12 E 3
San Vicente del Mar PO 12 E 3
San Vicente del Monte S 7 C 17
San Vicente del Palacio VA 30 I 15
San Vicente Ferrer SE 91 U 11
San Vicentejo BU 19 D 21
San Victorian (Monasterio de) HU 22 E 30
San Vincente de la Cabeza ZA 29 G 11
San Vincente del Valle BU 18 E 20
San Vitero ZA 29 G 10
San Xulian de Sales / San Julián de Sales C 13 D 4
San Xurxo de Piquín LU 4 C 8
San Zadornil BU 18 D 20
Sanabria (Lago de) ZA 14 F 9
Sanabria (Valle de) ZA 14 F 9
Sanatorio de Abona *Tenerife* TF 129 G 4
Sanaüja L 37 G 33
Sancedo LE 14 E 10
Sanchicorto AV 44 K 15
Sanchidrián AV 45 J 16
Sancho (Embalse de) H 90 T 8
Sancho Abarca Z 34 G 26
Sancho Abarca (Monte) Z 20 F 26
Sancho Leza (Collado de) LO 19 F 22
Sanchogómez SA 43 J 12
Sanchón de la Ribera SA 43 I 10
Sanchón de la Sagrada SA 43 J 11
Sanchonuño SG 31 I 17
Sanchorreja AV 44 K 15
Sanchotello SA 43 K 12
Sancti Petri CA 98 W 11
Sancti Petri (Isla) CA 98 W 11
Sancti-Spíritus SA 43 J 10
Sancti Spíritus BA 69 P 14
Sandamias O 5 B 11
Sande OR 13 F 5
Sandiás OR 13 F 6
Sandiche O 5 B 11
Sandín ZA 29 G 10
Sandinies HU 21 D 29
Sando SA 43 J 11
Sandoval de la Reina BU 17 E 17
Sanet y Negrals A 74 P 29
Sangarcía SG 45 J 16
Sangarrén HU 21 F 28
Sangenjo / Sanxenxo PO 12 E 3
Sangonera la Verde MU 85 S 26
Sangüesa / Zangoza NA 20 E 26
Sanlúcar de Barrameda CA 91 V 10
Sanlúcar de Guadiana H 90 T 7
Sanlúcar la Mayor SE 91 T 11
Sansoáin *cerca de Lumbier* NA 11 D 26
Sansoáin *cerca de Taffala* NA 20 E 25
Sansol NA 19 E 23
Sansomain NA 20 E 25
Sant Adrià de Besòs B 38 H 36
Sant Agustí *Ibiza* PM 87 P 33
Sant Agustí de Lluçanès B 24 F 36
Sant Andreu L 23 E 33
Sant Andreu de la Barca B 38 H 35
Sant Andreu de Llavaneres B 38 H 37
Sant Andreu Salou GI 25 G 38
Sant Aniol GI 24 F 37
Sant Aniol de Finestres GI 24 F 37
Sant Antolí i Vilanova L 37 H 34
Sant Antoni (Cap de) A 75 P 30
Sant Antoni (Ermita de) A 74 P 28
Sant Antoni (Pantà de) L 23 F 32
Sant Antoni de Calonge GI 25 G 39
Sant Antoni de Portmany / San Antonio de Portmany PM 87 P 33
Sant Bartolomeu del Grau B 38 G 36
Sant Bartomeu d'Almisdrà A 85 R 27
Sant Bernabé de les Tenes GI 24 F 36
Sant Boi B 38 H 36
Sant Boi de Lluçanès B 24 F 36
Sant Carles *Ibiza* PM 87 O 34
Sant Carles de la Ràpita T 50 K 31
Sant Cebrià de Vallalta B 38 H 37
Sant Celoni B 38 G 37
Sant Cerni L 23 F 32
Sant Climent *Menorca* PM 106 M 42
Sant Climent de Llobregat B 38 H 35
Sant Climent Sescebes GI 25 E 38
Sant Cristòfol V 74 O 28
Sant Cugat del Vallès B 38 H 36
Sant Doménec V 62 N 28
Sant Elm *Mallorca* PM 104 N 37
Sant Esperit (Monestir) V 62 M 28
Sant Esteve de la Sarga L 22 F 32
Sant Esteve de Palautordera B 38 G 37
Sant Esteve d'En Bas GI 24 F 37
Sant Esteve Sesrovires B 38 H 35
Sant Felip de Neri A 85 R 27
Sant Feliu B 38 H 36
Sant Feliu de Boada GI 25 G 39
Sant Feliu de Buixalleu GI 38 G 37
Sant Feliu de Codines B 38 G 36
Sant Feliu de Guíxols / Sant Feliú de Guixols GI 39 G 39
Sant Feliu de Pallerols GI 24 F 37
Sant Feliu del Racó B 38 H 36
Sant Feliu Sasserra B 38 G 36
Sant Ferran *Formentera* PM 87 P 34
Sant Francesc PM 87 P 34
Sant Francesc de s'Estany PM 87 P 34
Sant Fruitós de Bages B 38 G 35
Sant Genís B 39 H 38
Sant Gerard V 62 N 28
Sant Grau GI 39 G 38
Sant Gregori GI 24 G 38
Sant Gregori (Mont) GI 24 G 37
Sant Guim de Freixenet L 37 H 34
Sant Guim de la Plana L 37 G 33
Sant Hilari Sacalm GI 24 G 37
Sant Hipòlit de Voltregà B 24 F 36
Sant Iscle de Vallalta B 38 H 37
Sant Isidre V 62 N 28
Sant Isidre d'Albatera A 85 R 27
Sant Jaume (Ermita de) V 74 P 28
Sant Jaume de Frontanyà B 24 F 36
Sant Jaume de Llierca GI 24 F 37
Sant Jaume dels Domenys T 37 I 34
Sant Jaume d'Enveja T 50 J 32
Sant Jeroni B 38 H 35
Sant Jeroni (Convent de) V 74 P 29
Sant Joan PM 105 N 39
Sant Joan (Banyos de) PM 105 N 39
Sant Joan d'Alacant A 86 Q 28
Sant Joan de Labritja PM 87 O 34
Sant Joan de l'Erm L 23 E 33
Sant Joan de les Abadesses GI 24 F 36
Sant Joan de Mollet GI 25 F 38
Sant Joan de Moró CS 62 L 29
Sant Joan de Penyagolosa CS 62 L 28
Sant Joan de Vilatorrada B 38 G 35
Sant Joan de Vinyafrescal L 23 F 32
Sant Joan Fumat L 23 E 34
Sant Joan les Fonts GI 24 F 37
Sant Joaquim CS 49 J 29
Sant Jordi A 74 Q 29
Sant Jordi *Ibiza* PM 87 P 34
Sant Jordi *Mallorca* PM 104 N 38
Sant Jordi / San Jorge CS 50 K 30
Sant Jordi (Golf de) T 51 J 32
Sant Jordi d'Alfama T 51 J 32
Sant Jordi Desvalls GI 25 F 38
Sant Josep *Ibiza* PM 87 P 33
Sant Josep (Grutes de) CS 62 M 29
Sant Julià GI 24 F 37
Sant Julià de Cerdanyola B 24 F 35
Sant Julià de Vilatorta B 38 G 36
Sant Llorenç GI 25 G 38
Sant Llorenç *Ibiza* PM 87 O 34
Sant Llorenç de la Muga GI 25 F 38
Sant Llorenç de Montgai L 36 G 32
Sant Llorenç de Morunys L 23 F 34
Sant Llorenç del Munt B 38 H 36
Sant Llorenç del Munt (Parc natural de) B 38 G 35
Sant Llorenç des Cardassar PM 105 N 39
Sant Llorenç d'Hortons B 38 H 35
Sant Llorenç Savall B 38 G 36
Sant Lluís PM 106 M 42
Sant Magí (Santuari) T 37 H 34
Sant Marçal (Ermita) B 38 G 37
Sant Martí (Cap de) A 75 P 30
Sant Martí d'Albars B 24 F 36
Sant Martí de Barcedana L 23 F 32
Sant Martí de Centelles B 38 G 36
Sant Martí de Llémena GI 24 F 37
Sant Martí de Ogassa GI 24 F 36
Sant Martí de Riucorb L 37 H 33
Sant Martí de Surroca GI 24 F 36
Sant Martí de Torroella B 38 G 35
Sant Martí de Tous B 37 H 34
Sant Martí Sacalm GI 24 F 37
Sant Martí Sapresa GI 24 G 37
Sant Martí Sarroca B 37 H 34
Sant Martí Sescorts B 24 F 36
Sant Martí Sesgueioles B 37 G 34
Sant Martí Sesserres GI 25 F 38
Sant Martí Vell GI 25 F 38
Sant Mateu GI 25 G 38
Sant Mateu *Castelló* CS 50 K 30
Sant Mateu *Ibiza* PM 87 O 34
Sant Mateu de Bages B 37 G 35
Sant Maurici B 24 F 35
Sant Maurici (Estany de) L 23 E 32
Sant Miquel de Salinas A 85 S 27
Sant Miquel *Ibiza* PM 87 O 34
Sant Miquel *Mallorca* PM 105 N 39
Sant Miquel (Ermita de) *Castelló* CS 63 L 30
Sant Miquel de Campmajor GI 24 F 38

A B C D E F G H I J K L M N O P Q R S T U V W X Y Z

Sant Miquel de Cladells *GI* 24 G 37
Sant Miquel de Fluvià *GI* 25 F 38
Sant Miquel de la Pobla *V* 61 L 26
Sant Miquel de la Pobla *CS* 49 K 29
Sant Miquel del Fai *B* 38 G 36
Sant Mori *GI* 25 F 38
Sant Nicolau *L* 22 E 32
Sant Pasqual (Ermita de) *A* 86 Q 28
Sant Pau *CS* 50 K 29
Sant Pau de Segúries *GI* 24 F 37
Sant Pau d'Ordal *B* 38 H 35
Sant Pere de Casserres *B* 24 G 37
Sant Pere de Ribes *B* 38 I 35
Sant Pere de Riudebitlles *B* 37 H 35
Sant Pere de Rodes (Monestir de) *GI* 25 F 39
Sant Pere de Torelló *B* 24 F 36
Sant Pere de Vilamajor *B* 38 G 37
Sant Pere Despuig *GI* 24 F 37
Sant Pere i Sant Pau *T* 51 I 33
Sant Pere Pescador *GI* 25 F 39
Sant Pere Sallavinera *B* 37 G 34
Sant Pol de Mar *B* 38 H 37
Sant Ponç (Pantà de) *L* 37 G 34
Sant Privat d'En Bas *GI* 24 F 37
Sant Quintí de Mediona *B* 37 H 34
Sant Quirze *B* 38 H 36
Sant Quirze de Besora *B* 24 F 36
Sant Quirze de Pedret *B* 24 F 35
Sant Quirze Safaja *B* 38 G 36
Sant Rafael *A* 74 Q 29
Sant Rafel *A* 74 P 28
Sant Rafel *Ibiza* *PM* 87 P 34
Sant Rafel del Riu *CS* 50 K 31
Sant Ramon *L* 37 G 34
Sant Romà d'Abella *L* 23 F 33
Sant Sadurní d'Anoia *B* 38 H 35
Sant Sadurní de l'Heura *GI* 25 G 38
Sant Sadurní d'Osormort *B* 24 G 37
Sant Salvador *T* 37 I 34
Sant Salvador (Monestir) *Mallorca* *PM* 105 N 39
Sant Salvador (Monte) *GI* 25 F 39
Sant Salvador de Bianya *GI* 24 F 37
Sant Salvador de Guardiola *B* 37 G 35
Sant Salvador de Toló *L* 23 F 33
Sant Sebastià (Cap de) *GI* 25 G 39
Sant Sebastià (Ermita de) *V* 74 P 27
Sant Sebastià de Montmajor *B* 38 H 36
Sant Tomàs *PM* 106 M 42
Sant Vicenç de Castellet *B* 38 G 35
Sant Vicenç de Montalt *B* 38 H 37
Sant Vicenç de Torelló *B* 24 F 36
Sant Vicenç dels Horts *B* 38 H 36
Sant Vicent *Castelló* *CS* 62 L 28
Sant Vicent *Ibiza* *PM* 87 O 34
Sant Vicent (Ermita de) *V* 62 N 28
Sant Vicent (Ermita de) *A* 86 R 28
Sant Vicent del Raspeig *A* 86 Q 28
Santa (Cova) *PM* 87 P 33
Santa (La) *LO* 19 F 22
Santa (La) *Lanzarote* *GC* 122 C 3
Santa (Monasterio La) *MU* 85 S 25
Santa Afra *GI* 24 F 38
Santa Àgata *Castelló* *CS* 50 K 30
Santa Agnès *Ibiza* *PM* 87 O 34
Santa Agnès de Malanyanes *B* 38 H 37
Santa Agueda *Menorca* *PM* 106 L 42
Santa Agueda (Ermita de) *H* 91 T 10
Santa Amalia *BA* 68 O 11
Santa Ana *O* 6 C 13
Santa Ana *ZA* 29 G 10
Santa Ana *TO* 58 L 17
Santa Ana *MU* 85 S 26
Santa Ana *J* 94 T 18
Santa Ana *CC* 68 O 12
Santa Ana *cerca de Albacete* *AB* 72 P 24
Santa Ana *cerca de Alcadozo* *AB* 72 P 23
Santa Ana (Ermita de) *CC* 68 O 12
Santa Ana (Ermita de) *cerca de Alfambra* *TE* 48 K 26
Santa Ana (Ermita de) *cerca de Rubielos de la Cérida* *GU* 48 J 26
Santa Ana (Monasterio de) *MU* 85 Q 26
Santa Ana (Sierra) *MU* 85 Q 26
Santa Ana de Abajo *AB* 72 P 24
Santa Ana de Arriba *AB* 72 P 23
Santa Ana de Pusa *TO* 57 M 15
Santa Ana la Real *H* 79 S 9
Santa Anastasia *Z* 20 F 26
Santa Anna (Pantà de) *L* 36 G 31
Santa Bàrbara *T* 50 J 31
Santa Bárbara *O* 6 C 13
Santa Bárbara *AL* 96 T 24
Santa Bárbara *CC* 56 L 11
Santa Bárbara *NA* 20 D 27
Santa Barbara (Alto de) *HU* 21 E 27
Santa Bárbara (Ermita de) *GI* 24 G 37
Santa Bárbara (Ermita de) *HU* 21 E 27
Santa Bárbara (Ermita de) *CU* 47 L 22
Santa Bárbara (Ermita de) *cerca de Alcañiz* *TE* 50 J 29
Santa Bárbara (Ermita de) *cerca de Calamocha* *TE* 48 J 25
Santa Bárbara (Ermita de) *cerca de Camarena de la Sierra* *TE* 61 L 26
Santa Bárbara (Ermita de) *cerca de Celadas* *TE* 49 K 26
Santa Bárbara (Ermita de) *cerca de Perales del Alfambra* *TE* 48 K 26
Santa Bárbara (Ermita de) *cerca de Teruel* *TE* 48 K 26
Santa Bárbara (Ermita de) *cerca de Villalba Baja* *TE* 49 K 26
Santa Bárbara (Monte) *GR* 95 T 21
Santa Bárbara de Casa *H* 78 S 8
Santa Brígida *Gran Canaria* *GC* 115 F 2
Santa Brígida (Ermita de) *CR* 70 P 17
Santa Casilda (Santuario de) *BU* 18 E 19
Santa Catalina *C* 2 C 3
Santa Catalina *TO* 58 M 17
Santa Catalina *J* 82 S 18
Santa Catalina *SE* 92 T 12
Santa Catalina (Ermita de) *V* 61 M 26
Santa Cecilia *BU* 31 F 18
Santa Cecilia *SO* 33 F 22
Santa Cecilia (Ermita) *B* 38 H 35
Santa Cecília de Voltregà *B* 38 G 36
Santa Cecilia del Alcor *P* 31 G 16
Santa Cilia *HU* 21 F 29
Santa Cilia de Jaca *HU* 21 E 27
Santa Clara *CR* 69 P 16
Santa Clara *CO* 69 Q 14
Santa Clara de Avedillo *ZA* 29 H 12
Santa Coloma *LO* 19 E 22
Santa Coloma de Farners *GI* 24 G 38
Santa Coloma de Queralt *T* 37 H 34
Santa Colomba de Curueño *LE* 16 D 13
Santa Colomba de la Carabias *ZA* 30 F 13
Santa Colomba de las Monjas *ZA* 29 G 12
Santa Colomba de Somoza *LE* 15 E 11
Santa Comba *C* 2 C 3
Santa Comba *LU* 4 D 7
Santa Comba de Bande *OR* 27 G 6
Santa Cova *B* 38 H 35
Santa Cristina *CU* 47 K 23
Santa Cristina (Ermita de) *GI* 39 G 38
Santa Cristina d'Aro *GI* 25 G 39
Santa Cristina de la Polvorosa *ZA* 29 F 12
Santa Cristina de Lena *O* 5 C 12
Santa Cristina de Valmadrigal *LE* 16 E 14
Santa Croya de Tera *ZA* 29 G 12
Santa Cruz *SG* 32 I 18
Santa Cruz *BI* 8 C 20
Santa Cruz *O* 5 B 12
Santa Cruz *CO* 81 S 16
Santa Cruz *MU* 85 R 26
Santa Cruz *cerca de A Coruña* *C* 3 B 4
Santa Cruz *cerca de Espiñaredo* *C* 3 B 6
Santa Cruz (Ermita de) *TE* 49 K 27
Santa Cruz (Sierra de) *CC* 68 O 12
Santa Cruz de Abranes *ZA* 28 G 9
Santa Cruz de Bezana *S* 7 B 18
Santa Cruz de Boedo *P* 17 E 16
Santa Cruz de Campezo *VI* 19 D 22
Santa Cruz de Grío *Z* 34 H 25
Santa Cruz de Juarros *BU* 18 F 19
Santa Cruz de la Palma *La Palma* *TF* 131 D 4
Santa Cruz de la Salceda *BU* 32 H 19
Santa Cruz de la Serós *HU* 21 E 27
Santa Cruz de la Sierra *CC* 68 N 12
Santa Cruz de la Zarza *TO* 59 M 20
Santa Cruz de los Cañamos *CR* 71 Q 21
Santa Cruz de Marchena *AL* 95 U 22
Santa Cruz de Mieres *O* 5 C 12
Santa Cruz de Moncayo *Z* 34 G 24
Santa Cruz de Moya *CU* 61 M 26
Santa Cruz de Mudela *CR* 70 Q 19
Santa Cruz de Nogueras *TE* 48 I 26
Santa Cruz de Paniagua *CC* 55 L 11
Santa Cruz de Pinares *AV* 45 K 16
Santa Cruz de Tenerife *Tenerife* *TF* 125 J 2
Santa Cruz de Yanguas *SO* 33 F 22
Santa Cruz del Comercio *GR* 94 U 18
Santa Cruz del Monte *P* 17 E 16
Santa Cruz del Retamar *TO* 58 L 17
Santa Cruz del Tozo *BU* 17 E 18
Santa Cruz del Valle *AV* 57 L 15
Santa Cruz del Valle Urbión *BU* 18 F 20
Santa Elena *HU* 21 D 29
Santa Elena *J* 82 Q 19
Santa Elena (Ermita de) *TE* 61 L 26
Santa Elena (Monasterio de) *HU* 21 E 29
Santa Elena de Jamuz *LE* 15 F 12
Santa Emilia *TO* 57 M 15
Santa Engracia *Z* 34 G 26
Santa Engracia *HU* 21 E 27
Santa Engracia del Jubera *LO* 19 F 23
Santa Eufemia *CO* 69 Q 15
Santa Eufemia del Arroyo *VA* 30 G 14
Santa Eufemia del Barco *ZA* 29 G 12
Santa Eugenia *C* 12 E 3
Santa Eugènia *Mallorca* *PM* 104 N 38
Santa Eugènia de Berga *B* 38 G 36
Santa Eulalia *S* 7 C 16
Santa Eulalia *TE* 48 K 26
Santa Eulalia *ZA* 29 F 11
Santa Eulalia *J* 82 R 19
Santa Eulalia *Cabranes* *O* 6 B 13
Santa Eulalia *Morcín* *O* 5 C 12
Santa Eulalia (Ermita de) *H* 79 S 10
Santa Eulalia Bajera *LO* 19 F 23
Santa Eulalia de Bóveda *LU* 3 D 6
Santa Eulalia de Cabrera *LE* 15 F 10
Santa Eulalia de Gállego *Z* 21 F 27
Santa Eulalia de la Peña *HU* 21 F 28
Santa Eulalia de Oscos *O* 4 C 8
Santa Eulàlia de Puig-oriol *B* 24 F 36
Santa Eulàlia de Riuprimer *B* 38 G 36
Santa Eulàlia de Ronçana *B* 38 H 36
Santa Eulalia de Tábara *ZA* 29 G 12
Santa Eulalia del Río / Santa Eulària des Riu *PM* 87 P 34
Santa Eulalia La Mayor *HU* 21 F 29
Santa Eulària des Riu / Santa Eulalia del Río *PM* 87 P 34
Santa Euxea *LU* 13 D 7
Santa Faç *A* 86 Q 28
Santa Fe *L* 37 G 34
Santa Fe *GR* 94 U 18
Santa Fe (Pantà de) *B* 38 G 37
Santa Fe de Mondújar *AL* 103 V 22
Santa Filomena (Ermita de) *A* 85 R 27
Santa Gadea *BU* 17 D 18
Santa Gadea del Cid *BU* 18 D 20
Santa Genoveva *SE* 92 T 12
Santa Gertrudis *PM* 87 P 34
Santa Iglesia *SE* 92 T 13
Santa Inés *BU* 32 F 18
Santa Inés *SA* 44 J 13
Santa Inés *BA* 68 Q 13
Santa Inés (Puerto de) *SO* 33 F 21
Santa Isabel *Z* 35 H 27
Santa Juliana *SE* 92 T 13
Santa Lecina *HU* 36 G 30
Santa Liestra y San Quílez *HU* 22 F 31
Santa Linya *L* 36 G 32
Santa Lucía *LO* 19 F 23
Santa Lucía *PO* 12 E 4
Santa Lucía *Gran Canaria* *GC* 117 E 3
Santa Lucía (Ermita de) *TE* 48 K 25
Santa Lucía de Valdueza *LE* 14 E 10
Santa Magdalena *PM* 104 M 38
Santa Magdalena (Ermita de) *T* 50 J 31
Santa Magdalena de Pulpís *CS* 50 K 30
Santa Margalida *Mallorca* *PM* 105 M 39
Santa Margarida *GI* 25 F 39
Santa Margarida de Montbui *B* 37 H 34
Santa Margarida i els Monjos *B* 37 I 35
Santa Margarita *CA* 99 X 14
Santa Margarita (Ermita de) *TE* 61 M 27
Santa Margarita (Portillo de) 20 F 25
Santa María *HU* 21 E 27
Santa María *O* 5 B 12
Santa María *CR* 71 P 21
Santa María *BA* 67 P 10
Santa María *P* 17 D 16
Santa María *cerca de Luciana* *CR* 69 O 16
Santa María (Ermita de) *SG* 31 I 17
Santa María (Sierra de) *BA* 67 Q 9
Santa María de Bellpuig *L* 36 G 32
Santa María de Bendones *O* 5 B 12
Santa María de Besora *B* 24 F 36
Santa María de Cayón *S* 7 C 18
Santa María de Corcó *B* 24 F 37
Santa María de Guía *Gran Canaria* *GC* 114 D 1
Santa María de Huerta *SO* 33 I 23
Santa María de la Alameda *M* 45 K 17
Santa María de la Isla *LE* 15 E 12
Santa María de la Vega *ZA* 15 F 12
Santa María de las Hoyas *SO* 32 G 20
Santa María de las Lomas *CC* 56 L 13
Santa María de Llorell *GI* 39 G 38
Santa María de los Caballeros *AV* 44 K 13
Santa María de los Llanos *CU* 59 N 21
Santa María de Mave *P* 17 D 17
Santa Maria de Meià *L* 37 G 32
Santa María de Mercadillo *BU* 32 G 19
Santa Maria de Merlès *B* 24 F 35
Santa María de Mezonzo *C* 3 C 5
Santa Maria de Miralles *B* 37 H 34
Santa María de Nieva *AL* 96 T 24
Santa María de Ordás *LE* 15 D 12
Santa Maria de Palautordera *B* 38 G 37
Santa María de Redondo *P* 17 D 16
Santa María de Riaza *SG* 32 H 19
Santa María de Sando *SA* 43 J 11
Santa María de Siones *BU* 8 C 20
Santa María de Tentudía (Santuario de) *BA* 79 R 10
Santa María de Trassierra *CO* 81 S 15
Santa María de Valverde *ZA* 29 G 12
Santa María de Zújar (Ermita de) *BA* 68 P 12
Santa María del Águila *AL* 102 V 21
Santa María del Arroyo *AV* 44 K 15
Santa María del Berrocal *AV* 44 K 13
Santa Maria del Camí *B* 37 H 34
Santa Maria del Camí *Mallorca* *PM* 104 N 38
Santa María del Campo *BU* 17 F 18
Santa María del Campo Rus *CU* 60 N 22
Santa María del Cerro *SG* 46 I 18
Santa María del Cubillo *AV* 45 J 16
Santa María del Espino *GU* 47 J 23
Santa María del Invierno *BU* 18 E 19
Santa María del Mar *O* 5 B 11
Santa María del Monte de Cea *LE* 16 E 14
Santa María del Monte del Condado *LE* 16 D 13
Santa María del Páramo *LE* 15 E 12
Santa María del Prado *SO* 33 H 22
Santa María del Puerto *O* 5 C 11
Santa María del Río *LE* 16 E 14
Santa María del Tiétar *AV* 57 L 16
Santa María del Val *CU* 47 K 23
Santa Maria d'Oló *B* 38 G 36
Santa María la Real de Nieva *SG* 45 I 16
Santa María La Real de Oseira (Monasterio) *OR* 13 E 6
Santa María Magdalena *A* 85 Q 27
Santa María-Ribarredonda *BU* 18 E 20
Santa Marina *O* 5 C 12
Santa Marina *LE* 15 E 10
Santa Marina *PO* 12 D 4
Santa Marina *LO* 19 F 22
Santa Marina de Somoza *LE* 15 E 11
Santa Marina de Valdeón *LE* 6 C 15
Santa Marina del Rey *LE* 15 E 12
Santa Mariña *C* 2 C 3
Santa Mariña de Augas Santas *OR* 13 F 6
Santa Marta *AB* 72 O 23
Santa Marta *BA* 67 Q 10
Santa Marta *MA* 100 W 14
Santa Marta de Magasca *CC* 56 N 11
Santa Marta de Ortigueira (Ría de) *C* 3 A 6
Santa Marta de Tera *ZA* 29 G 12
Santa Marta de Tormes *SA* 43 J 13
Santa Olaja *BU* 8 C 20
Santa Olaja *LE* 16 D 14
Santa Olaja de la Varga *LE* 16 D 14
Santa Olaja de la Vega *P* 16 E 15
Santa Olalla *TO* 57 L 16
Santa Olalla (Sierra de) *CC* 55 L 9
Santa Olalla de Bureba *BU* 18 E 19
Santa Olalla de Yeltes *SA* 43 J 11
Santa Olalla del Cala *H* 79 S 11
Santa Oliva *T* 37 I 34
Santa Pau *GI* 24 F 37
Santa Paula *TO* 57 M 15
Santa Pelada (Ermita de la) *CR* 70 P 19
Santa Pellaia *GI* 25 G 38
Santa Perpetua *T* 37 H 34
Santa Perpètua *B* 38 H 36
Santa Pola *A* 86 R 28
Santa Pola (Cap de) *A* 86 R 28
Santa Pola de l'Est *A* 86 R 28
Santa Ponça *PM* 104 N 37
Santa Quiteria *CR* 69 O 16
Santa Quiteria *TO* 57 N 15
Santa Quiteria (Ermita de) *TE* 49 K 27
Santa Quitería (Ermita de) *GU* 48 K 24
Santa Rita *AB* 71 P 21
Santa Rosa *O* 5 C 12
Santa Rosa (Casa de) *AB* 73 P 26
Santa Rosalia *MU* 85 S 27
Santa Rosalía *MA* 100 V 16
Santa Sabiña *C* 2 C 3
Santa Susanna *B* 38 H 38
Santa Tecla *PO* 26 G 3
Santa Teresa *SA* 44 J 13
Santa Teresa *CA* 98 W 11
Santa Teresa (Embalse de) *SA* 43 K 13
Santa Teresa (Ermita) *MU* 84 S 24
Santa Úrsula *Tenerife* *TF* 124 G 2
Santaballa *LU* 3 C 6
Santacara *NA* 20 E 25
Santaella *CO* 93 T 15
Santalavilla *LE* 14 E 10
Santamera *GU* 47 I 21
Santander *S* 8 B 18
Santandria *PM* 106 M 41
Santanyí *PM* 105 N 39
Santaolalla *GR* 95 T 21
Santas (Las) *OR* 13 E 5
Santas Martas *LE* 16 E 13
Santaya *C* 3 C 5
Sante *O* 4 B 9
Sante *LU* 4 B 8
Santed *Z* 48 I 25
Santed (Puerto de) *Z* 48 I 25
Santeles *PO* 13 D 4
Santelices *BU* 18 D 18
Santervás *SO* 32 G 20
Santervás de Campos *VA* 16 F 14
Santervás de la Vega *P* 16 E 15
Santes Creus *T* 37 G 33
Santes Creus (Monestir) *T* 37 H 34

166 España

Santesteban / Doneztebe NA 11 C 24
Santi Petri MA 100 V 16
Santiago J 82 S 17
Santiago CC 54 N 8
Santiago (Ermita de) CR 70 P 19
Santiago (Sierra de) BA 67 O 9
Santiago de Alcántara CC 54 N 8
Santiago de Calatrava J 82 S 17
Santiago de Compostela C 12 D 4
Santiago de la Espada J 83 R 22
Santiago de la Puebla SA 44 J 14
Santiago de la Requejada ZA 15 F 10
Santiago de la Ribera MU 85 S 27
Santiago de Mora AB 73 Q 25
Santiago de Tormes AV 44 L 13
Santiago del Arroyo VA 31 H 16
Santiago del Campo CC 55 N 10
Santiago del Collado AV 44 K 13
Santiago del Monte O 5 B 11
Santiago del Teide *Tenerife* TF 126 C 3
Santiago Millas LE 15 E 11
Santiagos (Los) CR 70 P 17
Santianes *cerca de Tineo* O 5 C 10
Santianes *cerca de Pravia* O 5 B 11
Santianes *cerca de Ribadesella* O 6 B 14
Santianes *cerca de Santo Adriano* O 5 C 11
Santibánez S 7 C 18
Santibáñez O 6 C 13
Santibáñez LE 16 D 13
Santibañez de Ayllón SG 32 H 20
Santibáñez de Béjar SA 43 K 13
Santibáñez de Ecla P 17 D 16
Santibáñez de Esgueva BU 32 G 18
Santibáñez de la Peña P 17 D 15
Santibáñez de la Sierra SA 43 K 12
Santibáñez de Montes LE 15 E 11
Santibáñez de Porma LE 16 E 13
Santibáñez de Resoba P 17 D 16
Santibáñez de Rueda LE 16 D 14
Santibáñez de Tera ZA 29 G 12
Santibáñez de Valcorba VA 31 H 16
Santibáñez de Vidriales ZA 29 F 11
Santibáñez del Val BU 32 G 19
Santibáñez el Alto CC 55 L 10
Santibáñez el Bajo CC 55 L 11
Santibáñez-Zarzaguda BU 18 E 18
Santidad *Gran Canaria* GC 115 E 2
Santigosa (Coll de) GI 24 F 36
Santigoso OR 14 E 9
Santillán P 17 E 15
Santillana AL 95 U 21
Santillana (Embalse de) M 45 J 18
Santillana de Castilla P 17 E 16
Santillana del Mar S 7 B 17
Santimamiñe BI 9 B 22
Santiorxo LU 13 E 7
Santiponce SE 91 T 11
Santiscal (El) CA 92 V 12
Santísima Trinidad NA 10 D 24
Santiso C 13 D 5
Santisteban del Puerto J 83 R 20
Santiurde de Reinosa S 7 C 17
Santiurde de Toranzo S 7 C 18
Santiuste SO 32 H 21
Santiuste GU 47 I 21
Santiuste de Pedraza SG 45 I 18
Santiuste de San Juan Bautista SG 45 I 16
Santiz SA 29 I 12
Santo (Ermita del) CC 68 O 12
Santo (Peñon del) GR 101 V 18
Santo Adriano O 5 C 11
Santo Domingo M 46 K 19
Santo Domingo CO 81 S 15
Santo Domingo SE 92 T 13
Santo Domingo BA 66 Q 8
Santo Domingo Z 21 E 27
Santo Domingo (Ermita de) CC 55 N 10
Santo Domingo (Puerto de) BA 79 Q 10
Santo Domingo (Punta y Proís de) *La Palma* TF 130 B 3
Santo Domingo de Huebra SA 43 K 12
Santo Domingo de la Calzada LO 18 E 21
Santo Domingo de las Posadas AV 45 J 16
Santo Domingo de Moya CU 61 M 25
Santo Domingo de Pirón SG 45 I 18
Santo Domingo de Silos BU 32 G 19
Santo Estevo (Embalse de) LU 14 E 7
Santo Niño (Ermita del) TO 58 M 19
Santo Tomé LU 4 B 8
Santo Tomé OR 13 F 5
Santo Tomé J 83 R 20
Santo Tomé de Rozados SA 43 J 12
Santo Tomé de Zabarcos AV 44 J 15
Santo Tomé del Puerto SG 46 I 19
Santo Toribio de Liébana S 7 C 16
Santolea TE 49 J 28
Santolea (Embalse de) TE 49 J 29
Santomera MU 85 R 26
Santoña S 8 B 19
Santopétar AL 96 T 23
Santopitar MA 101 V 17
Santorcaz M 46 K 20
Santoréns HU 22 E 32
Santos (Ermita de los) TE 50 J 30
Santos (Ermita de los) CA 99 W 12
Santos (Los) SA 43 K 12
Santos (Los) V 61 L 26
Santos (Los) CO 93 T 16
Santos (Sierra de los) CO 80 R 13
Santos (Sierra de los) BA 79 Q 11
Santos de la Humosa (Los) M 46 K 20
Santos de la Piedra (Ermita de los) TE 48 K 25
Santos de Maimona (Los) BA 79 Q 10
Santoseco O 5 B 11
Santotis BU 18 D 19
Santotis S 7 C 16
Santovenia ZA 29 G 12
Santovenia SG 45 J 16
Santovenia de la Valdoncina LE 16 E 13
Santovenia de Oca BU 18 E 19
Santovenia de Pisuerga VA 31 G 15
Santovenia del Monte LE 16 E 13
Santoveña O 6 B 15
Santoyo P 17 F 16
Santpedor B 38 G 35
Santuario de Belén AB 73 P 26
Santullán S 8 B 20
Santullano O 5 B 12
Santurde de Rioja LO 18 E 21
Santurdejo LO 18 E 21
Santurio O 6 B 13
Santurtzi BI 8 B 20
Sanxenxo / Sangenjo PO 12 E 3
Sanxián PO 26 G 3
Sanzo O 4 C 9
Sanzoles ZA 30 H 13
Saornil de Voltoya AV 45 J 16
Sapeira L 22 F 32
Sar C 12 D 4
Sarandón C 13 D 4
Sarasa NA 10 D 24
Saraso BU 19 D 22
Saratxo VI 8 C 20
Saravillo HU 22 E 30
Sarceda S 7 C 16
Sarces C 2 C 2
Sardas HU 21 E 29
Sardina *Gran Canaria* GC 117 F 4
Sardina (Punta de) *Gran Canaria* GC 114 C 1
Sardinas J 83 R 20
Sardinero SE 80 S 13
Sardinero (El) S 8 B 18
Sardineros (Los) V 73 N 26
Sardinilla J 82 R 17
Sardiñeiro de Abaixo C 2 D 2
Sardón de Duero VA 31 H 16
Sardón de los Frailes SA 29 I 11
Sarga (Pico de la) AB 83 Q 22
Sargadelos LU 4 B 7
Sargentes de la Lora BU 17 D 18
Sargilla (La) AB 72 Q 23
Sariego O 6 B 13
Sariegos LE 16 E 13
Sariñena HU 35 G 29
Saro S 7 C 18
Sarón S 7 C 18
Sarrablo (Puerto del) HU 21 E 29
Sarracín BU 18 F 18
Sarracín de Aliste ZA 29 G 11
Sarral T 37 H 33
Sarreaus OR 13 F 7
Sarria LU 14 D 7
Sarrià de Ter GI 25 F 38
Sarriés / Sartze NA 11 D 26
Sarrión TE 61 L 27
Sarroca de Bellera L 22 E 32
Sarroca de Lleida L 36 H 31
Sarroqueta L 22 E 32
Sarsamarcuello HU 21 F 27
Sartaguda NA 19 E 23
Sartajada TO 57 L 15
Sartze / Sarriés NA 11 D 26
Sarvisé HU 21 E 29
Sarzol O 4 C 9
Sas de Penelas OR 14 E 7
Sasa del Abadiado HU 21 F 29
Sasal HU 21 E 28
Sasamón BU 17 E 17
Sasdónigas LU 4 B 7
Sáseta BU 19 D 22
Sástago Z 35 I 28
Sastres CR 69 O 16
Saturrarán SS 10 C 22
Sau (Pantà de) B 24 G 37
Sauca GU 47 I 22
Saúca (Ermita de) GU 47 K 21
Sauceda CC 43 L 10
Sauceda (La) MA 99 W 13
Saucedilla CC 56 M 12
Saucejo (El) SE 92 U 14
Saucelle SA 42 I 9
Sauceral (El) TO 58 N 17
Sauces (Los) *La Palma* TF 131 D 3
Sauco AL 95 U 22
Saúgo (El) SA 42 K 10
Sauquillo de Boñices SO 33 H 22
Sauquillo de Cabezas SG 45 I 17
Sauquillo de Paredes SO 32 H 21
Sauquillo del Campo SO 33 H 22
Saus GI 25 F 38
Sauvegarde (Pico de) HU 22 D 31
Sauzal (El) *Tenerife* TF 124 G 2
Savallà del Comtat T 37 H 33
Savina (La) PM 87 P 34
Saviñán Z 34 H 25
Saviñao LU 13 E 7
Sax A 73 Q 27
Sayago (Palazuelo de) ZA 29 H 11
Sayalonga MA 101 V 17
Sayatón GU 47 K 21
Sazadón (Portillo de) ZA 29 G 11
Seadur OR 14 E 8
Seara LU 14 E 8
Seara (A) OR 13 F 5
Seares O 4 B 8
Seavia C 2 C 3
Sebo (Punta del) H 90 U 9
Sebúlcor SG 31 I 18
Seca (La) SO 33 H 21
Seca (La) VA 30 H 15
Seca (La) LE 16 D 13
Secastilla HU 22 F 30
Secuita (La) T 37 I 33
Sedano BU 18 D 18
Sedella MA 101 V 17
Sedes C 3 B 5
Sediles Z 34 H 25
Segán LU 13 D 6
Segarró (El) CS 50 K 29
Segart V 62 M 28
Sege AB 84 R 23
Segóbriga (Ruinas romanas de) CU 59 M 21
Segorbe CS 62 M 28
Segovia SG 45 J 17
Segoyuela de los Cornejos SA 43 K 11
Segre (Vall du) L 23 E 34
Segur de Calafell T 37 I 34
Segura T 37 H 33
Segura SS 10 C 23
Segura (Puerto de) TE 49 J 27
Segura de la Sierra J 83 R 22
Segura de León BA 79 R 10
Segura de los Baños TE 49 J 27
Segura de Toro CC 56 L 12
Segurilla TO 57 L 15
Seguro (El) S 7 C 18
Seira HU 22 E 31
Seixido PO 13 E 4
Seixo PO 12 E 3
Seixo (O) PO 12 G 3
Seixón LU 3 C 6
Sejas de Aliste ZA 29 G 10
Sel de la Carrera S 7 C 18
Sela PO 13 F 4
Selas GU 47 J 23
Selaya S 7 C 18
Selgas O 5 B 11
Selgua HU 36 G 30
Sella A 74 Q 29
Selladores (Casa Forestal de) J 82 Q 18
Sellent V 74 O 28
Selorio O 6 B 13
Selva MU 84 S 24
Selva *Mallorca* PM 104 M 38
Selva de Mar (La) GI 25 F 39
Selva del Camp (La) T 37 I 33
Selvanera L 37 G 33
Selviella O 5 C 11
Semillas GU 46 I 20
Sena HU 36 G 29
Sena de Luna LE 15 D 12
Senan T 37 H 33
Senande C 2 C 2
Sencelles PM 104 N 38
Sendadiano VI 18 D 21
Sendelle C 3 D 5
Sendegüe HU 21 E 28
Senés AL 96 U 22
Senés de Alcubierre HU 35 G 28
Senet L 22 E 32
Senet (Pantà de) HU 22 E 32
Sénia (La) T 50 K 30
Sénia (Riu de la) CS 50 K 31
Senija A 74 P 30
Seno TE 49 J 29
Senra LE 15 D 11
Senterada L 23 F 32
Sentfores B 38 G 36
Sentiu de Sió (La) L 37 G 32
Sentmenat B 38 H 36
Senz HU 22 E 31
Seña S 8 B 19
Señales (Las) LE 6 C 14
Señora BA 66 Q 8
Señorío de Bertiz (Parque natural) NA 11 C 25
Señuela SO 33 H 22
Señuela (La) SE 91 U 11
Seo de Urgel / Seu d'Urgell (La) L 23 E 34
Seoane *cerca de Fonsagrada* LU 4 C 8
Seoane *cerca de Monforte* LU 14 E 7
Seoane *cerca del Puerto El Buey* LU 14 E 8
Sepulcro Hilario SA 43 J 11
Sepúlveda SG 32 I 18
Sequera de Fresno SG 32 H 19
Sequera de Haza (La) BU 31 H 18
Sequero (Ermita de) CC 55 M 9
Sequeros SA 43 K 11
Ser C 2 C 3
Serandinas O 4 B 9
Seranillo CR 70 Q 18
Seráns C 12 E 2
Serantes M 58 L 17
Serantes O 4 B 9
Serantes *cerca de Ferrol* C 3 B 5
Serantes *cerca de Melide* C 13 D 5
Serena AL 96 U 24
Serena (La) BA 68 P 13
Serín O 5 B 12
Serinyà GI 24 F 38
Serna (La) P 17 E 16
Serna del Monte (La) M 46 I 19
Serón AL 95 T 22
Serón de Nágima SO 33 H 23
Serones (Embalse de) AV 45 J 16
Serós L 36 H 31
Serpos H 79 S 9
Serra V 62 M 28
Serra d'Almos (La) T 50 I 32
Serra de Daró GI 25 F 39
Serra de Outes C 12 D 3
Serra d'en Galceran CS 62 L 29
Serra Perenxisa V 62 N 28
Serracines M 46 K 19
Serrada VA 30 H 15
Serrada (La) AV 44 K 15
Serrada de la Fuente M 46 J 19
Serradell L 23 F 32
Serradero (Punta del) *La Palma* TF 130 A 3
Serradiel AB 73 O 25
Serradilla CC 56 M 11
Serradilla del Arroyo SA 43 K 10
Serradilla del Llano SA 43 K 10
Serradúy HU 22 F 31
Serramo C 2 C 3
Serrana (Puerto de la) CC 56 M 11
Serranía de Cuenca CU 47 K 23
Serranía de Cuenca (Reserva nacional) CU 60 L 23
Serranillo SA 42 J 9
Serranillo CR 71 P 20
Serranillos AV 44 K 15
Serranillos (Collado de) AV 44 L 15
Serranillos del Valle M 58 L 18
Serranillos Playa TO 57 L 15
Serrano MU 85 R 26
Serrapio PO 13 E 4
Serrata MU 84 R 23
Serrateix B 37 G 35
Serratella (La) CS 50 L 30
Serrato MA 100 V 15
Serrejón CC 56 M 12
Serrejón (Sierra de) CC 56 M 12
Serrella (La) A 74 P 29
Serres C 12 D 2
Serreta MU 96 T 24
Serreta GR 95 T 20
Serué HU 21 E 28
Serval GR 94 T 17
Serveto HU 22 E 30
Servoi OR 28 F 7
Ses Illetes PM 104 N 37
Ses Meravelles PM 104 N 38
Ses Salines PM 105 N 39
Ses Salines (Cap de) PM 105 O 39
Sesa HU 35 G 29
Sésamo LE 14 D 10
Seseña TO 58 L 18
Seseña Nuevo TO 58 L 19
Sesga V 61 L 26
Sesma NA 19 E 23
Sesnández ZA 29 G 11
Sestao BI 8 C 21
Sestorraso O 5 C 10
Sestrica Z 34 H 25
Sesué HU 22 E 31
Setcases GI 24 E 36
Setefilla SE 80 S 13
Setenil (Estación de) CA 92 V 14
Setenil de las Bodegas CA 92 V 14
Seteventos LU 14 D 8
Setiles GU 48 J 25
Seu d'Urgell (La) / Seo de Urgel L 23 E 34
Seva B 38 G 36
Sevares O 6 B 14
Sever CC 54 N 7
Sevilla SE 91 T 12
Sevilla (Puerto de) BA 67 P 10
Sevilla la Nueva M 45 K 17
Sevilleja J 82 R 18
Sevilleja de la Jara TO 57 N 15
Sevillejas (Sierra de) TO 57 N 15
Sexmiro SA 42 J 9
Sexmo (El) MA 100 V 16
Shangril-La PM 106 M 42
Sía (Puerto de la) S 8 C 19
Sidamon L 36 H 32
Sienes GU 47 I 22
Siero O 5 B 12
Siero de la Reina LE 16 D 15
Sierpe (La) SA 43 K 12
Sierra AB 73 Q 25
Sierra (Faramontanos de la) ZA 15 F 10
Sierra (La) HU 22 E 30
Sierra (La) AB 83 Q 22
Sierra (La) CA 91 V 12
Sierra (Pico de la) BU 32 G 19
Sierra (Villarejo de la) ZA 15 F 10
Sierra Boyera (Embalse de) CO 80 R 14
Sierra Brava (Embalse de) CC 68 O 13
Sierra de Andújar (Parque natural de la) J 82 Q 17
Sierra de Aracena y Picos de Aroche (Parque natural de la) H 79 R 9
Sierra de Baza (Parque natural de la) GR 95 T 21
Sierra de Cobeza Llana AB 84 Q 24
Sierra de Espuña (Parque natural de la) MU 85 S 25
Sierra de Fuentes CC 55 N 11
Sierra de Grazalema (Parque natural de la) CA 99 W 13
Sierra de Hornachuelos (Parque natural de la) CO 80 S 13
Sierra de Huétor (Parque natural) GR 94 U 19
Sierra de las Nieves SE 92 V 14
Sierra de Luna Z 21 F 27
Sierra de Tejeda (Reserva nacional de) MA 101 V 18
Sierra de Yeguas MA 93 U 15
Sierra Mágina (Parque natural de la) J 82 S 19
Sierra Mayor (Puerto) HU 21 F 27
Sierra Nevada AN 95 U 19
Sierra Nevada (Parque natural de la) GR 94 U 19
Sierra Nevada (Reserva nacional de) GR 94 U 19
Sierra Norte de Sevilla (Parque natural de la) SE 80 S 12
Sierro AL 96 U 22
Sieso de Huesca HU 21 F 29
Siesta PM 87 P 34
Siétamo HU 21 F 29
Siete Aguas V 61 N 27
Siete Iglesias de Trabancos VA 30 H 14
Sieteiglesias M 46 J 19
Sieteiglesias de Tormes SA 44 J 13
Sietes O 6 B 13
Sigena (Monasterio de) HU 36 G 29
Sigeres AV 44 J 15
Sigrás C 3 C 4
Sigüeiro C 3 D 4
Sigüenza GU 47 I 22
Siguero SG 46 I 19
Sigueruelo SG 46 I 19
Sigüés Z 20 E 26
Sigüeya LE 14 E 10
Sil (Gargantas del) OR 13 E 6
Sil (Río) ESP 14 E 7
Silán LU 4 B 7
Silanes BU 18 D 20
Sileras CO 94 T 17
Siles J 83 Q 22
Sililos CO 80 S 14
Sililos (Embalse de) H 79 T 9
Silió S 7 C 17
Silla V 74 N 28
Silla de Felipe II M 45 K 17
Silladores J 82 Q 18
Sillar Baja GR 94 T 19
Silleda PO 13 D 5
Silleiro (Cabo) PO 12 F 3
Silleta CC 55 M 10
Silos (Los) H 78 S 9
Silos (Los) *Tenerife* TF 126 C 3
Sils GI 39 G 38
Silva C 2 C 4
Silva (La) LE 15 E 11
Silván LE 14 E 9
Silvón O 4 B 9
Silvosa C 12 D 3
Silvoso PO 12 E 4
Simancas VA 30 H 15
Simarro (El) CU 72 N 23
Simat de la Valldigna V 74 O 29

A B C D E F G H I J K L M N O P Q R S T U V W X Y Z

Simón AL 96 T 23
Sín HU 22 E 30
Sinarcas V 61 M 26
Sineu PM 105 N 39
Singla MU 84 R 24
Singra TE 48 K 26
Sinlabajos AV 44 I 15
Sinués HU 21 E 28
Sió (El) (Riu) L 37 G 33
Sios LU 13 E 7
Sipán HU 21 F 29
Siresa HU 21 D 27
Siruela BA 69 P 14
Sisamo C 2 C 3
Sisamón Z 47 I 23
Sisante CU 72 N 23
Sisargas (Illas) C 2 B 3
Sisca (Masía de la) TE 49 J 28
Siscar MU 85 R 26
Sistallo LU 4 C 7
Sisterna O 14 D 10
Sistín OR 14 E 7
Sisto LU 3 B 6
Sit (Penya del) A 85 Q 27
Sitges B 38 I 35
Sitrama de Trasmonte ZA 29 F 12
Siurana GI 25 F 38
Siurana de Prades T 37 I 32
Sober LU 13 E 7
Sobradelo OR 14 E 9
Sobradiel Z 34 G 26
Sobradillo SA 42 J 9
Sobradillo (El) Tenerife TF 125 I 2
Sobradillo de Palomares ZA 29 H 12
Sobrado O 5 C 10
Sobrado LE 14 E 9
Sobrado LU 14 D 7
Sobrado OR 14 F 8
Sobrado dos Monxes C 3 C 5
Sobredo LE 14 E 9
Sobrefoz O 6 C 14
Sobrelapeña S 7 C 16
Sobremunt B 24 F 36
Sobrón VI 18 D 20
Socorro (El) SE 92 T 12
Socorro (El) Tenerife TF 124 H 2
Socorro (El) Tenerife TF 127 H 3
Socovos AB 84 Q 24
Socuéllamos CR 71 O 21
Sodupe BI 8 C 20
Sofán C 2 C 4
Sofuentes Z 20 E 26
Soga (Punta de la) Gran Canaria GC 116 B 3
Sogo ZA 29 H 12
Sograndio O 5 B 12
Soguillo LE 15 F 12
Sojo VI 8 C 20
Sojuela LO 19 E 22
Sol MU 84 Q 24
Sol MA 94 V 18
Sol (Punta del) Tenerife TF 124 G 2
Sol (Valle del) M 45 K 17
Sol i Mar CS 62 L 30
Solán de Cabras CU 47 K 23
Solana CC 56 N 13
Solana (La) AB 72 P 23
Solana (La) CR 71 P 20
Solana (Serra de la) V 73 P 27
Solana de Ávila AV 43 L 13
Solana de los Barros BA 67 P 10
Solana de Rioalmar AV 44 J 14
Solana del Pino CR 82 Q 17
Solana del Valle SE 80 S 12
Solanara BU 32 G 19
Solanas de Valdelucio BU 17 D 17
Solanazo CR 69 O 16
Solanell L 23 E 34
Solanilla AB 72 P 22
Solanillos del Extremo GU 47 J 21
Solares S 8 B 18
Solbeira OR 14 F 8
Solduengo BU 18 E 19
Solera J 82 S 19
Solera del Gabaldón CU 60 M 24
Soleràs (El) L 36 H 32
Soliedra SO 33 H 22
Solipueyo HU 22 E 30
Solius GI 25 G 38
Solivella T 37 H 33
Sollana V 74 O 28
Sollavientos TE 49 K 28
Sollavientos (Puerto de) TE 49 K 27
Sóller PM 104 M 38
Sollube BI 9 B 21
Sollube (Alto del) BI 9 B 21
Solórzano S 8 B 19
Solosancho AV 44 K 15
Solsía MU 85 Q 26
Solsona L 37 G 34
Solvito CO 94 T 17
Solyplayas Fuerteventura GC 111 I 1
Somaén SO 47 I 23
Somanés HU 21 E 27
Sombrera (La) Tenerife TF 129 G 4
Somiedo (Parque natural de) O 5 C 11
Somió O 6 B 13
Somo S 8 B 18
Somolinos GU 32 I 20
Somontín AL 96 T 22
Somosierra M 46 I 19
Somosierra (Puerto de) M 46 I 19
Somozas C 3 B 6
Somport (Puerto del) HU 21 D 28
Somport (Túnel de) HU 21 D 28
Son L 23 E 33
Son LU 14 D 8
Son Bou PM 106 M 42
Son Carrió PM 105 N 39
Son del Puerto TE 49 J 27
Son Ferriol PM 104 N 38
Son Marroig PM 104 M 37
Son Moll PM 105 M 40
Son Moro PM 105 N 40
Son Olivaret PM 106 M 41
Son Sardina PM 104 N 37
Son Serra de Marina PM 105 M 39
Son Servera PM 105 N 40
Son Vida PM 104 N 37
Soncillo BU 18 D 18
Sondika BI 8 C 21
Soneja CS 62 M 28
Sonseca TO 58 M 18
Sonsoto SG 45 J 17
Sóo Lanzarote GC 123 D 3
Sopalmo AL 96 U 24
Sopeira HU 22 F 32
Sopelana BI 8 B 21
Soportújar GR 102 V 19
Sopuerta BI 8 C 20
Sor C 3 B 6
Sora B 24 F 36
Soraluze-Placencia de las Armas SS 10 C 22
Sorana de Torralba J 83 S 20
Sorbas AL 96 U 23
Sorbeda LE 15 D 10
Sorbeira LE 14 D 9
Sorbito (Estación El) SE 92 U 12
Sordillos BU 17 E 17
Sordo MU 84 S 24
Sordo (El) H 91 U 10
Soria SO 33 G 22
Soria (Embalse de) Gran Canaria GC 116 D 3
Soria (Parador) SO 33 G 22
Soriguera L 23 E 33
Sorihuela SA 43 K 12
Sorihuela del Guadalimar J 83 R 20
Sorita CS 49 J 29
Sorlada NA 19 E 23
Sorogain-Lastur NA 11 C 25
Sorpe L 23 E 33
Sorre L 23 E 33
Sorriba LE 16 D 14
Sorribes L 23 F 34
Sorribos de Alba LE 16 D 13
Sort L 23 E 33
Sorvilán GR 102 V 20
Sorzano LO 19 E 22
Sos (Puerto de) Z 20 E 26
Sos del Rey Católico Z 20 E 26
Soses L 36 H 31
Sot de Chera V 61 N 27
Sot de Ferrer CS 62 M 28
Sotalvo AV 44 K 15
Sotés LO 19 E 22
Sotiel Coronada H 78 T 9
Sotiello cerca de Gijón O 5 B 12
Sotiello cerca de Lena O 5 C 12
Sotillo SG 32 I 19
Sotillo CR 70 O 17
Sotillo (El) GU 47 J 22
Sotillo (Sierra de) CR 82 Q 19
Sotillo de la Adrada AV 57 L 16
Sotillo de la Ribera BU 31 G 18
Sotillo de las Palomas TO 57 L 15
Sotillo de Sanabria ZA 14 F 9
Sotillo del Rincón SO 33 G 22
Sotillos SO 32 I 20
Sotillos LE 16 D 14
Soto SO 32 H 20
Soto (El) S 7 C 18
Soto (El) M 46 K 19
Soto de Cangas O 6 B 14
Soto de Caso O 6 C 14
Soto de Cerrato P 31 G 16
Soto de Dueñas O 6 B 14
Soto de la Marina S 7 B 18
Soto de la Vega LE 15 F 12
Soto de los Infantes O 5 B 11
Soto de Luiña O 5 B 11
Soto de Ribera O 5 C 12
Soto de Sajambre LE 6 C 14
Soto de Trevias O 5 B 10
Soto de Viñuelas M 46 K 18
Soto del Barco O 5 B 11
Soto del Real M 45 J 18
Soto en Cameros LO 19 F 22
Soto y Amío LE 15 D 12
Sotobañado y Priorato P 17 E 16
Sotoca CU 60 L 22
Sotoca de Tajo GU 47 J 22
Sotodosos GU 47 J 22
Sotogrande CA 99 X 14
Sotojusto PO 12 F 4
Sotón (Río) HU 21 F 28
Sotonera (Embalse de) HU 21 F 27
Sotonera (La) HU 21 F 28
Sotopalacios BU 18 E 18
Sotos CU 60 L 23
Sotos del Burgo SO 32 H 20
Sotosalbos SG 45 I 18
Sotoserrano SA 43 K 11
Sotovellanos BU 17 E 17
Sotragero BU 18 E 18
Sotres O 7 C 15
Sotresgudo BU 17 E 17
Sotrondio O 6 C 13
Sotuélamos AB 71 O 22
Sousas OR 28 G 7
Soutelo PO 13 E 5
Soutelo Verde OR 14 F 7
Souto cerca de Betanzos C 3 C 5
Souto Toques C 3 D 6
Soutochao OR 28 G 8
Soutolongo PO 13 E 5
Soutomaior PO 12 E 4
Soutopenedo OR 13 F 6
Su L 37 G 34
Suances S 7 B 17
Suano S 17 D 17
Suarbol LE 14 D 9
Suarna LU 4 C 8
Subijana VI 18 D 21
Subirats B 38 H 35
Subiza NA 11 D 24
Sucs L 36 G 31
Sucina MU 85 S 27
Sudanell L 36 H 31
Sueca V 74 O 29
Sueiro O 4 B 9
Suellacabras SO 33 G 23
Suelza (Punta) HU 22 E 30
Suera CS 62 M 28
Sueros de Cepeda LE 15 E 11
Suertes LE 14 D 9
Suevos cerca de Carnota C 2 D 2
Suevos cerca de La Coruña C 3 B 4
Suflí AL 96 T 22
Suido (Sierra del) PO 13 F 4
Sukarieta BI 9 B 21
Sumacàrcer V 74 O 28
Sumoas LU 4 A 7
Sunbilla NA 11 C 24
Sunyer L 36 H 31
Super Molina GI 24 F 35
Sureste (Parque regional del) M 58 L 19
Súria B 37 G 35
Surp L 23 E 33
Susana C 13 D 4
Susañe LE 15 D 10
Susinos del Páramo BU 17 E 18
Suso (Monasterio de) LO 18 F 21
Suspiro del Moro (Puerto del) GR 94 U 19
Susqueda (Pantà de) GI 24 G 37
Suterranya L 23 F 32

T

Taale GR 83 S 22
Tabagón PO 26 G 3
Tabanera de Cerrato P 31 F 17
Tabanera de Valdavia P 17 E 15
Tabanera la Luenga SG 45 I 17
Tabaqueros AB 73 N 25
Tabar NA 11 D 25
Tábara ZA 29 G 12
Tabarca (Illa de) A 86 R 28
Tabayesco Lanzarote GC 121 F 3
Tabaza O 5 B 12
Tabeaio C 3 C 4
Tabeirós PO 13 E 4
Tabera de Abajo SA 43 J 11
Tabera de Arriba SA 43 J 11
Tabernanova C 2 C 2
Tabernas AL 96 U 22
Tabernas (Rambla de) AL 103 V 22
Tabernas de Isuela HU 21 F 28
Taberno AL 96 T 23
Tablada M 45 J 17
Tablada de Villadiego BU 17 E 18
Tablada del Rudrón BU 17 D 18
Tabladillo SG 45 I 16
Tabladillo LE 15 E 11
Tabladillo GU 47 K 21
Tablado (El) La Palma TF 130 C 3
Tablado (Puerto de) BA 79 R 9
Tablado de Riviella O 5 B 10
Tablas de Daimiel (Parque nacional) CR 70 O 19
Tablero (El) Gran Canaria GC 116 D 4
Tablillas (Embalse de) CR 70 Q 17
Tablones (Los) GR 102 V 19
Taboada C 3 B 5
Taboada LU 13 D 6
Taboada PO 13 D 5
Taboada dos Freires LU 13 D 6
Taboadela OR 13 F 6
Taborno Tenerife TF 125 I 1
Tabuenca Z 34 G 25
Taburiente (Caldera de) La Palma TF 130 C 4
Tabuyo del Monte LE 15 F 11
Taca Fuerteventura GC 111 G 2
Taco Tenerife TF 125 I 2
Tacones TO 57 M 16
Tacoronte Tenerife TF 124 H 2
Tafalla NA 20 E 24
Tafira Alta Gran Canaria GC 115 F 2
Tagamanent B 38 G 36
Taganana Tenerife TF 125 J 1
Tagarabuena ZA 30 H 13
Tagle S 7 B 17
Taguluche La Gomera TF 118 B 2
Tahal AL 96 U 23
Tahiche Lanzarote GC 123 E 4
Tahivilla CA 99 X 12
Taialà GI 25 F 38
Taibilla (Embalse de) AB 84 R 23
Taibique El Hierro TF 109 D 3
Taja O 5 C 11
Tajahuerce SO 33 G 23
Tajera (Embalse de la) GU 47 J 22
Tajo de la Encantada (Embalse) MA 100 V 15
Tajo de las Figuras (Cuevas del) CA 99 X 12
Tajo-Urtajo (Balcón del) M 58 L 19
Tajonar / Taxoare NA 11 D 25
Tajonera TO 59 M 20
Tajoneras (Las) CR 71 Q 20
Tajueco SO 33 H 21
Tajuya La Palma TF 132 C 5
Tal C 12 D 2
Tala (La) SA 44 K 13
Talaies (Les) CS 50 K 31
Talaies d'Alcalà (Les) CS 50 K 30
Talamanca B 38 G 35
Talamanca Ibiza PM 87 P 34
Talamanca de Jarama M 46 J 19
Talamantes Z 34 G 24
Talamillo del Tozo BU 17 E 18
Talarn L 23 F 32
Talarrubias BA 68 O 14
Talatí de Dalt PM 106 M 42
Talaván CC 55 M 11
Talaván (Embalse de) CC 55 M 11
Talave AB 84 Q 24
Talave (Embalse de) AB 84 Q 24
Talavera L 37 H 34
Talavera AL 95 T 22
Talavera de la Reina TO 57 M 15
Talavera la Nueva TO 57 M 15
Talavera la Real BA 67 P 9
Talaveruela CC 56 L 13
Talayón CU 61 L 25
Talayón MU 97 T 25
Talayuela CC 56 M 13
Talayuelas CU 61 M 26
Talayuelo CU 60 M 23
Tales CS 62 M 29
Táliga BA 66 Q 8
Talisca Negra (Punta) La Gomera TF 118 A 2
Tallada (La) GI 25 F 39
Tallante MU 85 T 26
Tállara C 12 D 3
Tallón HU 21 D 29
Talltendre L 23 E 35
Talveila SO 32 G 21
Tama S 7 C 16
Tamadaba Gran Canaria GC 114 C 2
Tamadaba (Pinar de) Gran Canaria GC 114 C 2
Tamadite (Punta de) Tenerife TF 125 I 1
Tamaduste El Hierro TF 109 E 2
Tamaguelos OR 28 G 7
Tamaimo Tenerife TF 128 C 4
Tamajón GU 46 I 20
Tamallancos OR 13 E 6
Tamallanes O 5 C 10
Tamame ZA 29 I 12
Tamames SA 43 K 11
Támara P 17 F 16
Tamaraceite Gran Canaria GC 115 F 2
Tamaral (El) CR 82 Q 18
Tamarinda PM 106 M 41
Tamarite de Litera HU 36 G 31
Tamariu GI 25 G 39
Tamariz de Campos VA 30 G 14
Tamarón BU 17 F 18
Tamayo V 73 N 25
Tambor (Monumento al) TE 49 I 29
Tambre C 3 D 3
Tameirón OR 28 F 8
Támoga LU 3 C 7
Tamurejo BA 69 P 15
Tanes (Embalse de) O 6 C 13
Tangel A 86 Q 28
Taniñe SO 33 F 23
Tanorio PO 12 E 4
Tanque (El) Tenerife TF 126 C 3
Tanque del Vidrio (Punta del) Tenerife TF 129 F 5
Tañabuyes BU 18 F 19
Tao Lanzarote GC 123 D 4
Tapia BU 17 E 17
Tapia (Paso) NA 11 D 26
Tapia de Casariego O 4 B 9
Tapioles ZA 30 G 13
Tàpis GI 24 E 38
Tapuelo (El) TO 57 L 16
Tara LE 14 E 9
Taracena GU 46 K 20
Taradell B 38 G 36
Taragoña C 12 D 3
Taragudo GU 46 J 20
Taraguilla CA 99 X 13
Tarajalejo Fuerteventura GC 113 F 4
Taramay GR 101 V 18
Taramundi O 4 B 8
Tarancón CU 59 L 20
Tarancueña SO 32 H 20
Taranes O 6 C 14
Taranilla LE 16 D 15
Taravilla GU 47 J 24
Taray (Laguna del) TO 59 N 20
Tarayuela TE 49 K 28
Tarazona Z 34 G 24
Tarazona de Guareña SA 44 I 14
Tarazona de la Mancha AB 72 O 24
Tàrbena A 74 P 29
Tardáguila SA 44 I 13
Tardajos BU 17 E 18
Tardajos de Duero SO 33 G 22
Tardelcuende SO 33 H 22
Tardesillas SO 33 G 22
Tardienta HU 35 G 28
Tardobispo ZA 29 H 12
Tariego de Cerrato P 31 G 16
Tarifa CA 99 X 13
Tariquejo H 90 T 8
Tarna O 6 C 14
Tarna (Puerto de) LE 6 C 14
Taroda SO 33 H 22
Tarragolla MU 84 S 23
Tarragona T 51 I 33
Tarrasa / Terrassa B 38 H 36
Tàrrega L 37 H 33
Tarrés L 37 H 33
Tarrío C 3 C 4
Tarro (El) BA 67 O 9
Tarroja de Segarra L 37 G 33
Tarrós (El) L 37 G 33
Tartanedo GU 48 J 24
Tasarte Gran Canaria GC 116 B 3
Tauce (Boca de) Tenerife TF 128 D 4
Taüll L 22 E 32
Taús L 23 F 33
Tauste Z 34 G 26
Tauste (Canal) Z 34 G 26
Tavascan L 23 E 33
Tavernes Blanques V 62 N 28
Tavernes de la Valldigna V 74 O 29
Tavèrnoles B 38 G 36
Tavertet B 24 G 37
Taxoare / Tajonar NA 11 D 25
Tazacorte La Palma TF 130 B 5
Tazo La Gomera TF 118 B 1
Tazona AB 84 R 24
Tazones O 6 B 13
Tazones (Punta de) O 6 B 13
Tea PO 13 F 4
Teatinos (Los) J 83 R 20
Teayo C 12 D 3
Teba MA 100 V 15
Tébar CU 60 N 23
Tebongo O 5 C 10
Tebra PO 12 F 3
Tedín C 2 D 2
Tefía Fuerteventura GC 111 H 2
Tegueste Tenerife TF 124 H 2
Teguise Lanzarote GC 123 E 4
Teià B 38 H 36
Teide (Pico del) Tenerife TF 127 E 3
Teixeira (A) OR 14 E 7
Teixeiro LU 4 C 7
Teixeiro C 3 C 5
Teixeta (Coll de la) T 37 I 32
Teja Chueca CR 69 O 16
Tejada BU 32 G 19
Tejada H 91 T 10
Tejadillos CU 61 L 25
Tejado SO 33 H 23
Tejado (El) SA 44 K 13
Tejados LE 15 E 11
Tejar (El) CO 93 U 16
Tejarejo BA 67 N 9
Tejares SG 31 H 18
Tejares SA 43 J 12
Tejares Abarca V 73 O 26
Tejeda Gran Canaria GC 114 D 3
Tejeda de Tiétar CC 56 L 12
Tejeda y Segoyuela SA 43 K 11
Tejedo de Ancares LE 14 D 9
Tejedo del Sil LE 15 D 10
Tejera (La) ZA 28 G 9
Tejerina LE 16 D 14
Tejerizas SO 33 H 22
Tejina Tenerife TF 124 H 2
Tejina Tenerife TF 128 C 4
Tejo V 61 N 27
Telde Gran Canaria GC 115 G 3
Tella HU 22 E 30
Telledo O 5 C 12
Tello AL 84 S 23

168 España

A B C D E F G H I J K L M N O P Q R S T U V W X Y Z

Tembleque TO 58 M 19
Temerón CO 93 T 16
Temijiraque (Punta de) El Hierro TF 109 E 2
Temiño BU 18 E 19
Temple (El) GR 94 U 18
Temple (El) HU 35 G 27
Tempul CA 99 W 12
Ten-Bel Tenerife TF 128 E 5
Tendeñera (Sierra de) HU 21 D 29
Tendilla GU 46 K 21
Tenebrón SA 43 K 10
Tenefé (Punta de) Gran Canaria GC 117 F 4
Teneguía (Volcán de) La Palma TF 132 C 7
Tenerife Sur (Aeropuerto) Tenerife TF 129 F 5
Teno (Punta de) Tenerife TF 126 A 3
Tenoya Gran Canaria GC 115 F 2
Tentudia BA 79 R 10
Teo C 12 D 4
Ter (El) (Riu) GI 24 F 36
Tera ZA 14 F 9
Tera SO 33 G 22
Tera (Espejo de) SO 33 G 22
Terenosa (La) O 6 C 15
Teresa CS 62 M 28
Teresa de Cofrentes V 73 O 26
Térmens L 36 G 32
Término (El) SE 92 T 14
Terminón BU 18 D 19
Teroleja GU 48 J 24
Teror Gran Canaria GC 115 E 2
Terque AL 102 V 22
Terrachán OR 27 G 5
Terrades GI 25 F 38
Terradets (Pantà del) L 23 F 32
Terradillos SA 44 J 13
Terradillos de Esgueva BU 31 G 18
Terradillos de los Templarios P 16 E 15
Terradillos de Sedano BU 17 E 18
Terrassa / Tarrasa B 38 H 36
Terrateig V 74 P 29
Terraza GU 48 J 24
Terrazas SO 33 G 22
Terrazos BU 18 E 19
Terrente GR 94 T 19
Terreorgaz CC 55 N 11
Terrer Z 34 I 24
Terreras (Las) MU 84 S 24
Terrerazo V 61 N 26
Terriente TE 61 L 25
Terriente (Puerto) TE 61 L 25
Terril SE 92 U 14
Terrinches CR 71 Q 21
Terroba LO 19 F 22
Terrón (El) H 90 U 8
Tertanga VI 18 D 20
Teruel TE 48 K 26
Terzaga GU 48 J 24
Tesejerague Fuerteventura GC 113 F 4
Tesjuates Fuerteventura GC 111 H 3
Tesoro (Cueva del) MA 101 V 17
Testa (Sierra de la) BU 18 D 19
Tetas GU 47 K 22
Tetas (Las) Gran Canaria GC 116 A 3
Tetica AL 96 U 22
Tetir Fuerteventura GC 111 H 2
Teulada A 75 P 30
Teulada V 62 N 27
Teverga (Desfiladero del) O 5 C 11
Texós OR 27 G 6
Teza BU 18 D 20
Tezanos S 7 C 18
Tharsis H 78 T 8
Tiagua Lanzarote GC 123 D 4
Tiana B 38 H 36
Tías Lanzarote GC 123 D 4
Tibi A 74 Q 28
Tibidabo B 38 H 36
Tices AL 95 U 21
Tiebas NA 11 D 25
Tiedra VA 30 H 14
Tielmes M 59 L 20
Tielve O 6 C 15
Tiemblo (El) AV 45 K 16
Tiena GR 94 U 18
Tienda AB 85 Q 25
Tiendas (Las) BA 67 P 10
Tienera Vieja (La) CA 99 W 13
Tierga Z 34 H 25
Tiermas Z 20 E 26
Tiermes SO 32 I 20
Tierra de Campos (Mirador de) P 31 F 16
Tierra del Trigo (La) Tenerife TF 126 C 3
Tierra Negra (Punta de) Lanzarote GC 123 F 4
Tierrantona HU 22 E 30
Tierz HU 21 F 28
Tierzo GU 48 J 24
Tiesa CO 80 S 13
Tietar del Caudillo CC 56 L 13
Tigaday El Hierro TF 108 C 2
Tigalate La Palma TF 132 D 6
Tiguerorte La Palma TF 132 D 6
Tijarafe La Palma TF 130 B 4
Tíjola AL 96 T 22
Tilos (Los) La Palma TF 131 D 3
Time (El) Fuerteventura GC 111 I 2
Time (El) La Palma TF 130 B 5
Tinadas GU 32 I 20
Tinajas CU 47 K 22
Tinajeros AB 72 O 24
Tinajo Lanzarote GC 122 C 3
Tinajones (Los) J 83 Q 21
Tindaya Fuerteventura GC 111 H 2
Tineo O 5 C 10
Tines C 2 C 3
Tinieblas BU 18 F 19
Tinizara La Palma TF 130 B 4
Tiñor El Hierro TF 109 D 2
Tiñosa (Punta de la) Fuerteventura GC 111 J 2
Tiñosillos AV 44 J 15
Tiñoso (Cabo) MU 97 T 26
Tirajana (Embalse de) Gran Canaria GC 117 E 3
Tiraña O 6 C 13
Tirapu NA 20 E 24
Tirez (Laguna de) TO 59 N 19
Tirgo LO 18 E 21
Tiriez AB 72 P 23
Tírig CS 50 K 30
Tirón ESP 18 F 20
Tiros BA 68 P 14
Tiros (Sierra de) BA 68 P 13
Tirteafuera CR 70 P 17
Tírvia L 23 E 33
Tiscamanita Fuerteventura GC 113 G 3
Tiscar J 83 S 20
Tiscar (Puerto de) J 83 S 20
Titaguas V 61 M 26
Tito Bustillo (Cuevas de) O 6 B 14
Titulcia M 58 L 19
Tivenys T 50 J 31
Tivissa T 50 I 32
Tivoli World MA 100 W 16
Tixera (Punta de la) Tenerife TF 128 C 4
Toba C 2 D 2
Toba (La) CU 60 L 24
Toba (La) GU 46 I 21
Toba (La) GR 93 U 17
Toba de Valdivielso BU 18 D 19
Tobalina SE 91 U 11
Tobar BU 17 E 18
Tobar (El) CU 47 K 23
Tobarra AB 72 Q 24
Tobaruela J 82 R 19
Tobed Z 34 H 25
Tobera VI 19 D 21
Tobes GU 47 I 22
Tobes y Rahedo BU 18 E 19
Tobia LO 19 F 21
Tobillas AB 84 Q 23
Tobillos GU 47 J 23
Toboso (El) TO 59 N 21
Tocina SE 80 T 12
Tocinillos BA 79 R 10
Tocón GR 94 U 19
Todolella (La) CS 49 K 29
Todoque La Palma TF 132 C 5
Todosaires CO 94 T 17
Toén OR 13 F 6
Toga CS 62 L 28
Toiriz PO 13 D 5
Toja (La) / A Toxa PO 12 E 3
Tojo (El) S 7 C 17
Tojos (Los) S 7 C 17
Tol O 4 B 9
Tola ZA 29 G 10
Tolbaños AV 45 J 16
Tolbaños de Arriba BU 32 F 20
Toldaos LU 14 D 8
Toledana (La) CR 70 O 17
Toledillo SO 33 G 22
Toledo TO 58 M 17
Tolibia de Abajo LE 16 D 13
Tolibia de Arriba LE 16 D 13
Tolilla ZA 29 G 11
Tolinas O 5 C 11
Tolivia O 6 C 13
Tollón (Laguna del) CA 91 V 11
Tollos A 74 P 29
Tolmo (Ensenada del) CA 99 X 13
Tolocirio SG 45 I 16
Toloriu L 23 E 34
Tolosa SS 10 C 23
Tolosa AB 73 O 25
Tolox MA 100 V 15
Tolva HU 22 F 31
Tomares SE 91 T 11
Tomas Maestre MU 85 S 27
Tombrio de Abajo LE 15 D 10
Tomellosa GU 46 K 21
Tomelloso CR 71 O 20
Tomillar (El) SA 44 J 13
Tomillosas (Sierra de) BA 68 Q 12
Tomiño PO 12 G 3
Tona B 38 G 36
Tondos CU 60 L 23
Tonín LE 6 C 12
Tonosas (Los) AL 96 T 23
Topares AL 84 S 23
Topas SA 43 I 13
Toques C 3 D 6
Tor L 23 E 34
Tor LU 13 E 7
Torà L 37 G 34
Toral LE 15 E 12
Toral de los Guzmanes LE 16 F 13
Toral de los Vados LE 14 E 9
Toranzo S 34 G 24
Torás CS 62 M 27
Torás Bejís (Estación de) CS 62 M 27
Torazo O 6 B 13
Torcal de Antequera (Parque Natural) MA 100 V 16
Torcas (Embalse de las) Z 34 I 26
Torcas (Los) CU 60 L 24
Torcón (Embalse del) TO 57 N 16
Tordehumos VA 30 G 14
Tordellego GU 48 J 24
Tordelpalo GU 48 J 24
Tordelrábano GU 47 I 21
Tordera B 39 G 38
Tordera (La) (Riu) B 38 G 37
Tordesillas VA 30 H 14
Tordesilos GU 48 J 25
Tordillos SA 44 J 13
Tordoia C 2 C 4
Tordómar BU 31 F 18
Tordueles BU 32 F 19
Torelló B 24 F 36
Toreno LE 15 D 10
Torerera (La) H 78 T 9
Torete GU 47 J 23
Torga O 4 D 9
Torija GU 46 J 20
Toril CC 56 M 12
Toril TE 61 L 25
Toril (El) SE 92 T 13
Torina (Embalse de) S 7 C 18
Torío LE 6 C 13
Torla HU 21 E 29
Torlengua SO 33 H 23
Tormaleo O 14 D 9
Tormantos LO 18 E 20
Torme BU 18 D 19
Tormellas AV 44 L 13
Tormillo (El) HU 36 G 29
Tormo (El) CS 62 L 28
Tormón TE 61 L 25
Tormos HU 21 F 27
Torms (Els) L 36 H 32
Torn (El) GI 24 F 37
Tornabous L 37 G 33
Tornadijo BU 18 F 19
Tornadizo (El) SA 43 K 12
Tornadizos de Ávila AV 45 K 16
Tornafort L 23 E 33
Tornajo MU 84 S 24
Tornajuelos GR 83 S 21
Tornavacas CC 56 L 12
Tornavacas (Puerto de) CC 56 L 13
Torneiros OR 27 G 5
Torneiros LU 4 C 7
La Tornera GU 46 I 19
Torneros cerca de Castrocontrigo LE 15 F 11
Torneros cerca de León LE 16 E 13
Torneros de Jamuz LE 15 F 11
Tornín O 6 C 14
Torno (El) CR 70 O 17
Torno (El) CA 99 W 12
Torno (El) CC 56 L 12
Tornos TE 48 J 25
Tornos (Alto de los) S 8 C 19
Toro ZA 30 H 13
Toro OR 14 F 7
Toro (El) H 78 S 8
Toro (El) Castelló CS 61 M 27
Toro (El) Mallorca PM 104 N 37
Toro (Mont) PM 106 M 42
Torongil BA 67 P 10
Toros de Guisando AV 45 K 16
Torote (Arroyo de) ESP 46 K 19
Torozo (Sierra del) CR 69 P 16
Torozo (Sierra del) BA 69 P 14
Torquemada P 31 F 17
Torralba CU 60 L 23
Torralba cerca de Medinaceli SO 47 I 22
Torralba cerca de Soria SO 33 H 23
Torralba de Aragón HU 35 G 28
Torralba de Calatrava CR 70 O 18
Torralba de los Frailes Z 48 I 25
Torralba de los Sisones TE 48 J 25
Torralba de Oropesa TO 57 M 14
Torralba de Ribota Z 34 H 24
Torralba del Burgo SO 32 H 21
Torralba del Pinar CS 62 M 28
Torralba del Río NA 19 E 23
Torralbilla Z 48 I 25
Torrano / Dorrao NA 19 D 23
Torraño SO 32 H 20
Torre cerca de Taboada LU 13 D 6
Torre cerca de Villalba LU 3 C 6
Torre (Brazo de la) SE 91 U 11
Torre (La) AV 44 K 15
Torre (La) MU 85 R 25
Torre (La) CA 92 V 12
Torre (La) cerca de Losilla de Aras V 61 M 26
Torre (La) cerca de Utiel V 61 M 26
Torre (Rambla de la) A 86 Q 28
Torre Abraham (Embalse) CR 70 N 17
Torre Alháquime CA 92 V 14
Torre Alta MU 85 R 26
Torre Alta V 61 L 26
Torre Arboles CO 81 S 15
Torre Cardela GR 94 T 19
Torre Castiel TE 49 J 29
Torre Cerredo LE 6 C 15
Torre de Alcotas TE 61 M 27
Torre de Arcas TE 50 J 29
Torre de Babia LE 5 D 11
Torre de Benagalbón MA 101 V 17
Torre de Cabdella (La) L 23 E 32
Torre de Claramunt (La) B 37 H 34
Torre de Cullera (La) V 74 O 29
Torre de Don Miguel CC 55 L 10
Torre de Esgueva VA 31 G 17
Torre de Esteban Hambrán (La) TO 58 L 17
Torre de Fluvià (La) L 37 G 32
Torre de Fontaubella (La) T 51 I 32
Torre de Juan Abad CR 71 Q 20
Torre de la Higuera H 91 U 10
Torre de la Horadada A 85 S 27
Torre de la Reina SE 91 T 11
Torre de la Sal CS 63 L 30
Torre de la Vall V 74 O 29
Torre de las Arcas TE 49 J 27
Torre de les Maçanes (La) A 74 Q 28
Torre de l'Espanyol (La) T 36 I 31
Torre de Miguel Sesmero BA 67 Q 9
Torre de Oristà (La) B 38 G 36
Torre de Peña NA 20 E 26
Torre de Peñafiel VA 31 H 17
Torre de Pinet A 74 P 28
Torre de Santa María CC 68 O 11
Torre del Águila SE 92 U 12
Torre del Águila (Embalse de) SE 92 U 12
Torre del Bierzo LE 15 E 11
Torre del Burgo GU 46 J 20
Torre del Campo J 82 S 18
Torre del Compte TE 50 J 30
Torre del Mar MA 101 V 17
Torre del Oro H 91 U 9
Torre del Rei CS 63 L 30
Torre del Río Real MA 100 W 15
Torre del Valle (La) ZA 15 F 12
Torre d'en Besora (La) CS 50 L 29
Torre d'en Doménec (La) CS 62 L 30
Torre en Cameros LO 19 F 22
Torre Gorda CA 98 W 11
Torre la Cárcel TE 48 K 26
Torre la Ribera HU 22 E 31
Torre los Negros TE 48 J 26
Torre Pacheco MU 85 S 27
Torre Pedro AB 84 Q 23
Torre-saura PM 106 M 41
Torre-serona L 36 G 31
Torre-solí Nou PM 106 M 42
Torre Tallada V 73 P 27
Torre Uchea AB 84 Q 25
Torre Val de San Pedro SG 45 I 18
Torreadrada SG 31 H 18
Torreagüera MU 85 S 26
Torrealba (Ermita de) CC 67 N 11
Torreandaluz SO 33 H 21
Torrearévalo SO 33 G 22
Torrebaja V 61 L 26
Torrebarrio LE 5 C 12
Torrebeleña GU 46 J 20
Torrebesses L 36 H 31
Torreblacos SO 32 G 21
Torreblanca CS 63 L 30
Torreblanca de los Caños SE 92 T 12
Torreblanca del Sol MA 100 W 16
Torreblascopedro J 82 S 19
Torrebuceit CU 60 M 22
Torrec L 37 G 33
Torrecaballeros SG 45 J 17
Torrecampo CO 81 Q 15
Torrecera CA 99 W 12
Torrechiva CS 62 L 28
Torrecica (La) AB 72 O 24
Torrecilla CR 70 P 18
Torrecilla CU 60 L 23
Torrecilla MA 100 V 14
Torrecilla de Alcañiz TE 50 J 29
Torrecilla de la Abadesa VA 30 H 14
Torrecilla de la Jara TO 57 M 15
Torrecilla de la Orden VA 30 I 14
Torrecilla de la Torre VA 30 H 14
Torrecilla de los Ángeles CC 55 L 10
Torrecilla de Valmadrid Z 35 H 27
Torrecilla del Ducado GU 47 I 22
Torrecilla del Monte BU 32 F 18
Torrecilla del Pinar SG 31 H 17
Torrecilla del Pinar GU 47 J 23
Torrecilla del Rebolar TE 48 J 26
Torrecilla del Valle VA 30 H 14
Torrecilla en Cameros LO 19 F 22
Torrecillas CO 93 T 15
Torrecillas (Las) cerca de Badajoz BA 67 P 9
Torrecillas (Las) cerca de Mengaloril BA 68 P 12
Torrecillas de la Tiesa CC 56 N 12
Torrecitores BU 31 G 18
Torreciudad HU 22 F 30
Torrecuadrada de los Valles GU 47 J 22
Torrecuadrada de Molina GU 48 J 24
Torrecuadradilla GU 47 J 22
Torrecuadros H 91 U 10
Torredembarra T 37 I 34
Torredonjimeno J 82 S 18
Torrefarrera L 36 G 31
Torrefeta L 37 G 33
Torrefrades ZA 29 H 11
Torrefresneda BA 67 P 11
Torrefuente CU 61 L 25
Torregalindo BU 32 H 18
Torregamones ZA 29 H 11
Torregrossa L 36 H 32
Torrehermosa Z 33 I 23
Torreiglesias SG 45 I 17
Torrejón CC 66 N 8
Torrejón de Ardoz M 46 K 19
Torrejón de la Calzada M 58 L 18
Torrejón de Velasco M 58 L 18
Torrejón del Rey GU 46 K 19
Torrejón el Rubio CC 56 M 11
Torrejón-Tajo (Embalse de) CC 56 M 12
Torrejón-Tiétar (Embalse de) CC 56 M 12
Torrejoncillo CC 55 M 10
Torrejoncillo del Rey CU 59 L 22
Torrelaguna M 46 J 19
Torrelameu L 36 G 32
Torrelapaja Z 33 H 24
Torrelara BU 18 F 19
Torrelavandeira C 3 C 5
Torrelavega S 7 B 17
Torrelavit B 37 H 35
Torrelengua CU 59 M 21
Torrelengua SE 92 U 12
Torrellano A 86 R 28
Torrellas Z 34 G 24
Torrelles de Foix B 37 H 34
Torrelles de Llobregat B 38 H 35
Torrelobatón VA 30 H 14
Torrelodones M 45 K 18
Torremayor BA 67 P 10
Torremegía BA 67 P 10
Torremelgarejo CA 91 V 11
Torremendo A 85 S 27
Torremenga CC 56 L 12
Torremocha CC 67 N 11
Torremocha de Ayllón SO 32 H 20
Torremocha de Jadraque GU 46 I 21
Torremocha de Jarama M 46 J 19
Torremocha de Jiloca TE 48 K 26
Torremocha del Campo GU 47 J 22
Torremocha del Pinar GU 47 J 23
Torremochuela GU 48 J 24
Torremolinos MA 100 W 16
Torremontalbo LO 19 E 21
Torremormojón P 30 G 15
Torrenostra CS 63 L 30
Torrent GI 25 G 39
Torrent V 62 N 28
Torrente de Cinca HU 36 H 31
Torrenueva CR 71 Q 19
Torrenueva GR 101 V 19
Torrenueva MA 100 W 15
Torrepadre BU 31 F 18
Torreparedones CO 81 S 16
Torreperogil J 83 R 20
Torrequebradilla J 82 S 19
Torrequemada CC 67 N 11
Torres NA 11 D 25
Torres Z 34 H 25
Torres J 82 S 19
Torres (Las) Z 34 H 26
Torres (Las) SA 43 J 13
Torres Cabrera CO 81 S 15
Torres de Albánchez J 83 Q 21
Torres de Albarracín TE 48 K 25
Torres de Alcanadre HU 35 G 29
Torres de Aliste (Las) ZA 29 G 11
Torres de Barbués HU 35 G 28
Torres de Berellén Z 34 G 26
Torres de Cotillas (Las) MU 85 R 26
Torres de la Alameda M 46 K 19
Torres de Montes HU 21 F 29
Torres de Segre L 36 H 31
Torres del Carrizal ZA 29 H 12
Torres del Obispo HU 22 F 31
Torres del Río NA 19 E 23
Torres-Torres V 62 M 28
Torresandino BU 31 G 18

España 169

Torresaviñán (La) GU 47 J 22
Torrescárcela VA 31 H 17
Torresmenudas SA 43 I 12
Torrestio LE 5 C 11
Torresuso SO 32 H 20
Torreta de l'Orri L 23 E 33
Torrevelilla TE 50 J 29
Torrevicente SO 32 H 21
Torrevieja A 86 S 27
Torrevieja (Salines de) A 85 S 27
Torrico TO 57 M 14
Torrijas TE 61 L 27
Torrijo Z 34 H 24
Torrijo del Campo TE 48 J 25
Torrijos TO 58 M 17
Torroella de Fluvià GI 25 F 39
Torroella de Montgrí GI 25 F 39
Torroja del Priorat T 36 I 32
Torronteras GU 47 K 22
Torroña PO 12 F 3
Torrox MA 101 V 18
Torrox (Punta de) MA 101 V 18
Torrox Costa MA 101 V 18
Torrubia GU 48 J 24
Torrubia CO 81 Q 16
Torrubia de Soria SO 33 H 23
Torrubia del Campo CU 59 M 21
Torrubia del Castillo CU 60 M 23
Tortajada TE 48 K 26
Tortas AB 72 Q 22
Tortellà GI 24 F 37
Tórtola CU 60 M 23
Tórtola de Henares GU 46 J 20
Tórtoles AV 44 K 14
Tórtoles Z 34 G 24
Tórtoles de Esgueva BU 31 G 17
Tortonda GU 47 J 22
Tortosa T 50 J 31
Tortosa (Cap de) T 51 J 32
Tortuera GU 48 J 24
Tortuero GU 46 J 19
Torviscal BA 68 O 12
Torviscal (El) SE 92 U 12
Torvizcón GR 102 V 20
Tosa d'Alp B 24 F 35
Tosalet A 75 P 30
Tosantos BU 18 E 20
Tosca
(Embalse de la) CU 47 K 23
Toscana (La) GR 84 S 22
Toscas (Las)
La Gomera TF 119 C 3
Toscón (El)
Gran Canaria GC 115 F 2
Toscón (El)
Gran Canaria GC 116 C 3
Tosende OR 27 G 6
Toses GI 24 F 36
Toses (Collada de) GI 24 E 35
Tosos Z 34 I 26
Tospe O 6 C 14
Tossa de Mar GI 39 G 38
Tossa de Montbui (La) B 37 H 34
Tossa Pelada L 23 F 34
Tossal (El) A 74 Q 29
Tossal (El) L 37 G 33
Tossal de la Nevera CS 50 K 29
Totalán MA 101 V 17
Totana MU 85 S 25
Totanés TO 58 M 17
Toto *Fuerteventura* GC 113 F 3
Toural PO 12 E 4
Touriñán C 2 C 2
Touriñán (Cabo) C 2 C 2
Touro C 13 D 5
Tourón PO 12 E 4
Tous V 74 O 28
Tous
(Embassament de) V 74 O 27
Tóvedas V 61 L 25
Tox O 5 B 10
Toxa (A) /
La Toja PO 12 E 3
Toya J 83 S 20
Tozalmoro SO 33 G 23
Tózar GR 94 T 18
Tozo O 56 N 11
Tozo (Embalse del) CC 56 N 12
Traba C 2 C 2
Traba (La) LU 4 C 8
Trabada LU 4 B 8
Trabadelo LE 14 E 9
Trabakua
(Puerto de) BI 10 C 22
Trabanca SA 29 I 10
Trabazos ZA 29 G 10
Tracastro LU 14 E 8
Trafalgar (Cabo de) CA 98 X 11
Tragacete CU 48 K 24
Tragó L 23 F 33
Tragoncillo AB 84 R 22
Traguntía SA 43 J 10
Traibuenas NA 20 E 25
Traid GU 48 J 24
Traiguera CS 50 K 30
Trajano SE 92 U 12
Tramacastilla TE 48 K 25
Tramacastilla
de Tena HU 21 D 29
Tramaced HU 35 G 29
Tramascatiel TE 61 L 26
Tranco J 83 R 21
Tranquera
(Embalse de la) Z 34 I 24
Tranquera (La) Z 34 I 24
Trapera CO 80 Q 13
Trapiche MA 101 V 17
Tras la Sierra
(Montes de) CC 56 L 12
Trasancos C 3 B 5
Trasanquelos C 3 C 5
Trascastro O 5 C 10
Trascastro LE 14 D 10
Trascatro PO 13 D 6
Trashaedo BU 17 D 18
Trasierra BA 79 R 12
Traslaloma BU 8 C 19
Traslasierra H 79 S 10
Traslasierra BA 67 P 11
Trasmiras OR 27 F 7
Trasmonte C 3 C 4
Trasmonte LU 3 C 6
Trasmoz Z 34 G 24
Trasmulas GR 94 U 18
Trasobares Z 34 H 25
Traspeña P 17 D 16
Traspinedo VA 31 H 16
Travesas C 2 C 3
Traviesa (Sierra) SE 80 S 12
Traviesas C 3 C 4
Travieso (El) SE 80 S 13
Trazo C 2 C 4
Trebujena CA 91 V 11
Treceño S 7 C 17
Tredós L 23 D 32
Trefacio ZA 14 F 10
Tregurà de Dalt GI 24 E 36
Trejo CA 92 V 14
Trelle OR 13 F 6
Trelles O 4 B 9
Tremañes O 6 B 12
Tremedal AV 43 K 13
Tremedal (Puerto) AV 43 K 13
Tremedal de Tormes SA 43 I 11
Tremor de Abajo LE 15 E 11
Tremor de Arriba LE 15 D 11
Tremp L 23 F 32
Tres Arroyos BA 67 P 9
Tres Cantos M 46 K 18
Tres Huelgas
(Mirador de las) Z 35 G 28
Tres Mares (Pico de) P 7 C 16
Tres Picos
(Embalse de) H 90 T 8
Tresabuela S 7 C 16
Trescares O 7 C 15
Trescasas SG 45 J 17
Tresgrandas O 7 B 16
Tresjuncos CU 59 M 21
Tresmonte O 6 B 14
Trespaderne BU 18 D 19
Tresponts
(Congost de) L 23 F 34
Trespuentes VI 19 D 21
Tresviso S 7 C 15
Trévago SO 33 G 23
Trevejo CC 55 L 9
Trevélez GR 95 U 20
Trevélez
(Horcajo de) GR 95 U 20
Treviana LO 18 E 20
Trevijano LO 19 F 23
Treviño BU 19 D 21
Triacastela LU 14 D 8
Triana MA 101 V 17
Triana *Gran Canaria* GC 115 G 2
Tribaldos CU 59 M 21
Tricias (Las)
La Palma TF 130 B 3
Tricio LO 19 E 21
Trigaza BU 18 F 20
Trigueros H 90 T 9
Trigueros
del Valle VA 31 G 16
Trijueque GU 46 J 21
Trillo GU 47 J 22
Trincheto (El) CR 70 O 17
Trinidad (La) SE 92 T 13
Triollo P 17 D 15
Triongo O 6 B 14
Triquivijate
Fuerteventura GC 111 H 3
Triste HU 21 E 27
Trobajo LE 16 E 13
Trobal (El) SE 91 U 12
Trobo
cerca de Cospeito LU 3 C 7
Trobo (O)
cerca de Fonsagrada LU 4 C 8
Tronceda C 13 D 5
Troncedo HU 22 F 30
Troncedo O 5 B 11
Tronchón TE 49 K 28
Trubia O 5 B 12
Truchas LE 15 F 10
Truchillas LE 15 F 10
Trucios-Turtzioz BI 8 C 20
Trujillanos BA 67 P 11
Trujillo CC 56 N 12
Tubilla del Agua BU 17 D 18
Tubilla del Lago BU 32 G 19
Tubilleja BU 18 D 18
Tuca L 22 D 32
Tuda (La) ZA 29 H 12
Tudanca S 7 C 16
Tudela NA 20 F 25
Tudela GI 25 F 39
Tudela Agüeria O 5 C 12
Tudela de Duero VA 31 H 16
Tudela de Segre L 37 G 33
Tudelilla LO 19 F 23
Tudera ZA 29 H 11
Tuéjar V 61 M 26
Tuela ZA 14 F 9
Tuelas (Los) MU 85 S 25
Tuerto LE 15 E 11
Tuesta VI 18 D 20
Tufiones C 2 C 2
Tui PO 12 F 4
Tuilla O 6 C 13
Tuineje
Fuerteventura GC 113 G 4
Tuiriz LU 13 E 7
Tuiza O 5 C 12
Tujena H 91 T 10
Tulebras NA 34 G 24
Tumbalejo (El) H 91 T 10
Tumbo LU 4 C 7
Tuna (Sa) GI 25 G 39
Túnez *Tenerife* TF 128 E 5
Tuña O 5 C 10
Tuñón O 5 C 12
Turbón HU 22 E 31
Turca GR 94 U 17
Turces C 13 D 5
Turcia LE 15 E 12
Turégano SG 45 I 17
Turieno S 7 C 16
Turienzo Castañero LE 15 E 10
Turillas AL 96 U 23
Turillas (Peñón de) AL 96 U 23
Turís V 74 N 27
Turiso VI 18 D 21
Turleque TO 58 N 19
Turmell (El) CS 50 K 30
Turmiel GU 47 I 23
Turó de l'Home B 38 G 37
Turón O 5 C 12
Turón GR 102 V 20
Turones SA 42 J 9
Turquillas (Las) SE 92 T 14
Turra de Alba SA 44 J 13
Turre AL 96 U 24
Turrilla AB 84 R 23
Turrilla MU 84 S 24
Turrillas AL 96 U 23
Turro (El) GR 94 U 18
Turrubuelo SG 32 I 19
Turruncún LO 19 F 23
Tús AB 84 Q 22
Tús (Balneario de) AB 84 Q 22
Txindoki (Pico) SS 10 C 23

U

Ubeda A 85 Q 27
Úbeda J 82 R 19
Ubide BI 9 C 21
Ubierna BU 18 E 18
Ubiña (Peña) LE 5 C 12
Ubrique CA 99 V 13
Úcar NA 11 D 24
Uceda GU 46 J 19
Ucedo LE 15 E 11
Ucero SO 32 G 20
Uces (Las) SA 43 I 10
Ucieda S 7 C 17
Uclés CU 59 M 21
Udalla S 8 C 19
Udra (Cabo de) PO 12 E 3
Uga *Lanzarote* GC 122 C 4
Ugalde VI 8 C 21
Ugao-Miraballes BI 8 C 21
Ugarteberri SS 10 C 23
Ugena TO 58 L 18
Uges C 3 C 4
Ugíjar GR 102 V 20
Uharte / Huarte NA 11 D 25
Uharte-Arakil NA 10 D 24
Uitzi NA 10 C 24
Uitzi (Alto) NA 10 C 24
Ujados GU 32 I 20
Ujo O 5 C 12
Ujué NA 20 E 25
Ulea MU 85 R 26
Uleila del Campo AL 96 U 23
Ulibarri NA 19 D 23
Ullà GI 25 F 39
Ulla (Río) C 13 D 4
Ullastrell B 38 H 35
Ullastret GI 25 F 39
Ulldecona T 50 K 31
Ulldemolins T 37 I 32
Ullíbarri (Embalse de) VI 19 D 22
Ullíbarri-Arrazua VI 19 D 22
Ullíbarri-Gamboa VI 19 D 22
Ulloa LU 3 D 6
Ultramort GI 25 F 39
Ultzama NA 11 C 24
Ulzurrun (Puerto de) NA 10 D 24
Umbralejo GU 46 I 20
Umbrete SE 91 T 11
Umbría TE 49 K 28
Umbría MU 84 S 24
Umbría GR 95 V 20
Umbría (La) H 79 S 10
Umbría
(Sierra de la) GR 84 S 22
Umbría
de Fresnedas CR 70 Q 19
Umbría
de las Lomas MU 84 S 24
Umbría del Oso CU 60 L 25
Umbrías AV 43 L 13
Umbrías MU 97 T 25
Umia PO 13 E 4
Unarre L 23 E 33
Uncastillo Z 20 E 26
Unciti NA 11 D 25
Undués de Lerda Z 20 E 26
Undués-Pintano Z 20 E 26
Undurraga BI 9 C 21
Ungilde ZA 28 F 10
Unión (La) MU 85 T 27
Unión
de Campos (La) VA 30 F 14
Universales (Montes) TE 48 K 24
Unquera S 7 B 16
Unzué NA 20 E 25
Uña CU 60 L 24
Uña (La) LE 6 C 14
Uña de Quintana ZA 15 F 11
Urbanización
Vista Los Angeles AL 96 U 24
Urbanova A 86 R 28
Urbasa (Puerto de) NA 19 D 23
Urbel del Castillo BU 17 E 18
Urberuaga BI 10 C 22
Urbies O 6 C 12
Urbina VI 19 D 22
Urbión (Monte) SG 32 F 21
Urbión (Reserva
nacional de) SG 33 G 21
Urbión (Sierra de) SO 33 G 21
Urcal AL 96 T 24
Urculu NA 11 C 26
Urda TO 70 N 18
Urdaburu (Monte) SS 10 C 24
Urdaitz / Urdániz NA 11 D 25
Urdanta LO 18 F 21
Urdazubi / Urdax NA 11 C 25
Urdelar SS 10 C 24
Urdiales del Páramo LE 15 E 12
Urdian NA 19 D 23
Urdilde C 12 D 3
Urdués HU 21 D 27
Urduliz BI 8 B 21
Ures GU 47 I 21
Ures de Medina SO 47 I 23
Urgell
(Canal auxiliar d') L 37 G 32
Urgell (Canal d') L 37 G 33
Urgón CR 70 Q 17
Uría (Sierra de) LU 4 C 9
Uribarri-Dibiña VI 19 D 21
Urigoiti BI 9 C 21
Uritz / Úriz NA 11 D 25
Uriz LU 3 C 7
Úriz / Uritz NA 11 D 25
Urkabustaiz VI 18 D 21
Urkuleta BI 10 C 22
Urmella HU 22 E 31
Urmi CS 50 K 31
Urnieta SS 10 C 24
Urones
de Castroponce VA 16 F 14
Uroz NA 11 D 25
Urquiola (Puerto) BI 10 C 22
Urraca-Miguel AV 45 J 16
Urrácal AL 96 T 22
Urrea de Gaén TE 49 I 28
Urrea de Jalón Z 34 H 26
Urrestieta-Avellaneda BI 8 C 20
Urrestilla SS 10 C 23
Urretxu SS 10 C 23
Urrexola SS 10 C 22
Urrez BU 18 F 19
Urria BU 18 D 19
Urriello (Vega de) O 6 C 15
Urriés Z 20 E 26
Urrotz NA 11 C 24
Urroz-Villa NA 11 D 25
Urrúnaga VI 19 D 22
Urrutias (Los) MU 85 S 27
Urtasun NA 11 D 25
Urturi VI 19 E 22
Urtx GI 24 E 35
Urueña VA 30 G 14
Urueñas SG 32 H 18
Uruñuela LO 19 E 21
Urús GI 24 E 35
Urz (La) LE 15 D 12
Urzainqui NA 11 D 27
Usagre BA 79 Q 11
Usana HU 22 E 30
Usanos GU 46 J 20
Usánsolo BI 9 C 21
Usategieta
(Puerto de) NA 10 C 24
Uscarrés / Uskartze NA 11 D 26
Used Z 48 I 25
Used (Puerto de) Z 48 I 25
Useres (Les) CS 62 L 29
Usi NA 11 D 24
Uskartze / Uscarrés NA 11 D 26
Usón HU 35 G 29
Ustés NA 11 D 26
Usún NA 20 E 26
Usurbil SS 10 C 23
Utande GU 46 J 21
Utebo Z 35 G 27
Uterga NA 10 D 24
Utiel V 61 N 26
Utrera SE 92 U 12
Utrera BA 68 P 12
Utrilla SO 33 I 23
Utrillas TE 49 J 27
Utxesa (Pantà d') L 36 H 31
Uznayo S 7 C 16
Uzquiano BU 19 D 21
Uztárroz / Uztarroze NA 11 D 27
Uztarroze / Uztárroz NA 11 D 27

V

Vaca (La) H 78 S 7
Vacar (El) CO 81 R 15
Vacarisses B 38 H 35
Vadiello
(Embalse de) HU 21 F 29
Vadillo SO 32 G 20
Vadillo
de la Guareña ZA 30 I 13
Vadillo de la Sierra AV 44 K 14
Vadillos LO 19 F 22
Vado
(Embalse de El) GU 46 I 20
Vado Baena J 82 S 17
Vado del Álamo MA 100 V 15
Vadocondes BU 32 H 19
Vadofresno CO 93 U 16
Vadollano
(Estación de) J 82 R 19
Vados (Los) MA 101 V 17
Vados de Torralba J 82 S 19
Vajol (La) GI 25 E 38
Val C 3 B 5
Val
(Embalse de El) Z 34 G 24
Val (Río) SO 34 G 24
Val de Castillo LE 16 D 14
Val de la Sabina V 61 L 26
Val de San García GU 47 J 22
Val de San Lorenzo LE 15 E 11
Val de San Martín Z 48 I 25
Val de San Román LE 15 E 11
Val de Santa María ZA 29 G 11
Val de Santo Domingo TO 58 L 17
Val do Dubra C 2 C 4
Valacloche TE 61 L 26
Valadares C 2 D 3
Valadares PO 12 F 3
Valadouro LU 4 B 7
Valareña Z 20 F 26
Valberzoso P 17 D 17
Valboa PO 13 D 4
Valbona TE 61 L 27
Valbonilla BU 17 F 17
Valbuena SA 43 K 12
Valbuena de Duero VA 31 H 17
Valbuena
de Pisuerga P 17 F 17
Valbueno GU 46 K 20
Valbuxán OR 14 F 8
Valcabadillo P 16 E 15
Valcabado ZA 29 H 12
Valcabra
(Rambla de) GR 95 T 21
Valcaliente CC 56 N 12
Valcarce (Moral de) LE 14 E 9
Valcárceres (Los) BU 17 E 18
Valcarlos / Luzaide NA 11 C 26
Valcavado LE 15 F 12
Valchillón CO 81 S 15
Valcotos M 45 J 18
Valcovero P 16 D 15
Valcueva-
Palazuelo (La) LE 16 D 13
Valdajos TO 59 L 20
Valdanzo SO 32 H 19
Valdanzuelo SO 32 H 19
Valdaracete M 59 L 20
Valdarachas GU 46 K 20
Valdastillas CC 56 L 12
Valdavida LE 16 E 14
Valde-Ucieza P 17 E 16
Valdeagorfa TE 50 J 29
Valdeajos BU 17 D 18
Valdealbín SO 32 G 20
Valdealcón LE 16 E 14
Valdealiso LE 16 E 14
Valdealvillo SO 32 H 21
Valdeande BU 32 G 19
Valdearcos VA 31 H 17
Valdearcos LE 16 E 13
Valdearenas GU 46 J 21
Valdeavellano GU 46 J 21
Valdeavellano
de Tera SO 33 G 22
Valdeavellano de Ucero SO 32 G 20
Valdeavero M 46 K 20
Valdeaveruelo GU 46 K 20
Valdeazogues CR 69 P 16
Valdeazores TO 57 N 15
Valdebótoa BA 67 P 9
Valdecaballeros BA 69 O 14
Valdecabras CU 60 L 23
Valdecabrillas CU 60 L 22
Valdecañas CR 70 P 18
Valdecañas CU 60 L 23
Valdecañas (Centro
Agronómico de) TO 56 L 14
Valdecañas
(Embalse de) CC 56 M 13
Valdecañas
de Campos P 31 G 17
Valdecañas de Tajo CC 56 M 13
Valdecarpinteros SA 43 K 10
Valdecarros SA 44 J 13
Valdecasa AV 44 K 14
Valdecazorla J 83 S 20
Valdecebro TE 49 K 26
Valdecevillo
(Yacimientos de) LO 19 F 23
Valdecilla S 8 B 18
Valdecolmenas
de Abajo CU 60 L 22
Valdecolmenas
de Arriba CU 60 L 22
Valdeconcha GU 46 K 21
Valdeconejos TE 49 J 27
Valdecuenca TE 61 L 25
Valdecuenca
(Puerto de) TE 61 L 25

A B C D E F G H I J K L M N O P Q R S T U V W X Y Z

170 España

A B C D E F G H I J K L M N O P Q R S T U V W X Y Z

Valdecuna O 5 C 12
Valdedíos O 6 B 13
Valdedo O 4 B 9
Valdefinjas ZA 30 H 13
Valdeflores SE 79 S 10
Valdefresno LE 16 E 13
Valdefuentes CC 67 O 11
Valdefuentes (Santuario de) CC 55 L 11
Valdefuentes de Sangusín SA 43 K 12
Valdefuentes del Páramo LE 15 F 12
Valdeganga AB 72 O 24
Valdeganga de Cuenca CU 60 M 23
Valdegeña SO 33 G 23
Valdegovía VI 18 D 20
Valdegrudas GU 46 J 20
Valdegutur LO 34 G 24
Valdehermoso de la Fuente CU 60 N 23
Valdeherreros BA 67 O 10
Valdehierro CR 70 O 17
Valdehijaderos SA 43 K 12
Valdehorna Z 48 I 25
Valdehornillo BA 68 O 12
Valdehoyas TO 58 L 18
Valdehúncar CC 56 M 13
Valdeíñigos CC 56 M 12
Valdejimena (Ermita de) SA 44 K 13
Valdelacalzada BA 67 P 9
Valdelacasa SA 43 K 12
Valdelacasa de Tajo CC 56 M 14
Valdelafuente LE 16 E 13
Valdelageve SA 43 K 12
Valdelagrana CA 98 W 11
Valdelagua M 46 K 19
Valdelagua GU 47 J 21
Valdelagua del Cerro SO 33 G 23
Valdeláguila-El Robledal M 46 K 20
Valdelaguna M 59 L 19
Valdelamadera CR 70 O 17
Valdelamusa H 78 S 9
Valdelarco H 79 S 9
Valdelatas M 46 K 17
Valdelateja BU 18 D 18
Valdelavia (Alto de) AV 45 K 16
Valdelcubo GU 33 I 21
Valdelinares TE 49 K 28
Valdelinares SO 32 G 20
Valdellosa TE 48 J 25
Valdelobos (Cañada de) AB 71 O 22
Valdelosa SA 43 I 12
Valdeltormo TE 50 J 30
Valdelugueros LE 16 D 13
Valdemadera LO 33 G 23
Valdemaluque SO 32 G 20
Valdemanco M 46 J 19
Valdemanco del Esteras CR 69 P 15
Valdemaqueda M 45 K 17
Valdemarías TO 57 M 16
Valdemarín (Casa Forestal de) J 83 R 21
Valdemeca CU 60 L 24
Valdemerilla ZA 29 F 10
Valdemierque SA 44 J 13
Valdemora LE 16 F 13
Valdemorales CC 68 O 11
Valdemorilla LE 16 F 14
Valdemorillo M 45 K 17
Valdemorillo de la Sierra CU 60 L 24
Valdemoro M 58 L 18
Valdemoro del Rey CU 59 L 22
Valdemoro Sierra CU 60 L 24
Valdenarros SO 32 H 21
Valdenebro SO 32 H 21
Valdenebro de los Valles VA 30 G 15
Valdenegrillos SO 33 G 23
Valdenoceda BU 18 D 19
Valdenoches GU 46 J 20
Valdenoguera SA 42 J 9
Valdenuño Fernández GU 46 J 19
Valdeobispo CC 55 L 11
Valdeobispo (Embalse de) CC 55 L 11
Valdeolivas CU 47 K 22
Valdeolmillos P 31 F 16
Valdeolmos M 46 K 19
Valdepalacios TO 57 M 14
Valdepares O 4 B 9
Valdepeñas CR 71 P 19
Valdepeñas de Jaén J 94 T 18
Valdepeñas de la Sierra GU 46 J 19
Valdeperales M 59 L 19
Valdeperdices ZA 29 H 12
Valdeperillo LO 33 F 23
Valdepiélago LE 16 D 13
Valdepiélagos M 46 J 19
Valdepolo LE 16 E 14
Valdeprado S 7 C 16
Valdeprado SO 33 G 23
Valdeprado del Río S 17 D 17
Valdeprados SG 45 J 17
Valderaduey CL 16 E 15
Valderas LE 30 F 13
Valderías BU 17 D 18
Valderrábano P 17 E 16
Valderrama BU 18 D 20
Valderrebollo GU 47 J 21
Valderrepisa (Puerto) CR 81 Q 16
Valderrey LE 15 E 11
Valderrobres TE 50 J 30
Valderrodilla SO 33 H 21
Valderrodrigo SA 43 I 10
Valderrosas CC 55 L 11
Valderrubio GR 94 U 18
Valderrueda SO 33 H 21
Valderrueda LE 16 D 15
Valdés MA 101 V 17
Valdesalor CC 55 N 10
Valdesamario LE 15 D 12
Valdesamario (Embalse Azud de) LE 15 D 11
Valdesaz GU 46 J 21
Valdescorriel ZA 30 F 13
Valdesimonte SG 31 I 18
Valdesoto O 6 B 13
Valdesotos GU 46 J 20
Valdespina P 17 F 16
Valdespina SO 33 H 22
Valdespino Cerón LE 16 F 13
Valdespino de Somoza LE 15 E 11
Valdesquí M 45 J 18
Valdestillas VA 30 H 15
Valdeteja LE 16 D 13
Valdeteja (Collada de) LE 16 D 13
Valdeterrazo del Marqués BA 78 Q 8
Valdetorres BA 68 P 11
Valdetorres de Jarama M 46 J 19
Valdevacas de Montejo SG 32 H 19
Valdevacas y Guijar SG 45 I 18
Valdevaqueros (Ensenada de) CA 99 X 12
Valdeverdeja TO 57 M 14
Valdevimbre LE 16 E 13
Valdezate BU 31 H 18
Valdezcaray LO 18 F 21
Valdezufre H 79 S 10
Valdilecha M 59 L 20
Valdín OR 14 F 9
Valdivia BA 68 O 12
Valdomar LU 3 C 6
Valdoré LE 16 D 14
Valdoro (Sierra de) CR 82 Q 17
Valdorros BU 18 F 18
Valdoviño C 3 B 5
Valdunciel SA 43 I 12
Valdunquillo VA 30 F 14
Valduro Nuevo BA 67 P 9
Valduvieco LE 16 E 14
Valeixe PO 13 F 5
Valencia V 62 N 29
Valencia (Golf de) V 62 N 29
Valencia d'Àneu L 23 E 33
Valencia de Alcántara CC 54 N 8
Valencia de Don Juan LE 16 F 13
Valencia de las Torres BA 79 Q 12
Valencia del Mombuey BA 78 R 8
Valencia del Ventoso BA 79 R 10
Valencina de la Concepción SE 91 T 11
Valenoso P 17 E 16
Valentín MU 84 R 24
Valentins (Els) T 50 K 31
Valenzuela CO 81 S 17
Valenzuela de Calatrava CR 70 P 18
Valer ZA 29 G 11
Valera BA 79 R 10
Valera de Abajo CU 60 M 23
Valeria CU 60 M 23
Valeriano GR 94 T 18
Valero SA 43 K 12
Vales OR 13 E 6
Valfarta HU 35 H 29
Valfermoso de las Monjas GU 46 J 21
Valfermoso de Tajuña GU 46 K 21
Valfonda de Santa Ana HU 35 G 28
Valga PO 12 D 4
Valgañón LO 18 F 20
Valgrande O 15 D 12
Valhermoso GU 47 J 24
Valientes (Los) MU 85 R 26
Valiñas PO 12 E 4
Valjunquera TE 50 J 30
Vall Alto del Ter GI 24 F 37
Vall d'Alba CS 62 L 29
La Vall d'Alcalà A 74 P 29
Vall d'Alcalà A 74 P 28
Vall d'Àngel (Serra de la) CS 50 K 30
Vall de Almonacid CS 62 M 28
Vall de Bianya (La) GI 24 F 37
Vall de Ebo A 74 P 29
Vall de Gallinera A 74 P 29
La Vall de Laguar A 74 P 29
Vall de Laguart A 74 P 29
Vall de Varradòs L 22 D 32
Vall d'Uixó (La) CS 62 M 29
Vall Llebrera L 37 G 33
Vall-Llobrega GI 25 G 39
Vallada V 74 P 27
Valladares SO 33 I 22
Vallado O 5 C 10
Valladolid VA 30 H 15
Valladolises MU 85 S 26
Vallanca V 61 L 25
Vallarta de Bureda BU 18 E 20
Vallat CS 62 L 28
Vallbona d'Anoia B 37 H 35
Vallbona de les Monges L 37 H 33
Vallcarca B 38 I 35
Vallcebre B 23 F 35
Vallclara T 37 H 32
Valldan (La) B 24 F 35
Valldemossa PM 104 M 37
Valldoreix B 38 H 36
Valle S 8 C 19
Valle (El) LE 15 E 10
Valle (El) CA 99 X 12
Valle-Brosque TF 125 J 2
Valle de Abdalajís MA 100 V 15
Valle de Arán (Parador de) Vielha L 22 D 32
Valle de Arriba Tenerife TF 126 C 3
Valle de Cabuerniga S 7 C 17
Valle de Cerrato P 31 G 16
Valle de Finolledo LE 14 D 9
Valle de Guerra Tenerife TF 124 H 2
Valle de la Serena BA 68 P 12
Valle de la Venta CC 55 L 9
Valle de la Viuda (El) CR 69 O 16
Valle de Lago O 5 C 11
Valle de las Casas (El) LE 16 D 14
Valle de los Caídos M 45 K 17
Valle de Matamoros BA 79 Q 9
Valle de S. Augustín (El) O 4 B 9
Valle de Santa Ana BA 79 Q 9
Valle de Santa Inés GC 111 G 3
Valle de Santullan P 17 D 16
Valle de Tabladillo SG 31 H 18
Valle de Trapaga BI 8 C 20
Valle de Vegacervera LE 16 D 13
Valle Gran Rey (Barranco) La Gomera TF 118 B 2
Valle Retortillo P 16 F 15
Vallebrón Fuerteventura GC 111 H 2
Vallecas M 46 K 19
Vallecillo LE 16 E 14
Vallecillo (El) TE 61 L 25
Valledor (Sierra de) O 4 C 9
Vallegera BU 17 F 17
Vallehermoso TO 57 M 16
Vallehermoso La Gomera TF 118 C 1
Valleja CA 99 V 12
Vallejera de Riofrío SA 43 K 12
Vallejimeno BU 32 F 20
Vallejo P 17 D 17
Vallejo de Mena BU 8 C 20
Vallelado SG 31 H 16
Valleluengo ZA 29 F 11
Vallequillas M 58 L 19
Valleruela de Pedraza SG 45 I 18
Valleruela de Sepúlveda SG 46 I 18
Valles S 7 B 17
Valles (Los) Lanzarote GC 123 E 3
Valles (Reserva nacional de los) HU 21 D 27
Valles de Ortega Fuerteventura GC 113 G 3
Valles de Palenzuela BU 17 F 17
Valles de Valdavia P 17 E 16
Vallesa ZA 44 I 14
Valleseco GC 115 E 2
Vallespinosa T 37 H 34
Vallespinoso de Aguilar P 17 D 16
Vallfogona de Balaguer L 36 G 32
Vallfogona de Ripolles GI 24 F 36
Vallfogona de Riucorb T 37 H 33
Vallgorguina B 38 H 37
Vallibierna (Pico de) HU 22 E 31
Vallibona CS 50 K 30
Vallirana B 38 H 35
Vallivana CS 50 K 30
Vallmanya cerca de Cardona L 37 G 34
Vallmanya cerca de Lérida L 36 H 31
Vallmoll T 37 I 33
Vallobal O 6 B 14
Valloria SO 33 F 22
Vallromanas B 38 H 36
Valls T 37 I 33
Vallter 2000 GI 24 E 36
Valltorta (Barranc de la) CS 50 K 30
Valluerca VI 18 D 20
Valluercanes BU 18 E 20
Vallunquera BU 17 F 17
Vallverd L 37 G 32
Vallverd T 37 H 33
Valmadrid Z 35 H 27
Valmala BU 18 F 20
Valmartino LE 16 D 14
Valmayor J 81 Q 17
Valmayor (Embalse de) M 45 K 17
Valmojado TO 58 L 17
Valmuel del Caudillo TE 49 I 29
Valonga HU 36 G 30
Válor GR 102 V 20
Valoria de Aguilar P 17 D 17
Valoria del Alcor P 30 G 15
Valoria la Buena VA 31 G 16
Valpalmas Z 21 F 27
Valparaíso cerca de Cuelgamures ZA 29 I 12
Valparaíso cerca de Mombuey ZA 29 G 11
Valparaíso de Abajo CU 59 L 22
Valparaíso de Arriba CU 59 L 22
Valporquero de Rueda LE 16 D 14
Valporquero de Torío LE 16 D 13
Valrío CC 55 L 10
Valronquillo CR 70 O 17
Valsain SG 45 J 17
Valsalabroso SA 43 I 10
Valsalada HU 21 F 28
Valsalobre CU 47 K 23
Valsalobre GU 48 J 24
Valseca SG 45 I 17
Valseco LE 15 D 10
Valsemana LE 16 D 12
Valsequillo CO 80 Q 13
Valsequillo de Gran Canaria Gran Canaria GC 115 F 3
Valtablado del Río GU 47 J 22
Valtajeros SO 33 G 23
Valtiendas SG 31 H 18
Valtierra NA 20 F 25
Valtorres Z 34 I 24
Valtueña SO 33 H 23
Valuengo BA 79 R 9
Valuengo (Embalse de) BA 79 R 10
Valvaler O 4 C 9
Valvenedizo SO 32 I 20
Valverde BU 32 G 19
Valverde SO 34 G 24
Valverde TE 48 J 26
Valverde CR 70 P 17
Valverde A 86 R 28
Valverde LO 34 G 24
Valverde El Hierro TF 109 D 2
Valverde de Alcalá M 46 K 20
Valverde de Burguillos BA 79 R 10
Valverde de Campos VA 30 G 14
Valverde de Júcar CU 60 M 23
Valverde de la Sierra LE 16 D 15
Valverde de la Vera CC 56 L 13
Valverde de la Virgen LE 15 E 12
Valverde de Leganés BA 66 P 9
Valverde de Llerena BA 80 R 12
Valverde de los Arroyos GU 46 I 20
Valverde de Mérida BA 67 P 11
Valverde de Valdelacasa SA 43 K 12
Valverde del Camino H 91 T 9
Valverde del Fresno CC 55 L 9
Valverde del Majano SG 45 J 17
Valverde Enrique LE 16 F 14
Valverdejo CU 60 N 23
Valverdín LE 16 D 13
Valverdón SA 43 I 12
Valvieja SG 32 H 19
Vanacloig V 61 M 27
Vandellós T 51 I 32
Vanidodes LE 15 E 11
Vara C 12 D 3
Vara (Alto de la) GU 32 I 21
Vara de Rey CU 72 N 23
Varas CO 81 R 16
Varelas C 13 D 5
Vargas S 7 C 18
Vascos (Ruinas romanas) TO 57 M 14
Veciana B 37 H 34
Vecilla (La) LE 16 D 13
Vecindario Gran Canaria GC 117 F 4
Vecinos SA 43 J 12
Vedat de Torrent (El) V 62 N 28
Vedra C 13 D 4
Vega S 7 C 18
Vega (Ermita de la) AV 44 K 13
Vega (La) S 7 C 16
Vega (La) BA 66 O 8
Vega (La) cerca de Ribadesella O 6 B 14
Vega (La) cerca de Tineo O 5 C 11
Vega (La) Riosa O 5 C 12
Vega (La) Sariego O 6 B 13
Vega de Almanza (La) LE 16 D 14
Vega de Anzo O 5 B 11
Vega de Bur P 17 D 16
Vega de Caballeros LE 15 D 12
Vega de Doña Olimpa P 17 E 16
Vega de Espinareda LE 14 D 10
Vega de Gordón LE 16 D 13
Vega de Infanzones LE 16 E 13
Vega de los Viejos (La) LE 15 D 11
Vega de Magaz LE 15 E 11
Vega de Pas S 8 C 18
Vega de Rengos O 5 C 10
Vega de Río Palmas Fuerteventura GC 110 F 3
Vega de Ruiponce VA 16 F 14
Vega de San Mateo Gran Canaria GC 115 E 2
Vega de Santa María AV 45 J 16
Vega de Tera ZA 29 G 11
Vega de Tirados SA 43 I 12
Vega de Valcarce LE 14 E 9
Vega de Valdetronco VA 30 H 14
Vega de Villalobos ZA 30 G 13
Vega de Yeres LE 14 E 9
Vega del Castillo ZA 15 F 10
Vega del Codorno CU 48 K 24
Vega del Rey O 5 C 12
Vega Esquivia TO 70 N 18
Vegacerneja LE 6 C 14
Vegacervera LE 16 D 13
Vegadeo O 4 B 8
Vegafría SG 31 H 17
Vegalagar O 4 C 10
Vegalatrave ZA 29 G 11
Vegallera AB 72 Q 23
Vegameoro O 5 C 10
Veganzones SG 45 I 18
Vegaquemada LE 16 D 14
Vegarada (Puerto de) LE 6 C 13
Vegarienza LE 15 D 11
Vegarredonda O 6 C 14
Vegas Altás BA 68 O 13
Vegas de Almenara SE 80 S 13
Vegas de Coria CC 43 K 11
Vegas de Domingo Rey SA 43 K 10
Vegas de Matute SG 45 J 17
Vegas de San Antonio (Las) TO 57 M 15
Vegas del Condado LE 16 D 13
Vegaviana CC 55 L 9
Veguellina de Órbigo LE 15 E 12
Veguilla S 8 C 19
Veguillas GU 46 J 20
Veguillas (Las) SA 43 J 12
Veguillas de la Sierra TE 61 L 25
Veiga C 3 C 4
Veiga (A) cerca de Celanova OR 13 F 6
Veiga (A) cerca de O Barco OR 14 E 9
Veiga (A) cerca de Viana do Bolo OR 14 F 8
Veiga de Logares (A) LU 4 C 8
Vejer de la Frontera CA 99 X 12
Vejo S 7 C 15
Vela CO 93 T 17
Velada TO 57 M 15
Velamazán SO 33 H 21
Velascálvaro VA 30 I 15
Velate (Castillo de) NA 11 C 25
Velayos AV 45 J 16
Veldedo LE 15 E 11
Velefique AL 96 U 22
Veleta (Pico) GR 94 U 19
Vélez Blanco AL 84 S 23
Vélez de Benaudalla GR 101 V 19
Vélez Málaga MA 101 V 17
Vélez Málaga (Punta de) MA 101 V 17
Vélez Rubio AL 84 T 23
Velilla VA 30 H 14
Velilla cerca de San Esteban de Gormaz SO 32 H 20
Velilla cerca de Soria SO 33 G 22
Velilla (La) SG 45 I 18
Velilla de Cinca HU 36 H 30
Velilla de Ebro Z 35 H 28
Velilla de Jiloca Z 34 I 25
Velilla de la Reina LE 15 E 12
Velilla de los Ajos SO 33 H 23
Velilla de los Oteros LE 16 E 13
Velilla de Medinaceli SO 47 I 22
Velilla de San Antonio M 46 K 19
Velilla de Valderaduey LE 16 E 15
Velilla del Río Carrión P 16 D 15
Velillas HU 21 F 29
Velle (Embalse de) OR 13 E 6
Vellés (La) SA 44 I 13
Vellila de Tarilonte P 17 D 15
Vellisca CU 59 L 21
Velliza VA 30 H 15
Vellón (El) M 46 J 19
Vellosillo SG 32 I 18
Vences OR 28 G 7
Vencillón HU 36 G 30
Vendas da Barreira OR 28 G 8
Vendelaras de Abajo AB 72 P 23
Vendelaras de Arriba AB 72 P 23
Vendrell (El) T 37 I 34
Venero CC 68 N 13
Veneros (Los) SE 92 U 14
Venialbo ZA 30 H 13
Venta (La) CR 70 O 18
Venta (La) cerca de Almedinilla CO 94 T 17
Venta (La) cerca de Baza GR 95 T 21
Venta Cerezo CO 81 R 17
Venta de Ballerías HU 35 G 29
Venta de Baños P 31 G 16
Venta de Cañete SE 92 U 14
Venta de Cárdenas CR 82 Q 19
Venta de Culebrín BA 79 R 11
Venta de Don Quijote TO 59 N 21
Venta de Gaeta (La) V 73 O 27
Venta de la Muela J 83 R 21
Venta de los Santos J 83 Q 20

Venta de Micena GR 84 S 22
Venta del Charco CO 81 R 17
Venta del Cruce SE 91 U 11
Venta del Fraile GR 101 V 18
Venta del Moro V 61 N 25
Venta del Obispo AV 44 K 14
Venta del Ojo de Mierla TE 48 J 25
Venta del Palmar (La) SE 92 T 14
Venta del Peral (La) GR 95 T 22
Venta del Probe AL 103 V 23
Venta del Puerto CO 81 R 16
Venta del Tarugo GR 102 V 20
Venta Nueva O 5 C 10
Venta Pantalones J 82 T 17
Venta Quemada V 61 N 27
Venta Quemada GR 96 T 22
Venta Santa Bárbara GR 93 U 17
Venta Valero CO 94 T 17
Ventalles (Les) T 50 K 31
Ventalló GI 25 F 39
Ventamillo (Congosto de) HU 22 E 31
Ventamira V 61 N 27
Ventana (Puerto) LE 5 C 11
Ventaniella (Puerto de) O 6 C 14
Ventanilla P 17 D 16
Ventano del Diablo CU 60 L 23
Ventas (Las) O 5 C 11
Ventas Blancas LO 19 E 23
Ventas con Peña Aguilera TO 58 N 17
Ventas de Arriba H 79 S 10
Ventas de Huelma GR 94 U 18
Ventas de Muniesa TE 49 I 27
Ventas de Retamosa (Las) TO 58 L 17
Ventas de San Julián (Las) TO 56 L 14
Ventas de Zafarraya GR 101 V 17
Ventas del Carrizal J 94 T 18
Vente de las Ranas O 6 B 13
Venterros de Balerma GR 93 U 17
Ventilla (La) CR 71 O 20
Ventilla (La) CO 80 S 14
Ventillas CR 81 Q 17
Ventín PO 13 F 4
Ventolà GI 24 F 36
Ventorrillo (El) S 7 C 17
Ventorros de San José GR 94 U 17
Ventosa PO 13 D 6
Ventosa GU 47 J 24
Ventosa cerca de Medinaceli SO 47 I 22
Ventosa cerca de Soria SO 33 G 22
Ventosa (La) CU 60 L 22
Ventosa de Fuentepinilla SO 33 H 21
Ventosa de la Cuesta VA 30 H 15
Ventosa de Pisuerga P 17 E 17
Ventosa de San Pedro SO 33 F 23
Ventosa del Río Almar SA 44 J 13
Ventosela OR 13 F 5
Ventoses (Les) L 37 G 33
Ventosilla SO 33 G 22
Ventosilla J 82 S 18
Ventosilla (La) TO 58 M 17
Ventosilla y Tejadilla SG 46 I 18
Ventoso O 4 C 8
Ventrosa LO 19 F 21
Venturada M 46 J 19
Veo CS 62 M 28
Ver LU 14 E 7
Vera AL 96 U 24
Vera BA 69 P 14
Vera (La) CC 56 L 13
Vera de Bidasoa / Bera NA 11 C 24
Vera de Moncayo Z 34 G 24
Veracruz J 83 R 20
Veracruz HU 22 E 31
Veral LU 21 E 27
Verde GR 101 V 18
Verdegàs A 86 Q 28
Verdelpino de Huete CU 59 L 22
Verdeña P 17 D 16
Verdes (Cueva de los) Lanzarote GC 121 F 3
Verdiago LE 16 D 14
Verdicio O 5 B 12
Verdú L 37 H 33
Verdugo Río PO 12 E 4
Verea OR 13 F 6
Veredas CR 69 Q 16
Veredas H 78 S 9
Veredón CO 81 S 15
Vergaño P 17 D 16
Verger (El) A 74 P 30
Verges GI 25 F 39
Vergós L 37 H 33
Verín OR 28 G 7
Veriña O 5 B 12
Veris C 3 C 5
Verjaga J 83 Q 21
Vertavillo P 31 G 17
Vertientes (Las) GR 96 T 22
Veruela (Monasterio de) Z 34 G 24
Vescar (Sierra El) BA 78 R 8
Vesgas (Las) BU 18 E 19
Vespella T 37 I 34
Vetaherrado SE 91 U 12
Vezdemarbán ZA 30 H 13
Viacamp HU 22 F 31
Viados HU 22 E 31
Viana NA 19 E 22
Viana de Cega VA 30 H 15
Viana de Duero SO 33 H 22
Viana de Jadraque GU 47 I 21
Viana de Mondéjar GU 47 K 22
Viana do Bolo OR 14 F 8
Viandar de la Vera CC 56 L 13
Vianos AB 72 Q 22
Viaña S 7 C 17
Viaño Pequeño C 3 C 4
Viar SE 92 T 12
Viar (Canal del) SE 80 S 12
Viariz LE 14 E 9
Viascón PO 12 E 4
Viator AL 103 V 22
Víboras J 94 T 17
Vic B 38 G 36
Vic (Parador) B 24 G 37
Vícar AL 102 V 22
Vicario (Embalse de El) CR 70 O 18
Vicedo LU 3 A 6
Vicente TO 57 N 16
Vicentes (Los) A 85 R 27
Vicfred L 37 G 34
Vicién HU 21 F 28
Vicinte LU 3 C 6
Vico CA 91 V 12
Vicolozano AV 45 J 16
Vicorto AB 84 Q 23
Victoria (La) CO 81 S 15
Victoria de Acentejo (La) Tenerife TF 124 G 2
Vid (La) BU 32 H 19
Vid (La) LE 16 D 13
Vid de Bureba (La) BU 18 E 20
Vid III (Embalse de la) CC 56 M 12
Vidanes LE 16 D 14
Vidángoz / Bidankoze NA 11 D 26
Vidayanes ZA 30 G 13
Vide cerca de Cenlle OR 13 F 5
Vide cerca de Maceda OR 13 F 7
Vide de Alba ZA 29 G 11
Videferre OR 27 G 7
Videmala ZA 29 H 11
Vidiago O 7 B 16
Vidio (Cabo) O 5 B 11
Vídola (La) SA 43 I 10
Vidrà GI 24 F 36
Vidreres GI 39 G 38
Vidrieros P 17 D 15
Vidrio (Sierra del) BA 67 O 10
Vidural O 5 B 10
Vieiro (Alto de) OR 13 F 6
Vieja (Cueva de la) AB 73 O 26
Vieja (Sierra) BA 67 Q 10
Viejas CR 71 O 20
Viejas (Sierra de) CC 56 N 13
Viejo (El) TO 59 N 20
Viejo (Pico) Tenerife TF 128 D 4
Vielha L 22 D 32
Vielha (Túnel de) L 22 E 32
Viella O 5 B 12
Viento MA 100 V 16
Viento (Puerto del) MA 92 V 14
Viento (Punta del) Tenerife TF 124 G 2
Viento (Sierra del) SE 80 R 12
Viergol BU 8 C 20
Vierlas Z 34 G 24
Viernoles S 7 C 17
Viforcos LE 15 E 11
Vigaña cerca de Grado O 5 C 11
Vigaña cerca de Peña Manteca O 5 C 11
Vignemale HU 21 D 29
Vigo PO 12 F 3
Vigo C 3 C 5
Vigo (El) BU 8 C 20
Vigo (Ría de) PO 12 F 3
Viguera LO 19 F 22
Vila L 22 D 32
Vila de Bares C 3 A 6
Vila de Cruces PO 13 D 5
Vila Joiosa (La) / Villajoyosa A 74 Q 29
Vila-real / Villarreal CS 62 M 29
Vila-rodona T 37 I 34
Vila-sacra GI 25 F 39
Vila-sana L 37 H 32
Vila-seca T 51 I 33
Vilabade LU 4 C 8
Vilabella T 37 I 33
Vilabertran GI 25 F 38
Vilablareix GI 25 G 38
Vilaboa C 3 B 5
Vilaboa PO 12 E 4
Vilaboa LU 4 C 8
Vilac L 22 D 32
Vilacampa LU 4 B 7
Vilachá C 3 B 5
Vilachá cerca de Liber LU 14 D 8
Vilachá cerca de Monforte LU 14 E 7
Vilachá de Mera LU 3 D 7
Vilacoba PO 13 F 4
Vilacova C 12 D 3
Vilada B 24 F 35
Viladabade C 2 C 4
Viladamat GI 25 F 39
Viladasens GI 25 F 38
Viladavil C 3 D 5
Viladecans B 38 I 36
Viladecavalls B 38 H 35
Vilademuls GI 25 F 38
Viladequinta OR 14 E 9
Viladordis B 38 G 35
Viladrau GI 24 G 37
Vilaesteva LU 14 D 8
Vilaestrofe LU 4 B 7
Vilafamés CS 62 L 29
Vilafant GI 25 F 38
Vilaflor Tenerife TF 128 E 4
Vilaformán LU 4 B 8
Vilaframil LU 4 B 8
Vilafranca / Villafranca del Cid CS 49 K 29
Vilafranca de Bonany PM 105 N 39
Vilafranca del Penedès B 37 H 35
Vilagarcía de Arousa PO 12 E 3
Vilagrassa L 37 H 33
Vilajuïga GI 25 F 39
Vilalba / Villalba LU 3 C 6
Vilalba dels Arcs T 50 I 31
Vilalba Sasserra B 38 H 37
Vilalbite LU 3 C 6
Vilaleo LU 14 D 7
Vilalle LU 4 C 8
Vilalleons B 38 G 36
Vilaller L 22 E 32
Vilallobent GI 24 E 35
Vilallonga V 74 P 29
Vilallonga de Ter GI 24 E 36
Vilallonga del Camp T 37 I 33
Vilalonga PO 12 E 3
Vilalpape LU 14 E 7
Vilamacolum GI 25 F 39
Vilamaior C 3 B 5
Vilamaior LU 14 D 7
Vilamaior OR 27 G 6
Vilamaior de Negral LU 3 D 6
Vilamajor B 38 G 37
Vilamalla GI 25 F 38
Vilamaniscle GI 25 E 39
Vilamarín OR 13 E 6
Vilamartín LU 4 B 8
Vilamartín de Valdeorras OR 14 E 8
Vilamarxant V 62 N 28
Vilamateo C 3 B 5
Vilameá OR 27 G 5
Vilameá LU 4 B 8
Vilameán PO 12 F 3
Vilamitjana L 23 F 32
Vilamor C 3 D 6
Vilamós L 22 D 32
Vilamur L 23 E 33
Vilán (Cabo) C 2 C 2
Vilanant GI 25 F 38
Vilanova OR 14 F 9
Vilanova PO 12 F 3
Vilanova V 61 M 26
Vilanova cerca de Monterroso LU 13 D 6
Vilanova cerca de Sarria LU 14 D 7
Vilanova Lourenzá LU 4 B 8
Vilanova d'Alcolea CS 62 L 30
Vilanova de Arosa PO 12 E 3
Vilanova de Bellpuig L 37 H 32
Vilanova de la Barca L 36 G 32
Vilanova de l'Aguda L 37 G 33
Vilanova de les Avellanes L 36 G 32
Vilanova de Meià L 37 G 33
Vilanova de Prades T 37 H 32
Vilanova de Sau B 24 G 37
Vilanova de Segrià L 36 G 31
Vilanova d'Escornalbou T 51 I 32
Vilanova i la Geltrú / Villanueva y Geltrú B 37 I 35
Vilaosende LU 4 B 8
Vilapedre cerca de Sarria LU 14 D 7
Vilapedre cerca de Villalba LU 3 B 7
Vilapene LU 4 C 7
Vilaplana T 37 I 33
Vilaquinte LU 13 E 6
Vilar OR 27 G 6
Vilar cerca de A Cañiza PO 13 F 5
Vilar cerca de Vigo PO 12 F 4
Vilar (El) L 23 F 33
Vilar de Barrio OR 13 F 7
Vilar de Canes CS 50 K 29
Vilar de Cervos OR 28 G 7
Vilar de Donas LU 13 D 6
Vilar de Lor LU 14 E 8
Vilar de Moros LU 4 C 8
Vilar de Rei OR 27 F 7
Vilar de Santos OR 13 F 6
Vilarbacu LU 14 E 8
Vilarchán PO 12 E 4
Vilarchao LU 4 C 8
Vilardevós OR 28 G 8
Vilardiaz LU 4 C 8
Vilares LU 3 C 6
Vilarig GI 25 F 38
Vilarino de Conso (Estación de) OR 14 F 8
Vilariño PO 12 E 3
Vilariño das Poldras OR 13 F 6
Vilariño de Conso OR 14 F 8
Vilariño Frío OR 13 F 7
Vilarmeao OR 14 F 8
Vilarmide LU 4 C 8
Vilarrube C 3 B 5
Vilarrubín OR 13 E 6
Vilarxoán LU 14 D 8
Vilasantar C 3 C 5
Vilaseco OR 14 F 8
Vilasobroso PO 13 F 4
Vilasouto (Embalse de) LU 14 D 7
Vilassar de Mar B 38 H 37
Vilaster LU 14 E 8
Vilatán LU 13 E 6
Vilatuxe PO 13 E 5
Vilaür GI 25 F 38
Vilaúxe LU 13 E 6
Vilavella OR 28 F 8
Vilavella (La) CS 62 M 29
Vilaverd T 37 H 33
Vilaxoán PO 12 E 3
Vilches J 82 R 19
Vildé SO 32 H 20
Vileiriz LU 14 D 7
Vilela C 2 C 4
Vilela PO 13 D 6
Vilela cerca de Ribadeo LU 4 B 8
Vilela cerca de Taboada LU 13 D 6
Vilella (La) T 36 I 32
La Vilella Baixa T 36 I 32
Vileña BU 18 E 20
Vileta (La) PM 104 N 37
Villa de Don Fadrique (La) TO 59 N 20
Villa de Ves AB 73 O 26
Villa del Campo CC 55 L 10
Villa del Prado M 58 L 17
Villa del Rey CC 55 N 9
Villa del Río CO 81 S 17
Villabalter LE 16 E 13
Villabáñez VA 31 H 16
Villabaruz de Campos VA 30 F 15
Villabáscones de Bezana BU 18 D 18
Villabasil BU 8 C 20
Villabasta P 17 E 16
Villabermudo P 17 E 16
Villablanca H 90 U 7
Villablino LE 15 D 11
Villabona SS 10 C 23
Villabona O 5 B 12
Villabrágima VA 30 G 14
Villabraz LE 16 F 13
Villabrázaro ZA 29 F 12
Villabre O 5 C 11
Villabuena SO 33 G 22
Villabuena LE 14 E 9
Villabuena de Álava VI 19 E 22
Villabuena del Puente ZA 30 H 13
Villacadima GU 32 I 20
Villacalbiel LE 16 E 13
Villacampo del Moral J 94 T 19
Villacañas TO 59 N 19
Villacarli HU 22 E 31
Villacarralón VA 16 F 14
Villacarriedo S 7 C 18
Villacarrillo J 83 R 20
Villacastín SG 45 J 16
Villacé LE 16 E 13
Villacelama LE 16 E 13
Villacián BU 18 D 20
Villacibrán O 5 C 10
Villacid de Campos VA 30 F 14
Villacidaler P 16 F 15
Villacidayo LE 16 E 14
Villaciervitos SO 33 G 22
Villaciervos SO 33 G 22
Villacil LE 16 E 13
Villacintor LE 16 E 14
Villaco VA 31 G 17
Villaconancio P 31 G 17
Villacondide O 4 B 9
Villaconejos M 58 L 19
Villaconejos de Trabaque CU 47 K 23
Villacorta SG 32 I 19
Villacorza GU 47 I 21
Villacreces VA 16 F 14
Villacuende P 17 E 15
Villada P 16 F 15
Villadangos del Páramo LE 15 E 12
Villadecanes LE 14 E 9
Villademor de la Vega LE 16 F 13
Villadepalos LE 14 E 9
Villadepán LE 15 D 11
Villadepera ZA 29 H 11
Villadesuso PO 12 F 3
Villadevelle O 4 B 8
Villadiego BU 17 E 17
Villadiego de Cea LE 16 E 15
Villadiezma P 17 E 16
Villadonga LU 4 C 7
Villadoz Z 48 I 26
Villaeles de Valdavia P 17 E 16
Villaescobedo BU 17 D 17
Villaescusa S 17 D 17
Villaescusa ZA 30 I 13
Villaescusa de Haro CU 59 N 21
Villaescusa de Palositos GU 47 K 22
Villaescusa de Roa BU 31 G 17
Villaescusa del Butrón BU 18 D 19
Villaescusa la Sombría BU 18 E 19
Villaespasa BU 32 F 19
Villaesper VA 30 G 14
Villaestrigo LE 15 F 12
Villafáfila ZA 30 G 13
Villafalé LE 16 E 13
Villafañé LE 16 E 13
Villafeliche Z 48 I 25
Villafeliche (Puerto de) Z 48 I 25
Villafeliz de la Sobarriba LE 16 E 13
Villafer LE 16 F 13
Villaferrueña ZA 15 F 12
Villafiz LU 3 D 6
Villaflor AV 44 J 15
Villaflor ZA 29 H 12
Villaflores SA 44 I 14
Villaflores GU 46 K 20
Villafrades de Campos VA 30 F 15
Villafranca NA 20 F 24
Villafranca SG 32 I 18
Villafranca (Embalse de) CO 81 S 16
Villafranca de Córdoba CO 81 S 16
Villafranca de Duero VA 30 H 14
Villafranca de Ebro Z 35 H 28
Villafranca de la Sierra AV 44 K 14
Villafranca de los Barros BA 67 Q 10
Villafranca de los Caballeros TO 71 N 19
Villafranca del Bierzo LE 14 E 9
Villafranca del Campo TE 48 J 25
Villafranca del Castillo M 45 K 18
Villafranca del Cid / Vilafranca CS 49 K 29
Villafranca-Montes de Oca BU 18 E 20
Villafranco del Guadalhorce MA 100 V 15
Villafranco del Guadalquivir SE 91 U 11
Villafranco del Guadiana BA 67 P 9
Villafranqueza A 86 Q 28
Villafrechós VA 30 G 14
Villafría VI 19 E 22
Villafría cerca de Burgos BU 18 E 19
Villafría cerca de San Zardonil BU 18 D 20
Villafruel P 17 E 15
Villafruela BU 31 G 18
Villafuerte VA 31 G 17
Villafuertes BU 17 F 18
Villagalijo BU 18 E 20
Villagarcía LE 15 E 12
Villagarcía de Campos VA 30 G 14
Villagarcía de la Torre BA 79 R 11
Villagatón LE 15 E 11
Villagellegos LE 16 E 13
Villager de Laciana LE 15 D 10
Villageriz ZA 15 F 12
Villagómez BU 18 F 18
Villágomez la Nueva VA 16 F 14
Villagonzalo BA 67 P 11
Villagonzalo de Coca SG 45 I 16
Villagonzalo de Tormes SA 44 J 13
Villagonzalo-Pedernales BU 18 F 18
Villagrufe O 5 C 10
Villagutiérrez BU 17 F 18
Villahán P 31 F 17
Villaharta CO 81 R 15
Villahermosa CR 71 P 21
Villahermosa del Campo TE 48 I 26
Villahermosa del Río CS 62 L 28
Villaherreros P 17 E 16
Villahizán de Treviño BU 17 E 17
Villahoz BU 31 F 18
Villajimena P 31 F 16
Villajoyosa / Vila Joiosa (La) A 74 Q 29
Villalaco P 17 F 17
Villalacre BU 8 C 19
Villalaín BU 18 D 19
Villalambrús BU 18 D 20
Villalán de Campos VA 30 F 14
Villalangua HU 21 E 27
Villalar O 5 C 10
Villalar de los Comuneros VA 30 H 14
Villalazán ZA 30 H 13
Villalba SO 33 H 22
Villalba / Vilalba LU 3 C 6
Villalba (Parador de) LU 3 C 6
Villalba Alta TE 49 K 27
Villalba Baja TE 48 K 26
Villalba Calatrava CR 70 Q 19
Villalba de Adaja VA 30 H 15
Villalba de Duero BU 32 G 18
Villalba de Guardo P 16 D 15

172 España

A B C D E F G H I J K L M N O P Q R S T U V W X Y Z

Villalba de la Lampreana ZA 29 G 13
Villalba de la Sierra CU 60 L 23
Villalba de Loma VA 16 F 14
Villalba de los Alcores VA 30 G 15
Villalba de los Barros BA 67 Q 10
Villalba de los Llanos SA 43 J 12
Villalba de los Morales TE 48 J 25
Villalba de Losa BU 18 D 20
Villalba de Perejiles Z 34 I 25
Villalba de Rioja LO 18 E 21
Villalba del Alcor H 91 T 10
Villalba del Rey CU 47 K 22
Villalbarba VA 30 H 14
Villalbilla BU 18 E 18
Villalbilla M 46 K 20
Villalbilla de Gumiel BU 32 G 19
Villalbilla de Villadiego BU 17 E 18
Villalbilla Sobresierra BU 18 E 19
Villalcampo ZA 29 H 11
Villalcampo (Embalse de) ZA 29 H 11
Villalcázar de Sirga P 17 F 16
Villalcón P 16 F 15
Villaldemiro BU 17 F 18
Villalebrín LE 16 E 15
Villalfeide LE 16 D 13
Villalgordo del Júcar AB 72 O 23
Villalgordo del Marquesado CU 60 M 22
Villalibre de la Jurisdicción LE 14 E 10
Villalís LE 15 F 11
Villallana O 5 C 12
Villallano P 17 D 17
Villalmanzo BU 32 F 18
Villalobar de Rioja LO 18 E 21
Villalobón P 31 F 16
Villalobos ZA 30 G 13
Villalobos J 94 T 18
Villalómez BU 18 E 20
Villalón CO 80 S 14
Villalón de Campos VA 30 F 14
Villalones MA 92 V 14
Villalonso ZA 30 H 14
Villalpando ZA 30 G 13
Villalpardo CU 61 N 25
Villalquite LE 16 E 14
Villalta BU 18 D 19
Villalube ZA 30 H 13
Villaluenga Z 34 H 24
Villaluenga de la Sagra TO 58 L 18
Villaluenga de la Vega P 16 E 15
Villaluenga del Rosario CA 99 V 13
Villalumbroso P 16 F 15
Villalval BU 18 E 19
Villálvaro SO 32 H 20
Villalverde ZA 15 F 11
Villalveto P 17 D 15
Villalvilla de Montejo SG 32 H 19
Villamalea AB 73 N 25
Villamalur CS 62 M 28
Villamandos LE 16 F 13
Villamanín LE 16 D 13
Villamanrique CR 71 Q 21
Villamanrique de la Condesa SE 91 U 11
Villamanrique de Tajo M 59 L 20
Villamanta M 58 L 17
Villamantilla M 45 K 17
Villamañán LE 16 F 13
Villamar LU 4 B 8
Villamarciel VA 30 H 15
Villamarco LE 16 E 14
Villamarín O 5 C 11
Villamartín BU 8 C 18
Villamartín A 85 S 27
Villamartín CA 92 V 13
Villamartín de Campos P 31 F 16
Villamartín de Don Sancho LE 16 E 14
Villamartín de Villadiego BU 17 D 17
Villamayor Z 35 G 27
Villamayor O 6 B 14
Villamayor O 5 C 11
Villamayor SA 43 J 12
Villamayor AV 44 J 14
Villamayor de Calatrava CR 70 P 17
Villamayor de Campos ZA 30 G 13
Villamayor de los Montes BU 32 F 18
Villamayor de Monjardín NA 19 E 23
Villamayor de Santiago CU 59 M 21
Villamayor de Treviño BU 17 E 17
Villamayor del Condado LE 16 E 13
Villamayor del Río BU 18 E 20
Villambrán de Cea P 16 E 15
Villambrosa VI 18 D 20
Villambroz P 16 E 15
Villameca LE 15 E 11
Villameca (Embalse de) LE 15 E 11
Villamediana P 31 F 16
Villamediana de Iregua LO 19 E 22
Villamedianilla BU 17 F 17
Villamejón O 5 B 11
Villamejil LE 15 E 11
Villamejín O 5 C 11
Villamejor M 58 M 18
Villameriel P 17 E 16
Villameriel LE 15 D 11
Villamesías CC 68 O 12
Villamiel CC 55 L 9
Villamiel de la Sierra BU 18 F 19
Villamiel de Toledo TO 58 M 17
Villaminaya TO 58 M 18
Villamizar LE 16 E 14
Villamol LE 16 E 14
Villamontán de la Valduerna LE 15 F 12
Villamor BU 18 D 19
Villamor de Cadozos ZA 29 I 11
Villamor de la Ladre ZA 29 H 11
Villamor de los Escuderos ZA 30 I 13
Villamoratiel de las Matas LE 16 E 14
Villamorco P 17 E 16
Villamorey O 6 C 13
Villamorisca LE 16 D 15
Villamoronta P 17 E 15
Villamudria BU 18 E 20
Villamuelas TO 58 M 18
Villamuera de la Cueza P 17 F 15
Villamuñío LE 16 E 14
Villamuriel de Campos VA 30 G 14
Villamuriel de Cerrato P 31 G 16
Villán de Tordesillas VA 30 H 15
Villanañe VI 18 D 20
Villanasur BU 18 E 20
Villanázar ZA 29 G 12
Villandás O 5 C 11
Villandiego BU 17 E 17
Villandín TO 59 L 20
Villaneceriel P 17 E 16
Villanova HU 22 E 31
Villanova LU 14 D 8
Villanova del Pedragal LU 14 D 9
Villanovilla HU 21 E 28
Villanúa HU 21 D 28
Villanubla VA 30 G 15
Villanueva cerca de Boal O 4 B 9
Villanueva cerca de Cangas O 6 B 14
Villanueva cerca de Luarca O 5 B 10
Villanueva cerca de Ribadedeva O 7 B 16
Villanueva cerca de Teverga O 5 C 11
Villanueva Santo Adriano O 5 C 11
Villanueva de Abajo P 17 D 15
Villanueva de Aézkoa / Hiriberri NA 11 D 26
Villanueva de Alcardete TO 59 M 20
Villanueva de Alcorón GU 47 J 23
Villanueva de Algaidas MA 93 U 16
Villanueva de Argaño BU 17 E 18
Villanueva de Argecilla GU 46 J 21
Villanueva de Arriba P 16 D 15
Villanueva de Ávila AV 44 K 15
Villanueva de Azoague ZA 29 G 12
Villanueva de Bogas TO 58 M 19
Villanueva de Cameros LO 19 F 22
Villanueva de Campeán ZA 29 H 12
Villanueva de Cañedo SA 43 I 12
Villanueva de Carazo BU 32 G 20
Villanueva de Carrizo LE 15 E 12
Villanueva de Cauche MA 100 V 16
Villanueva de Córdoba CO 81 R 16
Villanueva de Duero VA 30 H 15
Villanueva de Franco CR 71 P 19
Villanueva de Gállego Z 35 G 27
Villanueva de Gómez AV 44 J 15
Villanueva de Gormaz SO 32 H 20
Villanueva de Guadamajud CU 60 L 22
Villanueva de Gumiel BU 32 G 19
Villanueva de Henares P 17 D 17
Villanueva de Jamuz LE 15 F 12
Villanueva de Jiloca Z 48 I 25
Villanueva de la Cañada M 45 K 17
Villanueva de la Concepción MA 100 V 16
Villanueva de la Condesa VA 16 F 14
Villanueva de la Fuente CR 71 P 21
Villanueva de la Jara CU 60 N 24
Villanueva de la Nia S 17 D 17
Villanueva de la Peña S 7 C 17
Villanueva de la Reina J 82 R 18
Villanueva de la Serena BA 68 P 12
Villanueva de la Sierra ZA 14 F 8
Villanueva de la Sierra CC 55 L 10
Villanueva de la Tercia LE 16 D 12
Villanueva de la Torre GU 46 K 20
Villanueva de la Vera CC 56 L 13
Villanueva de las Cruces H 78 T 8
Villanueva de las Manzanas LE 16 E 13
Villanueva de las Peras ZA 29 G 12
Villanueva de las Torres GR 95 T 20
Villanueva de los Caballeros VA 30 G 14
Villanueva de los Castillejos H 90 T 8
Villanueva de los Escuderos CU 60 L 23
Villanueva de los Infantes AV 31 G 16
Villanueva de los Infantes CR 71 P 20
Villanueva de los Montes BU 18 D 19
Villanueva de los Nabos P 17 E 16
Villanueva de Mena BU 8 C 20
Villanueva de Mesía GR 94 U 17
Villanueva de Odra BU 17 E 17
Villanueva de Omaña LE 15 D 11
Villanueva de Oscos O 4 C 9
Villanueva de Perales M 45 K 17
Villanueva de Puerta BU 17 E 18
Villanueva de San Carlos CR 70 Q 18
Villanueva de San Juan SE 92 U 14
Villanueva de San Mancio VA 30 G 14
Villanueva de Sigena HU 36 G 29
Villanueva de Tapia MA 93 U 17
Villanueva de Valdueza LE 15 E 10
Villanueva de Valrojo ZA 29 G 11
Villanueva de Viver CS 62 L 28
Villanueva de Zamajón SO 33 H 23
Villanueva del Aceral AV 44 I 15
Villanueva del Arbol LE 16 E 13
Villanueva del Ariscal SE 91 T 11
Villanueva del Arzobispo J 83 R 20
Villanueva del Campillo AV 44 K 14
Villanueva del Campo ZA 30 G 13
Villanueva del Conde SA 43 K 11
Villanueva del Duque CO 81 Q 14
Villanueva del Fresno BA 78 Q 8
Villanueva del Huerva Z 34 H 26
Villanueva del Pardillo M 45 K 18
Villanueva del Rebollar de la Sierra TE 49 J 26
Villanueva del Rebollar P 16 F 15
Villanueva del Rey CO 80 R 14
Villanueva del Rey SE 92 T 14
Villanueva del Río SE 80 T 12
Villanueva del Río Segura MU 85 R 26
Villanueva del Río y Minas SE 80 T 12
Villanueva del Rosario MA 100 V 16
Villanueva del Trabuco MA 93 U 16
Villanueva Soportilla BU 18 D 20
Villanueva y Geltrú / Vilanova i la Geltrú B 37 I 35
Villanuevas (Los) TE 62 L 28
Villanuño de Valdavia P 17 E 16
Villaobispo LE 15 E 11
Villaornate y Castro LE 16 F 13
Villapaderne S 7 C 17
Villapadierna LE 16 D 14
Villapalacios AB 71 Q 22
Villapeceñil LE 16 E 14
Villapedre O 5 B 10
Villaprovedo P 17 E 16
Villaquejida LE 16 F 13
Villaquilambre LE 16 E 13
Villaquirán de la Puebla BU 17 F 17
Villaquirán de los Infantes BU 17 F 17
Villar (El) AB 72 O 24
Villar (El) CR 70 Q 17
Villar (El) H 79 S 9
Villar (Embalse de El) M 46 J 19
Villar (Santuario de la Virgen del) LO 33 F 23
Villar da Torre C 2 D 3
Villar de Acero LE 14 D 9
Villar de Argañán SA 42 J 9
Villar de Arnedo (El) LO 19 F 23
Villar de Cantos CU 60 N 22
Villar de Cañas CU 59 M 22
Villar de Chinchilla AB 73 P 25
Villar de Ciervo SA 42 J 9
Villar de Ciervos LE 15 E 11
Villar de Cobeta GU 47 J 23
Villar de Corneja AV 44 K 13
Villar de Cuevas J 82 S 18
Villar de Domingo García CU 60 L 23
Villar de Farfón ZA 29 G 11
Villar de Gallimazo SA 44 J 14
Villar de Golfer LE 15 E 11
Villar de la Encina CU 60 N 22
Villar de la Yegua SA 42 J 9
Villar de las Traviesas LE 15 D 10
Villar de los Navarros Z 48 I 26
Villar de Matacabras AV 44 I 14
Villar de Maya SO 33 F 22
Villar de Mazarife LE 15 E 12
Villar de Olalla CU 60 L 23
Villar de Olmos V 61 N 26
Villar de Peralonso SA 43 I 11
Villar de Plasencia CC 56 L 11
Villar de Pozo Rubio AB 72 O 24
Villar de Rena BA 68 O 12
Villar de Samaniego SA 43 I 10
Villar de Santiago (El) LE 15 D 11
Villar de Sobrepeña SG 31 I 18
Villar de Tejas V 61 N 26
Villar de Torre LO 18 E 21
Villar del Águila CU 60 M 22
Villar del Ala SO 33 G 22
Villar del Arzobispo V 61 M 27
Villar del Buey ZA 29 I 11
Villar del Campo SO 33 G 23
Villar del Cobo TE 48 K 24
Villar del Horno CU 60 L 22
Villar del Humo CU 61 M 25
Villar del Infantado CU 47 K 22
Villar del Maestre CU 60 L 22
Villar del Monte LE 15 F 11
Villar del Olmo M 46 K 20
Villar del Pedroso CC 57 M 14
Villar del Pozo CR 70 P 18
Villar del Rey BA 67 O 9
Villar del Río SO 33 F 22
Villar del Salz TE 48 J 25
Villar del Saz de Arcas CU 60 M 23
Villar del Saz de Navalón CU 60 L 22
Villaralbo ZA 29 H 12
Villaralto CO 81 Q 15
Villarcayo BU 18 D 19
Villardeciervos ZA 29 G 11
Villardefallaves ZA 30 G 14
Villardefrades VA 30 G 14
Villardiegua de la Ribera ZA 29 H 11
Villárdiga ZA 30 G 13
Villardompardo J 82 S 17
Villardondiego ZA 30 H 13
Villarejo AV 44 K 15
Villarejo LO 18 E 21
Villarejo AB 72 Q 23
Villarejo (El) TE 61 L 25
Villarejo de Fuentes CU 59 M 21
Villarejo de la Peñuela CU 60 L 22
Villarejo de Medina GU 47 J 22
Villarejo de Montalbán TO 57 M 16
Villarejo de Órbigo LE 15 E 12
Villarejo de Salvanés M 59 L 20
Villarejo del Espartal CU 60 L 22
Villarejo del Valle AV 57 L 15
Villarejo Periesteban CU 60 M 22
Villarejo Seco CU 60 M 22
Villarejo Sobrehuerta CU 60 L 22
Villarejos (Los) TO 57 M 15
Villarente LE 16 E 13
Villares AB 84 Q 23
Villares (Los) CR 71 P 21
Villares (Los) CO 93 T 17
Villares (Los) GR 94 T 20
Villares (Los) cerca de Andújar J 82 R 18
Villares (Los) cerca de Jaén J 82 S 18
Villares de Jadraque GU 46 I 20
Villares de la Reina SA 43 I 13
Villares de Órbigo LE 15 E 12
Villares de Yeltes SA 43 J 10
Villares del Saz CU 60 M 22
Villargarcía del Llano CU 72 O 24
Villargordo SA 43 I 11
Villargordo J 82 S 18
Villargordo SE 79 T 10
Villargordo del Cabriel V 61 N 25
Villargusán LE 5 D 12
Villarias BU 18 D 19
Villaricos AL 96 U 24
Villariezo BU 18 F 18
Villarín LE 15 E 12
Villarino LE 15 F 10
Villarino SA 29 I 10
Villarino de Cebal ZA 29 G 11
Villarino de Manzanas ZA 29 G 10
Villarino del Sil LE 15 D 10
Villarino Tras la Sierra ZA 29 G 10
Villarluengo TE 49 K 28
Villarluengo (Puerto de) TE 49 K 28
Villarmayor SA 43 I 12
Villarmentero de Campos P 17 F 16
Villarmentero de Esgueva VA 31 G 16
Villarmid C 2 C 2
Villarmuerto SA 43 I 10
Villarmún LE 16 E 13
Villarodrigo de Ordás LE 15 D 12
Villaronte LU 4 B 8
Villaroya (Puerto de) TE 49 K 28
Villaroya de los Pinares TE 49 K 27
Villarpedre O 4 C 9
Villarquemado TE 48 K 26
Villarrabé P 16 E 15
Villarrabines LE 16 F 13
Villarramiel P 30 F 15
Villarrasa H 91 T 10
Villarreal BA 66 P 8
Villarreal / Vila-real CS 62 M 29
Villarreal de Huerva Z 48 I 26
Villarreal de la Canal HU 21 E 27
Villarreal de San Carlos CC 56 M 11
Villarrín de Campos ZA 30 G 13
Villarroañe LE 16 E 13
Villarrobejo P 16 E 15
Villarrobledo AB 71 O 22
Villarrodrigo P 16 E 15
Villarrodrigo J 83 Q 22
Villarroquel LE 15 E 12
Villarroya LO 19 F 23
Villarroya de la Sierra Z 34 H 24
Villarroya del Campo Z 48 I 26
Villarrubia CO 81 S 15
Villarrubia de los Ojos CR 70 O 19
Villarrubia de Santiago TO 59 M 19
Villarrubín LE 14 E 8
Villarrubio CU 59 M 21
Villarta CU 61 N 25
Villarta de Escalona TO 57 L 16
Villarta de los Montes BA 69 O 15
Villarta de San Juan CR 71 O 19
Villarta-Quintana LO 18 E 20
Villartelín LU 14 D 8
Villartorey O 4 B 9
Villartoso SO 33 F 22
Villarué HU 22 E 31
Villarueva de la Torre GU 46 K 20
Villas de Turbón (Las) HU 22 E 31
Villas Viejas CU 59 M 21
Villasabariego LE 16 E 13
Villasabariego de Ucieza P 17 E 16
Villasana de Mena BU 8 C 20
Villasandino BU 17 E 17
Villasante de Montija BU 8 C 19
Villasar B 38 H 37
Villasarracino P 17 E 16
Villasayas SO 33 H 22
Villasbuenas SA 42 I 10
Villasbuenas de Gata CC 55 L 10
Villasdardo SA 43 I 11
Villaseca LO 18 E 21
Villaseca CU 60 L 23
Villaseca CO 81 S 14
Villaseca SG 31 I 18
Villaseca de Arciel SO 33 H 23
Villaseca de la Sagra TO 58 M 18
Villaseca de Laciana LE 15 D 11
Villaseca de Uceda GU 46 J 19
Villasecino LE 15 D 11
Villaseco ZA 29 H 12
Villaseco de los Gamitos SA 43 I 11
Villaseco de los Reyes SA 43 I 11
Villaselán LE 16 E 14
Villasequilla TO 58 M 18
Villasevil S 7 C 18
Villasexmir VA 30 H 14
Villasidro BU 17 E 17
Villasila P 17 E 16
Villasilos BU 17 F 17
Villasimpliz LE 16 D 13
Villasinde LE 14 E 9
Villaspesa TE 61 L 26
Villasrubias SA 42 K 10
Villastar TE 61 L 26
Villasur P 17 E 15
Villasur de Herreros BU 18 F 19
Villasuso S 7 C 17
Villatobas TO 59 M 20
Villatoro AV 44 K 14
Villatoro BU 18 E 18
Villatoya AB 73 O 25
Villatresmil O 5 B 10
Villatuerta NA 19 E 24
Villaturde P 17 E 15
Villaturiel LE 16 E 13
Villaumbrales P 31 F 16
Villaute BU 17 E 18
Villava NA 11 D 25
Villavaler O 5 B 11
Villavaliente AB 73 O 25
Villavaquerín VA 31 H 16
Villavedón BU 17 E 17
Villavelasco de Valderaduey LE 16 E 15
Villavelayo LO 18 F 21
Villavellid VA 30 G 14
Villavendimio ZA 30 H 13
Villavente LE 16 E 13
Villaventín BU 8 C 19
Villaverde M 46 K 18
Villaverde O 6 B 13
Villaverde LE 14 E 9
Villaverde Fuerteventura GC 111 I 2
Villaverde de Abajo LE 16 D 13
Villaverde de Arcayos LE 16 E 14
Villaverde de Guadalimar AB 83 Q 22
Villaverde de Guareña SA 44 I 13
Villaverde de Iscar SG 31 I 16
Villaverde de Medina VA 30 I 14
Villaverde de Montejo SG 32 H 19
Villaverde de Pontones S 8 B 18
Villaverde de Rioja LO 19 F 21
Villaverde de Sandoval LE 16 E 13

España 173

Villaverde de Trucios S 8 C 20
Villaverde del Ducado GU 47 I 22
Villaverde del Monte SO 33 G 21
Villaverde del Monte BU 17 F 18
Villaverde del Río SE 92 T 12
Villaverde la Chiquita LE 16 E 14
Villaverde-Mogina BU 17 F 17
Villaverde-Peñahorada BU 18 E 18
Villaverde y Pasaconsol CU 60 M 23
Villaveta BU 17 E 17
Villaveta NA 11 D 25
Villaveza de Valverde ZA 29 G 12
Villaveza del Agua ZA 29 G 12
Villavicencio de los Caballeros VA 30 F 14
Villaviciosa O 6 B 13
Villaviciosa AV 44 K 15
Villaviciosa de Córdoba CO 81 R 14
Villaviciosa de la Ribera LE 15 E 12
Villaviciosa de Odón M 45 K 18
Villaviciosa de Tajuña GU 47 J 21
Villavieja de Muñó BU 17 F 18
Villavieja de Yeltes SA 43 J 10
Villavieja del Cerro VA 30 H 14
Villavieja del Lozoya M 46 I 18
Villaviudas P 31 G 16
Villayón O 4 B 9
Villayuste LE 15 D 12
Villaza OR 28 G 7
Villazala LE 15 E 12
Villazanzo de Valderaduey LE 16 E 15
Villazón O 5 B 11
Villazopeque BU 17 F 17
Villegar S 7 C 18
Villegas BU 17 E 17
Villegas o Mardos AB 73 Q 25
Villeguillo SG 31 I 16
Villel TE 61 L 26
Villel de Mesa GU 47 I 24
Villela BU 17 D 17
Villelga P 16 F 15
Villena A 73 Q 27
Villerías P 30 G 15
Villeza LE 16 F 14
Villiguer LE 16 E 13
Villimer LE 16 E 13
Villivañe LE 16 E 13
Villobas HU 21 E 29
Villodas VI 19 D 21
Villodre P 17 F 17
Villodrigo P 17 F 17
Villoldo P 17 F 16
Villomar LE 16 E 13
Villora CU 61 M 25
Villora (Cabeza de) CU 61 M 25
Villores CS 49 J 29
Villoria O 6 C 13
Villoria SA 44 J 13
Villoria de Boada SA 43 J 11
Villorquite de Herrera P 17 E 16
Villoruebo BU 18 F 19
Villoruela SA 44 I 13
Villoslada SG 45 J 16
Villoslada de Cameros LO 33 F 21
Villota del Duque P 17 E 16
Villota del Páramo P 16 E 15
Villotilla P 17 E 15
Villovela BU 31 G 18
Villoviado BU 32 G 18
Villovieco P 17 F 16
Villuercas CC 56 N 13
Viloalle LU 4 B 7
Vilobí d'Onyar GI 25 G 38
Vilopriu GI 25 F 38
Viloria NA 19 D 23
Viloria VA 31 H 16
Viloria de Rioja BU 18 E 20
Viloseli (El) L 37 H 32
Vilouriz C 3 D 6
Vilouzás C 3 C 5
Vilueña (La) Z 34 I 24
Vilvarejo (El) TE 48 J 26
Vilves L 37 G 33
Vilvestre SA 42 I 9
Vilviestre de los Nabos SO 33 G 22
Vilviestre de Muñó BU 17 F 18
Vilviestre del Pinar BU 32 G 20
Vilvís TO 58 L 17
Vimbodí T 37 H 33
Vimianzo C 2 C 2
Vinaceite TE 35 I 28
Vinaderos AV 44 I 15
Vinaixa L 37 H 32
Vinallop T 50 J 31
Vinaròs CS 50 K 31
Vincios PO 12 F 3
Vindel CU 47 K 22
Vinebre T 36 I 31
Viniegra de Abajo LO 18 F 21
Viniegra de Arriba LO 33 F 21
Vinseiro PO 13 D 4
Vinuesa SO 33 G 21
Vinyoles V 73 O 26
Vinyoles d'Orís B 24 F 36
Vinyols T 51 I 33
Viña C 3 C 5
Viña (La) GR 94 U 17
Viñales LE 15 E 10
Viñamala (Reserva nacional de) HU 21 D 29
Viñas ZA 29 G 10
Viñas (Las) J 82 R 18
Viñegra AV 44 J 14
Viñegra de Moraña AV 44 J 15
Viñón S 7 C 16
Viñón O 6 B 13
Viñuela MA 101 V 17
Viñuela (Embalse de la) MA 101 V 17
Viñuela (La) CR 69 P 17
Viñuela (La) SE 80 S 13
Viñuela de Sayago ZA 29 I 12
Viñuelas GU 46 J 19
Viñuelas (Castillo de) M 46 K 19
Virgala Mayor VI 19 D 22
Virgen (Ermita de la) GU 47 J 22
Virgen Coronada (Ermita de la) BA 68 O 14
Virgen de Ara (Ermita) BA 80 R 12
Virgen de Fabana (Ermita de la) HU 21 F 29
Virgen de la Cabeza GR 95 T 21
Virgen de la Cabeza (Ermita de la) CR 71 Q 19
Virgen de la Cabeza (Ermita de la) AL 84 S 23
Virgen de la Cabeza (Santuario) J 82 R 17
Virgen de la Columna Z 35 H 27
Virgen de la Estrella (Santuario de la) TE 49 K 29
Virgen de la Montaña (La) CC 55 N 10
Virgen de la Muela TO 59 M 20
Virgen de la Peña (Ermita de la) TE 49 K 28
Virgen de la Peña (Ermita de la) H 78 T 8
Virgen de la Sierra (Ermita de la) CR 70 O 18
Virgen de la Sierra (Santuario de) Z 34 H 24
Virgen de la Vega CR 71 Q 20
Virgen de la Vega GU 47 J 22
Virgen de la Vega (Ermita de la) TE 50 J 30
Virgen de la Vega (La) TE 49 K 27
Virgen de Lagunas (Ermita de la) Z 34 H 26
Virgen de las Cruces CR 70 O 18
Virgen de las Viñas CR 71 O 21
Virgen de Lomos de Orios (La) LO 33 F 22
Virgen de los Ángeles (Ermita de la) TE 48 K 25
Virgen de los Santos CR 70 P 18
Virgen de Luna CO 81 R 15
Virgen de Montesinos (Ermita de la) GU 47 J 23
Virgen de Nieves Tara Mazas (Ermita) TE 49 J 29
Virgen de Suceso BI 8 C 20
Virgen del Buen Suceso (Ermita de la) TE 49 K 28
Virgen del Buenlabrado (Ermita de) GU 47 J 23
Virgen del Camino (La) LE 16 E 13
Virgen del Campo (Ermita de la) cerca de Camarillas TE 48 K 27
Virgen del Castillo CR 69 P 15
Virgen del Castillo (Ermita de la) SG 45 I 17
Virgen del Castillo (Ermita de la) TE 48 K 26
Virgen del Molino (Ermita de la) TE 48 K 26
Virgen del Pinar (Ermita de la) CU 47 K 22
Virgen del Poral (Ermita de la) GU 47 K 21
Virgen del Prado (Ermita de la) CC 55 N 10
Virgen del Robledo (Ermita de la) SE 80 S 13
Virgen del Rocío SE 92 T 12
Virgen del Rosario (Ermita de la) TE 48 J 26
Virtudes (Las) CR 71 Q 19
Virtudes (Las) A 73 Q 27
Virtus BU 17 D 18
Visantoña C 3 C 5
Visaurin HU 21 D 28
Visiedo TE 48 J 26
Viso (El) AB 73 O 26
Viso (El) CO 81 Q 15
Viso (O) C 12 D 2
Viso de San Juan (El) TO 58 L 18
Viso del Alcor (El) SE 92 T 12
Viso del Marqués CR 82 Q 19
Vista Alegre C 3 B 5
Vistabella Z 34 I 26
Vistabella del Maestrat CS 49 L 29
Vistahermosa CA 98 W 11
Vistalegre TO 57 M 15
Vita AV 44 J 14
Vitigudino SA 43 I 10
Vitoria-Gasteiz VI 19 D 21
Viu HU 22 E 31
Viu de Llevata L 22 E 32
Viuda (Rambla de la) CS 62 L 29
Vivar de Fuentidueña SG 31 H 17
Vivar del Cid BU 18 E 18
Vivares BA 68 O 11
Vivedro O 4 B 9
Viveiro LU 4 B 7
Viveiró Sierra del Xistral LU 3 B 7
Viveiró (Ría de) LU 4 A 7
Vivel del Río Martín TE 49 J 27
Viver B 38 G 35
Viver Castelló CS 62 M 28
Viver de la Sierra Z 34 H 25
Vivero CR 69 P 15
Viveros AB 71 P 22
Vives (Los) A 85 R 27
Vivinera ZA 29 G 11
Vixán C 12 E 2
Vizcaína (La) La Gomera TF 118 B 2
Vizcaínos BU 32 F 20
Vizcalmón J 94 T 17
Vizcodillo ZA 15 F 10
Vizmanos SO 33 F 22
Víznar GR 94 U 19
Vorcel SE 92 U 12
Vozmediano SO 34 G 24
Voznuevo LE 16 D 14
Vueltas La Gomera TF 118 A 3
Vulpellac GI 25 G 39

W

Wamba VA 30 G 15
Warner Bros M 58 L 19

X

Xàbia / Jávea A 75 P 30
Xallas C 2 D 2
Xaló A 74 P 29
Xanceda C 3 C 5
Xara (La) A 74 P 30
Xares OR 14 F 9
Xarrié CR 70 O 18
Xàtiva V 74 P 28
Xaviña C 2 C 2
Xendive OR 27 G 5
Xeraco V 74 O 29
Xerdiz LU 4 B 7
Xeresa V 74 O 29
Xermade LU 3 B 6
Xermar LU 4 C 7
Xert CS 50 K 30
Xerta T 50 J 31
Xesta cerca de Lalín PO 13 E 5
Xesta cerca de Lama PO 13 E 4
Xesta (Porto da) LU 4 B 7
Xestal C 3 C 5
Xesteira PO 12 E 4
Xestosa OR 13 F 6
Xestoso C 3 C 6
Xeve PO 12 E 4
Xiá LU 3 C 6
Xilxes / Chilches CS 62 M 29
Xinzo de Limia OR 13 F 6
Xirivella V 62 N 28
Xironda OR 27 G 7
Xistral (Sierra del) LU 4 B 7
Xiva de Morella CS 50 K 29
Xivana (La) V 74 O 28
Xivert (Castell de) CS 50 L 30
Xixona A 74 Q 28
Xodos CS 62 L 29
Xove LU 4 A 7
Xuances LU 4 A 7
Xubia C 3 B 5
Xunqueira de Ambía OR 13 F 6
Xunqueira de Espadañedo OR 13 F 7
Xuño C 12 E 2
Xustás LU 4 C 7
Xuvencos LU 13 E 7

Y

Yaco Tenerife TF 129 F 5
Yaiza Lanzarote GC 122 B 4
Yanguas SO 33 F 22
Yanguas de Eresma SG 45 I 17
Yaso HU 21 F 29
Yátor GR 102 V 20
Yátova V 73 N 27
Ye GC 121 F 3
Yébenes (Los) TO 58 N 18
Yebes GU 46 K 20
Yebra GU 46 K 21
Yebra de Basa HU 21 E 29
Yechar MU 85 R 25
Yecla MU 73 Q 26
Yecla de Yeltes SA 43 J 10
Yécora VI 19 E 22
Yedra (La) J 82 R 19
Yegen GR 102 V 20
Yeguas AL 103 V 23
Yeguas (Embalse de) CO 81 R 17
Yeguas (Las) TO 58 L 17
Yeguas (Las) MA 93 U 15
Yegüerizos (Los) J 83 R 21
Yela GU 47 J 21
Yélamos de Abajo GU 47 K 21
Yélamos de Arriba GU 47 K 21
Yelbes BA 68 P 11
Yeles TO 58 L 18
Yeles (Estación de) TO 58 L 18
Yelmo J 83 R 21
Yelo SO 47 I 22
Yelves (Sierra de) BA 68 P 11
Yémeda CU 60 M 24
Yepes TO 58 M 19
Yéqueda HU 21 F 28
Yera S 8 C 18
Yermo S 7 C 17
Yernes O 5 C 11
Yerri NA 10 D 24
Yesa NA 20 E 26
Yesa (Embalse de) Z 20 E 26
Yesa (La) V 61 M 27
Yesares (Los) AB 72 O 24
Yésero HU 21 E 29
Yesos (Los) AL 96 U 23
Yesos (Los) GR 102 V 20
Yeste AB 84 Q 23
Yeste HU 21 E 27
Yetas de Abajo AB 84 R 23
Yezosa CR 70 P 19
Yudego BU 17 E 17
Yugueros LE 16 D 14
Yuncler TO 58 L 18
Yunclillos TO 58 L 18
Yuncos TO 58 L 18
Yunquera MA 100 V 15
Yunquera (La) AB 72 P 23
Yunquera de Henares GU 46 J 20
Yunta (La) GU 48 J 24
Yuso LE 6 C 15
Yuso (Monasterio de) LO 18 F 21
Yuste (Monasterio de) CC 56 L 12

Z

Zabalza cerca de Lumbier NA 11 D 26
Zabalza cerca de Pamplona NA 10 D 24
Zael BU 31 F 18
Zafara ZA 29 H 11
Zafarraya GR 101 V 17
Zafra BA 79 Q 10
Zafra (La) A 73 P 27
Zafra de Záncara CU 59 M 22
Zafrilla CU 61 L 25
Zafrón SA 43 I 11
Zagra GR 94 U 17
Zagrilla CO 93 T 17
Zahara (Embalse de) CA 92 V 13
Zahara (Ensenada de) CA 99 X 12
Zahara de la Sierra CA 92 V 13
Zahara de los Atunes CA 99 X 12
Zahariche SE 92 T 13
Zahínos BA 78 R 9
Zahora CA 98 X 11
Zahora (La) GR 94 U 18
Zaida (La) Z 35 I 28
Zaidín HU 36 H 30
Zaitegi VI 19 D 21
Zajarrón Bajo BA 67 O 9
Zalamea de la Serena BA 68 Q 13
Zalamea la Real H 79 S 10
Zalamillas LE 16 F 13
Zaldibar BI 10 C 22
Zaldibia SS 10 C 23
Zalduendo BU 18 E 19
Zalduondo VI 19 D 22
Zalea MA 100 V 15
Zalla BI 8 C 20
Zamajón SO 33 H 22
Zamarra SA 43 K 10
Zamarramala SG 45 J 17
Zamarrón GR 95 T 20
Zamayón SA 43 I 12
Zambra CO 93 T 16
Zambrana VI 18 E 21
Zamora ZA 29 H 12
Zamora (Mirador de) Gran Canaria GC 115 E 2
Zamoranos CO 94 T 17
Zamores (Embalse de) CC 54 N 8
Zamudio BI 8 C 21
Zancarrón de Soto (Cueva del) H 91 T 9
Zandio NA 11 D 25
Zangallón (El) BA 67 O 9
Zángano (Puerto del) BA 67 O 9
Zangoza / Sangüesa NA 20 E 26
Zanzabornín O 5 B 12
Zaorejas GU 47 J 23
Zapardiel de la Cañada AV 44 K 13
Zapardiel de la Ribera AV 44 K 14
Zapateras (Las) BA 67 P 11
Zapateros AB 72 Q 22
Zapillo (El) AL 103 V 22
Zapillo (El) SE 92 T 13
Zárabes SO 33 H 23
Zaragoza Z 35 H 27
Zarapicos SA 43 I 12
Zaratán VA 30 H 15
Zaratomo BI 8 C 21
Zarautz SS 10 C 23
Zarcilla de Ramos MU 84 S 24
Zarcita La Gomera TF 119 C 2
Zarra V 73 O 26
Zarracatín SE 92 U 12
Zarratón LO 18 E 21
Zarza (La) AV 43 L 13
Zarza (La) VA 30 I 15
Zarza (La) AB 72 P 23
Zarza (La) cerca de Alcantarilla MU 85 S 25
Zarza (Puerto de la) H 78 S 8
Zarza Capilla BA 69 P 14
Zarza de Alange BA 67 P 11
Zarza de Granadilla CC 56 L 11
Zarza de Montánchez CC 68 O 11
Zarza de Pumareda (La) SA 28 I 10
Zarza de Tajo CU 59 L 20
Zarza la Mayor CC 55 M 9
Zarzadilla de Totana MU 84 S 24
Zarzal TO 57 N 16
Zarzalejo M 45 K 17
Zarzosa LO 19 F 22
Zarzosa de Riopisuerga BU 17 E 17
Zarzoso (Sierra del) BA 78 Q 9
Zarzuela CU 60 L 23
Zarzuela (La) M 45 K 18
Zarzuela (La) CA 99 X 12
Zarzuela de Jadraque GU 46 I 20
Zarzuela del Monte SG 45 J 16
Zarzuela del Pinar SG 31 I 17
Zas C 2 C 3
Zayas de Báscones SO 32 G 20
Zayas de Torre SO 32 G 20
Zayuelas SO 32 G 20
Zazuar BU 32 G 19
Zeanuri BI 9 C 21
Zeberio BI 9 C 21
Zegama SS 19 D 23
Zegrí (Puerto del) GR 94 T 19
Zenia (La) A 85 S 27
Zerain SS 10 C 23
Zestoa SS 10 C 23
Ziga NA 11 C 25
Zigoitia VI 19 D 21
Zilbeti NA 11 D 25
Ziordia NA 19 D 23
Ziorraga VI 8 C 21
Zizur Mayor NA 11 D 24
Zizur Menor NA 11 D 24
Zizurkil SS 10 C 23
Zocueca J 82 R 18
Zollo-Elexalde BI 8 C 21
Zoma (La) TE 49 J 28
Zomas (Las) CU 60 M 23
Zorelle OR 13 F 7
Zorita SA 43 I 12
Zorita CC 68 O 12
Zorita (Embalse de) GU 46 K 21
Zorita de la Frontera SA 44 I 14
Zorita de la Loma VA 16 F 14
Zorita de los Canes GU 59 L 21
Zorita de los Molinos AV 44 J 15
Zorraquín LO 18 F 20
Zorrillas (Las) BA 79 R 11
Zotes del Páramo LE 15 F 12
Zuazo VI 19 D 22
Zub Isabal BI 9 C 21
Zubia (La) GR 94 U 19
Zubia (La) MA 101 V 17
Zubiaur BI 9 C 21
Zubielqui NA 19 D 23
Zubieta NA 10 C 24
Zubiri NA 11 D 25
Zucaina CS 62 L 28
Zudaire NA 19 D 23
Zuera Z 35 G 27
Zufre H 79 S 10
Zugarramurdi NA 11 C 25
Zuhatzu-Kuartango VI 18 D 21
Zuheros CO 93 T 17
Zuia VI 19 D 21
Zujaira GR 94 U 18
Zújar GR 95 T 21
Zújar CO 68 Q 14
Zújar (Embalse del) BA 68 P 13
Zulema AB 73 O 25
Zulueta NA 11 D 25
Zumaia SS 10 C 23
Zumarraga SS 10 C 23
Zumelzu VI 19 D 21
Zumeta J 83 R 22
Zunega MU 84 S 24
Zunzarren NA 11 D 25
Zuñeda BU 18 E 20
Zúñiga NA 19 D 23
Zurbaran BA 68 O 12
Zurbitu BU 19 D 21
Zureda O 5 C 12
Zurgena AL 96 T 23
Zurita HU 36 G 31
Zuriza HU 11 D 27
Zurucuáin NA 10 D 24
Zuzones BU 32 H 19

A B C D E F G H I J K L M N O P Q R S T U V W X Y Z

A

À-da-Velha 16 13 F 5
A de Barros 18 41 J 7
A-do-Pinto 02 78 S 7
A dos Cunhados 11 64 O 2
A. dos Ferreiros 01 40 K 4
A Ver-o-mar 13 26 H 3
Abaças 17 27 I 6
Abade de Neiva 03 26 H 4
Abadia (Nossa Senhora d') 03 27 G 5
Abambres 04 28 H 8
Abela 15 77 S 4
Abitureiras 14 53 O 3
Abiúl 10 53 M 4
Aboadela 13 27 I 6
Aboboreira 14 53 N 5
Aboim 03 27 H 5
Aboim da Nóbrega 03 27 G 4
Aboim das Choças 16 26 G 4
Aborim 03 26 H 4
Abrã 14 53 N 3
Abragão 13 27 I 5
Abrantes 14 53 N 5
Abreiro 04 28 H 8
Abrigada 11 64 O 2
Abrilongo (Ribeira de) 66 O 8
Abrunheira 06 53 L 3
Abrunhosa-a-Velha 18 41 K 7
Abuxanas 14 52 O 3
Achada 11 64 P 1
Achada 20 107 J 20
Achada do Gamo 02 78 T 7
Achadas da Cruz 31 88 AY
Achadinha 20 107 J 20
Achete 14 53 O 3
Acoreira 04 42 I 8
Adão 09 42 K 8
Adaúfe 03 27 H 4
Ade 09 42 K 9
Adiça (Serra da) 02 78 S 7
Adorigo 18 27 I 7
Adoufe 17 27 H 6
Adraga 11 64 P 1
Adrão 16 27 G 5
Afife 16 26 G 3
Afonsim 17 27 H 6
Agadão 01 41 K 5
Agroal 14 53 M 4
Agrochão 04 28 G 8
Água de Madeiros 10 52 M 2
Agua de Pau 20 107 J 19
Agua de Pau (Serra de) 20 107 J 19
Água de Peixes 02 77 R 6
Água de Pena 31 88 BY
Agua do Alto 20 107 J 19
Água Longa 13 26 I 4
Água Negra 02 78 S 7
Água Retorta 20 107 J 20
Água Travessa 14 65 O 5
Aguada de Baixo 01 40 K 4
Aguada de Cima 01 40 K 4
Agualva 20 107 G 14
Agualva-Cacém 11 64 P 2
Águas Belas 09 42 K 8
Águas Belas 14 53 M 5
Águas Boas 18 41 J 7
Águas de Moura 15 65 Q 3
Águas dos Fusos 08 89 U 6
Águas Frias 08 89 U 5
Águas Frias 17 28 G 7
Águas Réves-e-Castro 17 28 H 7
Águas Santas 13 26 I 4
Aguçadoura 13 26 H 3
Aguda 10 53 M 5
Águeda 01 40 K 4
Águeda (Rio) 01 40 K 4
Águeda (Rio) 09 42 J 9
Aguiã 16 26 G 4
Aguiar 07 77 Q 6
Aguiar (Ribeira de) 09 42 J 9
Aguiar da Beira 09 41 J 7
Aguiar de Sousa 13 26 I 4
Aguieira (Barragem da) 41 K 5
Agulha (Ponta da) 20 107 J 18
Airães 13 27 I 5
Aire (Serra de) 14 53 N 4
Ajuda (Ponta da) 20 107 J 20
Alagoa 12 54 N 7
Alamo 78 Q 7
Alandroal 07 66 P 7
Alares 05 54 M 8
Albarnaz (Ponta do) 20 107 E 2
Albergaria 10 52 M 3
Albergaria-a-Nova 01 40 J 4
Albergaria-a-Velha 01 40 J 4
Albergaria dos Doze 10 53 M 4
Albergaria dos Fusos 02 77 R 6
Albernoa 02 77 S 6
Albufeira 08 89 U 5
Albufeira (Lagoa de) 15 64 Q 2
Alburitel 14 53 N 4
Alcabideche 11 64 P 1
Alcácer do Sal 15 77 Q 4
Alcáçovas 07 77 Q 5
Alcáçovas (Estação de) 07 77 Q 5
Alcáçovas (Ribeira das) 65 Q 5
Alcafozes 05 54 M 8
Alcaide 05 54 L 7
Alcains 05 54 M 7
Alcanede 14 52 N 3
Alcanena 14 53 N 3
Alcanhões 14 53 O 4
Alcantarilha 08 89 U 4
Alcaravela 14 53 N 5
Alcaraviça 07 66 P 7
Alcaria 02 77 R 6
Alcaria 05 54 L 7
Alcaria 10 53 N 3
Alcaria *perto de Boliqueime* 08 89 U 5
Alcaria *perto de Odeleite* 08 90 T 7
Alcaria Alta 08 89 T 6
Alcaria de Javazes 02 90 T 7
Alcaria do Cume 08 89 U 6
Alcaria Longa 02 77 T 6
Alcaria Ruiva 02 77 S 6
Alcarias 08 90 U 7
Alcarrache (R.) 78 R 7
Alcobaça 10 52 N 3
Alcobertas 14 52 N 3
Alcochete 15 64 P 3
Alcoentre 11 64 O 3
Alcofra 18 41 K 5
Alcongosta 05 54 L 7
Alcorochel 14 53 N 4
Alcoutim 08 90 T 7
Alcôvo das Várzeas 06 41 L 6
Aldeia da Mata 12 66 O 6
Aldeia da Ponte 09 42 K 9
Aldeia da Ribeira 09 42 K 9
Aldeia da Ribeira 14 52 N 3
Aldeia da Serra 07 66 P 7
Aldeia da Serra 10 53 M 4
Aldeia da Serra *perto de São Gregório* 07 65 P 6
Aldeia da Tor 08 89 U 5
Aldeia das Amoreiras 02 77 T 4
Aldeia das Dez 06 41 L 6
Aldeia de Ana de Avis 10 53 M 5
Aldeia de Eiras 14 53 N 5
Aldeia de Irmãos 15 64 Q 2
Aldeia de Joanes 05 54 L 7
Aldeia de João Pires 05 54 L 8
Aldeia de Nacomba 18 41 J 7
Aldeia de Santa Margarida 05 54 L 8
Aldeia de São Francisco de Assis 05 54 L 6
Aldeia do Bispo 05 54 L 8
Aldeia do Bispo 09 42 K 9
Aldeia do Carvalho 05 41 L 7
Aldeia do Corvo 02 77 T 6
Aldeia do Mato 14 53 N 5
Aldeia do Neves 02 77 T 6
Aldeia do Ronquenho 02 77 S 5
Aldeia dos Delbas 02 77 S 5
Aldeia dos Fernandes 02 77 T 5
Aldeia dos Francos 10 52 O 2
Aldeia dos Grandaços 02 77 T 5
Aldeia dos Neves 02 77 T 5
Aldeia dos Palheiros 02 77 T 5
Aldeia dos Pescadores 10 52 N 2
Aldeia dos Ruins 02 77 R 5
Aldeia Gavinha 11 64 O 2
Aldeia Nova 02 77 S 5
Aldeia Nova 04 29 H 11
Aldeia Nova 08 90 U 7
Aldeia Nova *perto de Almeida* 09 42 J 9
Aldeia Nova *perto de Trancoso* 09 41 J 7
Aldeia Velha 09 42 K 9
Aldeia Velha 12 65 O 5
Aldeia Viçosa 09 42 K 8
Aldeias 02 78 R 6
Aldeias 09 41 K 7
Aldeias 18 41 I 6
Aldeias de Montoito 07 66 Q 7
Alegrete 12 66 O 8
Alenquer 11 64 O 2
Alenquer (Ribeira de) 11 64 O 2
Alentisca 12 66 P 8
Alfafar 06 53 L 4
Alfaião 04 28 G 9
Alfaiates 09 42 K 9
Alfambra 08 88 U 3
Alfândega da Fé 04 28 H 9
Alfarela de Jales 17 27 H 7
Alfarelos 06 53 L 4
Alfarim 15 64 Q 2
Alfeizerão 10 52 N 2
Alferce 08 89 U 4
Alferrarede 14 53 N 5
Alfrivida 05 54 M 7
Alfundão 02 77 R 5
Alfusqueiro 40 K 4
Algaça 06 40 L 5
Algar do Carvão 20 107 G 14
Algar Seco 08 89 U 4
Algarvia 20 107 J 20
Alge (Ribeira de) 10 53 M 5
Algeruz 15 64 Q 3
Algibre (Ribeira de) 08 89 U 5
Algodor 02 77 S 6
Algodres 09 42 J 8
Algoso 04 28 H 10
Algoz 08 89 U 5
Alguber 11 52 O 2
Algueirão-Mem Martins 11 64 P 1
Alhadas 06 40 L 3
Alhais 18 41 J 6
Alhandra 11 64 P 2
Alhões 18 41 J 5
Alhos Vedros 15 64 Q 2
Alijó 17 27 I 7
Aljezur 08 88 U 3
Aljubarrota 10 52 N 3
Aljustrel 02 77 S 5
Almaça 18 41 K 5
Almaceda 05 54 L 7
Almada 15 64 P 2
Almada de Ouro 08 90 U 7
Almadafe (Ribeira do) 66 P 6
Almádena 08 88 U 3
Almagreira 10 53 M 4
Almagreira *Azores* 20 107 M 20
Almalaguês 06 53 L 4
Almancil 08 89 U 5
Almargem do Bispo 11 64 P 2
Almargens 08 89 U 5
Almeida 09 42 J 9
Almeirim 02 77 S 5
Almeirim 07 65 Q 6
Almeirim 14 65 O 4
Almendra 09 42 I 8
Almodôvar 02 89 T 5
Almofala 09 42 J 9
Almofala 10 52 N 2
Almofala 18 41 J 6
Almograve 02 76 T 3
Almonda 14 53 N 4
Almoster 10 53 M 4
Almoster 14 64 O 3
Almourol (Castelo de) 14 53 N 4
Almuro (Ribeira do) 12 66 P 7
Alpalhão 12 54 N 7
Alpedrinha 05 54 L 7
Alpedriz 10 52 N 3
Alpendres de Lagares 02 78 S 7
Alpiarça 14 65 O 4
Alportel 08 89 U 6
Alportel (Ribeira de) 08 89 U 6
Alpreade (Ribeira de) 05 54 M 7
Alqueidão 06 53 L 3
Alqueidão da Serra 10 53 N 3
Alqueidão do Arrimal 10 52 N 3
Alqueva 07 78 R 7
Alqueva (Barragem de) 78 R 7
Alte 08 89 U 5
Alter do Chão 12 66 O 7
Alter Pedroso 12 66 O 7
Alto Cávado (Barragem de) 17 27 G 6
Alto Ceira (Barragem do) 06 54 L 6
Alto Fica 08 89 U 5
Alto Rabagão (Barragem do) 17 27 G 6
Altura 08 90 U 7
Alturas do Barroso 17 27 G 6
Alva 18 41 J 6
Alva (Rio) 41 L 5
Alvacar (Ribeira de) 02 77 T 6
Alvações do Corgo 17 27 I 6
Alvadia 17 27 H 6
Alvados 10 53 N 3
Alvaiade 05 54 M 6
Alvaiázere 10 53 M 4
Alvalade 15 77 S 4
Alvão (Serra de) 17 27 H 6
Alvarães 16 26 H 3
Alvarelhos 17 28 G 7
Alvarenga 01 41 J 5
Alvares 02 77 T 6
Alvares 06 53 L 5
Álvaro 05 53 M 6
Alvarrão 02 78 R 7
Alvarrões 12 54 N 7
Alvega 14 53 N 5
Alvelos (Serra de) 05 54 M 6
Alvendre 09 42 K 8
Alverca da Beira 09 42 J 8
Alverca do Ribatejo 11 64 P 2
Alves 02 78 T 7
Alviela 14 53 N 4
Alviobeira 14 53 M 4
Alvite 18 41 J 6
Alvito 02 77 R 6
Alvito (Barragem do) 02 77 R 6
Alvito da Beira 05 54 M 6
Alvoco da Serra 09 41 L 6
Alvoco das Várzeas 06 41 L 6
Alvor 08 88 U 4
Alvorge 10 53 M 4
Alvorninha 10 52 N 2
Amadora 11 64 P 2
Amarante 13 27 I 5
Amarela (Serra) 27 G 5
Amareleja 02 78 R 8
Amares 03 27 H 4
Ameada 07 78 R 8
Amedo 04 28 I 8
Ameixial 08 89 T 6
Amêndoa 14 53 N 5
Amendoeira 02 77 S 6
Amendoeira 08 89 U 6
Amiães de Baixo 14 53 N 3
Amiães de Cima 14 53 N 3
Amieira 05 54 M 6
Amieira 07 78 R 7
Amieira Cova 12 53 N 6
Amieira do Tejo 12 54 N 6
Amieiro 06 40 L 4
Amieiro 17 28 I 7
Amonde 16 26 G 3
Amor 10 52 M 3
Amora 15 64 Q 2
Amoreira 08 89 T 6
Amoreira 09 42 K 8
Amoreira 10 52 N 2
Amoreira 14 53 N 5
Amoreira (Aqueduto da) 12 66 P 8
Amoreira da Gândara 01 40 K 4
Amoreiras 02 77 S 4
Amoreirinha 12 66 P 8
Amorim 13 26 H 3
Amorosa 16 26 H 3
Anadia 01 40 K 4
Ançã 06 40 L 4
Ancas 01 40 K 4
Âncora 16 26 G 3
Andam 10 52 N 3
Andorinha 06 40 L 4
Andrães 17 27 I 6
Andreus 14 53 N 5
Anelhe 17 27 G 7
Angeja 01 40 J 4
Angra do Heroísmo 20 107 H 14
Angueira 04 29 H 10
Angueira (Rio) 29 H 10
Anhões 16 12 G 4
Anissó 03 27 H 5
Anjos 41 107 L 20
Anobra 06 53 L 4
Anreade 18 41 I 6
Ansiães 04 28 I 8
Ansião 10 53 M 4
Antanhol 06 53 L 4
Antas *perto de Fornos de Algodres* 18 41 K 7
Antas *perto de Penedono* 18 42 J 7
Apostiça 15 64 Q 2
Apúlia 03 26 H 3
Arada 01 40 J 4
Arada (Serra da) 41 J 5
Aradas 01 40 K 4
Arade (Barragem de) 08 89 U 4
Arades (Ribeira de) 05 55 M 9
Aranhas 05 54 L 8
Aravil (Ribiera do) 05 54 M 8
Arazede 06 40 L 4
Arca 18 41 K 5
Arcas 04 28 H 8
Arcas 18 41 J 6
Arco da Calheta 31 88 AY
Arco de Baulhe 03 27 H 6
Arco de São Jorge 31 88 BY
Arcos 07 66 P 7
Arcos 17 27 G 6
Arcos 18 41 I 7
Arcos de Valdevez 16 27 G 4
Arcossó 17 27 H 7
Arcozelo 09 41 K 7
Arcozelo das Maias 18 41 J 5
Arcozelos 18 41 J 7
Arda 01 41 J 5
Ardãos 17 27 G 7
Ardila 78 R 7
Arega 10 53 M 5
Areia 12 53 N 6
Areia 13 26 H 3
Areia de Baixo 14 53 N 5
Areias 14 53 M 4
Areias de Vilar 03 26 H 4
Arelho 10 52 N 2
Areosa 16 26 G 3
Arez 12 54 N 6
Arga (Serra de) 16 26 G 3
Arganil 06 41 L 5
Arganil 14 53 M 6
Argemil 17 28 H 7
Argeriz 17 28 H 7
Argomil 09 42 K 8
Argozelo 04 28 H 10
Aricera 18 41 I 7
Arieiro 31 64 Q 2
Arieiro *Pico* 15 88 BY
Ariz 18 41 J 7
Armação de Pêra 08 89 U 4
Armada 17 27 G 6
Armadouro 06 54 L 6
Armamar 18 41 I 6
Armil 03 27 H 5
Armona 08 89 U 6
Armona (Ilha de) 08 89 U 6
Arnas 18 41 J 7
Arneiro 12 54 N 6
Arneiro 14 53 M 4
Arneiro das Milhariças 14 53 N 3
Arnel (Ponta do) 20 107 J 20
Arnoso 03 26 H 4
Arões 01 41 J 5
Arões 03 27 H 5
Arosa 03 27 H 5
Arouca 01 41 J 5
Arrabal 10 53 M 3
Arrábida (Parque Natural da) 15 65 Q 3
Arrábida (Serra da) 15 64 Q 2
Arraiolos 07 65 P 6
Arranhó 11 64 P 2
Arreciadas 14 53 N 5
Arrentela 15 64 Q 2
Arrepiado 14 53 N 4
Arrifana 01 40 J 4
Arrifana 06 41 L 5
Arrifana 08 88 U 3
Arrifana 08 88 U 3
Arrifana 09 42 K 8
Arrifes 20 107 J 18
Arronches 12 66 O 8
Arrouquelas 14 64 O 3
Arruda dos Pisões 14 52 O 3
Arruda dos Vinhos 11 64 P 2
Arunca 53 M 4
Árvore 13 26 H 3
Arzila 06 53 L 4
Assafarge 06 53 L 4
Assafora 11 64 P 1
Asseca 14 52 O 3
Asseca (Ribeira de) 66 P 7
Asseiceira *perto de Rio Maior* 14 52 O 3
Asseiceira *perto de Tomar* 14 53 N 4
Assentiz 14 53 N 4
Assentiz *perto de Rio Maior* 14 64 O 3
Assumar 12 66 O 7
Assureira 17 27 G 6
Atalaia 05 54 M 7
Atalaia 07 77 Q 6
Atalaia 09 42 K 8
Atalaia 11 64 O 2
Atalaia 12 54 N 6
Atalaia 14 53 N 4
Atalaia 15 64 P 3
Atalaia (Monte) 08 88 U 3
Atalaia (Monte) 15 76 R 4
Atalaia (Ponta da) *perto de Aljezur* 08 88 U 3
Atalaia do Campo 05 54 L 7
Atei 17 27 H 6
Atenor 04 29 H 10
Atouguia da Baleia 10 52 N 2
Avanca 01 40 J 4
Avantos 04 28 H 8
Ave 27 H 5
Aveiras de Baixo 11 64 O 3
Aveiras de Cima 11 64 O 3
Aveiro 01 40 K 4
Aveiro (Ria de) 01 40 J 3
Avelanoso 04 29 H 10
Avelar 10 53 M 4
Avelãs da Ribeira 09 42 J 8
Avelãs de Caminho 01 40 K 4
Avelãs de Cima 01 40 K 4
Aveleda 04 28 G 9
Aveledas 17 28 G 7
Aveloso 09 42 J 8
Avenal 10 52 N 2
Aves 13 26 H 4
Avessadas 13 27 I 5
Avidagos 04 28 H 8
Avidos 03 26 H 4
Avintes 13 26 I 4
Avis 12 65 O 6
Avô 06 41 L 6
Azambuja 11 64 O 3
Azambuja (Ribeira da) 07 65 Q 6
Azambuja (Vala da) 65 O 3
Azambujeira 14 65 O 3
Azaruja 07 66 P 6
Azeitada 14 65 O 3
Azenha 06 53 L 3
Azenhas do Mar 11 64 P 1
Azere 06 41 K 5
Azervadinha 14 65 P 4
Azevedo 16 26 G 3
Azevel 07 66 Q 7
Azevo 09 42 J 8
Azias 16 27 G 4
Azibo 04 28 H 9
Azibo (Barragem de) 04 28 H 9
Azinhaga 14 53 N 4
Azinhal 02 77 S 6
Azinhal 08 90 U 7
Azinheira 14 52 O 3
Azinheira dos Barros 15 77 R 4
Azinheiro 08 89 U 6
Azinhoso 04 28 H 9
Azoia 10 53 M 3
Azóia 15 64 Q 2
Azóia de Baixo 14 53 O 3
Azóia de Cima 14 53 N 3
Azul (Lagoa) 20 107 J 18
Azurara 13 26 H 3

B

Babe 04 28 G 10
Baçal 04 28 G 9
Bacalhoa (Quinta da) 15 65 Q 3
Badamalos 09 42 K 9
Bagueixe 04 28 H 9
Baião 13 27 I 5
Bairrada 05 53 M 6
Bairro 14 53 N 4
Baixa da Banheira 15 64 Q 2
Baixo ou da Cal (Ilhéu de) 32 89 CX
Balancho 07 66 Q 7
Balazar 13 26 H 4
Baldos 18 41 J 7
Baleal 10 52 N 1
Baleizão 02 77 R 6
Balsa 17 27 H 7
Balsemão 04 28 H 9
Balugães 03 26 H 4
Balurco de Baixo 08 90 T 7
Bandeiras 20 107 H 10
Bando dos Santos 14 53 N 6
Baraçal 09 42 J 8
Barão de São João 08 88 U 3
Barão de São Miguel 08 88 U 3
Barbacena 12 66 P 8
Barbaído 05 54 M 7

Portugal 175

Barca (Ponta da) 20 107 F 11
Barca de Alva 09 42 I 9
Barcarena 11 64 P 2
Barcel 04 28 H 8
Barcelinhos 03 26 H 4
Barcelos 03 26 H 4
Barco 05 54 L 7
Barcos 18 41 I 7
Barcouço 01 40 L 4
Bardeiras 07 65 P 6
Barosa 10 52 M 3
Barqueiro 10 53 M 4
Barqueiros 03 26 H 3
Barra de Mira 06 40 K 3
Barracão 10 53 M 3
Barrada 07 66 Q 7
Barrada 08 89 T 6
Barrada 14 53 N 5
Barrancão 15 65 Q 4
Barranco 02 89 T 6
Barranco Velho 08 89 U 6
Barrancos 02 78 R 9
Barreira 09 42 J 8
Barreira 10 53 M 3
Barreiras 12 65 O 5
Barreiro 10 53 M 4
Barreiro 15 64 Q 2
Barreiros 10 52 M 3
Barreiros 18 41 J 6
Barreta (Ilha da) 08 90 V 6
Barril 11 64 O 1
Bárrio 16 26 G 4
Barrô 18 27 I 6
Barro Branco 07 66 P 7
Barroca 05 54 L 6
Barrocal 07 66 Q 7
Barrocal do Douro 04 29 H 11
Barrocaria 14 53 M 4
Barroças e Taias 16 12 F 4
Barrosa 14 65 P 3
Barrosa 20 107 J 19
Barroselas 16 26 H 3
Barrosinha 15 77 Q 4
Barroso (Serra do) 17 27 H 6
Barrossas 13 27 I 5
Barulho 12 66 O 8
Batalha 10 53 N 3
Batocas 09 42 K 9
Bebedouro 06 40 L 3
Beberriqueira 14 53 N 4
Beça 17 27 G 6
Beça (Rio) 17 27 H 6
Beijós 18 41 K 6
Beirã 12 54 N 7
Beira São Jorge 20 107 G 11
Beja 02 77 R 6
Belas 11 64 P 2
Belazaima 01 40 K 4
Belém 11 64 P 2
Beliche 08 90 U 7
Beliche
(Barragem de) 08 90 U 7
Belide 06 53 L 4
Belinho 03 26 H 3
Belmeque 02 78 R 7
Belmonte 05 42 K 7
Belo 02 77 T 6
Belver 12 53 N 6
Belver (Barragem de) 12 53 N 6
Bemposta 04 29 I 10
Bemposta 05 54 L 8
Bemposta 14 53 N 5
Bemposta
(Barragem de) 04 29 I 10
Benafim 08 89 U 5
Benavente 14 64 P 3
Benavila 12 66 O 6
Bencatel 07 66 P 7
Bendada 09 42 K 8
Benedita 10 52 N 3
Benespera 09 42 K 8
Benfeita 06 41 L 6
Benfica do Ribatejo 14 65 O 3
Benquerença 05 54 L 8
Benquerenças 05 54 M 7
Bens 02 78 T 7
Bensafrim 08 88 U 3
Beringel 02 77 R 6
Berlenga 10 52 N 1
Beselga 14 53 N 4
Besteiros 04 28 I 8
Besteiros 08 89 U 6
Bicada 02 77 T 6
Bicas 14 53 N 5
Bico 01 40 J 4
Bico 16 26 G 4
Bicos 02 77 S 4
Bigas 18 41 J 6
Bigorne 18 41 I 6
Bigorne (Serra de) 18 41 J 6
Bilhó 17 27 H 6
Biscoitos 02 107 G 14
Bismula 09 42 K 9
Bitarães 13 27 I 5
Bizarril 09 42 J 8
Boa Aldeia 18 41 K 5
Boa Ventura 31 88 BY
Boa Viagem 06 40 L 3
Boa Vista 10 53 M 3
Boa Vista
(Miradouro da) 18 27 I 6
Boalhosa 16 26 G 4
Boavista do Paiol 15 76 S 3
Boavista
dos Pinheiros 02 76 T 4
Bobadela 06 41 K 6
Bobadela 17 27 G 7
Bobadela perto
de Águas Frias 17 28 G 8
Boca do Inferno 11 64 P 1
Boco 01 40 K 4
Bodiosa 18 41 J 6
Boelhe 13 27 I 5
Bogalhal 09 42 J 8
Bogas de Baixo 05 54 L 6
Bogas de Cima 05 54 L 6
Boialvo 01 40 K 4
Boiças 14 52 O 3
Boivão 16 12 F 4
Boleiros 14 53 N 4
Bolfiar 01 40 K 4
Boliqueime 08 89 U 5
Bom Jesus do Monte 03 27 H 4
Bombarral 10 52 O 2
Bombel 65 P 4
Bombel (Estação de) 07 65 P 4
Borba 07 66 P 7
Borba da Montanha 03 27 H 5
Borbela 17 27 I 6
Bordeira 08 88 U 3
Bornes 04 28 H 8
Borralha 01 40 K 4
Borralha 17 27 H 6
Borralhal 18 41 K 5
Botão 06 40 L 4
Boticas 17 27 G 7
Bouça 04 28 H 8
Bouçã
(Barragem da) 53 M 5
Bouças 15 76 R 4
Bouceguedim 01 41 J 5
Bouceiros 10 53 N 3
Bouçoães 17 28 G 8
Bouro 03 27 H 5
Boxinos 05 54 L 6
Bracial 15 76 S 3
Braga 03 26 H 4
Bragadas 17 27 H 6
Bragado 17 27 H 7
Bragança 04 28 G 9
Branca 14 65 P 4
Brasfemes 06 40 L 4
Bravães 16 26 G 4
Bravo 05 53 M 5
Bravura
(Barragem da) 08 88 U 3
Brejão 02 76 T 3
Brejeira (Serra da) 02 88 T 4
Brejo 15 77 R 4
Brenha 06 40 L 3
Brenhas 02 78 R 7
Bretanha 20 107 J 18
Bretanha (Ponta da) 20 107 J 18
Brinches 02 78 R 7
Brinço 04 28 H 8
Briteiros 03 27 H 5
Britelo 16 27 G 5
Britiande 18 41 I 6
Brito 03 27 H 4
Brogueira 14 53 N 4
Brotas 07 65 P 5
Bruçó 04 28 I 9
Brufe 03 27 G 5
Brunheda 04 28 I 7
Brunheira 15 77 R 4
Brunheiras 02 76 S 3
Brunhós 06 53 L 3
Brunhosinho 04 29 H 10
Brunhoso 04 28 H 9
Buarcos 06 40 L 3
Buarcos (Monte) 06 40 L 3
Buçaco 01 40 K 4
Bucelas 11 64 P 2
Bucos 03 27 H 5
Budens 08 88 U 3
Bugio 15 64 Q 2
Bugios 05 54 M 6
Bunheira 08 88 T 3
Bunheiro 01 40 J 4
Burga 04 28 H 8
Burgau 08 88 U 3
Burgo 01 41 J 5
Burinhosa 10 52 M 3
Bustelo 17 28 G 7
Bustelo 18 41 I 5
Bustos 01 40 K 4

C

Cabaços 10 53 M 4
Cabaços 16 26 G 4
Cabaços 18 41 I 7
Cabana Maior 16 27 G 4
Cabanas 08 90 U 7
Cabanas 18 41 K 6
Cabanas de Torres 11 64 O 2
Cabanões 18 41 K 6
Cabeça 09 41 L 6
Cabeça Alta 09 41 K 7
Cabeça Boa 04 28 I 8
Cabeça da Velha 09 41 K 6
Cabeça das Pombas 10 53 N 3
Cabeça de Carneiro 07 66 Q 7
Cabeça do Velho 09 41 K 7
Cabeça Gorda 02 77 S 6
Cabeção 07 65 P 5
Cabeças 10 53 M 5
Cabeceiras de Basto 03 27 H 6
Cabeço 06 40 K 3
Cabeço Alto 05 55 M 8
Cabeço Alto 17 27 G 6
Cabeço da Neve 18 41 K 5
Cabeço de Vide 12 66 O 7
Cabeçudo 05 53 M 5
Cabouco 20 107 J 19
Cabração 16 26 G 4
Cabras
(Ribeira das) 42 K 8
Cabreira 06 53 L 5
Cabreira (Serra da) 03 27 H 5
Cabreiro 16 27 G 4
Cabreiro (Monte) 17 27 H 7
Cabrela 07 65 Q 4
Cabril 06 54 L 6
Cabril 17 27 G 5
Cabril 18 41 J 5
Cabril
(Barragem do) 53 M 5
Caçarelhos 04 29 H 10
Caçarilhe 03 27 H 5
Cacela Velha 08 90 U 7
Cachão 04 28 H 8
Cachopo 08 89 U 6
Cachorro 20 107 H 10
Cacia 01 40 J 4
Cacilhas 15 64 P 2
Cadafais 11 64 O 2
Cadafaz 06 53 L 5
Cadafaz 12 53 N 6
Cadaval 11 64 O 2
Cadima 06 40 L 4
Cadraço 18 41 K 5
Caeirinha 15 65 Q 5
Caeiro 02 88 T 4
Cafede 05 54 M 7
Caia (Barragem do) 12 66 P 8
Caia e São Pedro 12 66 P 8
Caiada 02 77 T 6
Caíde de Rei 13 27 I 5
Caima 01 40 J 4
Caixeiro 12 66 P 7
Caldas da Cavaca 09 41 J 7
Caldas da Felgueira 18 41 K 6
Caldas da Rainha 10 52 N 2
Caldas das Taipas 03 27 H 4
Caldas de Aregos 18 41 I 5
Caldas de Manteigas 09 41 K 7
Caldas de Monchique 08 88 U 4
Calde 18 41 J 6
Caldeira Faial 20 107 H 9
Caldeira São Miguel 20 107 J 20
Caldeira Terceira 20 107 G 14
Caldeirão 20 107 D 2
Caldeirão
(Serra do) 89 T 5
Caldeiras 20 107 J 19
Caldelas 03 27 G 4
Calhariz 15 64 Q 2
Calheiros 16 26 G 4
Calheta 31 88 AY
Calheta de Nesquim 20 107 H 11
Calhetas 20 107 J 19
Caloura 20 107 J 19
Calvão 01 40 K 3
Calvão 17 27 G 7
Calvaria de Cima 10 52 N 3
Calvelhe 04 28 H 9
Calvos 03 27 H 5
Camacha 31 88 BY
Camacha 32 89 CX
Camachos 02 76 T 4
Câmara de Lobos 31 88 BZ
Cambas 05 54 L 6
Cambra 18 41 J 5
Cambres 18 27 I 6
Caminha 16 26 G 3
Campanário 31 88 AY
Campelo 10 53 L 5
Campelos 11 64 O 2
Campilhas
(Barragem de) 15 76 S 4
Campilhas
(Ribeira de) 77 S 4
Campinho 07 78 Q 7
Campo 18 41 J 6
Campo perto de Roriz 13 27 H 4
Campo perto
de Valongo 13 26 I 4
Campo de Besteiros 18 41 K 5
Campo de Cima 32 89 CX
Campo de Víboras 04 29 H 10
Campo do Gerês 03 27 G 5
Campo Maior 12 66 O 8
Campo Redondo 02 76 S 4
Campos 16 26 G 3
Campos 17 27 H 6
Camposa 13 26 I 4
Canadelo 13 27 I 6
Canal-Caveira
(Estação) 15 77 R 4
Canas
de Santa Maria 18 41 K 5
Canas de Senhorim 18 41 K 6
Canaveses 17 28 H 7
Canaviais 07 65 Q 6
Candal 06 53 L 5
Candal 10 53 M 4
Candedo 17 28 H 7
Candeeiros
(Serra dos) 10 53 N 3
Candelária 20 107 J 18
Candelária 20 107 H 10
Candemil 13 27 I 6
Candemil 16 26 G 3
Candosa 06 41 K 6
Caneças 11 64 P 2
Canedo 01 40 I 4
Canedo de Basto 03 27 H 6
Caneiro 14 53 N 4
Canelas 01 41 J 5
Canha 15 65 P 4
Canha (Ribeira de) 65 P 4
Canhas 31 88 AY
Canhestros 02 77 R 5
Caniçada 03 27 H 5
Caniçada
(Barragem de) 03 27 H 5
Caniçal 31 88 BY
Caniceira 06 40 K 3
Caniço 31 88 BZ
Canidelo 13 26 I 4
Cano 12 66 P 6
Cantanhede 06 40 K 4
Cantanhede
(Dunas de) 06 40 K 3
Canto 10 53 M 3
Caparica 15 64 Q 2
Caparrosa 18 41 K 5
Capela 12 66 O 7
Capela 13 27 I 4
Capela 14 53 N 6
Capelas 20 107 J 18
Capelinhos 20 107 H 9
Capelins 07 66 Q 7
Capelo 20 107 H 9
Capeludos 17 27 H 7
Capinha 05 54 L 7
Caramulinho 18 41 K 5
Caramulo 18 41 K 5
Caramulo (Serra do) 18 41 K 5
Caranguejeira 10 53 M 3
Carapacho 20 107 F 12
Carapeços 03 26 H 4
Carapetosa 05 54 M 7
Carapinha (Serra da) 08 89 T 4
Carapinheira 06 40 L 4
Carapito 09 41 J 7
Caratão 06 53 L 5
Caravelas 04 28 H 8
Carcalhinho 06 53 L 4
Carção 04 28 H 10
Carcavelos 11 64 P 1
Cardanha 04 28 I 8
Cardigos 14 53 M 5
Cardosa 05 54 M 6
Caria 05 42 L 7
Caria 18 41 J 7
Caria (Ribeira de) 05 42 L 7
Caridade 07 66 Q 7
Carlão 17 28 I 7
Carmões 11 64 O 2
Carnaxide 11 64 P 2
Carneiro 13 27 I 6
Carnicães 09 42 J 8
Carnide 10 53 M 3
Carnide (Rio de) 53 M 3
Carnota 11 64 O 2
Carquejo 01 40 L 4
Cárquere 18 41 I 6
Carragosa 04 28 G 9
Carralcova 16 27 G 4
Carrapatas 04 28 H 9
Carrapateira 08 88 U 3
Carrapatelo 07 66 Q 7
Carrapatelo
(Barragem de) 13 41 I 5
Carrapichana 09 41 K 7
Carrascais 15 77 R 5
Carrascal 14 54 N 6
Carrazeda
de Ansiães 04 28 I 8
Carrazede 14 53 N 4
Carrazedo 04 28 G 9
Carrazedo
de Montenegro 17 28 H 7
Carreço 16 26 G 3
Carregado 11 64 O 3
Carregal 18 41 J 7
Carregal do Sal 18 41 K 6
Carregosa 01 40 J 4
Carregueira 14 53 N 4
Carregueiros 14 53 N 4
Carreiras 12 54 N 7
Carreiras
(Ribeira de) 02 89 T 6
Carriço 10 53 M 3
Carril 18 41 I 5
Carroqueiro 05 54 L 8
Carros 02 77 T 6
Cartaxo 14 64 O 3
Carva 17 27 H 7
Carvalha 18 41 J 6
Carvalhais 04 28 H 8
Carvalhais 06 53 L 3
Carvalhais 17 27 G 6
Carvalhais 18 41 J 5
Carvalhais (Rio de) 04 28 H 8
Carvalhal 02 76 T 3
Carvalhal 06 53 L 5
Carvalhal 10 52 O 2
Carvalhal 14 53 N 5
Carvalhal 15 76 R 3
Carvalhal perto
de Belmonte 05 42 L 8
Carvalhal perto
de Castro Daire 18 41 J 6
Carvalhal perto
de Guarda 09 42 K 8
Carvalhal perto
de Mêda 09 42 J 8
Carvalhal perto
de Sertã 05 53 M 5
Carvalhal perto
de Viseu 18 41 J 6
Carvalhal Benfeito 10 52 N 2
Carvalhal
de Vermilhas 18 41 K 5
Carvalhal do Estanho 18 41 J 5
Carvalhal Redondo 18 41 K 6
Carvalhelhos 17 27 G 6
Carvalho 03 27 H 5
Carvalho 06 40 L 5
Carvalho de Egas 04 28 I 8
Carvalhos 13 40 I 4
Carvalhosa 13 27 I 4
Carvalhoso 04 28 I 9
Carvão 20 107 J 18
Carvas 17 27 H 7
Carvela 17 28 G 7
Carviçais 04 28 I 9
Carvide 10 52 M 3
Carvoeira perto de Mafra 11 64 P 1
Carvoeira perto
de Torres Vedras 11 64 O 2
Carvoeiro 08 89 U 4
Carvoeiro 14 54 N 6
Carvoeiro (Cabo) 08 89 U 4
Carvoeiro (Cabo) 10 52 N 1
Casa Branca 07 65 Q 5
Casa Branca 12 66 P 6
Casa Branca 15 76 R 3
Casa Branca 15 77 R 4
Casa Nova 15 76 S 4
Casais 08 88 U 4
Casais 14 53 N 4
Casais do Chafariz 10 52 O 2
Casal Comba 01 40 K 4
Casal de Cinza 09 42 K 8
Casal de Ermio 06 53 L 5
Casal dos Bernardos 14 53 M 4
Casal Novo 06 53 L 5
Casal Novo 10 53 M 3
Casal Velho 10 52 N 2
Casalinho 14 65 O 4
Casas 08 89 U 5
Casas de Fonte Cova 10 53 M 3
Casas Louras 14 53 N 5
Casas Novas 12 66 P 8
Cascais 11 64 P 1
Cascalho 14 65 P 3
Casebres 15 65 Q 4
Casegas 05 54 L 6
Casével 02 77 S 5
Casével 14 53 N 4
Castainço 18 41 J 7
Castanheira 04 28 H 10
Castanheira 09 42 K 8
Castanheira 17 27 G 6
Castanheira perto
de Trancoso 09 42 J 7
Castanheira de Pêra 10 53 L 5
Castanheira
do Ribatejo 11 64 P 3
Castanheira
do Vouga 01 40 K 4
Castanheiro 06 40 L 3
Castanheiro do Sul 18 41 I 7
Castedo 04 28 I 8
Castedo 17 27 I 7
Casteição 09 42 J 8
Castelãos 04 28 H 9
Casteleiro 09 42 L 8
Castelejo 05 54 L 7
Castelhanas 10 53 M 3
Castelhanos 08 89 T 6
Castelo 05 53 M 5
Castelo 14 53 N 5
Castelo 18 41 I 7
Castelo (Pico do) 32 89 DX
Castelo (Ponta do) 08 89 U 5
Castelo (Ponta do) 20 107 M 20
Castelo Bom 09 42 K 9
Castelo Branco 04 28 I 9
Castelo Branco 05 54 M 7
Castelo Branco 20 107 H 9
Castelo de Bode
(Barragem do) 14 53 N 5
Castelo de Maia 13 26 I 4
Castelo de Paiva 01 41 I 5
Castelo de Vide 12 54 N 7
Castelo do Neiva 16 26 H 3
Castelo Melhor 09 42 I 8
Castelo Mendo 09 42 K 9
Castelo Novo 05 54 L 7
Castelo Rodrigo 09 42 J 9
Castelões 01 40 J 4
Castrelos 04 28 G 9
Castro Daire 18 41 J 6
Castro de Avelãs 04 28 G 9
Castro Laboreiro 16 13 F 5
Castro Marim 08 90 U 7
Castro Verde 02 77 S 5
Castro Verde-Almodôvar
(Estação) 02 77 S 5
Castro Vicente 04 28 H 9
Catalão 07 65 Q 4
Cativelos 09 41 K 6
Catrão 05 54 L 7
Cava 05 53 M 5
Cavadoude 09 42 K 8
Cavaleiro 02 76 T 3
Cavalinhos 10 52 M 3
Caveira (Ponta da) 20 107 E 2
Cavernães 18 41 J 6
Cavês 03 27 H 6
Caxarias 14 53 M 4
Caxias 11 64 P 2
Cebolais de Baixo 05 54 M 7
Cebolais de Cima 05 54 M 7
Cedães 04 28 H 8
Cedillo
(Barragem de) 54 N 7
Cedovim 09 42 I 8

A B C D E F G H I J K L M N O P Q R S T U V W X Y Z

Cedrim 01 ... 40 J 4
Cedros 20 ... 107 H 9
Cegonhas Novas 05 ... 54 M 8
Ceira 06 ... 53 L 4
Ceira (Rio) ... 53 L 4
Ceivães 16 ... 13 F 4
Cela 10 ... 52 N 2
Cela Velha 10 ... 52 N 2
Celas 04 ... 28 G 9
Celavisa 06 ... 53 L 5
Celeiro 03 ... 27 H 5
Celeirós 03 ... 26 H 4
Celeirós 17 ... 27 I 7
Celorico da Beira 09 ... 42 K 7
Celorico de Basto 03 ... 27 H 6
Centum Cellas 05 ... 42 K 8
Cepães 03 ... 27 H 5
Cepelos 01 ... 40 J 4
Cepões 18 ... 41 J 6
Cepos 06 ... 53 L 6
Cerca (Ribeira da) 08 ... 88 U 3
Cercal 10 ... 53 M 5
Cercal 11 ... 64 O 2
Cercal 15 ... 76 S 3
Cercal (Serra do) 02 ... 76 S 3
Cercio 04 ... 29 H 11
Cerdal 16 ... 12 G 4
Cerdeira 06 ... 41 L 6
Cerdeira 09 ... 42 K 8
Cerdeirinhas 03 ... 27 H 5
Cerejais 04 ... 28 I 9
Cernache 06 ... 53 L 4
Cernache de Bonjardim 05 ... 53 M 5
Cerro perto de Alte 08 ... 89 U 5
Cerro perto de Loulé 08 ... 89 U 5
Cerro da Vila 08 ... 89 U 5
Cerros 07 ... 78 Q 7
Cerva 17 ... 27 H 6
Cervães 03 ... 26 H 4
Cervos 17 ... 27 G 6
Cete 13 ... 27 I 4
Cetóbriga (Ruinas Romanas de) 15 ... 64 Q 3
Cevadais 12 ... 66 O 8
Chã 17 ... 27 I 7
Chacim 03 ... 27 H 6
Chacim 04 ... 28 H 9
Chamusca 14 ... 53 N 4
Chança 12 ... 66 O 6
Chança (Estação de) 12 ... 66 O 6
Chança (Rio) ... 78 S 7
Chancelaria 14 ... 53 N 4
Chão da Parada 10 ... 52 N 2
Chão da Vã 05 ... 54 M 7
Chão da Velha 12 ... 54 N 6
Chão das Servas 05 ... 54 M 6
Chão de Codes 14 ... 53 N 5
Chão de Couce 10 ... 53 M 4
Chão de Lopes 14 ... 53 N 5
Chãos 14 ... 53 M 4
Charneca 02 ... 78 S 7
Chãs 09 ... 42 J 8
Chãs (Monte) 18 ... 41 J 5
Chãs de Tavares 18 ... 41 K 7
Chavães 18 ... 41 I 7
Chaves 17 ... 28 G 7
Cheleiros 11 ... 64 P 2
Choça Queimada 08 ... 90 U 7
Chorente 03 ... 26 H 4
Chosendo 18 ... 41 J 7
Chouto 14 ... 65 O 4
Ciborro 07 ... 65 P 5
Cicouro 04 ... 29 H 11
Cid Almeida 02 ... 78 R 7
Cidade 10 ... 52 N 2
Cidadelhe 09 ... 42 J 8
Cidadelhe 16 ... 27 G 5
Ciladas 07 ... 66 P 8
Cima (Ilhéu de) 32 ... 89 D X
Cimadas Fundeiras 05 ... 53 M 6
Cimbres 18 ... 41 I 6
Cinco Vilas 09 ... 42 J 9
Cinfães 18 ... 41 I 5
Cintados 08 ... 90 U 7
Cintrão (Ponta do) 20 ... 107 J 19
Cisterna 04 ... 28 G 8
Clarines 08 ... 90 T 7
Clérigo (Ponta do) 31 ... 88 B Y
Côa (R.) ... 42 L 8
Cobres (Ribeira de) 02 ... 77 T 5
Codaval 17 ... 27 H 7
Codeçais 04 ... 28 I 8
Codeçoso 03 ... 27 H 5
Codessoso 17 ... 27 H 6
Coelheira 18 ... 41 J 5
Coelhoso 04 ... 28 H 10
Coentral 10 ... 53 L 5
Cogula 09 ... 42 J 8
Coimbra 06 ... 40 L 4
Coimbrão 10 ... 52 M 3
Coina 15 ... 64 Q 2
Coito 08 ... 90 T 7
Coja 06 ... 41 L 6
Coja (Ribeira de) ... 41 J 7
Colar de Perdizes 15 ... 65 P 3
Colares 11 ... 64 P 1
Colcorinho (Monte) ... 41 L 6
Colmeal 05 ... 42 K 8
Colmeal 06 ... 53 L 5
Colmeias 10 ... 53 M 3
Colorada 02 ... 78 R 9
Colos 02 ... 77 S 4
Comeira 10 ... 52 M 3
Comenda 12 ... 54 N 6
Comporta 15 ... 64 Q 3
Concavada 14 ... 53 N 5
Conceição 02 ... 77 S 5
Conceição perto de Faro 08 ... 89 U 6
Conceição perto de Tavira 08 ... 90 U 7
Condeixa-a-Nova 06 ... 53 L 4
Condeixa-a-Velha 06 ... 53 L 4
Congro (Lagoa do) 20 ... 107 J 19
Conímbriga 06 ... 53 L 4
Conlelas 04 ... 28 G 9
Cónqueiros 05 ... 54 M 6
Consolação 10 ... 52 O 1
Constância 14 ... 53 N 4
Constantim 04 ... 29 H 11
Constantim 17 ... 27 I 6
Contenda 12 ... 66 O 8
Contendas (Ponta das) 20 ... 107 H 14
Contensas de Baixo 18 ... 41 K 6
Corchas (Portela das) 08 ... 88 T 4
Cordinhã 06 ... 40 K 4
Corgas 05 ... 54 M 6
Corgas (Barragem de) 05 ... 54 M 6
Corgo 03 ... 27 H 6
Coriscada 09 ... 42 J 8
Coroa 04 ... 28 G 8
Coroa (Serra da) 04 ... 28 G 8
Corona (Ribeira de) 15 ... 77 S 4
Coronado 13 ... 26 I 4
Correias 14 ... 53 N 3
Correlha 16 ... 26 G 4
Corroios 15 ... 64 Q 2
Corte 18 ... 41 K 5
Corte Brique 02 ... 77 T 4
Corte da Velha 02 ... 77 S 6
Corte de São Tomé 08 ... 90 T 7
Corte do Gago 08 ... 90 U 7
Corte Figueira 02 ... 89 T 5
Corte Gafo de Baixo 02 ... 77 S 7
Corte Gafo de Cima 02 ... 77 S 6
Corte João Marques 08 ... 89 T 6
Corte Pequena 02 ... 78 S 7
Corte Pequena 02 ... 77 S 6
Corte Pinto 02 ... 78 S 7
Corte Serranos 08 ... 89 T 6
Corte Sines 02 ... 78 S 7
Corte Tabelião 08 ... 90 T 7
Corte Vicente Eanes 02 ... 77 S 5
Corte Zorrinha 02 ... 77 T 5
Cortegaça 01 ... 40 J 4
Cortegaça 18 ... 41 K 5
Cortelha 08 ... 90 U 7
Cortelha 08 ... 89 U 6
Cortes 02 ... 78 R 8
Cortes 05 ... 41 L 7
Cortes 10 ... 53 M 3
Cortes de Baixo 02 ... 77 R 6
Cortes Pereiras 08 ... 90 T 7
Cortiçada 09 ... 41 J 7
Cortiçadas do Lavre 07 ... 65 P 4
Cortiço da Serra 09 ... 41 K 7
Cortiços 04 ... 28 H 8
Coruche 14 ... 65 P 4
Corujeira 06 ... 40 K 3
Corujeira 18 ... 41 J 6
Corujos 08 ... 90 U 7
Corva 15 ... 64 Q 2
Corval 07 ... 66 Q 7
Corveira 18 ... 41 K 5
Corvo (Ilha do) 20 ... 107 D 2
Costa de Caparica 15 ... 64 Q 2
Costa de Lavos 06 ... 52 L 3
Costa de Santo André 15 ... 76 R 3
Costa Nova 01 ... 40 K 3
Costa Nova (Ria da) 01 ... 40 K 3
Costa Verde ... 26 H 2
Cota 18 ... 41 J 6
Cotelo 18 ... 41 I 6
Cótimos 09 ... 42 J 8
Couço 14 ... 65 P 5
Coudelaria de Alter 12 ... 66 O 6
Coura 16 ... 26 G 4
Coura (Rio) ... 26 G 3
Courelas 07 ... 78 R 7
Courelas do Vale 07 ... 65 Q 4
Cousso 16 ... 13 F 5
Couto 13 ... 26 I 4
Couto de Esteves 01 ... 41 J 5
Couto de Mosteiro 18 ... 41 K 5
Cova da Iria 14 ... 53 N 4
Cova da Piedade 15 ... 64 Q 2
Covão de Lobo 01 ... 40 K 4
Covão do Feto 14 ... 53 N 3
Covão dos Mendes 10 ... 53 M 3
Covas 06 ... 41 K 6
Covas 16 ... 26 G 3
Covas de Barroso 17 ... 27 H 6
Covas do Douro 17 ... 27 I 7
Covas do Monte 18 ... 41 J 5
Covas do Rio 18 ... 41 J 5
Covelães 17 ... 27 G 6
Covelas 03 ... 27 H 5
Covelo 01 ... 41 L 5
Covelo 13 ... 26 I 4
Covelo 18 ... 41 J 5
Covelo de Gerês 17 ... 27 G 6
Covilhã 05 ... 41 L 7
Covinhos (Ponta dos) 10 ... 52 N 2
Covoada 20 ... 107 J 18
Covões 06 ... 40 K 4
Coz 10 ... 52 N 3
Crasto 16 ... 26 G 4
Crato 12 ... 66 O 7
Crestuma 13 ... 40 I 4
Crestuma (Barragem de) 13 ... 40 I 4
Crias 03 ... 26 H 3
Cristelo 03 ... 26 H 3
Cristo (Convento de) 14 ... 53 N 4
Criz 18 ... 41 K 5
Cruz (Ponta do) 31 ... 88 B Y
Cruz da Légua 10 ... 52 N 3
Cruz de João Mendes 15 ... 76 R 4
Cruzamento de Pegões 15 ... 65 P 4
Cruzes 18 ... 41 J 5
Cuba 02 ... 77 R 6
Cubalhão 16 ... 13 F 5
Cuine (Sierra do) 20 ... 107 G 14
Cujó 18 ... 41 J 6
Culatra (Ilha da) 08 ... 90 V 6
Cumeada 05 ... 53 M 5
Cumeada 08 ... 89 U 4
Cumeira 10 ... 52 N 3
Cumiada 07 ... 78 Q 7
Cumieira 06 ... 53 M 4
Cumieira 17 ... 27 I 6
Cunha 16 ... 26 G 4
Cunha 18 ... 41 J 7
Cunha Baixa 18 ... 41 K 6
Cunheira 12 ... 66 O 6
Curalha 17 ... 27 G 7
Curia 01 ... 40 K 4
Curral da Velha (Ribeira do) 02 ... 77 T 6
Curral das Freiras 31 ... 88 B Y
Curros 17 ... 28 H 7
Curros (Rio) 17 ... 28 H 7
Curvos 03 ... 26 H 3
Custóias 09 ... 42 I 8

D

Dadim 17 ... 28 G 8
Dão ... 41 J 7
Dardavaz 18 ... 41 K 5
Darque 16 ... 26 G 3
Dáspera 05 ... 54 M 6
Decermilo 18 ... 41 J 7
Degebe ... 66 Q 6
Degolados 12 ... 66 O 8
Degracias 06 ... 53 L 4
Deilão 04 ... 28 G 10
Delães 03 ... 26 H 4
Deocriste 16 ... 26 G 3
Derreada Cimeira 10 ... 53 M 5
Destriz 18 ... 41 K 5
Divor (Barragem do) 07 ... 65 P 6
Divor (Ribeira de) ... 65 P 5
Dogueno 02 ... 89 T 6
Dois Portos 11 ... 64 O 2
Domingos da Vinha 12 ... 53 N 6
Dominguizo 05 ... 54 L 7
Dona Maria 02 ... 78 R 7
Donai 04 ... 28 G 9
Dornelas 09 ... 41 J 7
Dornelas do Zêzere 06 ... 54 L 6
Dornes 14 ... 53 M 5
Douro ... 29 H 11
Duas Igrejas 04 ... 29 H 10
Dunas de Ovar 01 ... 40 J 3
Durão 04 ... 42 I 9

E

Edral 04 ... 28 G 8
Edrosa 04 ... 28 G 9
Edroso 04 ... 28 H 9
Ega 06 ... 53 L 4
Eira de Calva 06 ... 53 L 5
Eirado 09 ... 41 J 7
Eiras 06 ... 40 L 4
Eiras Maiores 04 ... 28 G 9
Eirinha 02 ... 77 T 6
Eirinhas 02 ... 78 R 7
Eirogo 03 ... 26 H 4
Eixo 01 ... 40 K 4
Elvas 12 ... 66 P 8
Encarnação 11 ... 64 O 1
Encumeada (Boca da) 31 ... 88 A Y
Entradas 02 ... 77 S 5
Entre Ambososrios 16 ... 27 G 5
Entre-os-Rios 13 ... 41 I 5
Entroncamento 14 ... 53 N 4
Envendos 14 ... 54 N 6
Enxabarda 05 ... 54 L 7
Enxara do Bispo 11 ... 64 P 2
Enxoé 02 ... 78 S 7
Enxoé (Barragem do) 02 ... 78 S 7
Enxofre (Furna do) 20 ... 107 F 12
Enxofre (Furnas do) 20 ... 107 G 14
Erada 05 ... 41 L 7
Ereira 14 ... 64 O 3
Erges (Rio) ... 55 M 9
Ericeira 11 ... 64 P 1
Ermelo 16 ... 27 G 5
Ermelo 17 ... 27 H 6
Ermesinde 13 ... 26 I 4
Ermida 05 ... 53 M 6
Ermida 06 ... 40 K 3
Ermida 16 ... 27 G 5
Ermida (Barragem da) 06 ... 53 L 5
Ermidas-Aldeia 15 ... 77 S 4
Ermidas-Sado 15 ... 77 R 4
Erra 14 ... 65 P 4
Erra(Ribeira da) ... 65 O 4
Ervas Tenras 09 ... 42 J 8
Erveda 06 ... 41 K 6
Ervedal 12 ... 66 O 6
Ervededo 17 ... 27 G 7
Ervedosa 12 ... 65 O 5
Ervedosa 04 ... 28 G 8
Ervedosa 09 ... 42 J 8
Ervedosa do Douro 18 ... 27 I 7
Ervideira 10 ... 52 M 3
Ervidel 02 ... 77 S 5
Ervões 17 ... 28 H 7
Escalhão 09 ... 42 J 9
Escalos de Baixo 05 ... 54 M 7
Escalos de Cima 05 ... 54 M 7
Escalos do Meio 10 ... 53 M 5
Escanxinhas 08 ... 89 U 5
Escarigo 05 ... 42 L 8
Escarigo 09 ... 42 J 9
Escariz 01 ... 40 J 4
Escariz 03 ... 26 H 4
Escariz 17 ... 27 H 6
Escaroupim 14 ... 65 O 4
Escudeiros 03 ... 26 H 4
Escuro (Monte) 20 ... 107 J 19
Escurquela 18 ... 41 I 7
Escusa perto de Castelo de Vide 12 ... 54 N 7
Escusa perto de Ponte de Sor 12 ... 53 N 6
Esfrega 05 ... 54 M 6
Esmoriz 01 ... 40 J 4
Espadanedo 04 ... 28 H 9
Espargal 08 ... 89 U 5
Especiosa 04 ... 29 H 10
Esperança 12 ... 66 O 8
Esperança (Pico da) 20 ... 107 H 11
Espiche 08 ... 88 U 3
Espichel (Cabo) 15 ... 64 Q 2
Espinhaço de Cão (Serra do) 08 ... 88 U 3
Espinhal 06 ... 53 L 4
Espinheira 07 ... 66 Q 6
Espinheiro 14 ... 53 N 3
Espinho 01 ... 40 I 4
Espinho perto de Caramulo 18 ... 41 K 5
Espinho perto de Mangualde 18 ... 41 K 6
Espinho perto de Mortágua 18 ... 41 K 5
Espinho (Alto do) ... 27 I 6
Espinhosela 04 ... 28 G 9
Espinhoso 04 ... 28 G 8
Espírito Santo 02 ... 78 T 7
Espite 14 ... 53 M 4
Espiunca 01 ... 41 J 5
Esporões 03 ... 26 H 4
Esposende 03 ... 26 H 3
Espragosa 02 ... 77 T 6
Estação de Ourique 02 ... 77 S 5
Estação de Viana 07 ... 77 Q 5
Estanqueiro 14 ... 65 P 3
Estarreja 01 ... 40 J 4
Este 03 ... 27 H 4
Este (Rio) ... 26 H 4
Esteiro 06 ... 54 L 6
Estela 13 ... 26 H 3
Estelas 10 ... 52 N 1
Ester 18 ... 41 J 5
Estevais perto de Cardanha 04 ... 28 I 8
Estevais perto de Est. de Freixo 04 ... 28 I 9
Esteveira 14 ... 53 N 5
Esteves 05 ... 54 M 6
Estibeira 02 ... 76 T 3
Estiramantens 08 ... 89 U 6
Estói 08 ... 89 U 6
Estômbar 08 ... 89 U 4
Estorãos 03 ... 27 H 5
Estorãos 16 ... 26 G 4
Estoril 11 ... 64 P 1
Estorninhos 08 ... 90 U 7
Estreito 05 ... 54 M 6
Estreito da Calheta 31 ... 88 A Y
Estreito de Câmara de Lobos 31 ... 88 B Y
Estrela 02 ... 78 R 7
Estrela (Parque Natural da Serra da) ... 41 K 7
Estrela (Serra da) 09 ... 41 L 6
Estremoz 07 ... 66 P 7
Eucisia 04 ... 28 I 8
Évora 07 ... 65 Q 6
Évora de Alcobaça 10 ... 52 N 3
Évoramonte 07 ... 66 P 6
Extremo 16 ... 26 G 4

F

Facha 16 ... 26 G 4
Facho 10 ... 52 N 2
Fadagosa 12 ... 54 N 7
Fadagosa 14 ... 53 N 6
Fadagosa (Termas da) 14 ... 53 N 6
Fafe 03 ... 27 H 5
Fagilde (Barragem de) 18 ... 41 K 6
Faia 03 ... 27 H 6
Faial 31 ... 88 B Y
Faial (Canal do) 20 ... 107 H 10
Faial (Ilha do) 20 ... 107 H 9
Faial (Ponta do) 20 ... 107 J 20
Faial da Terra 20 ... 107 J 20
Fail 18 ... 41 K 6
Failde 04 ... 28 G 9
Faiões 17 ... 28 G 7
Fajã da Ovelha 31 ... 88 A Y
Fajã de Cima 20 ... 107 J 19
Fajã do Ouvidor 20 ... 107 G 11
Fajã dos Cubres 20 ... 107 H 12
Fajã Grande 20 ... 107 E 2
Fajão 06 ... 54 L 6
Fajãzinha 20 ... 107 E 2
Fajões 01 ... 40 J 4
Falca 10 ... 52 N 2
Falcoeiras 07 ... 66 Q 7
Famalicão 09 ... 42 K 7
Famalicão 10 ... 52 N 2
Fanhais 10 ... 52 N 2
Fanhões 11 ... 64 P 2
Fão 03 ... 26 H 3
Faria 03 ... 26 H 4
Farilhões 10 ... 52 N 1
Farminhão 18 ... 41 K 5
Faro 08 ... 89 U 6
Faro (Ilha de) 08 ... 89 V 6
Faro (Monte do) 16 ... 12 F 4
Faro do Alentejo 02 ... 77 R 6
Farropa 05 ... 54 M 7
Fataunços 18 ... 41 J 5
Fatela 05 ... 54 L 7
Fátima 14 ... 53 N 4
Favacal 06 ... 53 M 4
Favaios 17 ... 27 I 7
Fazamões 18 ... 41 I 6
Fazenda 12 ... 65 O 6
Fazendas de Almeirim 14 ... 65 O 4
Febres 06 ... 40 K 4
Feira 18 ... 41 J 5
Feiteira 08 ... 89 U 6
Felgar 04 ... 28 I 9
Felgueira 01 ... 41 J 5
Felgueiras 04 ... 28 I 8
Felgueiras 04 ... 28 H 9
Felgueiras 13 ... 27 H 5
Felgueiras 18 ... 41 I 6
Fenais da Ajuda 20 ... 107 J 20
Fenais da Luz 20 ... 107 J 19
Fermelã 01 ... 40 J 4
Fermentelos 01 ... 40 K 4
Fermil 03 ... 27 H 6
Fernandilho 08 ... 89 U 6
Fernão Ferro 15 ... 64 Q 2
Fernão Joanes 09 ... 42 K 7
Ferradosa 04 ... 28 I 9
Ferragudo 08 ... 88 U 4
Ferral 17 ... 27 G 6
Ferraria (Ponta da) 20 ... 107 J 18
Ferrarias 07 ... 78 Q 8
Ferreira 04 ... 28 H 9
Ferreira 13 ... 27 I 4
Ferreira 16 ... 26 G 4
Ferreira (Rio) 13 ... 26 I 4
Ferreira-a-Nova 06 ... 40 L 3
Ferreira de Aves 18 ... 41 J 7
Ferreira do Alentejo 02 ... 77 R 5
Ferreira do Zêzere 14 ... 53 M 5
Ferreiras 08 ... 89 U 5
Ferreirim perto de Lamego 18 ... 41 I 6
Ferreirim perto de Penedono 18 ... 41 J 7
Ferreirós do Dão 18 ... 41 K 5
Ferrel 10 ... 52 N 2
Ferro 05 ... 41 L 7
Ferro (Ilhéu de) 32 ... 89 C X
Fervença 03 ... 27 H 5
Fervença 10 ... 52 N 3
Fervidelas 17 ... 27 G 6
Feteiras 20 ... 107 J 18
Fiães 01 ... 40 J 4
Fiães 09 ... 42 J 7
Fiães 16 ... 13 F 5
Fiães 17 ... 28 G 8
Fiães do Rio 17 ... 27 G 6
Fialho 02 ... 89 T 6
Figueira 04 ... 28 I 9
Figueira 05 ... 54 M 6
Figueira 08 ... 88 U 3
Figueira 12 ... 66 O 8
Figueira 18 ... 41 I 6
Figueira perto de Portimão 08 ... 88 U 4
Figueira (Ribeira da) 02 ... 77 R 5
Figueira da Foz 06 ... 53 L 3
Figueira de Castelo Rodrigo 09 ... 42 J 9
Figueira de Lorvão 06 ... 40 L 4
Figueira dos Cavaleiros 02 ... 77 R 5
Figueira e Barros 12 ... 66 O 6
Figueiras 02 ... 77 S 5
Figueiras 14 ... 53 O 4
Figueiredo 05 ... 53 M 6
Figueiredo de Alva 18 ... 41 J 6
Figueirinha 02 ... 77 T 6
Figueirinha 08 ... 89 U 6
Figueiró 18 ... 41 K 6
Figueiró (Ribeira de) 12 ... 54 N 6
Figueiró da Granja 09 ... 41 K 7
Figueiró da Serra 09 ... 41 K 7
Figueiró do Campo 06 ... 53 L 4
Figueiró dos Vinhos 10 ... 53 M 5
Fiolhoso 17 ... 27 H 7
Flamengos 20 ... 107 H 10
Flor da Rosa 12 ... 66 O 7
Flores (Ilha das) 20 ... 107 E 2
Fogo (Lagoa do) 20 ... 107 J 19
Fóia 08 ... 89 U 4
Fóios 09 ... 42 L 9
Folgado 07 ... 66 P 7
Folgosa 18 ... 27 I 6

Portugal 177

Folgosinho 09 41 K7
Folhadela 17 27 I6
Folques 06 41 L5
Fontainhas 13 26 H4
Fontainhas 15 76 R3
Fontão Fundeiro 10 53 M5
Fonte Arcada 18 41 J7
Fonte da Aldeia 04 29 H10
Fonte da Telha 15 64 Q2
Fonte Ladrão 04 29 H10
Fonte Limpa 06 53 L5
Fonte Longa 04 28 I8
Fonte Santa 05 54 M7
Fonte Serne (Barragem) 15 77 S4
Fontelas 17 27 I6
Fontes 14 53 N5
Fontes 17 27 I6
Fontes da Matosa 08 89 U4
Fontinha 02 76 T3
Fontinha 10 53 L3
Fontoura 16 26 G4
Forcalhos 09 42 K9
Forjães 03 26 H3
Formigais 14 53 M4
Formosa (Ria) 08 90 V6
Fornalhas Novas 02 77 S4
Fornalhas Velhas 02 77 S4
Fornelos 03 27 H5
Fornelos 16 26 G4
Fornelos 18 41 I5
Fornilhos 02 78 R8
Forninhos 09 41 J7
Forno Telheiro 09 42 J7
Fornos 04 28 I9
Fornos de Algodres 09 41 K7
Fornos do Pinhal 17 28 H8
Foros da Adúa 07 65 Q5
Foros da Caiada 02 77 S4
Foros da Fonte de Pau 14 65 P4
Foros da Fonte Seca 07 66 Q7
Foros da Salgueirinha 14 65 P4
Foros das Malhadinhas 14 65 P3
Foros das Pombas 07 66 Q6
Foros de Benfica 14 65 O4
Foros de Casa Nova 15 77 S4
Foros de Vale de Figueira 07 65 P5
Foros do Arrão 12 65 O5
Foros do Baldio 07 65 Q4
Foros do Biscainho 14 65 P4
Foros do Cortiço 07 65 P5
Foros do Freixo 07 66 P7
Foros do Mocho 12 65 O5
Foros do Queimado 07 66 Q6
Forte da Graça 12 66 P8
Fortes 08 90 T7
Fortios 12 66 O7
Foupana (Ribeira da) 08 89 T6
Foz 14 65 O5
Foz de Alge 10 53 M5
Foz de Arouce 06 53 L5
Foz de Odeleite 08 90 T7
Foz do Arelho 10 52 N2
Foz do Arroio 08 88 T4
Foz do Douro 13 26 I3
Foz do Farelo 08 88 T4
Foz do Lisandro 11 64 P1
Foz do Sabor 04 28 I8
Foz Giraldo 05 54 L6
Fradelos 03 26 H4
Fradizela 04 28 H8
Fraga Negra 03 27 G5
Fragosela 18 41 K6
Fragoso 03 26 H3
Fráguas 14 52 N3
Fráguas 18 41 J6
França 04 28 G9
Franco 04 28 H7
Franqueada 08 89 U5
Franzilhal 17 28 I7
Fratel 05 54 N6
Fratel (Barragem de) 54 N6
Frazão 13 26 I4
Freamunde 13 27 I4
Frechas 04 28 H8
Freches 09 42 J7
Fregil (Barragem de) 18 41 I5
Freineda 09 42 K9
Freiria 11 64 O2
Freiria 17 27 H7
Freixeda 04 28 H8
Freixeda 17 27 H7
Freixeda do Torrão 09 42 J8
Freixedas 09 42 J8
Freixedelo 04 28 G9
Freixial 07 66 P7
Freixial do Campo 05 54 M7
Freixianda 14 53 M4
Freixieiro 16 26 G3
Freixiel 04 28 I8
Freixiosa 04 29 H11
Freixiosa 18 41 K6
Freixo 09 42 K8
Freixo 16 26 H4
Freixo 18 41 K5
Freixo de Espada a Cinta 04 42 I9
Freixo de Numão 09 42 I8
Frende 13 27 I6
Fresulfe 04 28 G9
Fridão 13 27 I5
Friestas 16 12 F4
Friões 17 28 G7
Friúmes 06 41 L5
Fronhas (Barragem de) 06 41 L5
Fronteira 12 66 O7
Frossos 01 40 K4
Funchal 31 88 BZ
Funcheira 02 77 S4
Funcho (Barragem do) 08 89 U4
Fundada 05 53 M5
Fundão 05 54 L7
Fungalvaz 14 53 N4
Furadouro 01 40 J3
Furadouro 06 53 L4
Furnas 20 107 J20
Furnas (Lagoa das) 20 107 J20
Furnas do Enxofre 20 107 G14
Furnazinhas 08 90 T7
Furtado 12 53 N6
Fuzeta 08 89 U6

G

Gaeiras 10 52 N2
Gafanha da Boa Hora 01 40 K3
Gafanha da Encarnacão 01 40 K3
Gafanha da Nazaré 01 40 K3
Gafanha do Carmo 01 40 K3
Gafanhoeira 07 65 P5
Gáfete 12 54 N6
Gagos 09 42 K8
Gaia 09 42 K8
Gaiate 06 53 L5
Gala 06 53 L3
Galafura 17 27 I6
Galera (Ponta da) 20 107 J19
Galizes 06 41 L6
Galveias 12 65 O6
Gamil 03 26 H4
Gândara 10 53 M3
Gândara de Espariz 06 41 L5
Gandarela 03 27 H5
Gandra 13 26 I4
Gandra *perto de Ponte de Lima* 16 26 G4
Garajau (Ponta do) 31 88 BZ
Garça (Ponta da) 20 107 J19
Garcia 08 89 U6
Garcia 10 52 M3
Gardete 12 54 N6
Gardunha (Serra da) 05 54 L7
Garfe 03 27 H5
Garvão 02 77 S4
Gatão 02 89 T6
Gateira 09 42 J8
Gatões 06 40 L3
Gaula 31 88 BY
Gave 16 13 F5
Gavião 03 26 H4
Gavião 05 54 M6
Gavião 12 53 N6
Gaviãozinho 05 54 M6
Gavieira 16 27 G5
Gebelim 04 28 H9
Geira 03 27 G5
Gema (Ribeira da) 02 77 S4
Genísio 04 29 H10
Geraldes 10 52 O1
Geraz do Lima 16 26 G3
Gerês 03 27 G5
Gerês (Serra do) 03 27 G5
Germil 16 27 G5
Gestaçô 13 27 I6
Gesteira 06 53 L4
Gestosa 04 28 G8
Gestoso 18 41 J5
Gia 17 41 I5
Gibraltar 11 64 O2
Giesteira 01 40 K4
Giesteiras 05 54 M6
Giestoso 16 13 F5
Gilvrazino 08 89 U5
Gimonde 04 28 G9
Ginetes 20 107 J18
Giões 08 89 T6
Giraldos 02 77 S5
Girão (Cabo) 31 88 AZ
Glória 07 66 P7
Glória do Ribatejo 14 65 O4
Godeal 07 65 P5
Godelim (R.) 78 R8
Godinhanços 03 26 G4
Góis 06 53 L5
Golegã 14 53 N4
Golfeiras 04 28 H8
Gomes Aires 02 77 T5
Gonça 03 27 H5
Gonçalo 09 42 K7
Gonçalo Bocas 09 42 K8
Gondar 03 27 H4
Gondar 13 27 I5
Gondarém 16 26 G3
Gondelim 06 41 L5
Gondelim 16 26 G4
Gondemaria 14 53 M4
Gondiães 03 27 H6
Gondomar 13 26 I4
Gondomil 16 12 F4
Gondoriz 16 27 G4
Gontifelos 03 26 H4
Gorda (Serra) 20 107 J18
Gordo (Monte) 11 64 P2
Gorjão 14 65 O5
Gorjoes 08 89 U6
Gosende 18 41 I6
Gostei 04 28 G9
Gouvães da Serra 17 27 H6
Gouveia 04 28 I9
Gouveia 11 64 P1
Gouveia *perto de Freixedas* 09 42 K8
Gouveia *perto de Seia* 09 41 K7
Gouvinhas 17 27 I7
Gove 13 27 I5
Graça 10 53 M5
Graciosa (Ilha da) 20 107 F11
Gradil 11 64 P2
Gradiz 09 41 J7
Gralhas 17 27 G6
Gralheira (Serra da) 01 40 J4
Gralhos 04 28 H9
Galhos 17 27 G6
Graminhais (Planalto dos) 20 107 J20
Grande (Ribeira) 12 66 O6
Grândola 15 77 R4
Grândola (Ribeira de) 15 77 R4
Grândola (Serra da) 15 77 R4
Granho 14 65 O4
Granho Novo 14 65 P3
Granja 04 29 H10
Granja 07 78 R8
Granja 13 40 I4
Granja 17 27 I7
Granja do Ulmeiro 06 53 L4
Granja Nova 18 41 I6
Granjal 18 41 J7
Grau 10 52 M3
Grijó 04 28 H9
Grijó 13 40 I4
Grijó de Parada 04 28 G9
Grocinas 06 53 M4
Guadalupe 07 65 Q5
Guadalupe 20 107 F11
Guadiana 66 Q8
Guadramil 04 29 G10
Guarda 09 42 K8
Guarda do Norte 10 53 M3
Guardeiras 13 26 I4
Guedelhas 02 89 T6
Guerreiro 02 77 S6
Guerreiros do Rio 08 90 T7
Guia 08 89 U5
Guia 10 53 M3
Guide (Rio de) 04 28 H8
Guilhabreu 13 26 I4
Guilheiro 09 42 J7
Guilheta 03 26 H3
Guilhofrei 03 27 H5
Guimarães 03 27 H5
Guisande 01 40 J4
Guiso 02 78 S7

H

Homem (Portela do) 03 27 G5
Homem (R.) 03 27 G5
Horta 09 42 I8
Horta 20 107 H10
Horta da Vilariça 04 28 I8
Hortas 08 90 U7
Hortinhas 07 66 Q7

I

Idanha (Barragem da) 05 54 M8
Idanha-a-Nova 05 54 M8
Idanha-a-Velha 05 54 M8
Ifanes 04 29 H11
Igreja Nova 11 64 P2
Igreja Nova do Sobral 14 53 M5
Igrejinha 07 65 P6
Ilha (Ponta da) 20 107 H11
Ilhas 07 65 P6
Ílhavo 01 40 K3
Ilhéus (Ponta dos) 20 107 E2
Infantado 14 65 P3
Inferno (Poço do) 09 41 K7
Inguias 05 42 L8
Insalde 16 26 G4
Isna 05 54 M6
Isna (Ribeira da) 05 53 M5
Izeda 04 28 H9

J

Janeiro de Baixo 06 54 L6
Janeiro de Cima 05 54 L6
Jardim do Mar 31 88 AY
Jardo 09 42 K9
Jarmelo 09 42 K8
Javali 08 89 U6
Jazente 13 27 I5
João Antão 09 42 K8
João Bom 20 107 J18
João Serra 02 77 S6
Jolda 16 26 G4
Jou 17 28 H7
Jovim 13 26 I4
Juizo 09 42 J8
Junca 09 42 J9
Juncais 09 41 K7
Juncal 05 54 N6
Juncal 10 52 N3
Juncal do Campo 05 54 M7
Junceda 03 27 G5
Junceira 14 53 N5
Jungeiros 02 77 S5
Junqueira 01 41 J5
Junqueira 04 28 H10
Junqueira 08 90 U7
Junqueira 13 26 H3
Juromenha 07 66 P8

L

Laborato 08 89 T6
Laboreiro (R.) 16 27 G5
Labruge 13 26 I3
Labrujó 16 26 G4
Ladaino 04 28 H9
Ladário 18 41 J6
Ladoeiro 05 54 M8
Lagarelhos 17 28 G7
Lagares 06 41 K6
Lagares 13 26 I4
Lagarinhos 09 41 K6
Lagarteira 10 53 M4
Lagarto (Portela do) 16 13 F5
Lagoa 04 28 H9
Lagoa 08 89 U4
Lagoa 20 107 J19
Lagoa (Monte) 08 89 T6
Lagoa Parada 10 53 M4
Lagoaça 04 28 I9
Lagos 08 88 U3
Laje 03 26 H4
Laje (Ponta da) 11 64 P2
Lajedo 20 107 E2
Lajeosa 09 42 K9
Lajeosa 18 41 K6
Lajeosa do Mondego 09 42 K7
Lajes 08 89 U6
Lajes 09 41 K6
Lajes *Flores* 20 107 E2
Lajes *Terceira* 20 107 G14
Lajes do Pico 20 107 H11
Lalim 18 41 I6
Lama 03 26 H4
Lama Chã 17 27 G6
Lama de Arcos 17 28 G7
Lamalonga 04 28 G8
Lamares 17 27 I7
Lamarosa 14 53 N4
Lamas 01 40 J4
Lamas 06 53 L4
Lamas 11 64 O2
Lamas 18 41 J6
Lamas de Ferreira 18 41 J6
Lamas de Mouro 16 13 F5
Lamas de Olo 17 27 H6
Lamas de Orelhão 04 28 H8
Lamas de Podence 04 28 H9
Lamas do Vouga 01 40 K4
Lamegal 09 42 J8
Lamego 18 41 I6
Lameira 03 27 H5
Lameiras 09 42 J8
Lamosa 18 41 J7
Lamparona 67 O8
Lamporeira (Ponta da) 11 64 O1
Lanção 04 28 G9
Lanças 02 77 S5
Landal 10 52 O2
Landeira 07 65 Q4
Landeira 18 41 J5
Lanhelas 16 26 G3
Lanheses 16 26 G3
Lapa 14 64 O3
Lapa 18 41 J7
Lapa (Serra da) 41 J7
Lapa do Lobo 18 41 K6
Lapas 14 53 N4
Larçã 06 40 L4
Lardosa 05 54 M7
Lares 06 53 L3
Larinho 04 28 I8
Larouco (Serra do) 17 27 G6
Laundos 13 26 H3
Lavacolhos 05 54 L7
Lavos 06 53 L3
Lavra 13 26 I3
Lavradas 17 27 G6
Lavradio 15 64 P2
Lavre 07 65 P4
Lavre (Estação de) 14 65 P4
Lavre (Ribeira de) 65 P4
Lebre 02 78 S7
Lebução 17 28 G8
Leça 13 26 I4
Leça da Palmeira 13 26 I3
Légua 10 52 M2
Leiranco (Serra de) 17 27 G7
Leiria 10 53 M3
Leiria (Pinhal de) 10 52 M2
Leirosa 06 52 L3
Lemede 06 40 L4
Lena 10 53 N3
Lentiscais 05 54 M7
Lentiscais 08 89 U5
Leomil 09 42 K9
Leomil 18 41 J7
Leomil (Serra de) 18 41 J6
Leonte (Portela de) 03 27 G5
Liceia 06 40 L3
Ligares 04 42 I9
Lijó 03 26 H4
Lima (R.) 26 G4
Limãos 04 28 H9
Limas (Ribeira de) 02 78 S7
Limões 17 27 H6
Lindoso 16 27 G5
Linhaceira 14 53 N4
Linhares 04 28 I7
Linhares 09 41 K7
Lisboa 11 64 P2
Livramento 08 89 U6
Livramento 20 107 J19
Lixa 13 27 I5
Liz 10 52 M3
Lobão da Beira 18 41 K5
Lodões 04 28 I8
Loivos 17 27 H7
Loivos do Monte 13 27 I6
Lomba da Fazenda 20 107 J20
Lomba de Maia 20 107 J19
Lombador 02 77 T6
Lombardos 02 78 T7
Lombo 04 28 H9
Lombomeão 01 40 K3
Longa 18 41 I7
Longos 03 27 H4
Longos Vales 16 13 F4
Longra 13 27 H5
Longroiva 09 42 J7
Lordelo 03 27 H4
Lordelo 13 26 I4
Lordosa 18 41 J6
Loriga 09 41 L6
Lorvão 06 40 L5
Lotão 08 89 T6
Louçainha 06 53 L5
Loulé 08 89 U5
Louredo 01 40 J4
Louredo 17 27 I6
Louredo (Rio) 17 27 H6
Loureira 10 53 M4
Loureiro 01 40 J4
Loureiro 06 53 L4
Loureiro de Silgueiros 18 41 K6
Loures 11 64 P2
Louriçal 10 53 L3
Louriçal do Campo 05 54 L7
Lourinhã 11 52 O2
Louro 03 26 H4
Lourosa 01 40 J4
Lourosa 06 41 L6
Lousa 04 28 I8
Lousa 05 54 M7
Lousã 06 53 L5
Lousa 11 64 P2
Lousã (Serra da) 53 L5
Lousada 13 27 I5
Lousadela 18 41 J6
Lousado 03 26 H4
Lovelhe 16 26 G3
Lucefecit (Ribeira de) 07 66 Q7
Ludares 17 27 I7
Ludo 08 89 U6
Luso 01 40 K4
Lustosa 13 27 H5
Lustosa 18 41 J6
Luz 07 78 Q7
Luz 20 107 F12
Luz *Lagos* 08 88 U3
Luz (Monte) 04 29 H11
Luz de Tavira 08 89 U6
Luzianes 02 77 T4
Luzim 13 27 I5

M

Maçainhas 05 42 K8
Mação 14 53 N6
Maçãs (R.) 29 G10
Maçãs de Caminho 10 53 M4
Maçãs de Dona Maria 10 53 M5
Maceda 01 40 J4
Macedo de Cavaleiros 04 28 H9
Macedo do Mato 04 28 H9
Macedo do Peso 04 28 H10
Maceira 10 52 M3
Machados 02 78 R7
Machados 08 89 U6
Machico 31 88 BY
Machio 06 53 L5
Macieira 01 40 J4
Macieira 03 26 H4
Macieira 17 27 H6
Macieira 18 41 J5
Macieira da Maia 13 26 H4
Macieira de Alcoba 01 41 K5
Maçores 04 42 I8
Maçussa 11 64 O3
Madalena 13 26 I4
Madalena 14 53 N4
Madalena 20 107 H10
Madalena do Mar 31 88 AY
Madeirã 05 53 M5
Madrugada (Ponta da) 20 107 J20
Mafra 11 64 P2
Magoito 11 64 P1
Magos (Barragem de) 14 65 P3
Magueija 18 41 I6
Maia 13 26 I4
Maia 20 107 J19
Maia *Santa Maria* 20 107 M20
Maiorca 06 53 L3
Maiorga 10 52 N3
Mairos 17 28 G7
Malarranha 07 65 P6
Malcata 09 42 L8
Malcata (Serra de) 42 L9
Malhada 12 66 P8
Malhada 18 41 J6
Malhada Alta 07 66 P7
Malhada Sorda 09 42 K9

A B C D E F G H I J K L M N O P Q R S T U V W X Y Z

Malhadal 05 53 M 6
Malhadas 04 29 H 11
Malhão 08 89 U 6
Malhão (Serra do) 89 T 5
Malhou 14 53 N 3
Malpartida 09 42 J 9
Malpensado 02 76 S 3
Malpica do Tejo 05 54 M 7
Malpique 02 78 R 7
Malta 09 42 J 8
Malveira perto de Estoril 11 64 P 1
Malveira perto de Mafra 11 64 P 2
Mamarrosa 01 40 K 4
Mamodeiro 01 40 K 4
Mamouros 18 41 J 6
Manadas 20 107 H 11
Mancelos 13 27 I 5
Mancoca 02 77 S 5
Mangualde 18 41 K 6
Manhouce 18 41 J 5
Manigoto 09 42 J 8
Manique do Intendente 11 64 O 3
Mansores 01 40 J 4
Manteigas 09 41 K 7
Manuel Galo 02 77 T 6
Maqueda 14 52 N 3
Mar 03 26 H 3
Maranhão 12 65 O 6
Maranhão (Barragem de) 12 65 O 6
Marão (Serra do) 13 27 I 6
Marateca 15 65 Q 4
Marateca (Ribeira de) 65 Q 4
Marchil 08 89 U 6
Marco 12 66 O 8
Marco de Canaveses 13 27 I 5
Margalha 12 54 N 6
Maria Vinagre 08 88 T 3
Marialva 09 42 J 8
Marianos 14 65 O 4
Marinha das Ondas 06 53 L 3
Marinha Grande 10 52 M 3
Marinhais 14 65 O 3
Marinhas 03 26 H 3
Marmelar 02 78 R 7
Marmeleira 14 64 O 3
Marmeleira 18 41 K 5
Marmeleiro 05 53 M 5
Marmeleiro 09 42 K 8
Marmelete 08 88 U 3
Marmelos 04 28 H 8
Marofa 09 42 J 8
Maroto 02 77 R 5
Maroufenha 02 76 T 3
Marrancos 03 26 G 4
Marrazes 10 53 M 3
Martianas 05 54 L 8
Martim 03 26 H 4
Martim Branco 05 54 M 7
Martim Longo 08 89 T 6
Martinchel 14 53 N 5
Martingança 10 52 M 3
Mártires 07 66 P 7
Marvão 12 54 N 7
Marvila 10 53 M 5
Marzagão 04 28 I 8
Mascarenhas 04 28 H 8
Massueime 09 42 J 8
Mata 05 54 M 7
Mata 14 53 N 4
Mata da Rainha 05 54 L 8
Mata de Lobos 09 42 J 9
Mata Mourisca 10 53 M 3
Matacães 11 64 O 2
Matança 09 41 J 7
Matela 04 28 H 10
Mateus 17 27 I 6
Mato 16 26 H 4
Mato de Miranda 14 53 N 4
Matoeira 10 52 N 2
Matos 02 77 R 6
Matosinhos 13 26 I 3
Maxiais 05 54 M 7
Maxial 05 54 L 6
Maxial 11 64 O 2
Maxieira 14 53 N 6
Mazes 18 41 I 6
Mazouco 04 42 I 9
Meadela 16 26 G 3
Mealhada 01 40 K 4
Meca 11 64 O 2
Mêda 09 42 J 8
Medelim 05 54 L 8
Medrões 17 27 I 6
Meia Praia 08 88 U 4
Meimão 05 42 L 8
Meimoa 05 54 L 8
Meimoa (Barragem de) 05 42 L 8
Meimoa (Ribeira da) 54 L 7
Meinedo 13 27 I 5
Meirinhos 04 28 I 9
Meixedo 04 28 G 9
Meixedo 17 27 G 6
Meixide 17 27 G 7
Meixões de Cima 03 27 G 5
Meixomil 13 26 I 4
Melgaço 16 13 F 5
Melhe 04 28 G 9
Melides 15 76 R 3
Melres 13 40 I 4
Melriça 05 53 M 5
Memória 10 53 M 4
Mendiga 10 52 N 3
Mendro (Serra de) 77 R 6
Mente (R.) 28 G 8
Mentiras 07 78 R 8
Mentrestido 16 26 G 3
Mercês (Barragem das) 02 78 R 8
Mértola 02 78 T 7
Merufe 16 13 F 4
Mesão Frio 03 27 H 5
Mesão Frio 17 27 I 6
Mesquita 02 78 T 7
Mesquitela 09 41 K 7
Messangil 02 78 S 7
Messejana 02 77 S 5
Messines 08 89 U 5
Mestras 02 89 T 5
Mexilhoeira Grande 08 88 U 4
Mezio 16 27 G 5
Mezio 18 41 J 6
Midões 06 41 K 6
Milagres 10 53 M 3
Milhão 04 28 G 10
Milharadas 02 77 T 4
Milharado 11 64 P 2
Milhazes 03 26 H 4
Milreu 05 53 N 5
Milreu (Ruinas de) 08 89 U 6
Mina da Caveira 15 77 R 4
Mina da Juliana 02 77 S 5
Mina de São Domingos 02 78 S 7
Mina de São João do Deserto 02 77 S 5
Mina do Bugalho 07 66 P 8
Mina do Lousal 15 77 R 4
Minas do Carris 03 27 G 5
Minde 14 53 N 3
Mindelo 13 26 I 3
Minheu 17 27 H 6
Minhocal 09 42 J 7
Miões 08 89 U 5
Mira 06 40 K 3
Mira (Rio) 89 T 5
Mira de Aire 10 53 N 3
Miradezes 04 28 H 8
Miragaia 11 64 O 2
Miramar 13 40 I 4
Miranda 16 26 G 4
Miranda (Barragem de) 04 29 H 11
Miranda do Corvo 06 53 L 5
Miranda do Douro 04 29 H 11
Mirandela 04 28 H 8
Miróbriga (Ruinas Romanas de) 15 76 R 3
Miuzela 09 42 K 8
Moçarria 14 53 O 3
Modivas 13 26 I 3
Mões 18 41 J 6
Mofreita 04 28 G 9
Mogadouro 04 28 H 9
Mogadouro 10 53 M 4
Mogadouro (Serra de) 28 I 9
Mogo de Ansiães 04 28 I 8
Mogofores 01 40 K 4
Moimenta 04 28 G 9
Moimenta da Beira 18 41 J 7
Moimenta da Serra 09 41 K 7
Moimenta de Maceira Dão 18 41 K 6
Moinhola 07 65 Q 4
Moinhos Velhos 10 53 N 3
Moita 15 64 Q 3
Moita perto de Castanheira de Pêra 10 53 M 5
Moita perto de Marinha Grande 10 52 M 3
Moita da Roda 10 53 M 3
Moita do Boi 10 53 M 3
Moita dos Ferreiros 11 52 O 2
Moitas Venda 14 53 N 4
Moitinhas 02 88 T 4
Moldes 01 41 J 5
Moledo 18 41 J 6
Moledo do Minho 16 26 G 3
Molelos 18 41 K 5
Molianos 10 52 N 3
Mombeja 02 77 R 5
Monção 16 12 F 4
Moncarapacho 08 89 U 6
Monchique 08 88 U 4
Monchique (Serra de) 08 88 U 3
Mondego 41 K 7
Mondego (Cabo) 06 40 L 3
Mondim da Beira 18 41 I 6
Mondim de Basto 17 27 H 6
Monfebres 17 28 H 7
Monforte 12 66 O 7
Monforte da Beira 05 54 M 8
Monfortinho 05 55 L 9
Monfurado 07 65 Q 5
Moninho 06 54 L 6
Monsanto 05 54 L 8
Monsanto 14 53 N 3
Monsanto (Monte) 05 54 L 8
Monsaraz 07 66 Q 7
Monsul 03 27 H 5
Montaivo 02 78 S 7
Montalegre 17 27 G 6
Montalvão 12 54 N 7
Montalvo 14 53 N 5
Montargil 12 65 O 5
Montargil (Barragem de) 12 65 O 5
Monte 01 40 J 4
Monte 03 27 H 5
Monte 31 88 BY
Monte Alto 08 89 U 5
Monte Brasil 20 107 H 14
Monte Carvalho 12 66 O 7
Monte Claro 12 54 N 6
Monte Córdova 13 26 I 4
Monte da Estrada 02 76 S 4
Monte da Foz 14 64 P 3
Monte da Guia 20 107 H 10
Monte da Laje 02 78 S 7
Monte da Pedra 12 54 N 6
Monte da Rocha (Barragem de) 02 77 S 5
Monte das Flores 07 65 Q 6
Monte das Piçarras 07 65 Q 4
Monte de Aldeia 07 78 R 8
Monte de Baixo Grande 08 90 U 7
Monte de Goula 05 54 M 6
Monte de São Gens de Cidaí 13 26 I 4
Monte do Outeiro 07 66 Q 7
Monte do Trigo 07 78 Q 6
Monte dos Corvos 02 78 T 7
Monte Fernandes 02 78 T 7
Monte Fidalgo 05 54 M 7
Monte Gordo 05 54 M 6
Monte Gordo 08 90 U 7
Monte Grande 02 77 S 5
Monte Grande 08 89 U 6
Monte Juntos 07 66 Q 7
Monte Margarida 09 42 K 8
Monte Novo 15 65 Q 4
Monte Novo (Barragem do) 07 66 Q 6
Monte Real 10 52 M 3
Monte Redondo 10 53 M 3
Monte Redondo 11 64 O 2
Monte Velho 02 78 R 7
Monte Viegas 02 77 S 6
Montechoro 08 89 U 5
Monteiras 18 41 J 6
Monteiros 17 27 H 6
Montejunto (Serra de) 11 64 O 2
Montelavar 11 64 P 1
Montemor-o-Novo 07 65 Q 5
Montemor-o-Velho 06 40 L 3
Montemuro 18 41 J 5
Montemuro (Serra de) 18 41 J 5
Montes 14 53 N 5
Montes da Senhora 05 54 M 6
Montes do Cima 08 88 U 4
Montes Novos 08 89 U 6
Montesinho 04 28 G 9
Montesinho (Parque Natural de) 04 28 G 9
Montesinho (Serra de) 04 28 G 9
Montevil 15 65 Q 4
Montijo 15 64 P 3
Montinho 12 66 O 8
Montinho 08 90 U 7
Montinho da Dourada 12 66 O 6
Montoito 07 66 Q 7
Montouto 04 28 G 9
Mora 04 29 H 10
Mora 07 65 P 5
Morais 04 28 H 9
Moreanes 02 78 T 7
Moreira 16 12 F 4
Moreira de Rei 09 42 J 8
Moreira do Castelo 03 27 H 5
Moreira do Cónegos 03 27 H 5
Moreira do Rei 03 27 H 5
Moreiras 17 28 H 7
Morgade 17 27 G 6
Morgadinho 02 89 T 5
Morgavel (Barragem de) 15 76 S 3
Mortágua 18 41 K 5
Mós 09 42 I 8
Mós 18 41 J 5
Mós perto de Bragança 04 28 G 9
Mós perto de Torre de Moncorvo 04 28 I 9
Mós (Ribeira de) 04 42 I 9
Moscavide 11 64 P 2
Mosteiro 02 77 S 6
Mosteiro 05 53 M 6
Mosteiro 09 41 J 7
Mosteiro 10 53 M 5
Mosteiros 12 66 O 8
Mosteiros 20 107 J 18
Motrinos 07 66 Q 7
Mouços 17 27 I 6
Moura 02 78 R 7
Mourão 04 28 I 8
Mourão 07 78 Q 7
Mourão (Albufeira de) 07 78 Q 8
Mouraz 18 41 K 5
Moure perto de Barcelos 03 26 H 4
Moure perto de Vila Verde 03 26 H 4
Mourilhe 17 27 G 6
Mouriscas 14 53 N 5
Mouriz 13 27 I 4
Mouro 16 13 F 4
Mouronho 06 41 L 5
Moutedo 01 40 K 4
Mozelos 04 28 G 9
Mozelos 18 41 J 6
Mu 02 89 T 5
Muda 15 76 S 3
Muge 14 65 O 3
Muge (Ribeira de) 14 65 O 4
Mundão 18 41 J 6
Muradal (Serra do) 05 54 M 6
Murça 09 42 I 8
Murça 17 28 H 7
Murgeira 11 64 P 2
Múrias 04 28 H 8
Muro 13 26 I 4
Murtede 06 40 K 4
Murteirinha 05 54 M 6
Murtigão (Barragem de) 78 R 8
Murtosa 01 40 J 4
Musgos 07 78 R 7
Muxagata 09 42 I 8

N

Nabais 09 41 K 7
Nabão 53 M 4
Nabo 04 28 I 8
Nadadouro 10 52 N 2
Nagosa 18 41 I 7
Nagozelo do Douro 18 28 I 7
Namorados 02 77 T 6
Nantes 17 28 G 7
Nariz 01 40 K 4
Navais 13 26 H 3
Nave 09 42 K 9
Nave 12 66 O 8
Nave de Haver 09 42 K 9
Nave Redonda 02 89 T 4
Nave Redonda 09 42 J 9
Nazaré 10 52 N 2
Negrões 17 27 G 6
Neiva 16 26 H 3
Nelas 18 41 K 6
Nesperal 05 53 M 5
Nespereira 03 27 H 5
Neves (Serra das) 02 77 S 4
Nevogilde 03 26 H 4
Nine 03 26 H 4
Ninho do Açor 05 54 M 7
Nisa 12 54 N 7
Nisa (Ribeira de) 12 54 N 7
Noéme 09 42 K 8
Nogueira 04 28 G 9
Nogueira 13 26 I 4
Nogueira (Serra de) 04 28 H 9
Nogueira da Montanha 17 28 H 7
Nogueira do Cima 01 40 J 4
Nogueira do Cravo 06 41 K 6
Nora 07 66 P 7
Nordeste 20 107 J 20
Nordestinho 20 107 J 20
Norte Grande 20 107 G 11
Norte Pequeno 20 107 H 11
Nossa Senhora da Boa Fé 07 65 Q 5
Nossa Senhora da Graça 17 27 H 6
Nossa Senhora da Graça do Divor 07 65 Q 6
Nossa Senhora da Penha 12 54 N 7
Nossa Senhora da Penha 15 77 R 4
Nossa Senhora da Pineda 16 27 G 5
Nossa Senhora da Serra 04 28 G 9
Nossa Senhora da Taude 01 40 J 4
Nossa Senhora da Torega 07 65 Q 5
Nossa Senhora das Neves 02 77 R 6
Nossa Senhora de Ares 07 77 Q 6
Nossa Senhora de Machede 07 66 Q 6
Nossa Senhora do Assunção 13 26 H 4
Nossa Senhora do Cabo 15 64 Q 2
Nossa Senhora dos Remédios 18 41 I 6
Noura 17 28 H 7
Nova da Baronia (Ribeira) 77 R 5
Nozelos 04 28 I 8
Nozelos 17 28 G 8
Numão 09 42 I 8
Nunes 04 28 G 9

O

O Sítio 10 52 N 2
Óbidos 10 52 N 2
Óbidos (Lagoa de) 10 52 N 2
Ocreza 54 M 7
Odearce (Ribeira de) 02 77 R 6
Odeceixe 08 88 T 3
Odeleite 08 90 T 7
Odeleite (Ribeira de) 08 89 U 6
Odelouca (Ribeira de) 08 89 U 4
Odemira 02 76 T 4
Odiáxere 08 88 U 4
Odivelas 02 77 R 5
Odivelas 11 64 P 2
Odivelas (Barragem de) 02 77 R 5
Odivelas (Ribeira de) 77 R 5
Oeiras 11 64 P 2
Oeiras (Ribeira de) 02 77 T 6
Ofir 03 26 H 3
Oiã 01 40 K 4
Olalhas 14 53 N 5
Olas 18 42 I 8
Oldrões 13 27 I 5
Oledo 05 54 M 8
Oleiros 01 40 J 4
Oleiros 02 88 T 3
Oleiros 05 54 M 6
Olhalvo 11 64 O 2
Olhão 08 89 U 6
Olho Marinho 10 52 O 2
Olivais 10 53 M 3
Olivais 11 64 P 2
Olival 14 53 M 4
Oliveira 03 26 H 4
Oliveira de Azeméis 01 40 J 4
Oliveira de Barreiros 18 41 K 6
Oliveira de Frades 18 41 J 5
Oliveira do Bairro 01 40 K 4
Oliveira do Conde 18 41 K 6
Oliveira do Douro 18 41 I 5
Oliveira do Hospital 06 41 K 6
Oliveira do Mondego 06 41 L 5
Oliveirinha 01 40 K 4
Olmos 04 28 H 9
Olo 13 27 H 6
Onor (R.) 04 28 G 10
Orada 02 78 R 7
Orada 07 66 P 7
Orada (Convento da) 07 66 Q 7
Orbacém 16 26 G 3
Orca 05 54 L 7
Ordem 02 78 R 6
Oriola 07 77 R 6
Oriz 03 27 G 4
Orjais 05 41 K 7
Ortiga 14 53 N 5
Ortigosa 10 53 M 3
Orvalho 05 54 L 6
Ossa (Serra de) 07 66 P 6
Ota 11 64 O 3
Ota (Ribeira de) 11 64 O 2
Ouca 01 40 K 4
Ouguela 12 66 O 8
Oura 17 27 H 7
Oural 03 26 G 4
Ourém 14 53 N 4
Ourentã 06 40 K 4
Ourique 02 77 T 5
Ourondo 05 54 L 6
Ourozinho 18 42 J 7
Outão 15 64 Q 3
Outeiro 04 28 G 10
Outeiro 07 66 Q 7
Outeiro 10 53 M 4
Outeiro 16 26 G 3
Outeiro 17 27 G 6
Outeiro Alvo 16 13 F 5
Outeiro da Cabeça 11 64 O 2
Outeiro da Cortiçada 14 52 O 3
Outeiro de Gatos 09 42 J 8
Outeiro Seco 17 28 G 7
Outiz 03 26 H 4
Ouzilhão 04 28 G 9
Ovadas 18 41 I 6
Ovar 01 40 J 4
Ovar (Canal de) 40 J 3
Ovelha 27 I 5

P

Paçó 04 28 G 9
Paço de Arcos 11 64 P 2
Paço de Sousa 13 27 I 4
Paço dos Negros 14 65 O 4
Paços de Ferreira 13 27 I 4
Paços de Gaiolo 13 27 I 5
Paços Novos 14 65 O 4
Paços Velhos 14 65 O 4
Padeiro 14 65 P 4
Paderne 08 89 U 5
Paderne 16 13 F 5
Padim de Graça 03 26 H 4
Padornelo 16 26 G 4
Padrão 02 77 S 6
Padrão 05 54 N 6
Padrão 10 53 M 3
Padrão de Moreira 13 26 I 4
Padrela 17 27 H 7
Padrela (Serra da) 17 27 H 7
Padroso 17 27 G 6
Pai Penela 09 42 J 8
Pai Torto 04 28 H 8
Paiágua 05 54 M 6
Paialvo 14 53 N 4
Paião 06 53 L 3
Pailobo 09 42 K 9
Paio Mendes 14 53 M 5
Paio Pires 15 64 Q 2
Paiva 41 J 6
Pala 09 42 J 8
Pala 18 41 K 5
Palaçoulo 04 29 H 10
Palhaça 01 40 K 4
Palhais 05 53 M 5
Palhais 09 41 J 7
Palhais 15 64 Q 2
Palheirinhos 08 89 U 6
Palheiros 06 40 K 4
Palheiros 17 28 H 7
Palma 15 65 Q 4
Palmaz 01 40 J 4
Palme 03 26 H 3
Palmeira 03 26 H 4

Palmela 15 ... 64 Q 3
Palvarinho 05 ... 54 M 7
Pampilhosa 01 ... 40 K 4
Pampilhosa da Serra 06 ... 54 L 6
Panasqueira 02 ... 77 R 5
Panoias 02 ... 77 S 5
Panoias de Cima 09 ... 42 K 8
Panque 03 ... 26 H 4
Papoa 10 ... 52 N 1
Parada 04 ... 28 G 9
Parada 09 ... 42 K 8
Parada 18 ... 41 K 5
Parada de Bouro 03 ... 27 H 5
Parada de Cunhos 17 ... 27 I 6
Parada de Ester 18 ... 41 J 5
Parada de Gonta 18 ... 41 K 5
Parada de Monteiros 17 ... 27 H 6
Parada de Pinhão 17 ... 27 H 7
Paradança 17 ... 27 H 6
Paradela 01 ... 40 J 4
Paradela 16 ... 27 G 5
Paradela 18 ... 41 I 7
Paradela *perto de Chaves* 17 ... 28 G 7
Paradela *perto de Miranda do Douro* 04 ... 29 H 11
Paradela *perto de Mogadouro* 04 ... 28 H 9
Paradela (Barragem de) 17 ... 27 G 6
Paradinha 04 ... 28 G 10
Paradinha 18 ... 41 I 7
Paradinha Nova 04 ... 28 H 10
Paraiso 01 ... 41 I 5
Parâmio 04 ... 28 G 9
Paramos 01 ... 40 J 4
Paranho 18 ... 41 K 5
Paranhos 09 ... 41 K 6
Parceiros 10 ... 53 M 3
Parceiros de São João 14 ... 53 N 4
Parchal 08 ... 88 U 4
Pardais 07 ... 66 P 7
Pardelhas 01 ... 40 J 4
Pardelhas 17 ... 27 H 6
Pardilhó 01 ... 40 J 4
Pardornelos 17 ... 27 G 6
Parede 11 ... 64 P 1
Paredes 04 ... 28 G 9
Paredes 13 ... 27 I 5
Paredes da Beira 18 ... 41 I 7
Paredes de Coura 16 ... 26 G 4
Paredes de Viadores 13 ... 27 I 5
Pargo (Ponta do) 31 ... 88 A Y
Parizes 08 ... 89 U 6
Parra 12 ... 66 O 8
Partida 05 ... 54 L 7
Passos 04 ... 28 H 8
Patacão 08 ... 89 U 6
Pataias 10 ... 52 M 3
Pataias Gare 10 ... 52 N 3
Paul 05 ... 54 L 7
Paul 11 ... 64 O 2
Paúl 14 ... 53 N 5
Paúl do Mar 31 ... 88 A Y
Pavia 07 ... 65 P 5
Pavia (Rio) 18 ... 41 K 5
Pé da Serra 12 ... 54 N 7
Pé da Serra 14 ... 52 N 3
Pechão 08 ... 89 U 6
Pedome 17 ... 28 G 8
Pedorido 01 ... 40 I 4
Pedra do Ouro 10 ... 52 M 2
Pedra Furada 03 ... 26 H 4
Pedrada 16 ... 27 G 5
Pedraído 03 ... 27 H 5
Pedralva 08 ... 88 U 3
Pedrario 17 ... 27 G 7
Pedras Brancas 02 ... 77 S 5
Pedras de El Rei 08 ... 89 U 7
Pedras Negras 10 ... 52 M 2
Pedras Salgadas 17 ... 27 H 7
Pedreira 14 ... 53 N 4
Pedreira 20 ... 107 J 20
Pedreiras 10 ... 52 N 3
Pedrógão 02 ... 78 R 7
Pedrógão 05 ... 54 L 8
Pedrógão 07 ... 65 P 5
Pedrógão 10 ... 52 M 3
Pedrógão 14 ... 53 N 4
Pedrógão Grande 10 ... 53 M 5
Pedrógão Pequeno 05 ... 53 M 5
Pega 09 ... 42 K 8
Pega (Ribeira da) ... 42 K 8
Pegarinhos 17 ... 28 H 7
Pego 14 ... 53 N 5
Pego do Altar (Barragem de) 15 ... 65 Q 4
Pegões-Estação 15 ... 65 P 4
Pelados 08 ... 89 U 6
Pelariga 10 ... 53 M 4
Pelmá 10 ... 53 M 4
Pena 08 ... 89 U 5
Pena (Parque da) 11 ... 64 P 1
Pena Lobo 09 ... 42 K 7
Pena Róia 04 ... 28 H 10
Penabeice 17 ... 28 H 7
Penacova 06 ... 41 L 5
Penafiel 13 ... 27 I 5
Penalva 15 ... 64 Q 2
Penalva 02 ... 78 S 8
Penalva de Alva 06 ... 41 L 6
Penalva do Castelo 18 ... 41 J 6
Penamacor 05 ... 54 L 8
Peneda (Serra da) 16 ... 27 G 4
Peneda-Gerês (Parque nacional da) ... 27 G 5
Penedo Gordo 02 ... 77 S 6
Penedono 18 ... 42 J 7
Penela 06 ... 53 L 4
Penela da Beira 18 ... 42 I 7
Penha 03 ... 27 H 5
Penha 12 ... 66 O 7
Penha de Aguia 09 ... 42 J 8
Penha Garcia 05 ... 55 L 8
Penhas da Saúde 05 ... 41 L 7
Penhas Juntas 04 ... 28 G 8
Penhascoso 14 ... 53 N 5
Peniche 10 ... 52 N 1
Penida (Barragem da) 03 ... 26 H 4
Penilhos 02 ... 77 T 6
Peninha 11 ... 64 P 1
Pensalvos 17 ... 27 H 7
Penso 16 ... 13 F 5
Pepim 18 ... 41 J 6
Pêra 08 ... 89 U 4
Pêra do Moço 09 ... 42 K 8
Pêra Velha 18 ... 41 J 7
Peraboa 05 ... 41 L 7
Perafita 13 ... 26 I 3
Perais 05 ... 54 M 7
Peral 05 ... 54 M 6
Peral 08 ... 89 U 6
Peral 11 ... 52 O 2
Peralva 08 ... 89 U 6
Peramanca (Ribeira de) 07 ... 65 Q 5
Perdigão 05 ... 54 M 6
Peredo 04 ... 28 H 9
Peredo da Bemposta 04 ... 28 I 10
Peredo dos Castelhanos 04 ... 42 I 8
Pereira 04 ... 28 H 8
Pereira 06 ... 40 L 4
Pereira 08 ... 88 U 4
Pereira 17 ... 27 G 6
Pereiras 02 ... 89 T 4
Pereiro 08 ... 90 T 7
Pereiro 09 ... 42 J 8
Pereiro 18 ... 41 J 5
Pereiro *perto de Mação* 14 ... 53 N 5
Pereiro *perto de Tomar* 14 ... 53 M 4
Pereiro de Palhacana 11 ... 64 O 2
Pereiros 04 ... 28 I 8
Perelhal 03 ... 26 H 3
Pergulho 05 ... 54 M 6
Perna Seca 08 ... 89 T 5
Pernes 14 ... 53 N 3
Pêro Moniz 11 ... 64 O 2
Pêro Negro 08 ... 88 U 3
Pêro Pinheiro 11 ... 64 P 2
Pêro Soares 09 ... 42 K 8
Pêro Viseu 05 ... 54 L 7
Peroguarda 02 ... 77 R 5
Perozinho 13 ... 40 I 4
Pesinho 05 ... 54 L 7
Peso 02 ... 78 R 6
Peso 04 ... 28 H 10
Peso 05 ... 54 L 7
Peso 16 ... 13 F 5
Peso da Régua 17 ... 27 I 6
Pessegueiro 06 ... 53 L 5
Pessegueiro 08 ... 89 T 6
Peta 14 ... 65 O 4
Peva 09 ... 42 J 9
Peva 18 ... 41 J 6
Pião 07 ... 78 Q 8
Pias 02 ... 78 R 7
Pias 07 ... 66 Q 7
Pias 14 ... 53 M 5
Pias 16 ... 12 F 4
Picão 18 ... 41 J 6
Piçarras 02 ... 77 T 5
Picarrel 07 ... 66 Q 7
Pico 20 ... 107 H 10
Pico (Ilha do) 20 ... 107 H 10
Pico Alto 20 ... 107 M 20
Pico da Pedra 20 ... 107 J 19
Pico de Regalados 03 ... 26 G 4
Picões 04 ... 28 I 9
Picoitos 02 ... 78 T 7
Picote 04 ... 29 H 10
Picote (Barragem de) 04 ... 29 H 10
Picoto 13 ... 40 I 4
Piedade 01 ... 40 K 4
Piedade 20 ... 107 H 11
Piedade (Ponta da) 08 ... 88 U 3
Pilado 10 ... 52 M 3
Pindelo dos Milagres 18 ... 41 J 6
Pinela 04 ... 28 G 9
Pinelo 04 ... 29 H 10
Pingarelhos 10 ... 53 L 3
Pinhal do Norte 04 ... 28 I 7
Pinhal Novo 15 ... 64 Q 3
Pinhancos 09 ... 41 K 6
Pinhão 17 ... 27 I 7
Pinheiro 03 ... 27 H 5
Pinheiro 09 ... 41 J 7
Pinheiro 13 ... 27 I 5
Pinheiro 15 ... 65 Q 3
Pinheiro *perto de Castro Daire* 18 ... 41 J 6
Pinheiro *perto de Mortágua* 18 ... 41 K 5
Pinheiro *perto de Oliveira de Frades* 18 ... 41 J 5
Pinheiro (Estação de) 15 ... 65 Q 3
Pinheiro da Bemposta 01 ... 40 J 4
Pinheiro de Coja 06 ... 41 L 6
Pinheiro Grande 14 ... 53 N 4
Pinheiro Novo 04 ... 28 G 8
Pinhel 09 ... 42 J 8
Pinhel 14 ... 53 N 4
Pinho 17 ... 27 H 7
Pinho 18 ... 41 J 5
Pinoucas ... 41 K 5
Pintado 14 ... 53 N 4
Pinzio 09 ... 42 K 8
Piódão 06 ... 41 L 6
Pipas 07 ... 78 Q 7
Pisão 01 ... 40 L 4
Pisão 12 ... 66 O 7
Pisco 09 ... 41 J 7
Pisões 10 ... 52 N 3
Pisões 17 ... 27 G 6
Pisões-Moura 02 ... 78 R 7
Pitões das Júnias 17 ... 27 G 6
Pó 10 ... 52 O 2
Pocariça 06 ... 40 L 4
Poceirão 15 ... 64 Q 3
Pocinho 09 ... 42 I 8
Pocinho (Barragem do) 04 ... 42 I 8
Poço Barreto 08 ... 89 U 4
Poço dos Cães 10 ... 53 M 4
Poços 02 ... 77 S 5
Podence 04 ... 28 H 9
Podentes 06 ... 53 L 4
Poiares 04 ... 42 I 9
Poiares 17 ... 27 I 6
Poio (Barragem do) 12 ... 54 N 7
Poiso 31 ... 88 B Y
Poldra 08 ... 88 U 3
Polvoeira 10 ... 52 M 2
Pomar 05 ... 54 M 6
Pomarão 02 ... 78 T 7
Pomares 06 ... 41 L 6
Pomares 09 ... 42 K 8
Pombal 04 ... 28 I 7
Pombal 10 ... 53 M 4
Pombalinho 06 ... 53 L 4
Pombalinho 14 ... 53 N 4
Pombeiro da Beira 06 ... 41 L 5
Pondras 17 ... 27 G 6
Ponsul (R.) ... 54 L 8
Ponta 32 ... 89 C X
Ponta da Calheta 32 ... 89 C X
Ponta Delgada 20 ... 107 J 18
Ponta Delgada 20 ... 107 E 2
Ponta do Mistério 20 ... 107 H 11
Ponta do Pargo 31 ... 88 A Y
Ponta do Sol 31 ... 88 A Y
Pontal (Cabo) 08 ... 88 U 3
Pontal (Gruta) 08 ... 89 U 4
Pontão 10 ... 53 M 4
Ponte 03 ... 27 G 4
Ponte da Barca 16 ... 27 G 4
Ponte de Lima 16 ... 26 G 4
Ponte de Sor 12 ... 65 O 5
Ponte de Vagos 01 ... 40 K 3
Ponte Delgada 31 ... 88 B Y
Ponte do Abade 18 ... 41 J 7
Ponte do Rol 11 ... 64 O 2
Ponte Nova 13 ... 27 I 5
Ponte Vasco da Gama 15 ... 64 Q 2
Pontével 14 ... 64 O 3
Porches 08 ... 89 U 4
Portagem 12 ... 54 N 7
Portalegre 12 ... 66 O 7
Portalegre (Estação de) 12 ... 66 O 7
Porteirinhos 02 ... 77 T 5
Portel 07 ... 78 R 6
Portela 08 ... 89 U 6
Portela 10 ... 64 O 2
Portela 16 ... 26 G 4
Portela de Santa Eulália 17 ... 27 H 6
Portela de Vade 03 ... 27 G 4
Portela do Fojo 06 ... 53 M 5
Portelas 08 ... 88 U 3
Portelo 04 ... 28 G 9
Portimão 08 ... 88 U 4
Portinho da Arrábida 15 ... 64 Q 3
Porto 13 ... 26 I 4
Porto Alto 14 ... 64 P 3
Porto Carvoeiro 13 ... 40 I 4
Porto Covo 15 ... 76 S 3
Porto da Balça 06 ... 54 L 6
Porto da Cruz 31 ... 88 B Z
Porto da Espada 12 ... 54 N 7
Porto das Barcas 02 ... 76 T 3
Porto de Barcas 11 ... 64 O 1
Porto de Lagos 08 ... 88 U 4
Porto de Mós 10 ... 53 N 3
Porto de Ovelha 09 ... 42 K 9
Porto de Sines 15 ... 76 S 3
Porto do Carro 10 ... 52 N 3
Porto do Codeço 18 ... 41 J 6
Porto Formoso 20 ... 107 J 19
Porto Moniz 31 ... 88 A Y
Portos 16 ... 13 F 5
Portunhos 06 ... 40 L 4
Possacos 17 ... 28 H 8
Pousada 09 ... 42 K 8
Pousada da Ria 01 ... 40 J 3
Pousadas Vedras 10 ... 53 M 4
Pousaflores 10 ... 53 M 4
Pousafoles do Bispo 09 ... 42 K 8
Pousos 10 ... 53 M 3
Póvoa 04 ... 29 H 11
Póvoa 18 ... 41 J 6
Póvoa (Barragem da) 12 ... 54 N 7
Póvoa d'El-Rei 09 ... 42 J 8
Póvoa da Atalaia 05 ... 54 L 7
Póvoa da Isenta 14 ... 65 O 3
Póvoa das Quartas 06 ... 41 K 6
Póvoa de Lanhoso 03 ... 27 H 5
Póvoa de Midões 06 ... 41 K 6
Póvoa de Penela 18 ... 42 I 7
Póvoa de Rio de Moinhos 05 ... 54 M 7
Póvoa de Santa Iria 11 ... 64 P 2
Póvoa de Santarém 14 ... 53 O 3
Póvoa de São Miguel 02 ... 78 R 8
Póvoa de Varzim 13 ... 26 H 3
Póvoa do Concelho 09 ... 42 J 8
Póvoa e Meadas 12 ... 54 N 7
Povoação 20 ... 107 J 20
Povolide 18 ... 41 K 6
Pracana (Barragem de) ... 54 N 6
Prado 03 ... 26 H 4
Prado Gatão 04 ... 29 H 10
Prados *perto de Celorico da Beira* 09 ... 42 K 7
Prados *perto de Freixedas* 09 ... 42 J 8
Pragança 11 ... 64 O 2
Praia 20 ... 107 M 20
Praia 20 ... 107 F 12
Praia Azul 11 ... 64 O 1
Praia da Aguda 13 ... 40 I 4
Praia da Alagoa 08 ... 90 U 7
Praia da Areia Branca 11 ... 52 O 1
Praia da Árvore 13 ... 26 I 3
Praia da Barra 01 ... 40 K 3
Praia da Bordeira 08 ... 88 U 3
Praia da Calada 11 ... 64 O 1
Praia da Carreagem 08 ... 88 T 3
Praia da Cordama 08 ... 88 U 3
Praia da Falesia 08 ... 89 U 5
Praia da Galé 08 ... 89 U 5
Praia da Ilha 15 ... 76 S 3
Praia da Ilha de Faro 08 ... 90 V 6
Praia da Ilha de Tavira 08 ... 90 U 7
Praia da Manta Rota 08 ... 90 U 7
Praia da Oura 08 ... 89 U 5
Praia da Rocha 08 ... 88 U 4
Praia da Tocha 06 ... 40 L 3
Praia da Vagueira 01 ... 40 K 3
Praia da Vieira 10 ... 52 M 3
Praia da Vitória 20 ... 107 G 14
Praia das Maçãs 11 ... 64 P 1
Praia de Agudela 13 ... 26 I 3
Praia de Areinho 01 ... 40 J 3
Praia de Boa Nova 13 ... 26 I 3
Praia de Cabadelo 16 ... 26 G 3
Praia de Cabanas 08 ... 90 U 7
Praia de Caparica 15 ... 64 Q 2
Praia de Cascais 11 ... 64 Q 1
Praia de Comporta 15 ... 64 Q 3
Praia de Cortegaça 01 ... 40 J 4
Praia de Dona Ana 08 ... 88 U 4
Praia de Ericeira 11 ... 64 P 1
Praia de Esmoriz 01 ... 40 J 4
Praia de Espinho 01 ... 40 J 3
Praia de Faro 08 ... 89 U 6
Praia de Furadouro 01 ... 40 J 3
Praia de Fuseta 08 ... 89 U 6
Praia de Labruge 13 ... 26 I 3
Praia de Lavadores 13 ... 26 I 4
Praia de Leirosa 06 ... 52 L 3
Praia de Magoito 11 ... 64 P 1
Praia de Maria Luisa 08 ... 89 U 5
Praia de Melides 15 ... 76 R 3
Praia de Mira 06 ... 40 K 3
Praia de Monte Branco 01 ... 40 J 3
Praia de Monte Clérigo 02 ... 88 T 3
Praia de Morgavel 15 ... 76 S 3
Praia de Odeceixe 08 ... 88 T 3
Praia de Porto Covo 15 ... 76 S 3
Praia de Quiaios 06 ... 40 L 3
Praia de Ribeiro 11 ... 64 O 1
Praia de Samarra 11 ... 64 P 1
Praia de Santa Cruz 11 ... 64 O 1
Praia de Santo André 15 ... 76 R 3
Praia de São Lourenço 11 ... 64 O 1
Praia de São Sebastião 11 ... 64 P 1
Praia de São Torpes 15 ... 76 S 3
Praia de Suave Mar 03 ... 26 H 3
Praia do Castelejo 08 ... 88 U 3
Praia do Guincho 11 ... 64 P 1
Praia do Martinhal 08 ... 88 U 3
Praia do Norte 20 ... 107 H 9
Praia do Porto Novo 11 ... 64 O 1
Praia do Rei Cortiço 10 ... 52 N 2
Praia do Ribatejo 14 ... 53 N 4
Praia do Salgado 10 ... 52 N 2
Praia dos Mouranitos 08 ... 88 U 3
Praia dos Tres Irmãos 08 ... 88 U 4
Praia Grande 11 ... 64 P 1
Praia Nova 10 ... 52 N 2
Praia Velha 10 ... 52 M 2
Praias de Albufeira 08 ... 89 U 4
Praias do Sado 15 ... 64 Q 3
Prainha 20 ... 107 H 11
Prazeres 12 ... 66 P 7
Prazeres 31 ... 88 A Y
Préstimo 01 ... 40 K 4
Proença-a-Nova 05 ... 54 M 6
Proença-a-Velha 05 ... 54 L 8
Prova 09 ... 42 J 7
Provença 15 ... 76 S 3
Provesende 17 ... 27 I 7
Pussos 10 ... 53 M 4

Q

Quadrazais 09 ... 42 L 9
Quarteira 08 ... 89 U 5
Quartos 08 ... 89 U 5
Quatrim do Sul 08 ... 89 U 6
Quebradas 11 ... 64 O 3
Queimada (Ponta da) 20 ... 107 H 11
Queimadela 03 ... 27 H 5
Queimado (Ponta do) 43 ... 107 G 13
Queirã 18 ... 41 J 5
Queiriga 18 ... 41 J 6
Queiriz 09 ... 41 J 7
Quelfes 08 ... 89 U 6
Queluz 11 ... 64 P 2
Querença 08 ... 89 U 6
Quiaios 06 ... 40 L 3
Quiaios (Dunas de) 06 ... 40 L 3
Quintã 01 ... 40 K 3
Quintã 02 ... 89 T 6
Quinta da Corona 15 ... 77 S 4
Quintã de Pêro Martins 09 ... 42 J 8
Quinta de Santa Maria 07 ... 77 R 5
Quinta do Anjo 15 ... 64 Q 3
Quinta do Conde 15 ... 64 Q 2
Quinta do Lago 08 ... 89 U 5
Quinta do Pinheiro 12 ... 66 O 6
Quinta Nova 09 ... 42 J 8
Quintanilha 04 ... 28 G 10
Quintãs 01 ... 40 K 4
Quintas da Torre 05 ... 54 L 8
Quintas do Norte 01 ... 40 J 3
Quintela de Azurara 18 ... 41 K 6
Quintela de Lampacas 04 ... 28 H 9
Quintos 02 ... 77 S 6
Quirás 04 ... 28 G 8

R

Rã 07 ... 65 Q 5
Rabaça 12 ... 66 O 8
Rabaçal 06 ... 53 L 4
Rabaçal 09 ... 42 J 8
Rabaçal (Rio) ... 28 G 8
Rabal 04 ... 28 G 9
Rabo de Peixe 20 ... 107 J 19
Raia (Ribeira da) ... 65 P 5
Raimonda 13 ... 27 I 5
Rainha (Cabeço) 05 ... 54 M 6
Raiva 01 ... 41 I 4
Raiva (Barragem de) 06 ... 41 L 5
Ramalhais 10 ... 53 M 4
Ramalhal 11 ... 64 O 2
Raminho 20 ... 107 G 14
Ramo Alto 07 ... 66 Q 7
Ranhados 09 ... 42 J 8
Raposa 14 ... 65 O 4
Raposeira 08 ... 88 U 3
Rapoula do Côa 09 ... 42 K 8
Rãs 13 ... 27 I 5
Rãs 18 ... 41 J 7
Raso (Cabo) 11 ... 64 P 1
Rates 13 ... 26 H 3
Real 01 ... 41 I 5
Rebolia 06 ... 53 L 4
Rebolosa 09 ... 42 K 9
Rebordainhos 04 ... 28 H 9
Rebordãos 04 ... 28 G 9
Rebordelo 01 ... 40 J 4
Rebordelo 04 ... 28 G 8
Rebordelo 13 ... 27 H 6
Rebordões 13 ... 26 H 4
Rebordões 16 ... 26 G 4
Reboreda 16 ... 26 G 3
Reboredo (Serra do) ... 42 I 9
Recarei 13 ... 26 I 4
Redinha 10 ... 53 L 4
Redondelo 17 ... 27 G 7
Redondo 07 ... 66 Q 7
Réfega 04 ... 28 G 10
Refoios do Lima 16 ... 26 G 4
Regadas 03 ... 27 H 5
Regadas 13 ... 27 I 5
Rego 03 ... 27 H 5
Rego (Monte) 07 ... 66 P 8
Rego da Barca 04 ... 28 I 8
Rego da Murta 10 ... 53 M 4
Regueira de Pontes 10 ... 53 M 3
Reguenga 13 ... 26 I 4
Reguengo 07 ... 65 Q 5
Reguengo 12 ... 66 O 7
Reguengo do Fetal 10 ... 53 N 3
Reguengo Grande 11 ... 52 O 2
Reguengos de Monsaraz 07 ... 78 Q 7
Reigada 09 ... 42 J 9
Reigoso 17 ... 27 G 6
Relíquias 02 ... 77 S 4
Relíquias 07 ... 66 P 7
Relva 20 ... 107 J 18
Relva da Louça 05 ... 53 M 6
Relvas 06 ... 54 L 6
Remal 31 ... 88 A Y
Remédios 10 ... 52 N 1
Remédios 20 ... 107 J 18
Remelhe 03 ... 26 H 4
Remondes 04 ... 28 H 9
Rendo 09 ... 42 K 8
Rendufe 03 ... 27 H 4
Requeixo 01 ... 40 K 4
Reriz 18 ... 41 J 6
Resende 18 ... 41 I 6

180 Portugal

A B C D E F G H I J K L M N O P Q R S T U V W X Y Z

Retaxo 05 54 M 7
Retiro 12 66 P 8
Retorta 02 78 S 7
Revel 17 27 H 7
Reveladas 12 66 N 7
Rexaldia 14 53 N 4
Ria Formosa (Parque Natural da) 08 90 V 6
Riachos 14 53 N 4
Riba d'Ave 03 26 H 4
Riba de Mouro 16 13 F 5
Ribadouro 13 41 I 5
Ribafeita 18 41 J 6
Ribafria 10 52 O 2
Ribalonga 04 28 I 7
Ribalonga 17 27 H 7
Ribamar *perto de Ericeira* 11 64 O 1
Ribamar *perto de Lourinhã* 11 64 O 1
Ribamondego 09 41 K 7
Ribeira 01 40 J 4
Ribeira 06 53 L 5
Ribeira (Ponta da) 20 107 J 20
Ribeira Brava 31 88 AY
Ribeira Cha 20 107 J 19
Ribeira da Janela 31 88 AY
Ribeira de Fraguas 01 40 J 4
Ribeira de Pena 17 27 H 6
Ribeira do Seissal 02 76 S 4
Ribeira dos Carinhos 09 42 K 8
Ribeira Grande 20 107 J 19
Ribeira Quente 20 107 J 20
Ribeira Seca 20 107 J 19
Ribeira Seca 20 107 H 12
Ribeiradio 18 41 J 5
Ribeirão 03 26 H 4
Ribeiras 20 107 H 11
Ribeirinha 04 28 H 8
Ribeirinha 20 107 J 19
Ribeirinha 20 107 G 14
Ribeiro Frio 31 88 BY
Ribolhos 18 41 J 6
Rio de Couros 14 53 M 4
Rio de Mel 09 42 J 7
Rio de Moinhos 02 77 S 5
Rio de Moinhos 07 66 P 7
Rio de Moinhos 14 53 N 5
Rio de Moinhos 15 77 R 5
Rio de Moinhos 18 41 J 6
Rio de Mouro 11 64 P 1
Rio de Onor 04 28 G 10
Rio Douro 03 27 H 6
Rio Frio 04 28 G 10
Rio Frio 15 64 P 3
Rio Frio 16 26 G 4
Rio Maior 14 52 N 3
Rio Mau 03 26 G 4
Rio Mau 13 26 H 3
Rio Milheiro 18 41 K 5
Rio Seco 08 90 U 7
Rio Torto 09 41 K 7
Rio Torto 17 28 H 8
Rio Vide 06 53 L 5
Riodades 18 41 I 7
Roca (Cabo da) 11 64 P 1
Rocamondo 09 42 K 8
Rocas do Vouga 01 40 J 4
Rocha dos Bordões 20 107 E 2
Rochoso 09 42 K 8
Roda Grande 14 53 N 4
Rogil 08 88 T 3
Rogodeiro 04 28 H 8
Rojão 18 41 K 5
Rolão 02 77 S 6
Roliça 10 52 O 2
Romã 11 64 O 2
Romarigães 16 26 G 4
Romariz 01 40 J 4
Romãs 18 41 J 7
Romeira 14 53 O 3
Romeu 04 28 H 8
Roncão 02 78 T 7
Ronfe 03 27 H 4
Roriz 03 26 H 4
Roriz 13 27 H 4
Roriz 18 41 J 6
Rosais 20 107 G 11
Rosais (Ponta dos) 20 107 G 11
Rosário 02 77 T 5
Rosário 07 66 Q 7
Rosmaninhal 05 54 M 8
Rosmaninhal 12 53 O 6
Rossão 18 41 J 6
Rossas 01 41 J 5
Rossas 03 27 H 5
Rossio ao Sul do Tejo 14 53 N 5
Rouças 16 27 G 5
Roxo (Barragem do) 02 77 S 5
Roxo (Ribeira do) 77 S 4
Rua 18 41 J 7
Rubiães 16 26 G 4
Ruivães 03 27 G 5
Ruivo 02 77 R 5
Ruivo (Pico) 31 88 BY
Ruivo do Paúl 31 88 AY
Runa 11 64 O 2
Ruvina 09 42 K 8

S

Sá 17 28 G 7
Sabacheira 14 53 M 4
Sabóia 02 77 T 4
Sabor 28 G 9
Sabrosa 17 27 I 7
Sabroso 17 27 H 7
Sabugal 09 42 K 8
Sabugal (Barragem do) 09 42 K 8
Sabugo 11 64 P 2
Sabugosa 18 41 K 5
Sabugueiro 07 65 P 5
Sabugueiro 09 41 K 7
Sacavém 11 64 P 2
Sado (R.) 15 77 S 4
Sado Morgavel (Canal do) 15 77 S 4
Safara 02 78 R 8
Safira 07 65 Q 5
Safurdão 09 42 K 8
Sago 16 12 F 4
Sagres 08 88 U 3
Sagres (Ponta de) 08 88 V 3
Salamonde 03 27 G 5
Salavessa 12 54 N 7
Saldanha 04 28 H 10
Saldonha 04 28 H 9
Salema 08 88 U 3
Salgueirais 09 41 K 7
Salgueiro 01 40 K 4
Salgueiro 04 28 I 9
Salgueiro 05 42 L 8
Salgueiro 10 52 O 2
Salgueiro do Campo 05 54 M 7
Salgueiros 02 78 T 7
Salgueiros 17 28 H 7
Salir 08 89 U 5
Salir do Porto 10 52 N 2
Salreu 01 40 J 4
Salsas 04 28 H 9
Salselas 04 28 H 9
Salto 02 77 S 6
Salto 17 27 H 6
Salto de Cavalo 20 107 J 20
Salvada 02 77 S 6
Salvador 05 54 L 8
Salvador 14 65 O 4
Salvador do Monte 13 27 I 5
Salvaterra de Magos 14 64 O 3
Salvaterra do Extremo 05 55 M 9
Salzedas 18 41 I 6
Samardã 17 27 H 6
Sambade 04 28 H 9
Sambado 05 53 M 5
Sameice 09 41 K 6
Sameiro 09 41 K 7
Sameiro (Monte) 03 27 H 4
Samil 04 28 G 9
Samões 04 28 I 8
Samora Correia 14 64 P 3
Samouco 15 64 P 2
Samouqueira 08 88 T 3
Sampaio *perto de Mogadouro* 04 28 H 9
Sampaio *perto de Vila Flor* 04 28 I 8
Sampriz 16 27 G 4
Samuel 06 53 L 3
San Julião 12 66 O 8
San Martinho 05 54 M 7
San Martinho do Peso 04 28 H 10
San Pedro do Corval 07 66 Q 7
San Salvador 12 54 N 7
Sande 03 27 H 4
Sande 13 27 I 5
Sandim 04 28 G 8
Sandim 13 40 I 4
Sandomil 09 41 K 6
Sanfins 17 28 G 8
Sanfins do Douro 17 27 I 7
Sangalhos 01 40 K 4
Sanguedo 01 40 I 4
Sanguinhal 10 52 O 2
Sanhoane 04 28 H 10
Sanjurge 17 27 G 7
Santa Antão 20 107 H 12
Santa Bárbara 02 88 T 4
Santa Bárbara 20 107 M 20
Santa Bárbara 20 107 G 13
Santa Barbara *São Miguel* 20 107 J 18
Santa Bárbara de Nexe 08 89 U 6
Santa Bárbara de Padrões 02 77 T 6
Santa Catarina 08 88 U 4
Santa Catarina 10 52 N 2
Santa Catarina 15 65 Q 4
Santa Catarina da Fonte do Bispo 08 89 U 6
Santa Catarina da Serra 10 53 M 3
Santa Cita 14 53 N 4
Santa Clara 06 40 L 4
Santa Clara (Barragem de) 02 77 T 4
Santa Clara-a-Nova 02 89 T 5
Santa Clara-a-Velha 02 77 T 4
Santa Clara do Louredo 02 77 S 6
Santa Comba 09 42 J 8
Santa Comba 13 26 I 4
Santa Comba 16 26 G 4
Santa Comba Dão 18 41 K 5
Santa Comba de Rosas 04 28 G 9
Santa Comba de Vilariça 04 28 H 8
Santa Combinha 04 28 H 9
Santa Cristina 18 41 K 5
Santa Cruz 02 89 T 6
Santa Cruz 15 76 R 3
Santa Cruz 31 88 BY
Santa Cruz da Graciosa 20 107 F 11
Santa Cruz da Trapa 18 41 J 5
Santa Cruz das Flores 20 107 E 2
Santa Cruz do Douro 13 27 I 5
Santa Eufémia 09 42 J 8
Santa Eufémia 10 53 M 3
Santa Eugénia 17 28 H 7
Santa Eulália 03 26 H 4
Santa Eulália 03 27 H 5
Santa Eulália 09 41 K 6
Santa Eulália 11 64 P 2
Santa Eulália 12 66 P 8
Santa Iria 02 78 S 7
Santa Iria da Azóia 11 64 P 2
Santa Justa 07 66 P 6
Santa Justa 08 89 T 6
Santa Justa 14 65 O 5
Santa Leocádia 13 27 I 5
Santa Leocádia 18 27 I 7
Santa Luzia 02 77 S 4
Santa Luzia 02 78 R 7
Santa Luzia 05 54 L 7
Santa Luzia 16 26 G 3
Santa Luzia 20 107 H 10
Santa Luzia (Barragem de) 06 54 L 6
Santa Luzia (Basílica) 16 26 G 3
Santa Luzia (Forte de) 12 66 P 8
Santa Luzia (Monte) 02 78 S 7
Santa Margarida da Coutada 14 53 N 5
Santa Margarida da Serra 15 76 R 4
Santa Margarida do Sádão 02 77 R 4
Santa Maria 03 26 H 4
Santa Maria 18 41 I 6
Santa Maria (Barragem de) 09 42 J 9
Santa Maria (Cabo de) 08 90 V 6
Santa Maria (Ilha de) 20 107 L 20
Santa Maria da Feira 01 40 J 4
Santa Maria de Aguiar (Antiguo Convento de) 09 42 J 9
Santa Maria de Émeres 17 28 H 7
Santa Maria Madalena 03 27 H 4
Santa Marina (Couto de) 05 54 M 8
Santa Marinha 09 41 K 7
Santa Marinha 16 13 F 4
Santa Marinha do Zêzere 13 27 I 6
Santa Marta 08 90 T 7
Santa Marta da Montanha 17 27 H 6
Santa Marta de Penaguião 17 27 I 6
Santa Marta de Portuzelo 16 26 G 3
Santa Quitéria 13 27 H 5
Santa Sofia 07 65 Q 5
Santa Susana 07 66 Q 7
Santa Susana 15 65 Q 4
Santa Valha 17 28 G 8
Santa Vitória 02 77 S 5
Santa Vitória do Ameixial 07 66 P 6
Santalha 04 28 G 8
Santana 06 40 L 3
Santana 07 77 R 6
Santana 15 64 Q 2
Santana 31 88 BY
Santana da Serra 02 77 T 5
Santana de Cambas 02 78 T 7
Santana do Campo 07 65 P 5
Santar 18 41 K 6
Santarém 14 65 O 3
Santiago 04 28 H 10
Santiago 09 41 K 6
Santiago 12 66 O 7
Santiago 18 41 I 6
Santiago da Guarda 10 53 M 4
Santiago de Besteiros 18 41 K 5
Santiago de Cassurrães 18 41 K 6
Santiago de Litém 10 53 M 4
Santiago de Ribeira de Alhariz 17 28 H 7
Santiago do Cacém 15 76 R 3
Santiago do Escoural 07 65 Q 5
Santiago dos Velhos 11 64 P 2
Santiago Maior 07 66 Q 7
Santiais 10 53 M 4
Santo Aleixo 12 66 P 7
Santo Aleixo da Restauração 02 78 R 8
Santo Aleixo de Além Tâmega 17 27 H 6
Santo Amador 02 78 R 8
Santo Amaro 09 42 I 8
Santo Amaro 12 66 P 7
Santo Amaro *São Jorge* 20 107 G 11
Santo Amaro de Oeiras 11 64 P 2
Santo André 15 76 R 3
Santo André 17 27 G 7
Santo André (Lagoa de) 15 76 R 3
Santo André das Tojeiras 05 54 M 6
Santo Antão do Tojal 11 64 P 2
Santo António 31 88 BZ
Santo António 20 107 J 18
Santo António 20 107 G 11
Santo António 20 107 H 10
Santo António da Serra 31 88 BY
Santo António das Areias 12 54 N 8
Santo António de Alcôrrego 12 65 O 6
Santo Antonio de Baldio 07 66 Q 7
Santo António de Monforte 17 28 G 7
Santo António de Outeiro 02 78 R 7
Santo António Velho 02 78 S 7
Santo Espírito 20 107 M 20
Santo Estêvão 03 27 H 5
Santo Estêvão 07 66 P 7
Santo Estêvão 08 89 U 6
Santo Estêvão 09 42 L 8
Santo Estêvão 14 65 P 3
Santo Estêvão 17 28 G 7
Santo Estêvão (Ribeira de) 65 P 3
Santo Estêvão das Galés 11 64 P 2
Santo Ildefonso 12 66 P 8
Santo Isidoro 11 64 P 1
Santo Isidro de Pegões 15 65 P 4
Santo Tirso 13 26 H 4
Santos *perto de Alcanena* 14 53 N 3
Santos *perto de Mação* 14 53 N 6
Santos Evos 18 41 K 6
Santulhão 04 28 H 10
São Barnabé 02 89 T 5
São Bartolomeu 02 89 T 6
São Bartolomeu 12 53 N 6
São Bartolomeu *perto de Bragança* 04 28 G 9
São Bartolomeu *perto de Outeiro* 04 28 H 10
São Bartolomeu da Serra 15 76 R 4
São Bartolomeu de Messines 08 89 U 5
São Bartolomeu do Outeiro 07 77 Q 6
São Bartolomeu dos Galegos 11 52 O 2
São Bento 10 53 N 3
São Bento 16 26 G 4
São Bento (Pousada de) 03 27 H 5
São Bento de Castris (Convento) 07 65 Q 6
São Bento do Ameixial 07 66 P 7
São Bento do Cortiço 07 66 P 7
São Bernardino 10 52 O 1
São Brás 02 78 S 7
São Brás *São Miguel* 20 107 J 19
São Brás de Alportel 08 89 U 6
São Brás do Regedouro 07 65 Q 5
São Brissos 02 77 R 6
São Brissos 07 65 Q 5
São Cipriano 18 41 K 6
São Cosme 03 26 H 4
São Cristóvão 07 65 Q 5
São Cristóvão (Ribeira de) 65 Q 4
São Domingos 14 53 N 5
São Domingos 15 77 S 4
São Domingos (Ribeira de) 15 77 S 4
São Domingos da Ordem 07 66 Q 6
São Domingos de Ana Loura 07 66 P 7
São Domingos de Rana 11 64 P 1
São Facundo 14 53 N 5
São Félix 18 41 J 5
São Félix da Marinha 13 40 I 4
São Francisco da Serra 15 76 R 4
São Frutuoso de Montélios 03 26 H 4
São Gemil 18 41 K 6
São Gens 07 66 P 7
São Geraldo 07 65 P 5
São Gonçalo 04 28 H 9
São Gonçalo 31 88 BZ
São Gonçalo (Pousada de) 13 27 I 6
São Gregório 07 65 P 6
São Gregório 16 13 F 5
São Gregório da Fanadia 10 52 N 2
São Jacinto 01 40 K 3
São Jerónimo (Pousada de) 18 41 K 5
São Joanico 04 29 H 10
São Joaninho *perto de Castro Daire* 18 41 J 6
São Joaninho *perto de Santa Comba Dão* 18 41 K 5
São João 15 64 Q 2
São João 20 107 H 10
São João (Ribeira de) 12 54 N 7
São João da Boa Vista 06 41 K 5
São João da Corveira 17 28 H 7
São João da Madeira 01 40 J 4
São João da Pesqueira 18 28 I 7
São João da Ribeira 14 52 O 3
São João da Serra 18 41 J 5
São João da Tahla 11 64 P 2
São João da Venda 08 89 U 6
São João das Lampas 11 64 P 1
São João de Areias 18 41 K 5
São João de Loure 01 40 K 4
São João de Negrilhos 02 77 S 5
São João de Tarouca 18 41 J 6
São João de Ver 01 40 J 4
São João do Campo 06 40 L 4
São João do Monte *perto de Caramulo* 18 41 K 5
São João do Monte *perto de Nelas* 18 41 K 6
São João do Peso 05 53 M 5
São João dos Caldeireiros 02 77 T 6
São João dos Montes 11 64 P 2
São Jomil 04 28 G 8
São Jorge 01 40 J 4
São Jorge 10 52 N 3
São Jorge 16 27 G 4
São Jorge 31 88 BY
São Jorge (Canal de) 20 107 H 11
São Jorge (Ilha de) 20 107 G 11
São Jorge (Ponta de) 31 88 BY
São Jorge da Beira 05 54 L 6
São José da Lamarosa 14 65 O 4
São José das Matas 14 54 N 6
São Julião de Palácios 04 28 G 10
São Julião do Tojal 11 64 P 2
São Leonardo 07 78 Q 8
São Lourenço 04 28 I 7
São Lourenço 08 89 U 5
São Lourenço 17 28 G 7
São Lourenço (Baia do) 20 107 M 20
São Lourenço (Ponta de) 31 88 CY
São Lourenço de Mamporcão 07 66 P 7
São Lourenço de Ribapinhão 17 27 I 7
São Lourenço do Bairro 01 40 K 4
São Luís 02 76 S 4
São Macário 18 41 J 5
São Mamede *perto de Batalha* 10 53 N 3
São Mamede *perto de Óbidos* 10 52 O 2
São Mamede (Pico) 12 66 O 7
São Mamede (Serra de) 12 66 O 7
São Mamede de Ribatua 17 28 I 7
São Mamede do Sado 15 77 R 4
São Manços 07 66 Q 6
São Marcos 08 89 U 7
São Marcos da Abóbada 07 65 Q 6
São Marcos da Ataboeira 02 77 S 6
São Marcos da Serra 08 89 T 4
São Marcos do Campo 07 78 Q 7
São Martinho 31 88 BZ
São Martinho (Alto de) 10 52 N 2
São Martinho (Rio de) 65 Q 4
São Martinho da Cortiça 06 41 L 5
São Martinho das Amoreiras 02 77 T 4
São Martinho das Chãs 18 41 I 7
São Martinho de Angueira 04 29 H 10
São Martinho de Antas 17 27 I 7
São Martinho de Mouros 18 41 I 6
São Martinho do Porto 10 52 N 2
São Mateus 20 107 H 14
São Mateus 20 107 H 10
São Matias 02 77 R 6
São Matias 07 65 Q 5
São Miguel 11 89 U 6
São Miguel (Ilha de) 20 107 J 18
São Miguel de Acha 05 54 L 8
São Miguel de Machede 07 66 Q 6

São Miguel de Poiares 06 41 L5
São Miguel de Vila Boa 18 41 J6
São Miguel do Mato 01 40 J4
São Miguel do Outeiro 18 41 K5
São Miguel do Pinheiro 02 77 T6
São Miguel do Rio Torto 14 53 N5
São Paio 09 41 K7
São Paio da Farinha Podre 06 41 L5
São Paulo de Frades 06 40 L4
São Pedro 04 28 H8
São Pedro 07 78 R6
São Pedro 17 27 G6
São Pedro da Cadeira 11 64 O1
São Pedro da Cova 13 26 I4
São Pedro da Torre 16 12 G4
São Pedro das Cabeças 02 77 S5
São Pedro de Açor 06 54 L6
São Pedro de Agostém 17 27 G7
São Pedro de Alva 06 41 L5
São Pedro de Balsemão 18 41 I6
São Pedro de Moel 10 52 M2
São Pedro de Rio Seco 09 42 K9
São Pedro de Serracenos 04 28 G9
São Pedro de Solis 02 89 T6
São Pedro de Veiga de Lila 17 28 H8
São Pedro do Esteval 05 54 N6
São Pedro do Sul 18 41 J5
São Pedro Fins 13 26 I4
São Pedro Santa Luzia 08 89 U7
São Pedro Velho 04 28 G8
São Pedro Velho (Monte) 18 41 J5
São Romão 09 41 K6
São Romão perto de Montemor-o-Novo 07 65 Q5
São Romão perto de Vila Viçosa 07 66 P8
São Romão do Sado 15 77 R4
São Roque 31 88 BY
São Roque 20 107 J19
São Roque do Pico 20 107 H11
São Salvador 04 28 H8
São Saturnino 12 66 O7
São Sebastião 06 53 L4
São Sebastião 20 107 H14
São Sebastião da Giesteira 07 65 Q5
São Sebastião dos Carros 02 77 T6
São Simão de Litém 10 53 M4
São Teotónio 02 76 T3
São Tomé do Castelo 17 27 H6
São Torcato 03 27 H5
São Torcato 14 65 P4
São Vicente 07 77 R5
São Vicente 13 27 I5
São Vicente 17 28 G8
São Vicente 31 88 AY
São Vicente (Cabo de) 08 88 U3
São Vicente da Beira 05 54 L7
São Vicente da Chã 17 27 G6
São Vicente de Ferreira 20 107 J19
São Vicente de Lafões 18 41 J5
São Vicente de Pereira Juza 01 40 J4
São Vicente do Paúl 14 53 N4
São Vicente do Pigeiro 07 66 Q7
São Vicente e Ventosa 12 66 P8
Sapataria 11 64 P2
Sapelos 17 27 G7
Sapiãos 17 27 G7
Sapos 02 78 T7
Sapos 02 77 T6
Sardão 04 28 I9
Sardão (Cabo) 02 76 T3
Sardeiras de Baixo 05 54 M6
Sardoal 14 53 N5
Sarilhos Grandes 15 64 P3
Sarnadas 08 89 U5
Sarnadas de Ródão 05 54 M7
Sarnadas de São Simão 05 54 M6
Sarraquinhos 17 27 G7
Sarzeda 18 41 J7
Sarzedas 05 54 M6
Sarzedela 10 53 M4
Sarzedo 05 41 K7
Sarzedo 18 41 I7
Sátão 18 41 J6
Sazes da Beira 09 41 K6
Seara Velha 17 27 G7
Sebadelhe 09 42 I8
Sebadelhe da Serra 09 42 J7
Sebal 06 53 L4
Secarias 06 41 L5
Seco (R.) 09 42 J9
Seda 12 66 O6
Seda (Ribeira de) 12 66 O6
Sedielos 17 27 I6
Segirei 17 28 G8
Segões 18 41 J6
Segura 05 55 M9
Seia 09 41 K6
Seia (Rio) 41 K6
Seiça 14 53 M4
Seixa 17 27 H6
Seixal 15 64 Q2
Seixal 31 88 AY
Seixas 04 28 G8
Seixas 09 42 I8
Seixas 16 26 G3
Seixe (Ribeira de) 08 88 T3
Seixo Amarelo 09 42 K7
Seixo da Beira 06 41 K6
Seixo de Ansiães 04 28 I8
Seixo de Gatões 06 40 L3
Seixo de Manhoses 04 28 I8
Seixo do Côa 09 42 K8
Selho 03 27 H4
Selmes 02 77 R6
Semblana 02 77 T6
Semide 06 53 L4
Semideiro 14 53 O5
Sendas 04 28 H9
Sendim 04 29 H10
Sendim 13 27 I7
Sendim 17 27 G6
Sendim da Ribeira 04 28 I9
Sendim da Serra 04 28 I9
Senhora da Ajuda 12 66 P8
Senhora da Cola 02 77 T5
Senhora da Conceição 15 77 R4
Senhora da Graça de Padrões 02 77 T6
Senhora da Laje 01 41 J5
Senhora da Mó 01 41 J5
Senhora da Orada 05 54 L7
Senhora da Póvoa 05 42 L8
Senhora da Ribeira 04 28 I8
Senhora da Rocha 08 89 U4
Senhora de Mércules 05 54 M7
Senhora de Monte Alto 06 41 L5
Senhora do Almurtão 05 54 M8
Senhora do Bom Sucesso 05 55 L8
Senhora do Desterro 09 41 K6
Senhora do Monte 20 107 J20
Senhora do Nazo 04 29 H10
Senhora do Rosário 12 66 O8
Senhorim 18 41 K6
Senouras 09 42 K9
Sentieiras 14 53 N5
Sentinela 08 90 U7
Sepins 06 40 K4
Serapicos 04 28 H8
Serapicos 17 28 H7
Serdedelo 16 26 G4
Sernada 01 40 J4
Sernadas 18 41 K5
Sernancelhe 18 41 J7
Seroa 13 26 I4
Serpa 02 78 S7
Serpins 06 53 L5
Serra 14 53 N5
Serra d'El-Rei 10 52 N2
Serra de Água 31 88 AY
Serra de Bornes 04 28 H8
Serra de Dentro 32 89 DX
Serra de Santo António 14 53 N3
Serra do Bouro 10 52 N2
Serra do Mouro 10 53 M4
Serrado (Eira do) 31 88 BY
Serras de Aire e Candeeiros (Parque Natural das) 53 N3
Serrazola (Ribeira de) 12 66 O6
Serreta 20 107 G13
Serrinha 12 66 O8
Serrinha (Monte) 15 65 Q4
Serro Ventoso 10 52 N3
Sertã 05 53 M5
Sertã (Ribeira da) 54 M6
Serves 11 64 P2
Serzedelo 03 27 H5
Sesimbra 15 64 Q2
Sesmarias 15 77 R4
Sete 02 77 T6
Sete Cidades 20 107 J18
Sete Cidades (Caldeira das) 20 107 J18
Setil 14 65 O3
Setúbal 15 64 Q3
Setúbal (Baia de) 65 Q3
Sever do Vouga 01 40 J4
Sezelhe 17 27 G6
Sezulfe 04 28 H8
Sezures 18 41 J7
Sicó (Serra de) 10 53 M4
Silva 04 29 H10
Silvalde 01 40 J3
Silvares 03 27 H5
Silvares 05 54 L6
Silvares 13 27 I5
Silveira 11 64 O1
Silveirona 07 66 P7
Silveiros 03 26 H4
Silves 08 89 U4
Sines 15 76 S3
Sines (Cabo de) 15 76 S3
Sintra 11 64 P1
Sintra (Serra de) 11 64 P1
Sistelo 16 27 G4
Sítio das Éguas 08 89 U5
Sizandro 11 64 O1
Soajo 16 27 G5
Soajo (Serra do) 16 27 G5
Soalhães 13 27 I5
Soalheira 05 54 L7
Soalheiras 05 54 M8
Sobradelo da Goma 03 27 H5
Sobradinho 08 89 U5
Sobrado 13 26 I4
Sobrainho dos Gaios 05 54 M6
Sobral 05 53 M5
Sobral 18 41 K5
Sobral da Abelheira 11 64 P1
Sobral da Adiça 02 78 R8
Sobral da Lagoa 10 52 N2
Sobral da Serra 09 42 K8
Sobral de Casegas 05 54 L6
Sobral de Monte Agraço 11 64 O2
Sobral do Campo 05 54 L7
Sobral Fernando 05 54 M6
Sobral Pichorro 09 41 J7
Sobral Valado 06 54 L6
Sobreira 13 26 I4
Sobreira Formosa 05 54 M6
Sobreiro 01 40 J4
Sobreiro de Cima 04 28 G8
Sobreposta 03 27 H4
Sobrosa 02 78 R8
Sobrosa 13 26 I4
Soeima 04 28 H9
Soeira 04 28 G9
Sol Posto 15 76 S4
Solveira 17 27 G6
Somouqueira 08 88 U3
Sonim 17 28 G8
Sopo 16 26 G3
Sor (Ribeira de) 54 N6
Sorraia 65 P4
Sortelha 09 42 K8
Sortelhão 09 42 K8
Sortes 04 28 G9
Sosa 01 40 K4
Soudes 08 90 T7
Soure 06 53 L4
Souro Pires 09 42 J8
Sousa 13 27 I5
Sousel 12 66 P6
Sousel (Ribeira de) 66 O6
Souselas 06 40 L4
Souselo 18 41 I5
Soutelinho 17 27 H6
Soutelinho da Raia 17 27 G7
Soutelo 01 40 J4
Soutelo 03 26 H4
Soutelo 04 28 H9
Soutelo perto de Chaves 17 27 G7
Soutelo perto de Vila Real 17 27 I6
Soutelo de Aguiar 17 27 H6
Soutelo do Douro 18 28 I7
Soutelo Mourisco 04 28 G9
Soutilha 04 28 G8
Souto 01 40 J4
Souto 09 42 K9
Souto 14 53 N5
Souto 16 26 G4
Souto 18 42 I7
Souto da Carpalhosa 10 53 M3
Souto da Casa 05 54 L7
Souto da Velha 04 28 I9
Souto de Aguiar da Beira 09 41 J7
Souto de Escarão 17 27 H7
Souto Maior 17 27 I7
Suçães 04 28 H8
Sul 18 41 J5
Sul (Rio) 41 J5
Sume 12 54 O6

T

Taberna Seca 05 54 M7
Taboeira 01 40 K4
Taboeiras 06 40 K3
Tábua 06 41 K5
Tabuaço 18 41 I7
Tabuadelo 03 27 H5
Tabuado 13 27 I5
Tadim 03 26 H4
Taião 16 12 G4
Taipadas 15 65 P4
Talabita 02 78 R7
Talefe 11 64 O1
Talhadas 01 41 K5
Talhas 04 28 H9
Tâmega (R.) 28 G7
Tancos 14 53 N4
Tanganhal 15 77 R4
Tanganheira 15 76 S3
Tangil 16 13 F4
Tapada 14 65 O4
Tapada Grande (Barragem da) 02 78 S7
Tapéus 06 53 L4
Tarouca 18 41 I6
Tarouquela 18 41 I5
Taveiro 06 40 L4
Tavila 05 54 M6
Tavira 08 89 U7
Tavira (Ilha de) 08 89 U6
Távora 16 26 G4
Távora 18 41 I7
Távora (Rio) 42 J7
Tazem 17 27 H7
Tedo (R.) 18 41 I7
Teira 14 52 N3
Teixeira 04 29 H10
Teixeira 06 54 L6
Teixeira 09 41 L6
Teixeira 13 27 I6
Teixelo 18 41 J6
Teixoso 05 41 L7
Teja (Ribeira de) 09 42 J8
Tejo 54 M7
Telhada 06 53 L3
Telhadela 01 40 J4
Telhado 05 54 L7
Telheiro 02 76 T4
Telheiro 07 66 Q7
Telões 17 27 H6
Tendais 18 41 I5
Tenencia 08 90 T7
Tentúgal 06 40 L4
Tera (Ribeira de) 07 66 P6
Terceira (Ilha) 20 107 G14
Terena 07 66 Q7
Terges (Ribeira de) 77 S6
Termas 18 41 J5
Termas de Alcafache 18 41 K6
Termas de Monfortinho 05 55 M9
Terras de Bouro 03 27 G5
Terreiro das Bruxas 09 42 L8
Terrenho 09 42 J7
Terrugem 11 64 P1
Terrugem 12 66 P7
Tinalhas 05 54 M7
Tinhela 17 28 G8
Tinhela (Rio) 17 27 H7
Tinhela de Baixo 17 27 H7
Tó 04 28 I10
Tocha 06 40 L3
Tojal 07 65 Q5
Tojal (Estação de) 07 65 Q5
Toledo 11 64 O2
Tolosa 12 54 N6
Tomadias 09 42 J8
Tomar 14 53 N4
Tonda 18 41 K5
Tondela 18 41 K5
Topo 20 107 H12
Topo (Ponta do) 20 107 H12
Topo (Serra do) 20 107 H12
Torgal (Ribeira de) 02 76 T4
Torgueda 17 27 I6
Tornada 10 52 N2
Torrados 13 27 H5
Torrais (Ponta) 20 107 D2
Torrão 12 54 N6
Torrão 15 77 R5
Torrão do Lameiro 01 40 J4
Torre 05 55 M9
Torre 09 42 K8
Torre 15 76 Q3
Torre 16 26 G3
Torre (Monte) 09 41 L7
Torre da Gadanha 07 65 Q5
Torre das Vargens 12 65 O6
Torre de Aspa 08 88 U3
Torre de Bolsa 12 66 P8
Torre de Coelheiros 07 77 Q6
Torre de Dom Chama 04 28 H8
Torre de Moncorvo 04 28 I8
Torre de Pinhão 17 27 H7
Torre de Vale de Todos 10 53 M4
Torre do Terrenho 09 42 J7
Torre Vã 02 77 S4
Torredeita 18 41 K5
Torreira 01 40 J3
Torres 09 42 J8
Torres Novas 14 53 N4
Torres Vedras 11 64 O2
Torrinheiras 27 H6
Torroal 15 76 R3
Torrozelas 06 53 L6
Torrozelo 09 41 K6
Torto (Rio) 05 54 L8
Torto (Rio) 17 28 H7
Torto (Rio) 27 I7
Tortosendo 05 41 L7
Touca 05 54 L7
Touça 09 42 I8
Touguinha 13 26 H3
Toulica (Barragem) 05 54 M8
Toulões 05 55 M8
Tourém 17 27 G6
Tourigo 18 41 K5
Touril 02 76 T3
Touro 18 41 J6
Tourões (Ribeira de) 09 42 J9
Toutalga 78 R7
Toutosa 13 27 I5
Touvedo 16 27 G4
Trafaria 15 64 P2
Trafeiras 02 77 S6
Tramaga 12 65 O5
Tramagal 14 53 N5
Trancoso 09 42 J7
Travanca 13 27 I5
Travanca perto de Mogadouro 04 29 H10
Travanca perto de Vinhais 04 28 G9
Travanca de Lagos 06 41 K6
Travanca de Tavares 18 41 K7
Travanca do Mondego 06 41 L5
Travancas 17 28 G8
Travassô 01 40 K4
Travassós 03 27 H5
Travassos perto de Povoa de Lanhoso 03 27 H5
Travessa 02 78 R8
Treixedo 18 41 K5
Tremês 14 53 N3
Tresminas 17 27 H7
Tresouras 13 27 I6
Trevim (Alto de) 53 L5
Trevões 18 42 I7
Trezói 18 40 K5
Trigaches 02 77 R6
Trigais 05 41 L6
Trigo (Monte) 20 107 G11
Trindade 02 77 S6
Trindade 04 28 H8
Trinta 09 42 K7
Tripeiro 05 54 M7
Tristão (Ponta do) 31 88 AY
Trofa 01 40 K4
Trofa 13 26 H4
Tróia 15 64 Q3
Tróia (Península de) 15 65 Q3
Tronco 17 28 G8
Troporiz 16 12 F4
Troviscais 02 76 T3
Troviscal 01 40 K4
Troviscal 05 53 M5
Tua 04 28 I7
Tua (Rio) 28 H8
Tuella (R.) 28 G8
Tuido-Gandra 16 12 F4
Tuizelo 04 28 G8
Tunes 08 89 U5
Turcifal 11 64 O2
Turquel 10 52 N3

U

Ulme 14 53 O4
Umbrias de Camacho 08 90 U7
Unhais da Serra 05 41 L7
Unhais-o-Velho 06 54 L6
Unhos 11 64 P2
Urqueira 14 53 M4
Urra 12 66 O7
Urrós perto de Brunhozinho 04 29 H10
Urros perto de Ligares 04 42 I8
Urso (Pinhal do) 10 52 M3
Urza 02 77 T5
Urzelina 20 107 H11
Uva 04 29 H10

V

Vacariça 01 40 K4
Vagos 01 40 K3
Vaiamonte 12 66 O7
Vairão 13 26 H4
Valada 14 65 O3
Valadares 13 26 I4
Valadas 02 78 S7
Valadas 05 53 N5
Valado dos Frades 10 52 N2
Valbom 05 54 M7
Valbom 09 42 J8
Valbom 10 53 M5
Valdigem 18 27 I6
Valdreu 03 27 G5
Valdrez 04 28 H9
Valdujo 09 42 J8
Vale 16 27 G4
Vale Alto 14 53 N4
Vale Beijinha 02 76 S3
Vale Benfeito 04 28 H9
Vale Covo 02 78 S7
Vale Covo 10 52 O2
Vale da Madre 04 28 H9
Vale da Mó 01 40 K4
Vale da Mua 05 54 M6
Vale da Mula 09 42 J9
Vale da Pinta 14 64 O3
Vale da Rosa 08 89 U6
Vale da Seda 12 66 O6
Vale da Senhora da Povoa 05 42 L8
Vale da Telha 08 88 U3
Vale da Torre 05 54 L7
Vale da Ursa 05 54 M6
Vale da Vinha 12 54 N6
Vale das Fontes 04 28 G8
Vale das Mós 14 53 N5
Vale de Açor 02 77 S6
Vale de Açor 12 65 O6
Vale de Açor 14 53 N5
Vale de Afonsinho 09 42 J8
Vale de Água 02 77 S5
Vale de Água 15 76 S4
Vale de Albuquerque 12 66 P8
Vale de Anta 17 27 G7
Vale de Asnes 04 28 H8
Vale de Azares 09 42 K7
Vale de Bispo Fundeiro 12 65 O6
Vale de Cambra 01 40 J4
Vale de Cavalos 12 66 O8
Vale de Cavalos 14 53 O4
Vale de Cobrão (Ribeira de) 65 P3
Vale de Couço 04 28 H8
Vale de Ebros 08 90 U7
Vale de Espinho 09 42 L9
Vale de Estrela 09 42 K8
Vale de Ferro 02 76 S4
Vale de Figueira 14 53 O4
Vale de Figueira 18 42 I7
Vale de Frades 04 29 H10

182 Portugal

Vale de Gaio (Barragem de) *15* 77 R 5
Vale de Gaviões *12* 54 N 6
Vale de Gouvinhas *04* 28 H 8
Vale de Guiso *15* 77 R 4
Vale de Ílhavo *01* 40 K 4
Vale de Janeiro *04* 28 G 8
Vale de Maceiras *12* 66 O 7
Vale de Madeira *09* 42 J 8
Vale de Moinhos *04* 28 H 9
Vale de Moura *07* 65 Q 6
Vale de Nogueira *04* 28 H 9
Vale de Ossos *15* 77 R 4
Vale de Paio *12* 65 O 6
Vale de Pereiros *09* 42 J 8
Vale de Prazeres *05* 54 L 7
Vale de Rocins *02* 77 S 6
Vale de Salgueiro *04* 28 H 8
Vale de Santarém *14* 65 O 3
Vale de Santiago *02* 77 S 4
Vale de Telhas *04* 28 H 8
Vale de Torno *04* 28 I 8
Vale de Vaide *06* 53 L 5
Vale de Vargo *02* 78 S 7
Vale de Vilão *12* 65 O 5
Vale de Zebro *15* 77 S 5
Vale do Arco *12* 53 N 6
Vale do Côa (Parque arqueológica de) *09* 42 I 8
Vale do Coelheiro *05* 54 M 6
Vale do Homem *05* 54 M 6
Vale do Judeu *08* 89 U 5
Vale do Lobo *08* 89 U 5
Vale do Paraíso *11* 64 O 3
Vale do Pereiro *07* 66 P 6
Vale do Peso *12* 54 N 7
Vale do Rio *10* 53 M 5
Vale do Seixo *09* 42 J 8
Vale dos Reis *15* 65 Q 4
Vale Feitoso *05* 55 L 9
Vale Figueira *08* 89 U 5
Vale Flor *09* 42 J 8
Vale Formoso *02* 78 R 8
Vale Frechoso *04* 28 H 8
Vale Furado *10* 52 M 2
Vale Pereiro *04* 28 H 9
Vale Verde *04* 28 H 8
Vale Verde *09* 42 J 9
Vale Vinagre *15* 77 S 4
Válega *01* 40 J 4
Valeira (Barragem de) *04* 28 I 7
Valença do Douro *18* 27 I 7
Valença do Minho *16* 12 F 4
Vales *02* 77 S 4
Vales *04* 28 H 9
Vales *05* 54 M 6
Vales *08* 89 U 6
Vales *perto de Aljezur* *08* 88 U 3
Vales Mortos *02* 78 S 7
Valezim *09* 41 K 6
Valhascos *14* 53 N 5
Valhelhas *09* 41 K 7
Valongo *12* 66 O 6
Valongo *13* 26 I 4
Valongo de Mihais *17* 28 H 7
Valongo do Vouga *01* 40 K 4
Valongo dos Azeites *18* 42 I 7
Valoura *17* 27 H 7
Valpaços *17* 28 H 8
Valugas *17* 27 H 7
Valverde *04* 28 I 9
Valverde *05* 54 L 7
Valverde *07* 65 Q 5
Valverde *09* 41 J 7
Valverde *14* 52 N 3
Valverde (Ribeira de) *07* 65 Q 5
Vaqueiro *17* 27 H 6
Vaqueiros *08* 89 T 6
Vara (Pico da) *20* 107 J 20
Varadouro *20* 107 H 9
Varge *04* 28 G 9
Vargem *12* 66 O 7
Vargens *02* 89 T 6
Variz *04* 28 H 10
Várzea *14* 53 O 3
Várzea *16* 27 G 5
Várzea *20* 107 J 18
Várzea Cova *03* 27 H 5
Várzea da Ovelha *13* 27 I 5
Várzea de Serra *18* 41 J 6
Várzea de Trevões *18* 41 I 7
Várzea dos Cavaleiros *05* 53 M 5
Várzeas *10* 53 M 3
Varziela *06* 40 K 4
Vascão (Ribeira do) 89 T 6
Vasconha *18* 41 J 5
Vascoveiro *09* 42 J 8
Vassal *17* 28 H 7
Vau *10* 52 N 2
Veiga de lila *17* 28 H 8
Veiros *01* 40 J 4
Veiros *07* 66 P 7
Vela *09* 42 K 8
Vela (Lagoa da) *06* 40 L 3
Velada *12* 54 N 6
Velão (Alto de) *17* 27 I 6
Velas *20* 107 G 11
Velosa *09* 42 K 8
Venade *16* 26 G 3
Venda *07* 66 Q 7
Venda do Cepo *09* 42 J 7
Venda do Pinheiro *11* 64 P 2
Venda do Preto *10* 53 M 4
Venda Nova *17* 27 G 6
Venda Nova *perto de Mação* *14* 54 N 6
Venda Nova *perto de Tomar* *14* 53 N 4
Venda Nova (Barragem de) *17* 27 G 6
Vendas Novas *07* 65 P 4
Vendinha *07* 66 Q 7
Ventosa *03* 27 H 5
Ventosa *perto de Alenquer* *11* 64 O 2
Ventosa *perto de Torres Vedras* *11* 64 O 2
Ventosa do Bairro *01* 40 K 4
Vera Cruz *07* 78 R 6
Verde (Lagoa) *20* 107 J 18
Verdelhos *05* 41 K 7
Vergeira *15* 76 S 4
Verigo *10* 53 M 4
Vermelha *11* 52 O 2
Vermelhos *08* 89 T 5
Vermiosa *09* 42 J 9
Vermoil *10* 53 M 4
Vermoim *03* 26 H 4
Verride *06* 53 L 3
Vez (R.) *16* 27 G 5
Viade de Baixo *17* 27 G 6
Vialonga *11* 64 P 2
Viana do Alentejo *07* 77 R 5
Viana do Castelo *16* 26 G 3
Viatodos *03* 26 H 4
Vidago *17* 27 H 7
Vidais *10* 52 N 2
Vide *09* 41 L 6
Videmonte *09* 42 K 7
Vidigal *05* 54 M 6
Vidigal *15* 65 P 4
Vidigueira *02* 77 R 6
Vidual *06* 54 L 6
Viegas *02* 78 S 7
Vieira de Leiria *10* 52 M 3
Vieira do Minho *03* 27 H 5
Vieirinhos *10* 53 L 3
Vigia *02* 77 T 4
Vigia (Barragem da) *07* 66 Q 7
Vila Alva *02* 77 R 6
Vila Azeda *02* 77 R 6
Vila Baleira *32* 89 D X
Vila Boa de Ousilhão *04* 28 G 9
Vila Boa do Bispo *13* 27 I 5
Vila Boim *12* 66 P 8
Vila Chã *03* 26 H 3
Vila Chã *04* 29 H 10
Vila Chã *09* 41 K 7
Vila Chã *10* 53 M 4
Vila Chã *13* 26 I 3
Vila Chã *16* 27 G 5
Vila Chã *17* 27 I 7
Vila Chã *18* 41 K 6
Vila Chã de Braciosa *04* 29 H 10
Vila Chã de Ourique *14* 65 O 3
Vila Chão *13* 27 I 5
Vila Cortês da Serra *09* 41 K 7
Vila Cova *17* 27 I 6
Vila Cova a Coelheira *18* 41 J 6
Vila Cova de Alva *06* 41 L 6
Vila Cova do Covelo *18* 41 J 7
Vila da Ponte *17* 27 G 6
Vila da Ponte *18* 41 J 7
Vila de Ala *04* 28 I 10
Vila de Cucujães *01* 40 J 4
Vila de Frades *02* 77 R 6
Vila de Punhe *16* 26 H 3
Vila de Rei *05* 53 M 5
Vila do Bispo *08* 88 U 3
Vila do Conde *13* 26 H 3
Vila do Conde *17* 27 H 7
Vila do Porto *20* 107 M 20
Vila do Touro *09* 42 K 8
Vila Facaia *10* 53 M 5
Vila Fernando *09* 42 K 8
Vila Fernando *12* 66 P 8
Vila Flor *04* 28 I 8
Vila Flor *12* 54 N 6
Vila Formosa *12* 66 O 6
Vila Franca *16* 26 G 3
Vila Franca da Serra *09* 41 K 7
Vila Franca das Naves *09* 42 J 8
Vila Franca de Xira *11* 64 P 3
Vila Franca do Campo *20* 107 J 19
Vila Franca do Rosário *11* 64 P 2
Vila Fresca de Azeitão *15* 64 Q 3
Vila Garcia *perto de Guarda* *09* 42 K 8
Vila Garcia *perto de Trancoso* *09* 42 J 8
Vila Longa *18* 41 J 7
Vila Meã *13* 27 I 5
Vila Moinhos (Sobral) *18* 41 K 5
Vila Moreira *14* 53 N 3
Vila Nogueira de Azeitão *15* 64 Q 2
Vila Nova *06* 53 L 5
Vila Nova *14* 53 N 5
Vila Nova da Barca *06* 53 L 3
Vila Nova da Baronia *02* 77 R 5
Vila Nova da Barquinha *14* 53 N 4
Vila Nova da Rainha *11* 64 O 3
Vila Nova de Anços *06* 53 L 4
Vila Nova de Cacela *08* 90 U 7
Vila Nova de Cerveira *16* 26 G 3
Vila Nova de Corvo *49* 107 D 2
Vila Nova de Famalicão *03* 26 H 4
Vila Nova de Foz Côa *09* 42 I 8
Vila Nova de Gaia *13* 26 I 4
Vila Nova de Milfontes *02* 76 S 3
Vila Nova de Monsarros *01* 40 K 4
Vila Nova de Paiva *18* 41 J 6
Vila Nova de Poiares *06* 41 L 5
Vila Nova de Santo André *15* 76 R 3
Vila Nova de São Bento *02* 78 S 7
Vila Nova de São Pedro *11* 64 O 3
Vila Nova de Tazem *09* 41 K 6
Vila Nova do Ceira *06* 53 L 5
Vila Nune *03* 27 H 6
Vila Pouca da Beira *06* 41 L 6
Vila Pouca de Aguiar *17* 27 H 7
Vila Praia de Âncora *16* 26 G 3
Vila Real *17* 27 I 6
Vila Real de Santo António *08* 90 U 7
Vila Ruiva *02* 77 R 6
Vila Ruiva *18* 41 K 6
Vila Seca *03* 26 H 3
Vila Seca *06* 53 L 4
Vila Seca *18* 27 I 7
Vila Velha de Ródão *05* 54 N 6
Vila Verde *03* 26 H 4
Vila Verde *04* 28 G 9
Vila Verde *06* 53 L 3
Vila Verde da Raia *17* 28 G 7
Vila Verde de Ficalho *02* 78 S 8
Vila Verde dos Francos *11* 64 O 2
Vila Verdinho *04* 28 H 8
Vila Viçosa *07* 66 P 7
Vilamoura *08* 89 U 5
Vilar *03* 27 G 5
Vilar *11* 64 O 2
Vilar *17* 27 H 6
Vilar *18* 41 J 6
Vilar (Barragem de) *18* 41 J 7
Vilar Barroco *05* 54 M 6
Vilar Chão *04* 28 H 9
Vilar da Lomba *04* 28 G 8
Vilar da Veiga *03* 27 G 5
Vilar de Amargo *09* 42 J 8
Vilar de Arca *18* 41 I 5
Vilar de Boi *05* 54 N 6
Vilar de Cunhas *03* 27 H 6
Vilar de Ferreiros *17* 27 H 6
Vilar de Ledra *04* 28 H 8
Vilar de Maçada *17* 27 I 7
Vilar de Mouros *16* 26 G 3
Vilar de Murteda *16* 26 G 3
Vilar de Ossos *04* 28 G 8
Vilar de Paraiso *13* 26 I 4
Vilar de Perdizes *17* 27 G 7
Vilar de Peregrinos *04* 28 G 8
Vilar de Pinheiro *13* 26 I 4
Vilar de Rei *04* 28 I 9
Vilar do Monte *04* 28 H 9
Vilar do Ruivo *05* 53 M 5
Vilar dos Prazeres *14* 53 N 4
Vilar Formoso *09* 42 K 9
Vilar Maior *09* 42 K 9
Vilar Seco *04* 29 H 10
Vilar Seco de Lomba *04* 28 G 8
Vilar Torpim *09* 42 J 9
Vilarandelo *17* 28 H 8
Vilarelho (Serra de) *17* 27 H 7
Vilarelho da Raia *17* 28 G 7
Vilarelhos *04* 28 H 8
Vilares *04* 28 H 8
Vilares *09* 42 J 8
Vilares *17* 27 H 7
Vilariça (Ribeira de) 28 I 8
Vilarinha *08* 88 U 3
Vilarinho *04* 28 G 9
Vilarinho *06* 53 L 5
Vilarinho *13* 26 H 3
Vilarinho *17* 27 G 6
Vilarinho *18* 41 J 5
Vilarinho da Castanheira *04* 28 I 8
Vilarinho das Azenhas *04* 28 H 8
Vilarinho das Cambas *03* 26 H 4
Vilarinho das Furnas (Barragem) *03* 27 G 5
Vilarinho de Agrochão *04* 28 G 8
Vilarinho de Cotas *17* 27 I 7
Vilarinho de Samardã *17* 27 H 6
Vilarinho de São Luís *01* 40 J 4
Vilarinho de São Romão *17* 27 I 7
Vilarinho do Bairro *01* 40 K 4
Vilarinho dos Galegos *04* 28 I 10
Vilarinho Seco *17* 27 G 6
Vilarouco *18* 42 I 7
Vilas Boas *04* 28 H 8
Vilas do Pedro *10* 53 M 5
Vilas Ruivas *05* 54 N 6
Vilela do Tâmega *17* 27 G 7
Vilela Seca *17* 28 G 7
Vilharinhos *08* 89 U 6
Vimeiro *10* 52 N 2
Vimeiro *11* 64 O 2
Vimieiro *07* 66 P 6
Vimioso *04* 29 H 10
Vinha da Rainha *06* 53 L 3
Vinhais *04* 28 G 8
Vinhas *04* 28 H 9
Vinte e Dois (Barragem dos) *15* 64 Q 3
Virtudes *11* 64 O 3
Viseu *18* 41 K 6
Viseus *02* 77 T 6
Viso (Nossa Senhora do) *03* 27 H 5
Vista Alegre *01* 40 K 3
Viuvas *02* 89 T 6
Viveiro *17* 27 G 6
Vizela *03* 27 H 5
Volta do Vale *14* 65 P 4
Vouga 41 J 6
Vouguinha *18* 41 J 6
Vouzela *18* 41 J 5
Vreia de Bornes *17* 27 H 7
Vreia de Jales *17* 27 H 7

X

Xarrama 66 Q 6
Xartinho *14* 52 N 3
Xerez de Baixo *07* 78 Q 7
Xévora 67 O 8

Z

Zambujal *06* 53 L 4
Zambujal *08* 89 T 7
Zambujal *15* 65 Q 3
Zambujal de Cima *15* 64 Q 2
Zambujeira do Mar *02* 76 T 3
Zambujeiras *02* 76 S 4
Zambujeiro *07* 66 Q 7
Zava *04* 28 I 9
Zavial *08* 88 U 3
Zebreira *05* 54 M 8
Zebro (Ribeira do) 78 R 7
Zedes *04* 28 I 8
Zêzere (Río) 42 K 7
Zêzere (Vale Glaciário do) *09* 41 K 7
Zibreira *14* 53 N 4
Zimão *17* 27 H 7
Zoio *04* 28 G 9

A B C D E F G H I J K L M N O P Q R S T U V W X Y Z

Planos de ciudades
Plantas das cidades / Plans de villes / Town plans / Stadtpläne / Stadsplattegronden

ESPAÑA

- Alacant / Alicante 185
- Albacete 186
- Almería 187
- Ávila 188
- Badajoz 189
- Barcelona (alrededores).. 190
- Barcelona (centro) 191
- Bilbao 192
- Burgos 193
- Cáceres 193
- Cádiz 194
- Cartagena............. 195
- Castelló de la Plana /
  Castellón de la Plana... 195
- Ciudad Real 196
- Córdoba 197
- A Coruña............... 198

- Cuenca 199
- Donostia-San Sebastián.. 200
- Elx / Elche 200
- Gijón 201
- Girona 201
- Granada 202
- Guadalajara 203
- Huelva 203
- Jaén 204
- Jerez de la Frontera 205
- León 205
- Lleida 206
- Logroño 207
- Lugo 207
- Madrid (alrededores) ... 208
- Madrid (centro) 209
- Málaga............... 210
- Mérida............... 211
- Murcia 212

- Oviedo................ 212
- Palencia.............. 213
- Palma de Mallorca....... 214
- Las Palmas de
  Gran Canaria.......... 215
- Pamplona............. 216
- Pontevedra 217
- Salamanca 218
- Santa Cruz de Tenerife... 219
- Santander............. 220
- Santiago de Compostela . 220
- Segovia 221
- Sevilla (alrededores).... 222
- Sevilla (centro) 223
- Soria................. 224
- Tarragona............. 225
- Teruel................ 226
- Toledo............... 227
- Valencia (alrededores) ... 228

- Valencia (centro) 229
- Valladolid.............. 230
- Vigo 231
- Vitoria-Gasteiz 232
- Zamora 233
- Zaragoza............. 233

PORTUGAL

- Aveiro 234
- Braga 235
- Coimbra 235
- Évora 236
- Funchal.............. 237
- Lisboa (arredores) 238
- Lisboa (centro) 239
- Porto (arredores) 240
- Porto (centro) 241
- Santarém 242
- Setúbal 243

Planos

Curiosidades
Edificio interessante
Edificio religioso interessante

Vías de circulación
Autopista - Autovia
Enlaces numerados: completo, parciales
Via importante de circulacion
Calle reglamentada o impracticable
Calle peatonal - Tranvia
Aparcamiento - Aparcamientos «P+R»
Túnel
Estación y linea férrea
Funicular, linea de cremallera
Teleférico, telecabina

Signos diversos
Oficina de Información de Turismo
Mezquita - Sinagoga
Torre - Ruinas
Molino de viento
Jardin, parque, madera
Cementerio
Plaza de toros
Estadio - Golf - Hipódromo
Piscina al aire libre, cubierta
Vista parcial - Vista panorámica
Monumento - Fuente
Puerto deportivo
Faro
Aeropuerto - Estación de metro
Estación de autobuses
Transporte por barco:
pasajeros y vehiculos, pasajeros solamente
Oficina de correos - Hospital
Mercado cubierto
Guardia Civil (España)
Guardia Nacional Republicana (Portugal)
Policia
Ayuntamiento
Universidad, escuela superior
Edificio público localizado con letra -
Delegación del Gobierno (España) - Gobierno del distrito (Portugal)
Diputación - Ayuntamiento
Museo - Teatro

Plantas das cidades

Curiosidades
Edificio interessante
Edificio religioso interessante

Estradas
Auto-estrada - Estrada com faixas de rodagem separadas
Nós numerados: completo, parcial
Grande via de circulação
Rua impraticável, regulamentada
Via reservada aos peões - Eléctrico
Parking - Estacionamento Relais (assinantes trânsito)
Túnel
Estação e via férrea
Funicular
Telecabine - Teleférico

Signos diversos
Informação turistica
Mesquita - Sinagoga
Torre - Ruinas
Moinho de Vento
Jardim, parque, bosque
Cemitério
Praça de touros
Estádio - Golfe - Hipódromo
Piscina ao ar livre, coberta
Vista - Panorama
Monumento - Fonte
Porto desportivo
Farol
Aeroporto - Estação de metro
Estação de autocarros
Transporte de automóveis:
passageiros e automóveis, só de passageiros
Estação de correios - Hospital
Mercado coberto
Guardia Civil (Espanha)
Guarda Nacional Republicana (Portugal)
Policia
Câmara municipal
Universidade, Grande Escola
Edificio indicado por letra:
Delegação do Governo (Espanha) - Governo civil (Portugal)
Conselho provincial - Câmara municipal
Museu - Teatro

Plans

Curiosités
Bâtiment intéressant
Édifice religieux intéressant

Voirie
Autoroute - Double chaussée de type autoroutier
Échangeurs numérotés : complet - partiels
Grande voie de circulation
Rue réglementée ou impraticable
Rue piétonne - Tramway
Parking - Parking Relais
Tunnel
Gare et voie ferrée
Funiculaire, voie à crémaillère
Téléphérique, télécabine

Signes divers
Information touristique
Mosquée - Synagogue
Tour - Ruines
Moulin à vent
Jardin, parc, bois
Cimetière
Arènes
Stade - Golf - Hippodrome
Piscine de plein air, couverte
Vue - Panorama
Monument - Fontaine
Port de plaisance
Phare
Aéroport - Station de métro
Gare routière
Transport par bateau :
passagers et voitures, passagers seulement
Bureau principal de poste restante - Hôpital
Marché couvert
Gendarmerie (Espagne)
Gendarmerie (Portugal)
Police
Hôtel de ville
Université, grande école
Bâtiment public repéré par une lettre :
Délégation du gouvernement (Espagne) - Gouvernement du district (Portugal)
Conseil provincial - Hôtel de ville
Musée - Théâtre

G
D   H
M   T

Town plans

Sights
Place of interest
Interesting place of worship

Roads
Motorway - Dual carriageway
Numbered junctions: complete, limited
Major thoroughfare
Unsuitable for traffic or street subject to restrictions
Pedestrian street - Tramway
Car park - Park and Ride
Tunnel
Station and railway
Funicular
Cable-car

Various signs
Tourist Information Centre
Mosque - Synagogue
Tower - Ruins
Windmill
Garden, park, wood
Cemetery
Bullring
Stadium - Golf course - Racecourse
Outdoor or indoor swimming pool
View - Panorama
Monument - Fountain
Pleasure boat harbour
Lighthouse
Airport - Underground station
Coach station
Ferry services:
passengers and cars - passengers only
Main post office with poste restante - Hospital
Covered market
Guardia Civil (Spain)
Guardia Nacional Republicana (Portugal)
Police
Town Hall
University, College
Public buildings located by letter:
Central Government Representation (Spain) - District Government Office (Portugal)
Provincial Government Office - Town Hall
Museum - Theatre

Stadtpläne

Sehenswürdigkeiten
Sehenswertes Gebäude
Sehenswerter Sakralbau

Straßen
Autobahn - Schnellstraße
Nummerierte Voll- bzw. Teilanschlussstellen
Hauptverkehrsstraße
Gesperrte Straße oder mit Verkehrsbeschränkungen
Fußgängerzone - Straßenbahn
Parkplatz - Park-and-Ride-Plätze
Tunnel
Bahnhof und Bahnlinie
Standseilbahn
Seilschwebebahn

Sonstige Zeichen
Informationsstelle
Moschee - Synagoge
Turm - Ruine
Windmühle
Garten, Park, Wäldchen
Friedhof
Stierkampfarena
Stadion - Golfplatz - Pferderennbahn
Freibad - Hallenbad
Aussicht - Rundblick
Denkmal - Brunnen
Yachthafen
Leuchtturm
Flughafen - U-Bahnstation
Autobusbahnhof
Schiffsverbindungen:
Autofähre, Personenfähre
Hauptpostamt (postlagernde Sendungen) - Krankenhaus
Markthalle
Guardia Civil (Spanien)
Gendarmerie (Portugal)
Polizei
Rathaus
Universität, Hochschule
Öffentliches Gebäude, durch einen Buchstaben gekennzeichnet:
Vertretung der Zentralregierung (Spanien) - Bezirksverwaltung (Portugal)
Landesregierung - Rathaus
Museum - Theater

Plattegronden

Bezienswaardigheden
Interessant gebouw
Interessant kerkelijk gebouw

Wegen
Autosnelweg - Weg met gescheiden rijbanen
Knooppunt / aansluiting: volledig, gedeeltelijk
Hoofdverkeersweg
Onbegaanbare straat, beperkt toegankelijk
Voetgangersgebied - Tramlijn
Parkeerplaats - P & R
Tunnel
Station, spoorweg
Kabelspoor
Tandradbaan

Overige tekens
Informatie voor toeristen
Moskee - Synagoge
Toren - Ruine
Windmolen
Tuin, park, bos
Begraafplaats
Arena voor stierengevechten
Stadion - Golfterrein - Renbaan
Zwembad: openlucht, overdekt
Uitzicht - Panorama
Gedenkteken, standbeeld - Fontein
Jachthaven
Vuurtoren
Luchthaven - Metrostation
Busstation
Vervoer per boot:
Passagiers en auto's - uitsluitend passagiers
Hoofdkantoor voor poste-restante - Ziekenhuis
Overdekte markt
Rijkswacht / marechaussee (Spanje)
Rijkswacht / marechaussee (Portugal)
Politie
Stadhuis
Universiteit, hogeschool
Openbaar gebouw, aangegeven met een letter:
Vertegenwoordiging centrale overheid (Spanje) - Districtshuis (Portugal)
Provincieraad - Stadhuis
Museum - Schouwburg

G
D   H
M   T

ALACANT/
ALICANTE

0   240 m

ALBACETE (city map)

Museo de la Cuchillería · Catedral · Museo de Albacete · Plaza Mayor · Plaza de Toros · Recinto Ferial · Parque Lineal · Parque Abelardo Sánchez · Parque Doctor Ramón Ferrandis

Scale: 0 — 240 m

MADRID CIUDAD REAL · MADRID · ALICANTE/MURCIA · ALCANTI/ALICANTE · ALICANTE/VALENCIA · AYORA · ELCHE DE LA SIERRA

ALBACETE

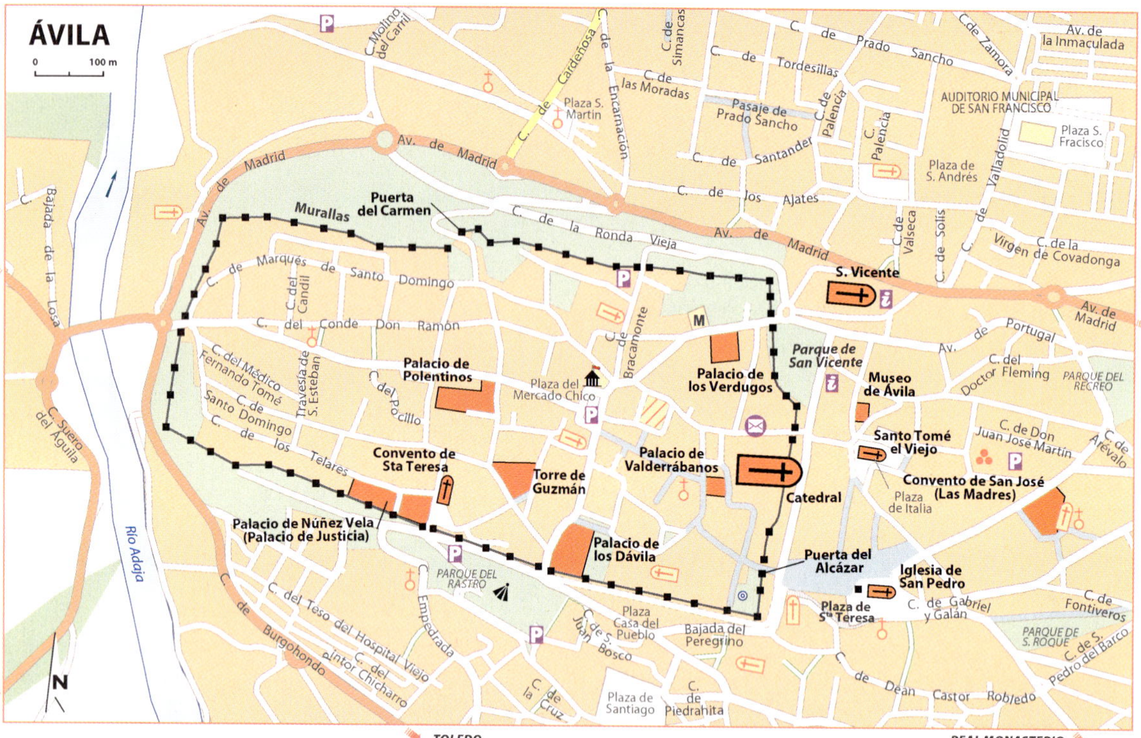

ÁVILA

0   100 m

Murallas — Puerta del Carmen
S. Vicente
Palacio de Polentinos
Plaza del Mercado Chico
Palacio de los Verdugos
Museo de Ávila
Convento de Sta Teresa
Torre de Guzmán
Palacio de Valderrábanos
Santo Tomé el Viejo
Catedral
Convento de San José (Las Madres)
Palacio de Núñez Vela (Palacio de Justicia)
Palacio de los Dávila
Puerta del Alcázar
Iglesia de San Pedro
Parque del Rastro
Plaza de Sta Teresa

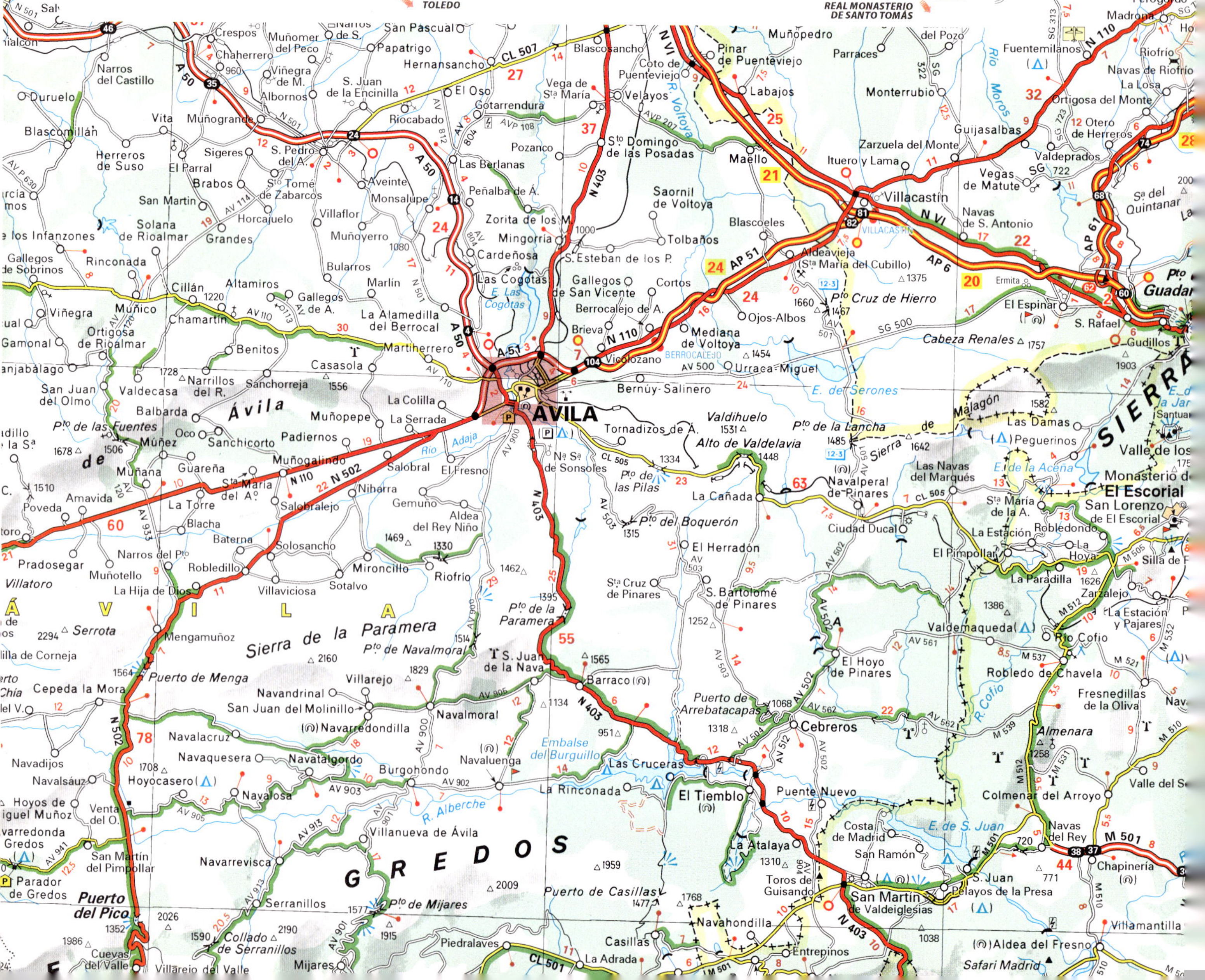

TOLEDO

REAL MONASTERIO DE SANTO TOMÁS

SEGOVIA

SIERRA

GREDOS

ÁVILA

Sierra de la Paramera

Puerto del Pico

Parador de Gredos

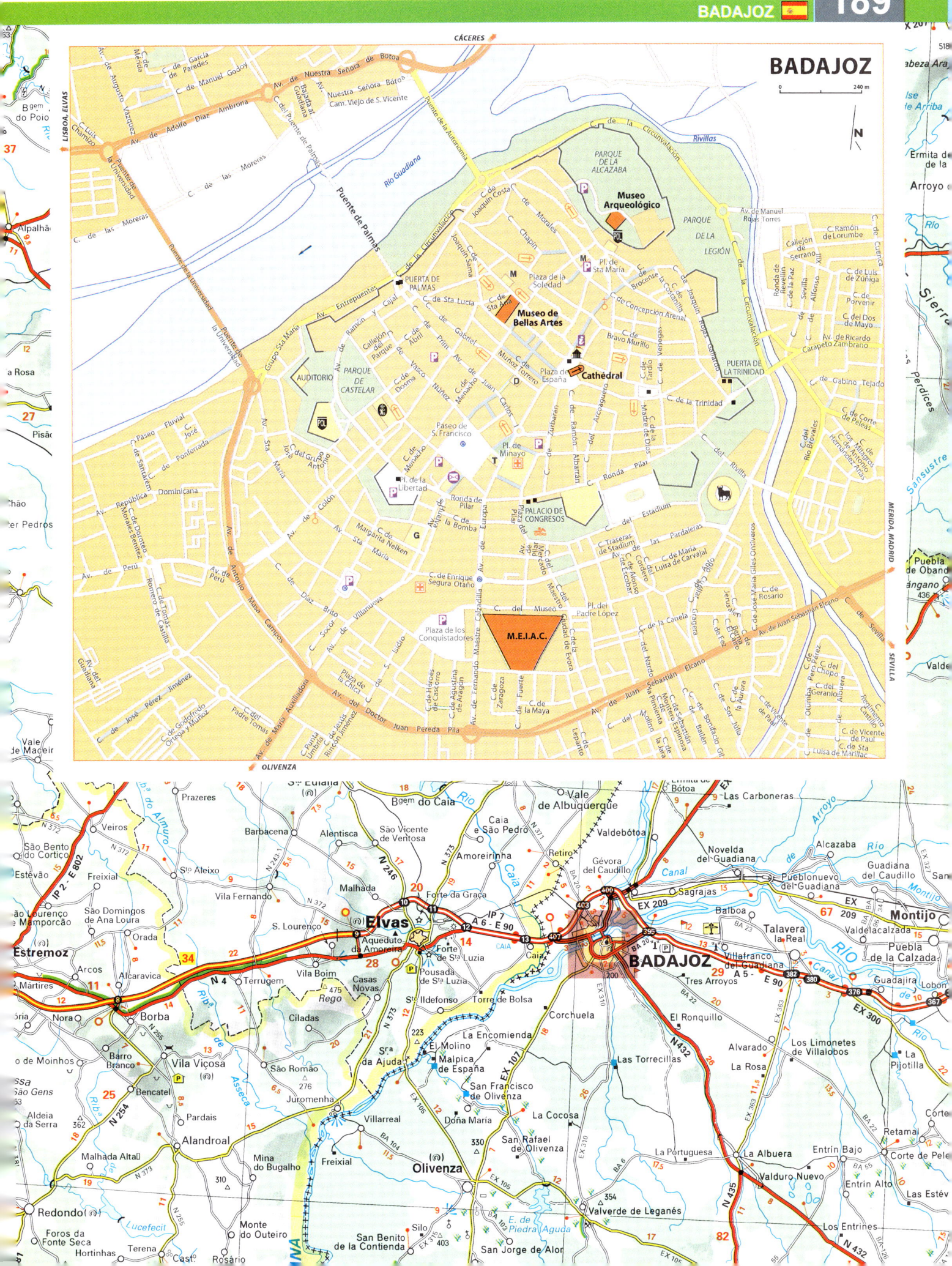

BADAJOZ

0 ——— 240 m

BARCELONA

0 — 1750 m

Poble Espanyol .... E
Museu Nacional
 d'Art de Catalunya .... M⁴
Museu d'Arqueologia .... M³
Teatre Grec .... T³
Fundació Joan Miró .... W
Pavelló Mies van der Rohe ...... Z

BARCELONA

0 ——— 220 m

CIUTAT VELLA
LA RIBERA
BARRI GÒTIC
CALL
EL RAVAL
BARRI XINO
PORT VELL

Palau de la Música Catalana
Castell dels Tres Dragons
Museu de la Xocolata
Hivernacle
Museu Martorell
Umbracle
Plaça de Catalunya
EL CORTE INGLÉS
Santa Anna
Mercat Santa Catarina
Museu Picasso
Mercat del Born
Col·legi d'Arquitectes
Dalí Barcelona
Mirador del Rei Martí
Saló del Tinell
Casa Cervelló-Giudice
Palau Dalmases
Estació de França
Palau Moja
Palau del Bisbat
Catedral
Santa Maria del Mar
Betlem
Museu Calçat
Cases dels Canonges
Palau de la Generalitat
Duana Nova
Palau Virreina
Ajuntament
Parroquia Santa Maria del Pino
MiBa
Mercat de la Boqueria
Antic Hospital de la Santa Creu
Plana de la Boqueria
Gran Teatre del Liceu
Plaça Reial
La Mercè
Palau Güell
Centre d'Art Santa Mònica
Museu de Cera
Mirador del Port Vell
Sant Pau del Camp
Palau Marc
Imax
REAL CLUB NÀUTICO
Aquàrium
Drassanes i Museu Marítim
REAL CLUB MARÍTIMA

Casa de l'Ardiaca	A	Palau del Lloctinent	E	Museu F. Mârès	M²	Pia Amloina	N
Plaça Berenguer el Gran	B¹	Santa Àgata	F	Museu Barbier-Mueller		Plaça del Rei	P²
Centre Excursionista		Museu d'Història		d'Art Precolombi	M¹²	Plaça de Sant Felip Neri	P³
de Catalunya	C¹	de la Ciutat	M¹	Palau del Marquès de Lllò	M¹⁶	Pl. de la Sau	P⁴
						Casa de la Canonja	V

BARCELONA
Badalona
Sant Adrià de Besòs
L'Hospitalet
Montjuïc
El Prat de Llobregat
BARCELONA-EL PRAT
Castelldefels
Sitges
Vilafranca del Penedès
Costas de Garraf
Costa de

Regional map

Santoña · Peña del Fraile · Laredo · Playa de Laredo · Cicero · Colindres · Islares · Castro-Urdiales · Cerdigo · Punta de Sonabia · Punta del Rabanal · Brazomar · Sámano · Miño · Ontón · Santullán · Gaztelugatxe · Armintza · Cabo Billano · Gorliz · Lemoiz · Bakio · San Pelaio · Bermeo · Mundaka · Cabo Ogoño · Elantxobe · Ibarrangelu · Kanala · Natxitua · Ereño · Ispaster · Plentzia · Barrika · Sopelana · Berango · Getxo · Algorta · Getxo · Urduliz · Butrón · Maruri-Jatabe · Gatika · Billelabaso · Sukarrieta · Altamira · Gautegiz-Arteaga · Santimamiñe · Gizaburuaga · Mendata · Murueta · Arrieta · Meñaka · Muxika · Ajangiz · Gernika-Lumo · Munitibar-Arbatzegi · Gerrikaitz · Markina-Xemein · Larrabasterra · Sondika · Zamudio · Derio · Loiu · Lezama · Larrabetzu · Etxebarri · Basauri · Galdakao · Usansolo · Lemoa · Amorebieta · Etxano · Euba · Garai · Iurreta · Durango · Abadiño · Elorrio · Atxondo · Izurtza · Mañaria · Laudio/Llodio · Arrankudiaga · Arakaldo · Zeberio · Areatza · Arantzazu · Ugao-Miraballes · Arrigorriaga · Zaratamo · Bedia · Bernagoitia · Orozketa · Sodupe · Güeñes · Zalla · Balmaseda · Gordexola · Okondo · Areta · Zollo-Elexalde · Ugalde · Las Llanas · Artekona · Sopuerta · Galdames · Mercadillo · Artzentales · Avellaneda · Urrestieta · Zierbena · Muskiz · Portugalete · Santurtzi · Sestao (Barakaldo) · Ortuella · Valle de Trápaga · El Regato · Mezpelerreka · Larreineta · Montellano · Otañes · San Juan de Muskiz · La Cuesta · Ramales de la Victoria · Cuevas de Covalanas · Concha · Gibaja · Ojebar · Rasines · Udalla · San Miguel de Aras · Cruz Uzano · Lastras · Mentera-Barrueto · La Bien Aparecida · Ampuero · Limpias · Adino · Cerecedo

BILBAO · BIZKAIA

City map — BILBAO

N — 0 320 m

DEUSTO · Universidad de Deusto · Plaza S. Pío X · Agirre Lehendakariaren Etorbidea · Euskalduna Zubia · Euskalduna Jauregia · Parque de Doña Casilda de Iturrizar · Gobierno Vasco · Campo de S. Mamés · INDAUTXU · Plaza Bizkaia · Alhondiga · Pabellón de Deportes · Museo Taurino · Parque Ametzola · AMETZOLA · S. FRANCISCO

MUSEO GUGGENHEIM BILBAO · Museo Marítimo Ría de Bilbao · Museo de Bellas Artes · Palacio Chávarri · Casa Montero · Casas de Sota · Plaza Moyúa · Hotel Carlton · Plaza de Ensanche · S. Vicente Mártir · Plaza de los Jardines de Albia · ABANDO · Banco de España · Banco de Bilbao · Sagrado Corazón · Plaza Circular · Edificio de la Bilbaína · Est. de Abando · Est. de Santander · Teatro Campos Eliseos · Bolsa de valores · Palacio de John o edificio de la Bolsa · Biblioteca Bidebarrieta · CASCO VIEJO · Teatro Arriaga · Banco de Bilbao · Plaza Nueva · Museo de Pasos · Catedral de Santiago · Museo Vasco · Plaza Unamuno · Mercado de la Ribera · San Antón · BILBAO LA VIEJA · Museo de Arte Sacro · Parque de Miribilla

FUNICULAR · Plaza del Funicular · CASTAÑOS MATIKO · URIBARRI · ZURBARAN · ASCENSOR DE BEGOÑA · S. Nicolás de Bari · CASCO VIEJO · Museo de Pasos · Basílica de Begoña · Plaza de Juan XXIII · SOLOKOETXE · Río de Bilbao · Ría de Bilbao · Campos de Mallona · ETXEBARRIA

BURGOS

San Gil
CAPITANÍA GENERAL
C. del Cid Campeador
Castillo
San Esteban
CATEDRAL
San Nicolás
Casa del Cordón
Museo Marcelliano Santa María
Pl. Mayor
Pl. de la Libertad
Arco de Santa María
Museo de Burgos
Museo de la Evolución Humana
Río Arlanzón
MADRID

SANTANDER, LOGRONO, VITORIA - GASTEIZ
LAS HUELGAS / HOSPITAL DEL REY
VALLADOLID

CÁCERES

Embalse de Talaván
Embalse de Arroyo Bremudo
Hinojal
Monroy
Río Almonte
Ermita de Alta Gracia
Santiago del Campo
Estación de Casar de Cáceres
Ermita de Sto. Domingo
Eta. de la Virgen del Prado
Casar de Cáceres
Aguijón
Eta. de S. Benito
Eta. de S. Jerónimo de Lagar
CÁCERES
Embalse de Cáceres
Río Guadiloba
Embalses de Petit I / Petit II
Embalse de Molano
La Luz
Estación Arroyo Malpartida
Malpartida de Cáceres
Aldea Moret
La Virgen de la Montaña
Sierra de Fuentes
Casillas
Río Salor
Valdesalor
Herguijuelas
Torreorgaz
Torrequemada
Embalse del Salor
Torremocha
Hatoqueo de
Pto. del Clavín
Estación de Aldea del Cano
Casⁿ
VALCARCE
Canaleja San
Aldea del Cano
Albalá
Casas de Don Antonio
Montánchez
Molino
Estena
Rincón de Ballesteros
Pto. de la Covacha
Embalse de Ayuela
Pedro
Valdefuentes
Alcuéscar

Burgos (regional)

Valdelateja
Ayoluengo
San Felices
El Butrón
Nocedo
Rucando
Burgos
Quintanaopio
Tablada del Rudrón
Gredilla de S.
Villalta
Hozabejas
Termiñón
Quintanaopio
Panizares
Sedano
Moradillo de S.
Aguas Cándidas
Padrones de B.
Salas de Bureba
Tubilla de Agua
Quintaloma
Altotero
Poza de la Sal
Cornudilla
Moradillo del C.
Terradillo de Sedano
Cernégula
Castil de Lences
Hermosilla
Sta. Cruz del Tozo
Portillo del Fresno
Abajas
Lences
Llano de Bureba
La Piedra
Urbel del Castillo
Masa
Bárcena de B.
Arconada
Piérnigas
La Nuez de Arriba
Montorio
Puerto del Páramo de Masa
Lermilla
Hontomín
Carcedo de Bureba
Rojas
El Perul
Quintanilla Sobresierra
Quintanarruz
Santuario de Sta. C
Rublacedo de Abajo
Quintanilla-Pedro Abarca
Castrillo de Rucios
Mata
Villalbilla S.
Utero
La Molina de Ubierna
Tobes y Rahedo
Caborredondo
Quintana
Huérmeces
Peñahorada
Ubierna
Las Celadas
Ros
Santibáñez-Zarzaguda
Celladilla-Sotobrín
Villaverde-P.
Temiño
Sta. Olalla de B.
Monasterio de Rodilla
La Nuez de Abajo
Mansilla de B.
Quintanaortuño
Rioseras
Robredo-T.
Puerto de la Brújula
Lodoso
Marmellar de Arriba
Sotopalacios
Riocerezo
Fresno de Rodilla
Pedrosa de Río Urbel
Sotragero
Vivar del Cid
Quintanilla-V.
QUINTANAPALLA
Quintanapalla
Palacios de Benaver
Marmellar de Abajo
Celada de la Torre
Huronés
BARRIOS DE COLINA
Las Quintanillas
Quintanadueñas
Villatoro
OHurones
Barrios de C.
BURGOS
Gamonal
Villafría
Rubena
Villalval
Atapuerca
Santov
Tardajos
Villalbilla
Villalonquéjar
Orbaneja-R.
Ibeas de J.
Zalduendo
Arlanzón
San Mamés
Las Huelgas
Castañares
Buniel
Renuncio
Cardeñajimeno
Millán de J.
Frandovínez
Cardeñadijo
Castrillo del Val
Salguero de Ju
Brieva d
Villagónzalo-Pedernales
Cavia
San Pedro de Cardeña
Cueva de J.
San Adrián de Juarros
Estépar
Albillos
Villariezo
Módubar de la E.
Sta. Cruz d
Vilvieja de M.
Arcos
Cojóbar
Mazuelo de M.
Saracín
Módubar de S. Cibrián
Arenillas de Muñó
Pedrosa de M.
Revillaruz
Palazuelos
Mazuela
Cogollos
San Juan (Los Ausines)
Revilla del Campo
Presencio
Villangómez
Alto Navazo
Mazueco
Casa
Villafuertes
Valdorros
Hontoria de la Cantera
Cubillo del Campo
Villoruebo
Revenga
Montuenga
Torrelara
Villaverde del Monte
Tornadijo
Madrigal del M.
Paules de Lara
Nª Sª de las Viñas
Torre
Madrigalejo del M.
Zael
Cuevas de S. Clemente
Quintanilla de las Viñas
Lara
Villamayor de los Montes
Mecerreyes
Mazariegos
Sª de las Mambias
Villahoz
Terreros
Torrecilla del M.
Muela de
Mata Lagarto
Ortigüela

CÁCERES (city)

PARQUE
C. de Agustina de Aragón
Av. de las Delicias
C. de Gaspar Muñoz
Angel Fernández
Joselito
Cabezas
Ronda de la Pizarra
C. de Casar
C. de Zamora
Velarde
C. del General
Ronda del Matadero
Cortés
C. de Trujillo
RONDA DEL
C. de Hernán
C. de Juan Calderón
C. de Nidos
Santiago
Betania
PRÍNCIPE
Ronda de San Blas
Plaza Sta María
Cam. Norte
Diana
Palacio de los Golfines de Abajo
Pl. Mayor
AUDITORIO
Av. Independencia
C. Barrio Nuevo
Ribera
Av. de España
C. de Pizarro
C. de Hernando de Soto
Av. de Ruta de la Plata
Av. de Rodríguez de Ledesma
C. de la Virgen de Guadalupe
PLASENCIA, PORTALEGRE
Pl. Conquistadores
Av. de Malaga
C. de Antonio Hurtado
Pl. de León Leal
POLIDEPORTIVO MUNICIPAL
PARQUE DEL RODEO
MÉRIDA, BADAJOS
MIAJADAS

CADIZ

0 — 190 m

N

Castillo de Sta Catalina

PLAYA DE LA CALETA

Parque Genovés

Carmen

Alameda M.de Comillas

Baluarte de la Candelaria

Alameda Apocada

Plaza de Mina

San Francisco

Museo de Cádiz

Plaza de San Francisco

Plaza de España

Plaza de la Hispanidad

Plaza de S. Antonio

San Antonio

Gran Teatro Falla

Santa Cueva

S. Felipe Neri

Museo Iconográfico e Histórico de las Cortes y Sitio de Cádiz

San Lorenzo

Torre Tavira

Hospital de Mujeres

Plaza de Topete

Plaza Candelaria

Casa de las Cadenas

La Palma

LA VIÑA

Mercado Central

Santiago

Arco del Pópulo

Amaya

Arco de la Rosa

Pl. de S. Juan de Dios

Fábrica de Tabacos

Plaza de Sevilla

Casa del Almirante

S. Juan de Dios

PALACIO DE CONGRESOS

Catedral

Museo Catedralicio

Ayuntamiento

Arco de los Blancos

CENTRO CULTURAL

Santo Domingo

Casa del Obispo

Santa Cruz

Teatro Romano

Pl. Fray Félix

Casa Lasquetty

Santa María

Cárcel Real

Vendaval

Cádiz Virtual

Plaza de la Constitución

Puerta de Tierra

OCÉANO   ATLÁNTICO

PUERTO

Utrer

Pinganillo

Ruchena

JEREZ DE LA FRONTERA

Arcos de

Cortijo Nuevo

Estella del Marqués

José Antonio

La Pedrosa

Monasterio de la Cartuja

Los Alvarizones

Salto al Cielo

La Barca de la Florida

Embalse de Guadalcacin

Costa Ballena

Playa de Regla

Playa de la Ballena

Peña del Águila

S. Isidro de Guadalete

Parrales Nuevo

Punta Candor

La Almadraba

Rota

Fuentebravia

San Marcos

El Portal

El Manantial

Doña Blanca

La Ina

El Torno

Torrecera

San José del Valle

Llanos del

Playa de Costilla

Playa de Fuentebravia

Playa Sta Catalina

El Ancla

Vistahermosa

El Puerto de Sta María

Bolaños

Spinola

Casas de la Calera

La Rendona

Pajarete

Valdelagrana

Fuente del Rey

Baños de Gigonza

Paterna de Rivera

CÁDIZ

Cast⁰ de San Sebastián

Matagorda

Playa de la Victoria

El Pedroso

Los Agraviados

Puerto Real

La Chacona

Bahía de Cádiz

Playa de Cortadura

La Carraca

Barriada de Jarana

Pinar de los Franceses

Medina Sidonia

San Fernando

Torre Gorda

Parque Natural de la Bahía de Cádiz

Salinas

Isla

El Rosal

Eª de los Santos

Santuario de Nª Sª de los Santos

Las Cobatillas

Chiclana de la Frontera

La Palmosa

León

Sta Teresa

Los Gallos

Sancti Petri

Novo Sancti Petri

Pago del Humo

Los Badalejos

Embalse de Barbate

Isla Sancti Petri

La Barrosa

Campano

Playa de la Barrosa

COSTA

CIUDAD REAL

0 170 m

MADRID, TOLEDO

PUERTOLLANO

MADRID, VALDEPEÑAS

UNIVERSITARIO

PARQUE REINA SOFÍA

CATEDRAL

Pl. de la Constitución

Pl. Mayor

SAN PEDRO

Plaza del Pilar

PARQUE DEL PILAR

PARQUE DE GASSET

Ronda de Alarcos

Av. de Pío XII

Av. del Ferrocarril

DAMIEL

Villanueva de Bogas

Casas del Monte

Tembleque

El Romeral

Lillo

Silo

CM 3000

CM 3005

Villacañas

San Gregorio

CM 410

Turleque

Silo

Laguna Larga

Embalse de Finisterre

Largas

Laguna del Taray

El Vie

Laguna de Peña Hueca

San Isid

Quero

Laguna de Tirez

Madridejos

Cast°

828 Molinos

Consuegra

Las Puertas de V

Villafranca de los Caballeros

Laguna Grande

Laguna del Camino de Villafranca

de

Camuñas

Herencia

Ermita de San Cristóbal

CM 420

Puerto Lapice

Colonia de Cinco Casas

Silo

Las Labores

Viejas

CM 3107

Plaza

Los Frailes

Villarta de San Juan

Guerra

Villarrubia de los Ojos

Arenas de San Juan

Las Monjas

Palancas

Cigüela

Río

Parque Nacional de las Tablas de Daimiel

Xarrié

La Duquesa

La Venta

Río Guadiana

Daimiel

Don Juan

Hurtado

Llanos del Caudillo

Herrera de la Mancha

Central eólico-solar

Manzanares

Membrilla

N 430

A 4 - E 5

A 43

La Zarzuela

La Monta

La Charca

El Cortijillo

Sª de la Calderina

El Cepero

Las Povedillas

Ballesteros

Cruz de Piedra

Piedralá

Valdehierro

Los Quiles

Fuente el Fresno

Ermita de la Virgen de la Sierra

Villarrubia de los Ojos

El Trincheto

Cristo del Espíritu Santo

Las Rabinadas

Fuéncaliente

El Citolero

Las Peralosas

Sotillo

CM 4114

Malagón

CM 4120

Embalse de Gasset

Fernán Caballero

Campomojado

Porzuna

Pto de la Peralosa

Sª de Casalobos

Embalse de El Vicario

Peralbillo Alto

Cast°

La Encarnación

Virgen de las Cruces

Laguna de la Albuera

Laguna la Nava

Piedrabuena

Picón

Lara

Las Casas

Carrión de Calatrava

Torralba de Calatrava

N 430

Benavente

CIUDAD REAL

Alcolea de Calatrava

Valverde

Nª Sª de Alarcos

Miguelturra

A 41

Poblete

Valdecañas

Nª Sª de las Nieves

El Doctor

San Benito

Torrecilla

Pozuelo de Calatrava

Bolaños de Calatrava

Pelada

Ermita de la Sª Pelada

Villanueva de Franco

Ciruela

CM 44

La Puebla

Almagro

San Isidro

Berzosa

Ermita de Consolación

La Can

Corral de C.

Jabalón

Cañada de C.

Villar del Pozo

Ballesteros de C.

Valenzuela de Calatrava

Pto del Reventón

Yezosa

Sª del Moral

San Carlos del Valle

Montoso

Caracuel de C.

L. de Caracuel

Navalonguilla

Río Azuer

CÓRDOBA

A CORUÑA

FERROL

Puerto exterior de Ferrol
Cabo Prioriño
Punta Coitelada
Ría de Ferrol
Mugardos
Chanteiro
Ares
Torre de Hércules
Praia de Riazor
Punta das Olas
Caión
Armentón
Vilela
A Laracha
Paiosaco
Cerdeira
Sofán
Carballo

Praia de San Xorxe
Praia de Doniños
A Mariña
Serantes
Doniños
San Felipe
Maniños
Franza
Neda
Bandara
Fene
San Marcos
Lavandeira
Cabanas
Pontedeume
Campo Longo
Cast.º de Andrade
Taboada
Eume
Embalse del Eume
Monasterio de Monfero

Baltar
Val
Trasancos
Mandiá
A Mariña
Raxón
Castro
Xubia
Vista Alegre
El Rojal
Naraío
Caaveiro
Sª. de Forgoselo

San Ramón
Monte
Pedroso
San Sadurniño
Somozas
Igrexafeita
Goente
Ribadeume
Faeira
Piñeiro
Miraz
Castiñeiros
Vilamaior
Vilacha
Vilamateo
Monfero
Viña
Xestoso
Xesta
Móman
Cazás
Labrada
Rilleira
Buriz
Merendero
Insúa
Mato

Labacengos
As Neves
Moeche
Sta. Cruz
Ermita de San Antonio
Espiñaredo
AS Pontes de García Rodríguez
Roupar
Candamil
Santaballa
Distriz
Goiriz
Villalba / Vilalba
Alba
Noche
Torra
Trobo

Sierra da Carba
Ambosores
Ourol
Xer
Sisto
Porto da Ganidoira
Vilapedre
Pazo
Lanzós
Damil
Saavedr
Valdomar
Outeiro

A CORUÑA
0 ___ 190 m
N

PLAYA DE RIAZOR
PLAYA DEL ORZÁN
Museo de Bellas Artes
Riego del Agua
Pl. de María Pita
Santiago
Jardín de S. Carlos
Colegiata de Sta María del Campo
Plazuela de Sta Bárbara
Santo Domingo
CIUDAD VIEJA
Méndez Núñez
Jardines
CENTRO
PUERTO
Castillo de San Antón
Plaza de Vigo
Pl. de Pontevedra

Paseo Marítimo
Av. de Finisterre
Av. de Linares Rivas

SANTIAGO COMPOSTELA
Ordes
Sigüeiro
Oroso
Trazo
Berdía
Carollo
Medín
Arzúa
Cerceda
Burres
O Pino
O Pedrouzo
Lavacolla
Loureda
Arins
Boqueixón
Vedra
Ribadulla
A Estrada
Silleda
Codeseda
Cuntis

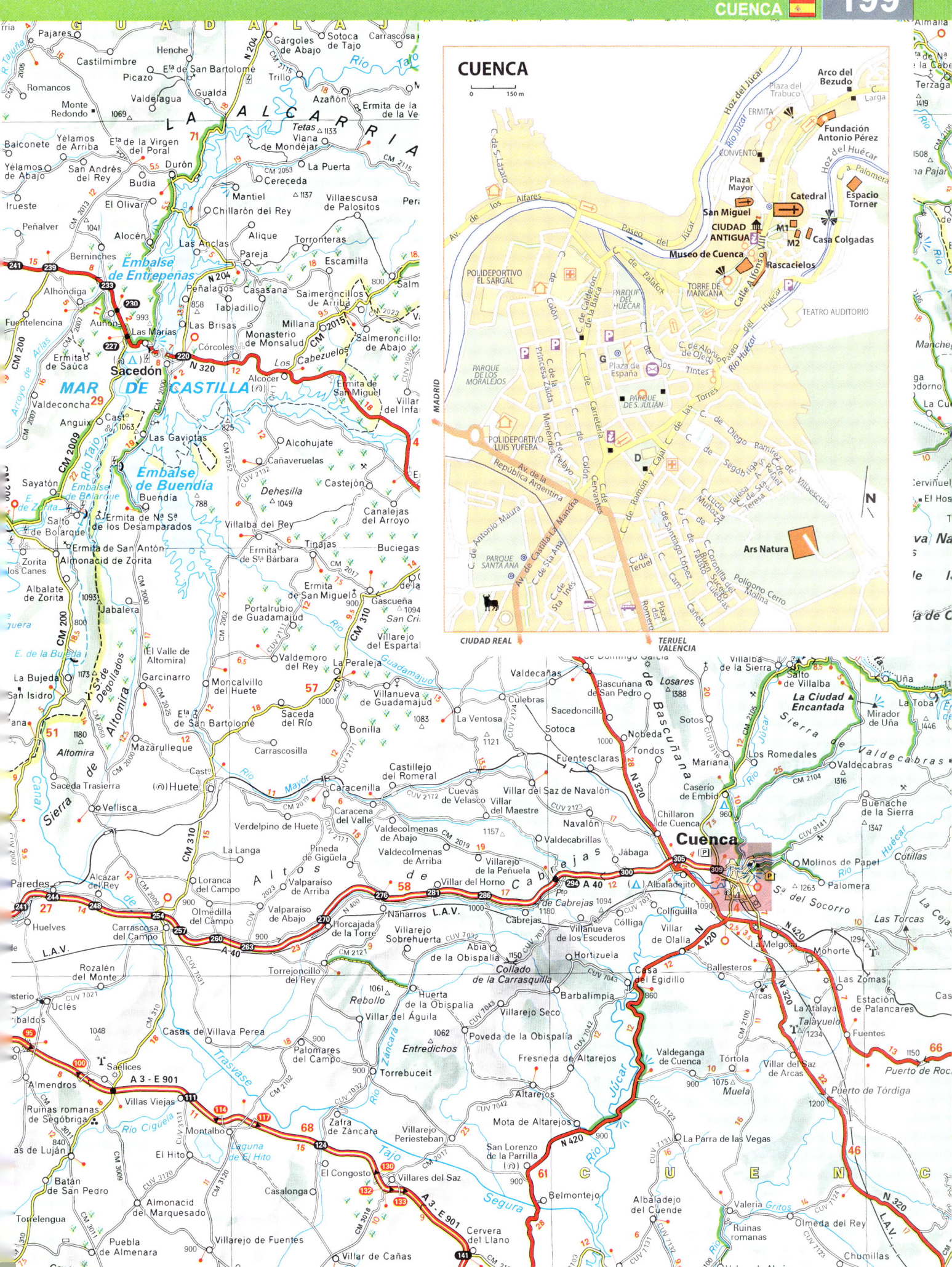

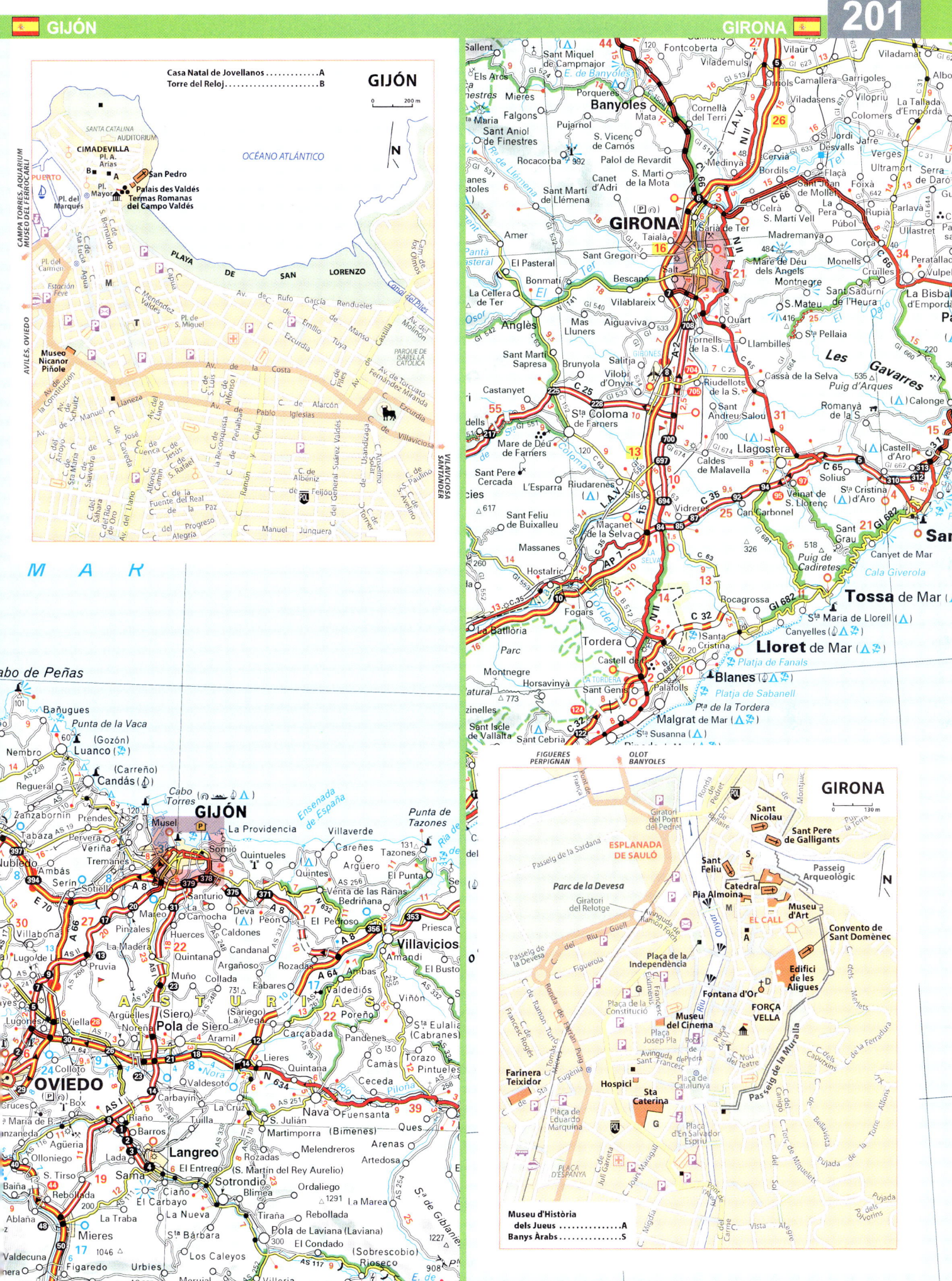

GIJÓN

Casa Natal de Jovellanos .... A
Torre del Reloj .... B

0   200 m

OCÉANO ATLÁNTICO

GIRONA

Museu d'Història
dels Jueus .... A
Banys Àrabs .... S

0   130 m

GRANADA

0   240 m

Casa de los Pisa -
Museo S. Juan de Dios ....A

SACROMONTE

Museo Cuevas
del Sacromonte

Hospital Real
Universidad

Monumento
a la Inmaculada
Concepción
Jardins
del Triunfo

Puerta
Elvira

Arco de
las Pesas

El Salvador

Palais de Dar al-Horra
Convento de
Sta Isabel la Real
S. Miguel
Plaza
S. Miguel
Bajo

Casa-Museo
Max Moreau

SAN NICOLÁS

**MIRADOR DE
SAN NICOLÁS**

ALBAYZÍN

Casa del
Chapiz

Palacio de
los Córdova

San Juan
de Dios

Antiguo Colegio de
San Bartolomé
y Santiago

San
Jerónimo

San Justo
y Pastor

Universidad

San José

Casa de
Porras

El Bañuelo

San Pedro

Convento de
Sta Catalina
de Zafra

Museo
Arqueológico

Puente
del Cadi

MIRADOR

Generalife

ALHAMBRA

TORRE DE COMARES

TORRE DE LAS DAMAS

TORRE DEL MIRAB

**S.
AUGUSTIN**

Catedral

Capilla Real
Madraza

Plaza
Nueva

Sta Ana y
San Gil

Real
Chancillería

**PALACIOS
NAZARÍES**
Puerta
del Vino

Alcazaba

TORRE DE
LA VELA

Jardines
del Partal

TORRE DE LA CAUTIVA

Iglesia del Sagrario
Curia Eclesiástica
Palacio Arzobispal

Pl.
Bib-Rambla

Pl. I.
la Católica

PUERTA
DE
LAS GRANADAS

Pta de la
Justicia

Palacio de
Carlos V

TORRE
DE LAS INFANTAS

Torres Bermejas

Pilar de
Carlos V

PARADOR

Zacatín

Reyes

Casa de los Duques
de Abrantes
Corral
del Carbón

Museo-Casa
de los Tiros

Fundación
Rodríguez-
Acosta

Pl. I.
Carlos Cano

Santo
Domingo

REALEJO

Casa-museo
Manuel de Falla

Auditorio
Manuel de Falla

Pl. de
Mariana
Pineda

CAMPO DEL
PRINCIPE

Carmen de
los Mártires

PALACIO DE
BIBATAUBIN

CUARTO REAL
SANTO DOMINGO

Paseo del Generalife

Los Agramaderos

El Menchón
de Abril 1052

Limones

Iznalloz

1070

Estación de Pinar

1623

Terrente

Bogarre

Belerda
de Guad

La Cruz

Tózar
Colomera

S.ª del Campil

Cubillas

Los Villares

Darro

Montefrío

Parapanda

Illora

Alomartes

Moclín
Los Olivares

Pozuelo

Deifontes

La Articuela

Siller Baja

Sierra
Arana

Orduña

Diezma

A 92

El

Lop

Berbe Bajo

Rio Blanco

1943

El Molinillo

R. Fardes

Parque

natural de la

Sierra

E. Fco. Abellán

La Peza

Policar

Villanueva de Mesia

Casanueva
Zujaira

Tocón
La Loma

Pinos
Puente

Fuente
Vaqueros

Albolote

El Chaparral

Cogollos Vega

Güevéjar

Puerto de la Mora
de Huétor

Tocón

Huétar Tájar

Trasmulas
Láchar
Cijuela
Chauchina

Valderrubio

Peligros

Güejar Sierra

Vínar

Beas
de Granada

Huétor

Carcabel

Loja

Moraleda
de Zafayona

Fuensanta

Peñuelas

Maracena

La Alhambra

GRANADA

Alquería del Fargue
Dúdar

Quéntar

Embalse de Quéntar

Sta Fé

Belicena

Purchil

Armilla

Piños Genil

Mirador
de Canales

Embalse de Canales

Cúllar Vega

Churriana de la Vega

Gabia Grande

Aquaola Cenes
de la Vega

Huétor-
Vega

Monachil

Parque natural

Chimeneas

Gabia Chica

Alhendín

La Malahá

La Zubia

Rio Monachil

Cañadillas

Collado de las Sabinas

Horcaj

El Temple

Buenavista

Castillo de Tajarja

La Zahora

Ogíjares

Cumbres
Verdes

Sierra Nevada
(Pradollano)

Reserva

Pico de la Carne

Observatorio Astronómico

Sierra
Nevada

Mulhacén

Ventas
de Huelma

Cacín

Escúzar

Dílar

Puerto del
Suspiro del Moro

Valle
del Puntal

nacional

Pico Veleta

Ochíchar

Agrón

Félix Mendez

Cerro del Caballo

GUADALAJARA

Plaza de los Caídos en la Guerra Civil

Palacio del Infantado

Plaza de S. Antonio
Plaza de Dávalos
Plaza del General Prim
CONCATEDRAL STA-MARIA
Plaza Mayor
Plaza de Sor María Lovelle
Plaza del Jardinillo
Plaza de Marlasca
PARQUE DE LA CONCORDIA
Plaza de Toros
PARQUE JOSÉ DE CREEFT
PARQUE DE LA CONSTITUCIÓN
A-2 / E-90
Av. del Mirador del Balconcillo
PARQUE DE LA AMISTAD

N

0   170 m

Alcalá de Henares
Torrejón de Ardoz
San Fernando de Henares
Coslada
Mejorada del Campo
Pozuelo de Alarcón
Casa de Campo
Carabanchel
Arroyo Meaques
La Partija Sta. Monica
Loeches

Matarrubia
Monte Hueco
Razbona
Villaseca de Uceda
Humanes
Malaguilla
Mohernando
Fuentelahiguera de Albatages
Málaga del Fresno
Viñuelas
Valdenuño Fernández
Fontanar
Usanos
Galápagos
Residencial Montelar
Marchamalo
Cabanillas del Campo
Torrejón del Rey
Valbueno
Valdeavero
Quer
Villanueva de la Torre
Azuqueca de Henares
Meco
Alovera
Los Santos de la Humosa
Santorcaz
Pioz
El Gurugú
Anchuelo
Los Huesos
Villalbilla
Corpa
Valverde de Alcalá
Torres de la Alameda
Pozuelo del Rey
Nuevo Baztán
Olmeda de...

Cerezo de Mohernando
Casas de San Galindo
Copernal
Padilla de Hita
Robledillo de Mohernando
Alarilla
Taragudo
Hita
Muduex
Torre del Burgo
Heras de Ayuso
Cañizar
Valdearenas
Rebollosa de Hita
Trijueque
Tórtola de Henares
Torija
Valdesaz
Valdegrudas
Ciruelas
Aldeanueva de G.
Caspueñas
Archilla
Valdeavellano
Tornelloso
Atanzón
Centenera
Valfermoso de Tajuña
Guadalajara
Iriépal
Villaflores
Lupiana
El Clavín
Monasterio
Chiloeches
Horche
Convento de la Salceda
Romanones
Tendilla
Yebes
Armuña de Tajuña
Fuentelviejo
Valdarachas
Aranzueque
Moratilla de los Meleros
Renera
Hueva
Pozo de Guadalajara
Hontoba
Loranca de Tajuña
Escariche
Escopete
Pastrana
Convento del Carmen

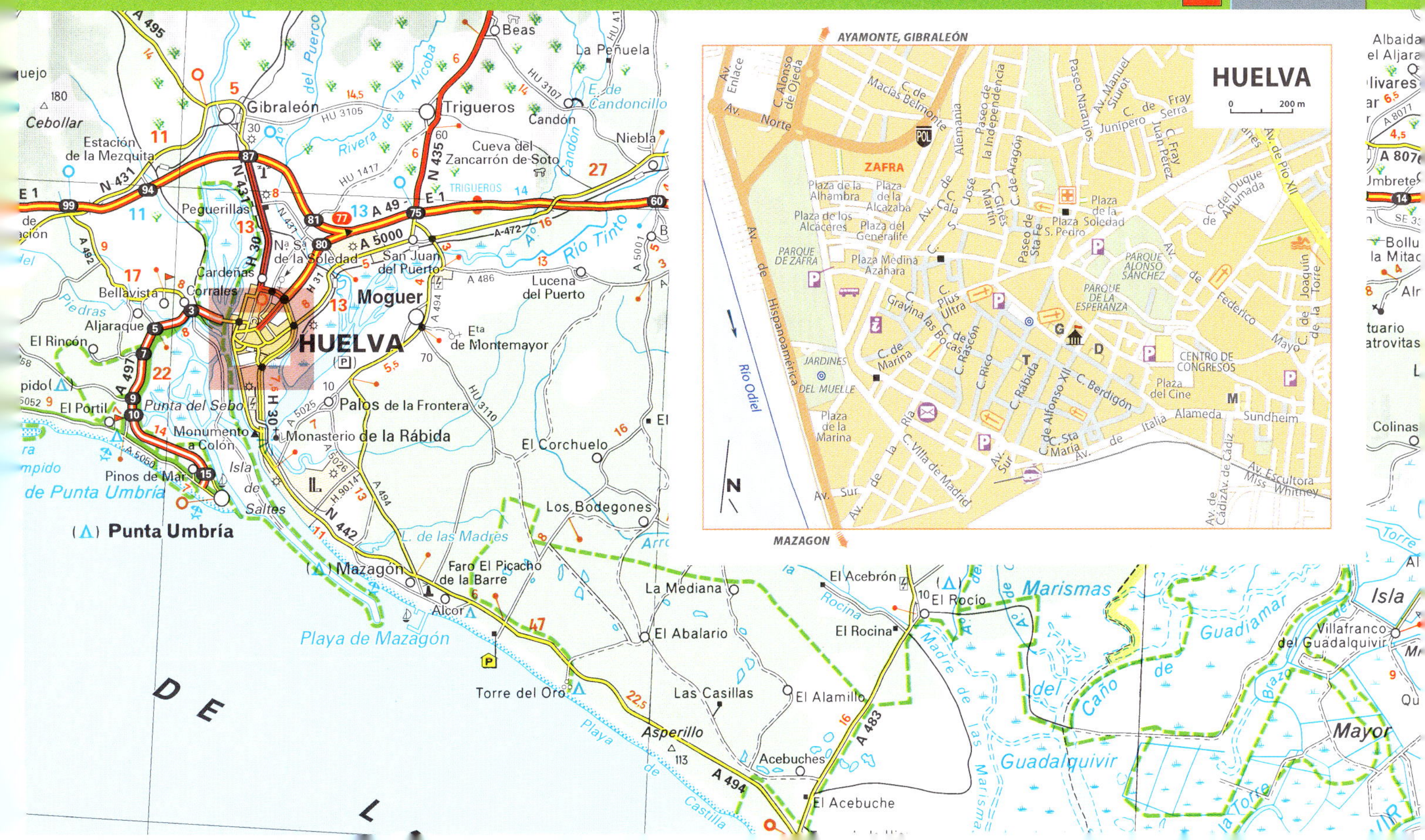

HUELVA

AYAMONTE, GIBRALEÓN

0   200 m

ZAFRA
PARQUE DE ZAFRA
Plaza de la Alhambra
Plaza de los Alcáceres
Plaza de la Alcazaba
Plaza del Generalife
Plaza Solidad
Plaza de San Pedro
PARQUE ALONSO SÁNCHEZ
PARQUE DE LA ESPERANZA
CENTRO DE CONGRESOS
Plaza del Cine
JARDINES DEL MUELLE
Plaza de la Marina
Sundheim
Colinas
MAZAGON
N

Beas
La Peñuela
Gibraleón
Trigueros
Candón
Niebla
Cueva del Zancarrón de Soto
Estación de la Mezquita
Peguerillas
Cárdenas
San Juan del Puerto
Lucena del Puerto
Bellavista
Corrales
Moguer
Aljaraque
HUELVA
Eta de Montemayor
El Rincón
El Portil
Punta del Sebo
Palos de la Frontera
Monumento a Colón
El Corchuelo
Pinos de Mar
Isla de Saltes
Monasterio de la Rábida
Punta Umbría
Mazagón
Faro El Picacho de la Barre
Alcor
Playa de Mazagón
La Mediana
El Acebrón
El Rocío
El Rocina
Torre del Oro
Las Casillas
El Abalario
El Alamillo
Asperillo
Acebuches
El Acebuche
Marismas
Villafranco del Guadalquivir
Isla Mayor
Guadalquivir
Guadiamar

JAÉN

JEREZ DE LA FRONTERA (city inset)

SEVILLA

Bodega Sandeman
Real Escuela Andaluza del Arte Ecuestre
Palacio del Tiempo
Museo de Enganches
Santiago
Palacio de los Pérez Luna
S. Marcos
Casa Domecq
Santo Domingo
San Juan de los Caballeros
S. Lucas
Palacio de los Ponce de León
Plaza del Mercado
S. Mateo
Plaza Plateros
S. Dionisio
Plaza Rafael Rivero
Teatro Villamarta
Plaza de la Asunción
Cabildo
Catedral
Bodega Fundador Pedro Domecq
PUERTA DEL ARROYO
Plaza de la Encarnación
Plaza del Arenal
Alcázar
Bodega González Byass (Tío Pepe)
S. Miguel
Plaza de las Angustias

JEREZ DE LA FRONTERA

0   180 m

Santa María de Gracia . . . . B
Palacio del Marqués de Bertemati C
Museo Arqueológico . . . . E
Palacio de Riquelme . . . . F

JEREZ DE LA FRONTERA (regional map)

Trebujena
A 471
La Junquera
Monasterejos
El Cuervo
Salinas
La Algaida
Casarejo
Casablanca
La Sierra
Bonanza
A 471
Mesas de Asta
El Olivillo
Tabajete
Nueva Jarilla
Mesas de
Los Asientos
Alijar
Guadalcacin
JEREZ DE LA FRONTERA
Torremelgarejo
A 382
Jédul
Regla
A 2001
A 480
Estella del Marqués
Circuito de Jerez
Vico
José A.
Monasterio de la Cartuja
Rota
Eta. de S. Cristóbal
Salto al Cielo
Fuentebravia
El Portal
S. Isidro
El Torno
Playa Sta Catalina
La Ina
El Manantial
El Ancla
Doña Blanca
El Puerto de Sta María
Bolaños
Casas de la Calera
Vistahermosa
Valdelagrana
Spinola
Fuente del Rey
Bahía
AP 4 - E 5
Matagorda
San Sebastián
Puerto Real
La Chacona
El Pedroso
CÁDIZ
Playa de la Victoria
La Carraca
Barriada de Jarana
Los Agraviados
San Fernando
Pinar de los Franceses
Medina Sidonia
Torre Gorda
Salinas
El Rosal
Eta. de los Santos
Parque Natural
Isla
La Palmosa
Chiclana de la Frontera
Sta Teresa
Los Gallos
de la Bahía de Cádiz
A 390

LEÓN (regional map)

La Robla
Alto del Rabizo
Matueca de Torío
Pedrún de Torío
Pardesivil
La Mata de Curueño
Cascantes
La Seca
Manzaneda de T.
Sta Coloma de Curueño
Valsemana
Garrafe de Torío
Ruiforco de Torío
Rioseco de Tapia
Palacio de Torío
Ambasaguas de C.
Cuadros
Riosequino de T.
Barrillos
Santibáñez
San Feliz de T.
Villaverde de Abajo
Sta María del Mte de C.
Villanueva del Árbol
Villamayor
Lorenzana
Santovenia del Monte
Villafeliz de la Sobarriba
Sariegos
Villaquilambre
Represa
Villabalter
Villamoros
Villaventé
Villacil
Valdu
San Andrés del Rabanedo
Villarroquel
Villarrodrigo
Navafría
Castri
Ferral del B.
Trobajo
LEÓN
Valdefresno
Santibáñez de P.
Cimanes del Tejar
Montejos del C.
La Virgen del C.
Paradilla
Villimer
Mel
Valverde de la Virgen
Valdelafuente
San Miguel del C.
Raneros
Castrillo de la R.
Villafañé
Villasabariego
Santovenia de la Valdoncina
Torneros
Villarente
Mansilla Mayor
Villadangos del Páramo
Antimio
Villaturiel
Mansilla de las
San Martín del Camino
Chozas de Abajo
Villarroañe
Villafale
Villar de Mazarife
Ardoncino
Cembranos
Vega de Infanzones
Villanueva de las Manzanas
Villecelama
Campolar
Mozóndiga
San Cibrián de A.
Bustillo del Páramo
Fontecha
Benazolve
Riego del Monte
Santas Martas
Grisuela del P.
La Mata del P.
Valdevimbre
Ardón
Campo de Villavidel
Cabreros del Río
Corbillos de los Oteros
S. Román
Villarín
San Pedro Bercianos
Villagallegos
Cubillas de los Oteros
Villamoratiel de las Matas
Graneras
Calzada del Coto
Villalebrín
Mansilla del P.
Bercianos del Real Camino
Terradillos de los Templarios
Urdiales del Páramo
Villivañe
Benamariel
Velilla de los O.
Gusendos de los O.
Bercianos del Real Camino
Sta María del Páramo
Villacalbiel
Fontanil
Matallana de V.
Vallecillo
Sahagún

LEÓN (city inset)

LEÓN

Cuevas de Valporquero
MUSAC
Antiguo Convento de San Marcos
AUDITORIO
Pl. de San Marcos
Puerta del Castillo
Plaza de Santo Martino
San Isidoro
CATEDRAL
Casa Botinès
Museo de León
Palacio de los Guzmanes
Pl. Mayor
Pl. S. Martín
Plaza de S. Domingo
Covento de las Concepciónistas
Santa María del Camino
Pl.Sta María del Camino
AUDITORIO
Plaza de S. Francisco

LEÓN

0   170 m

N

LLEIDA

0 ——— 190 m

La Suda
LA SEU VELLA
Sant Martí
la Panera
Sant Llorenç
PALAU EPISCOPAL
Museu de Lleida Diocesà i Comarcal
La Seu Nova
Palau de la Paeria
ARC DEL PONT
Museu de l'Automoció de Lleida
Parc dels Camps Elisis
CASTELL DE GARDENY

Sant Jaume .... A
Hospital de Santa Maria ...... M¹
Museu d'Art Jaume Morera .... M²

VIELHA BENABARRE
HUESCA MONZÓN, BARBASTROS
ZARAGOZA — TARRAGONA, BARCELONA ZARAGOZA

Principal place names

Juseu · Ascl · Alsamora · Sant Esteve de la Sarga · Montsec d'Are
Carrodilla · Caladrones · Cast. Pilzán · Ciscar · Sª de Mongay · l'Ametll
Purroy de la Solana · Àger · La Régola
Calasanz · Castillo del Plá · Estaña · Corcà
Gabasa · Estopiñan (Estopiñán del Castillo) · Panta de Canelles · Fontdepou
Peralta de la Sal · Saganta · Camporrélls · Les Avellanes
Baélls · Nacha · Panta de Stª Anna · Vilanova de les A.
Alcampell · Baldellou · Castillonroy · Os de Balaguer
Tamarite de Litera · Albelda · Ivars de Noguera · Stª Mª de Bellpuig
Algayón · Alfarràs · Algerri · Castelló de Farfanya
Altorricón-Tamarite · Altorricón · Almenar · Balaguer
Almácelles · Alguaire · La Portella · Menàrguens · Térme
Vencillon · Sucs · Rosselló · Vilanova de Segrià · Torrelameu
San Miguel · Pla de la Font · Torrefarrera · Benavent de S. · Corbins · Vilanova de la Barca
Raimat · Torreserona · Alcoletge · Bell-llo
Gimenells · Torres · Alpicat · Alamus
Vallmanya · **LLEIDA** · Albatàrrec · Torre
Fraga · Soses · Sudanell · Montoliu · Artesa de L.
Aitona · Torres de Segre · Alcarràs · Alfés · Puigverd de L.
Seròs · Sunyer · Alcanó · Aspa · Les Borges
Massalcoreig · Sarroca de Lleida · El Cogul · Castelldans
Monestir Convent · La Granja de Escarpe · Torrebesses · El Solerás · l'Albagès
Mequinenza · Monmeneu · Granyena de les Garrigues
La Granadella · Maials · Tossal del Penjat · Els Torms · Juncosa
Almatret · Bovera · Bellaguarda · Margalef
Punta Plana · Puntal dels Escambrons · Llardecans · La Palma d'Ebre · La Bisba de F.
Riba-roja d'Ebre · Panta de Riba-roja · La Vil Baix
Fayón · Et. de Stª Magdalena · Flix · La Figue
Estación Fayón-Pobla de Massaluca · Vinebre · La Torre de l'Espanyol · Lloà
Caspe · La Pobla de Massaluca · Ascó · El Molar · El Mas
Chiprana · El Dique · Estación de Fabara · Nonaspe · Fabara · Pas de l'Ase · Garcia

MONEGROS · Pallaruelo de Monegros · Monasterio de Sigena · Virgen de la Chalamera · Belver · La Almolda · Valfarta · Huegas · Ontiñena · Osso · Chalamera · Almudáfar · Sigena · Ballobar · Zaidín · Velilla de Cinca · Miralsot de Abajo · Llano de las Menorcas · La Punta · Bujaraloz · Peñalba · Candasnos · Torrente de Cinca
Embalse de Mequinenza · Refugio de Pescadores · Sable · El Pla · Montnegre
Laguna la Playa · Embalse de Caspe · EBRO · Playas de Chacón · Et. de San Jorge · Caspe

LOGROÑO

LAGUARDIA, PAMPLONA
VITORIA-GASTEIZ

PARQUE DEL EBRO

PALACIO

CATEDRAL

LOGROÑO

0   240 m

N

LOGROÑO

LUGO

Museo Provincial

Praza do Campo

Palacio episcopal

Pr. Maior
Pr. de Sta María
Catedral

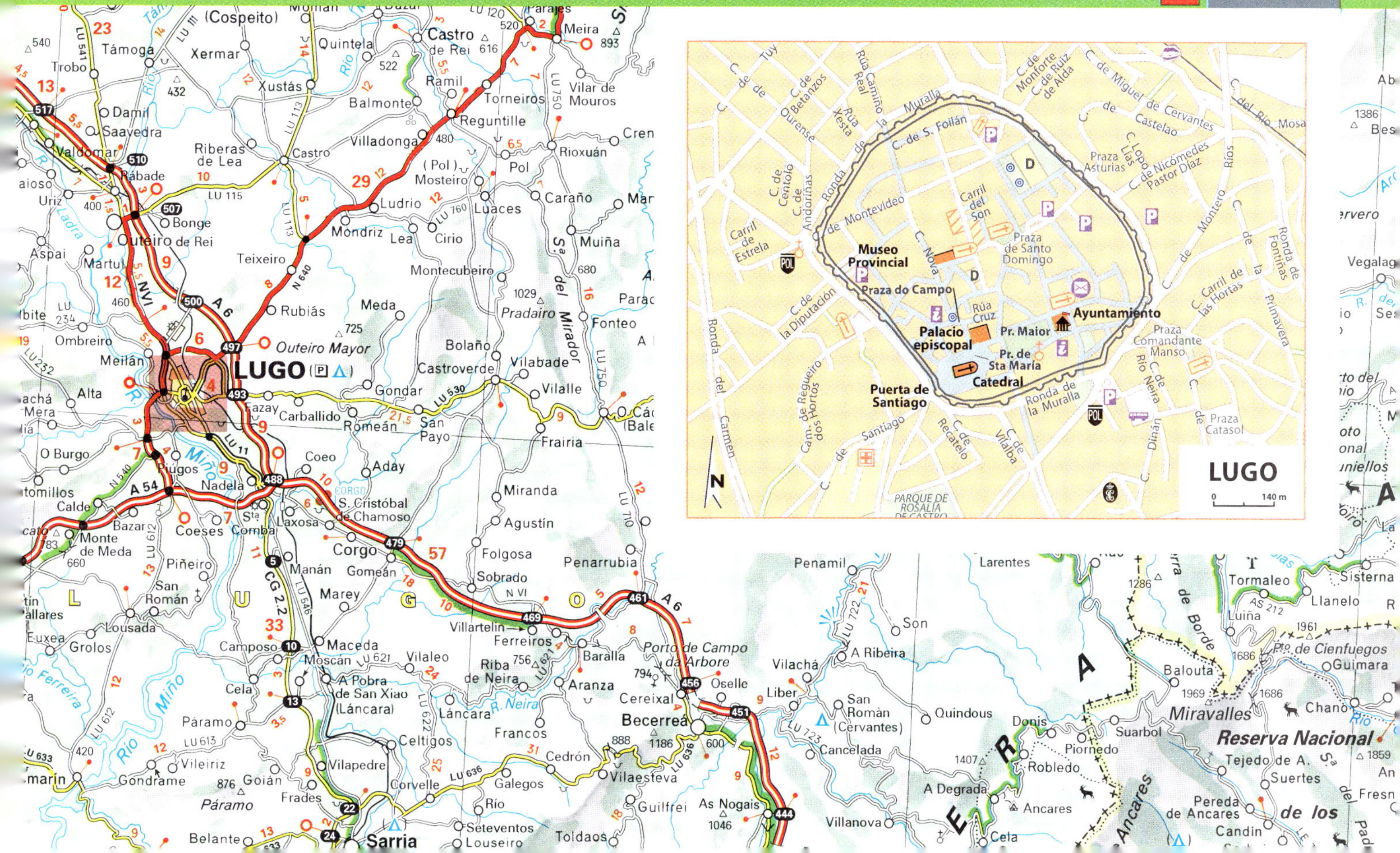

Ayuntamiento

Puerta de Santiago

PARQUE DE ROSALIA DE CASTRO

LUGO

0   140 m

N

LUGO

Sarria

MADRID

0   1,8 km

Las Descalzas Reale .... A

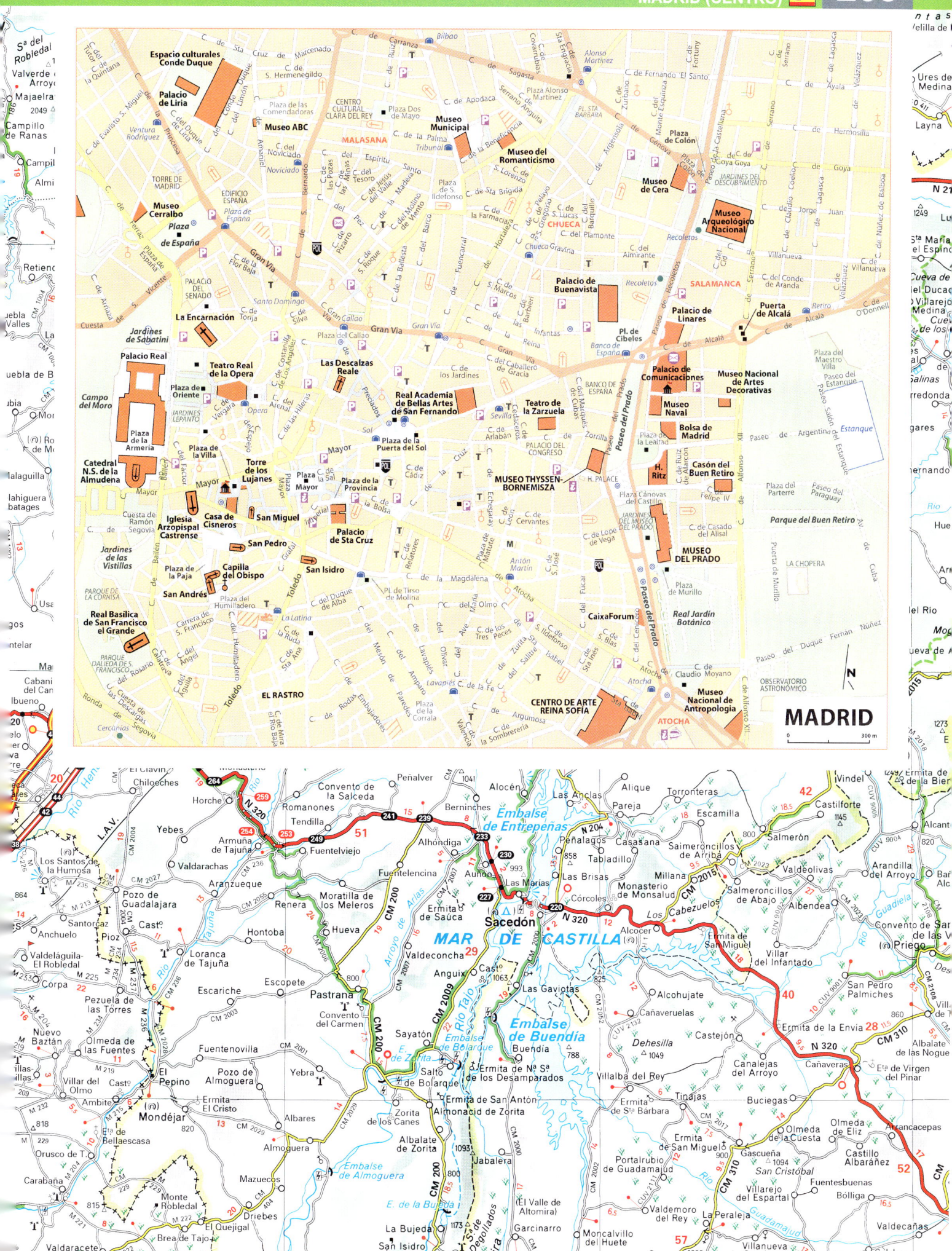

MADRID

0   300 m

MÁLAGA

MÉRIDA

CÁCERES

MADRID, CIUDAD REAL

SEVILLA, BADAJOZ

N

0   190 m

MURCIA (city map)

Plaza del Rocio
Museo de la Ciudad
Museo Salzillo
Plaza Mayor
Plaza Sta Catalina
Plaza Sta Isabel
Plaza Sandoval
Jardines del Malecón
Almudí
Museo Hidráulico Los Molinos del Río
Museo de la Ciencia y el Agua
AUDITORIUM
Antiguo Cuartel de Artilleria
Jardín El Salitre
Jardín S.V. Esteban
Museo Sta Clara
Teatro Romea
Plaza Carlos III
Plaza Sta
Iglesia Santo Domingo
Plaza Santo Domingo
Plaza Europa
Casino
Plaza de las Flores
Catedral
Plaza de la Candelaria
Plaza Cristo del Rescate
Palacio Episcopal
Jardín de Floridablanca
MURCIA PARQUE
Segura
Ronda de Garay

N

0   130 m

CARTAGENA   SANTUARIO DE LA FUENSETA

(regional map around Murcia)

Archena
Molina de Segura
Ceuti
Alcantarilla
MURCIA
Orihuela
Fortuna
Abanilla
Sierra de Carrascoy
Embalse de Santomera
Embalse del Romeral

OVIEDO

Playa de Salinas
Luanco
Candás
Cabo Torres
GIJÓN
Avilés
Salinas
Nubledo
Corvera de Asturias
OVIEDO
Pola de Siero
Langreo
Sama
Sotrondio
Mieres
La Vega (Riosa)

OVIEDO (city map)

LUGONES
Museo de Bellas Artes de Asturias ... M1
MONTE NARANCO
Antiguo Hospital del Principado
Antigua Universidad
Ayuntamiento
Catedral
Plaza de Alfonso II El Casto
Sta María la Real de la Corte
San Julián de los Prados
Pl. de Porlier
Pl. de Trascorrales
Pl. de la Constitución
Pl. de Daoiz y Velarde
CAMPO DE SAN FRANCISCO
Pl. de España
AUDITORIO

N

0   200 m

MIERES, LEÓN

A CORUÑA

GIJÓN, AVILÉS, SANTANDER

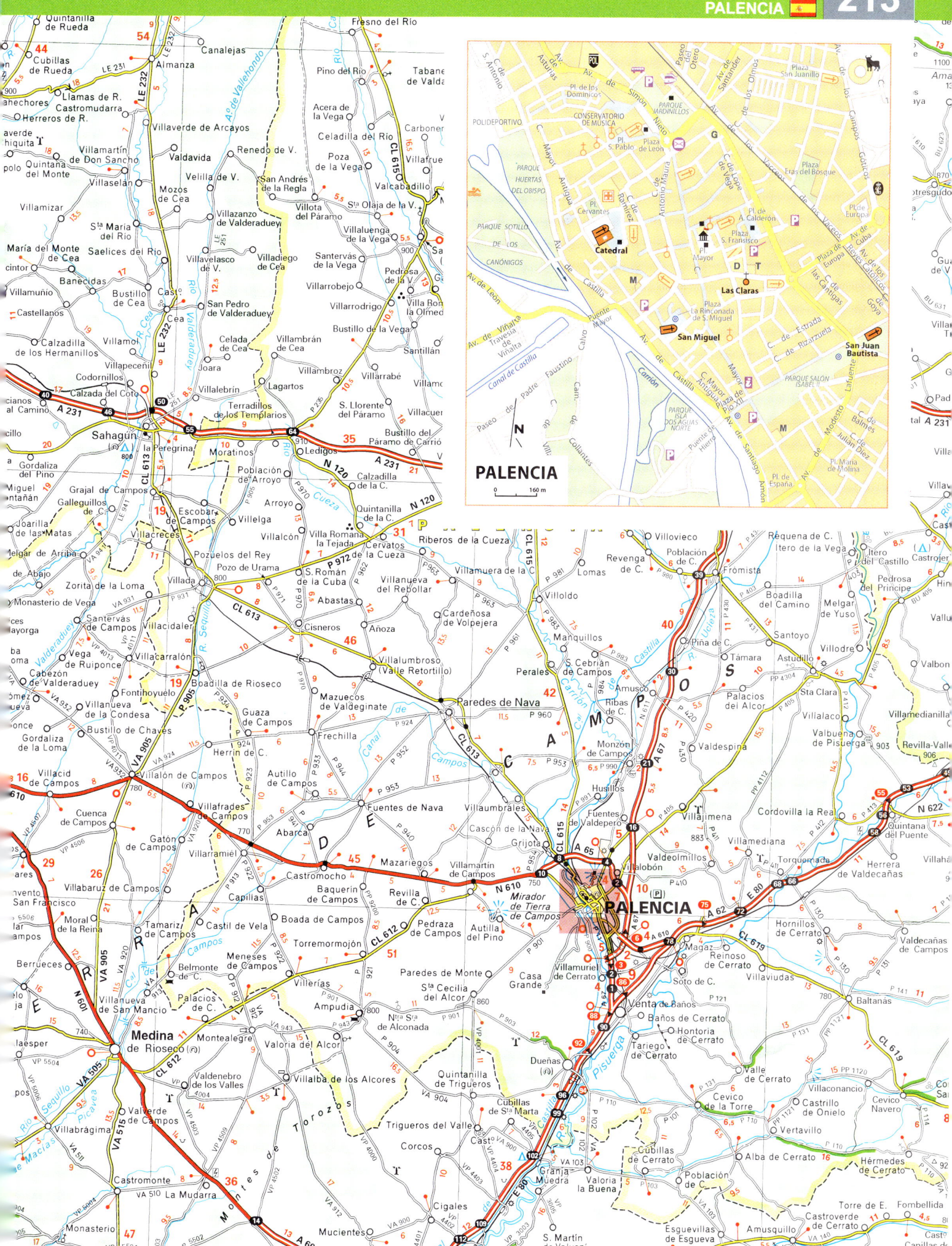

PALENCIA

0 ——— 160 m

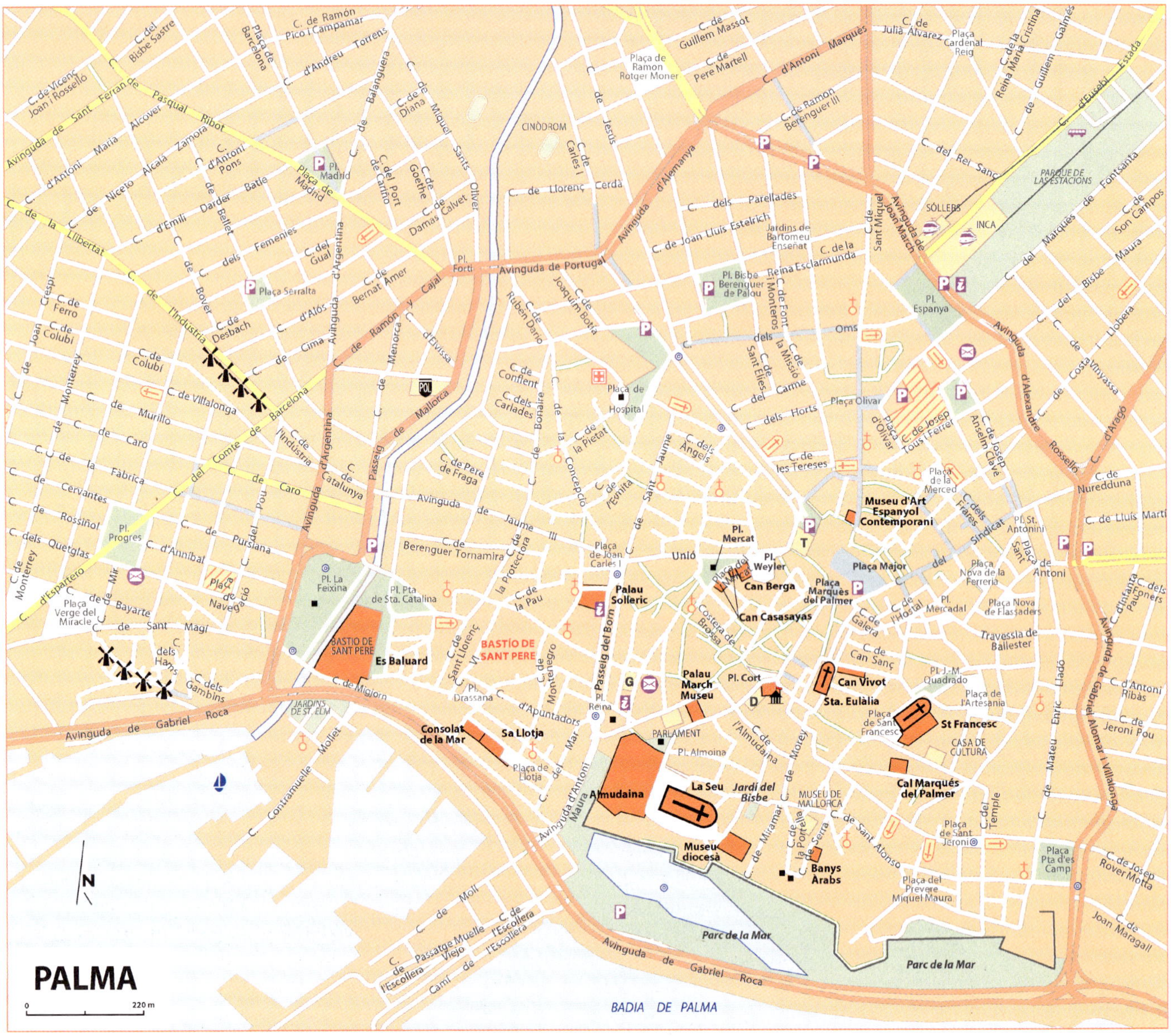

PALMA

0 — 220 m

N

PALMA DE MALLORCA

Badia de Palma

Sóller · Inca · Valldemossa · Bunyola · Santa Maria del Camí · Consell · Binissalem · Lloseta · Alaró · Orient · Esporles · Banyalbufar · Estellencs · Puigpunyent · Galilea · Andratx · s'Arracó · Sant Elm · Port d'Andratx · Peguera · Calvià · Magaluf · Palmanova · Portals Nous · Gènova · Son Vida · Cas Català · Coll d'en Rabassa · Can Pastilla · s'Arenal · ses Meravelles · Cala Blava · Sant Jordi · Casa Blanca · Son Ferriol · Pont d'Inca · sa Cabaneta · Pòrtol · Santa Eugènia · Sencelles · Algaida · Sineu · Lloret de Vistalegre · Costitx · Pina · Montuïri · Llucmajor · Santuari de Montesión · Monestir de Cura (543) · Randa · Vilafranca de Bonany · Sant Joan · Petra · Bonany · Sant Miquel · Porreres · Campos · les Palmeres · Cap Enderrocat · Cap de Regana · Cap Blanc · Badia Gran · Capocorp

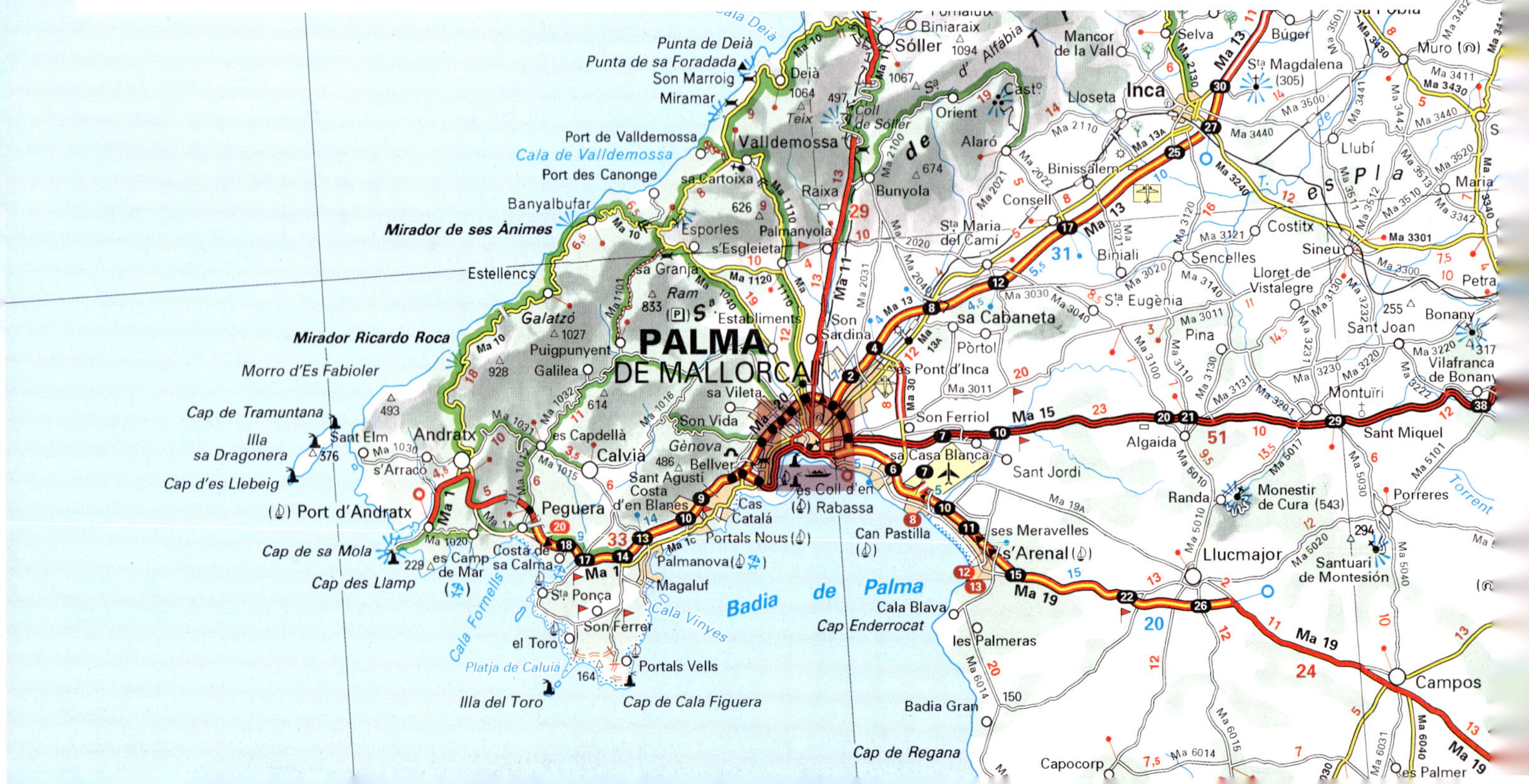

Illa sa Dragonera · Cap de Tramuntana · Morro d'Es Fabioler · Cap d'es Llebeig · Cap de sa Mola · Cap des Llamp · Costa d'en Blanes · es Camp de Mar · Costa de sa Calma · Santa Ponça · Cala Fornells · Son Ferrer · el Toro · Portals Vells · Platja de Caluia · Illa del Toro · Cap de Cala Figuera

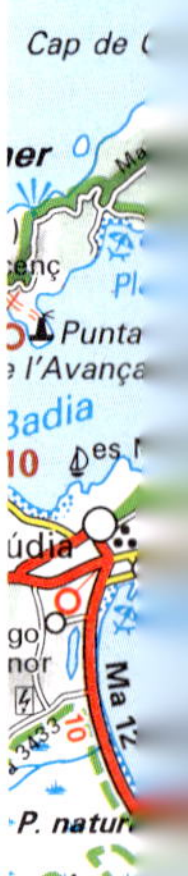

LAS PALMAS
DE GRAN CANARIA

0   500 m

ISLETA

Tecen

Castillo
de la Luz

dei

Confital

N

PLAYA   DE   LAS   CANTERAS

PUERTO DE
LA LUZ

ESTACIÓN
MARÍTIMA

SANTA
CATALINA

AUDITORIO

ALCARAVANERAS

PLAYA DE
LAS ALCARAVANERAS

Autovía
Las
Palmas-Gáldar

CIUDAD JARDÍN

ESCALERITAS

Parque
Doramas

ALTAVISTA

Plaza de
Don Benito

LUGO

FERIA
DEL ATLÁNTICO

PARQUE DE
LAS REHOYAS

SCHAMANN

ARENALES

CASTILLO
DE S. FRANCISCO

TRIANA

PARQUE DE
S.TELMO

CIUDAD
DEL MAR

SAN ROQUE

VEGUETA

SAN JUAN

TAMARACEITE   SANTA BRIGIDA
CRUZ DE TEJEDA   MASPALOMAS

Los Albarderos

Roque Negro

Montaña
del Vigía

Punta del Confital

La Isleta

★ Playa de
las Canteras

Isleta

Costa Ayala

Puerto de la Luz

Tenerife

Bahía del
Confital

Playa de las Alcaravaneras

Los Giles

Fuerteventura

Las
Torres

Triana

Lanzarote

Tamaraceite

Vegueta

★ **LAS PALMAS**
DE GRAN CANARIA

Lomo
Blanco

Almatriche

San Cristóbal

Tafira
Baja

Secadero

Punta Casa Blanca

Dragonal

El Fondillo

16

Tafira
Alta

San Francisco
de Paula

Playa de la Laja

La Calzada

Siete
Puertas

La
Milagrosa

★ Jardín Canario

Punta del Palo

Los Hoyos

Teror

del Álamo

Miraflor

Carpinteras
Barranco

Troyanas

Zamora

El Álamo

La Angostura

Espartero

★ Mirador de
Zamora

Valleseco

La Atalaya

Sta Brígida

Monte
Lentiscal

★ Pico de
Bandama

Jinamar

Caldera de
Bandama

POLIGONO
DE JINAMAR

Punta de Jinámar

Juncalillo

Pinos
de Gáldar

Lanzarote

Arbejales

Madrelagua

Sagrado
Corazón

Pino Santo

San José

Vega de
Enmedio

Cruz de
la Gallina

San
Antonio

La Estrella

Artenara

Montañón
Negro

San Isidro

Utiaca

La Yedra

Vega de
San Mateo

Hoya del
Gamonal

Las Goteras

El Palmital

Los Caserones

Tara

La
Pardilla

La Garita

Cruz de
Valeron

Las
Cuevas

Moriscos

Cruz de
Tejeda

Ariñez

La Lechuza

Las
Lagunetas

La Bodeguilla

Valle de Casares
y Solana

La Gavia

La Solana

La Higuera

San
José de
las Longueras

Marpequeña

Tejeda

Roque Bentaiga

El Lomo

Cueva
Grande

La Lechucilla

Lomito
de Correa

La Barrera

Montaña de
las Palmas

Valle de
S. Roque

El Calero

TELDE

Playa del Hombre

Roque Nublo

Timagada

El Espinillo

La Solana

Camaretas

Tenteñiguada

Valsequillo
de Gran Canaria

Las Casillas

Las Vegas

Los Mocanes

La Breña

Lomo
Magullo

Lomo de
la Herradura

El
Caracol

Melenara

Punta de la Cueva

Playa de Melenara

Las
Huesas

Playa de Salinetas

La Colomba

Las
Medianías

El
Goro

Playa de la Huliera

Pozo DE
LAS NIEVES

Roque
Redondo

La Culata

Caldera de
los Marteles

Barranco

Cazadores

Pichón

Cuatro Puertas

Piletillas

Ojos de Garza

Playa de Tufía

Playa Ojo de Garza

Punta de Ámbar

Ayacata

El Juncal

Pérera

Táidia

Guayadeque

Aguatona

Benítez

Roque de Gando

AEROPUERTO DE
GRAN CANARIA

Punta de Gando

Ingenio

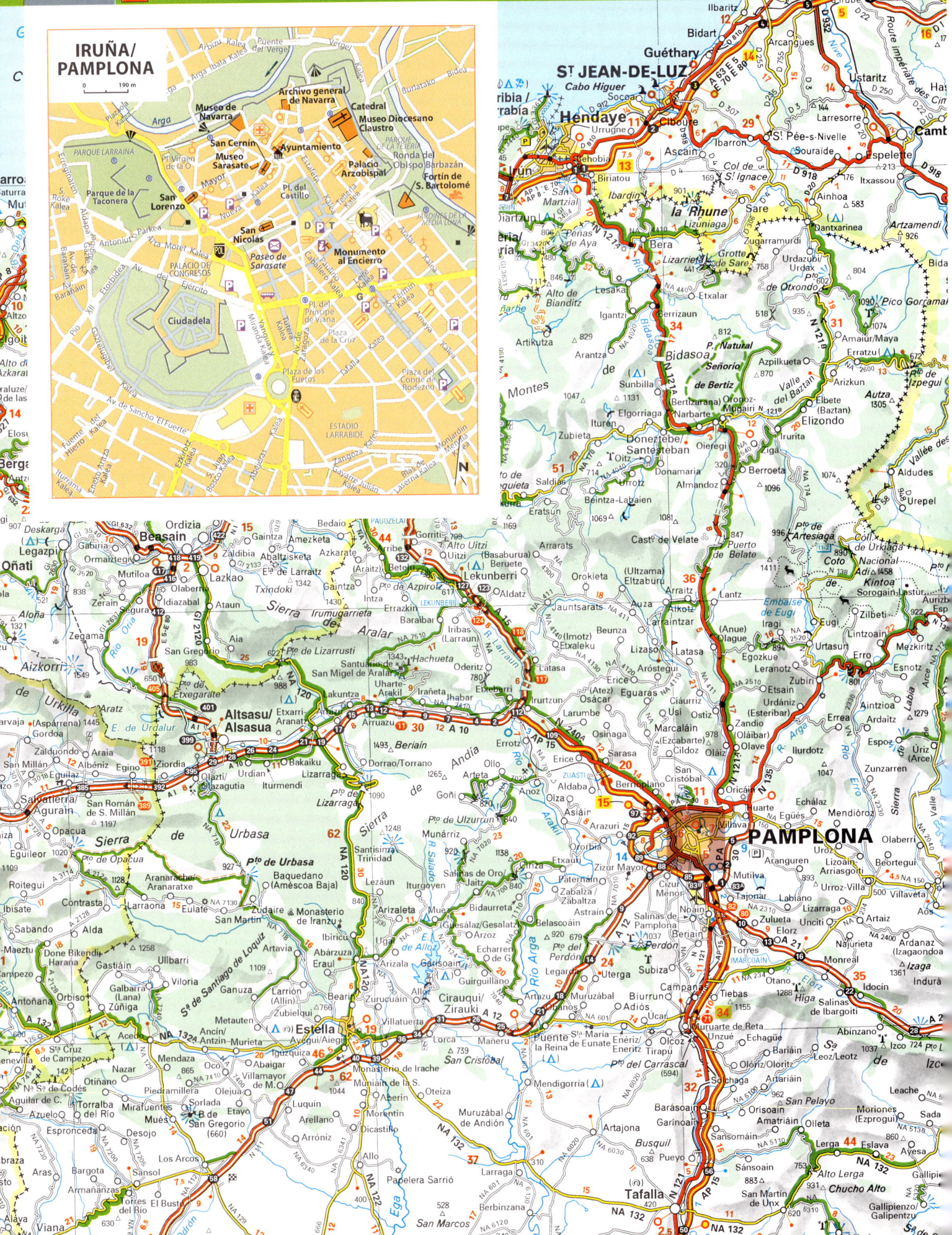

IRUÑA/PAMPLONA

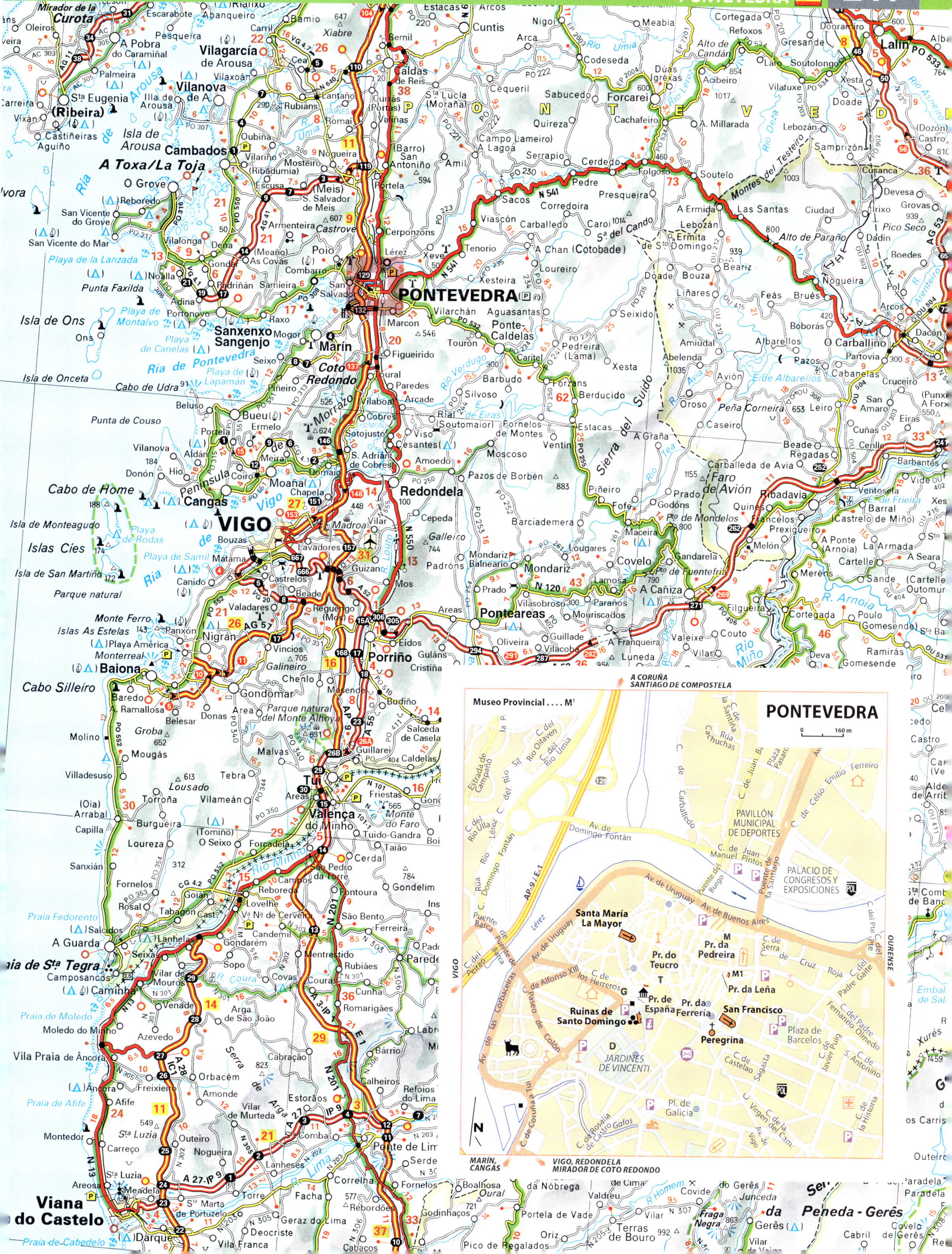

VIGO

PONTEVEDRA

Vilagarcía de Arousa

Vilanova de A.

Cambados

A Toxa/La Toja

Sanxenxo / Sangenjo

Marín

Redondela

Cangas

Baiona

Porriño

Ponteareas

Mondariz

A Cañiza

Ribadavia

O Carballiño

Lalín

Forcarei

Tui

Valença do Minho

A Guarda

Viana do Castelo

Caldas de Reis

Cuntis

Ria de Pontevedra

Ria de Vigo

Islas Cíes

Isla de Ons

Parque natural del Monte Aloia

Parque natural del Monte do Faro

PONTEVEDRA

Museo Provincial . . . . M¹

A CORUÑA / SANTIAGO DE COMPOSTELA

PAVILLÓN MUNICIPAL DE DEPORTES

PALACIO DE CONGRESOS Y EXPOSICIONES

Santa María La Mayor

Pr. do Teucro

Pr. da Pedreira

Pr. da Leña

San Francisco

Ruinas de Santo Domingo

Pr. da Ferreria

Pr. de España

Peregrina

Plaza de Barcelos

JARDINES DE VINCENTI

Plaza de Galicia

MARÍN, CANGAS

VIGO, REDONDELA — MIRADOR DE COTO REDONDO

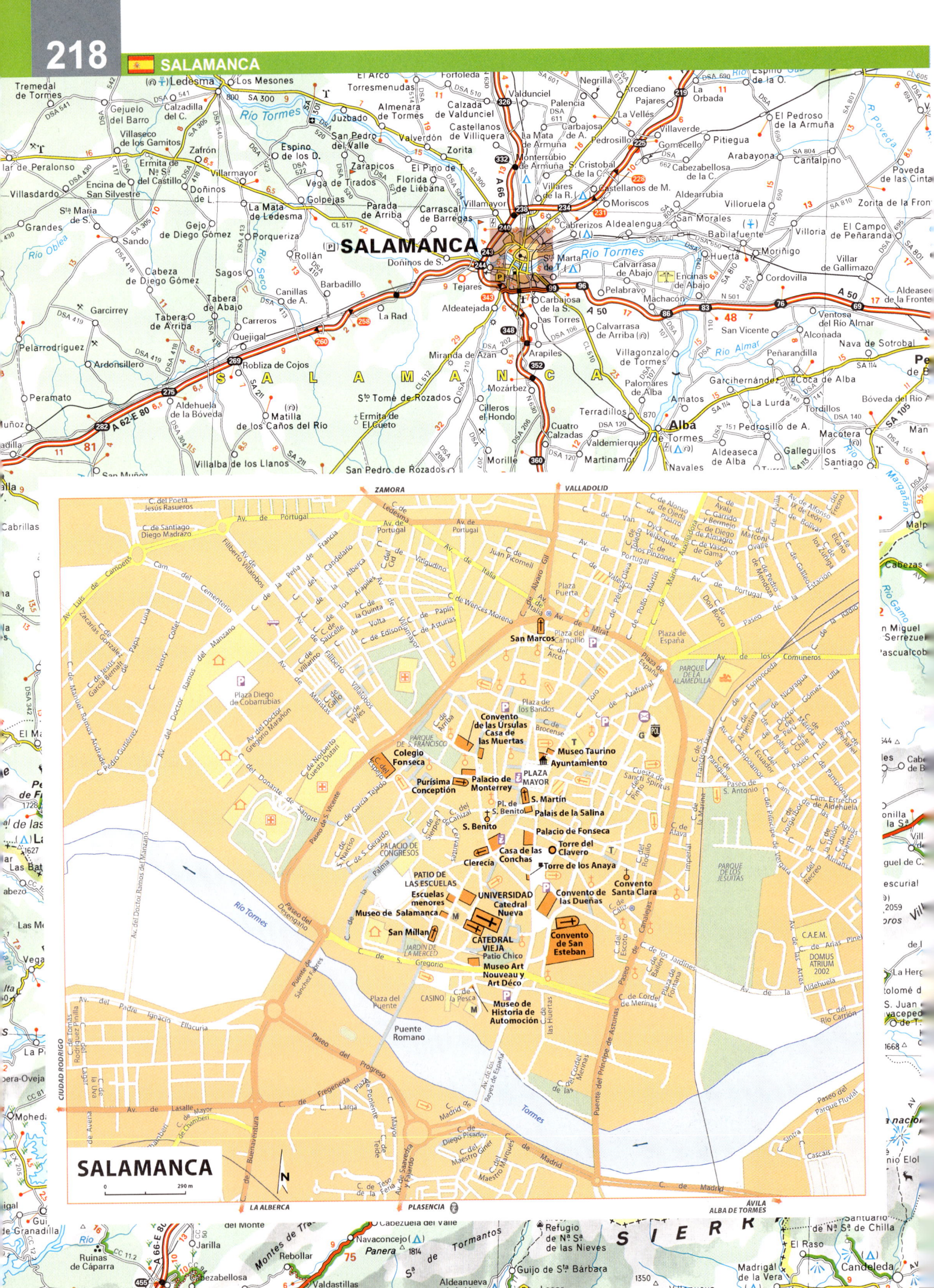

SALAMANCA

SANTA CRUZ
DE TENERIFE

N

0   300 m

SANTANDER

SANTANDER

Museo Regional de Prehistoria y Arqueología....M¹

BAHÍA DE SANTANDER

SANTIAGO DE COMPOSTELA

SANTIAGO DE COMPOSTELA

SEGOVIA

Vera Cruz
Monastero El Parral
Alcázar
Convento de Santa Cruz
Casa-Museo Antonio Machado
S. Esteban
CIUDAD VIEJA
La Trinidad
S. Juan de los Caballeros
Museo de Segovia
Catedral de Segovia
Plaza Mayor
Plaza Medina del Campo
Puerta de San Andrés
Antigua Cárcel
S. Sebastián
Pl. del Conde de Cheste
Casa Judería Vieja
San Martín
Casa de los Picos
Iglesia de S. Justo
Convento del Corpus Christi
Casa del S. XV
Alhóndiga
Casa del Conde de Alpuente
San Millán
ACUEDUCTO ROMANO
JARDINILLOS DE S. ROQUE
JARDÍN BOTÁNICO

Palacio de los Marqueses de Moya ...... B
Palacio del Marqués de Lozoya .... E
Palacio de los Condes de Cheste .... F
Palacio del Marqués de Quintanar ...... K
Museo Esteban Vicente .... M
Casa Solier .... R
Casa de los Lozoya V

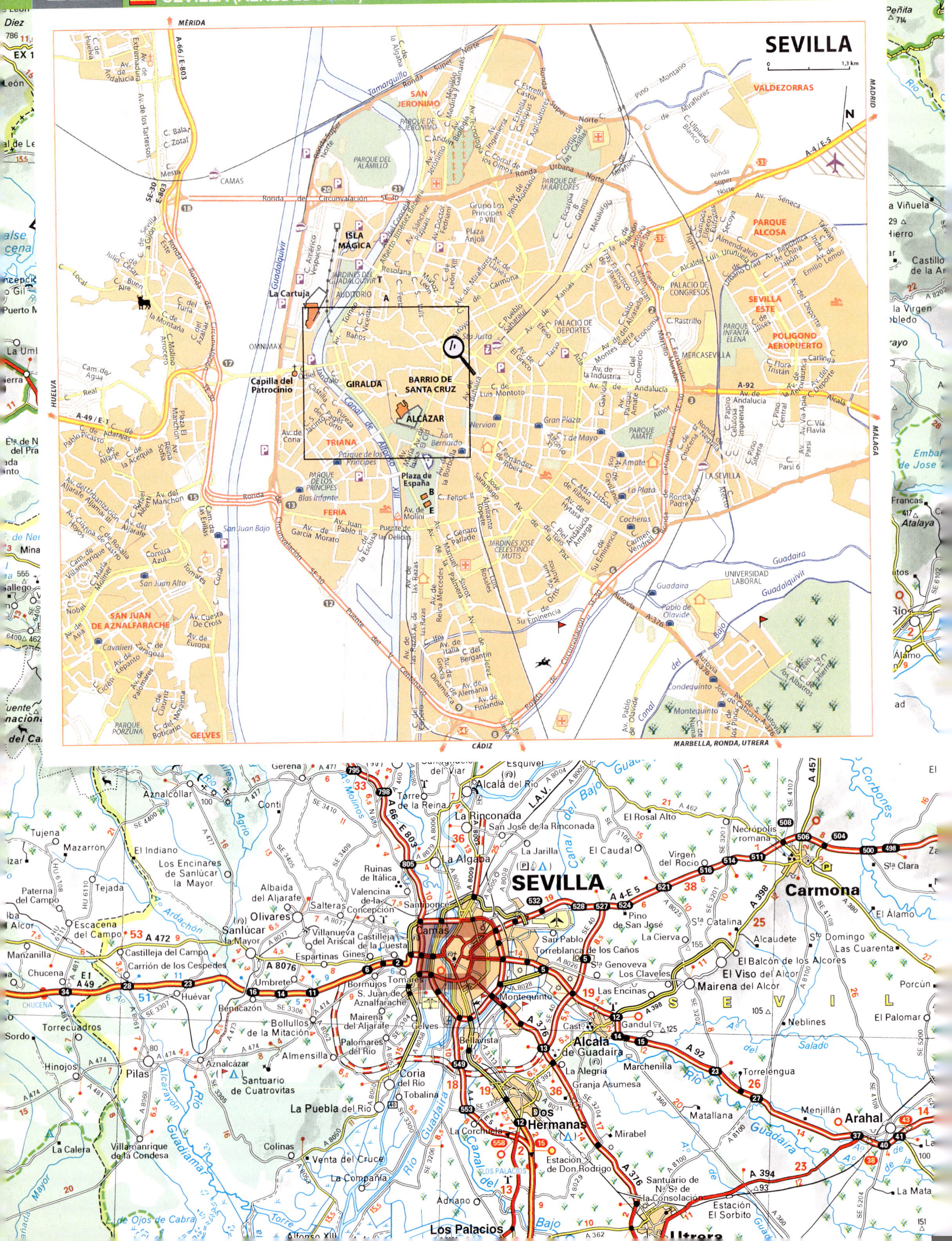

SEVILLA

0 1,3 km

N

Map labels (city — Sevilla):

MÉRIDA · MADRID · CAMAS · SAN JERÓNIMO · VALDEZORRAS · PARQUE DE JERÓNIMO · PARQUE DEL ALAMILLO · ISLA MÁGICA · PARQUE DE MIRAFLORES · PARQUE ALCOSA · SEVILLA ESTE · POLÍGONO AEROPUERTO · PALACIO DE CONGRESOS · La Cartuja · AUDITORIO · OMNIMAX · Capilla del Patrocinio · GIRALDA · BARRIO DE SANTA CRUZ · ALCÁZAR · TRIANA · Parque de los Príncipes · PALACIO DE DEPORTES · PARQUE INFANTA ELENA · MERCASEVILLA · Plaza de España · FERIA · PARQUE DE LOS PRÍNCIPES · Blas Infante · Gran Plaza · PARQUE AMATE · La Plata · LA SEVILLA · SAN JUAN DE AZNALFARACHE · San Juan Alto · San Juan Bajo · JARDINES JOSÉ CELESTINO MUTIS · UNIVERSIDAD LABORAL · PARQUE PORZUNA · GELVES · CÁDIZ · MARBELLA, RONDA, UTRERA · Guadalquivir · HUELVA · MÁLAGA

Guadaira · Pablo de Olavide · Montequinto · Condequinto

Map labels (region — alrededores):

Gerena · Aznalcóllar · Conti · Esquivel · Alcalá del Río · La Rinconada · San José de la Rinconada · El Rosal Alto · El Caudal · Necrópolis romana · Carmona · Sta. Clara · Tujena · Mazarrón · El Indiano · Los Encinares de Sanlúcar la Mayor · La Jarilla · La Algaba · Virgen del Rocío · Sta. Catalina · El Álamo · Paterna del Campo · Tejada · Ruinas de Itálica · Valencina de la Concepción · Santiponce · Pino de San José · La Cierva · Sto. Domingo · El Viso del Alcor · El Palomar · Escacena del Campo · Albaida del Aljarafe · Salteras · Olivares · SEVILLA · San Pablo · Torreblanca de los Caños · Sta. Genoveva · Los Claveles · Mairena del Alcor · Manzanilla · Castilleja del Campo · Sanlúcar la Mayor · Villanueva del Ariscal · Castilleja de la Cuesta · Camas · Alcaudete · Las Cuarenta · Chucena · Carrión de los Céspedes · Espartinas · Gines · S. Juan de Aznalfarache · Las Encinas · Neblines · Huévar · Umbrete · Bormujos · Tomares · Montequinto · Gandul · Benacazón · Mairena del Aljarafe · Bollullos de la Mitación · Palomares del Río · Gelves · Bellavista · Alcalá de Guadaira · Marchenilla · A 92 · Torrelengua · Pilas · Aznalcázar · Almensilla · Coria del Río · La Alegría · Granja Asumesa · Santuario de Cuatrovitas · Torrecuadros · Hinojos · Tobalina · Matallana · Menjíllán · Arahal · La Calera · Villamanrique de la Condesa · Colinas · La Puebla del Río · Dos Hermanas · Mirabel · Venta del Cruce · La Compañía · Estación de Don Rodrigo · Santuario de Nª Sª de la Consolación · La Mata · Adriano · Estación El Sorbito · Los Palacios · Utrera

Ríos: Guadalquivir · Guadaira · Guadiamar · Agrio · Ardachón

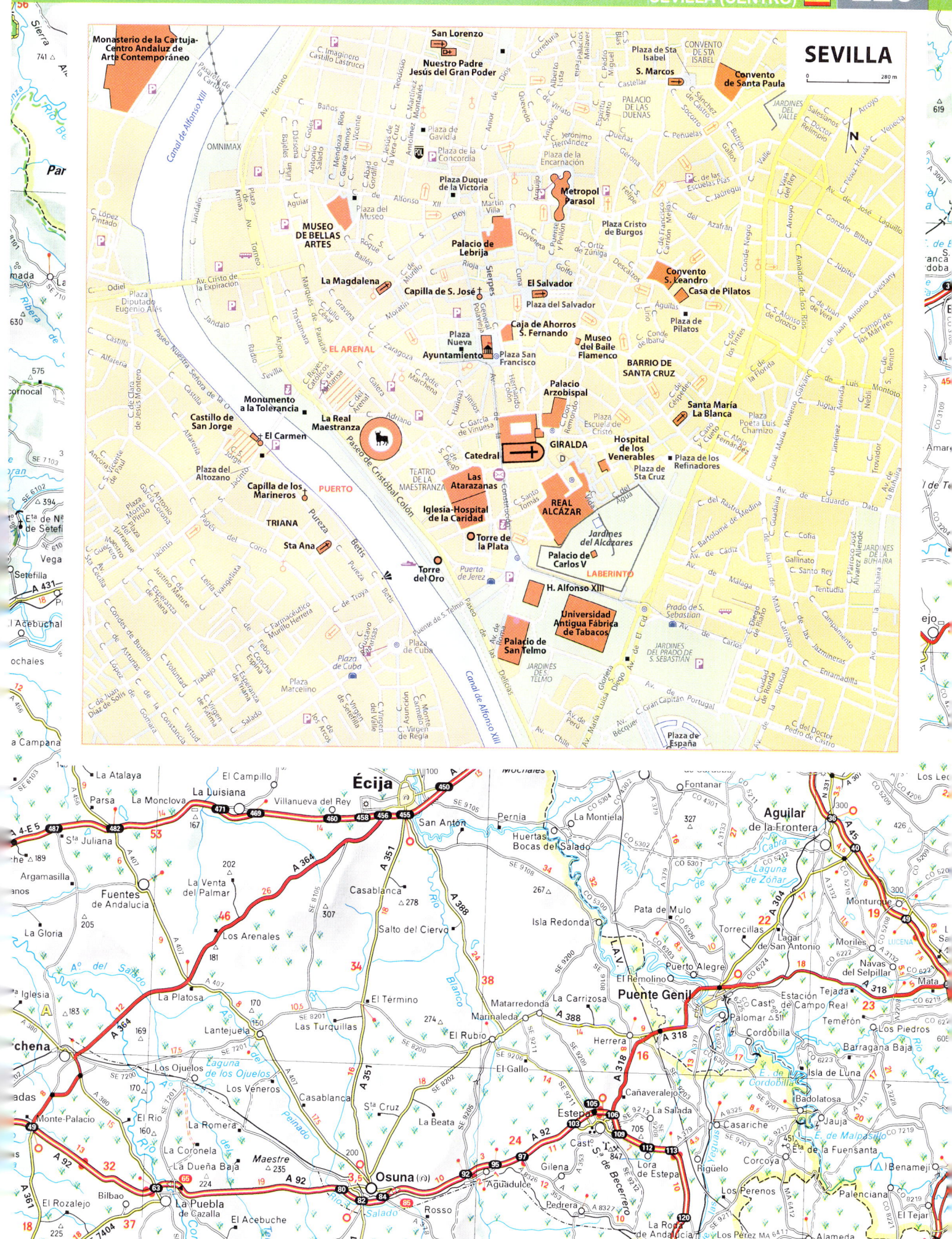

TERUEL (inset map)

0   90 m

Torre de San Martín, **Museo de Arte Sacro**, **Museo Provincial**, **Aljibes medievales**, **San Pedro**, **Mausoleo de los Amantes**, **Torre San Salvador**

Plaza de Pérez Prado · Pl. Venerable F. de Aranda · Plaza de Cristo Rey · Plaza de la Catedral · Plaza del Torico · Plaza de los Amantes · Plaza Bretón · Plaza de S. Juan

ALCAÑIZ · ACUEDUCTO · ZARAGOZA, VALENCIA · CUENCA · Río Turia · paseo del Ovalo · LOS JARDINCILLOS · Cerro de los Alcaldes · Plaza de S. Antón

N

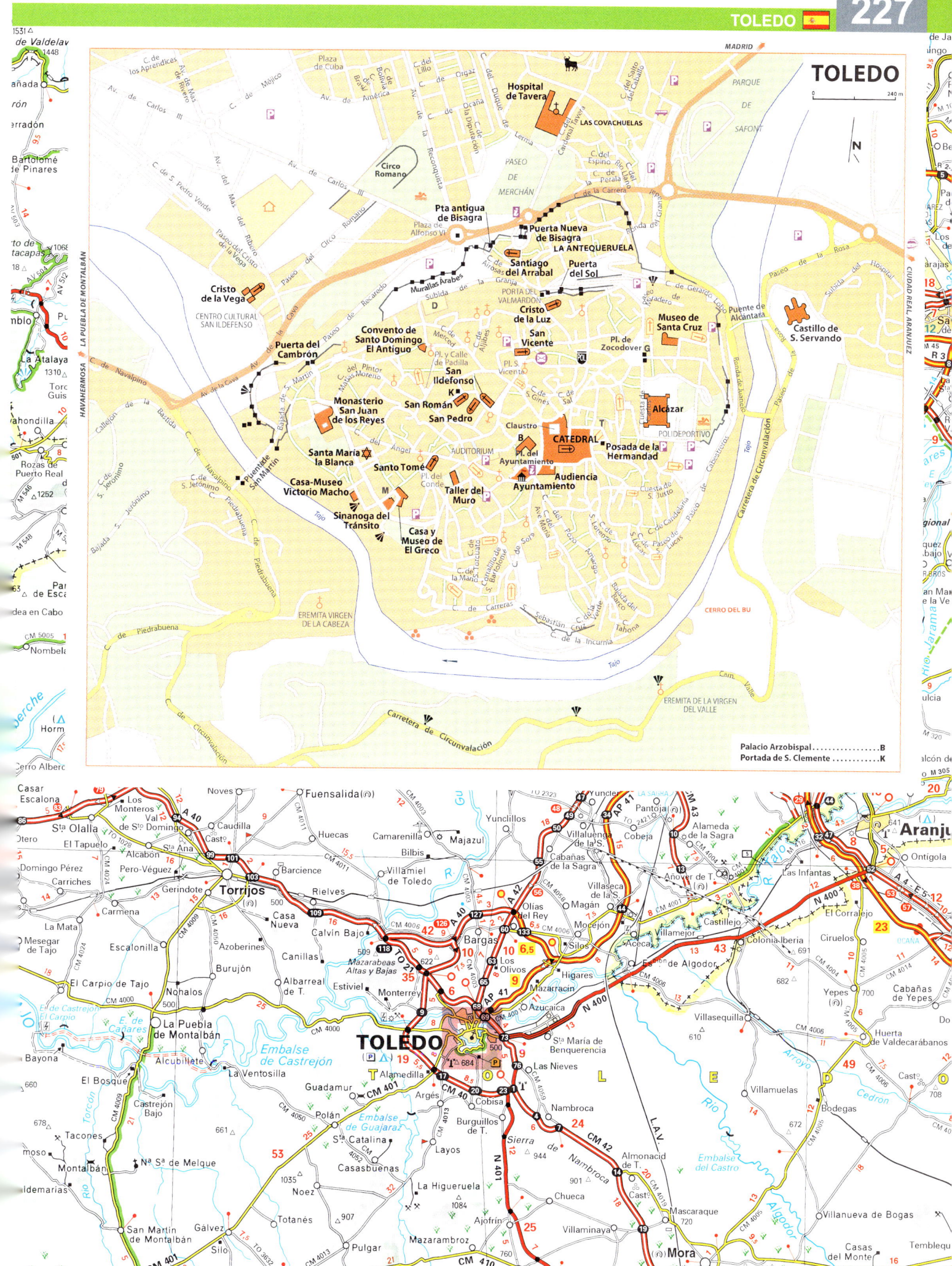

TOLEDO

240 m

N

Points of interest (city map):
- de Valdelav
- 1531
- 1448
- ñada
- rón
- erradón
- 9.5
- Bartolomé de Pinares
- to de
- tacapas
- La Atalaya
- 1310
- Torc
- Guis
- mblo
- Pu
- 18
- AV 503
- AV 512
- nahondilla
- 10
- 501
- 8
- Rozas de Puerto Real
- M 546
- 1252
- 63
- Par de Esca
- dea en Cabo
- CM 5005
- Nombela
- MADRID
- Plaza de Cuba
- C. de los Aprendices
- Plaza de Bolívia
- C. del Lillo
- C. de Orgaz
- C. del Duque
- Av. de Carlos III
- Av. de América
- Av. de la Diputación
- C. de Ocaña
- C. del Salto del Caballo
- Hospital de Tavera
- LAS COVACHUELAS
- PARQUE DE SAFONT
- Circo Romano
- PASEO DE MERCHÁN
- C. del Espino
- Río del
- C. de Peralta
- Ronda de la Carrera
- Pta antigua de Bisagra
- Plaza de Alfonso VI
- Puerta Nueva de Bisagra
- LA ANTEQUERUELA
- Santiago del Arrabal
- Puerta del Sol
- Paseo de la Rosa
- P
- Cristo de la Vega
- CENTRO CULTURAL SAN ILDEFONSO
- Murallas Árabes
- Subida de la Granja
- PTA DEL VALMARDÓN
- Cristo de la Luz
- San Vicente
- Museo de Santa Cruz
- Puente de Alcántara
- Castillo de S. Servando
- Puerta del Cambrón
- Convento de Santo Domingo El Antiguo
- Pl. y Calle de Padilla
- San Ildefonso
- Pl. de Zocodover
- POL
- CIUDAD REAL, ARANJUEZ
- Monasterio San Juan de los Reyes
- San Román
- San Pedro
- AUDITORIUM
- Claustro
- CATEDRAL
- Alcázar
- POLIDEPORTIVO
- Santa María la Blanca
- Santo Tomé
- Pl. del Conde
- Taller del Muro
- Pl. del Ayuntamiento
- Audiencia Ayuntamiento
- Posada de la Hermandad
- Cuesta de S. Justo
- Casa-Museo Victorio Macho
- Sinagoga del Tránsito
- Puente San Martín
- Casa y Museo de El Greco
- EREMITA VIRGEN DE LA CABEZA
- CERRO DEL BU
- Tajo
- Carretera de Circunvalación
- EREMITA DE LA VIRGEN DEL VALLE
- M 305

Palacio Arzobispal .... B
Portada de S. Clemente .... K

Regional road map (lower):
- Casar Escalona
- Sta Olalla
- 86
- Otero
- El Tapuelo
- Domingo Pérez
- Carriches
- La Mata
- Mesegar de Tajo
- El Carpio de Tajo
- El Bosque
- Bayona
- Tacones
- Montalbán
- Valdemarias
- San Martín de Montalbán
- Gálvez
- Silo
- CM 401
- Noves
- Fuensalida
- Los Monteros
- Val de Sto. Domingo
- Caudilla
- Casto
- Huecas
- Camarenilla
- Majazul
- A 40
- Sta Ana
- Alcabón
- Pero-Véguez
- Barcience
- Villamiel de Toledo
- Bilbis
- Torrijos
- Rielves
- Gerindote
- Carmena
- Casa Nueva
- Calvín Bajo
- Escalonilla
- Azoberines
- Canillas
- Mazarabeas Altas y Bajas
- Burujón
- Nohalos
- Albarreal de T.
- Estiviel
- Monterrey
- La Puebla de Montalbán
- Alcubillete
- Embalse de Castrejón
- La Ventosilla
- Alamedilla
- Guadamur
- Polán
- Sta Catalina
- Embalse de Guajaraz
- Argés
- Cobisa
- Burguillos de T.
- Layos
- Casasbuenas
- CM 42
- Sierra de Nambroca
- Noez
- La Higueruela
- Totanés
- CM 401
- Pulgar
- Mazarambroz
- Ajofrín
- Villaminaya
- Chueca
- Mora
- TOLEDO
- 684
- 500
- Bargas
- Olías del Rey
- Mocejón
- Magán
- Villaseca de la S.
- Cabañas de la Sagra
- Villaluenga de la S.
- Cobeja
- Yunclillos
- Yuncler
- Pantoja
- Alameda de la Sagra
- AP 41
- A 42
- Añover de T.
- Aceca
- Villamejor
- Castillejo
- Esquivias de Algodor
- Higares
- Mazarracín
- Azucaica
- Sta María de Benquerencia
- Las Nieves
- N 400
- Villasequilla
- Huerta de Valdecarábanos
- Villamuelas
- Bodegas
- Almonacid de T.
- Embalse del Castro
- Cabañas de Yepes
- Yepes
- Ciruelos
- Colonia Iberia
- Las Infantas
- Ontígola
- Aranjuez
- A 4 - E 5
- N 400
- Ocaña
- El Corralejo
- Villanueva de Bogas
- Casas del Monte
- Tembleque

Museo del Arroz .... M
Museu de les Drassanes .... A

VALENCIA

0 1,3 km

N

Cripta Arqueológica
de San Vicente Màrtir .... A
Casa del Punt de Gantxo C

Jardines del Turia

IVAM

Centro Valenciano de la Cultura Mediterránea

Casa-Museu Benlliure

IVAM-Centro del Carmen

Torres de Serranos

Jardines del Turia

Museo de Bellas Artes San Pío V

Jardín Botánico

Torres de Quart

Palau de la Generalitat

Museo L'Iber

San Nicolas

Pl. de la Virgen

Almudin

Almoina

Nuestra Señora de los Desamparados

El Miguelete

Museo de la Ciudad

Catedral

Lonja

Santos Juanes

Santa Catalina

San Juan del Hospital

Convento de Santo Domingo

Mercado Central

Plaza Redonda

Museo Nacional de Cerámica

Colegio del Patriarca o del Corpus Christi

Universitat

MuVim

Banco de Valencia

Casa del Dragón

Plaza del Ayuntamiento

Correos

Mercado Colón

Convento de Jerusalén

Estación del Norte

Pl. de Toros

Plaza España

VALENCIA

0 ———— 240 m

GOLF

Lliria / Liria

Puçol

Platja de Puçol

El Puig

Massamagrell

Platja de la Pobla de Farnals

Bétera

Montcada

Alboraia

Platja d'Alboraia

Burjassot

Paterna

Manises

VALENCIA

El Grau de Valencia

Torrent

Natzaret

El Saler

Parc Natural l'Albufera

Platja del Saler

Picassent

Silla

Hipodrom

Parador de El Saler

El Perellonet

El Perelló

DE

VALENCI

PALENCIA
BURGOS

LA VICTORIA

Plaza Solidaridad

Plaza de la Armonía

GIRON

FERIA DE MUESTRAS

Parque Las Moreras

MUSEO NACIONAL COLEGIO DE SAN GREGORIO

SAN PABLO

Palacio de Villena

Palacio Pimentel

PALACIO DE CONGRESOS

Plaza de la Trinidad

San Benito

Patio Herreriano

Las Angustias

Santa María 'La Antigua'

Catedral

HUERTA DEL REY

Museo Fundación Cristóbal Gabarrón

Universidad

Colegio de Santa Cruz

Plaza del Poniente

Plaza Mayor

Plaza de Juan Pablo II

Plaza Zorrilla

Casa de Cervantes

CAMPO GRANDE

Río Pisuerga

Museo Oriental

PARQUESOL

Valladolid-Campo Grande

DELICIAS

Museo de la Ciencia

VALLADOLID

0   380 m

SALAMANCA
CASTILLO DE SIMANCAS

MEDINA DEL CAMPO

MADRID

SEGOVIA

SALAMANCA
PALENCIA

LEÓN

Cea

Villagarcía de Campos

Villanueva de los Caballeros

Urueña

San Pedro de Latarce

Villardefrades

Villavellid

Castromembibre

San Cebrián de Mazote

San Pelayo

Tiedra

Castromonte

La Mudarra

Monasterio

Nª Sª de la Anunciada

Barruelo

Wamba

Peñaflor de Hornija

Villanubla

Fuensaldaña

Mucientes

Cigales

Corcos

Cubillas de Cerrato

Población de C

Valoria la Buena

Granja Muedra

S. Martín de Valvení

Cabezón de Pisuerga

Esguevillas de Esgueva

Santovenia de P.

Villanueva de los Infantes

Villarmentero de E

Castronuevo de Esgueva

Olmos de Esgueva

Castrillo-T

Renedo

Villabáñez

Castilla

Adalia

Torrecilla de la Torre

Torrelobatón

Villasexmir

Castrodeza

Castrodeza

Robladillo

Ciguñuela

Mota del Marqués

San Salvador

Gallegos de Hornija

Villán de Tordesillas

Simancas

Pinar de Antequera

ZARATAN

Arroyo

Cistérniga

VALLADOLID

SIMANCAS

Benafarces

Villalbarba

Marzales

Vega de V.

Bercerueló

Velilla

Geria

Pesquera de Duero

Laguna de Duero

El Otero

Herrera de Duero

Villanonso

Villavendimio

Casasola de Arión

Barceo

Matilla de los Caños

Villamarci

Puente Duero

Aniago

Viana de Cega

Tudela de D.

Traspinedo

Sardón de Duero

Santibáñez de Valcorba

Morales de Toro

Pedrosa del Rey

Villalar de los Comuneros

Villavieja del Cerro

Serrada

Villanueva de Duero

Aldeamayor de San Martín

La Parrilla

Montemayor de Pililla

Aldealbar

San Román de Hornija

Torrecilla de la Abadesa

TORDESILLAS

San Miguel del Pino

Villaester

Valdestillas

La Pedraja de Portillo

Portillo

Arrabal de P.

Camporredondo

Torrescárc

Santiago del Arroyo

San Miguel

Duero

Adaja

Toro

Río Pisuerga

Esgueva

Río Hornija

Canal de Macías

Canal del Duero

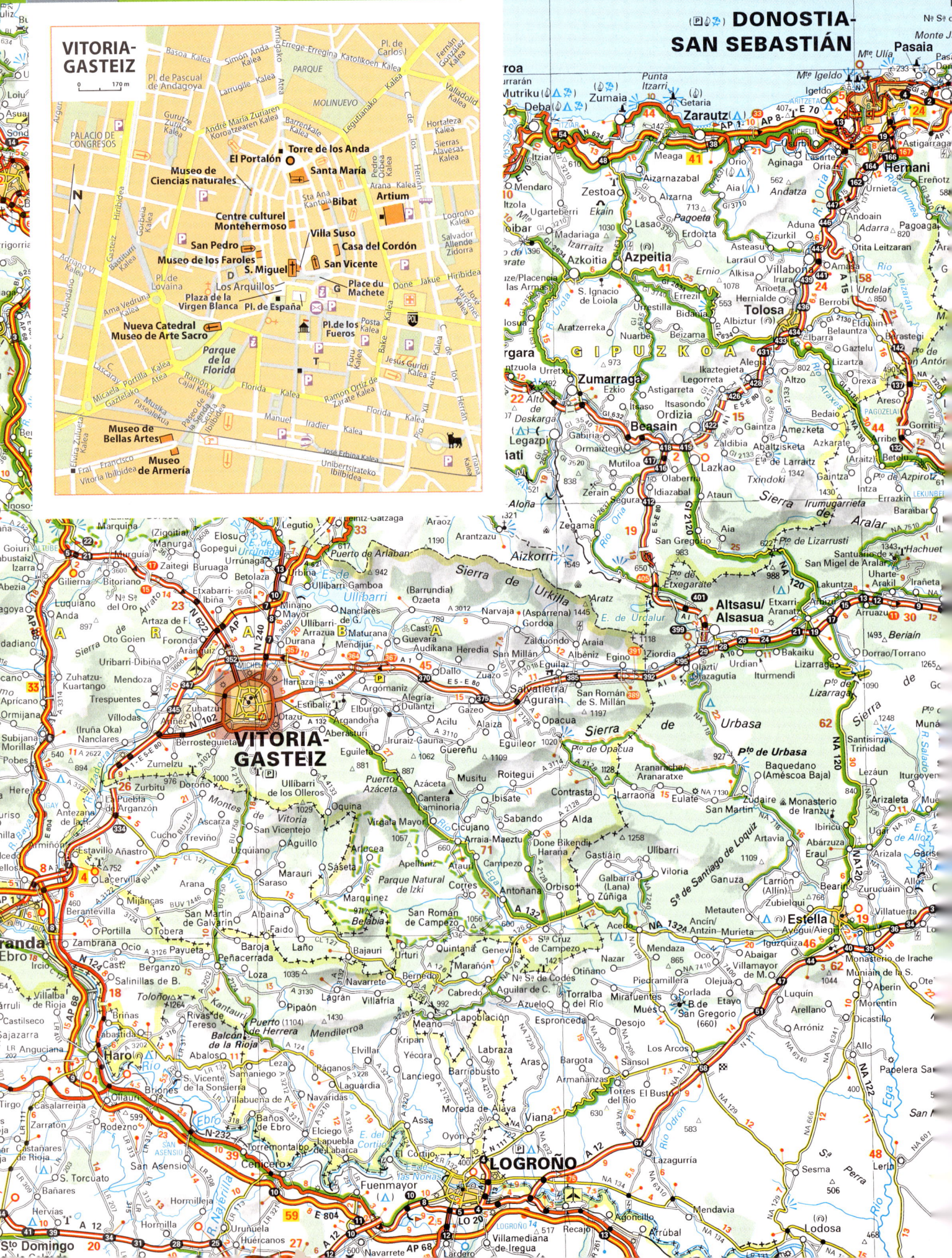

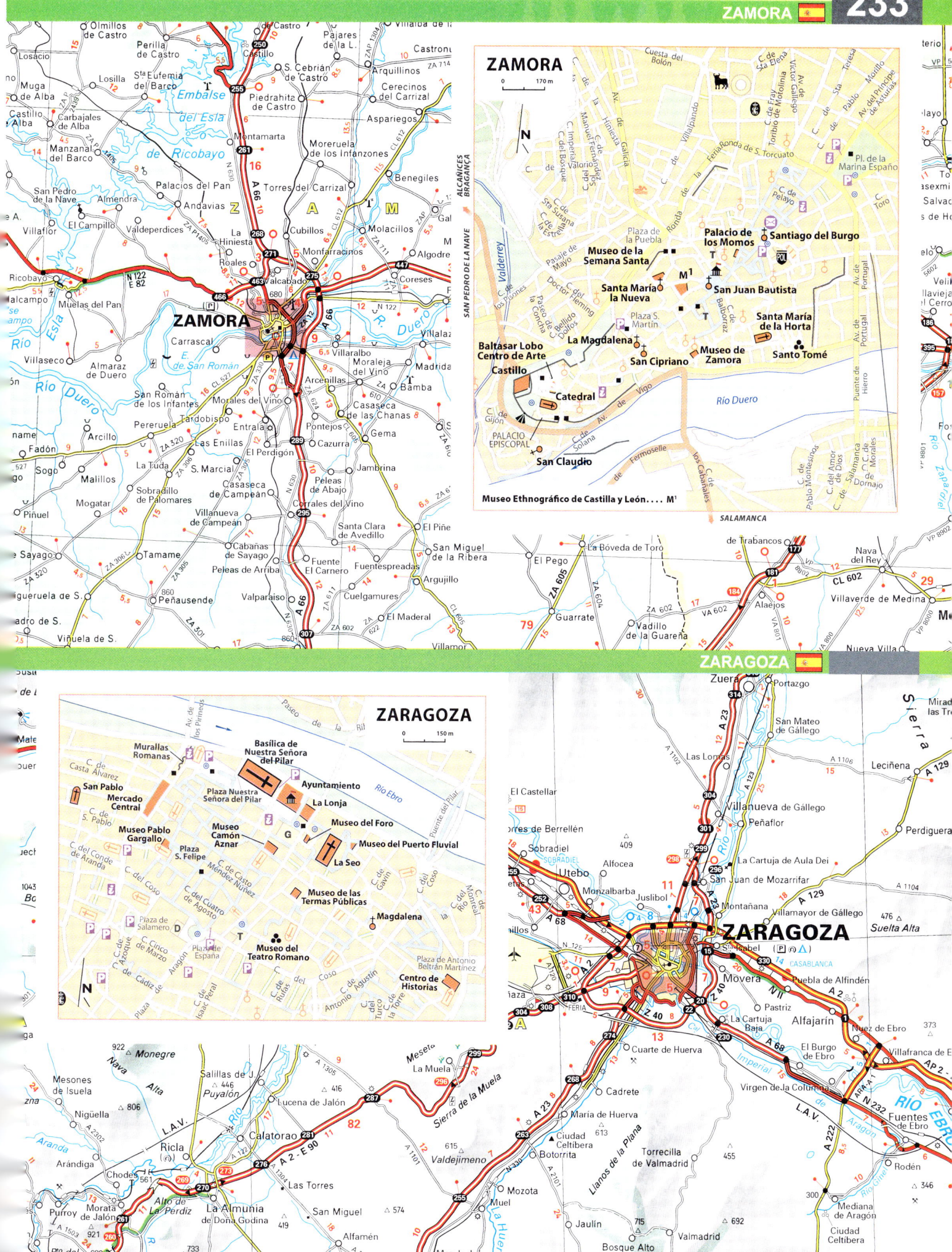

ZAMORA

0   170 m

Palacio de los Momos
Museo de la Semana Santa
Santa María la Nueva
San Juan Bautista
Santiago del Burgo
Santa María de la Horta
Baltasar Lobo Centro de Arte
La Magdalena
San Cipriano
Museo de Zamora
Santo Tomé
Castillo
Catedral
Palacio Episcopal
San Claudio

Museo Ethnográfico de Castilla y León .... M¹

SALAMANCA

ZARAGOZA 🇪🇸

ZARAGOZA

0   150 m

Murallas Romanas
Basílica de Nuestra Señora del Pilar
Ayuntamiento
San Pablo
Mercado Central
Plaza Nuestra Señora del Pilar
La Lonja
Museo del Foro
Museo Pablo Gargallo
Museo Camón Aznar
Museo del Puerto Fluvial
Plaza S. Felipe
La Seo
Museo de las Termas Públicas
Magdalena
Museo del Teatro Romano
Centro de Historias

ZARAGOZA

AVEIRO

0   120 m

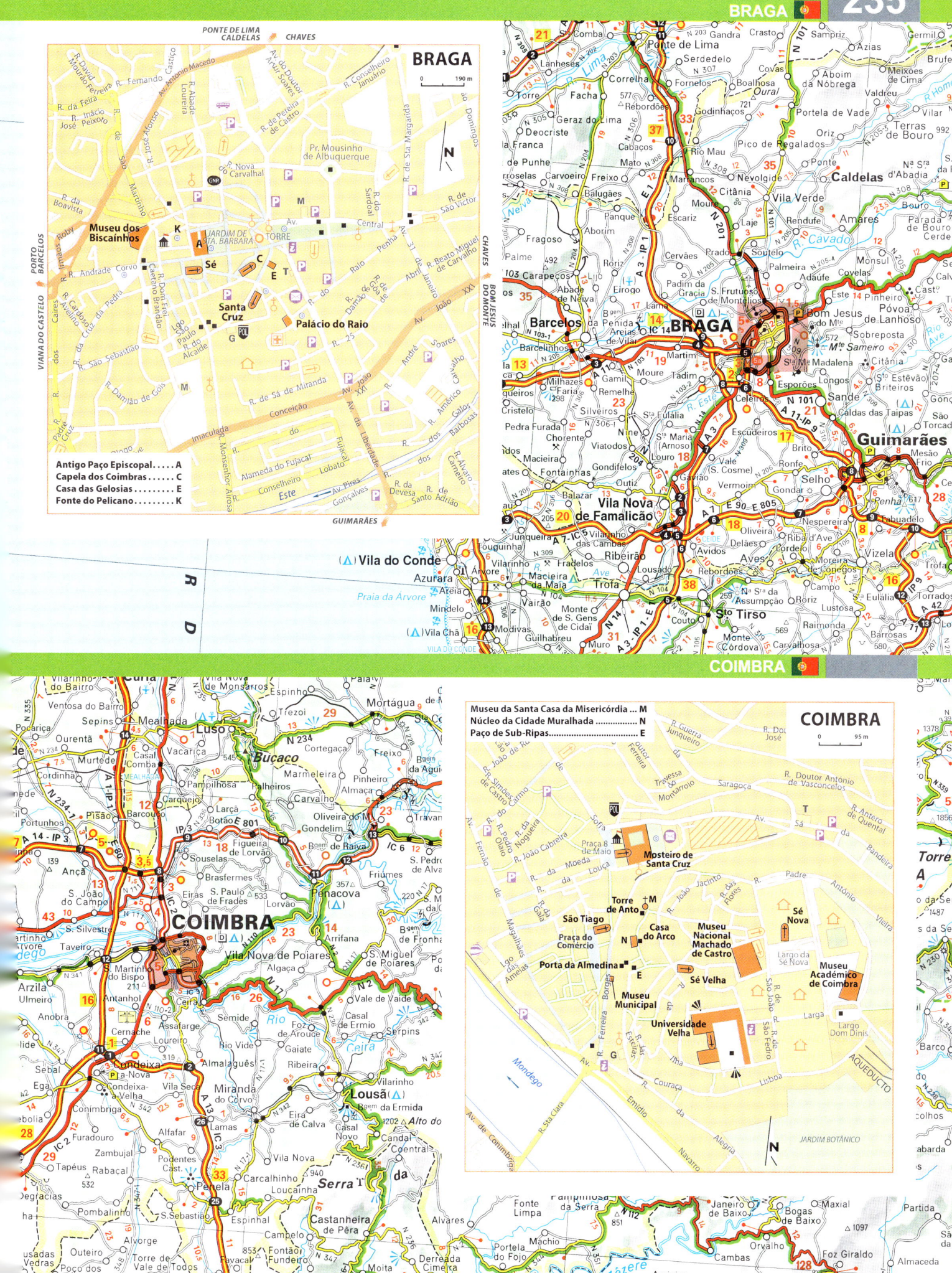

BRAGA

0   190 m

Antigo Paço Episcopal.....A
Capela dos Coimbras......C
Casa das Gelosias.........E
Fonte do Pelicano.........K

Museu dos Biscaínhos

Sé

Santa Cruz

Palácio do Raio

Museu da Santa Casa da Misericórdia ... M
Núcleo da Cidade Muralhada .... N
Paço de Sub-Ripas............................. E

COIMBRA

0   95 m

Mosteiro de Santa Cruz

Torre de Anto

São Tiago

Praça do Comércio

Casa do Arco

Museu Nacional Machado de Castro

Sé Nova

Porta da Almedina

Sé Velha

Museu Académico de Coimbra

Museu Municipal

Universidade Velha

Jardim Botânico

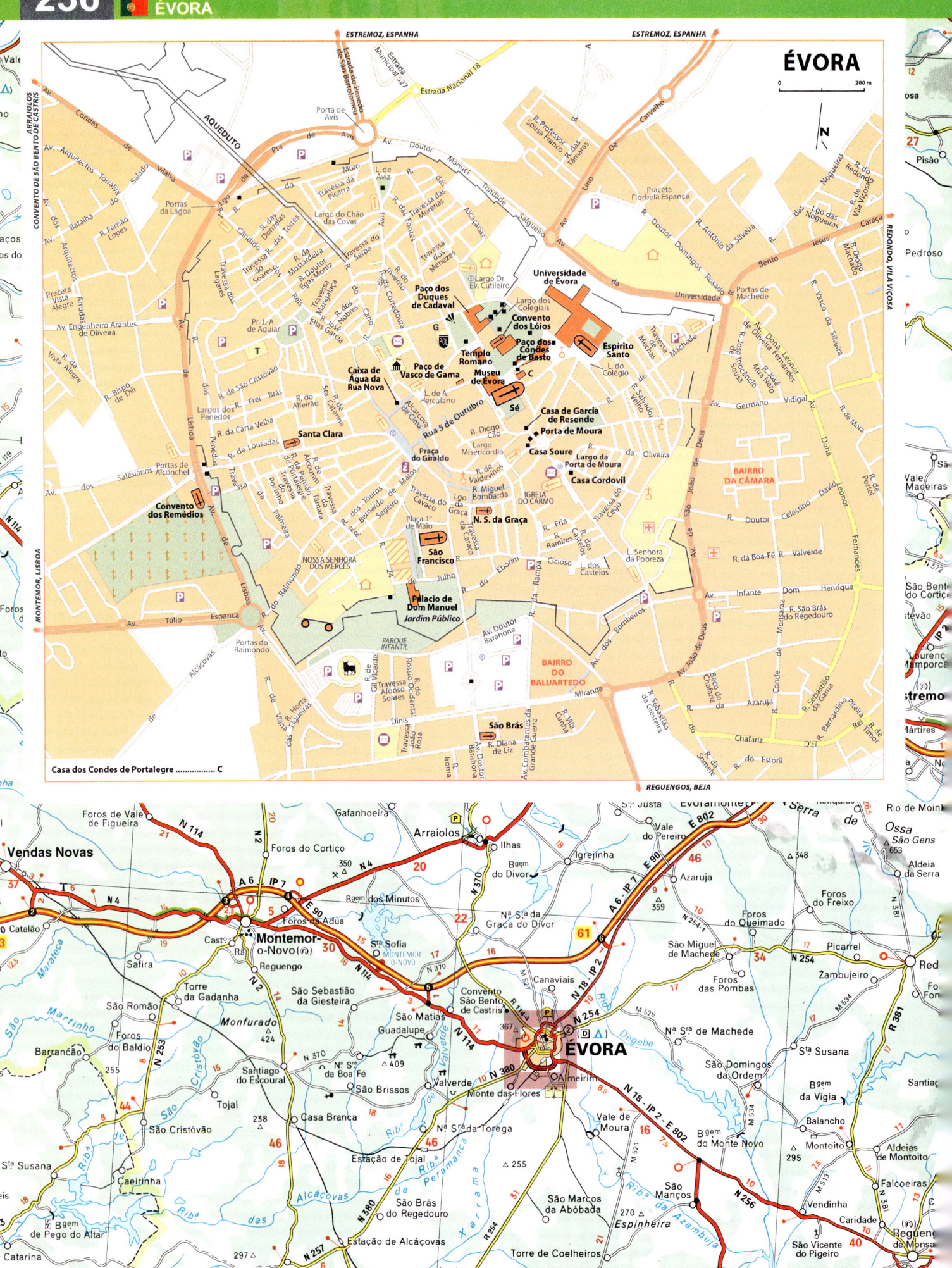

ÉVORA

0   200 m

N

ESTREMOZ, ESPANHA
ESTREMOZ, ESPANHA

ARRAIOLOS

CONVENTO DE SÃO BENTO DE CASTRIS

AQUEDUTO

Porta de Avis

Pta. de Avis

Estrada do Penedo de São Bartolomeu

Estrada Municipal 527

Estrada Nacional 18

Av. do Doutor Manuel Trindade Salgueiro

R. do Carvalho

R. Professor Sousa Franco

Praceta Florbela Espanca

REDONDO, VILA VIÇOSA

Portas de Machede

Pedroso

Portas da Lagoa

Largo do Chão das Covas

Travessa da Picaria

L. de Aviz

Muro

Travessa do Serpe

Largo Dr. Ev. Cutileiro

Universidade de Évora

Largo dos Colegiais

Convento dos Lóios

Espírito Santo

L. do Colégio

R. das Tamaras

R. Doutor Domingos Rosado

Av. de Vasco da Gama

Vidigal

Praça Vista Alegre

Av. Engenheiro Arantes de Oliveira

Paço dos Duques de Cadaval

G

Templo Romano

Paço dos Condes de Basto

C

Paço de Vasco de Gama

Museu de Évora

Caixa de Água da Rua Nova

Sé

Casa de Garcia de Resende

Porta de Moura

BAIRRO DA CÂMARA

Santa Clara

Rua 5 de Outubro

R. Diogo Cão

Largo Misericórdia

Casa Soure

Casa Cordovil

Largo da Porta de Moura

Portas de Alconchel

Praça do Giraldo

R. de Valdevinos

R. Miguel Bombarda

IGREJA DO CARMO

L. Senhora da Pobreza

MONTEMOR, LISBOA

Convento dos Remédios

São Francisco

N. S. da Graça

L. dos Castelos

NOSSA SENHORA DOS MERCÊS

Praça 1° de Maio

Av. Infante Dom Henrique

Av. dos Bombeiros

Palácio de Dom Manuel

Jardim Público

PARQUE INFANTIL

Av. Doutor Barahona

BAIRRO DO BALUARTEDO

Portas do Raimondo

Rossio Occidental

Miranda

São Brás

R. Diana de Liz

REGUENGOS, BEJA

Casa dos Condes de Portalegre C

Vendas Novas

Foros de Vale de Figueira

Gafanhoeira

Arraiolos

Ilhas

Evoramonte

Serra de Ossa

São Gens

Aldeia da Serra

N 114

N 2

Foros do Cortiço

N 4

N 370

Vale do Pereiro

Igrejinha

E 802

E 90

Azaruja

São Miguel de Machede

Picarrel

Red

A 6 - IP 7

Montemor-o-Novo

Foros da Adua

Bgem dos Minutos

Nª Sª da Graça do Divor

N 254

Foros do Freixo

Foros do Queimado

Zambujeiro

N 254

Castro

Sta Sofia

Reguengo

N 114

N 370

Canaviais

Convento São Bento de Castris

N 254

Foros das Pombas

Nª Srª de Machede

Sta Susana

São Sebastião da Giesteira

São Matias

Guadalupe

ÉVORA

Degebe

São Domingos da Ordem

Monfurado

Nª Sª da Boa Fé

Valverde

Monte das Flores

Almeirim

Vale de Moura

N 18 - IP 2 - E 802

Bgem da Vigia

Santiago do Escoural

São Brissos

Nª Srª da Torega

Montoito

Aldeias de Montoito

São Cristóvão

Casa Branca

Estação de Tojal

São Manços

São Vicente do Pigeiro

N 256

Vendinha

Caridade

Reguengos de Monsa

Alcáçovas

São Brás do Regedouro

São Marcos da Abóbada

Espinheira

Bgem do Monte Novo

Monte do Trigo

Cerros

FUNCHAL

Oceano Atlântico

PONTINHA

PORTO SANTO

0   160 m

N

ILHA DA MADEIRA (▲)

O C E A N

A T L Â N T I

FUNCHAL (D)

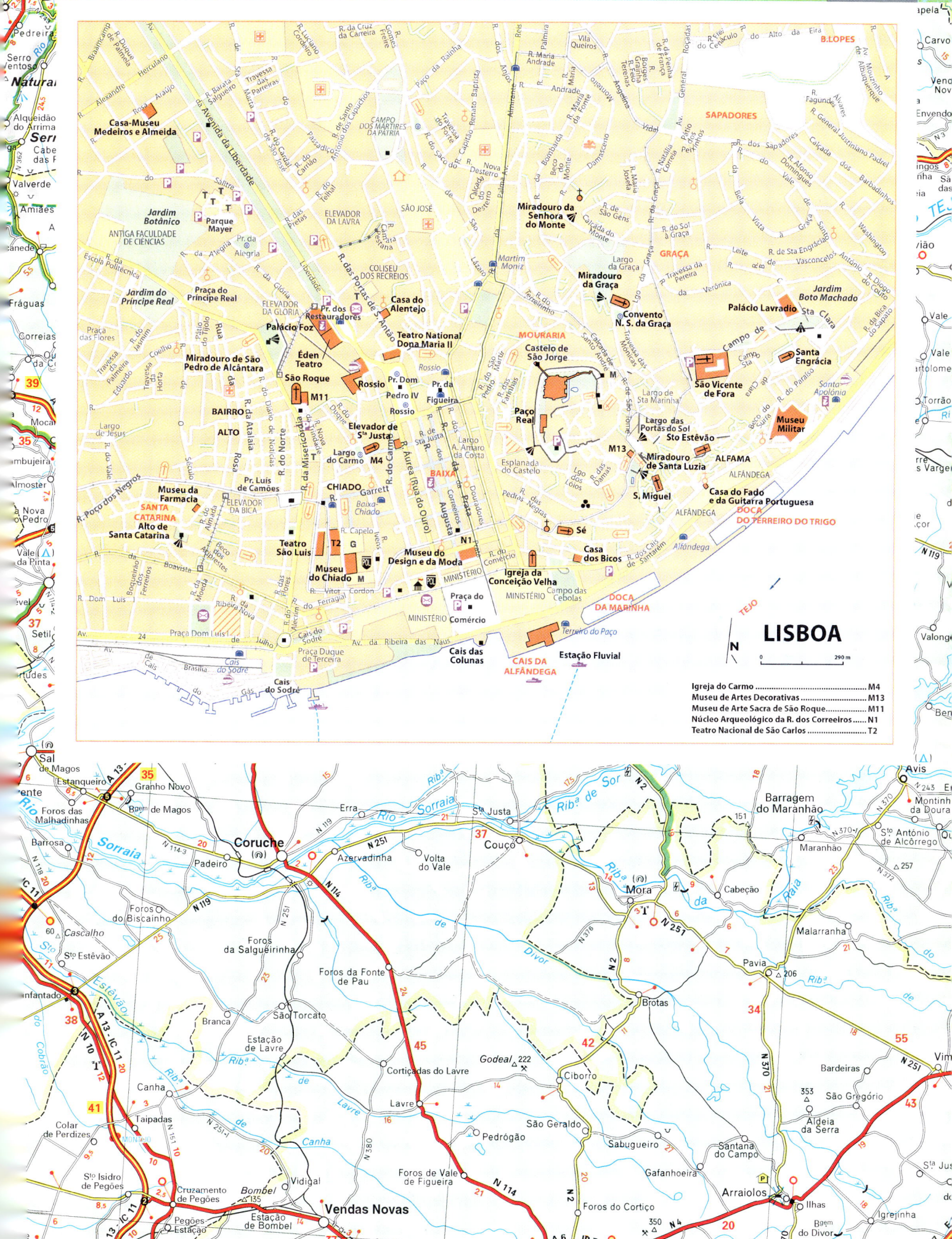

LISBOA

Igreja do Carmo M4
Museu de Artes Decorativas M13
Museu de Arte Sacra de São Roque M11
Núcleo Arqueológico da R. dos Correeiros N1
Teatro Nacional de São Carlos T2

PORTO

0   1,4 km

PORTO

Espinho

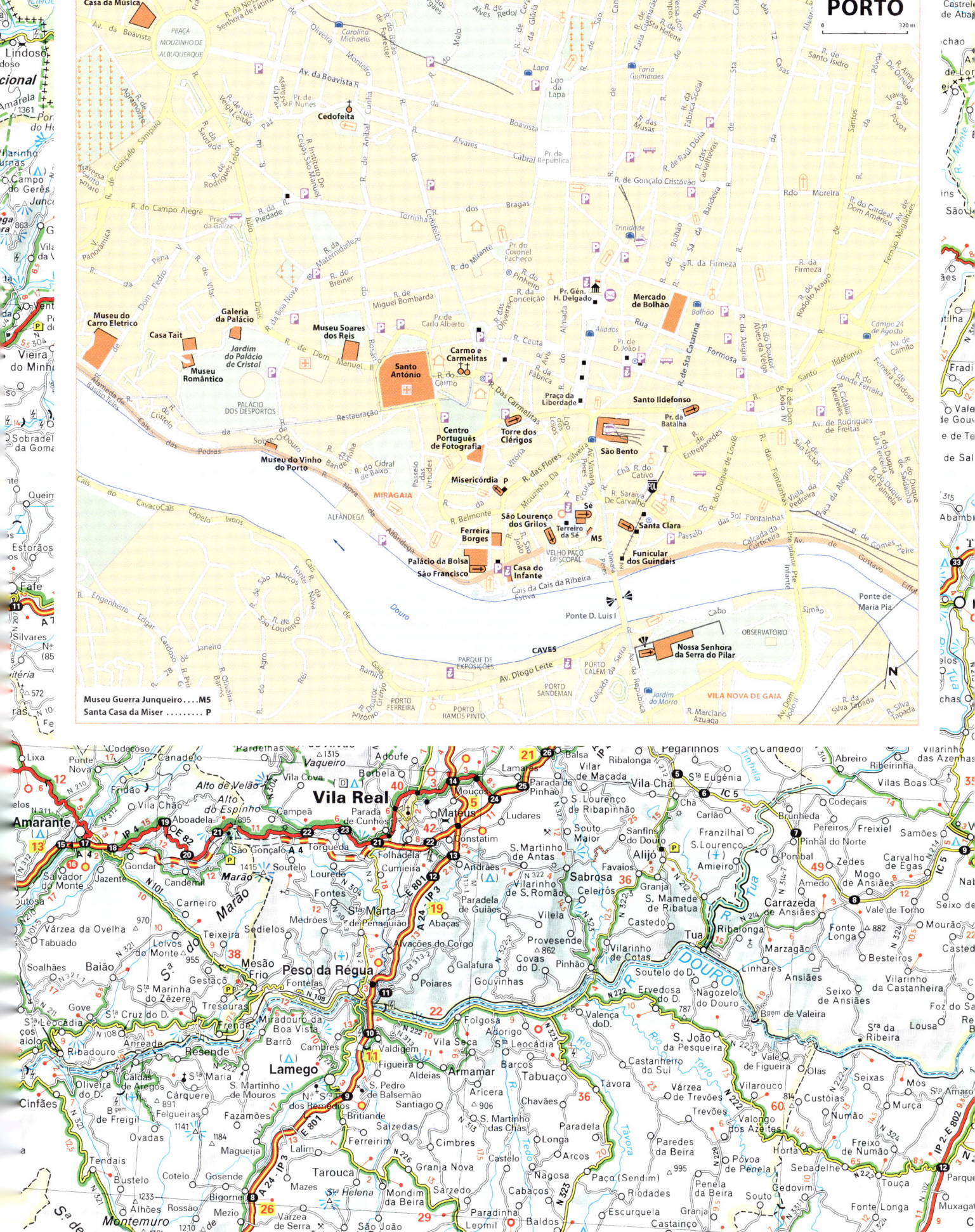

PORTO

0 _____ 320 m

Casa da Música
Museu do Carro Eletrico
Casa Tait
Museu Romântico
Galeria da Palácio
Jardim do Palácio de Cristal
Museu Soares dos Reis
Santo António
Carmo e Carmelitas
Centro Português de Fotografia
Museu do Vinho do Porto
Torre dos Clérigos
Praça da Liberdade
Santo Ildefonso
Misericórdia
São Bento
Ferreira Borges
São Lourenço dos Grilos
Sé
Santa Clara
Palácio da Bolsa
São Francisco
Casa do Infante
Funicular dos Guindais
Nossa Senhora da Serra do Pilar

MIRAGAIA
ALFÂNDEGA
CAVES
VILA NOVA DE GAIA
OBSERVATORIO
Ponte D. Luís I
Ponte de Maria Pia

Museu Guerra Junqueiro....M5
Santa Casa da Miser ....P

Amarante
Vila Real
Peso da Régua
Lamego

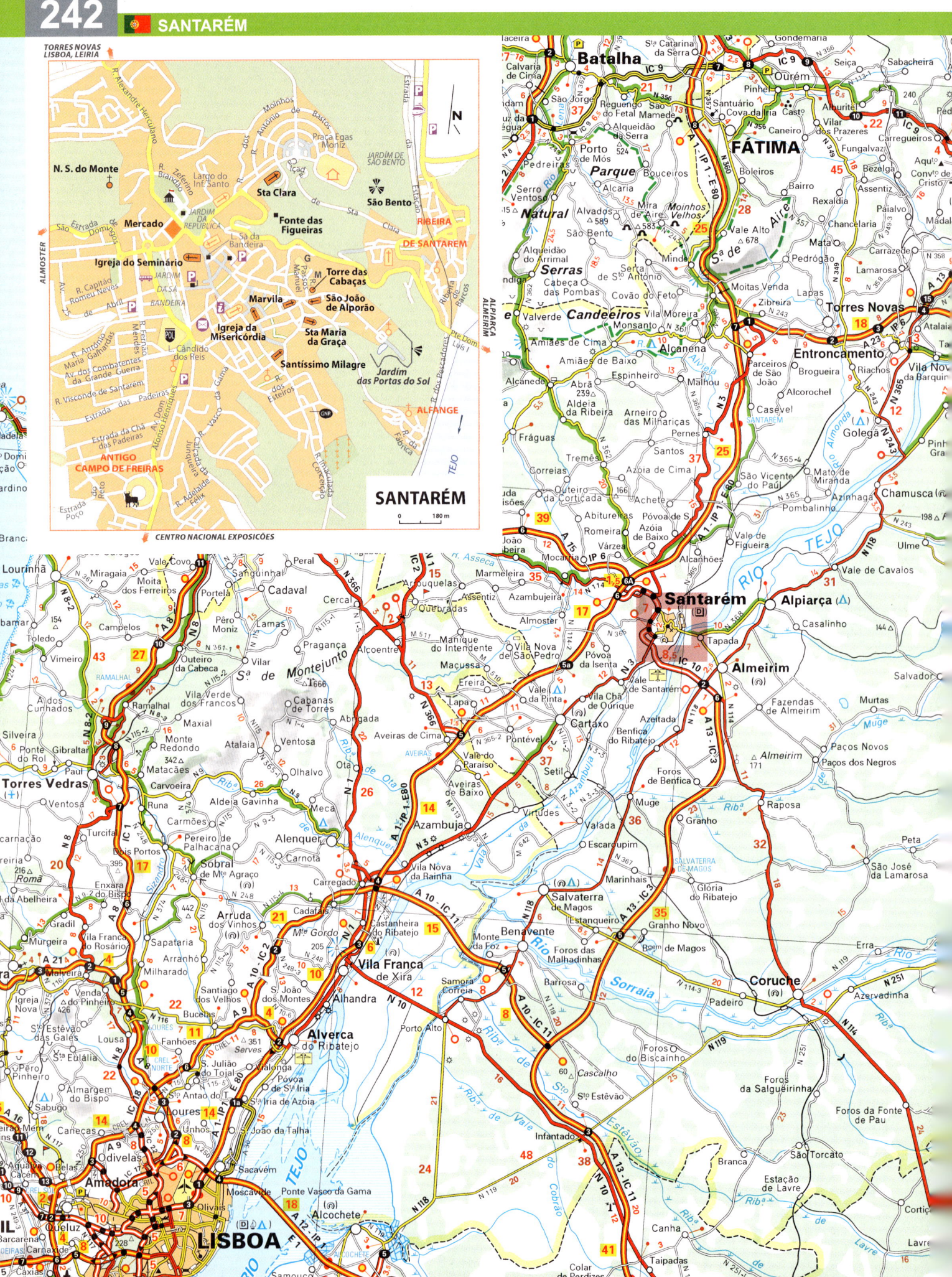

SANTARÉM

CENTRO NACIONAL EXPOSIÇÕES

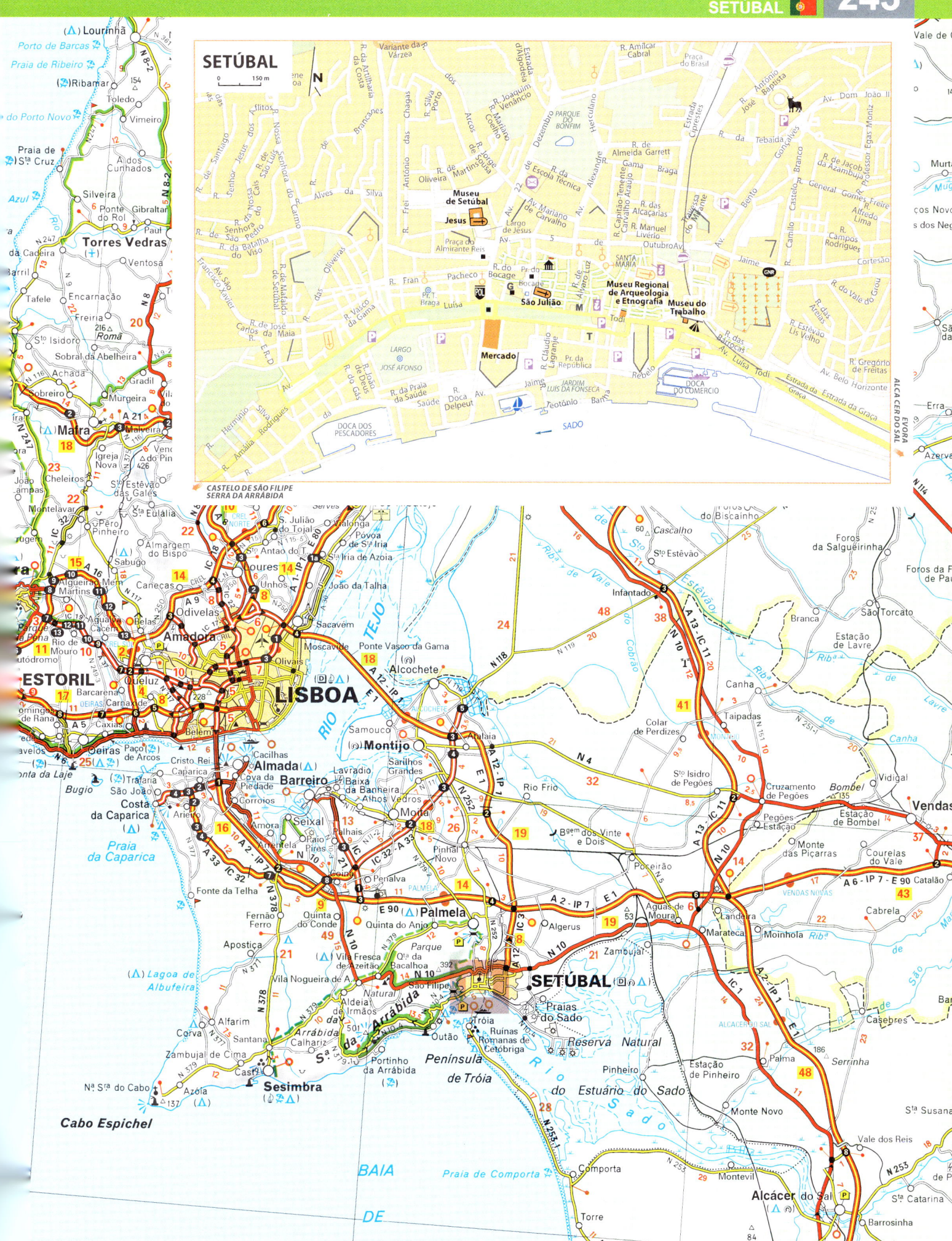

SETÚBAL

0 — 150 m

N

Museu de Setúbal — Jesus
Museu Regional de Arqueologia e Etnografia
Museu do Trabalho
Mercado
São Julião

CASTELO DE SÃO FILIPE
SERRA DA ARRÁBIDA